观念共同体
海外客家人
的文化认同

曹云华 著

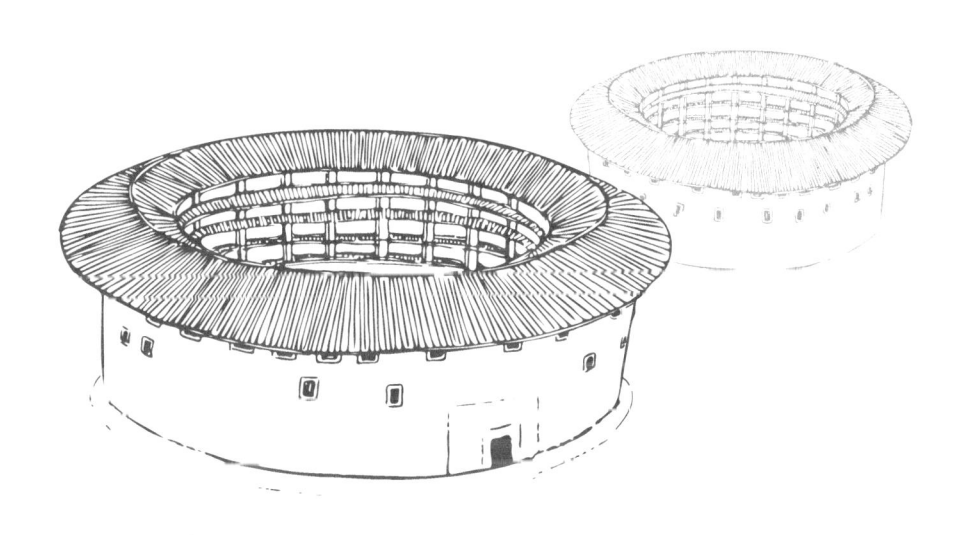

中国出版集团有限公司

世界图书出版公司
广州·上海·西安·北京

图书在版编目（CIP）数据

观念共同体：海外客家人的文化认同 / 曹云华
著 . -- 广州：世界图书出版广东有限公司，2024.11.
ISBN 978-7-5232-1519-7

Ⅰ . K281.1

中国国家版本馆 CIP 数据核字第 2024S33Q73 号

观念共同体：海外客家人的文化认同
GUANNIAN GONGTONGTI: HAIWAI KEJIAREN DE WENHUA RENTONG

著　　者	曹云华
责任编辑	程　静　冯彦庄
装帧设计	郑妍妞
责任技编	刘上锦
出版发行	世界图书出版有限公司　世界图书出版广东有限公司
地　　址	广州市新港西路大江冲 25 号
邮　　编	510300
电　　话	020-84453623　84184026
网　　址	http://www.gdst.com.cn
邮　　箱	wpc_gdst@163.com
经　　销	各地新华书店
印　　刷	广州小明数码印刷有限公司
开　　本	787 mm × 1 092 mm　1/16
印　　张	32.75
字　　数	482 千字
版　　次	2024 年 11 月第 1 版　2024 年 11 月第 1 次印刷
国际书号	ISBN 978-7-5232-1519-7
封面地图审图号：GS（2016）1561 号
定　　价	158.00 元

版权所有　侵权必究
咨询、投稿：020-84451258　gdstchj@126.com

作者简介

曹云华，历史学博士，暨南大学国际关系学院/华侨华人研究院原院长，教授，博士生导师；华侨大学特聘教授（2022—2023年）。长期从事东南亚研究和华侨华人研究，研究兴趣和方向：东南亚区域与国别、东盟、华侨华人等。出版个人专著6部，合著或主编10多部，发表各类学术论文百多篇。主要代表作：《新加坡的精神文明》（广东人民出版社，1992年），《东南亚的区域合作》（华南理工大学出版社，1994年），《变异与保持——东南亚华人的文化适应》（修订本，台湾五南图书出版公司，2010年），《探究东南亚新秩序》（世界知识出版社，2015年）。

前　言

　　海外客家人是海外华人社会中的一个亚文化族群，或者叫方言群。早期的海外华人社会，是在一个个方言群基础上建立起来的小社会。方言群认同曾经是海外华人社会存在与发展的基石，这些方言群包括客家人、广府人、闽南人、潮州人、海南人、福州人等。与其他海外华人方言群相比，海外客家人在文化适应与文化认同等方面具有鲜明的特色，值得我们去探究其中奥妙。海外华人是由一个个鲜活的亚文化群体组成的大家庭，研究海外华人，既要关注整体和群体，更要注重个体和成员。作为海外华人大家庭的重要成员，海外客家人所表现出来的个性与特色，极大地丰富了海外中华文化的内涵。加强海外客家人的研究，有助于我们深化对海外华人的认识和了解，有助于我们更加深入地体验和认知中华文化在海外的传承与演化。海外华人社会常认为客家人比较保守、拘泥和固执，不容易变通，我想这既是客家人的缺点，也是他们的优点。正是这些优点或缺点，使得客家人到了海外之后，甚至在经历了几代人的世事变迁之后，仍然执着地坚守自身的传统文化，捍卫本族群的价值观和文化认同。中华文化在海外的播迁与坚守中，海外客家人是一支重要的生力军。

　　促使我研究海外客家人的原因有如下几个：第一，本人是客家人，在客家地区出生、成长，一直到1978年上大学才离开家乡。虽然已经离开家乡几十年，但我对家乡的眷恋和对客家人特殊的情感越来越浓。第二，我的家乡是著名的侨乡，我家有两位大伯和一位叔叔在20世纪三四十年代先后到印度尼西亚（简称"印尼"）谋生，在印尼繁衍后代，老老小小有几十口人。虽然他们已经视印尼为自己的祖国，但是他们与家乡的亲情一直没有中断过。

第三，也是最重要的原因，我长期从事东南亚研究和华侨华人研究，接触和认识许多海外华人，其中有许多是客家人，我与他们成为好朋友，他们给予我许多帮助和支持。我写这部关于海外客家人的著作，就是为了表达我对海外各位客家朋友的感激之情。

我与海外客家人的缘分，应该从我家族的历史说起。我对东南亚（古称"南洋"）的兴趣最早可能萌生于儿童时期对食物的渴求，源于奶奶给我吃的那些洋饼干和洋罐头，源于祠堂下的老屋里我奶奶住过的那个房间。我出生和成长于物资匮乏的年代，幸运的是，在印尼的大伯和叔叔经常邮寄食品和侨汇接济我们，使我们一家免受饥饿。小时候我常常在想，南洋怎么有这么多好吃的东西啊，我要是能够去南洋，那该有多好啊！记得在少年时期，奶奶一边给我好吃的东西，一边遥指南方对我说："你的大伯和叔叔在南洋，你长大了也下南洋吧。"虽然我长大了没有像她老人家说的那样"下南洋"，但我也与南洋结下了不解之缘，研究南洋问题，与南洋华侨华人做朋友，了解他们、研究他们。

研究海外客家人具有如下几方面的特殊意义：①反映客家人对自身传统文化的坚守和传承。②展示客家人如何适应海外自然环境、人文环境，并与之和谐相处。③探究客家性（或者叫客家意识）。把海外客家人与海外广府人、闽南人、潮州人、海南人做比较，从中发现海外客家人的特性。这种比较没有丝毫贬低海外其他方言群的意思，事实上，海外不同方言群的华人，都在为保持本民族的传统文化而努力奋斗，他们的目标都是一致的，就是如何在海外特殊的生存环境下，更好地保持和弘扬本民族的传统文化，并子子孙孙不断地传承下去，把根留住。④通过研究海外客家人弘扬中华文化和保存本族群特性的种种努力和艰难过程，有助于探索新的历史时期在海外弘扬中华文化，与世界各民族共建人类命运共同体的路径。

本书的研究对象是海外客家人，主要聚焦于客家人聚居较多的印尼、马来西亚、泰国及毛里求斯，重点研究这四个国家的客家人及其后裔。研究的出发点，是要突破前人研究的局限性，通过系统地研究海外客家人，展现海外华人在住在国弘扬中华文化的各种努力及过程。研究的难点在于客家人的后裔，尤其是第三代、第四代之后的客家人后裔在学习和坚持中华文化方面的情况不容易深入了解，需要到相关国家去做一些深入、细致的田野调查，深入到他们的家庭、社会交往和工作场所去进行调查。另一个难点在于各个方言群特性的比较，需要大量地收集第一手资料，对各个方言群的研究要有相当的基础。本书的研究方法强调学科的交叉和融合，利用历史学、政治学、人类学等学科的研究方法，对海外华人的特性进行综合与多维的透视，并从中探索海外华人在海外弘扬中华文化的过程中带有共性的规律，为"一带一路"各国的人文交流和民心相通提供一些有益的启示和借鉴。本书主要采用传统的华侨华人研究方法，但不是孤立地研究作为个体的海外客家人，而是把他们放到海外华侨华人社会这个大的群体中去考察和分析，观察海外华侨华人各个方言群的异同及其在全球化、区域化和本土化的过程中的文化适应与嬗变。

本书主要创新之处：①在研究内容方面，试图把印尼、马来西亚、泰国和毛里求斯四国的客家移民及其后裔进行整体的综合研究，克服以往大多数研究只做个体和局部研究的局限性；②在研究方法方面，试图克服单纯从某一个学科进行研究的片面性，强调运用跨学科和交叉学科的方法，对研究对象进行多维和多角度的分析；③把海外客家人放到全球化、区域化和本土化的视野下进行考察，研究他们在住在国的文化适应和文化认同，既研究外部环境对他们的影响，也考察这个族群内部自身的奋斗历程和各种变化；④强调比较研究，把海外客家人与海外华人其他方言群进行横向的比较，观察各个方言群在坚持自己的民族特性方面的异同。实际上，本书仍然属于海外华人研究范畴，只是研究视角不同。本书把海外客家人作为海外华人中的一个亚文化群体来进行分析与对比，试图从客家人在海外生存与发展的各种现象中寻找海外华人的一些具有本质性和规律性的东西。

本书是一部海外客家华侨华人史，是客家人在海外奋斗、拼搏的历史，是客家人不满足现状，告别大山、跨越海洋、迈向世界、不断追求梦想的历史。正是这次世界性的大迁徙，有力地推动了客家人接受全球化的洗礼，使他们融入世界，成为"世界的客家"。一代又一代客家人在海外胼手胝足、艰苦奋斗，在成就个人梦想的同时，也推动了住在国的经济社会发展，加强了中国和世界的联系。客家人在世界各地生根开花结果，成为世界的一部分，并且形成了客家人独特的世界观。研究海外华人的各类成果可谓汗牛充栋，但遗憾的是，至今还没有一部全面和系统地反映海外客家人历史的著作，笔者不自量力，试图在这方面做尝试，以填补海外客家人研究的空白。近年来，海外华侨华人研究已经成为一门显学，海外客家人研究理应为海外华侨华人研究学科添砖加瓦，故特撰写本书。

本书分为四编。第一编为理论探析，共三章，主要从理论上进行探析，探讨海外客家人这个观念共同体形成的过程、特性等。第二编介绍印度尼西亚客家人，共三章，对人数最多且聚居比较集中的印尼客家人进行考察和研究。印尼华侨华人的历史比较复杂，不了解该国华侨华人的历史与现状，就很难了解该国客家人的情况，故专门安排一章（第四章）着重介绍印尼华族的历史、现状与前景，可以作为了解印尼客家人的背景资料；第五章和第六章分别介绍印尼客家人的社会变迁与文化认同及其向海外再移民的情况。第三编介绍马来西亚客家人，考虑到马来西亚的客家人人数比较多且最具有特色，特安排两章。其中，第七章介绍马来西亚客家人迁徙与分布，第八章介绍马来西亚客家人的社会变迁与文化认同。第四编介绍泰国和毛里求斯客家人，分两章即第九章和第十章，分别介绍泰国和毛里求斯客家人的历史与现状。其中第九章的附录是一位泰国客家人的口述史，笔者原来打算多做一些关于海外客家人的口述与访谈，但囿于条件无法如愿，实在是一件憾事。

曹云华

目 录 CONTENTS

第一编　理论探析　001

第一章　导论　002
一、海外客家人概述　002
二、海外客家人是观念共同体　013
三、学术研究综述　025

第二章　从大山的客家到世界的客家　046
一、过番与下南洋蔚成风气　046
二、客家人下南洋和过番的主要类型　057
三、梅县客、大埔客、惠阳客和永定客　070
四、半山客（河婆客）、闽西客、赣南客和广西客　091

第三章　海外客家人特性　101
一、海外客家人特性相关研究　101
二、海外客家著名人物及其贡献　117
三、海外客家文化　132
四、海外客家观念共同体的延续　141

第二编　印度尼西亚客家人　155

第四章　印度尼西亚华族的嬗变　156
一、印度尼西亚华族研究现状　157

二、印度尼西亚华族形成和发展的历史阶段　　162
　　三、印度尼西亚华族的界定和变化　　169
　　四、印度尼西亚华族与当地民族关系的演变　　176
　　五、印度尼西亚华族的前途和命运　　181

第五章　印度尼西亚客家人的社会变迁与文化认同　　189
　　一、印度尼西亚客家人概况　　189
　　二、爪哇的客家人　　200
　　三、西加里曼丹的客家人　　208
　　四、邦加-勿里洞的客家人　　230
　　五、棉兰的客家人　　241
　　六、印度尼西亚客家人的前途与命运　　261

第六章　印度尼西亚客家人的海外再移民　　268
　　一、二战后海外华人再移民概况　　268
　　二、赤子之心：20世纪50—60年代回国的客家归侨精英　　276
　　三、婚姻移民：台湾的印度尼西亚客家新娘　　294

第三编　马来西亚客家人　　311

第七章　马来西亚客家人的迁徙与分布　　312
　　一、马来西亚华人概况　　313
　　二、客家人在马来西亚的迁徙史　　316
　　三、20世纪50年代前后马来西亚客家人的分布状况　　344

第八章　马来西亚客家人的社会变迁与文化认同　　358
　　一、经济活动重心的转移　　358
　　二、华人新村的客家人　　364
　　三、客属会馆的角色扮演　　375
　　四、具有客家特色的宗教信仰　　385
　　五、客家话的流行和使用情况　　397

六、客家传统文化在马来西亚的前景展望　　409

第四编　泰国和毛里求斯客家人　　425

第九章　泰国客家人　　426
　　一、泰国华人社会概况　　427
　　二、客家人在泰国的迁徙史　　432
　　三、客家人对泰国经济社会发展的贡献　　445
　　四、客家会馆及其功能　　453
　　五、泰国客家人的传统文化和风俗　　458
　　　　附录　我的泰国心和客家情　　462

第十章　毛里求斯客家人　　480
　　一、客家人在毛里求斯的迁徙史　　481
　　二、华文报纸、华人社团与华商总会　　486
　　三、华文教育　　488
　　四、华人庙宇　　491
　　五、客家人精英　　492
　　六、新华侨华人　　496
　　七、客家人在各个领域的表现　　497
　　八、近忧与远虑　　500

后　记　　508

第一编
理论探析

第一章 导 论

"从中原到南方,从南方到南洋,客家儿女闯天下,历尽艰难与沧桑。勤奋进取创业绩,坚忍不拔,相爱相帮。客家之根牢牢记,传统美德代代扬"。这首由泰国客家总会在80周年大庆(2006年)时创作的《客家会歌》,曾经在泰国客家人中广为传唱,唱出了海外客家人的悲壮,唱出了海外客家人曾经的沧桑,唱出了海外客家人的骄傲与豪迈!这首雄壮、豪迈的进行曲,让人想起客家人当年衣衫褴褛下南洋和在南洋拼搏的创业精神,让后人为客家先祖在南洋艰苦奋斗的不朽业绩而感到自豪。

一、海外客家人概述

(一)海外客家人的定义

关于中国本土的客家人,学者们一般称他们为汉民族的一个分支,或者叫汉民族的一支民系。总体来说,它是中原汉族人民南迁的产物。在中国历史上,中原汉族人民为避战乱和灾荒,曾出现过多次南移。客家先民历尽艰辛,迁移、侨居、再迁移、再迁居,而最终定居于闽、粤、赣山区,于明清时期在这里形成自己的民系——客家民系。此后,这一地区由于人口日益增多,田少人多的矛盾逐渐尖锐,加上商品经济的发展和外来经济的诱力,他们当中的许多人为求生存与发展,又不断迁徙海内外,分布于广东中部、广西、四川、湖南、海南、台湾,以及东南亚和欧美各国。[1]

---

[1] 胡绳武为《客家与近代中国》一书做的序言(序三),丘权政主编《客家与近代中国》,中国华侨出版社,1999,第10页。

日本民俗学家渡边欣雄给中国客家人下的定义是"客家——汉族中有自己的传统、生活方式、方言的人们。自称、他称为'客家人',此外,还有'客族''客属''客人'等别称。他们认为自己的原乡在黄河中游的中原地带。公元4世纪,东晋时代以后,因五胡之乱而第一次南迁,19世纪后半期到清朝同治年间共5次被迫南迁。'客家',原为'客而家焉'之意,是为了区别于迁移地广东省内的原住汉民族而产生的他称"[1]。

本书所说的"海外客家人"特指海外华人社会中的客家人,又有人称他们为海外客籍华人,或祖籍客家语系的海外华人,本书为研究便利,故统一将其称为"海外客家人"。海外客家人与中国南方本土的客家人既有联系,又有重大差别。所谓联系,有两个方面的含义:一是指祖籍地,海外客家人的祖先来自中国南方客家地区,或叫客家语系侨乡;二是指海外客家人及其后裔还与祖籍地保持着各种各样的来往,有着千丝万缕的联系,有许多已经在海外生活了几代的客家人后裔,虽然不会说客家话了,但他们一有机会仍然希望回到祖籍地寻根拜祖。至于差别,当然是非常大的,海外客家人和他们的后裔在远离中国本土的世界各国长期生活,已经落地生根,成为住在国的公民,在语言、文化、价值观、世界观、生活方式等方面也发生了很大的变化,与祖籍地的客家人有很大的不同,甚至迥隔霄壤。

与新华侨华人[2]不同,早期到海外的华人及其后裔都是以方言和祖籍地来划分群体的,他们在很大程度上并没有"国家"或"民族"的概念,却有"乡村"和"宗族"的概念。方言成为他们最重要的文化认同,是同村人或同一地区人相互沟通、相互联系的一个重要纽带,对华人在海外的生存和发展发挥过重要的作用。从方言上看,可以将早期迁徙到海外的华人分为广府人(祖籍地在珠江三角洲一带)、潮州人(祖籍地在潮汕地区一带)、客家人(祖籍地在闽、粤、赣三省

---

[1] [日]渡边欣雄为《日本客家研究的视角与方法》一书做的序言——《客家是永远的朋友》,载河合洋尚主编《日本客家研究的视角与方法》,姜娜等译,社会科学文献出版社,2013,第4页。

[2] 这里说的"新华侨华人"是指1978年改革开放之后离开中国的那一部分海外华侨华人。之所以叫"新",主要是为了便于与新中国成立以前出国的华侨华人及其后裔相区别。

交界的广大地区和广西一部分）、海南人（祖籍地在海南省）、闽南人（祖籍地在福建南部一带）、福州人（祖籍地在福州一带）。

我们可以给海外客家人下这样的定义——海外华人中认同客家文化和客家族群的华人、华裔或华族。它有三层含义：①海外客家人是海外华人，是海外华人中的一个重要组成部分；②与其他海外华人不同，海外客家人的祖先来自中国（包括港澳台）客家语系地区，或者说是操客家方言的地区；③海外客家人及其后裔有着与方言和祖籍地密切联系在一起的客家文化认同和客家族群认同。在全球化、区域化和本土化浪潮下，海外客家人的文化认同和族群认同虽然也不断受到冲击，但他们仍然是海外坚守中华文化的一支重要力量。

（二）海外客家人的分布

操客家方言的海外华人分布很广，但主要集中在东南亚地区，几乎遍布东南亚各国，主要聚居在印尼、新加坡、马来西亚、泰国等，尤其以印尼为主。闽南人主要聚居在菲律宾，潮州人主要聚居在泰国，福州人主要聚居在新加坡和马来西亚。这种特点是由当年的移民方式决定的，因为当年中国南方人下南洋时都是同村、同一地区人一起到东南亚某个地方谋生，从事同一职业，经过一段时间的开拓之后，便出现了以某种方言为主体的华人群体。由于缺乏准确的统计数字，加上客家人居住比较分散，因此很难确定东南亚各国客家人的分布情况。在20世纪80年代末，新加坡出版家谢佐芝先生曾经对客家人在东南亚各国的分布情况做过分析，这可能是迄今为止最为详细的描述了。谢佐芝先生认为："印尼爪哇岛为客家人主要聚居地，包括雅加达、三宝垄、泗水、万隆、梭罗，苏门答腊的占卑、巨港、棉兰、日里，西加里曼丹的坤甸、山口洋，苏威拉西的孟加锡，还有安汶、邦加、勿里洞以及帝汶岛东部。马来西亚客家人近约100万（20世纪80年代估算的数据，下同——作者注）。泰国华人分布73府，以广东、福建人为多，少数浙江、云南、台湾人，广东又以潮州人最多，其次为客家人，约有37万。新加坡总人口260万，客家人约20万。菲律宾客家人约有6,500人。越南的客家人数目不明。缅甸前首都仰光约有客家人 27,000 人。柬埔寨首都金边也有几千客家人。"[1] 另一位学者陈华岳在《客家人在海外的流布》一文中也对东南亚各国客家人的分布情况进行过研究。据他的分析，在中南半岛各国中，越南的客家人最多，在 20 世纪 70 年代末，越南华人约有 150 万人，其中客家人约有 30 万，他们多集中于西贡（今胡志明市）的堤岸。柬埔寨的客家人有 3 万人左右。泰国的客家人有 30 万之多，主要聚居在曼谷、清迈、北榄坡、万伦、普吉、合艾等城市。陈华岳也认为，印尼是客家人聚居最多的一个国家。据估计，在 20 世纪 50 年代，客家人约占印尼华人的 30%。他认为，印尼客家人比较集中的一个重要原因是客家人在印尼坤甸等地开矿，由于矿主多为客家人且开矿需要大量的劳动力，于是他们便回家乡招募劳工，以一带十、十带百的方式，引进了大量的客家人。[2]

除了东南亚地区之外，世界其他一些地区也聚集了不少客家人。根据台湾学者的说法，北美洲和中南美洲的海外客家人约有 60 万人，其中美国有 28.4 万人，加拿大有 8.1 万人，其余的 23.5 万则分散在秘鲁、牙买加、古巴、圭亚那、巴拿马和巴西等国。此外，欧洲约有 20 万客家人，其中英国有 15 万，法国有 3 万；瑞士、荷兰、比利时及北欧的瑞典、丹麦，也有客家人的足迹。非洲约有 8 万客家人，毛里求斯有 3.5 万，南非有 2.5 万，留尼汪有 1.8 万。[3]

海外客家人究竟有多少，现在很难有一个准确的统计数字，如下几种估计可能是比较接近事实的。

据新加坡《客总会讯》1986 年第一期相关文章统计，到 20 世纪 80 年代初，全球范围内旅居世界各地的客家人约有 500 万人（不包括中国，下同）。后来许多学者和相关媒体都沿用这个说法。

---

[1] [新加坡]谢佐芝：《客家迁徙与海外分布》，载谢佐芝主编《新加坡客属总会六十周年纪念特刊 1929-1989 年》，南洋客属总会出版，1990，第 228 页。

[2] 陈华岳：《客家人在海外的流布》，载《马来西亚雪兰莪嘉应会馆 77 周年纪念特刊》，1980，第 222-224 页。

[3] 萧新煌：《海外客家研究丛书·总序》，台湾"中央大学"出版中心，2013。

另据广东梅州客家联谊会于 1994 年在世界客属第 12 次恳亲大会公布的数据，全世界（包括中国）客家总人口约为 6,562 万，其中分布于中国内地（大陆）14 个（省）市、230 多个县（市）的客家人总人口约为 5,512.8 万，港澳台地区约有 595 万人，其中台湾 460 万人，香港 125 万人，澳门 10 万人；在海外各国有 454.629 万人。

在 20 世纪 80—90 年代，中国大陆各级侨务部门每隔几年便会进行比较详细的侨情调查，其中包括各地迁徙到国外的华侨华人数据。这些统计数据是在详细的侨情调查的基础上得出的，应该比较接近事实。笔者根据上述侨情调查的结果，汇集、整理了中国大陆客家人聚集较多的几个地区（包括纯客家人居住的地区和客家人占比例较高的地区）迁徙到国外的华侨华人的相关资料，统计出海外客家人一共约有 554 万（详见表 1–1）。

表 1–1 海外客家人数量

祖籍地	定居海外人数 / 万	统计年份
广东省梅州市	214	1991 年[①]
广东省惠州市	32	1998 年[②]
广东省河源市	81	2007 年[③]
广东省潮汕地区[④]各市县	140	2005 年
粤东地区[⑤]小计	467	—
广东省其他地区[⑥]	20	2023 年
福建省龙岩市	16	1987 年[⑦]
江西省赣州市	1.57	1997 年[⑧]
广西壮族自治区	50	2023 年[⑨]
闽赣桂三省小计	67.57	—
总计[⑩]	554.57	—

资料来源：①《梅州市华侨志》（2001 年）。②《惠州华侨志》（1998 年）。③《河源华侨志》（2007 年）。④指汕头、潮州、揭阳和汕尾四市属下各县的客家人，又称为

"半山客"或"河婆客",详见贝闻喜、刘青山、李铎著《潮汕半山客》(2005年)。⑤粤东地区有广义和狭义之分,广义的粤东是指珠江口以东的地方,均可称为粤东。狭义的粤东是指古代的一州两府,即嘉应州、潮州府和惠州府,包括现在的七个地级市,即梅州市、惠州市、河源市、汕头市、汕尾市、潮州市、揭阳市。本书取狭义之意。⑥广东省其他地区,指除了粤东地区客家人集中聚居的梅州、惠州、河源和潮汕地区之外的地方,如广州市(主要集中在花都、增城、从化三区)、肇庆市、韶关市、茂名市、清远市下属各县。这是笔者本人估计的数量,但实际上可能大于这个数据,据巴拿马客家侨领罗勇强先生估计,仅从花县(今广州市花都区)到巴拿马定居的客家人就有数万人。⑦《龙岩地区志》卷29《华侨》。⑧《赣南侨务志》(1997年)。⑨笔者根据各方面的历史资料估计。⑩《广东省志·华侨志》(1996年)称广东客家语系旅居海外华侨华人约为300多万人,很明显,这个数据明显是低估了实际数目,该统计没有把祖籍广东省粤东以外地区客家人和祖籍潮汕地区各县的"半山客"统计在里面。

(三)海外客家人的分类

在中国本土,生活在各地的客家人并没有很严格的地域界限和差别,但是在海外不一样,海外的客家人往往都是以历史上的祖籍地和方言群来确定自己的身份认同的。海外客家人认同的祖籍地和聚居区跟中国现在的行政区划有较大的差别。新中国成立之后,客家人聚居地的行政区划和归属发生了较大的变化,但是,海外客家人一般还是认同历史上形成的祖籍地域和原乡。按照中国历史上形成的客家祖籍地和海外客家人在中国本土的来源,可以将海外客家人分为如下六大类。

1. 嘉应客

嘉应客是指来自历史上属于嘉应州所辖的五县(包括梅县、平远、蕉岭、兴宁和五华),或者叫嘉属五县的海外客家人及其后裔。清雍正十一年(1733年),程乡升格为嘉应州,下辖程乡(今梅县)、平远、镇平(今蕉岭)、兴宁和长乐(今五华)共五县。民国初期,嘉应州改称梅县。上述嘉属五县是现在的行政区划梅州市的主体,丰顺和大埔两县是新中国成立之后才从潮州府划入的。嘉应客及其后裔在海外一般都会成立嘉应客家(客属)会馆,各个县也成立相应的客家(客属)会馆。在海外,嘉应客及其后裔一般都会因来自嘉应州而感到自豪,他们经常说,嘉应州的客家话最为正宗,嘉应州是全球客家人的"首都"(客都)。章太炎也认为广东称客籍者,以嘉应诸县为宗。

2. 惠州客

惠州客是指祖籍为历史上的惠州府属下十县(又称"惠州十属")的海外客家人及其后裔。在古代,惠州十属包括新丰、连平、和平、龙川、河源、紫金、博罗、惠阳、海丰、陆丰。新中国成立之后,惠州的行政区划发生了较大的变化,东莞县(今东莞市)和宝安县(今深圳市)也曾划归惠州地区管辖。1979年3月,宝安县从惠阳地区析出,成立深圳市。1988年,撤销惠阳地区,实行市管县体制,设立惠州、河源、东莞、汕尾4个地级市。也就是说,海外惠州客的祖籍,实际上包括了现在中国本土的4个地级市和1个副省级市的行政区划,即惠州市、河源市、东莞市、汕尾市和深圳市。惠州客家人很早就形成了出国谋生定居的传统,早在17至19世纪末,惠州府十县出洋人数就达50万之多。他们在海外一般都会成立惠州会馆(有些国家的惠州人又以惠州市的简称"鹅城"作为会馆的名称,把会馆称做"鹅城会馆"),于1805年成立的马六甲惠州会馆,是海外惠州人最早成立的会馆。惠州客家人主要往东南亚移民,但也有一部分移民到了美洲,1862年,惠州府的客家人在美国三藩市(旧金山)成立了客属旧金山惠州会馆。

3. 河婆客

河婆客又称"半山客",是指祖籍揭西河婆一带的海外客家人及其后裔。在客家与潮州两大方言地区之间依山延伸的狭长地带居住着相当多的客家人,潮州人一般称他们为"半山客"(主要在今丰顺县、揭西县、揭东县、海丰县及陆丰市一带),他们既说客家话,又能说潮州话,或客家话掺和了潮州话,风俗习惯本源于客家,但又具有潮州人的特点。"半山客"是他称,这一带的客家人不会自称"半山客"(参见本书第二章)。揭西一带的河婆客主要定居在今日马来西亚的沙捞越州及西马,泰国也有一部分。马来西亚的河婆同乡会的人数众多,影响也很大。

4. 汀州客

汀州客是指祖籍为历史上福建汀州府的海外客家人及其后裔。古代的汀州府所属八县包括长汀县、宁化县、清流县、归化县、连城县、上杭县、武平县和永定县（今永定区）。汀州府是客家人的主要聚居地和发祥地，有"客家大本营"和"客家首府"之称。汀州的客家人很早就出洋谋生定居，但以永定客家人为主，他们在海外一般都会成立汀州会馆，而永定人较多的地方则会成立永定会馆。

5. 赣州客

赣州客是指祖籍为江西赣州府的客家人及其后裔。古代的赣州府所属各县，现主要归赣州市所辖，赣州号称"客家人的摇篮"。据有关史料，在客家人迁入之前，赣州除有少量当地土著居住外，大部分是一片尚未开发的蛮荒之地，在经历了中原汉人五次大迁徙之后，赣州成为客家人最大的聚居地。目前全市18个县（市、区），除章贡区和信丰县的嘉定镇以及其他几个居民点外，其余均属客家方言区，客家人达到870万人（截至2020年的统计数据），占全市总人口的95%以上。海外的赣州人一般都会成立赣州会馆，作为海外赣州人的精神归宿和寄托。

6. 广西客

广西客是指祖籍来自广西的海外客家人及其后裔。他们的祖籍多来自玉林市辖下的陆川、博白等县，以濒临北部湾周边地区为主。据笔者估计，广西籍的海外客家人至少也有50万人左右。

以上六大类，只是一个大概的划分，各大类内部还可以再分为若干小类。海外客家人习惯上还会以各县为依据，再细分出梅县客、平远客、蕉岭客、兴宁客、五华客、大埔客、丰顺客、河婆客、惠阳客、永定客，等等，然后在此基础上又成立各县的客家会馆及一些联谊组织等。

如前文所述，海外客家人主要聚居在东南亚各国，尤其以印尼、马来西亚和泰国为主，而移民到欧洲、北美及大洋洲的客家人较少。但是，二战后客家人移民到欧洲、北美和大洋洲等西方发达国家的人数有明显增加的趋势，其中主要原因是东南亚和其他亚洲国家的客家人再次向海外移民。与其他方言群一样，居住在东南亚及其他亚洲地区的客家人在二战后向西方发达国家再移民的浪潮一直持续至今。现以客家人聚居最为集中的粤东三市、福建龙岩地区（今龙岩市）和江西赣南地区（今赣州市）为例，看看海外客家人在世界各地的分布情况。从表1-2可以看到，五市（地区）籍的海外客家人一共有350多万，占全球海外客家人总数的60%以上，他们在全球的分布情况，尤其是梅州籍海外客家人的全球分布情况颇有代表性，基本能够反映海外客家人的全球分布特征。梅州籍的海外客家人在全球分布最广，足迹遍天下，但主要聚居地仍然是亚洲，尤其是东南亚地区。据梅州市侨务部门最近一次的调查统计（2001年），梅州市籍的华侨华人分布在全球63个国家和地区，以东南亚各国为主，其中亚洲有20个国家和地区，欧洲有15个国家和地区，非洲有9个国家，美洲有11个国家，大洋洲有5个国家。从全球移民的大趋势看，随着东南亚华人向海外再移民人数的增加，海外客家人向西方发达国家再移民和定居的人数还会有较大幅度的增长。

表1-2 龙岩、梅州、惠州、河源和赣南籍海外客家人全球分布情况 *

国家/地区	人数				
	龙岩 （1987年）	梅州 （2001年）	惠州 （1998年）	河源 （2005年）	赣南 （1997年）
合计	147,602	2,190,380	59,978	757,953	13,063
新加坡	21,255	167,851		45,003	1,234
马来西亚	36,287	384,305		257,980	1,674
印度尼西亚	44,215	656,446		220,000	2,578
缅甸	29,393	35,093			278
泰国	7,357	639,652		59,990	2,946
菲律宾	2,093	7,135			69
越南	135	65,495		56,817	216
柬埔寨	19	1,1229			26
老挝		2,924			7

续表

国家/地区	人数				
	龙岩 （1987年）	梅州 （2001年）	惠州 （1998年）	河源 （2005年）	赣南 （1997年）
文莱		988			143
东帝汶		530			
印度		4,595			19
尼泊尔		275			
孟加拉国		1,450			
斯里兰卡		163			
巴基斯坦		2,430			
日本	124	5,910		9,050	161
朝鲜		119			
韩国		172			44
亚洲小计	140,878	198,676	—	648,840	9,395
南非		25,995			
加纳		80			
尼日利亚		100			
毛里求斯		29,347			71
埃及					36
留尼汪		4,621			
马达加斯加		80			
塞舌尔		110			
赞比亚		30			
塞拉利昂		100			
非洲小计	—	60,463	—	—	107
加拿大	1,004	11,362		49,040	367
美国	4,188	43,032	59,978	2,773	150
古巴		4,312			
巴拿马		150			
多米尼加		204			
巴西	17	280			1

续表

国家/地区	人数					
	龙岩 （1987年）	梅州 （2001年）	惠州 （1998年）	河源 （2005年）	赣南 （1997年）
秘鲁		806			
阿根廷		493			15
玻利维亚		97			13
智利		205			48
哥斯达黎加		35			
美洲小计	5,209	60,976	59,978	51,813	593
英国	288	39,070		18,664	220
葡萄牙		60			
法国		3,617			89
比利时		480			
荷兰		419			56
德国		794			20
奥地利		70			2
瑞士		656			
意大利		1,082			16
挪威					4
丹麦		235			
瑞典		479			
前苏联		287			
前南斯拉夫		193			
捷克		80			
冰岛		60			
欧洲小计	288	47,582	—	18,664	407
澳大利亚	1,227	16,053		19,676	74
新西兰		2,287		4,700	8
斐济		120			6
新几内亚		450			
大洋洲小计	1,227	18,460	—	24,376	88

续表

国家/地区	人数				
	龙岩 （1987年）	梅州 （2001年）	惠州 （1998年）	河源 （2005年）	赣南 （1997年）
其他		16,137		14,260	2,473

*龙岩地区（今龙岩市），指未进行行政体制改革以前的龙岩地区，下辖7个县，包括龙岩县、永定县、上杭县、长汀县、连城县、漳平县、武平县；梅州市是指市管县改革以后的行政区划，辖7县1区，包括梅县、梅江区、大埔县、丰顺县、兴宁县、五华县、蕉岭县、平远县；惠州市，指市管县体制改革之后成立的行政区划，辖3县1市（县级市）和1区，包括惠阳市、惠城区、惠东县、博罗县、龙门县；河源市，是市管县体制改革之后新成立的地级市，所属各县均从原来的惠阳地区析出，古代属惠州府，属纯客家市，辖5县1区，包括源城区、东源县、和平县、龙川县、紫金县、连平县；赣南地区（今赣州市），下辖17县和1市，包括赣州市（市管县体制改革以前的县级市）、赣县、南康县、大余县、崇义县、上犹县、信丰县、龙南县、全南县、定南县、安远县、寻乌县、会昌县、瑞金县、于都县、兴国县、宁都县、石城县。

资料来源［根据五市（地区）的华侨志或地区志提供的数据综合整理］：

1)《龙岩地区志》（1987年）；

2)《梅州市华侨志》（2001年）；

3)《惠州华侨志》（1998年），该志中未列出惠州籍华侨华人在全球分布的详细情况，只是简要地指出，惠州籍海外华侨华人主要分布在马来西亚、新加坡、印尼、泰国、缅甸、越南、澳大利亚、美国、英国、加拿大；

4)《河源华侨志》（2007年）；

5)《赣南侨务志》（1997年）。

二、海外客家人是观念共同体

海外华人，是一个非常多元和复杂的群体。海外客家人是海外华人这个大群体中的一个亚族群，他们以吃苦耐劳、坚忍不拔、勇于开拓等优秀品格而著称于世。在中国内地（大陆）、香港及台湾地区，作为一个族群共同体，客家人因具有一定的物质基础而赖以维系和生存，包括：①共同的地域，在广东省（粤东地区）、福建省（闽西地区）和江西省（赣南地区），有许多市县都是纯客家人聚居的地方，有一些市县是客家人和其他族群混杂居住地，但客家人也会相对比较集中于某个区或镇；②共同的产业，在改革开放之前，客家人聚居地区的共同产业基础是农业以及以农产品为主要原料的食品加工业和手工业等；③共同的客家村落，如在广州周边的一些县市，客家人虽然处在广府人中间，但仍然会相对集中聚居在某个村落或镇；④共同的方言，虽然各地的客家话存在一些差别，但大部分词句仍然是相通的；⑤共同的风俗习惯，如信仰土地公，土地公在有些地方也叫大伯公等。

当客家人迁徙到海外之后，这些维系客家族群共同体的物质基础慢慢都不存在了。在早期，海外客家人还有一些共同的物质基础，包括客家人聚居的村落，客家人从事比较多的产业。例如，客家人在马来亚和荷属东印度时期加里曼丹岛从事矿业；在新加坡，则有较多的客家人经营中药铺和当铺；在毛里求斯，早期的客家人则多为小商小贩和开餐馆；在印度加尔各答，客家人多从事皮革业。到了20世纪70年代之后，随着海外客家人聚居的国家和地区经历了快速的工业化都市化，维系海外客家人的这些共同物质基础慢慢消失了，然而海外客家人仍然顽强地坚守自己的族群认同，执着地维护本族群的特性，他们依靠一种信念和观念在维系着彼此的联系。基于此，本书把海外客家人叫做观念共同体。客家人无论走到哪里，都持有这样一种观念"唯系（我是）客家人"，以此来表示与其他族群的差别和自身的独特性，这种观念主要表现在客家话、客家意识和客家特性等方面。共同的信念、共同的方言、共同的习俗、共同的意志、共同的理想和追求，是一种精神的力量，是一种凝聚力，把来自不同地区的客家人维系在一起，成为一个观念的共同体或精神共同体，也可以叫意志共同体。在中国的南方地区，广府人、潮汕人、闽南人等方言群比较早就拥有一个共同的地域，他们在这共同的地域生活，形成了共同的方言和各种生活风俗习惯，从而发生各种联系。与其他方言群不同，客家人分散在中国南方各地，最后才在闽、粤、赣三省交界地区形成了客家人共同居住的地域。客家人迁徙到海外之后，也曾经出现过不少客家人聚居的村落，但大多数情况下是与其他方言群的华侨华人或当地民族混合居住，然而海外客家人这个方言群仍然依靠观念而维系着，这种传统观念的力量维系着一个庞大的共同体——观念共同体。

在现代汉语中，观念是指人们对事物认识的反映。西方哲学家也对"观念"一词做过许多解释，一般是指心灵的表象。例如，笛卡尔把观念分为天赋的、外来的和虚构的三类；黑格尔认为，"绝对观念"是客观存在的永恒的精神实体，是整个世界的基础和本质；马克思主义哲学理论则把观念看作是对客观现实的反映形式。

关于共同体，有三种含义：① 指某些因为共同的理想或目标而组建的集体或群体，它们可以提出或行使政治或社会权利；② 指社群、共同体或礼俗社会，一般是指通过血缘、邻里和朋友关系建立起来的人群组合，也包括因为共享共同价值观或文化的人群，居住于同一区域，以及从而衍生的互动影响，而聚集在一起的社会单位，也可以定义为一群具有共同价值观或者因有共同地域关系而产生团体凝聚力，彼此有互动且居住在共同区域的人；③ 指国家之间为了某个共同的目标而组建的联合体，如欧盟及其前身欧洲经济共同体、西非国家经济共同体、东盟共同体（又分为东盟政治与安全共同体、经济共同体及社会文化共同体）。本书所说的"共同体"，与第二种释义比较吻合，即具有共同的文化和价值观及共同的历史记忆，因共同的地域关系而产生团体凝聚力的一群人——海外客家移民及其后裔。作为维系客家人的精神支柱，观念共同体是建立在一系列文化认同基础上的一种精神力量，其中方言群认同扮演了重要的角色。麦留芳在对早期的新马华人进行深入研究的基础上得出结论：在早期的海外华人社会中，方言群的认同是各种社会认同的基础。"在理论的层次上，方言群可以被认定为操相近方言的社群。它原则上是指那些依循原籍地域分类标准去组成正式社团的群体，但也包括那些不属于这些正式地域团体的群体，只要他们都操相近的方言。因此，方言群不是一个具体的及正式的地域组织，如会馆，而方言群认同则是有关社群其心目中共同享有的一个意识。例如，客家人是指任何一种会说客家话的社群，而他们之中彼此都知道谁才是客家人。但当具有此种从属意识的人拟组成正式及具体的社团时,他们却是以地域作为分类的标准"①。麦留芳指出,在海外华人社会中,方言群认同也影响他们的职业选择和行业分工。每个主要方言群大致上会与某些行业产生一种亲和性,至少也是一种两者互相关联的现象。也就是说,各主要方言群在一定时期内都会对某些行业拥有专门的知识以及特殊的处理方法,导致他们最后把持甚至垄断了某种行业。因为,在早期的海外华人社会中,方言是重要的纽带与精神支柱,同一方言群的人走到一起,互相关心、互相爱护、互相支持。"共同语言乃产生一种不可抗拒的精神生活的基础。""因语言分歧而促成小的社群的形成,并不是中国人特有的现象,只是中国的方言比别的民族来得特别多而已。这是历史与地理的因素所致。""方言群认同亦可以是内部动员的因素之一。"②话说回来,作为一种意识,方言群认同在很大程度上受到经济与其他物质基础的左右和决定。"经济优越的方言群一般上在认同上表现得更为强烈"③。此外,华文学校与华文教育的普及,以及全球化、区域化和本土化的浪潮也冲淡了他们的方言群认同。但不能不承认,方言和方言群认同是海外华人社会形成的基础,同时也是我们研究和考察海外华人社会的一个重要方面。正如台湾学者黄建淳所说:"盖海外华人社会的形成,莫不肇始于相同或相近的方言语系之聚集。易言之,本诸于血缘与地缘性的基因,承袭于故里村社制度与特性,组织成海外一体两面的公司与会党;西婆罗洲华人公司溃散之后,先后大批华人流移沙捞越,加诸建国后,砂王当局策行若干垦殖政策与相关的历史因素,建构了方言群与砂华社会不可分割的关系。无可讳言,近代会党系制造社会罪恶的渊薮,但昔日的会党是公司自治与防御的凭借,今非昔比,自不可同日而语。无论如何,方言群体系奠定华人社会的肇基。"④

---

① 麦留芳:《方言群认同:早期新马华人的分类方法》,台湾"中央研究院"民族学研究所翻译出版,1985,第15页。
② 前揭书,第183页。
③ 前揭书,第198页。
④ 黄建淳:《沙捞越华人史研究》,台湾东大图书股份有限公司,1999,第312页。

建立在方言群认同基础上的观念共同体，在海外客家人跨出国门那一天就开始萌芽；在海外共同的经历、共同的职业、共同的居住村落及共同的命运，把他们紧紧地拴在一起。此外，当时的西方殖民统治者按照方言群来对华人进行分类和管理的模式也在客观上促成海外客家人观念共同体的形成与发展。据马来西亚华人研究学者陈爱梅的考证，英国殖民政府以方言群划分马来亚华人的做法始于1881年的人口普查。在这一年的人口普查中，华人被划分为海峡侨生、福建、广东、客家、潮州、海南和身份未明七大类。1901年，马来联邦的华人分类增加了"广西人"。1911年，"海峡侨生"不再出现在华人的分类中。陈爱梅指出，华人方言群划分的种类依不同时期而有所变化，但主要还是以五大方言群，即广东（广府）、福建（闽南）、客家、潮州和海南为主。在荷属东印度、泰国、法属印度支那也沿用这种海外华人分类与管理方法。当时的西方殖民统治者只是从便于对华人进行分类和管理的角度，突出了海外华人的方言群认同，但是这种分类与管理方法又确实在客观上促成了海外客家人观念共同体的形成和发展。与海外客家人观念共同体同时出现的还有海外闽南人、海外广府人、海外潮汕人、海外海南人等观念共同体。可见，建立在方言群认同基础上的海外华人共同体，是早期海外华人社会的一个重要特征。时至今日，海外华人的方言群认同感已经越来越淡薄，但是方言群认同仍然是我们观察和了解海外华人社会的一把钥匙。

海外客家人的凝聚力和强烈的归属感，也得益于广大客家移民及其后裔对客家话的认同和在客家方言基础上建立起来的纽带与精神支柱。在谈论方言群认同的时候，我们还必须考虑到这一历史背景，即在近代史上，中国人到了海外，并没有现代国家和民族的认同，有的只是家乡和方言群的认同，来自同一个地区，有同一个家乡，讲同一种方言，这就比什么都重要，这就是他们在海外联系的纽带和赖以生存的精神支柱。进入现代之后，民族和国家的概念应运而生，海外华人的身份认同也产生了重大变化，最初的方言群认同让位于现代的新兴民族和国家的认同。但是，方言群认同并没有消失，而是潜藏在海外华人的心灵深处，转换为另外一种"根"的意识。笔者在泰国做访问学者期间，经常会遇到一些大学老师，他们说："我是泰国人，但我的祖先来自中国，我有中国人的血统，我祖上的家乡在中国的某地。"也许这就是隐藏在海外华人后裔的心灵中的"根"。笔者长期在暨南大学工作，曾经接待过不少海外客家人出身的学者，他们都是祖辈移民到东南亚，到了他们那一代，便有机会到欧美留学，不少人学成后就留在欧美发达国家工作。在和这些学者接触时，当他们听我的口音带有客家腔时，都会不约而同地产生一种天然的亲切感，虽然他们中的大部分人可能已经不会说客家话了，但是客家人的认同和客家意识是根深蒂固的。

客家人的观念共同体，还源自一种情结，即"自家人"情结，它是深深地隐藏于客家人心中的意识，是根深蒂固的精神力量。有人会问，海外客家人中的年轻一代，尤其是海外客家移民后裔的第三代、第四代及其后代，已经不会说客家话了，客家产业也随着住在国的现代化和城市化而日益与其他族群趋同。在全球化、区域化和本土化的浪潮下，海外客家人的特性正在蜕变，客家人的风俗习惯也已经慢慢地被淡忘，那么这个观念共同体还存在吗？笔者认为，作为一种意识和精神，海外客家共同体仍然会继续存在，并且有相当强大的生命力。出生于广西蒙山县的客家学者、著名的历史学家钟文典（1924—2010）在谈到客家共同体和客家人意识时，将其归结为"自家人"的情结。"客家人见面，只要一方说客家话，另一方会迅速作出反应：'自家人哩！'于是彼此的陌生感会马上化解，亲密感油然而生。""'自家人'的认同，也是客家人团结互助、宗社情结的体现。凭借这种精神，他们可以同甘共苦，联手开辟自己生活的新天地，为社会发展作出贡献。"[①] 钟文典先生举出如下几个事例：明代中叶，数十位福建上杭客家人共同迁居桂北怀远山区。另有数十家客家人从广东南雄、始兴两县一同迁往广西贺县（今贺州市），凭借"自家人"的宗社情结，他们使自己在逆境中转败为胜、化险为夷。清咸丰、同治年间，粤西发生大规模的"土客械斗"，几户钟姓人家狼狈逃离

[①] 钟文典：《广西客家》，广西师范大学出版社，2005，第103-105页。

恩平，迁徙至广西永安州。他们联手从事生猪屠宰业，依靠互相扶持，诚信经营，短短几年间，共同垄断了县城的生猪屠宰业并且持续了很长时间。钟先生还谈到他小时候亲身经历过的一件事：记得在他的少年时代，离家不远的邓公庙举办庙会。因为抢花炮，客家人和本地人发生争执，最后演变成土客之间的大械斗。最初是土人多，客人少。附近的客家人闻讯赶来，一听说是"自家人"被打，不问青红皂白，谁是谁非，都卷了进去，结果把土人打得四处逃避，客家人也有被打得头破血流的，却毫不在意。钟文典先生认为，"客家人这种以'祖宗言'为纽带的'自家人'情结，不论南北东西，不问赵钱孙李，是无处不在、无人不有的。随着时代的进步、交往的频繁，这种情结似乎变得平淡无奇。但在意识深处，却仍挥之难去。这些年来，各地客属联谊会、恳亲会，不就是以'祖宗言'为纽带吗？在全面建设中国特色社会主义，共享和谐生活的今天，愿客家人这种'自家人'的情结发扬光大，为中华民族的团结、国家的富强、社会的进步、人类的和平共处共同奋斗。"[1]

　　钟文典先生谈到的"自家人"认同或情结，笔者也感同身受。笔者长期从事东南亚研究和华侨华人研究，经常到海外尤其是东南亚访问或做田野调查，每到一处，只要一开口，当地华人凭口音就能够判断出笔者是客家人，马上就拉近了距离。他们会非常热心地和你拉家常，聊中国家乡的发展，为你的出行和田野调查提供各种帮助，甚至放下手头的工作，专门陪同你去做访问和进行调查研究。笔者有几个春节假期都是在东南亚度过的，记得1998年在马来西亚，应马华文化协会的邀请，到马来西亚协助进行华人历史调查。适逢除夕，马来西亚著名画家和文化人钟正山先生邀请笔者到他家去，笔者受到他和家人的热情款待。钟正山先生是祖籍梅县的客家人，他严格要求子女都要学习说客家话，他们全家老小都能够操一口正宗梅县的客家话交谈会话，令我这个海外游子有一种宾至如归的感觉，亲身感受到了海外客家人那种"自家人"的深厚感情和友谊。另一次海外过年是2000年在泰国，笔者当时在泰国朱拉隆功大学做访问学者，祖籍梅县的泰国客家人祝他先生邀请笔

---

[1] 钟文典：《广西客家》，第103—105页。

者到他家过除夕，笔者受到祝他先生和家人的热情欢迎，祝他先生和他的夫人都能够操一口流利的客家话，他的几位子女则只会说一些问候语。祝他先生和家人对我这个海外游子热情友好，把我当作是"自家人"，这种感情和气氛让我终生难忘。数十年来，凭借乡音和乡情，凭借"自家人"的客家情结和客家认同，笔者结识了许多海外客家朋友，有不少甚至成为至交。这些海外客家朋友，有的是学者，有的是艺术家，有的是企业家，甚至还有一些贩夫走卒。与他们交朋友，<u>丝毫没有陌生的感觉</u>，<u>丝毫没有异国他乡的差异</u>，<u>丝毫没有外国人的隔阂</u>，<u>丝毫没有文化的阻碍</u>。这是什么原因？无他，是"自家人"情结使然，也就是人们常说的"天下客家一家亲"。

曾经担任世界客属总会秘书长的蓝萼洲先生是台湾客家人。他在为《世界客属人物大全》（上、下册）一书作的序中提到，他的一位朋友曾经问他："你们向来被称为'客人''客家'或'客家人'，从中原迁出千多年，分居到海内外，到今天还是称为'客家人'。我的祖先也是从中原迁到浙江，更有各地许多同胞的祖先，也是由中原迁出的，何以我和他们不称为'客人'，而独你们才有此名称，究竟为何？"蓝先生一时无语，答不上来，"后来想想或者是由于下列几点：①客家人迁徙之始，集合家族亲邻、语言文化相同的大群人作集体式的流迁，自有其语文风俗，目标形象显著，而不同于行商游宦；②迁徙过程中遭遇兵侵、匪劫等，团结抗御，更引人注意，一行老幼男女，且自具规矩，所过之处不扰乱、不掠夺，而著有口碑；③在中原本地，未曾与南来异族融化，途中及所到各新地方，亦不与外族通婚，始终保持原有血统及礼教；④守持作客身份，与人和善交接，自具风范，虽其时到处地广人稀，而仍宁愿择山边荒野居住，避免与原居住人发生争地冲突；⑤怀念原乡，随时表露其回乡或他迁意象，不作恋地久居之计，仍有中原语言，整体集居，即使居非短暂，仍不与外人通婚等。合此各项特点，自与其他语系的人或少数迁移者大不相同，因此被称为'客人'，日久成为专用名词，所以至今仍被称为客家人"[①]。

[①] ［新加坡］谢佐芝主编《世界客属人物大全》（上册），新加坡崇文出版社，1990，第24页。

海外客家人观念共同体，在失去客家文化赖以生存的生产方式和经济基础之后，海外的客家村落及客家产业也日益萧条，曾经在维系海外客家精神家园方面发挥过重要作用的客家会馆也慢慢丧失其原有的功能，退化为一些老年客家人怀旧的场所，甚至连客家话也慢慢地失传。那么，这个共同体究竟是依靠什么来维系的呢？是靠一种精神或者观念。我接触过很多的海外客家人，虽然他可能已经不会说客家话了，也从来没有回过祖辈的故乡，但是他仍然牢记着"我是客家人"这个概念，仍然心系客家，不忘记自己的祖先是客家人，并要求下一代人铭记自己客家人的身份。正如早期的马来西亚华人学者许云樵先生在《客家人士在东南亚》一文中所总结的："客家人在各邦中尤为独特，既非地缘，亦非血缘，而为方言群。……客家人之在东南亚，亦处处表现其独特之精神。既有集中合群之特性，不畏强梁，不谋私利，而富有革命精神，冒险精神。"[1]

综上，笔者把海外客家人称为观念共同体。

毋庸置疑，在方言的基础上形成的华人群体是一个比较封闭的小社会，它的消极面表现在不利于整个华人社会的团结，阻碍不同方言群之间的相互联系和沟通。不同方言群的华人无法使用同一种方言沟通，于是，不同方言群的人不得不使用当地语言或英语进行沟通。早期东南亚华人社会是一个分裂的社会，方言在其中起了很大的作用。与广府人、潮州人、闽南人相比，客家人到东南亚的时间相对要晚一些，人数也少一些，因为他们地处山区，交通不便。"客家人出国，多由汕头上船，在汕头崛起之前，则由漳林港（位于现在的广东澄海区）出洋。也有部分经由陆路辗转到广州、澳门或香港登船远航的。早期客家人出国，有的是契约劳工，被当作'猪仔'贩卖出去的；有的是由'水客'带去的。"[2]

"客人（即客家人，有时简称'客人'）开埠，广东人（泛指操广州方言

---

[1] [新加坡]谢佐芝主编《世界客属人物大全》（上册），第117-118页。
[2] [新加坡]潘翎主编《海外华人百科全书》，崔贵强编译，三联书店（香港）有限公司，1998，第39页。

的人）旺埠，潮福人（指操潮州和闽南方言的人）占埠。"有人用这样的俗语形容三种不同方言群体的华人在东南亚开拓发展中所处的地位与作用。事实上，这个俗语在一定程度上反映了早期不同方言群的海外华人的实际情况。客家人有开拓和冒险精神，因此，东南亚许多城市都是他们最早开拓的，如泰国南部的合艾市、马来西亚吉隆坡市，都是客家人最早在这些地方开拓发展的。他们在这些地方开矿、筑路，建立各种基础，形成城市的雏形，但是，他们不可能长期地占有和发展，主要是因为排外和内部不团结。广东人有商业意识，善经商，他们的到来可以使一个地方很快就繁荣兴旺起来；潮州和闽南人则较有战斗精神，在圈内也比较团结，所以他们往往能够占领一个地盘并且不断扩充实力。人是环境的产物，形成上述情况在很大程度上是由客家人所处的特殊环境决定的。对此，马来西亚华人学者刘果因先生如是分析："客家人处在韩江、北江和东江的上游，土地贫瘠，又无港口，所以受人口的压力，比其他民系更大而更难解决，又加以明末清初抗清运动的失败，因此来到南洋。这些来到南洋的客家人，在家乡已没有商业根据地的港口，也没有航海贸易的经验，因此，一到南洋，经济上便与故乡脱节，而成为孤立无援的移民。所以只好靠双手劳动，或从事农工，或经营矿业，披荆斩棘，替人开埠。广府人则以物产丰富的珠江流域为经济背景，转运物资，前来旺埠；潮州人和漳泉人，则以汕头和厦门的港口为其经济背景，一边移民而一边转运物资，前来占埠。"[1]

日本学者今崛对早期马来亚华人社会有极深入的研究。他在《马来亚华人社会》一书有专门的章节描述早期的客家人在槟城的情况，为我们了解早期东南亚华人社会中的客家人提供了一个很好的借鉴。他认为"客家人是与以色列人同样，是经过了淘汰的迁民"。今崛认为，客家人固然有许多优点，包括刻苦耐劳、勇敢、冒险等精神，但是，客家人的生存环境决定了他们有

---

[1] 刘果因：《槟城嘉应会馆在马华历史上的地位》，载《槟城嘉应会馆成立186周年暨主办马来西亚嘉联会第36届代表大会纪念特刊（1801—1987年）》，1987，第29页。

许多不足，例如，不善于团结其他方言群的华人，"嘉应州（指今日梅州市）人罗芳伯创设兰芳公司，惠州人叶亚来在吉隆坡的活动，都是不能团结外地的客家[1]。因为客家是居住在岭南的山间，有高度的农民保守性，和村落共同体的排外性。"[2]

在海外客家人中，第一代、第二代人一般有比较强烈的族群认同感。他们非常看重和强调自己是客家人，以自己的客家出身和会说客家话为荣。他们比较愿意参加以客家的名义而组织起来的各种机构，如客属会馆、世界客属会议等，是促进和繁荣海外客家文化的主力。到了第三代之后，客家人的族群认同便开始淡薄，他们虽然也知道出身客家，但不会说客家话，也不认同客家文化，不参加客家人的组织。这种情况在城市地区更加突出一些，农村地区则相对要好一些，但是，随着各国城市化与现代化的进程，农村地区的客家文化认同逐步淡化的现象也将日益突出。在海外华人社会，客家文化认同逐渐淡化的现象并不是单个方言群的个别案例，其他的方言群，包括闽南话、潮州话、广府话、海南话、福州话等方言群对本族群的文化认同也在日渐式微。造成这种现象的原因是非常复杂的。

观念共同体，归根结底是一种文化认同。所谓文化认同，指的是认可某个具有独特文化的群体及他们对文化的理解方式，换句话来说，就是一个人把自己归类为某个文化群体；文化认同是身份认同的一个层面，甚至可以说是身份认同的核心，是形塑身份认同的重要因素，意味着他或他们怎样看待自己，怎样理解自身和世界的关系。海外客家人的文化认同，是建立在方言群认同和"自家人"情结基础上的一种独特的文化理解方式。它既是族群内部交流的基础，同时也是让他者识别和理解自己的一种方式。

在海外，华人的身份认同可以分为政治认同、民族（族群）认同和文化认同三类。一个海外华人可以同时拥有三种不同的身份认同，即他在政治上

---

[1] 今崛所说"外地的客家"，是指来自不同祖籍地的客家人也存在一定的地域歧视，嘉应客时常会看不起惠州客，而惠州客也排斥嘉应客。

[2] 今崛：《马来亚华人社会》，刘果因译，槟城嘉会馆扩建委员会，1974，第1页。

认同他居住的国家，宣誓效忠他居住和认同的国家，而在族群和文化上仍然认同华族和中华文化，但也有可能出现三个认同的重叠，即政治、族群和文化三个方面完全认同他现在居住的国家。以马来西亚为例，一些成为穆斯林的华人，他在政治上效忠马来西亚，同时在族群上也认同自己是马来西亚人，在文化上也认同马来文化；对大多数马来西亚华人而言，他们虽然在政治上认同马来西亚，宣誓效忠马来西亚，但他们仍然将自己归类为华人或华族，认同中华文化。笔者曾经指出："民族认同与政治认同是两个不同的概念。现在的东南亚华人是一个少数民族（新加坡除外），他们可以在政治上认同所居住的国家，加入所在国的国籍，并且效忠于它、热爱它。但是，他们也有权利保留本民族的特色，为维护本民族的政治经济和文化权益而斗争。一些东南亚国家政府的错误就在于把国家认同和民族认同这两个不同的概念混淆在一起，企图让华人在认同当地国家时，也完全放弃本民族的特色，使他们完全同化进当地民族中去。这种做法理所当然地受到东南亚各国华人的抵制，当然，华人的这种抵制程度在各国是有所不同的。在华人占全国人口比较多的马来西亚，华人为保留自己民族的特色而进行了有理、有利和有节的斗争，并且收到了较好的效果，马来西亚政府不得不推行多元主义的民族政策，允许华人比较多地保留自己的民族特色。而印度尼西亚和其他东南亚国家的华人因为各种原因则往往无法进行有效的斗争以保留自己的民族特色，他们不得不接受同化政策。但是，尽管如此，他们仍然不愿意被完全同化，他们仍然认为自己是华人，而不是别的什么人。"[1]

客家文化是中华文化的一个重要组成部分。早期出国谋生和定居的海外客家人，可能没有什么文化，也没有读过什么书，也不懂得什么高深的中华文化，但是，他对自己家乡的认知、对客家人的认同是与生俱来的，他在出国的时候，就把这个认同一起带到了国外。作为海外客家人的后裔，他们在海外出生、在海外成长，有些系统地接受过华文教育，有些只是从父母和家

---

[1] 曹云华：《变异与保持——东南亚华人的文化适应》，台湾五南图书出版公司，2010，第274页。

庭里接受过中华文化，包括客家文化的熏陶，但这种文化认知和认同是潜移默化的，因此，他在政治认同方面虽然认同他现在居住的国家，但他在族群方面却仍然认同华族，在文化方面认同中华文化。在这里，认同中华文化和认同客家文化是不矛盾的，甚至可以说是相辅相成的。作为中华文化中的亚文化和重要组成部分，客家文化有助于海外客家人加深对中华文化的认知。海外客家人从了解客家文化开始，一步一步地迈向博大精深的中华文化。海外客家人首先要有一种客家人的文化认同和自觉，然后在这个基础上逐步深化，循序渐进地培育出更高层次的文化认同——中华文化认同，这是一个从量变到质变的过程与飞跃。

海外客家人的文化认同最初可能只是同乡认同、宗族认同及方言群的认同，后来逐步发展成为更高层次的认同，即族群认同和中华文化的认同。促成这种转变的主要因素是民族主义的觉醒和现代生产关系的形成。正如艾瑞克·沃尔夫（Eric Wol）在分析资本主义制度下的劳工移民时所说："进入工业社会的新成员的族群认同与其原先的自我认同总是不一致的。他们首先把自己看作是汉诺威人或巴伐利亚人，而不是德国人；是某个村子或教区的人，而不是波兰人；是汤加人或瑶族而不是'马拉维人'。只有当工人能够进入不同的劳动力市场，并且开始把这个机会视为一个社会和政治资源加以维护时，才会出现更具包容性的族群认同。这样的族群认同不是'原始'的社会关系，而是劳动力市场分割的历史产物。"[1]

三、学术研究综述

（一）中国学者关于海外客家人的研究

比较系统研究海外客家人的学者首推罗香林教授，他曾经绘过马来西亚各地客属侨胞分布图、印度尼西亚爪哇客属侨胞分布图及东南亚各地客属侨

---

[1] Eric Wolf, *Europe and the People without History* (Berkeley: University of California Press, 1982), p.381.

胞分布图。广东梅县人罗英祥撰写过许多客家人的文章和书籍，其中有一些作品也涉及海外的客家人。例如，他撰写的《漂洋过海的客家人》一书就有很多的篇幅论述海外的客家人是如何从中国走向世界各地的，该书也介绍了许多著名的海外客家人物。罗英祥后来还著有《印度尼西亚客家人》一书。

国内学者研究国内客家人的研究成果可谓汗牛充栋，但研究海外客家人的成果比较少见。2023年底，笔者在中国知网上以"海外客家人"为主题词检索相关文献，发现从1990年至2022年初，研究海外客家人的文章只有184篇，其中关于客家人和客家族群的论文53篇，客家文化和海外传播的论文24篇，研究文化认同和社会变迁的论文13篇，研究东南亚和该区域各国客家人的论文13篇。笔者是比较早从海外华人的视角研究海外客家人的学者之一，早在2008年，笔者发表题为《嬗变与保持：东南亚客家人的文化适应》的论文，文章指出，东南亚华人社会中的客家人是一个复合体，由不同阶级、不同职业和不同文化背景的人组成，是东南亚华人社会中的一个亚文化群体。在全球化时代，东南亚客家人正处在一个转折点，他们保持客家文化的努力正面临着前所未有的挑战。[①] 随后，笔者又先后在新加坡的《南洋学报》和国内的期刊《八桂侨刊》上发文，探讨海外客家人的特性问题。2014年，笔者在《八桂侨刊》发表连载文章，探讨海外客家人的社会变迁问题。[②]

在推动国际客家研究方面，设立于香港的国际客家学会功不可没。国际客家学会是有关客家学研究的国际性学术团体。香港中文大学的中国文化研究所与法国国家科学研究中心的华南及印支半岛人类研究所等研究机构，于1992年9月间在香港中文大学举办首届国际客家学研讨会，来自中国内地（大陆）、香港、台湾地区，以及美国、法国、英国、荷兰、瑞士、日本、新加坡、澳大利亚等地区和国家的学者80多人与会，共提交论文60多篇，香

[①] 曹云华：《嬗变与保持：东南亚客家人的文化适应》，载《世界民族》2008年第4期，第60—68页。
[②] 连载共有三篇文章，分别为：《印尼山口洋的客家人——海外客家人的社会变迁之一》，载《八桂侨刊》2014年第1期；《台湾的印尼客家新娘——海外客家人社会变迁之二》，载《八桂侨刊》2014年第2期；《印尼棉兰的客家人——海外客家人的社会变迁之三》，载《八桂侨刊》2014年第3期。

港大学校长王赓武做主题发言。与会学者经讨论决定成立国际客家学会,旨在加强各国客家学研究的交流和合作,促进客家学的研究水平的提高。首届会长谢剑,副会长郑赤琰。会址设在香港中文大学亚太研究所的海外华人研究会。1996年11月在新加坡举行第13届世界客属恳亲大会(简称"世客会"),同时举行的第3届客家学国际研讨会,为世客会创造了浓浓的学术研究气氛。此后历届世客会举行的同时,都会举办相关的客家学术研讨会。

世客会为促进国际社会对全球客家人的认知和了解立下了汗马功劳。世客会是国际上最具影响力的华人盛会之一,是海内外客属乡亲联络乡谊和进行跨国跨地区交往的重要载体,也是各国各地区客家人开展经济合作和文化交流的重要舞台。世客会缘起于1971年9月28日香港崇正总会举行的第1届世界客属恳亲大会,20世纪基本上每两年举行一届,21世纪以来每年举办一届。已在亚、美、非洲11个国家和地区举办,规模逐渐扩大,由单纯的恳亲联谊发展为融经济合作、文化交流和学术研讨于一体的活动载体。长期以来,大会弘扬客家精神、传播中华文化,增进海内外亿万客家人的团结。

国内许多大学在最近几十年也纷纷设立客家研究机构,开展客家研究,如华南理工大学、深圳大学、华东师范大学、广西师范大学、嘉应学院等。其中嘉应学院客家研究院是中国客家学研究最重要的研究基地,在过去较长时间内,主要侧重于国内客家人的研究。近年来,该学院调整研究方向,把海外客家研究作为今后一段时期内的研究重点,组织力量翻译西方学者关于海外客家研究的成果,推出《海外客家研究译丛》第一期共6部专著(社会科学文献出版社,2013年),包括:欧爱玲(Ellen Oxfeld)著,吴元珍译《血汗和麻将——海外华人社会的家庭和企业》;日本河合洋尚主编《日本客家研究的视角与方法》;郭思嘉著,谢胜利译《基督徒心灵与华人精神——香港的一个客家社区》;梁肇庭著,冷剑波、周云水译《中国历史上的移民与族群性:客家人、棚民及其邻居》;欧爱玲著,钟晋兰、曹嘉涵译《饮水思源:一个中国乡村的道德话语》;濑川昌久著,河合洋尚姜娜译《客家:华南汉族族群性及其边界》。这套丛书在海内外产生了较大的影响。该院一批中青年学者在研究海外客家人方面出现了不少有分量的成果，开始崭露头角。该院 1990 年创办《客家研究辑刊》，每年出版 2 期，迄今已经出版 60 多期。近年来，该期刊也增加了海外客家研究的文章，成为中国海外客家研究的重要阵地。

广西民族大学的广西侨乡文化研究中心成立 10 年来，也在开展海外客家人研究方面做了大量的工作。该中心负责人郑一省教授身体力行，带领几位研究生深入印尼棉兰、山口洋等地从事田野调查，完成了多篇以棉兰、山口洋客家人为主题的硕士论文，后来结集出版，书名为《印尼美达村华人》（中国社会科学出版社，2019 年），填补了国内这方面研究的空白。

中国学者研究客家侨乡和客家人到海外谋生历史的许多成果值得关注。最早探讨客家人过番和下南洋原因的学者当推罗香林。新中国成立之后直到改革开放之前的漫长时间里，鲜有学者去探讨客家人迁徙海外的真正原因，一般都是用阶级斗争的理论，将这一现象的产生简单归因为"阶级斗争"和"阶级压迫"，并且笼统地过分夸大"契约华工"的历史现象，给人们一种假象，好像客家人出国（包括其他方言群的华侨华人）都是被"卖猪仔"。改革开放之后，才开始有不少学者从学术的角度探寻客家人大规模过番和下南洋的历史真相，摆脱了原来那种先入为主的阶级分析法，看问题比较客观和尊重历史事实。

黄玉钊认为，客家人向海外迁徙的历史由来已久，迄今已有六七百年的历史。"客家人离开家乡到海外谋生，起初是经水路，以木排、舢板或机帆船为交通工具，在海上随风漂流出去的；有一部分是从云南、广西陆路去缅甸、越南的；后来有的受外国招募'契约华工'，通过潮汕、厦门、广州、香港'卖猪仔'出去的；后期较多的则是通过亲友、同乡的关系，扎一条裤腰带，跟随'水客'出去的。"[①] 李小燕认为，客家过番的原因有三：一是生活所迫，二是政治原因，三是因为土客械斗；客家人过番的途径有四条：一是亲友介绍，二是"水客"携带，三是"卖猪仔"，四是通过婚姻等形式。"客家人通

[①] 黄玉钊：《论客家人迁徙海外的经历及其历史贡献》，《嘉应大学学报》（社会科学版）1997 年第 1 期，第 103 页。

过婚姻关系而过番的也有不少。许多客家女子因贪图海外的安逸生活，也多愿意嫁南洋客。1912年到1949年的37年间，梅县的侨务政策是开放的，在国内的侨眷亲友可以随时出国，手续简便。由此过番的当不在少数。另外，还有因读书或继承产业而留在异国他乡的。"①

丘菊贤曾经发表过不少关于海外客家人的论文。他认为，客家人迁徙海外的主要原因有三：首先，当时中国封建统治者的残酷剥削和压迫，国家经济停滞，人民生活贫困，客家人屡屡起来反抗，均受到残酷的镇压，客家人为了生存而不得不漂洋过海，走向外部世界；其次，南洋的地理、历史和现状决定了客家人外迁以此地区为主要的彼岸；最后，从客家人本身的条件和现状看，客家人既有走向南洋的必要性，也有可能性。"迫使客家人离开乡土远走南洋除封建制度的政治原因外，还有客家地区当时人口迅速增长，贫困的山区已承受不了这一压力，如广东梅州、韶州（今韶关市）、惠州等地客家户口由北宋时只占少数到这时已占多数，人多了势必要向外寻找出路。向外迁徙，对客家人来说已是司空见惯寻常事，千百年来他们长期辗转迁移已经积累了丰富的经验，培养起敢于走向新地、乐于吃苦、勇于创业的客家精神。"②

魏明枢和冷剑波等中青年客家研究学者比较多地从客家人的特性、客家人所处的社会历史环境中去寻找客家人在近代大规模向海外迁徙的原因和过程，注重从客家人自身的族群特性等内在因素探求历史真实面目。以前的客家研究学者一直着重研究客家人向海外迁徙的外在动因，包括海外的吸引力、国内政治经济因素等，而以魏明枢和冷剑波为代表的学者则更着重从客家人自身内在的方面去探寻客家向海外迁徙的主要动因。应该承认，早期客家人过番和下南洋，主要动因是生活所迫，尤其是政治难民和契约移民这两种类型的客家移民，但是到了中后期，大部分过番和下南洋的客家人都是自由移民，他们的行为基本都是自觉、自愿的，是对美好生活的追求，是客家人天

---

① 李小燕：《客家人的过番习俗》，《中南民族大学学报》（人文社会科学版）2003年第6期，第45—46页。
② 丘菊贤：《客家迁徙南洋论略》，《河南大学学报》1994年第3期，第61—62页。

生的移民性格使然。他们把南洋看作是实现自己的美好梦想的必由之路。魏明枢认为,总之,客家人的宗族血缘思想在其过番活动中起了重要的牵引作用。不论是官方文献,还是梅州的地方文献都表明,从清初开始,客家地区就一直源源不断地有人出国过番,并且形成了移民南洋的风气;到乾嘉时期,客家进入了第一次移民海外的高潮时期。可以说,这一批华侨的牵引,成为近代客家人走向世界并形成世界性民系的重要基础。到了 20 世纪,特别是二三十年代时,由于早年移民经济地位的改善,职业范围扩大,职业结构发生变化,分工更细,海外华人也逐渐组织了家庭,所有这些都进一步促进了海外移民的发展。1949 年以前,丰顺人南渡海外谋生已成风气。魏明枢还指出,客家人"性喜读书"却又务实经世的精神对于客家社会形成过番风俗的影响非常深刻。"近代时期,转变了价值观念的客家人往往崇尚过番。显然,过番已成为客家穷人的希望之路,成为他们改变困境的一条较现实之路。过番意味着穷人有可能发财致富,过上好日子,过番有着巨大的诱惑。海外侨胞的生活总的来说要好于国内,到海外闯生活也要比国内容易,这是侨乡人出洋时的基本心态。"[1]

冷剑波的《近代梅州客家人"过番"南洋考略》一文在许多方面有突破和创新。他广泛收集了梅州历史上一些文人墨客关于客家人过番和下南洋的诗词,侨乡广为流传的山歌、俗谚等民间文学作品和马来亚殖民地时期的政府档案等史料,通过考证得出结论说:"'卖猪仔'并非客家人过番的全貌,事实上过番反而是近代梅州地区客家人一种最为重要的生活方式和生存策略。"[2]

魏明枢和冷剑波都是新一代的中青年客家学者,从教育背景来看,他们接受的人文社会科学方法训练更加严谨和系统,研究视角和研究方法更加多

---

[1] 魏明枢:《近现代客家人"过番"的历史文化背景》,《嘉应学院学报》(哲学社会科学版) 2007 年第 2 期,第 9—13 页。

[2] 冷剑波:《近代梅州客家人"过番"南洋考略》,载肖文评、冷剑波著《海洋客家与梅州华侨华人研究》,暨南大学出版社,2022,第 43 页。

元，有助于他们开拓视野，以世界的视角从事客家研究。以冷剑波为例，中山大学民俗学专业博士毕业的教育背景，有助于他跳出传统的客家学研究的窠臼，从人类学、社会学等跨学科、交叉学科的视野重新审视和观察客家人过番和下南洋这一老问题，并且得出一些新的结论和观点。

此外，台湾客家研究的兴起对东南亚地区客家研究起了很大的推动作用。台湾一些学者在研究台湾客家人的同时，也聚焦于新马地区的客家人。台湾大专院校的一些客家研究学者带领研究生经常到新马各地进行田野调查，撰写关于新马地区客家人的硕士和博士论文；也有不少马来西亚留台学生，以马来西亚客家人为对象与主题，撰写自己的毕业论文，他们的研究范围包括马来西亚客家人的历史、分布、社团、宗教信仰、家庭等。值得一提的是，最近10多年来，台湾客家研究学者与新马两国的客家研究学者开展广泛的合作，取得了许多可喜的成就。如台湾暨南国际大学林开忠教授主编的《东南亚客家：族群的生活与文化》一书，对东南亚客家的宗教信仰、客家领导层与社团、日常生活等进行了比较深入的探究；又如萧新煌先生主编的《东南亚客家的变貌：新加坡与马来西亚》，是台湾近年来研究新马两地客家人的一部力作，该书收集了多篇关于马来西亚客家人的论文，其中一些作者如黄子坚、安焕然等是马来西亚本土学者。

（二）西方国家学者关于海外客家人的研究

据日本客家研究学者的考究，最早接触和关注婆罗洲（即现在的加里曼丹）地区客家人的是西方的传教士，其中要数郭实猎（Car Frederick August Gutzlaff，或叫 Charles Gutzlaff，出生于德国，最初是荷兰传道会的成员）最早接触东南亚地区的客家人。郭实猎先后去过泰国、巴达维亚、邦加和宾坦岛（估计是现在印尼廖内群岛中的峇淡岛），后来才去了中国广东客家地区，而他去的东南亚这几个地方都是早期客家人聚居较多的地区。郭实猎最早应该是在泰国接触过泰国的客家人，他在其英文著作《1831年和1832年：中国沿海两次航行记》（*Journal Two Voyages along the Coast of China in* 1831 &1832）记载："泰国的大部分华人来自粤东潮州府，而且基本上都是农民。

其中有一群被称为'Hih'或'Ka'的人，大多是工匠。""我们和一群衣衫褴褛，连生活必需品都匮乏却阳光、健谈的贫苦人家交流了很长时间。据说他们来自'Kea'，讲的话听起来比广东其他任何地方的语言都更接近北京官话。他们是勤劳的农民、理发师、铁匠和木匠。由于当地人口过于稠密，他们常移民到异国他乡去谋生，特别是在印度群岛（今印度尼西亚）常能见到这群人的身影。他们在邦加岛和婆罗洲主要做矿工，在新加坡、巴达维亚则是普通的工场工人。他们遍布台湾和大陆，在广东则以理发师和雇佣工人的身份散居各地。"①

另据日本客家研究学者考证，19世纪中期的《中国丛报》（*Chinese Repository*，主要面向在华西方人士发行的英文杂志）也经常会刊登一些东南亚客家人的文章。例如，1836年3月号的一篇有关婆罗洲的文章说，当地有3.5万到20万华裔移民主要居住在城市，他们大部分来自中国粤东，自称是"客"。该杂志1839年的一篇文章说，三发（即现在的印尼西加里曼丹省三发县）当时有常住人口150多万，基本上都是做小生意的客家人；万雅佬通行客话，在坤甸和东万律，有不少是自称广东人同时只使用客语的人。1840年，《中国丛报》刊登了罗帝（Doty）和波罗满（W. J. Pohlman）访问婆罗洲的一篇报道："他们到访了距三发河东岸大约1英里的一个叫邦戛（Pumangkat）村庄。这个村庄已经有九年的历史，常住人口超过1,000人，有福佬人，也有客家人，但绝大多数村民使用的是客家话。第一次与村长见面时，两人发现他马来语说得很糟糕，福建话更是完全不会。"②

欧美学者在研究东南亚地区的华侨华人时，多有涉及客家人。东南亚地区客家人以其人数、性格特征、职业特点等引起了他们的极大关注和兴趣，包括史金纳（G. W. Skinner）、布莱斯（W. L. Blythe）、布赛尔等人。

美国学者史金纳在分析泰国华人移民的来源地时，对广东和福建几个方

---

① [日] 饭岛典子：《近代客家社会的形成：在"他称"与"自称"之间》，罗鑫译，暨南大学出版社，2015，第24-25页。

② 前揭书，第31-32页。

言群早期迁徙泰国的情况进行了分类，并阐述了广东人、福建人、潮州人、客家人和海南人五大方言集团（他认为，称"语系集团"更为准确）在中国形成的过程和迁徙泰国的历史。史金纳指出，这五个语系集团中的每一个集团，移居东南亚至少已有2个世纪。早在明代以前，泉州和广州就已是重要的港口，直到18世纪中叶，福建人和广东人在南洋移民中一直占据优势。到了19世纪中期，汕头港的开发为客家人迁徙泰国提供了极大的便利。"汕头是大部分客家人移民出国最近的港口，客家人移居暹罗就出自这种事实。"史金纳根据1879年中国海关的一份报告书得出结论说："在移民总数中，客家人占有27%至29%。"①他还在文章的注释中指出："这种比例不仅适用于暹罗的中国人，而且也适用于从汕头出国的所有中国人。"②

当年英国殖民当局驻马来亚官员布莱斯在《马来亚华侨劳工简史》一文中就提到，早期马来亚的锡矿业开采和贸易中，大部分都是华人，在1824年时，霹雳就有400名以上的中国居民从事锡矿开采和贸易。"在太平附近的拿律，到1862年时，中国矿工已经有2万至2.5万人。到1872年，人数增加到4万。其中大多数是广东人，也有几千名是客家人。"③

在殖民地时期，有一些西方人类学学者曾经对早期到西婆罗洲（今印尼西加里曼丹省）的华人进行过观察研究，他们具备与殖民统治当局有密切联系，可以直接接触到官方文件和档案资料等优势，因此，西方学者的研究可谓独树一帜，为后人的研究提供了不可多得的珍贵资料。在这方面最有代表性的当属荷兰学者高延（J. J. M. De Groot，1854—1921），他撰写了著作《婆罗洲华人公司制度》（袁冰凌译，1996年）④。高延1873年入莱顿大学，学习中国历史文学，并进修宗教学理论。四年后，他前往厦门进行为期一年的留

---

① 该报告书把这一年从汕头出境的17215名移民的来源按县别做了一个完整的明细表。资料中列举哪些县份是潮州人居住的，哪些县份是客家人居住的，哪些县份是两种人合住的，及比例如何。
② [美]史金纳：《泰国华侨社会史的分析》，魏嵩寿、林俊绵合译，载《南洋问题资料译丛》1964年第1期，第6—13页。
③ [英]布莱斯：《马来西亚华侨劳工简史》，王隆译，载《南洋问题资料译丛》1957年第2期，第2—3页。
④ 袁冰凌，厦门大学学习后到荷兰学习荷兰语并翻译了高延这本书。

学,对厦门的民情风俗进行了大量的调查研究,写下了第一本关于中国的著作《厦门民间习俗》,为其后来研究婆罗洲的华人公司制度打下了坚实的基础。早期的荷兰汉学,基本宗旨是为荷属东印度培养中文通译人才。1878年,高延被派往井里汶担任翻译官,两年后转到西婆罗洲的坤甸任职。在这里他陪同上司进行了大量的公务旅行,与当地最后一个客家人金矿公司——兰芳公司有大量的接触,与公司首领刘阿生等建立了良好的关系,还学会了客家话,并收集到十分珍贵的兰芳公司及其他华人金矿公司的第一手材料。1884年,兰芳公司解散,导致大量华人矿工流离失所,曾经繁华一时的东万律等许多城镇变得荒无人烟。高延与该公司有过三年的直接接触,认为荷兰殖民当局并不了解当地,导致政策失当,于是,他撰写了《婆罗洲华人公司制度》一书,从人类学的角度研究中国,强调了解华人社会的重要性和紧迫性,希望该书能够改变许多人对华人的误解。1886—1890年,高延又到中国福建、广东、江西、四川、北京等地进行广泛的田野调查。回国后,他担任莱顿大学的人类学教授、荷兰皇家科学院客座院士,法国授予他荣誉勋章。

日本人对海外客家人的了解和认知,起源于1895年中国在甲午战争失败后割让台湾。日本在对台湾进行殖民统治的过程中与台湾的客家人直接打交道,客家人反抗侵略、英勇不屈的大无畏精神给日本当局留下了深刻的印象。当年日本军登陆台湾之时,最早举起义旗、打响抗日保台第一枪的便是客家人丘逢甲。[①] 大概从这个时候起,日本开始了与客家人的正面接触。当年日本参谋部门编写的《台湾志》对台湾的客家人记述如下:"有一种被称为客

[①] 丘逢甲(1864年12月26日—1912年2月25日),字仙根,又字吉甫,别号蛰庵、仲阏、华严子等。祖籍广东嘉应州镇平县(今广东蕉岭县)。晚清抗日保台志士、爱国诗人、教育家。清光绪十四年(1888年),考中举人;光绪十五年(1889年),授任工部主事。丘逢甲无意在京做官,到台湾台中衡文书院担任主讲,后又于台湾的台南和嘉义教育新学。光绪二十年(1894年),中日甲午战争爆发,他请命督办团练。台湾割让给日本后,他写下"拒倭守土"血书,亲率义军抵抗日寇。力战20余昼夜,孤军无援,战败后内渡福建,后转回原籍广东省梅州镇平定居,创办学校,推行新学,曾主讲潮州韩山书院。1909年,当选为广东谘议局副议长。1911年9月,广东光复,丘逢甲任广东军政府教育部部长;11月,出席了南京组建中央临时政府的会议,会上当选为中央参议员。

家（哈哈）的种族。客家乍一看与'支那'①人没什么不同，然而它是与'支那'人不同的种族。客家在台湾各地分布颇多，据说他们与纯粹的'支那'人通常关系不合，因而不断发生争斗。而客家种族的居住地在于生番地和支那人居住地的中间，专门从事农业。'支那'人普遍将他们称之为'内山之客人'。"日本人小川琢治在同时期出版的《台湾诸岛志》也有如下记载："近年来，客家对我师抗议。无恶不作的土匪一般都属于这个种族。这个种族好战，屡次对清朝发动武装暴动。"②在20世纪30年代初爆发的中日战争中，日本人对国民党军队中英勇抗战的客家将领也有深刻的印象。1932年1月28日，日寇出兵进犯上海闸北，当时驻防淞沪地区的国民党爱国将领、十九路军总指挥蒋光鼐和军长蔡廷锴率全军将士英勇抗击，爆发了震惊中外的"淞沪抗战"。十九路军将士以3万之师抗敌10万之众，苦战33天，打了大小100多场仗，日军损兵折将1万多人，迫使日军三易主帅。十九路军的许多将领和中下级军官均来自广东，其中许多是客家人，如淞沪抗战中坚守四行仓库的400将士，从总指挥谢晋元至一般的战士，大多来自广东客家地区。1932年，日本驻广东总领事馆编写的《广东客家民族研究》这样写道："客家人保持作为中原民族的自尊心，不容易与别的民族融合，保持中华思想而轻蔑先住南蛮民族，斗争心强烈，富有排外思想。十九路军的所谓抗日等一切都是基于客家的排外思想。"③

在日本早期对客家人的研究成果中，不能不提到日本首批客家研究者高木、根津、松本、今崛等人，他们早在19世纪末20世纪初期就开始对东南亚华侨华人进行深入的调查和研究，其中不少著述都有涉及来自中国华南地区的客家人。今崛是最有代表性的一位，他在其著作《马来亚华人社会》中有专门的篇章论述槟城的客家人，用较多的笔墨记述了槟城的几个客家社团

---

① "支那"为近代日本侵略者对中国的蔑称，现已不使用。故加引号，原文并无引号。
② 转引自［日］河合洋尚主编《日本客家研究的视角与方法》，姜娜等译，社会科学文献出版社，2013，第4-5页。
③ 前揭书，第13页。

的历史、地位与作用，包括嘉应会馆、惠州会馆和客属联合会。[①] 到了 20 世纪 20—30 年代，日本人开展对南洋华侨系统的调查，出版了一系列成果，这是日本对东南亚华侨华人系统研究的开端。[②]

（三）东南亚华人学者关于海外客家人的研究

许云樵先生的《客家人士在东南亚》可以说是这方面的代表作，该文比较详细地分析了东南亚各地的客家人组织、人物等；新加坡的出版家谢佐芝先生主编的《世界客属人物大全》广泛收集了世界各国尤其是东南亚地区的客家人物，比较全面地反映了世界各国客家人物和客家团体的基本情况；东南亚各国的客家会馆不定期出版的会刊或纪念特刊也曾经发表过不少研究客家人物和客家团体的文章。例如，新加坡南洋客属总会在 1989 年出版发行的《新加坡南洋客属总会六十周年纪念特刊》收集了几十篇研究东南亚客家人物、客家团体和客家文化的文章，其中一些文章颇有深度与新意。《马来西亚雪隆嘉应会馆 87 周年纪念特刊》（1992 年出版）刊登的一篇题为"嘉应会馆史"的文章详细阐述了该会馆的发展历史、组织机构和主要人物，是一篇不错的研究文章。类似这样的会馆出版物一般都会有研究会馆历史的文章，而且都有一定的深度，为后人研究东南亚客家人的团体与组织提供了非常宝贵的史料。马来西亚华社研究中心还专门出版过马来西亚客家著名人物叶亚来的传记《叶亚来传》。

（四）关于东南亚和南亚地区客家人的研究

1. 印度和南亚客家人研究

一些西方学者对印度和南亚地区的客家人的研究具有开拓性。这方面的代表作有《加尔各答的华人——孟加拉之虎》（*Chinese a Calcutta: Les Tigres du Begale*）和《血、汗和麻将——海外华人社会的家庭和企业》（*Blood,*

[①] [日] 今崛：《马来亚华人社会》，刘果因译，槟城嘉会馆扩建委员会，1974。

[②] 台湾学者在 20 世纪 60-70 年代曾将这些调查资料做过整理，翻译出版部分著作。在 2011 年，暨南大学华侨华人研究院组织人力将这些资料翻译整理，编辑成 3 册出版，书名为《日本对南洋华侨调查资料选编》（共 3 辑），广东高等教育出版社，2011 年出版。

Sweat and Mahjong:Family and Enterprise in a Overseas Chinese Community），它们填补了印度华人和客家人研究的空白。两书研究指出，印度华人，主要是客家人大多居住在加尔各答市。朱利安·贝尔诺（Julien Berjeaut）著的《加尔各答的华人——孟加拉之虎》一书通过追溯华人从 18 世纪后期到移民加尔各答直到 20 世纪 80 年代的历史，全面概述了主要是以客家人为主的华人社会状况，包括唐人街、华文报纸及客家华人所主要从事的职业等。该书的第三部分以田野调查的方式，比较详细地叙述了客家人聚居在加尔各答郊区塔坝的方方面面，包括早期从事皮革业给华人社会带来的繁荣景象，后来城市扩张和社会变迁导致的客家人原来主导的皮革业的衰落，以及这些经济因素对客家华人社会的影响等。欧爱玲（Ellen Oxfeld）著的《血、汗和麻将——海外华人社会的家庭和企业》一书以家庭、企业和种族作为基本框架，透视了聚居在加尔各答的客家人经营的企业及家庭生活和当地的种族关系等。欧爱玲在她的另外一篇论文《依旧是"客人"：印度加尔各答客家人认同的重塑》中指出，加尔各答的华人不全是客家人，广东人（指广府人，下同——作者注）和湖北人也定居在加尔各答。广东人、湖北人和客家人各自保留着自己的语言，从事不同的职业。广东人主要以木匠著称，而人数较少的湖北人的主要职业是牙医。皮革业是客家人从业人数最多的行业，此外，客家人还经营鞋店、美发、餐馆。迄今为止，客家人是三个华人次群体中最大的一个群体。虽然加尔各答的人口普查从未按语言来区分华人人口，但客家人在人数上的优势是明显的。客家人有 2 所华文学校，广东人有 1 所。此外，广东人和湖北人常常能用客家话交谈，而很少有客家人学习广东话或湖北话。广东人和湖北人认为，这是由于现在客家人在加尔各答的华人社会中占优势。皮革厂的数量（1980 年时约有 300 家）也明显表明了皮革业是客家人最重要的职业，客家人经营的鞋店在 1980 年时亦有 150 家。[1]

---

① [美]欧爱玲：《依旧是"客人"：印度加尔各答客家人认同的重塑》，张铭、赵莉苹译，《华侨华人历史研究》2008 年第 4 期。

2. 泰国客家人研究

这里必须提及一批泰国华人学者对泰国客家人具有特色与开创性的研究，他们有洪林、黎道纲、徐仲熙、刘青山等人。1978年之后，广东有一批文化人去了泰国定居，他们到泰国后仍然从事文化与教育工作，组建了泰中学会，聚集了一批泰国的华人文化人，创办了《泰中学刊》（中文），每年定期出版一期，刊登大量关于泰国华侨华人方面的文章；他们还撰写各种中文文章，发表在泰国的几家中文报纸上。例如，徐仲熙在改革开放初期定居泰国后长期在曼谷的丰顺会馆担任文书工作，撰写了不少关于泰国客家人的文章，并且整理了丰顺会馆的历史资料。他撰写的《论泰华客家人的历史》（载《泰中学刊》2001年号）比较完整地记录了泰国客家人的历史、现状、职业等，填补了泰国客家人研究的空白。此外，刘青山撰写的《潮汕半山客华侨华人》（载洪林、黎道纲主编《泰国华侨华人研究》，香港社会科学出版有限公司，2006年），也是研究泰国客家人的一篇难得的好文章，详细阐述了来自潮汕地区的泰国客家人的历史与现状，填补了这个领域的空白。

3. 马来西亚客家人研究

马来西亚是海外客家人聚居最多的国家之一，在人数上仅次于印尼，但在保持与弘扬客家特性及客家文化传统方面首屈一指，与此相适应，海外学者的研究成果也比较多。

（1）东马（北婆罗洲）客家人研究

可以分为几个部分：一是殖民地时期一些西方学者的研究；二是台湾学者的研究；三是本土学者的研究；四是大陆学者的研究。

台湾学者对婆罗洲华人一直有较大的兴趣，出版过许多研究成果，这方面最有代表性的，当属黄建淳先生和他的著作《沙捞越华人史研究》（台湾东大图书股份有限公司，1999年）。该著作比较全面地反映了沙捞越州华人的历史发展，从早期的迁徙到后来的定居与发展，对华族各方言群的人口与社会结构都进行了系统的分析与解构。作者对早期华人方言与华人经济社会的活动之间的关系所做的分析十分精辟，他在书中指出，在海外早期的华人社会中，方言在建构华人社会组织与特征方面扮演了重要的角色。

近年来，台湾掀起一股客家研究热潮，婆罗洲地区的客家人成为他们的研究对象与目标。不少台湾学者到婆罗洲各地进行大量的田野调查，撰写和出版许多研究成果，这方面最有代表性的有徐雨村主编的《族群迁移与宗教转化——福德正神与大伯公的跨国研究》（台湾清华大学人文社会学院），台湾一些大学，诸如台湾暨南大学、淡江大学、台湾清华大学等还有一批研究生，以北婆罗洲华人为研究对象，到这里做田野调查，撰写毕业论文。

马来西亚、印度尼西亚等地本土学者关于婆罗洲华人的研究成果非常丰富，形式多样，为我们后来学者的研究提供了许多有重大价值的研究成果和各种资料。这方面最有代表性学者如早期的刘子政、刘伯奎先生等人，他们早期对当地华侨华人的研究成果，包括客家人矿工、福州人等的记载具有相当重要的史料价值。田英成、饶尚东等人运用西方的人类学、人口学等研究方法，对北婆罗洲地区的华侨华人的人口、社会形态等进行了系统的研究，他们的主要作品有：饶尚东、田英成合著的《沙捞越华族研究论文集》（沙捞越华族文化协会出版，1992年）；田英成著的《沙捞越华人社会的变迁》（沙捞越华族文化协会出版，1999年）；田英成著的《沙捞越华族社会结构与形态》（沙捞越华族文化协会出版，1977年）等。

在本土研究中特别要提及四股力量：①沙捞越华族文化协会；②沙捞越留台同学会；③本地各种华人社团；④华文媒体和华文学校。这四股力量在促进本土华侨华人研究、史料的收集与整理、弘扬华族文化等方面发挥了巨大的作用。以沙捞越华族文化协会为例，该协会自1990年成立以来，以弘扬华族文化传统和促进华人文化为己任，团结本地一大批华人知识分子、华商等，努力促进当地的华侨华人研究。据不完全统计，该协会自1990年成立至1999年10年的时间里，共编辑出版了36部华人研究著作。据笔者了解，沙捞越华族文化协会是马来西亚各州华人文化机构中最活跃、最有成就的一个组织。活跃在沙捞越华族文化战线上还有一支重要的生力军，那就是沙捞越留台同学会，它从1990年至1999年9年时间里共出版了12部华人研究专著。

更为重要的是，这些留台学成回国的华族人士回到本土之后，成为本土政治、经济和文化等领域活跃分子，是本土弘扬华族文化的主力军。此外，本地各种华人社团编辑出版的会刊、纪念特刊等，也为华侨华人研究提供了重要的素材和史料。

这里不能不提及客家研究的后起之秀——沙捞越本土华人青年学者蔡静芬博士对客家研究作出的重要贡献。蔡静芬出生在古晋的一个客家人家庭，在日本获得硕士和博士学位，现任教于马来西亚沙捞越大学人类学暨社会学系。她先后出版了《旧娘？新娘？——马来西亚沙捞越州客家社群婚姻仪式及女性》（2013年）和《山口洋的传统庙宇和图腾》（英文版，马来西亚沙捞越大学出版社，2017年）等著作，前一本书是专门研究沙捞越客家妇女的专著，作者透过对沙捞越州的一个客家村落的田野调查，专门探讨客家女性，观察记录客家族群的特征，通过婚姻这个重要形式探讨客家妇女在客家家庭和社群中的地位与作用。这本书具有开创性和填补空白的性质，正如作者在该书的绪论中所说："有关客家女性的文献资料和研究报告非常有限。客家社群本身的研究很少见，更不用说特定的客家女性研究。"[1]

与前述几个方面相比，中国大陆学者的婆罗洲华人研究相对比较滞后。早期的华侨华人研究学者如朱杰勤等人，曾经在他们的一些著作中提及这方面的研究，但是很少专门的研究成果。最有成就的是田汝康先生，他曾经于1948—1949年到沙捞越进行田野调查，撰写了《沙捞越华人》一书（英文版），后来被翻译成中文，书名为《沙捞越华人社会结构研究报告》（林青青译，沙捞越华族文化协会出版，2013年）。最近几年，有一些学者如郑一省等人开始赴西加里曼丹等地开展田野调查，还有一些到当地华文学校教华文的中国华文教师也对当地华人文化、风俗习惯颇感兴趣，撰写了一些研究文章。

沙巴州客家人当年的迁徙历史及社会结构都具有极大的特殊性，大陆学

---

[1] ［马来西亚］蔡静芬：《旧娘？新娘？——马来西亚沙捞越州客家社群婚姻仪式及女性》，2013，第183页。

者对此的研究非常少，倒是马来西亚本土学者对此有较多的关注，发表了不少研究成果。沙巴客家人研究最有成就者当属黄子坚教授，他本人也是客家人，他的《沙巴华人移民社会》（英文版）可以说是沙巴客家人研究的代表作。张德来先生也出版过《沙巴州客家人》（中英文两种版本）一书。

（2）西马客家人研究

最早开展对西马客家人研究和最有成就者当推西马本土学者，早期有许云樵先生。槟城的王琛发先生（马来西亚道理教学院）长期从事西马华人史料的收集与整理工作，他出版过多部关于西马客家人的书籍，他的研究包括西马客家人的宗教信仰、槟城的惠州人等，主要著作有《马来西亚客家人的宗教信仰与实践》（马来西亚客家公会联合会出版，2006年）、《马来西亚客家人本土信仰》（马来西亚客家人公会联合会出版，2007年）、《惠州人与森美兰》（森美兰惠州会馆出版，2002年），等等。

马来西亚南方学院大学中文系的安焕然先生通过对华人会馆、坟茔、村落的相关资料进行整理，挖掘了许多对马来西亚客家人的研究具有宝贵价值的东西，他撰写的关于客家人的论文有《马来西亚柔佛古来客家聚落》等。

这里值得一提的是西马客家人组织在资助客家史料的整理与研究成果出版等方面做了许多有意义的工作，有力地促进了西马地区的客家人研究。这些客家人组织，如槟榔屿客属公会资助出版了《槟城客家两百年（槟榔屿客属公会60周年纪念文集）》（槟榔屿客属公会，1998年）。各地的客家人组织，包括马来西亚客家公会联合会（简称"马来西亚客联会"）、吉隆坡与雪兰莪嘉应会馆（简称"雪隆嘉应会馆"）、槟城嘉应会馆、槟城惠州会馆、沙捞越客家公会、沙巴客家公会、新山客家公会等组织定期或不定期出版的会讯、纪念特刊等出版物，为研究客家人提供了重要的史料。长期在华人社团从事文史资料工作的刘崇汉先生尤其为西马各地客家人史料收集作出了重要贡献。

马来西亚客家研究最大的推动力，是马来西亚客家公会联合会于1999年主办的第五届国际客家学研讨会。此次研讨会的成果形成了《客家源远流长》论文集。这部论文集可以说是对马来西亚客家人研究的集大成者，它收集的关于马来西亚客家人研究的论文都有较高的学术价值和史料价值，如谢剑的《试析马来西亚吉隆坡客家社团的发展模式》、刘崇汉的《西马客家人》、饶尚东的《东马客家人的增长与分布》等论文。

马来西亚华社研究中心是马来西亚华人研究的重要阵地。自1985年成立以来，该中心一直坚持不懈地开展华人研究，其中包括对马来西亚客家人的研究。该中心先后出版发行了定期的出版物《资料与研究》（1992—1998年）、《马来西亚华人研究学刊》（1997—2004年）、《人文杂志》（自2000年至今），此外还出版了大量的华人研究著作，包括不少关于客家人研究的著作和论文，其中最有代表性的当推李业霖先生著的《吉隆坡开拓者的足迹——甲必丹叶亚来的一生》（1997年）。

吉隆坡的刘崇汉先生因为长期在华人社团从事文史资料收集和管理工作，对西马地区的客家研究有比较多的了解。他的如下评价是恰如其分的："过去的客家研究报告或专论文章多散见于大学的毕业论文、社团特刊中的专论文稿、出版物（包括专书）和报章上的文章，内容涉及社团历史与概况、先驱人物、民间信仰及其他专题。今天的情况虽比以前稍有进展，但马来西亚客家学的发展尚需更大的努力。""由于缺乏组织或客家社团之鼓励与推动、研究经费之不足及主观认识问题，马来西亚的客家研究风气不盛。除了大专学院之学者或写毕业论文的学生之外，其他客家研究有兴趣者多于业余时间来研究与论述某些客家研究课题，时间和资源有限，因此研究成果并不显著。""客家研究之范围极广，但基本上各州客家人在我国开拓的历史，客家人对各地区的社会、经济、文教等方面的贡献，客家人人口的分布、行业、组织等现状不能没有记录。这些任务乃各州客家社团组织的核心工作之一。客家社团组织有条件担任领导者，应该整合企业界、文化学术界、报界及地方贤达来进行地方性客家人历史与现状的整理工作。"[①]

梳理国内外关于海外客家人研究的历史，我们可以从中得出如下几点

---

① [马来西亚]刘崇汉：《马来西亚客家研究现况》，载《乘风破浪济沧海——华社研究中心20周年纪念特刊1985—2005年》，马来西亚华社研究中心，2005，第141-143页。

认知：

欧美国家的海外客家人研究肇始于基督教传教士们的努力，他们在传播宗教的过程中，不断加深对海外客家人的了解。广东东江一带，包括宝安（今深圳）、东莞、紫金、龙川等地的客家人有组织地移民到马来西亚沙巴州也依赖于教会的支持与安排。二战后，欧美一些大学的历史学者和人类学者在研究海外华人的过程中，也有不少成果涉及海外客家人。例如，麦留芳在《方言群认同：早期新马华人的分类方法》一书中有许多篇幅谈及海外客家人和他们的方言群认同等问题。

台湾学者的海外客家人研究，比较注重田野调查，尤其是鼓励研究生到研究对象国生活居住一段时间，少则个把月，多则半年、一年，甚至是几年，深入海外客家人居住和生活工作的地方，尤其是一些村落和市镇，进行较多的接触和调查研究，以取得第一手资料。台湾近 10 多年来发表许多关于海外客家人研究的硕士和博士论文，对后人研究海外客家人有重要的参考价值。笔者注意到，台湾近年来发表的许多关于东南亚客家人的硕士论文和博士论文的作者，多是东南亚各国华人青年。他们到台湾高校求学深造，在老师的指导下撰写关于东南亚客家人的论文。他们的最大优势就是他们一般都是海外华人的第三代或第四代，有些本身就是客家人后裔，对东南亚本土的客家人的情况了如指掌，在学习了一些理论课程后，运用人类学、社会学、历史学的方法，研究和解析海外客家人。他们的研究成果较有学术价值，往往在某个具体方面有所突破，有些研究还具有抢救历史的重要意义。

东南亚本土的海外客家人研究的最大特色，是立足和扎根于本土，既具有东南亚本土的情怀，同时又具有全球和区域的视野。他们的研究方法更多地受到西方人类学研究的影响。东南亚本土的客家研究学者主要有三种类型：一是从欧美日留学回到东南亚，从事东南亚客家人的研究，如郑赤琰、黄贤强、蔡静芬等人；二是赴台湾留学，学成后回到东南亚各国从事东南亚本土的客家研究，这些人多是留台回国的博士、硕士，多从事华文教育、华文传媒、华人社团等方面的工作，如安焕然教授；三是在东南亚本土成长起来的学者，如马来亚大学的黄子坚教授，他的学士、硕士和博士学位都是在马来亚大学取得的，他对沙巴客家人的研究尤为深入。上述几位学者大部分都是马来西亚本土出生和成长的客家人，他们对海外客家人的研究，除了学术本身的追求外，还多了一份"自家人"情感的投入。

东南亚本土成长的客家研究学者还有王琛发、刘伯奎[①]、张肯堂[②]、刘崇汉[③]等人。刘伯奎、张肯堂和刘崇汉三人均为客家人，是著名的历史学、民俗学者。他们对马来西亚客家人的研究倾注了大量的心血，是海外客家人研

---

① 刘伯奎（1913—1996），1913年出生于沙捞越的新尧湾（Siniawan），祖籍广东揭西河婆。幼年时期在石隆门县的乌梭接受小学教育。1930年至1940年间在中国国内接受中学和大学教育，毕业于广东中山大学历史学系。1941年到中国战时的首都——重庆出任中央研究院南洋研究所副研究员，并兼任第二华侨中学代校长、（国民党）党史编纂委员会总干事等。1949年，重返沙捞越，翌年，出任古晋中华中学专任教员，曾担任中华第一中学校长，1969年从教育界退休，在中华中学执教前后达20年之久。从中学退休后，住在古晋，大部分时间从事著书立说的工作。主要著作有《新疆伊犁外交问题研究》（1943年）、《马来人及其文化》（1945年）、《中缅界务问题》（1946年）、《沙捞越之真空教》（1977年）、《河婆史话》（1978年）、《中法越南交涉史》（1981年）、《抗日时期沙捞越华侨机工回国服务实录》（1983年）、《杏坛二十年》（又名《中中二十年》，1984年）、《十九世纪中叶沙捞越华人两大公司》（1987年）,《十九世纪沙捞越华工公司兴亡史》（1990年）、《寻金路——早期沙捞越华人》（1992年）、《沙捞越河畔的华人神庙》（1993年）等。

② 张肯堂，1918年出生于中国揭西县河婆溪角村。在国内完成中小学教育，曾经商，担任过小学教师、通讯记者等工作。1948年南渡印尼坤甸，历任当地中华职工会秘书、中华公会理事等职。1960年，自坤甸迁居沙捞越古晋马当，于马当山下种胡椒。1969年迄今，定居吉隆坡做生意，业余时间从事写作。他的著作多与河婆客家人有关，1975年出版的《河婆风土志》曾风靡一时，并受到日本学术界的重视，将该书翻译为日文。其他著作有《河婆民间故事集》（1986年）、《河婆乡土情》（2001年）、《河婆客家山歌选辑》（2002年）、《河婆文史拾萃》（2004年）。曾经主编《霹雳拱桥新村河婆同乡互助会银禧纪念特刊》（1991年）、《马来西亚河联第七届大会、柔佛州河婆同乡会庆祝十六 周年纪念特刊》（1994年，执行编辑），他还担任多届马来西亚河婆同乡会会刊《河婆之声》的编委和主编，对保存马来西亚河婆人的史料作出了巨大的贡献。他在编辑出版《河婆客家山歌选辑》和《河婆文史拾萃》时，已年届80多岁高龄，但仍然精神饱满、激情无限。澳大利亚谭达先博士在《河婆文史拾萃》序文中说："此书内容十分丰富，题材多样化，编著者视角敏锐，它不但反映了河婆人的古老民俗，也反映了今天马来西亚河婆人的社群、乡贤及其种种新建构，……值得马来西亚内外研究马华文化、民俗、民间文学及其社会的读者与专家一读。""张肯堂以八十七高龄，仍然醉心笔耕，精神可嘉。"

③ 刘崇汉，马来西亚本土华人历史学者。1950年出生于彭亨关丹，祖籍广东紫金县。毕业于马来亚大学，曾任中学教师（1977—1980年），后在多个华人社团机构服务25年（1980—2005年），曾任马来西亚中华大会堂（华总）副执行总秘书、马来西亚华族历史及文物资料调查计划执行副研究主任等职务。他长期以来比较系统地收集西马客家人的历史资料，注重田野调查，研究兴趣包括华人社团、方言群、地方史、华文教育等。出版著作有《三宝山》《吉隆坡甲必丹叶亚来》《彭亨华族史资料汇编》《马来西亚天后宫大观》《走进巴生神庙——巴生港口班达马兰新村宇文化初探》《历史与传说——郑和在马来西亚》等。他长期从事与华人社团相关的工作，他本人也是客家人，对马来西亚的客家人有天然的感情，满腔热情地关注和研究马来西亚的客家人。

究海外客家人的典范；他们生活在海外客家人中，了解他们的疾苦，倾听他们的呼声，反映他们的愿望和诉求；他们的著作充满热情和激情，充满了对海外客家人和海外华人的爱护与真挚的感情。因此，他们的著作和研究成果对后来的海外客家研究和海外华人研究有重要的参考价值，尤其具有独特的史料价值。他们是国内的海外华人研究学者学习的榜样。

中国的海外客家人研究源于海外华人研究和客家研究，兼有两者的特色。中国的学者中，涉及海外客家人研究主要来自如下两个方面的力量：一是各大学中的客家研究机构的相关学者，他们以研究本土的客家人为主，但在研究侨乡和客家人物时，也会涉及海外的客家人；二是从事海外华人研究的部分学者，也有一些人开展对海外客家人的研究。如暨南大学原华侨华人研究所的学者刘汉标、张兴汉等人，他们本身就是客家人，在从事海外华人研究的过程中，自然而然地对海外客家人产生兴趣并开展跟踪分析。海外华人是一个由不同文化和族群及来自不同地域的人群组成的非常复杂、多元的集合体，研究这些族群或者叫亚文化群体的个性和不同的地域文化，包括方言文化与方言群认同，对于我们今天研究海外华人的身份认同及其与中华文化的关系有着非常重要的意义，是海外华人研究的源头。

从研究方法和研究内容看，欧美日学者和东南亚本土的学者均比较注重田野调查，运用人类学、社会学的研究方法，对海外的客家村落、客家产业、客家人物等进行个体的分析和研究，注重个体和个案的研究，习惯于从个体到一般的演绎和推理。这类研究方法的长处是长期对个体的跟踪研究非常深入和透彻，如某个村庄、某个家庭或某个企业等，其不足在于往往只见树木、不见森林。中国的学者长期以来比较注重运用历史学的研究方法，从浩瀚的史料和文献中去寻找和挖掘信息，往往比较重视定性的分析方法，忽视量化的分析方法，习惯于从整体中去观察海外客家人和各种现象。近年来，也有不少学者克服以前的研究方法中的一些片面性，加强田野调查，注重量化分析，克服只见森林、不见树木的短板。研究方法的不同，也影响到研究内容的差别：海外学者的研究内容注重体现个体和个案，中国学者的研究内容则侧重于一些比较宏观的社会现象。

第二章　从大山的客家到世界的客家

海外客家人社会的形成，源于近代中国本土的客家人向海外的迁徙与定居，因此，研究海外客家人，不能不首先了解客家人向海外迁徙的历史。客家人大规模向海外移民与海外华侨华人迁徙的过程是同步的，即从19世纪中期开始一直到20世纪中期。客家人向海外迁徙的目的地主要有东南亚的印尼、马来西亚、泰国等，美洲的美国、古巴、秘鲁、巴拿马等，非洲的毛里求斯、南非、留尼汪等，南亚的印度、巴基斯坦等。客家人向海外迁徙的方式和类型与其他华侨华人迁徙的方式和类型基本相同，一般包括自由移民、政治难民、契约移民，后期还出现一种方式——通过基督教有组织的移民。客家人向海外迁徙的动因也与其他海外华人相同，即海外的拉力和国内的推力。在探讨客家人下南洋和过番的动因时，笔者认为有必要对这个问题进行再认识和重新思考。在过去相当长一段时间内，在阶级斗争理论的支配下，我们把客家人下南洋和过番看作是由于国内阶级压迫，他们才被迫出国谋生，因此，我们常常把契约劳工夸大为客家人（包括其他华人）出国的主要形式，现在看来，这并不符合事实。实际上，大部分客家人出国谋生，都是自觉、自愿的，在很大程度上是客家人迁徙特性的表现，是客家族群的迁徙文化的一部分，是他们不断地向往和追求更加美好生活的体现。换言之，当客家人追求更加美好生活的愿望与国内的环境及条件发生矛盾时，迁徙到海外去是解决这对矛盾的主要方法与途径。

一、过番与下南洋蔚成风气

在闽粤几种方言（包括广府话、闽南话、潮州话和客家话）中都有"过番"和"下南洋"的说法，只是在发音方面有所不同。过番中的"番"，通常泛指中国本土之外的世界各地，"过番"即是离开中国到海外谋生。下南洋中的"南洋"是指现在的东南亚，中国古籍中称之为"南洋"。客家话保留了古汉语的习惯，即把往南走叫"下"，往北走叫"上"，往西走叫"出"，往东走叫"进"。"南洋"在广东、福建的南边，所以，客家人通常把移民南洋叫"下南洋"。客家人在历史上的五次大迁徙，都是国内的迁徙，即从中原一步步迁徙到南方，主要聚居在闽、粤、赣三省交界的山区。客家人的生产方式和生活方式等方方面面均与大山密切相关，过着"开门见山"的生活，因此，大山成为客家族群的一个重要组成部分。近代史上客家人向海外的大迁徙，即过番和下南洋，在客家族群的发展史上具有革命性的意义：首先，它意味着客家人冲破大山的阻隔，跨越海洋，迈向世界，客家人从此开眼看世界；其次，通过这次世界性的迁徙，客家人开始接触海洋，接受海洋文化，客家人的思想观念发生重大变化，变得更加开放、开拓，更有进取心；再次，客家人在接触世界和认识世界的同时，开始形成自己独特的世界观，并且按照这种世界观去改造世界；最后，也是最重要的一点，客家儿女从大山的儿女变成世界的儿女，成为世界的一部分，他们在适应世界和改造世界的同时，也不断地改造自身。

客家人本质上是一个移民族群，客家人的性格就是移民的性格。移民的性格特征之一，就是不满足于现状，不断追求美好的生活。因此，客家人的特性是喜欢迁徙，要么是在迁徙的路上，要么是在回家的路上，永不停歇。客家话流行的一句俗语"人往高处走，水往低处流"，也反映出客家人对美好生活的向往，哪里有好的生活，就往哪里走，这是客家人的生活方式和传统。长期以来，客家人定居山区，与穷山恶水相伴，为求得安全而远离中原政治文化中心，但是，作为以耕读传家的一个有悠久文化历史传统的族群，进入近代之后，他们发现仅仅依靠读书入仕远远无法满足他们向往美好生活的追求，一个族群快速成长需要另辟蹊径，而过番和下南洋是实现他们梦想和人生价值的重要途径。客家人近代大规模过番和下南洋的实践，与世界观和价值观的转变有密切关系。长期以来,客家人的传统是务农和读书,随着近代资本主义生产方式的出现,在近代海洋文化的影响下,客家人不甘心沿着耕读传家的老路走下去,他们的传统观念慢慢地发生了变化。他们从早期过番和下南洋取得成功的广府人、潮汕人和闽南人中受到启发,过番和下南洋也逐渐成为客家人追求梦想的重要途径。

历史上,客家人曾经尝试过通过三条路径改变现状,以实现梦想。

一是反抗压迫,用武力反抗官府与其他族群的歧视和挤压。洪秀全等客家领袖领导的太平天国起义,就是一个明显的例证。在近代史上发生的旧民主主义革命和新民主主义革命,客家人都是非常积极的领导者和参与者,所以在国共两党中涌现出许多著名的客家领袖人物。有人做过统计,仅大埔一个县,就有国军的将领100多人,著名的有罗卓英、吴奇伟、范汉杰、赵公武等;在第二次国内革命战争时期,中央苏区红军活动的范围主要是在闽西和赣南以客家人为主的地区,客家人在共产党的领导下浴血奋战,作出了重大牺牲,仅赣南地区,在当年的240万人中,就有32万余人参加红军,60万人参战支前,有姓名可查的烈士达108,200人,占全江西留下姓名的烈士总数的43%,占全国留下姓名的烈士总数的7.2%。在闽西上杭县才溪乡(毛泽东当年曾在此做过深入的社会调查,并发表著名的文章《才溪乡调查》——作者注),才溪人在红军和为苏区政府工作的占了该村全部青壮年的88%。1929—1933年,才溪乡有3,000多名青壮年参军,在扩红比赛中取得第一名,被誉为"红军之乡",才溪乡的3,000多名红军子弟兵中,后来涌现出9位军长、18位师长,号称"九军十八师",中华人民共和国成立后被授衔的开国将军有10位,占福建全省83位开国将军的12%,因此又被誉为"将军之乡"。此外,客家人之所以叫"客",是相对于原来居住在本土的族群而言的。因为是后来者,客家人常常与原来居住在本土的族群发生矛盾,甚至爆发大规模的武装冲突,近代在湖南、江西、广东和福建,都曾经频频发生土客械斗,导致许多严重的流血冲突事件。这也是客家人往海外移民的一个重要原因。

二是读书入仕,成为统治阶级的一部分。有学者认为,传统上客家人是一个比较追求实用主义的族群，读书的目的是入仕，做官和改变现状，但是要走这一条路并不容易，首先要有一定的经济条件，其次是要有耐心，经受得住十年寒窗的煎熬，这对一般的客家人家庭是无法承受的，代价太大，时间太长。

三是向外迁徙，不断地寻找新的更加适合居住的环境。这导致出现了如客家著名学者罗香林描述的客家人历史上五次大迁徙。过番和下南洋则是客家人在近代历史上持续时间最长，且意义最为深刻的一次大规模海外迁徙。

近代广府人、潮汕人和闽南人播迁海外，有相当一部分是从事海外贸易，亦即通过经商的途径奔赴海外的。与这几个方言群不同，客家人多生活在山区，几乎没有从事海外贸易的商人。的确，生活在中国本土的客家人，受山区自给自足的自然经济生产方式的约束，缺乏商业思想和市场意识。然而，客家人一旦接触商品经济，尤其是到了海外之后，他们的生产方式和生活方式发生了颠覆性的变革，观念也随之发生重大变化，商业思想和市场经济的意识随之兴起。在资本主义生产方式和现代市场经济大潮的裹挟下，在生存和发展的压力下，海外客家人抛弃了原乡"万般皆下品，唯有读书高"的传统思想，和广府人、潮汕人、闽南人等沿海族群一样，也热情地拥抱市场，努力适应市场，成为市场经济的"弄潮儿"。由于受地域条件和生产方式等因素的限制，客家商帮的形成稍晚于广府商帮和潮汕商帮，其形成的时间大约是在明末清初。明清时期的客家商帮的主要成员主要来自潮州府（大埔、丰顺两个客家县）、惠州府各个客家县和嘉应直隶州属下的五县，包括程乡（今梅县）、平远、镇平（今蕉岭）、长乐（今五华）、兴宁，尤其以程乡和大埔两县的商人居多。黄启臣指出："地处广东山区的客家帮商人比广州帮、潮州帮商人形成发展比较晚，主要是在清代才逐步发展起来。但他们一旦形成，其经商贸易也十分活跃，既经商于省内和国内各地，也不断驰骋于海外国家贸易。"[①]大埔古时候隶属潮州府，与潮州各县相邻，也比较靠近海洋，是最

[①] 黄启臣：《广东商帮》，黄山出版社，2007。

早接受商业大潮冲击的一个客家县。据《乾隆大埔县志》记载，大埔县商人"经商于吴、于越、于荆、于闽、于豫章……足迹几遍天下"①。客家人经商风气的形成在很大程度上也受到广府商人和潮汕商人的影响。近代有人称：潮阳是"负气好争"，揭阳是"渐趋浮华"，饶平是"濒海倚山，其性剽悍，一或倡之，彼此响应"。仅有程乡（今梅县）、大埔"商贾百工技艺皆不能"，而以耒耜务本而受到称赞，但近来也有被传统"三阳"②"带坏"的趋势。这里所说的"带坏"，以现在的观点来看，其实就是学习和适应市场经济。

日本的客家研究学者对客家人的商业才能和商业精神曾给予高度评价。日本早期客家研究者高木和根津称客家人为"最强的华侨集团""东方的犹太人"，后来的日本客家研究学者河合洋尚在这个基础上进一步发挥，指出客家人和犹太人有4个共同点：①被迫害的历史；②排外性与非同化性；③对教育的重视；④商业高手。高木和根津指出："客家人本来是农耕民，犹太人本来是游牧民，但在近现代，他们却以'商业的天才'而闻名。同样是被迫迁往陌生的土地，拓荒生存，从一无所有到逐渐丰实。在困难中，客家人和犹太人一样，形成了坚忍不拔的个性，最后得到成功。"松本总结客家商人成功之道：①客家商人回避赊购，多用现金；②虽然同属华侨，客商一般不顾其他华人；③客家人有很多顽固不化的人，保守传统。通过这些商业的实践，客家商人获得了成功。③纵观海外客家人商业发展的历史，他们在商业思想、商业运作及其成就各方面并不逊色于其他方言群。海外外客家人中除了涌现出一大批政治家，如李光耀、他信、英拉等著名人物外，在商业领域也同样群星璀璨、光彩夺目：早期有罗芳伯、叶亚来、姚德和、张弼士、胡文虎等商业领袖，最近半个多世纪涌现出如曾宪梓、姚美良等商业巨子。但是，我们不得不承认，客家人在离开大山和接触海外之前，长期处于

---

① 《大埔县志》卷十。
② "三阳"指潮汕地区的潮阳、揭阳和海阳（今饶平县），据《嘉靖广东通志》。
③ [日] 河合洋尚主编《日本客家研究的视角与方法》，姜娜等译，社会科学文献出版社，2013，第92页。

自给自足的自然经济状态，缺乏商品经济社会实践的历练，他们的商业意识的萌芽和从商经验的学习要晚于前面所说的几个方言群。在早期的商贸移民中，广府人、潮汕人和闽南人比较多见，而客家人则比较罕见，但到了中后期，即19世纪末20世纪初之后，客家地区商品经济逐步发展，随着客家人海洋文化和商业意识的觉醒，客家人向海外商贸移民才相对多了起来，并且蔚然成风。

梅县，古称"程乡"。该县地理位置居于闽、粤、赣周边的中心，逐渐发展成为"客都"，较早出现资本主义生产方式，商业比较发达，城市化的进程比其他客家地区要早得多，是近代比较早受到商业意识和海洋文化熏陶的一个客家县。年轻人除了依靠读书求功名和找出路之外，过番和下南洋也成为他们的选择，是客家人走出大山，实现人生梦想的一条必由之路。客家成年男人，一般都以离家外出谋生为荣，如果长期留在家中不出门，就会被人瞧不起，认为他没有出息。而当时只有两条路径，一是读书做官，二是过番和下南洋。海外成功的客家商人，甚至是富商大贾衣锦还乡、荣归故里，在家乡买田置地，大兴土木起洋楼、建宗祠等行为，对家乡和周边的乡亲有极大的影响和示范作用，让仍在家乡的年轻人跃跃欲试，希望跟着先出去的成功邻里过番和下南洋大干一番。到了清末，过番和下南洋已经在客家人中形成风气，如清末客家文人温仲元所言，"趋南洋者如鹜"，"番客"、"番信"和"番银常来"，"至清朝休养生息，丁口繁衍，故已有人多田少之患，况更二百余年，以至于今物力之不支，民生之日困。……州士之喜读书自宋已然。然当时实恃以为生，今日则谋生愈艰。所幸海禁已开，倚南洋为外府，而风俗亦逐渐侈靡，若非昔日之质实勤俭矣"。[1] 在一些侨乡，成年之后的男子外出谋生，已经约定成俗。据梅县《侨乡村志》记载，19世纪末和20世纪初，"丁满十六出洋"成为村中不成文的规定。孩子小时，随母亲在家乡生活，入塾读书识字，到16岁后由水客或亲友带到南洋，在父亲、叔伯或同乡的扶持

---

[1]《光绪嘉应州志》卷八《礼俗》。

下当伙计,村中出洋经商人数大增,多数谋生度日,少数经商致富。①

曾经在印尼生活30多年,1966年回国定居的梅县归侨钟学祥描述了当年梅州客家人过番和下南洋的境况:嘉应州向来地少人多,交通闭塞,生产落后,劳动群众生活相当艰苦。清末民初,嘉应州客家人备受兵荒马乱之扰,饥寒交迫,而南洋诸国当时虽然还在英国、荷兰、葡萄牙、西班牙殖民主义的统治之下,但政局相对较为安定,加上物产丰富,处于开发阶段,商业方兴未艾。虽然是寄人篱下,但做生意赚钱比较容易,因此许多华侨赚了钱都托水客带钱回国,为家属置田建房,这就刺激了其他人对南洋的向往。当时,农村中流传这样的说法:"不做家乡赖死鸭,要做番背赚钱家。"因此,21世纪二三十年代,嘉应州客家人出洋谋生几乎成了潮流。这些出洋谋生的人大致可分为两类:一是投靠南洋亲戚者。这类人大都是海外的亲属亲戚出钱托水客带到南洋的,临走时热热闹闹坐几张桌饯行一番。二是出于在家乡生活无出路,或因受迫害而走投无路者,人数最多。他们是典当卖粮,东借西凑,好不容易集到一丁点盘川,两身衣衫一个小藤箱,便漂洋过海,临走时,全家大小哭成一团,大有生离死别之惨景。②

早期过番和下南洋的客家人在海外发财致富,使过番和下南洋成为人们向往的一种生活方式。侨汇和海外寄回来的各种物资,成为国内侨眷家庭(即在海外有华侨华人亲属的家庭)的主要经济来源。一般情况下,有华侨华人亲属在海外的家庭,日子都会比没有海外华侨华人亲属的家庭好得多。据相关史料记载,在抗战前后,梅县侨乡70%以上侨眷靠华侨汇款接济。1939年全县侨汇总额为5,000多万元,1940年达7,000多万元。1931—1940年,梅县平均每年侨汇收入1,500万~2,000万元。同一时期,梅县全县的年财政收入不到100万元,侨汇收入是梅县政府财政收入的十几倍甚至是几十倍。由于侨汇、侨资猛增,侨眷家庭出现了"三多",即购买土地的多、建新房

---

① 潘嵩山主编《侨乡村志》,新世纪出版社,2015,第190页。
② 钟学祥口述、钟焱发整理:《侨居印尼见闻》(上),《梅县文史资料》第十七辑,第107–108页。

的多、修祖坟的多。[①] 自日本发动太平洋战争侵占东南亚后，侨汇一度断绝。抗日战争胜利后，侨汇渠道重新畅通，侨胞又纷纷汇款回家乡，一笔少则几十万元，多则上千万元。据1946年1月至1947年6月的统计，全县侨汇总额达151.98亿元。[②]

冷剑波通过研究客家侨乡当时流传的客家民谣、山歌、俗谚、文人的各种评论及相关历史资料，得出结论说："过番是粤东地区客家人传承已久的一种生活习俗，是他们一种重要的生活方式和生存策略。"[③] 这种崇尚过番和下南洋的风气一直延续到新中国成立之后。在新中国成长起来的客家青年虽然不能像他们的前辈那样过番和下南洋闯荡，但是，他们仍然渴望能够像父辈们那样有一条能够摆脱贫困、实现自己梦想的道路。笔者在侨乡出生和长大，新中国成立之后虽然过番和下南洋之路被堵，但人们对南洋的向往和崇拜仍然根深蒂固，村子里只要有人从海外回来或从海外寄东西或钱回来，都会引起人们的赞赏和高度评价，羡慕之心溢于言表。

走出大山过番和下南洋，虽然是极大的冒险，要经历千难险阻，甚至是九死一生，但是，走出去就意味着有机会，有可能改变现状和实现梦想，留在家中，那就没有任何机会，只有饱受贫困、挫败和失望等痛苦。

以笔者家族的历史为例，笔者出生和成长于广东省平远县热水村，是平远县著名侨乡，方圆几公里，每个村子都有人下南洋。据族谱记载，曾祖父达奎公曾经娶过两个妻子，前妻吴氏生下两子——升荣和超荣；后妻谢氏，生下四子——康荣、望荣、廷荣、德荣。爷爷曹望荣，在笔者出生时就去世了，据父母亲说他人长得比较高，因为家里没有田地，靠挑担子、撑船等苦力为生。奶奶颜氏，出生于热柘韩坑村，嫁给爷爷之后生了11个孩子，养活了8个，在那个时候存活率也算是比较高的了。

---

① 《梅县要览》，1941。
② 梅县地方志编撰委员会主编《梅县志》，广东人民出版社，1994。
③ 冷剑波：《近代梅州客家人"过番"南洋考略》，载肖文评、冷剑波主编《海洋客家与梅州华侨华人研究》，暨南大学出版社，2022，第47-48页。

父亲排行第八，名延龙，有四个兄弟，六大伯延金，九叔延凤，最小（排行十一）的叔叔延凰，后改名生盛（我们叫细叔）。六大伯早在抗战前就下南洋了（印度尼西亚雅加达），后来还回来娶了妻子，是平远县张缘乡张氏，后来就一直没有回来过。听母亲说过，细叔去南洋时还很小，可能也就十八九岁，1949年去了南洋，后来再也没有回来过。2010年前后，笔者和同事温北炎到访印尼雅加达，还特意去寻访六大伯和细叔家人，见到了六伯母和几位堂兄弟姐妹，六伯母已经行走不方便，坐在轮椅上。随着老一代人的去世，第二代、第三代基本上也就没有什么来往了。有一位堂姐在几年前还来过广州旅游，笔者还专门接待她住在学校一位印尼归侨开的家庭旅馆。细叔的女婿有时候还与我们保持电子邮件联系。

据族谱记载，我们一家祖上在横良溪定居的有几代人了，有100多年的历史。当年是从梅县迁徙到这里的，应该说我们的祖先选择这个地方还是不错的，两条河在这里交汇，村庄背后还有一座山，是一个有风水的地方。但不知道什么原因，这里很穷，大部分村民世世代代靠租种别人的土地过日，因为土地太少，还不得不靠撑排子（跑水上运输，帮人运输木头和各种山货到汕头一带）和挑担子（当挑夫），那时候公路基本没有，运送物资主要靠人力，从沿海汕头一带挑盐和海产品到江西等内陆地方，然后从江西等地挑粮食回到汕头一带。听说我爷爷还是一个小老板，负责与相关老板联系，拿到货物之后，组织乡亲们做挑夫，他本人也挑担子，但又是组织者，从中得到一些佣金。当年的横良溪有多穷，穷到什么地步，有一件事情可以证明。那就是当年土地改革时，笔者那个村子居然找不到一家稍为日子好过一点的家庭来当地主或富农，甚至富裕中农都没有。这个村子实在是太穷了，隔壁的布心坪村也是如此，所以，当年一批又一批人下南洋谋生，其中就有笔者的堂伯父、亲伯父和亲叔父。

我们家在1949年还差一点成为地主。听说六大伯延金当年在印尼雅加达发了一笔财，他原来一直是做小生意的，1945年日本战败从印尼雅加达撤退，有一批卡车被六大伯接收了，有好几十辆，后来六大伯利用这些卡车搞了一个运输公司，专门跑运输，日子逐渐好起来。那时候的海外华侨华人只要有一点余钱和积蓄，都会寄回家乡买地盖房子，当年侨乡的所谓地主富农，其实大部分都是家里有人下南洋，有了一点积蓄便寄回家乡买地盖房子，日子逐渐好过一点，土地改革时便被打成地主、富农。其实，他们中的绝大部分都是辛苦种地的农民，可能聪明一点，利用海外华侨华人接济家中亲人的资金做资本原始积累，靠勤劳而使日子过得比其他人好一些罢了。和其他所有的海外华侨华人一样，六大伯在印尼雅加达有了一些财富之后，便不断地寄钱回家，要求家中的兄弟们尽快去买地和盖新房子。到1948年时，这些从海外寄回来的钱已经积累不少，足够买一些地和盖一栋像样的楼房了，家中的兄弟们把六大伯从海外寄回来的外币兑换成当时的货币——金圆券，正当准备大干一场的时候，一场金融危机来临，金圆券大幅贬值，贬到一钱不值。听母亲回忆说，当时几尺厚的金圆券，还买不到一升米，形同废纸。就这样，当年蒋经国在上海搞的所谓金融改革导致的金融危机，也直接冲击到我们的小山村，让六大伯和我们一家人买地盖新房子的梦想泡汤了。古语云"塞翁失马，焉知非福"，六大伯和我们一家当年买地盖新房子的梦想虽然破碎了，但是，随之而来的解放和土地改革也让我们一家逃掉了被评为地主成分的风险，要是当年被打成地主，那我们家族的历史可能又是另外一番景象了。从笔者的家族历史可以看到，走出去，过番和下南洋，那就意味着机会，意味着有实现梦想的可能，留在家中，那就意味着周而复始的贫困和磨难。

张佑周教授对龙岩客家人下南洋和过番的历史有比较深入的研究，他在《龙岩华侨史》一书中指出，"永定人过番如走亲戚"，"过番的海洋文化浓郁"。张佑周对闽西客家人的族谱进行深入的研究，发现永定许多家族把"蕃"字作为字辈的排列，如永定下洋思贤村吴氏千七公房十一世共27人，其中名字中嵌入"蕃"字，将"蕃"字作为字辈的有19人，包括：十一世公拔丰公之孙圭蕃、诈蕃；仓亭公之孙照蕃、杜蕃、洵蕃、涛蕃、常蕃、华蕃、广蕃；丹台公之孙熬蕃；惠丰公之孙棉蕃；耀堂公之孙戴蕃、增蕃、朝蕃、觐蕃、时蕃、季蕃、南蕃；添丰公之孙巧蕃。他据此得出结论说："'蕃'字是中国人对于中国之外的海外蕃国之称谓,足见,永定下洋思贤村千七公房十一世、十二世裔孙以'蕃'字为辈,也许是对海外蕃国情有独钟。如此,明末至清前期,龙岩人纷纷越重洋过番到南洋谋生已成常态。"[1]

笔者认为,客家人向海外迁徙,在早期以政治难民和契约移民身份走出去的,主要是由于当时的社会政治原因,他们为求生存,被迫向海外寻找一条活路。到了中后期,以自由移民形式出去的客家人,包括商贸移民、宗教移民和婚姻移民,在很大程度上都是自愿、自觉的,是追求自己的梦想,是客家人天性喜爱迁徙使然。在海外寻求致富之路,成为当时大多数客家男女的必由之路。近代以来,过番和下南洋已经成为客家人的文化和生活方式的一部分。以前一些学者关注的是近代殖民主义者对契约华工的残酷剥削和掠夺,过分地夸大华工出国史在整个海外华人史中的地位和意义,却忽略了大部分海外华人过番和下南洋是自愿的,是追求和向往新的世界和新的生活。笔者非常赞同张佑周教授如下观点:大多数龙岩籍海外移民"为谋生甚至为发家致富计而移民海外"。"其实,即使在1840年鸦片战争以后,以华工形式迁徙至东南亚各地的龙岩籍移民,大多也是怀揣着出国淘金梦而去的"。张教授指出,龙岩籍海外移民中"作为契约华工出国的,所占比例不大","他们大多是听闻海外谋生较易,赚钱较多,甚至以赚钱回来盖大楼为目的。自从胡子春在南洋赚钱回来在下洋山村豪树窠盖起豪华土楼荣禄第之后,'番片赚钱唐山福',成了下洋人的口头禅。过番赚钱盖大楼成了许多下洋人的追求。事实也是如此,永定下洋等地很多土楼都是番客赚钱所建的,使'过番'闯洋更有吸引力,因而自筹盘缠,跟随'水客'或乡人搭船南渡的人越来越多"。[2]

---

[1] 张佑周主编《龙岩华侨史》,华南理工大学出版社,2020,第83页。
[2] 前揭书,第93页。

二、客家人下南洋和过番的主要类型

客家人向海外移民的主要类型包括政治难民、契约移民和自由移民三种，现分述如下：

（一）政治难民

在近代史上，客家人喜欢造反，总是与朝廷搞不好关系。近代客家地区的一些地方志，均把地处山区的客家人称为"山匪""暴徒"，"喜寻衅滋事""聚众造反"，等等。明清时期，广东地方政府的官方文件中屡屡出现"惠州会匪猖獗""惠州各属本多匪乡，散则为民，聚则为匪""广东会匪名目最多""广东盗风日炽""今日广东，贼密布如棋局，遍地皆贼"等文字，其中主要是指客家人和他们的组织，如哥老会、天地会等。太平天国起义把客家人对朝廷的不满和反抗推向了高潮。这些反抗朝廷的客家人在失败以后，很多就流亡到海外，成为政治难民。一些研究客家学的学者认为，客家人最早因政治原因出洋的第一人为宋末的卓谋，梅县松口人，因为抗元勤王失败而逃亡海外，但只是民间传说而已。[①]"说到客家第一批去东南亚定居者最晚不过南宋末元朝初。当时蒙古南侵，南宋亡，由赣南客家文天祥组织义军抗元辗转于粤闽赣三省交界处，义军大都为客家，如梅县松口一卓姓壮丁全部加入义军，今天梅州地区'状元桥''凌风楼'据说为纪念文天祥而得名，除一人生还外，全部壮烈牺牲。宋帝兵败涯山（广东新会县境内），文天祥被俘遇害于北京。许多客家因参加义军怕受株连，故纷纷亡命交趾、占城、吕宋、爪哇等地。上述卓姓唯一生还者卓谋，就是这时逃往婆罗洲（今印尼加里曼丹岛）的，他可说是客家人中知姓知名第一个去东南亚的人。"[②]

[①] 最早出自温仲和的《光绪嘉应州志》，但他后来在其他文件中也指出，这只是"父老流传"。罗英祥在《漂洋过海的客家人》也援引这一说法，其他客家研究成果基本上都沿袭这一说法。

[②] 丘菊贤：《客家迁徙南洋论略》，《河南大学学报》（社会科学版）1994年第3期，第61-62页。

广东饶平客家人张琏也因为反抗明朝统治和压迫失败而逃往三佛齐。①明朝嘉靖年间，内忧外患，民不聊生，张琏在闽粤赣边发动农民起义，各地义军纷纷响应，军队最盛时达十万之众，张琏起义成功后在饶平上饶乌石称帝，号"飞龙人主"，国号"飞龙"。后经明朝军队历时五年的围剿，起义失败。关于张琏起义失败后的去向，有两种说法：一是被朝廷军队活捉遇害；二是被官军捕获后设法逃逸，出海去了三佛齐国（今印尼旧港）。历史学家张勇对各种史料进行了考证，得出结论说，第二种说法可能是真的，张琏率余部从云霄港出海后，占据三佛齐，在这个地方建立国家，当上了国王。张勇引用一些当地的考古资料以证实其说法，三佛齐岛、旧港、柔佛、马六甲、西沙群岛等地曾经出现了很多古碑，古碑上镌刻有"龙飞"年号；明朝嘉靖年间还出现刻有"龙飞"年号的漳窑珍品——兽耳尊及其他瓷器，上述这些石碑和瓷器上的"龙飞"年号约是张勇当年起义失败外逃后两年，时间上也正好吻合。张勇还引用了日本学者的考证结果："日本学者腾田丰八博士曾考证，这些古碑上镌刻的年号——'龙飞'，经鉴定是张琏当时在三佛齐国的年号。"据此，张勇认为，张琏当时并没有死，而是跑到海外三佛齐国继续做他的"龙飞"皇帝去了。"'龙飞'应是与朝代兴替，帝王即位，帝业振兴，帝位相迭有关。张琏起义失败，引航出海，占据三佛齐后，建立国家。以'龙飞'说明他在海外成就了帝业。""应该说三佛齐等地的'龙飞'年号是张琏'飞龙国'年号的有意倒置，以此说明，张琏在三佛齐已经再振帝业。"②

太平天国运动是一场席卷中国南部的轰轰烈烈的农民运动，其领导集团，包括许多中下级军官乃至一般的士兵，很多都是客家人。在起义失败之后，

---

① 张勇指出，长期以来，一些文章和地方史料都把张琏说成是潮州人，这是一种误解。张琏所在的饶平县的确是以潮州人为主的一个地方，但这里也居住有许多客家人，张勇经过对饶平上饶张氏族谱进行考证，得出结论说："饶平讲客家话的镇有上善、上饶、饶洋、新丰、九村、建饶、东山、渔村等，张琏属上饶镇人。饶平客家人的先祖大多来自黄河流域，是中国历史上中原先民筚路蓝缕五次南迁过程中的第三个时期（1127—1644年），由江西南部、福建西南部直接迁到嘉应州各地辗转播迁至饶平。"详见张勇：《关于张琏起义及其归宿等问题的考析》，《客家研究辑刊》2009年第1期。

② 张勇：《关于张琏起义及其归宿等问题的考析》，《客家研究辑刊》2009年第1期，第126—132页。

起义军残部中的许多客家人又从南方逃亡到了海外,包括南洋的三佛齐,南美洲的巴西、秘鲁、委内瑞拉、巴拿马等地。丘菊贤指出,太平军兴于嘉应(今广东梅州市七县)、灭于嘉应也反映了太平军中客家人众多的情况。太平天国农民起义军和中国历史上所有农民起义一样,最终失败。随着最后一支即李世贤部万多人在嘉应州镇平(今梅州市蕉岭县)被镇压,清政府在起义地区恢复了旧统治秩序,株连所及以斩尽杀绝为能事,尤以客家人聚居地区为甚,客家乡亲为了生存权利,为了吃饱穿暖,唯一出路是背井离乡,漂洋过海走向外部世界,目标主要是南洋。①

秘鲁历史学者柯裴(Patricia Castro Obando)对秘鲁的客家人从中国南方迁徙到秘鲁和定居的历史进行了比较深入的研究,其《隐形的社群:秘鲁的客家人》一书记录了几则关于太平军残部逃亡到南美洲各地的传说。一则说,太平军残余部队的士兵很可能逃到中国南方沿海,以矿工的身份乘船前往拉丁美洲。1860年,一支3万余人的太平军退守福建后,在西方列强和清军联合清剿下踏上到海外当契约矿工的求生之路;另一则说,太平军的俘虏被当做苦力卖给了香港商人,这大约1万名前太平军士兵——其中大多数是客家人——最终来到秘鲁;还有一则说,1867年,在秘鲁因恶劣的工作条件曾发生过劳工反抗这些矿主的起义,渴望回国的太平军士兵趁秘鲁、智利和玻利维亚三国发生砂石战争而起义,他们推举湖南人翁德荣和广东人陈永碌为首领,联合智利军队作战。柯裴认为,"'太平军传说'没有史料的支持,但与19世纪下半叶成为向拉丁美洲贩卖苦力的生意最为兴盛的时期的事实相吻合。其中各参照点正是太平天国运动(1851—1864年)和时间叠加在前者之上的客家人与广府人之间的大规模械斗(1854—1867年),以及作为大量华工移民秘鲁过程终结的南太平洋战争(1879—1883年)。""在这个历史大背景下,能够逃离出中国的唯一路径就是被招募去做苦力,随后登上一艘驶往海外的轮船。在一部分人主动选择这条逃亡之路的时候——不论其出于经济、

---

① 丘菊贤:《客家迁徙南洋论略》,《河南大学学报》(社会科学版)1994年第3期,第61-62页。

政治的原因，还是出于社会和族群的原因，另一些人则违背自己的心愿而被迫登上远航的船只。历史上一直有关于奴隶市场的记载和描述，实际上这些奴隶是太平军的战俘，他们被当做苦力卖给了香港商人和外国人。"[1]

（二）契约移民

契约移民俗称"卖猪仔"。根据一些学者的考证和研究，契约移民虽然是早期华人向海外移民的一种重要形式，但并不是主要的形式，客家人向海外移民也是这类情况。有学者认为，契约移民的比例只占了客家人海外移民20%左右，过分夸大这种形式，并且把它说成是华人海外移民的最重要形式，是受到当年"左倾"思潮的影响，突出阶级斗争，过分强调海外华人的阶级性。华人史学家陈翰笙从清代广东海关档案《香港理船厅档案》中发现，自1861年至1872年从香港前往新加坡、暹罗、婆罗洲等地的2万多名华工中，只有前往婆罗洲三宝垄的703人为契约劳工，其余均为自由移民。[2]

契约移民是一种黑暗的充满血泪的移民制度，它的产生是由两个方面的原因促成的。一方面，西方殖民者在东南亚、美洲等地从事大规模的经济开发，需要大量的劳工；另一方面，中国由于政治腐败、连年战争、自然灾害等，大量农民流离失所，需要一个能够安身立命的地方，身无分文的他们只能通过出卖人身自由的方式出国谋生。当时的一位马来亚殖民官员这样描述契约移民制度产生的过程："有些移民是有足够的钱来支付由中国到新加坡的旅费的，这钱可能是他们自己的，也可能是借来的。这些移民在新加坡登陆后，对任何人没有义务，他们可以寻找适合自己的工作。但是需要劳工的数目太多，仅靠那些能够自己支付旅费的劳工就不够了。因此，欠费制（赊单新客制）就应运而生。在这样的制度下，中国南部港口的苦力经纪人就和新加坡的经纪人联系，替一批批的苦力离华付出旅费。俟后，1842年香港被殖民统治的时候，同样的经纪人和组织也在那里建立起来了。苦力到达新加坡

---

[1] [秘鲁] 柯裴：《隐形的社群：秘鲁的客家人》，王世申译，广东人民出版社，2019，第30-32页。
[2] 陈翰笙：《华工出国史料》，中华书局，1981，第533-540页。

或槟榔屿后，经纪人就为他们介绍工作。这项工作是毫无困难的，因为劳工的需要量很大。由中国开来的船一到岸，雇主的代理人就蜂拥上船，和新加坡的经纪人磋商。替苦力出的价钱随着需要的缓急而有所不同。从事苦力业务的经纪人不是因为他们喜欢干这一行，而是为了利润。苦力一旦到了雇主手里，不管雇主给他指定的工作有多少，他都得干，直到偿清雇主为他所付出的数目为止。在这种制度下移来的劳工，不久就以'猪仔'而闻名，管理苦力输入的人被叫做'猪仔头'。这种称呼本身就说明了人们对于这样的事情抱着什么的看法。它的含义就是暗示贩卖苦力就像卖猪仔一样，这种责难的说法是完全正确的。由于需要苦力的数量很大，贩卖苦力能获得厚利，因此，在中国港口招募劳工的人在招募方法上就恣意横行，不择手段了。"[1]

据有关史料记载，清乾隆六十年（1795年），惠州归善县（今惠阳）发生大饥荒，沿海农民渔民逃荒到南洋各地谋生。清嘉庆二十四年（1819年）夏季大水，冬季大饥荒，归善沿海人远渡南洋各地谋生者众。鸦片战争到19世纪末，归善县被拐骗出国当"猪仔"的一共有1.7万多人。清光绪三十二年（1906年），驻新加坡总领事孙士鼎在外务报告中说，20世纪初，惠州出洋人数约有10万，多是契约劳工。在鸦片战争前后一段时间，西方殖民者公开到中国招募契约华工，以惠阳、东莞、宝安一带客家人居多。仅在1865年2月至1866年1月一年的时间里，就有1,100多名契约华工被招募到南太平洋大溪地岛种植棉花，这批华工以上述惠阳、东莞和宝安的客家人居多。[2]

---

[1] 布莱斯：《马来亚华侨劳工简史》，《南洋问题资料译丛》1957年7月第3期，第4页。
[2] 广东省地方史志编纂委员会主编《广东省志——华侨志》，广东人民出版社，1996，第179-180页。

契约劳工的工作生活情况，可以从如下朱富中[①]口述资料中窥见一斑：

在当时的沙横一共有9个巴力（即公司），系按照号码编排，华工则习惯称为某号公司。沙横3号巴力的情况，除了人数有不同外，体系完全一样，沙横9个巴力的巴力头都是侨生，均系讲客家话的广东人。提升工人当工头，主要由巴力头提出，经荷兰锡矿公司同意即可。矿工也是有节假日的，铁船上是三班轮换，每班8小时，其他人工开采的巴力，上午6点上工，9点至9点半休息，吃粥，9点半继续劳动，到11点收工；下午则从1点开始到5点为止。每周星期天休息，一年中每逢下列节假日放假：

唐人春节	放假3天
唐人清明节	放假1天
唐人五月节（端午节）	放假1天
唐人七月半（即盂兰节）	放假2天
唐人八月半（即中秋节）	放假2天
新历元旦	放假2天

尚有其他节日，一年一共放假15天。

在5号巴力（5号公司）里，有一个巴力头（大工头），总管巴力里的事务。巴力头下面有大挂沙（小工头）、二挂沙（小工头）各1人，具体负责管理生产，每天要向巴力头报告。挂沙下面有：①财库1人（类似会计）；②亲丁1人，负责伙食；③带工6人，管理捡锡沙的工人（每班2人，3班共6人）；④万律6人，管理机器工人；⑤万律仔1人，即卫生员，负责处理巴力中的病号。此外，带工下面还有帮工若干人，以及直接属巴力头管理的内勤人员等。

[①] 朱富中，湖北省武昌人。1929年从香港卖身到邦加沙横当矿工，一年后被提升为带工，1931年回国，同年又从香港第二次"卖猪仔"到邦加，仍然当带工。后曾经被提升为副工头、工头。1960年回国。朱富中担任过锡矿的管理人员，对锡矿各方面的情况比较熟悉和了解，因此，他的口述资料更具价值。

据朱富中回忆，荷兰锡矿公司对巴力各类工头的月工资有统一的规定，一直到1939年日军南进前，都是如此。当时各级工头月薪如下：

巴力头	120盾	大挂沙	70盾
二挂沙	60盾	带工	40盾

上述各级工头的工资，每月均须向荷兰政府缴纳4%的所得税。工头（帮工除外）除了每月的工资收入外，到年终，荷兰锡矿公司还发给红利。没有超产，红利就少，超产时则增加。荷兰锡矿公司发下的红利，巴力头从来没有公布确实的数字，给谁多少就算多少，不过也说过是按下列数来分的：

巴力头	?份	大挂沙	4份
二挂沙	3份	带工	各1份
万律	各1份	财库	1份

曾经在印度尼西亚邦加锡矿做苦力的部分客属归国华侨的口述资料也从一个侧面反映了当年客家华工在锡矿的工作生活状况，现整理如下：[①]

1. 刘太

刘太，广西博白县猪腰径村人。1898年生。1923年卖身到印尼当锡矿工人，2年后脱身，先后做过小鱼贩、自营种植园等，1960年返国。

据刘太回忆，他的家庭应该算得上是一个中等人家，只是因为赌博，欠下了赌债而不得不卖身到印尼当苦力。"我们从香港上船，途经新加坡，然后又从新加坡转船到印尼文岛上岸。我被送至勿里洋第5号公司当担泥工，5号公司约有800名华工，绝大多数是卖身去的'猪仔客'，每天做工9小时，

[①] 1963年5月，中山大学东南亚历史研究室和厦门大学南洋研究所的四位教师组成一个联合调查组，到广东省阳江县组篢农场进行田野调查，采访了近百名归国老华侨，他们多是在1900-1940年间被卖到印尼苏门答腊东部日里种植园和邦加锡矿的"猪仔"。这些口述资料后来被整理为刘玉遵、黄重言、桂光华、吴凤斌：《猪仔华工访问录》，中山大学东南亚历史研究所，1979年内部出版，第215-225页。

上午从5点半到11点（中间休息两次，每次半小时），下午由12点到4点半。我们初去每日工资24仙，做足够160个工，才增至36仙。我在5号公司做了2年便脱身，本想立即返唐山，但当时自己手上无钱，所以没有回国。1925年4月，我转去南榜做巴力仔（也是一种苦力，但是自由工，工钱比'猪仔'要高一些）。到巴力仔做工同样要落名，落名时得的钱较多，我一次便拿到95盾（其中有20盾是预借款，将来扣还）。工资也较高，一开工日薪便有51仙，工薪每月结一次，但当时只有工资总额的80%，留下20%到年终结算时发放。我做工的那个公司，共有30多人，有巴力头1人，其余都是苦力。这些工人大都是在大公司脱身出来的，巴力头向荷兰公司承包了小矿场，由他负责开矿，产品要卖给荷兰公司。""1928年初，我离开巴力仔，转去做鱼贩，月中一般可以赚得30盾钱左右，收入较多，而且也自由得多，什么时候出门可以自己做主，不必再受工头呼唤。经过几年，我渐渐积累了一些钱。到了1930年，我结了婚，并且开垦了一小块山芭做种植园，种些橡胶与胡椒，鱼贩生意继续做，一直做到1942年日本南侵时才停止。""1945年日本投降后，我又回到荷兰锡矿公司做了4年工，后来由于自己经营的小种植园渐渐扩展，自己忙不过来，所以我就不到锡矿做工了。我回国前，我的小种植园每天可割胶三四十斤的胶片，胡椒每年也可收成四五百公斤。我在1960年回国时，只带了妻子和二、三、四子回来，大儿子仍留在印尼照管小种植园。"[①]

2. 黄四

黄四，广西北流县（今北流市，下同）燕山村人。1902年生。1923年卖身到印尼当锡矿工人4年，后当小贩及养猪等，1960年返国。

黄四回忆说，他家也还算中等人家，每年种的粮食都有一些盈余。因为染上了赌博的坏习惯，他欠下人家的赌债，不得不卖身到南洋谋生。当时和他一起被卖身到印尼当矿工的北流县客家人一共有30多名，他们先是从广西

[①] 刘玉遵、黄重言、桂光华等：《"猪仔"华工访问录》，第169-170页。

的梧州乘船到香港，然后再从香港乘船往新加坡再转邦加。"我们从香港乘船往新加坡转邦加。我被送至勿里洋第五号锡矿公司担泥。这个公司有一个巴力头，一个大工头，大工头之下有2个工头，2工头之下有工头仔5~6人，每个工头仔带有三四十名苦力，巴力（公司）设财库1~2人，亲丁（管理伙食等）3~4人。而在文岛、槟港、烈港一带，有大工头1名，往往称之为挂沙，二工头则叫二挂沙。""我们每天要做9个小时的工，早上6点开工，11点收工，中午12点开工，至下午4点收工。每天一般都要担3立方米的泥，就算完成定额。但工头常常要我们做4~5立方米的定额。初去时，每日工薪24仙，做够了160个工之后增至36仙，做够3年之后，增至41仙，4年后增至46仙，5年之后增至51仙。51仙是最高限额。""我们的伙食由公司供给，伙食办得非常差，吃的菜几乎天天是臭咸鱼和几片青菜，油水很少。而工头却餐餐大鱼大肉。'猪仔'名义上每星期天加菜一次（2市两猪肉），但经过层层盘剥，我们吃到口中的还不够小半两。"[①]

3. 彭敬初

彭敬初，广西北流县大松村人。1897年生。1923年卖身到印尼当矿工3年，离开矿山后曾经当过鱼贩、种胡椒者、船厂工人等。1960年返国。

"我是1923年旧历五月五日离开香港，五月十一日到达文岛，上岸后分到南榜新四号银利公司。工人工作时间是从早干到黑，从早上6点干到下午6点，一般是早上4点半打木壳起床，冲凉吃饭后6点开始工作。9点休息吃粥，半小时后继续干，到了2点吃饭，午后1点又工作，3点休息半小时，再干到6点为止。""我在新4号做了3年，工资情况是：第一年，上半年每日工资0.24盾，下半年每日工资0.36盾；第二年0.36盾；第三年0.41盾。工人每日二餐吃粗米饭和咸鱼、青菜。星期天5人才一小碗猪肉（三四两）。住的是木屋，睡的是木床，臭虫多又无药粉防治。工人都没有蚊帐，穿的是粗布衣，一做工就成水衫水裤。""我做2年后就脱身。脱身后回国或转做巴

---

① 刘玉遵、黄重言、桂光华等：《"猪仔"华工访问录》，第173页。

力都可以，过州府则不行，必须做 3 年得了青皮簿才成。脱身只给证件一份，大抵脱身后仍落名做巴力的十中居六，其一回国，其二做别的工作。"①

4. 徐亚二

徐亚二，广东省博罗县人。1905 年生。1925 年卖身到印尼当矿工。先后做过矿工、杂工、铁工等工作，1960 年返国。

"我家在博罗县城，14 岁失去母亲，19 岁丧父，剩下兄弟俩到郊区佃耕农田过日。当时自己年少，交租多少不清楚。19 岁那年，陈炯明叛乱，广东省不宁，家乡首当其冲。不幸我哥被抓去当兵，剩下我自己一人，只好逃亡到香港。听说南洋能过上好的生活，我到处打听，后在香港专门做卖'猪仔'生意的万客兴栈签订卖身契。""我于二三月间乘'朱大利'号离开香港，下船时有多个印度警察监视着，船中有七八百'猪仔'挤在一起，非常闷，好容易熬过了七日七夜才到达文岛。在文岛住十几天，住新客寮（用木头临时搭建的房子），复查身体合格后，被分配到烈港 2 号当矿工。""我做新客的工资是：第一年每日得 0.24 盾，第二年仍是 0.24 盾，第三年每日得 0.36 盾。工人三餐不外乎咸鱼、青菜、豆类和粗米饭，也有吃稀饭的，星期天加菜的猪肉要扣钱，只有节日一人才分一斤肉。"②"做两年脱身时发一份无照片凭单，凭此单可以在邦加任何地区做巴力或者回国。若要过州府，只用锡矿公司的证明不行，要有荷兰政府证明，证明上贴有照片，并须交纳 3 盾手续费。能够按期脱身的十中居四，其他人包括我在内因病而延长。脱身后回国者十中不到三个，剩下的都是继续做巴力工，一般勤快的人，巴力头喜欢把他留下，他们认为'调皮'和'不好'的则要他走。到别地做巴力工的十中不到四个。"③

---

① 刘玉遵、黄重言、桂光华等：《"猪仔"华工访问录》，第 179 页。
② 前揭书，第 188 页。
③ 前揭书，第 189 页。

5. 徐十五

徐十五，广西北流县黄山乡人。1909年生。1926年卖身出国，时年17岁，被拐骗至邦加勿里洋3号矿，在矿场做工3年，脱身后从事过各种劳动。"我受客头拐骗，他说我家无田地，做一辈子亦不能发达，南洋找工容易，发财容易，于是骗我到南洋去。这个客头是职业骗子，专门拐卖人口。客头带我到湛江赤坎，交另一客头，转带至香港。两个客头一文钱也没有给我。在香港客栈住了一个星期，他们把我的年龄虚报为21岁，只给一套衣服、一张毡、一双鞋、一顶铜古帽和一个藤篓，即打发落船，一文钱也不给。"据徐十五回忆，他在勿里洋3号矿做苦力满2年，本来可以获得自由，但是，因为仍然身无分文，便又继续在矿里干了1年，脱身获得自由后，又在附近的小矿做了1年'自由工'（工资稍高一些）。1930年，徐巳经当矿工4年满21岁，脱身离开矿场，到附近做工，先是在一家渔行当帮工，后又到一家胡椒园做工，后改行到一家裁缝店做学徒兼伙头，再到一家锯木厂当锯木工人，还做过修路工人等。"25岁（1934年）入电力厂做杂工，做了6个月，月资4盾，稍有积蓄，结婚成家。离电厂，改当面食小贩，打面、做面包、云吞、盘粉等出售，赚的钱仅够养家，以后一直在文岛做面食小贩，到了1960年回国。"①

6. 吕英

吕英，广东省陆丰县河口镇新田乡汤仔寨人。1904年出生。1929年卖身到邦加岛锡矿当矿工，1939年离开锡矿，后做过杂工、小商贩等。"1928年6月间，我和叔叔，还有3位同乡，一起从家乡到香港，通过客头卖身到邦加岛锡矿做工。卖身时，每人只拿到7元港币，到了邦加后，除我分配到文岛外，其他4人全到了烈港。""1928年到文岛后，先在5号巴力做了3年工，1931年调到南榜7号巴力。我在南榜7号巴力（铁船）做了8年工，合在文岛5号巴力3年，一共11年。1939年离开锡矿，出来打柴卖，以后做小贩，

---

① 刘玉遵、黄重言、桂光华等：《"猪仔"华工访问录》，第207页。

每月收入约有45盾。1947年结婚,结婚后依旧在镇里做小商贩,直到1960年回国。"①

7. 罗杰

罗杰,广东省从化县(今广州从化区)人。1892年生。1928年卖身出国,在槟港湾1号当矿工6年,脱身后做过木工和菜园工人等。"我20岁时出门给人做长工,做了5年,回国结婚,又出门流浪,在顺德做过伙头和店员,后游荡到香港。听说南洋找工容易,决心出洋,只好到猪仔客栈卖身出国,时年36岁。得卖身款港币75元,衣服、食物由自己购买。在船上赌博,输得不名一文。当时荷兰人开设的来往港、印的'猪仔'客船有4条之多,我记得有'朱巴力''朱加令''朱大利'3艘,我是乘'朱大利'出国的。'猪仔'都在大舱,同船'猪仔'1,000多人,很拥挤,几乎没有睡觉的地方。有人在旅途中晕船、病倒。""经过5日旅程,船抵文岛,被分派至槟港41号巴力,矿中有矿工1,300余人,最年轻的也有20多岁,亦有50多岁的,以三四十岁的壮汉居多。"②

(三)自由移民

自由移民,主要是指迁移地的人民自愿地向海外迁徙,主要方式有投亲靠友、投奔海外同村或同宗或通过"水客"携带等,这应该是客家人向海外移民的主要方式。笔者的几位叔父和伯父及附近村庄的华侨华人,都是在20世纪初通过投亲靠友自由移民到荷属东印度的雅加达地区,他们自己出去之后,又不断地回到家乡携带家眷和亲人同乡等出国。据笔者在家乡的访谈,当年嘉应州五属(包括梅县、平远、蕉岭、兴宁和五华)各地的华侨华人多是以自由移民的方式出国的。通过亲友或同村同宗介绍是客家人迁徙海外的一个主要方式。客家人过番和下南洋,向有子弟、宗族、乡梓相携的传统。客家住地,因为环境所限,不足以谋生存、求发展,不少青壮年男子赴海外

---

① 刘玉遵、黄重言、桂光华等:《"猪仔"华工访问录》,第212页。
② 前揭书,第213页。

谋生，进而在南洋各地置田园。很多家庭都仅留下1个儿子守家，其余的出洋谋生。如叶剑英元帅的父亲叶钻祥有兄弟5个，4个哥哥相继下南洋，叶钻祥也有出洋的想法，只因父母年老，为了尽孝才留在家中。客家人受亲友招募而出国者占过番人的大多数。一则亲友的可信度高，二则过番后可以得到亲友的帮助和资助。客家人在海外成立的"同乡会""宗亲会"等组织，也为过番者提供了各种方便。著名侨领谢逸桥（祖籍梅县松口）的祖父谢益卿为生活所迫，在清朝咸丰年间由亲友介绍到东南亚谋生。又如五华人曾德铨，水寨镇墰村人，1936年由亲友带去南洋，先在马来亚教书，继在政府部门任职，后发展实业，组织马来亚矿业公司，首倡开采铁矿于怡保，复于1957年再创矿业有限公司于柔佛州，继又经营橡胶园、锡矿和三夹板厂。[①] 梅县隆文木寨村肖郁斋（1846—1931）因创业后业务发展需要，先后从祖籍家乡挈引亲戚朋友400多人出国，这些人中有许多是自己在海外创业，又挈引更多亲邻走出去。据不完全统计，祖籍梅县隆文的印尼华侨华人约有1.3万多人，其中70%都是亲戚朋友介绍牵引出去的。广东阳山县七拱朱屋排客家人朱海均与同乡邹荣明于1915年一同去马来亚谋生，后经营锡矿、胶园有成，又从祖籍家乡招募工人300多人。[②] 另据《梅县丙村志》记载，丙村旅外华侨华人，多数是小商小贩。初期的小商店用人少，或者只有夫妻两人经营。后来业务扩大，人手不足，想雇请当地人，一来不易，二则当地人不善做生意，因此只好请家乡自己的同宗亲友出去做工。这样年复一年，一代引一代，通过亲友这条渠道带到南洋谋生的人越来越多。据统计，旅居马来西亚的内村华侨华人，70%左右都是通过侨居国亲人带出去的。[③]

冷剑波在对闽粤地区客家人出国的历史过程进行考察后得出的结论认为，传统上"卖猪仔"等强制方式虽然是一般人对客家人过番的基本印象。"然而，通过分析可以发现，这并非客家人过番历史的全貌。事实上，过番是在

[①] 李小燕：《客家人的过番习俗》，《中南民族大学学报》（人文社会科学版）2003年第6期，第45页。
[②] 广东省地方史志编纂委员会主编《广东省志·华侨志》，广东人民出版社，1996，第179页。
[③] 温带权、廖江添主编《梅县丙村镇志》，梅县丙村镇志编辑部，1993，第193页。

当时的社会历史条件下，粤闽地区客家人一种最为重要的生活方式和生存策略，在任何时期，'自由迁徙'始终是梅州客家人过番南洋的主流。澄清这一点，有助于我们更加全面地认识海外客家人，同时也有助于我们更加深刻地理解客家文化在海外的传承与发展。"①

三、梅县客、大埔客、惠阳客和永定客

欲了解客家人下南洋和过番的全貌，需要对纯客家居住且迁徙海外人数众多的一些县（区）进行个案分析和研究，特选取广东的梅县（区）、大埔县、惠阳县（区）及福建的永定县（区）。②之所以对这四个县（区）进行个案分析，主要考虑如下六个因素：①纯客家居住，且人口比较多，历史悠久，历史上就是经济较为发达和文化教育受到重视的地区，四县（区）的客家文化也较具有代表性；②迁徙到海外的人口众多，四县（区）的海外华侨华人与本土的人口比例最高的几乎达到了1∶1(梅县和大埔)；③四县（区）是海外客家名人发祥地，人杰地灵，由于这四县（区）比较厚重的历史文化积淀，孕育了大批人才，许多在海外取得成就的客家著名人物，包括政治家、军事家、实业家均来自这几个祖籍地，如永定的胡文虎，梅县的罗芳伯、张榕轩，大埔的钟亚瑟③、张弼士、李光耀，惠阳的叶亚来等人；④四县（区）的海外客家人在海外坚守客家文化和保持客家特性方面持之以恒，一代又一代坚持不懈地为之奋斗和努力；⑤四县（区）的客家会馆在海外各国最为著

---

① 冷剑波：《近代梅州客家人"过番"南洋考略》，载肖文评、冷剑波主编《海洋客家与梅州华侨华人研究》，暨南大学出版社，2022，第57页。

② 广东省梅县、大埔及福建永定，都是纯客家县。在历史上，惠阳（归善）曾经是客家人和潮州人及广府人混杂居住的地区，故客家学创始人罗香林把该县归类为非纯客家县。后来，惠阳经历了几次区域调整，非客家地区基本上都被划入其他县（区），先后从原来的惠阳县析出惠州市惠城区、惠东县等，现在的惠阳县（区）已经是一个以客家人为绝大多数的县，也可以说是纯客家县。本书按照这四个县（区）在海外的人数多少而进行排序，梅县（区）在海外的人口最多，居第一，其次为大埔，再次为惠阳（区），第四为永定县（区）。

③ 钟亚瑟（1918—2008），圭亚那首位华人总统（在位时间为1970—1980年），也是首位在亚洲以外国家担任总统的华人。祖籍广东大埔县，其父亲在中国出生，早年移民去了圭亚那。有兄妹8人，他是其中最小的儿子。

名和最有影响力，历史悠久且代代薪火相传，如永定人在各国成立的永定会馆、梅县人在各国成立的嘉应会馆、大埔人在各国成立的大埔（茶阳）会馆、惠阳人在各国成立的惠阳会馆，都是海外华侨华人宗乡会馆中历史最悠久、影响最大、最有活力和生命力的会馆；⑥四县（区）华侨华人在发展住在国华侨华人文化教育事业方面独树一帜，在资助祖籍国家乡文化教育与各种公益事业方面也最舍得花钱和投入，他们在这方面可谓是一掷千金。

（一）广东省梅县（区）

梅县，古称"程乡"，后经历过多次行政区划调整，为著名侨乡。1988年1月，广东实行市管县体制后，梅县地区改设梅州市；2013年梅县撤县设区，成为梅州市辖区。到2017年底，梅县区设17个镇和2个镇级建制单位（新城办事处、扶大高新管理区），下辖355个村委会和32个居委会。梅县（区）位于广东省东北部，韩江上游，梅州市中部；东邻大埔，西界兴宁，南连丰顺，北接蕉岭；东北与福建省上杭、永定毗连，西北与同为梅州市的平远接壤，中部与梅州市梅江区相邻。全县（区）总面积2,482.86平方千米，向有"八山一水一分田"之说，盆地占全县总面积的22.5%，丘陵占55.4%，山地占22.1%。

据1991年出版的《梅县华侨志》记载，截至1987年，梅县籍海外华人一共有63万人，分布在全球63个国家和地区，亚洲占了90%多，主要分布在东南亚（约占70%），仅仅印尼一个国家，就多达31万多人，占了50%。1987年，梅县本土总人口76万，梅县籍海外华人，再加上港澳台同胞，与本土人口的比例几乎是1：1，另外还有归侨侨眷46万多人（1987年统计数据）。因此，梅县享有"华侨之乡"的美誉。（表2–1）

表2-1 梅县籍海外华侨华人分布情况（1987年）

国别和地区	梅县籍华侨华人人数
印度尼西亚	31,4000
马来西亚	93,090*
泰国	78,000
缅甸	30,000
新加坡	2,500
菲律宾	700
越南	7,400
柬埔寨	1,500
印度	1,900
老挝	400
日本	350
巴基斯坦	1,700
文莱	350
东帝汶	1,500
尼泊尔	170
孟加拉国	1,000
韩国	30
亚洲合计	534,590
英国及英属	23,500
法国	400
荷兰	140
东德	60
西德	70
葡萄牙	60
意大利	30
丹麦	20
瑞士	50
瑞典	40

续表

国别和地区	梅县籍华侨华人人数
冰岛	20
捷克	80
奥地利	70
欧洲合计	24,540
毛里求斯	27,000
南非	18,800
留尼汪	2,500
塞舌尔	60
赞比亚	30
马达加斯加	80
非洲合计	48,470
美国	3,400
加拿大	400
巴西	200
阿根廷	150
巴拿马	50
美洲合计	4,200
澳大利亚	500
新几内亚	450
新西兰	50
大洋洲合计	1,000
全球总计	630,000**

* 原表中将沙巴州和沙捞越州分开统计，本表把这两个州与马来西亚合并计算。

** 表中相关数据系根据1965年的统计资料，按照人口增长比例和典型调查推算得出截至1987年的人口数量。

资料来源：《梅县华侨志》（1991年）。

梅县人过番、下南洋的主要原因有如下几个方面：

1. 政治

清乾隆年间，石扇人罗芳伯因参加反清秘密组织，涉嫌"叛逆"，无法在家乡立足，遂邀集乡党9人从广州虎门乘船出国，定居婆罗洲，后因建立罗芳伯共和国而闻名于世。清咸丰、同治年间，太平天国起义爆发，因其领导人洪秀全祖籍梅县，许多人受到牵连，只得逃亡海外。民国时期，也有不少人因各种原因而出国，包括1927年大革命失败后，一部分革命人士受到当局迫害，不得不逃亡国外。抗日战争和解放战争时期，许多青壮年为逃避兵役而出国。新中国成立前后一段时间，一批国民党军政人员及其家属经过香港然后到南洋各地定居。

2. 贫困

梅县人多田少，加上各种天灾人祸频繁，民不聊生，迫使大量贫困农民铤而走险，出国谋生。史料记载，在近代，梅县的自然灾害频仍，"明嘉靖三十七年至四十年野蛙斗，本县四处野蛙，青黄二色，各统小蝼蝈数千万，旷野交斗如对敌然，寻死无数。嘉靖四十三年，春三月，大雨，水涨山崩。嘉靖四十五年，春二月，雷雨交作，雨雹大如斗如瓮，房屋破坏，人物触之皆死。"自然灾害频仍，民不聊生，导致寇变和匪乱不止，时程乡人刘广聪写道："程邑自宋之绍兴至明崇祯，记寇变十有五矣。迨国朝（顺治三年）丙戌年，陷城六日；丙辰正月，复遭刘进忠叛党焚掠。蹂躏频仍，间阎得不空虚哉？噫，是可痛矣！"[①] 民国时期，因生活所迫而出洋谋生的，每年少则数百人，多则上千人。仅1939年2月至1940年1月将近一年的时间里，便有1967人申请出洋。[②]

3. 婚姻

长期以来，出国谋生者多为壮年男子，在家乡尚无婚配，到了国外，经

---

① （清）《程乡县志》卷八《杂志》。
② 梅县地方志编撰委员会主编《梅县志》，广东人民出版社，2010，第68页。

过若干年的打拼，稍有积蓄之后，一般都会回乡迎娶妻子，再携带其出洋定居。有些人因各种原因无法回乡，就由家乡父母或亲人代为物色适合婚配的女子，然后委托"水客"携带到侨居地成婚。至民国初期，这类出国女子逐渐多了起来，迅速改变了海外华人社会男女比例严重失调的情况。到20世纪30年代之后，海外华人社会的男女比例基本上实现正常化。

4.继承产业和投靠宗亲乡党

早期出国的梅县籍华侨华人有不少经过努力加上种种机遇，在事业上取得成功，积蓄了一些财富，为使事业后继有人，往往设法让其在国内的亲人出国帮助其发展，继承其家业。也有不少华侨华人因事业发展壮大，需要大量帮手，与当地人相比，他们更信任原乡的宗族和乡亲，于是通过"水客"和其他渠道，促成宗亲和乡党前来协助。梅县仅白宫镇就有毛里求斯华侨华人3,400多人，其中70%通过亲友带出国。隆文镇华侨华人有13,000多人，其中约70%通过侨居国亲人携带出国；该镇华人肖育斋在印尼40多年，经商取得成功后，由他介绍和亲自带到南洋的叔侄亲友多达400多人。[1]此外，历史上梅县的文化教育比其他客家县要发达得多，早期因为出国留学然后到海外定居的梅县籍海外华人也不在少数。

南洋虽然是当时客家人摆脱贫困和追求梦想的地方，但毕竟是远离故土和走向一个陌生、充满曲折和不确定的前景，那种离别时的心情以及亲人的恋恋不舍，是现在的人无法理解的。历史上梅县人有唱山歌的习惯，当时流行的一些山歌正好反映了客家人离开家乡时那种妻离子别的悲惨情景。下面这首山歌，也许能够帮助我们加深对当时客家人过番和下南洋时的情景的理解。

阿哥出门去过番

阿哥出门去过番，洋船等在粤海关。

阿妹有话当面讲，下次搭信过艰难。

---

[1] 根据梅县各侨乡镇（村）志综合整理。

汕头出海七洲洋，七日七夜水茫茫。
船行三日唔食饭，妹个言语当干粮。

阿哥出门去南洋，唐山隔番路途长。
鸳鸯枕上么双对，壁上灯草挂心肠。

浑水长流有日清，阿哥走后难相亲。
路远迢迢么问处，朝看日头夜看星。

出门寻哥到汕头，寻哥吾倒日夜愁。
洋船过番都晓转，样般阿哥么回头。

梁上燕子对对飞，朝晨同出夜同归。
阿哥出门么信转，目汁流干瞒人知。

一心种竹望上天，谁知紧大尾紧弯。
一心同妹望偕老，吾奈家贫去过番。

恩爱夫妻共一床，阿哥过番离别家，
半夜辞别去南洋，丢开妻子一枝花。

五更分手情难舍，灯草跌落涌水角，
目汁双双泪两行，这条心事放唔下。

阿哥出门去过番，妹子赶到晒禾滩。
双手牵紧郎衣角，问哥几时转唐山。

> 阿哥出门去过番，妹子赶到汕头拦。
> 番邦赚钱番邦使，去就容易转就难。

早期过番、下南洋的梅县籍华侨华人都是以务工、做各种手艺（如理发、木匠、泥水匠、铁匠等）、摆摊贩、经营小生意为主。许多人因机遇和其他原因积累了一些财富，便开始从事各种工商业活动，其中成功人士不在少数。19世纪末至20世纪40年代，梅县籍海外华人中已经有不少人在从事工商业活动中取得巨大成功，成为富甲一方的工商业巨头。据1985年的统计，梅县籍海外华侨华人中，经商的有20.4万多人，占总人数的30.9%。其中以印尼为最，达129,000人；泰国次之，达26,000人；马来西亚再次之，为11,000人；其余：英属地10,400人，毛里求斯8,000人，印度6,500人。较著名的工商业家有26,940人，其中印尼16,800人，马来西亚5,400人，印度1,300人，英国及英属地1,200人。从事小贩的有71,414人，其中印尼44,500人，马来西亚7,400人，毛里求斯5,000人，南非5,600人。[①] 随着华侨华人经济的发展壮大，19世纪末至20世纪40年代，在印尼、马来亚、新加坡、泰国等地的一些华侨华人，先后从小型的工商业经营转型到开办较大型的建筑业、航运业和银行业，并且取得了不俗的业绩。现简介如下：

1. 张鸿南

出生于松口镇的张鸿南，字耀轩。少时在家乡协助父亲经营小杂货店，后赴印尼谋生，初在张弼士开设的公司当职工，有一定积蓄后转往加里曼丹岛的棉兰发展。从19世纪70年代起，张鸿南与张弼士合资开办笠旺公司，经营种植园等，合资开设日里银行，创办裕昌和广福2个远洋航运公司，被时人称为"雄视一方的张玛腰"，其资产不下4,000万盾，与同一时期的新加

[①] 钟最生主编《梅县华侨志》，1991，第65页。

坡陆佑和中爪哇的黄仲涵并称为"东南亚华侨三大巨富"。

2. 伍佐南

伍佐南，松口（今松南乡）人，出生于泰国。其父伍森源在曼谷开设广源隆商务行。父亲逝世后，伍佐南继承父业，通过自身的不断努力，事业得到长足发展，在曼谷先后开设火砻火锯业、轮船业、保险业、汽车运输业及进出口贸易等多元化经营。其子伍竹林继承祖业并且进一步将之发扬光大，20世纪40年代创办泰国农民银行，并在泰国各大中小城市设立100多家分行，泰国农民银行成为泰国第二大民营银行。

3. 李来生

李来生，白渡瓜村人，1936年出国到马来亚。开始在锡矿场做工，后来自办小矿场。进入50年代，他投资开办锡矿，雇佣有数百名工人，初期全靠人工操作，后来购买机械设备，逐步实现机械化，产量成十倍增长，并相继开设为采矿服务的小型机械制造、维修等附属企业，经营的锡矿远销世界各国。李来生成为远近闻名的"锡矿大王"，跻身于当年马来西亚七大财团行列。

4. 龚松三

龚松三，南口葵岗人，早年移民到缅甸。最初在亲友开设的一家酒店当学徒，后来有一定的积蓄之后投资兴办一家小酒厂，经过长期的精心经营，酒厂规模越来越大。他研制出适合缅甸人口味的各种名酒并畅销全国，被当地人誉为"酒王"。

（二）广东省大埔县

大埔县位于广东省东北部，韩江中上游，东和北紧靠福建省漳州市平和县和龙岩市永定区，东南邻接潮州市饶平县，西依梅州市的梅县区、梅江区，南邻丰顺县和潮州市潮安区。全县总面积2,467平方千米，是典型的"八山一水一分田"的山区县。大埔古属揭阳县地，明嘉靖从饶平县析出置大埔县，县治茶阳，属潮州府。1949年之后隶属梅县专区（梅州市），是纯客家县。

到 2020 年，全县户籍总人口 54 万，祖籍大埔的海外华侨华人有 50 多万人，境内外人口几近相等。大埔是广东省著名侨乡。

大埔人过番、下南洋的历史可追溯至宋末明初。南宋末代皇帝赵昺与文天祥、何崇儒（大埔湖寮双坑人，随文天祥起兵勤王，官任参议）等大臣南逃，在闽、粤、赣三省集结部队抵抗元兵，当时南宋军队中有不少大埔人，战败后为避难而远涉重洋，侨居海外。明崇祯十三年（1640 年），郑成功筹备起兵反清，大埔县长治乡民江龙带领 2,000 多农民军投奔郑成功，大东乡福田村人罗宏等人也随郑军去了台湾。其中有一部分人后来又从台湾转往东南亚各国。1745 年，大埔人张理偕同本县同乡邱兆祥和福建省永定人马福春渡海到马来亚槟榔屿谋生，成为槟榔屿第一代华人侨民，张理死后，当地华侨华人在海珠屿建了一座大伯公庙，把张理供奉为神明大伯公（土地神），以纪念开埠的华人功臣张理。1772 年，大埔人张阿才在西婆罗洲坤甸与梅县人罗芳伯一起建立兰芳公司，开发坤甸。1819 年，大埔人萧贤舞带着一批乡亲与福建人刘金榜、潮州人金连城等一起，登陆新加坡，成为开发新加坡的第一批侨民。1857 年首创新加坡茶阳会馆。

大埔人大批过番和下南洋的时间是在近代的 19 世纪中期之后至民国初期。与其他地区的客家人移民海外的原因相同，大部分大埔人移民海外的主要原因是贫困所迫，为了谋生和寻求更加美好的生活。大埔在历史上隶属潮州，民风受到潮汕地区的影响较大，较早形成了过番和下南洋的风气。1943 年出版的《大埔县志》记载："山多田少，树艺无方，土地所出，不给食用。走川生，越重洋，离乡井，背父母，以祈补救，未及成童，即为游子，比比皆是。吾埔人特别之困苦矣。""吾人异乡羁旅，备尝艰苦，实迫不得已欲取得他乡利益以资挹注而已。今吾邑侨外人数几不亚于在乡。查其所营业亦多不少。"[①] 到了中后期，一部分海外移民取得成功，纷纷寄钱寄物接济家人，一些人还衣锦还乡，盖洋楼，购买田地，在侨乡产生很大的影响。"有少数工

---

① 《民国大埔县志》卷十一《民生志》，1943，第 952 页。

商业者为了扩展业务，出洋办企业赚钱，这一类型虽为数不多，但对诱导埔邑境内居民，侨居国外的作用却不小。"[1] 当时流行的一首大埔客家山歌，正好反映了当年大埔民众改变贫困状况的迫切心情及对海外美好生活的向往与追求：

爱想耕田无田耕，爱想教书无学生。
拜别爹娘离乡井，漂洋过海去番邦。

无奈家贫才过番，离妻别子情难堪。
行出门前回头望，暗挥眼泪湿衣衫。

爹娘送至大门坪，嘱咐莫望勤力耕。
三年二载回家转，门庭焕彩好名声。

手拿包袱送郎行，两脚千斤移步难。
一路顺风平安去，早日荣归喜相迎。

送郎送至渡船头，不再伴郎到湘桥。
千言万语说不尽，唯希珍重两相酬。

背负包袱上船头，挥手妻儿莫忧愁。
强颜欢笑慰妻女，番邦勤俭度春秋。

《民国大埔县志》记载，到1943年时，大埔籍海外华侨华人有4.43万人，占全县总人口的16.9%。据1953年的人口普查，全县华侨华人已达8.26万人，

---

[1] 袁光明主编《大埔华侨》，广东人民出版社，2008，第6页。

占全县总人口的33.8%，到1984年，据侨务部门的统计，大埔籍海外华侨人数达46万多人，与全县户籍人口之比达到1∶1。大埔籍海外华侨华人主要聚居于东南亚各国，一部分分布在其他地区。在美国和澳大利亚的大埔籍华侨华人，有相当一部分是后来从印度支那地区再移民过去。（表2-2）

表2-2 大埔籍海外华侨华人分布情况（1984年）

国别	人数
马来西亚	125,000
新加坡	93,000
泰国	79,000
印度尼西亚	76,000
越南	25,000
文莱	5,000
柬埔寨	1,340
老挝	820
缅甸	598
澳大利亚	15,000
美国	15,000
英国	10,000
印度	5,000
法国	350
其他	8,500

资料来源：根据1984年海外社团会馆刊物及侨务部门统计资料综合整理，《大埔县志》，1992。

大埔籍海外华侨华人初到海外，多数都是做工务农，一部分从事小商小贩。有手艺的则从事理发、厨师、木匠、泥水匠等工作，等到有一定积蓄后就开始从事各种工商业活动，一小部分人取得成功，成为企业家和富商。例如，张弼士（1841—1916，别名振勋），大埔西河车轮坪人。童年时在家乡给家里放牛，1858年，适逢家乡遭受严重灾荒，家中生活难以为继，年仅18岁的张弼士只身漂洋过海，到当时的荷属东印度群岛的巴达维亚（今雅加达），先是在一家米店当伙计，后来又到一家梅县松口温姓华侨开的纸行当帮工，因聪明勤快和忠厚老实，得到老板信任和重用，被升任为管账。后来，老板将生意交给他负责，并且将其独生女许配给他。张弼士继承其产业，在此基础上越做越大，其经营管理才能得到充分发挥，经营的产业日益多元化。随着财富的日益增加，他逐渐将经营的重点转向当时最具生命力和活力的垦殖行业，于1866年在巴达维亚创办了裕和垦殖公司，利用荷兰殖民当局放手让华侨开垦未开发岛屿的契机，大规模垦荒种植大米、各种香料和热带作物。1875—1878年，他又相继创办裕兴、亚齐、笠旺等垦殖公司，并且积极抓住机遇，大力兴办各种实业，业务遍及开矿、银行、建筑、中西药材批发等。后来，张弼士在与别人谈起其致富之术时说道："吾于荷属，则法李十里，务尽地利；吾于英属，则法白圭，乐观事变。故人弃我取，人取我与，征贵贩贱，操奇致赢，力行则勤，择人任时，能发能收。亦如吕尚之谋，孙吴用兵，商鞅行法，若智不足以权变，勇不足以决断，仁不能以取予，强不能有所守，终不足以学斯术。吾服膺斯言，本此为务，遂致饶裕，非有异术新法也。"[1]

大埔籍华侨华人中，以在新马地区获得成功的人数较众，他们在工商业方面的发展及其成就在所在国家有相当大的影响。到了20世纪中期之后，大埔籍华侨华人中大部分都是从事各种工商业活动，主要集中在典当、药材、金银首饰、眼镜、布匹、鞋类等行业。新加坡的大埔人基本上都是早期先到马来亚发展的华侨后裔。新加坡独立建国后，大埔籍华人继续努力奋斗，取

---

[1] 袁光明主编《大埔华侨》，广东人民出版社，2008，第56页。

得了许多成就,在政界、司法界、工商界均见他们的身影:李光耀父子先后担任新加坡总理;新加坡首任大法官司杨邦孝;当年荣登商界五十强的著名企业家如卓济明、杨澄隆、罗新权、钟卓才、郭彦彬、罗燮华、刘智评、何吉昌等。马来西亚是大埔籍华侨华人最早的侨居地,历史悠久,于1973年成立的马来西亚大埔(茶阳)社团联合总会(简称"埔联总会")正式成立,下辖18个会馆,大埔同乡会遍及全马各地。马来西亚取得成功的大埔籍工商业人士也比比皆是,如萧添发经营五金工具制造业,杨星耀经营木合板材料和家具制造,张璧庭经营地产业,陈世塔经营皮料业,陈以芳经营种植业,何其谋经营建筑业,杨鸿耀经营房地产业,杨建仁、刘柏鑫经营药品业,赵金陵经营百货业,他们在各自的领域都取得了辉煌的业绩。

(三)广东省惠阳县(区)

古称归善县。民国元年(1912年)后,废惠州府,将惠州府与归善县合并为惠阳县,先后属潮循道、第四行政督察区、第五行政督察区管辖。1949年12月,惠阳、惠东合并为惠阳县,县署迁至淡水。新中国成立之后,惠阳县的区域版图变化比较大,先后经历几次大的析出,形成现有的惠阳县(区)。2003年3月,经国务院批准,惠阳撤市设区,2003年6月10日正式挂牌,现辖淡水、秋长、三和3个街道和沙田、新圩、镇隆、永湖、良井、平潭6个镇。惠阳县(区)地处珠江三角洲东部,毗邻香港,东邻惠东县,西靠深圳、东莞,南临大亚湾,北接惠州市惠城区,辖区面积917.13平方千米,常住人口96.69万(2021年统计数据)。惠阳县是广东省著名侨乡。

惠阳淡水人叶亚来早年到马来亚谋生(详见本书第三章),后来成为吉隆坡开埠的先锋。他主要开发锡矿和橡胶业,需要大量劳工,先后派人回家乡招收工人到吉隆坡工作。其经营的锡矿雇佣的工人最多时达4,000人,其中许多都是惠阳人,故惠阳、宝安一带客家人称去马来亚为"过锡山"。到1996年时,惠阳籍海外华侨华人多达30多万人,主要分布在东南亚,其中又主要集中在马来西亚,几乎占了三分之一。(表2-3)

表 2-3 惠阳籍海外华侨华人分布情况（1996 年）

国　别	人　数
马来西亚	90,360
新加坡	3,896
印度尼西亚	1,877
泰国	2,769
越南	3,889
缅甸	1,556
柬埔寨	691
老挝	116
日本	271
菲律宾	138
印度	84
巴基斯坦	38
文莱	31
新西兰	1,161
澳大利亚	2,326
大溪地	284
所罗门	181
南非	290
尼日利亚	50
毛里求斯	64
塞拉利昂	44
英国	3,030
法国	2,342
德国	1,103

续表

国　别	人　数
荷兰	1,300
瑞士	165
瑞典	170
比利时	76
西班牙	89
葡萄牙	74
丹麦	115
挪威	20
芬兰	18
爱尔兰	30
卢森堡	38
美国	6,205
加拿大	3,222
秘鲁	559
苏里南	2,535
巴西	34
厄加多尔	267
多米尼加	35
圭亚那	80
委内瑞拉	36
哥斯达黎加	52
巴拿马	1,426

资料来源：《惠阳华侨志》，1999年。

一般而言，惠阳客家人迁徙海外的时间要比梅州地区的客家人早得多。惠阳临近海洋，给该地客家人移民海外提供了交通上的便利。据史料记载，早在唐初，就有归善人移民东南亚。清乾隆五十一年（1786年），惠州府大旱导致大饥荒，有2,000多人渡海往暹罗曼谷谋生。清嘉庆二十四年（1819年），归善县先是大水灾，后发生大饥荒，下南洋谋生者数以万计。清咸丰四年（1854年），翟火姑等人在惠州响应太平天国起义，后败走南洋，叶亚来就是这个时期离开家乡的。1854年，美国西海岸发现金矿后，被招募到美国的契约劳工中有2,000多名归善人。1863年，美国修筑太平洋铁路时，归善籍劳工达5,000多人。19世纪中后期，在马来半岛的开发过程中，先后到达的归善人有17,000多人。惠阳籍华侨华人在马来亚槟城、霹雳州、吉隆坡等地的开发中居功至伟，当年马来亚最著名的锡矿区，如霹雳、雪兰莪、森美兰等地都留下了惠阳客家人的足迹；他们在开发各地的过程中，曾经以家乡的名字来命名新的居住地，所以在今日的马来西亚仍然留下了"小淡塘""小沙坑"等地名，这些地名见证了惠阳华侨华人先驱在马来亚艰苦创业的历史。

惠阳人不单在开发马来亚的过程中发挥了重要作用，在后来马来西亚建国和经济发展的过程中也同样扮演了重要角色。惠阳人从早期的劳工、苦力、种植园工人起家，许多人向工商业界进军，取得了成功。例如，曾贤，战后种植橡胶，几年间开辟橡胶园125英亩（1英亩≈4026.86平方米），香蕉园20英亩，在有一定积累后又向杂货业发展，促进了事业的多元化经营；罗梅生，战后创立日升机构，从事橡胶制造工业、复新轮胎、电子及塑胶等，共有十几家公司，业务遍及海内外。最近几十年，还涌现出一批优秀的政治家、金融家以及各行各业的专家。例如，翁毓麟曾任马来西亚交通部部长及邮电部部长，李南燕、朱荣芦创办惠银银行。

（四）福建省永定县（区）

福建省西部的龙岩地区（后改为市）所辖各县是纯客家居住地区，古代为汀州。明成化十四年（1478年），析上杭县，置永定县。永定县（区）是福建省著名侨乡之一。2014年，撤销永定县，设立龙岩市永定区（古属汀州府永定县）。永定位于福建省西南部，东连南靖县，东南与平和县交界，西南与广东省大埔县、梅县接壤，西北与上杭县相连，东北与新罗区毗邻，总面积2,223平方千米。自新石器时代起，就有人类在此聚居、繁衍生息。到2021年，永定县（区）辖1个街道办事处、17个镇和6个乡；人口504,431（2018年统计数据）。自唐代客家先民入居永定以后，披荆斩棘、开荒垦殖，中原文化促进了当时永定经济、文化的发展。民国《永定县志》载，明成化十四年建县以后，"永定地处简僻，而文风朴茂，甲第巍科为数郡冠"。明清时期，永定有翰林13人，进士39人（其中武进士7人），举人340人（其中武举人126人）。其中数太平里青坑的廖家和金丰里泰溪的巫家最为著名。青坑廖家自冀亨（字瀛海）传下至25世7代中，共考中6名进士（其中5名翰林）和7名举人，被人们称为"翰林世家"。清乾隆年间，泰溪巫桂苑以教书为业，其4子中出了1名进士，其他皆为举人，其孙宜福、宜禩都是翰林，曾孙也是举人。三代人中，共有3名进士（其中2名翰林）和4名举人，尤其兄弟同官翰林院，一时传为佳话。永定籍的海外知名人士有爱国侨领"万金油大王"胡文虎、"锡矿大王"胡子春等。

永定人很早就有出洋谋生的传统。民国时期的《永定县志》称："永以蕞尔邑，山多田少，人民耐劳苦，富冒险精神。数十年来，出洋谋生者，逐年增加。据最近调查，侨居南洋群岛之永定人，已达一万五千有奇。据民国二十七年侨务局查报，每岁辇金回国不下二百万元，其他捐助慈善教育及献金救国各款，尚不在此数。足可见邑人之爱国爱乡，虽历险阻而不渝，居异邦而无二，其热烈精神不让欧美民族。"[①] 1994年的《永定县志》记载，到20世纪80年代，永定籍的海外华侨华人约有10万人。永定区政府网站的资料

[①] 徐元龙主修，福建省地方志编纂委员会整理《永定县志》（民国），厦门大学出版社，2015，第534页。再版时未注明该县志的出版时间，笔者估计出版时间约在1945年前后。

显示，目前永定籍的海外华人华侨约 28 万人，主要分布在新加坡、马来西亚、缅甸、泰国、印尼、澳大利亚、加拿大、新西兰、日本、美国、菲律宾等 15 个国家和地区；有归侨约 3,000 人。改革开放以后，也有不少人出国，大多数为技术移民或赴海外发展创业，主要分布在美国、加拿大、新西兰、澳大利亚、巴西、阿根廷、巴拉圭等国家。华侨华人眷属约 6 万人，主要分布在下洋、大溪、湖坑、古竹、高头、陈东、岐岭等乡镇。以祖籍永定的华侨华人为主的海外社团有 12 个。从 1978 年到 2013 年底，永定籍海外华侨华人捐资家乡公益事业达 2 亿元。华侨投资企业 30 多家，2013 年侨资企业总产值超过 10 亿元。2009 年 11 月和 2011 年 10 月分别在永定和马来西亚举办世界永定同乡恳亲大会。

永定人出国谋生，最早可追溯到明朝。明成化十四年（1478 年）前，就有溪南里芦竹（今仙师乡芦下坝）卢姓人远渡重洋到海外。清顺治、康熙年间（1644—1722 年），一些人冲破朝廷的海禁政策，走出国门，如下洋镇思贤村的吴集庆于康熙十七年（1678 年）从广东汕头偷渡到马来亚。雍正五年（1727 年），当局开放海禁，出国谋生的人开始增加，大溪乡东片村游翘其于雍正十年（1732 年）前往印尼，下洋镇中川村胡兆学、胡映学兄弟也在这个时期前往沙捞越。早在 1786 年 8 月 10 日英国人莱特登陆槟岛之前，该岛屿就有 58 个华人居住在那里，其中就有永定人马福春，他于乾隆十年（1745 年）来到槟城岛珠海屿，是登陆该岛屿的第二个华人。永定人大量出国是从第一次鸦片战争之后开始的，先后形成三次高潮：第一次发生在第一次鸦片战争前后；第二次发生在 19 世纪末到 20 世纪初期；第三次则是在第二次国内革命战争时期，作为革命老根据地的永定受到国民党政府的残酷清剿，迫使老百姓大量逃往南洋谋生。永定人出国，主要取水道，从广东汕头或福建厦门渡海，但也有少数人走陆路，经广西、云南到越南、缅甸，然后再前往东南亚各地。

从表 2-4 中可以看出，永定籍华人主要分布在东南亚各国，其中又以印尼、马来西亚、新加坡和缅甸四国居多，占了永定籍海外华人总数的70%以上。少数在西方发达国家的，估计是永定籍华人移民的后代离开东南亚再移民到第三国。从各种史料看，很少有永定籍华人直接到西方国家移民的记载。到1987年，新移民也还比较少见。

表2-4 永定籍海外华侨华人分布情况（1987年）

祖籍地（乡镇）	印尼	马来西亚	新加坡	泰国	缅甸	菲律宾	加拿大	英国	美国	澳大利亚	其他
下洋	3,704	9,852	8,940	1,926	2,950	102	102	19	214	400	138
大溪	7,600	1,596	708	730	4,344	93	48	17	170	392	30
岐岭	2,069	184	564	880	9,860	93	68	24	760	28	92
湖坑	2,411	705	430	301	5,041	91	41	16	87	208	50
古竹	2,234	1,034	334	1,306	4,403	89	39	13	102	50	86
抚市	608	258	134	86	419	24	98	32	48	16	18
其他	2,384	2,273	623	631	725	396	264	132	421	6	324
合计	21,010	15,902	11,733	5,860	27,742	888	660	253	1,802	1,100	738

资料来源：永定县地方志编纂委员会主编《永定县志》，中国科学技术出版社，1994。

1994年的《永定县志》记载，早期的永定籍海外移民多以务工、种植、开矿、建筑、小商贩为主，尤其是以种植、打铁和开矿为主，小商贩则多经营药材、百货。在18世纪初，大溪、中川一带到印尼的移民多数在西加里曼丹和爪哇种植水稻、椰子、烟草。一些人较具有商业天赋，加上各种机缘，在有一定的积蓄之后，一家人或聚集一批同乡或志同道合者投资经营种植业和矿业，不少人取得成功，因此发财致富。例如，19世纪中叶，祖籍中川的胡泰兴，其祖先到马来亚槟城后，先是当种植工人，后来自己经营胡椒园，不断扩大经营，成为富甲一方的成功人士。也有靠打铁和经营五金店起家的，战前，在新加坡的永定华侨华人多以开设打铁店、五金店和药店为主，如赖畅贤、赖谦升、胡云松在战前经营的打铁店在战后发展成为较大规模的铁厂，原来经营小规模五金店的后来发展成为较大型的五金商行或公司，最多时曾经达到 40 多家。永定人经营的小药店在后来发展成为药行或药业公司的一共有 61 家。在槟城，也有许多永定人取得了成功，如胡选达的造船厂，游祥开、谢升衡、游国平等人的铁厂，张显治的机器厂，胡森达的电器公司，胡顺源的农业公司和农场。在吡叻州，永定人多是靠开矿起家，在积累了一定的财富之后向其他行业进军。到战后初期，永定籍华侨华人成为工商业主的有 174 家，其中工矿系统 63 家，较为著名的矿业主有胡仁芳、胡子春、胡曰阶、胡埔生、胡督生等人。其中最有代表性的人物当属胡子春。

　　胡子春，名国廉，永定下洋镇中川豪士科人，生于清咸丰十年（1860 年）。因父母早丧，子春从小由其祖母抚养，13 岁时远离家乡赴南洋谋生，先是投靠槟城的姑母家，后到吡叻（现称"霹雳"）当学徒。他有一些积蓄后便在吡叻的督亚冷购买一块荒山开采锡矿，稍有成就后，又在吡叻的另外几处开采锡矿，取得成功，成为巨富，被当时的人们誉为"锡矿大王"。其事业最兴旺时，在马来亚的锡矿公司多达 30 余家。此外，他还投资种植业，种植橡胶及其他香料作物，亦取得极大的成就。因其突出贡献，胡子春被当时的英王封为矿务大臣，怡保市区还有一条专门以他的名字命名的"胡子春街"。

　　胡子春在事业取得巨大成功后不忘报效社会，尤其在兴办学校方面建树良多。他热爱乡梓，倡导教育兴国，1906 年回国时曾经主动在中川创办书院（今培红小学）和犹兴学校，并在永定城关创建师范学堂。后来，永定籍华侨华人掀起在家乡兴办学校的热潮，这与胡子春的首倡是分不开的。胡子春在马来亚也积极兴学，致力于华侨教育事业。早在 1903 年以前，他就在吡叻怡保创办了育才中学，1904 年又在槟城与戴欣然等 5 位侨领一起创办中华学校，随后又兴办槟城师范学堂，接着又第一个创办了中华女子学校，为南洋华侨华人妇女教育开创先河。总计在国内外由其个人独资创办的中小学共有 9 所，其他受其资助的学校更是不计其数。海内外对胡子春的评价极高："子春秉性平和，为人豪爽。在居留地，对中外各阶层人士广泛结交，无论达官贵贾，工农百姓都乐于接待，有求必应，挥金如土。'座上客常满，樽中酒不空'，时人称他为南洋的孟尝君。他在对待客属同乡特别是永定同乡方面，更具有特厚的乡情。凡是初从国内南来的新客，他都一概礼待，除供给食住外，还发给零用钱，并为之安排或介绍就业，同乡中得其栽培而成长为后起之秀者甚多。"[1]

印尼的永定籍华侨华人在战后也出现了许多有成就者，尤其是在中医中药方面取得了不俗的成绩，主要有：名中医游绍宽的珍珠药房牛意兴隆，神州药厂所制的各种药品畅销印尼各地；游万通的中正药行，拥有3家分店；游宏厚创办了3家中西药房；游九良的制药厂规模宏大，调和先进，还兼营糖果等多种行业；游钦州除了自己经营一家较大规模的药厂外，还与其他人合作办其他工厂。在其他行业取得骄人成就的还有：江庆昌兄弟经营木业和运输业，设立金泉木业公司（在三马林达）和金源船务公司（在雅加达），在印尼各大城市、中国香港、美国等国家和地区均设立分公司；陈永源的亚洲电子集团公司，在加拿大、新加坡、中国台湾等国家和地区拥有6家贸易公司，还在印尼、中国台湾等国家和地区创办其他工厂；李远祥在雅加达经营的"三五牌"饼干厂，规模大，设备先进，先后于1985、1986年连续获得国际食品冠军奖和东南亚食品冠军奖；卢国振在雅加达开设的塑料厂、电线厂、电器厂，以及在香港开设的铜线厂，均有一定的规模，产品质量饮誉东南亚。

四、半山客（河婆客）、闽西客、赣南客和广西客

说到客家人下南洋和过番，人们往往就会马上联想到纯客家居住的梅州、惠州和河源等籍贯的客家人。在现有的文献和研究成果中，研究广东纯客家

---

[1] 罗懿：《清末民初的爱国侨领——锡矿大王胡子春》，载永定县政协文史资料委员会主编《永定文史资料》第7辑，1988，第18—21页。

地区客家人出洋谋生的较多,而对半山客(河婆客)、闽西客、赣南客和广西客的文献与成果比较少见。为弥补这一缺陷,本书试图做一些尝试。

(一)半山客(河婆客)

在广东潮汕地区居住着为数不少的客家人,他们的祖先下南洋和过番谋生的人也不在少数。据史料记载,在潮汕地区,即现在的汕头市、潮州市、揭阳市和汕尾市辖下的各县区有相当数量的客家人在近代出洋谋生,他们在海外一般被人们称为"半山客"或"河婆客",但由于地域、生活习惯、语言等方面的原因,常常被人们误以为是海外潮汕人。

半山客是客家民系中的一个分支,因为他们多居住在潮汕地区的丘陵地带,与居住在沿海和平原地区的潮汕人形成鲜明的地域特征。在客家话和潮汕话中,丘陵地带被称为"半山",故称他们为"半山客",又有人称"半山鹤"。半山客主要分布在潮汕的凤凰山区、大北山区和大南山区等地,包括饶平县北部,潮安县(今潮安区)西北部,揭东县西北部,揭西县东部、中部和西部,普宁市西部,惠来县西北部,潮南区西南部,潮阳区金玉镇西部等地。半山客的祖先主要在明朝中后期从梅州等地迁入,本地总人口约有140万,在海外也有140万之多。半山客长期与操潮汕话的居民杂处,两个方言群相互影响、相互交融,因此,半山客的风俗习惯及客家方言均掺杂了"福佬俗"和"福佬话"。半山客以揭西河婆镇(现改为街道)及周边的客家人居多,因此,人们习惯上又称他们为"河婆客"。据笔者与祖籍在潮汕地区海外客家人的接触,他们一般不愿意被人称为"半山客",而乐意被称为"河婆客"。

受到潮汕地区民风的影响,加上地处沿海,半山客(河婆客)下南洋和过番的历史较早,人数也较多,海外人口与本地人口的比例正好是1∶1。与其他地区的客家人一样,半山客出国谋生主要是因为生活贫困,希望下南洋和过番改变现状。如揭东县玉湖镇北坑村,地处丘陵地带,人多田少,土地贫瘠,水源短缺,生活困难,许多人先后出国谋生,并形成一个传统,出国的历史延续200多年。从20世纪初期到中期，该村村民赴泰国谋生的人次如下：1928年有30多人；1938年前后有120多人；1947年前后有240多人，其中有4户是全家人一起出去。至20世纪90年代，该村旅外乡亲主要分布如下：泰国约1万多人，新加坡12人，马来西亚17人，日本7人，美国150多人。北坑村本地人口约3,000，在海外的人口约是本地人口的4倍。在泰国的佛统府有一个叫琅干的乡村，几百人口，全部来自北坑村，故该村又被人们称为"泰国北坑"。该村刘氏族谱记载："骏马骑行各出疆，任从随地立纲常。年深外境皆吾境，日久他乡即故乡。"这首诗正是半山客家人不断向海外迁徙和四海为家的生动写照。

半山客（河婆客）迁徙海外的目的地主要是马来西亚和泰国。海外半山客（河婆客）有很强的家乡观念和地域认同，他们一般都会专门成立自己的会馆或社团，以反映、表达他们的存在和诉求。如马来西亚怡保早在1958年成立第一个河婆同乡会，吉隆坡、古晋、美里等地均先后成立河婆同乡会或会馆，为了促进海内外河婆人的团结和联谊，从1978年起编写发行会讯《河婆之声》。1986年正式成立马来西亚河婆联合会，1998年易名为马来西亚河婆同乡会联合总会，简称"河总"。《河婆客家同乡会联合总会简史》记载："过去，因为我们河婆同乡人数少，多是农工一族，文化低，自卑感重，自己没有同乡会组织，经常托庇于揭阳会馆、潮州会馆、广东会馆或惠州会馆屋檐下，以作活动栖身之所。那里同乡的处境，多么可怜呀！近三十多年来，同乡人数增多，文化教育程度提高。在工、农、商等领域也较活跃，生活改善了。凝聚力量的加强，也就感到需要组织同乡会，以团结同乡，共谋同乡福利，进而为社会、国家出点力量。""马来西亚的河婆人组织，从1945年成立的'和平俱乐部'到全马性的'马来西亚河婆同乡会联合总会'，历时五十六年，回顾这段历程，应该令我们全体河婆人感到光荣，也希望我们河婆人继续奋勇前进。"[1]

---

[1]《马来西亚河婆同乡会联合总会会史简介》，http://hepo.org/hlzh-new/hz-jianjie.htm.

泰国的半山客（河婆客）有 50 多万人，他们部分人参加客属会馆，部分人参加潮属会馆。无论是在客属会馆还是在潮属会馆，都有一种寄人篱下的感觉。于是，他们于 1976 年成立了泰国合艾半山客同乡会，1980 年改称为泰国半山客会馆，首任会长李伟雄，祖籍揭西县灰寨。

揭西籍海外华侨华人有 30 多万，其中一半多是客家人。如前文所述，海外的半山客（河婆客），以祖籍揭西县河婆及周边的客家人居多，海外的人们常常称他们为河婆客，既是他称，也是自称。据《揭西县志》（1994 年），该县操客家话的人口有 37 万，占全县人口的 56%，主要分布在上砂、下砂、五云、西田、良田、坪上、河婆、龙潭、南山、灰寨、京溪园、五经富、大洋等乡镇；操潮州话的人口有 28.8 万，占全县总人口的 44%，主要分布在大溪、钱坑、金和、塔头、凤江、棉湖、东园等乡镇。揭西客家人的祖先，大多数是在明代由嘉应州或闽南迁入的，距今已有 500 多年。

早在清朝乾隆年间（1736—1795 年），龙潭客家人刘尚恺到马来亚吡叻州红土坎谋生，是今河婆一带客家人赴南洋之先驱。道光十五年（1835 年），南山大新村杨贻茂为生活所迫，被卖到荷属东印度棉兰附近的日里甘蔗园当苦工，1841 年逃往槟榔屿当锡矿工，后当上锡矿管理人员，几次返乡招工，从此揭西客家人出洋谋生者日众。揭西籍海外华侨华人，主要分布在东南亚、北美、西欧等地区的 20 多个国家。据相关历史资料，从清代至 1948 年，河婆客人迁往南洋群岛的很多，现在聚居在新加坡、马来西亚、印度尼西亚、泰国、菲律宾等地的河婆客就不下 20 万。[1] 据《揭西县志》的统计，截至 1994 年，居住在马来西亚的河婆客有 13 万多人，主要集中在吉隆坡、柔佛、吡叻、沙捞越、美里、马六甲、槟榔屿等地，仅沙捞越的河婆客家人就有六七万人之多，定居泰国的有 12 万多人，定居印度尼西亚的约有 2.5 万人，定居新加坡的约有 2 万人，在越南、柬埔寨、菲律宾、文莱、日本等国家约

---

[1] 蔡俊举：《客家源流》，载蔡俊举、张志诚、刘瑶编著《河婆风采》，奔马出版社，1986，第 40 页。

有 7,000 人，在北美和欧洲约有 1.3 万人。[①]

（二）闽西客

闽西地区（古称汀州府，按照现在的行政区划主要是指龙岩市下属各县区）是福建客家人聚集的一个重要地区，该地区在历史上曾经有大量的客家人漂洋过海到海外谋生。据史料记载，近代以来闽西地区的客家出现过三次向海外播迁的高潮，其主要原因是闽西地区人口暴增，资源贫乏，人民生活贫困，以及东南亚等地区经济大规模开发需要大量的廉价劳动力。客家人第一次大规模出国高潮发生在 19 世纪初期到中期。人口的激增与有限的土地分配构成了极大的矛盾。随着国门的洞开，西方列强开发东南亚殖民地需要大量劳工。这时山多田少的闽西客家地区，人民因生活贫困，大批出国谋生，形成闽西近代史上第一次出国潮。这次出国的人大部分是农村贫苦农民、手工业者，他们大多到东南亚各国与住在国人民一道从事垦殖、开矿或经商。按地域分，永定县出国谋生者尤多，仅下洋镇中川村，就有胡永春、胡增瑞等前往马来亚槟榔屿，胡移林前往马来亚吡叻。除永定县有大量人口出国并呈上升势头外，龙岩、漳平、上杭等县亦有百姓加入此次出国高潮。

第二次高潮发生在咸丰、同治年间（1851—1874 年）。大规模移民海外除了上述两大原因之外，还多了一个因素，那就是海上交通更加发达、便利及安全。在这次出国潮中，仍然以永定县移民为最多，其他客家县及龙岩、漳平等地的客家人也跟随出国。在此后的 50 多年中，闽西客家人出国潮此起彼伏。其聚居地主要是东南亚各地，以缅甸、荷属东印度群岛、马来亚、新加坡和泰国人数最多。此次出国潮的海外移民中，后来产生了一些著名的侨商和侨领，如槟榔屿著名侨领胡泰兴、"百货巨子"吴德志、马来西亚"锡矿大王"胡子春、巴达维亚百万富翁游霖孙等人。

第三次出国潮发生在第一次世界大战之后，在 1920—1930 年间人数最多。此次出国潮几乎涉及闽西所有的客家县，包括武平、连城、长汀等纯客

---

① 揭西县志办公室主编《揭西县志》，广东人民出版社，1994，第 622-623 页。

家县。到 1958 年，闽西地区在海外的华侨华人达到 58,200 人，其中纯客家县永定县有海外华侨华人达 30,000 人以上。[1]永定县中川村有许多 18 岁以上男子到国外投亲靠友，早期出国的武平岩前人王大森于 1923 年回乡时，一次就带走 50~60 名乡亲随他前往新加坡、泰国等地。1926—1929 年间，上杭中都人丘某先后带 3 批同乡村民出国。在 20 世纪 30—40 年代，闽西地区客家人出国热情更加高涨，并且涌现出更多华侨富商，如胡重益、胡日初、胡曰皆等"锡矿巨子"，还有"万金油大王"胡文虎等人。

近代闽西地区客家人大规模向南洋移民和定居，与其比较优越的地理位置和水上交通的便利有关，尤其是汀江在近代的开发直接促进了闽西客家人向海外大规模的迁徙。汀江位于福建西部，发源于武夷山南段东南一侧的宁化县，流经闽西的长汀、武平、上杭、永定 4 县，然后进入广东省，至大埔县三河坝与梅江汇合后称韩江。汀江是福建闽西最大河流，全长 323 千米，流域面积达 9,022 平方千米。汀江流域是客家人的世居地，被客家人称为母亲河。闽西地区有 3 条出海水路：一为闽江支流的沙溪；二为九龙江；三为汀江。自宋代以来，汀江经过多次疏浚和整治并正式开通航运，成为闽西地区最重要的出海通道。闽西客家人在近代大规模下南洋和过番，得益于汀江航运的开通，"一般情况下，永定客家人乃至汀江流域各县的客家人不仅出海往南洋走汀江航道到汕头出海，东渡台湾也是走汀江航道到汕头出海的。"[2]从各种史料看，沙溪和九龙江是闽西和漳州一带的"福佬人"出洋的主要通道，而汀江主要是汀州客家人出洋的重要通道，"汀江培育了一批批的客家人，又由汀江送走一批批的客家儿女，走向海洋，播迁全世界"[3]。综合各种史料，早期下南洋和过番的闽西客家人大多是走水路，从汀江出韩江再从汕头出海到南洋各地。明成化年间（1465—1487 年），汀州人谢文彬因到汕头贩盐，在海上漂泊，误入暹罗，后被暹罗国王重用；清咸丰三年（1853 年），

---

[1]《龙岩地区志》，上海人民出版社，1992，第 109 页。
[2] 张佑周主编《龙岩华侨史》，华南理工大学出版社，2020，第 33 页。
[3] [马来西亚]李木生：《客家探源》，柔佛州客家文化研究联谊会，2005，第 89 页。

上杭县人罗富崇在汕头操剃头业，欲往海外做工，遂与外国在华招工机构签订合同，前往古巴，成为上杭县最早出国谋生者；光绪二十五年（1899年），中都乡睦邻村民丘上培，原在广东大埔一家染布店做工，结识当地一些华侨，受其影响，跟着去了马来亚。张佑周经过考证得出结论说："18世纪以后，闽西客家人沿汀江南下至汕头出海，闯荡海上丝绸之路更是成为热潮。清康乾年间（1662—1795年），永定就有吴氏、游氏、胡氏、马氏、张氏等诸姓人士从峰市（位于汀江下游的永定境内，是粤、闽、赣三省10余县航运转驳的港口——作者注）直下韩江或直接由大埔县城茶阳的汀江码头登船经韩江到汕头出海，其他各县也有人经峰市、茶阳往汕头出海。"[①]

（三）赣南客

江西赣南是客家民系和客家文化的诞生地、传承地，是客家人繁衍生息的原乡，被世界客家人誉为"客家摇篮"。它与粤东、闽西连成一片，是目前海内外最大的客家聚居地，因此被人们称为"客家大本营"。与广东和福建的客家人相比，赣南的客家人出洋时间比较晚，约在20世纪初期，人数也比较少。他们出洋的方式也与前述客家人不同，在20世纪中期出境和出国的赣南客家人大部分不是直接从家乡出发到海外，而是先到台湾定居，再移民至海外其他国家。据《赣州地区志》（1994年）等史料记载，赣南地区最早出国谋生的人是胡家兴，他于光绪三十一年（1905年）偕同师兄弟4人到南洋行医卖药，定居在马来亚槟城；瑞金县（今为县级市）叶坪乡东升村人杨远洲、杨远滨兄弟俩及其妻子4人，在1915年到文莱做工谋生，艰苦创业，繁衍后代，有所成就；兴国县杰村乡大江村人刘光棋，世居农村，20岁时到会昌和广东梅县打零工，1925年被卖"猪仔"到马来亚和新加坡做工，后成为富商。这些人多经广东梅县再南下汕头出境。在中华人民共和国成立前夕，一些赣南国民党军政要员、工商业者和科技界人士及其家属出走台湾、香港

[①] 张佑周：《面向大海的选择——论闽西客家与海上丝绸之路》，载张佑周主编《客家与海上丝绸之路》，光明日报出版社，2016，第4页。

和澳门等地区；到了20世纪50年代后期，他们再从这些地区移民到美国、加拿大等国家定居。这部分人及其后裔构成了赣南籍海外客家人的主体，亦为赣南籍海外客家人的一个重要特点。"由于蒋经国在赣南任过专员5年多，随国民党赴台而后辗转国外留学定居谋职的较多，有285户，1,141人，在赣州地区华侨华人中占相当数量，这是赣南侨情的一大特点"[①]。

同样是客家人聚居的地方，为什么赣南的客家人在近代没有像粤东和闽西的客家人那样大规模地下南洋和过番？笔者认为，这还是要从自然环境和地理的视角寻找答案。赣南地区位于南岭之北，山峰环列，山峦重叠，丘陵起伏，坡度较陡，一般在16~45°。环绕于四周的山脉，东有武夷山脉盘踞，为赣、闽两省的天然分水岭；南有南岭山脉的大庾岭和九连山横亘，为赣、粤两省天然屏障；西有诸广山脉屏后，将赣、湘两省相连；中东部有雩山山脉贯穿。如此地形，不利于该地居民与沿海的联系，加上该地区几条较大的河流均向北流入江西腹地，如章江和贡江在章贡区合流后成为赣江，北入鄱阳湖，属长江流域赣江水系。另外有百条支流分别从寻乌、安远、定南、信丰等县流入珠江流域或东江、北江水系和韩江流域梅江水系。这些南流的河流，上游均分布在西、南、东边缘的山区，河道坡陡，落差集中，水流湍急，无法形成像闽西的汀江和梅州的梅江那样的舟楫便利，也阻隔了南方海洋文化的进入，造成近代该地区的闭塞和居民出行的不便。同样有大山的阻隔，但与赣南不同，闽西的汀江和梅州的梅江航运比较早就得到了开发和利用，为两地居民提供了极大的便利，让两地的客家人更早告别大山，迈进海洋文化的时代。汀江和梅江在大埔的三河坝汇合，两江合流后称韩江，然后由北向南经汕头进入大海。正是汀江和梅江把梅州和龙岩两地的客家人带出大山，使两地的客家人接受海洋文化的时间要比赣州的客家人早一些，下南洋和过番的人数也比较多。

[①] 江西省赣州地区侨务办公室编：《赣南侨务志》，1997（未公开出版），第30页。

（四）广西客

广西是除了粤、闽、赣三省之外，客家人聚居最多的地区。在该区，除了4个县之外，都有客家人分布。据钟文典教授的估计，截至2005年，全区客家人约有560万。与粤、闽、赣三省客家人高度集中聚居的特点不同，广西客家人聚居的特点是大分散、小集中，即几乎分布于全区，但没有一个纯客家县。客家人相对较为集中的有玉林市（客家人约占32.83%）、贵港市（客家人约占19.54%）、贺州市（客家人约占26%）、濒临北部湾的北海（客家人约占27.7%）、钦州（客家人约占18.58%）和防城港市（客家人约占34.1%）。钟文典教授经过调查得出结论说，玉林市（下辖2个县级市、4个县）是广西客家人的主要聚居区，其人数及分布密度皆居广西之首，处处都有客家的巨族著姓，他们多聚族而居。在博白、陆川两县，还有纯客家乡镇，而且和北海的合浦县、钦州市的浦北县以及广东的廉江县（今廉江市）客家居住地连成一片，共同构成跨省区的广大客家分布区。其中陆川县客家人有50万人，占了全县总人口的69%；博白县客家人有85万人，占了全县总人口的65%以上。这两个县是全广西区客家人数最多的客家大县。

北海、钦州和防城港市是客家人较为集中的地区，约有105万人。三市濒海沿边，历史上曾经属于广东省管辖，新中国成立之后才划归广西壮族自治区。受广东省其他地区华侨华人的影响，三市民众也有出国谋生的传统。笔者保守估计，三市在海外的客家人应该有30万至40万人；另据郑一省教授的调查研究，仅玉林市辖下的博白县籍的海外客家华侨华人就有10万人。因此，笔者估计，广西籍的海外客家人至少也有50万人。

广西客家人出洋谋生和定居的史料较少。仅有的一些资料表明，广西客家人出洋的时间要晚于广东和福建的客家人，且有相当一部分人通过契约劳工的形式出洋。例如，吕云山，祖籍广西陆川县，因家境贫寒，20岁即被卖"猪仔"到南洋，在荷属东印度群岛的邦加岛锡矿做工，40岁结婚成家，生下1子1女，47岁去世。其子吕天龙（1910—1972）13岁时回国读书，

1931年考入广西航空学校第一期飞行班,后被派到日本深造。抗日战争爆发后,吕天龙投身于祖国的抗日战争,作为飞行员和飞行指挥官,英勇参战,做出了重要的成绩。

印度尼西亚著名的华侨领袖李光前(与新加坡富商李光前同名),祖籍广西博白县。李光前1890年出生于广西博白县城厢乡新仲村,辛亥革命前夕入桂林师范学堂读书。1913年移民到荷属东印度群岛的邦加,最初是从事教育工作,数年后弃文经商,集股创办振和昌公司,经营橡胶与种植胡椒,取得成功。因为事业有成,被推举为勿里洋中华商会会长、中华会馆董事长和中华学校董事会主席。李光前积极支持中国的抗战,日本侵占南洋群岛之后,他又投身于当地的抗日斗争,1945年被日本占领当局抓捕和杀害,终年54岁。

第三章 海外客家人特性

一个族群或民系的特性，要从其文化属性中去寻找和发掘。海外客家人是海外华人的一部分，同时又是国内客家人在海外的延伸。本章主要探究海外客家人特性的内涵与表现形式。在很大程度上，海外客家人特性是通过其内在的文化，包括物质文化和非物质文化而表现出来的。在全球化、区域化和本土化浪潮的冲击下，海外客家人特性正在面临不断淡化和逐渐丧失的危险，海外客家人特性与其他以方言群为基础而形成和发展的族群特性日益趋同。

一、海外客家人特性相关研究

何谓客家人特性（又称"客家性"）？中国客家研究开拓者罗香林先生认为，一民系有一民系的特性。所谓特性，与属性不同，属性是指构成民族或民系的种种规准，如语言、文教、地理等便是；特性是指由各种属性规范而成的惯例或脾气与好向；属性是是体，特性是子是用；属性是整个的，特性是片面的、畸形的。不片面、不畸形，便没有什么'特'不'特'了。据此，罗香林把客家人的特性概括为如下几个方面：① 为各客家人各业的兼顾与人才的并蓄。客人家庭，同一家往往兼营农、工、商、学、仕、兵种种不同的业务。② 妇女的能力和地位。③ 勤劳与洁净。④ 好动与野心。⑤ 冒险与进取。⑥ 俭朴与质直。⑦ 刚愎与自用。[①]

笔者认为，客家特性，主要是指客家人特有的气质和价值观，客家人特

[①] 罗香林：《客家研究导论》，台北南天书局，1992，第240-247页。

有的文化和秉性，客家人特有的生活方式。海外客家人的特性，就是客家人的客家特性在海外的表现，是海外客家人不同于其他族群的文化和秉性，是客家人在异国他乡赖以生存和发展的精神支柱，是在客家文化和客家认同的基础上建构起来的。在中国本土，当客家人在族群内部生活，不与其他民系或族群发生关系时，这种特性一般表现得并不明显；而到了海外，客家人完全生活在其他族群包围的状态之下，客家人的特性便凸显出来，成为一种客家人区别于其他族群的重要特征。这里说的"客家人的特性"与本书第一章导论中说的观念共同体既有联系，又有区别：观念共同体主要是指客家人内在的精神，是凝聚海外客家人的灵魂；客家人的特性是比较而言，是区别客家人与其他族群不同的特点，是在与其他族群比较的过程中表现出来的特质，它更多地表现为他者的看法与认知。

在海外，客家人要保持自己的客家性尤其不容易。他们要面对完全与国内截然不同的环境，包括人文环境和自然环境。他们不仅要面对政府层面的各种挑战，还要面对他族文化的挑战，同时，他们还要面对自身的挑战。正如台湾学者萧新煌先生所说："客家族群从19世纪以来，因为开垦矿产（金、锡）的经济诱因和中国大陆政治经济失序的推力，而有大量移民东南亚的外移现象。印尼西加里曼丹、邦加岛、马来西亚（包括东马）与新加坡等地成为重要的客家族群落脚之处。历经西方殖民、民族国家崛起、后殖民与全球化的冲击，东南亚客家族群的文化认同、生活方式与社会网络更受到许多挑战，因此，客家族群在东南亚所经历的变貌，如社会适应与文化认同的变化，应成为当前重要的社会学研究课题之一。……东南亚客家族群之所以作为一个被探讨的对象，一方面是因为他们似乎持续保留了相当多中国原乡的文化特质，有些甚至比当下原乡所发现的文化内涵还古老。另一方面因为与其他华人族群和当地其他族群的频繁互动以及当地政治与宗教的特殊性，而必然会对客家族群产生许多影响和变化，也因此造就了它和留在中国原乡和移往台湾的客家族群存在明显差异。如果对东南亚客家社会文化变迁加以深入探讨，相信会对阐述客家族群的多样性和重要意义，特别是以跨国比较研究的视野来看，意义尤为凸显。"①

台湾学者也把"客家特性"称为"客家意识"，即客家人对本族群、客家文化、客家人独有的价值观等方面的认知。台湾学者在对马来西亚的两个客家人聚居的村落进行考察之后得出结论说，客家意识就是客家人在日常生活中表现得"像个客家人"。"这种客家意识并不必要特别去'展演'或刻意强调与'别人'的差异，因为'像个客家人'根本是他们生活中的一部分。本研究发现，语言、饮食料理、祖先崇拜、宗教信仰以及婚丧礼俗，就是保存了他们'客家性'的外显领域。而这也正是客家人界定与再界定自己客家身份的最佳场合，上述那些外显领域的感情、社会和空间范畴就是在家庭。"②

研究海外客家人的客家特性，可以从职业、人际交往和家庭生活等领域进行观察。所谓"职业"，即担任政府或公司工作，或者是自雇者；所谓"人际关系"，主要是指参与社会的过程中产生的各种人与人之间的来往，例如，在学校读书，便有同学关系，与友族交往，便有民族之间的关系，与其他华人方言群交往，便有族群内部的关系；所谓"家庭生活"，主要指家庭关系和一些个人的生活习惯、宗教信仰、价值观等。经过考察，我们初步得出如下结论：在20世纪60年代中期以前，印尼客家人在保留本族群的客家特性方面做了很大努力，加上很多客家人从事文教工作，在很多华文学校担任校长和老师，因此，客家话成为包括首都雅加达在内的许多城市的流行语言；60年代中期之后，由于苏哈托政府强行推行同化政策，不仅客家人，包括所有的华人都受到不公正的对待，被迫放弃自己的民族认同和文化认同，在公共场合，甚至讲华语都是非法的，所有华人的族群特性都受到批判和排斥，尤其是在公共生活领域；20世纪60年代之后出现的上述现象，在印尼各个地区是不均衡的，在爪哇地区，华人特性，包括客家人的客家性被扫荡得比

---

① 萧新煌主编《东南亚客家的变貌：新加坡与马来西亚》，台湾"中央研究院"人社中心亚太区域研究专题中心出版发行，2011，第3页。

② 前揭书，第25页。

较彻底，无论是客家人，还是广府人、潮州人、闽南人，都毫无例外地被迫放弃自己的文化特性，被迫同化。但是，在外岛地区，情况则有很大差别。外岛地区的客家人、闽南人、潮州人都比较好地保留了本族群的特性，尤其是客家人聚居的地区，客家话仍然得到了很好的保留，客家人的习俗、客家人的宗教信仰等都比较完整地得以保留并发扬光大。

台湾学者在对马来西亚和新加坡的客家人进行一些个案研究之后得出结论说："本研究发现在东南亚的整体公共生活领域里，客家的语言与文化特色的确未被彰显，客家认同也受到所谓'双重隐形'的压制，第一重是被马来西亚或新加坡国家认同所压抑，第二重则是被整体的华人族群认同所统摄。但这样的情况一方面是二战后华人的普遍处境，并不只限于当地的客家人，连闽南人、潮州人、广府人等也都有着同样但程度不同的文化隐形化趋势。跟19世纪的情况比较起来，我们的确发现在现今大多数的东南亚国家中，'作为一个客家人'已出现很大差异。换句话说，在客家移民到东南亚国家初期至二战前，客家人的'客家性'或'客家认同'毋庸置疑，也相当明显。但是，当前的客家人在新马或更大的东南亚已面临'如何继续做一个客家人'的困境，这尤其是在客家人比较少的城市，客家认同面对着更加明显的'双重隐形'危机。反之，在客家人占有优势的乡村地区，情况就有所不同。由于乡村客家聚落的人口同质性高，又处于比较隔绝的环境中，在日常生活中与客家有关的内涵就是生活的一部分，而不必特意去凸显所谓'客家意识'，客家认同也当然不是问题。"[①] 台湾学者所说的新马两地客家人所面临的"双重隐形"危机，在印尼也是同样存在的，而且程度更甚，尤其是在爪哇地区，客家人特性已经荡然无存，只有在外岛地区，客家人的特性保留得比较完整。

我们也可以从社会学的视角探讨海外客家人坚守和弘扬自己的客家特色的过程。"文化属于社会的那些习得的方面，而非继承的方面。儿童或其他社会新成员学习他们那个社会的生活方式的过程被称为社会化。社会化是文化

---

① 萧新煌主编《东南亚客家的变貌：新加坡与马来西亚》，第24页。

世世代代相传的主要渠道。……社会化应该被视为一种终身的过程,在这一过程中,人类的行为不断被社会所形塑。它使个体能够发展自己及其潜能,能够学习并做出调适。"①社会学家指出,幼年和儿童阶段(即初级社会化阶段)特别重要,人在幼年和儿童阶段学习到的东西和形塑的特性,是影响其一辈子的,家庭是这一阶段最主要的社会化机构。到了次级社会化阶段,一般是在儿童的晚期并持续到成年期,其他的社会化机构取代了家庭的某些职责,学校、同辈群体、组织、其他社会化机构成为个人社会的主要力量。也就是说,一个人是否能够保存或彰显客家特色,在很大程度上取决于他的社会化过程是在什么样的社会环境下完成的,他扮演什么样的社会角色。"通过社会化的过程,个人学习承担社会角色,即与某人给定的社会地位相称的社会期待。"②

以上说的社会化过程只是客观环境方面,一个人是否能够被形塑出客家特性,还要看他的个人主观意愿,也就是自我认同。"在社会学中,认同是一个多侧面的概念,可以用多种方式加以说明。一般来说,认同与人们对他们是谁以及什么对他们有意义的理解相关。这些理解的形成与先于其他意义来源的某些属性相关。认同的一些主要来源包括性别、性别倾向、国籍或民族以及社会阶级。"认同又分为社会认同和个人认同。社会认同是指别人赋予某个人的属性,基本上可以表明一个人是谁的标志。同时,社会认同也将该人与具有相同属性的其他人联系起来。"社会认同标示出个人是如何与其他人相同的。基于这一共有的目标、价值观或经验的共同认同,能够形成社会运动的重要基础。女性主义者、环境保护主义者、工会主义者、宗教原教旨主义者的支持者或民族主义者的运动都是这种情况的例证,即共同认同提供了强大的意义来源。"③个人认同又叫自我认同,或叫自我感觉,指的是自我发展的过程,通过这个过程,我们形成了对自身以及对我们同周围世界的独特感

---

① [英]安东尼·吉登斯:《社会学》(第4版),赵旭东等译,北京大学出版社,2003,第36–37页。
② 前揭书,第37页。
③ 前揭书,第38页。

觉。社会认同标示出这一群人的相同性，个人认同则标示出每个个体的特殊性。也就是说，客家人往往会把自己归类为客家人，但是，也有许多客家人并不想显示自己的客家特性，故意淡化或隐瞒自己的客家特性。

笔者认识一位马来西亚客家华人青年学者，她叫蔡静芬，从事人类学研究，她对客家人的自我认同有一个转变的过程。小时候，她生活在一个马来西亚沙捞越州古晋市郊的客家人家庭。但是从儿童时期开始直到上大学，她都是在非客家人的社会环境下成长的。也就是说，她的社会化过程是在非客家人的社会环境中完成的，所以，她从小就不太喜欢客家人的自我认同，希望能够摆脱客家人的一切特性，做一个非客家人。从她的介绍来看，因为其母亲是说福建话的潮安人，从小在家庭里受母亲的影响较大，所以，她的内心深处可能是想做一个福建人而不是客家人。"我的情况是我从小就厌恶自己的客家人身份。我的父亲经营一家商店，而我一直是父亲的跟班，随着他到古晋的中央市场补货。市场里的人都以客家方言对话，因此我知道他们是客家人。父亲是客家人，但是我们在家不说客家方言，因为我母亲是潮安人，她说的是福建话。常和我在一起的所有同辈亲戚都说福建话，所以我们在家很自然就会说福建方言。从我到市场的这些经验中，我注意到客家人说话都很大声。因为那时年纪小，加上孩童早期的学习主要来自观察，所以我对客家人产生不好的印象。在市场里，他们言语粗俗，衣服邋遢。因此，与其他族群相比，我认为客家人十分令人讨厌又脏乱，这可能导致我想将自己和客家人划清界限。更糟糕的是，这样的感觉助长了我想要硬是抹去自己的客家人身份，或将其藏匿起来。当人们问我属于哪一个方言群时，我会回答'虽然我是客家人，但是我们家里其实不说客家话，我们是说福建话'。这样的说法一直持续到我上中学，大约17岁的时候。这是我不认同客家身份的方式，我对客家人有一种负面观感。客家人给我大致的印象是他们是一群说话大声、经常口出秽言、举止粗俗、生活贫困的农民。这是我所见所闻以及跟随父亲到市场的经验所致，我相信与我有类似背景的人也跟我看法相同。"等到她上中学之后，尤其是学习了人类学和成为这方面的学者之后，她才发现客家人的来历和客家特性的宝贵，于是，她又重新找回了自我，重新形塑自己的客家特性。她在对位于古晋附近的一个叫大富村的客家人村落长期进行田野调查的过程中，因为研究工作的需要，完全融合进了被调查对象，与他们打成一片，重新找回自己的客家认同。她这样写道："进行这项研究，让我开始了解到我竟然如此疏忽自己的文化。""初次见到大富村民时，我的目标是融入他们的日常对话中，如此，我们就能够比较自在地面对彼此的存在。随着日子一天天过去，我发现自己渐渐被他们的文化所吸引，他们甚至将我视为朋友，不再是一个外来的研究者。确切地说，我和此社群变得相当契合，以致我的存在不再尴尬。换句话说，我越来越在地化，仿佛我住在大富村，不再引起村民的注意。"[1]

印度尼西亚的熊德龙先生则是在另一种社会化的过程中获得客家认同的特殊个案。[2]熊德龙是印尼华人社团著名领袖，在多个印尼华人社团担任重要职务，但事实上出生在印度尼西亚的他没有一丝一毫的中国血统，是荷印混血儿，1947年出生后即被遗弃，来自中国广东梅县的熊氏夫妇收养了他并把他抚育成人。他常说，没有两位老人的精心养育和中华民族传统文化的熏陶，他就没有今天。吃苦耐劳、任劳任怨、尊老爱幼，这些都是我们中华民族的美德。熊德龙每谈起养父母对他的恩情，都热泪盈眶。熊德龙先生回忆，他从小就在客家人的家庭中成长，在客家村落和客家儿童一起游玩，在由客家人担任教师的学校接受小学教育，完全接受了客家文化。他完全认同客家文化和客家特性，操一口非常地道的带有梅县口音的客家话，并以此为荣。他逢人就说："我是客家人，我的养父母是客家人，所以我也是客家人。虽然我没有华裔血统，但我有一颗百分百的中国心；我爱我的客家养父母，我要回报他们的恩情，我想让印度尼西亚人民多了解中国。""我是荷兰和印尼的

---

[1] [马来西亚]蔡静芬：《旧娘？新娘？——马来西亚沙捞越州客家社群婚姻仪式及女性》，2013，第6-8页。

[2] 熊德龙，印度尼西亚人，著名商人，印度尼西亚最大的中文报纸《国际日报》报业集团董事长，在世界许多地方均有其投资的商业项目。

混血孤儿,我出生6个月,父母就抱养了我。我一直接受父母给我的中式教育,而我妻子是华人,却一直接受荷兰教育。她看到我踏上中国的土地这么激动,很是不解。我告诉她:血统不是最关键的,感情和思想才是最重要的。因为养父母,我成了地道的中国人,讲着正统的客家话、标准的普通话。我认定自己是客家人的儿子。"①

  台湾学者萧新煌也是客家人,他在一篇文章中谈到他的客家认同的形成过程。他认为,作为一个客家人,他的客家认同并不是与生俱来的,家庭出身和血统固然对形成客家认同很重要,但是,他的客家族群认同和对客家特性的了解是通过与其他族群接触和比较的过程中不断强化的,是一个社会化的过程。"我是台湾客家人,从小就在与闽南人、外省人、原住民的族群互动经验中,体悟到我如何成为客家人的历程。例如,从日常生活中所采用的语言去观察,我在家里,在老家中坜祭祖与亲戚常讲的惯用语言(客家语),跟在台北邻居之间的福佬话,以及在学校里的'国语'皆不一样。这些差异慢慢地发展出对于我是客家人的族群认同。这种族群认同显然不是一开始就理所当然,而是从日常族群的互动经验里慢慢才认定出我是客家人的体验。这不就是如同社会学家 Peter Berger 所说的'社会现实的建构'吗?"②

  所谓客家特性,其实也就是在他者看来与其他民系不同的地方。日本的客家研究学者认为:"确实,与其他民系相比,客家的文化同质性较高,自我意识明确,轮廓清晰。"③日本学者高木桂藏在其著作《客家》一书中列举了客家精神的六大特征:① 较强的团结心;② 进取、尚武精神;③ 对文化和传统保留高度的自信;④ 重视教育;⑤ 对政治强烈关注;⑥ 女性勤劳。④ 高

---

  ① [印尼]熊德龙:《我没有中国人的血,却有满腔中国心》,原载《梅州日报》2015年10月6日,转引自 Hakka.com。

  ② 萧新煌:《从台湾客家经验论东南亚客家研究的比较视野》,载林开忠主编《客居他乡——东南亚客家族群的生活与文化》,客家委员会客家文化发展中心,2013,第18页。

  ③ [日]濑川昌久:《客家:华南汉族的族群性及其边界》,河合洋尚、姜娜译,社会科学文献出版社,2013,第6页。

  ④ 前揭书,第8页。

木桂藏还认为，客家人的特性是由客家人不断迁徙的历史环境而造就的，"客家人因战乱南迁，可是他们到达的中国南方不是无人之地，反而是天下粮仓地带而人口相当多。由于先住民多，基本没有他们可利用的土地。于是，他们被迫去山间地带或者未开垦地生活。然而，即使这样，他们也往往与当地居民形成敌对关系，产生纠纷。这使得他们形成了团结、好战勇敢的客家人性格。"①一些日本学者考察香港新界的客家人得出结论，香港新界的本地人对客家的印象是攻击性强、粗暴、单纯、健壮、贫困。"本地人对客家的偏见基于客家原本是外来的、不与平地的本地村民打交道的、在其周围的山地和丘陵地移动的流浪民后裔这个认知。""与其他民系相比，客家人认同感和正统汉族意识最为强烈。"②

日本在20世纪20—30年代对南洋华侨的调查中，也注意将南洋华侨各个族群的出生地、职业特点与族群特性进行比较。调查发现，南洋华侨多来自中国华南地区，尤其是广东、福建和广西，这些南方人的性格与北方中国人的性格有很大差别。"大体上华北中国人成长于冰雪酷寒之中，天然具有强健的体魄和坚强的忍耐性，遇事常有'没法子'的无奈感慨。而华南中国人则因为生活在水陆都比较易于谋生的环境之中，具有柔弱性格，易受外界事物之刺激，养成了革新的风气。可以说，前者坚实质朴而具有渐进之禀赋，后者活泼耿直而具有激进之性格。所以，广东常常为革命的策源地、发生地，也就极大地博得了首肯。"③调查报告将来自华南各地不同族群的中国人的特性进行了总结，从中发现，广府人"性喜争斗"，"民本主义发达"，"富于革命思想"，"排外之心盛行"，"富有企业精神和海外发展性"等；福佬人（即潮汕人）的性格则是"不似广府人和客家族那样具有民族性与爱国心"，"气质稍显粗野，但是极为抱团"，"适于以船为生"，"比客家人和本地人更为大

---

① [日]濑川昌久：《客家：华南汉族的族群性及其边界》，第127页。
② 前揭书，第126—127页。
③ 龙溪书舍：《日本对南洋华侨调查资料选编（第一辑）》，崔丕、姚玉民译，广东高等教育出版社，2011，第318—322页。

胆,特别是走私、当海盗,在华南海盗中最为彪悍强恶";闽南人的性格特征是"比广东人或许温和些,亦比较坚实","欠灵敏","性格偏狭且阴险","大胆而长于到海外闯荡"。该调查报告对客家人的评价最高,"为一个充满新兴气象而有为的民族","客家人的性格极富于自尊心,以自己为中原民族为荣,不易与其他民族相融合","争斗心颇强,富于侮外乃至排外思想,易于被导向民族主义革命的道路","富于革命思想和民族意识"。[①]

一般而言,海外闽南人、潮汕人及广府人善于经商,在商业领域长袖善舞;海外客家人也有经商取得成功的人士,如姚美良、曾宪梓等,但他们更擅长于政治和管理领域,往往能够在这个领域做出杰出的成就。海外华人长期生活在一个远离祖籍国的特殊环境下,这种特殊的环境造就了海外华人特殊的危机意识,或者叫危机文化。他们缺少安全感,缺乏安全的保障。因为生存的竞争,他们在海外经常面对一个对他们不够友善的其他族群,经常面对对他们不太友善的政府、制度、法律和政策。因此,海外华人最初拼命地赚钱发财,以为这是一个安全的保障。但是,他们发现单纯靠财富是不足以保障他们的安全的,于是他们又成立各种各样的组织、社团,借以自保。最终,他们发现靠这些都不够,都不能为他们在海外安身立命提供足够的安全保障。在现代社会,唯有积极参与住在国的政治生活,参与与影响国家和各级政府的决策,才能最有效地保护本族群的安全。在这方面,海外客家人显得与众不同。

香港学者金耀基认为,客家人的特性是矛盾的统一体。"客家文化是华夏文化中自成一格的'亚文化'。客家在各民系中具有鲜明的形象,而客家形象却是有对立性的。从一个侧面而言,客家人是十分保守的,但从另一个侧面看,客家人又是特别有革新与创造精神的。这两种形象都有大量的经验的支持。一方面,往往中原已经变失,甚至扬弃的习俗、观念,在海外聚居的客家人却顽强地坚守不变。可是,另一方面,客家人在中国近代每个阶段的

[①] 龙溪书舍:《日本对南洋华侨调查资料选编(第一辑)》,第318—322页。

维新以及革命中都扮演了极为重要的角色,甚至有'没有客家人就没有中国革命'之说。他们这种求变、求创新的精神更是中国现代化的一支动力。"①金耀基指出,客家人这种特性产生的根源要从客家人这个民系生存发展特征中去探寻。"客家之为客家,是与客家民系之迁徙性不能分的。没有迁徙,就不会有客家。不过,客家离开中原的土地,却没有失掉中原文化。中原文化是客家认同的根源,离中原越远,这种认同之心越强烈。这就是在边陲海隅,甚至客身异国的客家人,他们的爱国心、民族情怀特别浓厚的原因。更值得注意的是,客家人虽然与迁徙不能分开,但客家人不是花果飘零,而是落地生根。客家人每到一地,都能融入当地社会,转客为主,以'客'地为'家',创建新事业、新路子,这在新加坡就是一个佳例。我相信,在全球化的今天,客家人这种不忘本源,又能以客地为家的精神是最能适应新形势的品质的。"②

中国人民大学教授胡绳武认为,客家人的特性是由这个民系形成的环境所造就的。"客家人在文化上最显著的特征,是使用保留中原古音的客家方言和流行既有中原文化神韵,又有华南文化异彩的山歌。妇女向无缠足束胸的恶习,受封建礼教的约束较少。同时,他们一方面继承了华夏文化,保持了不少中原古风,如重道义、讲伦理、尚礼节、重教育、敦亲族、敬祖先、爱族爱乡爱国、反对侵略等优良传统;另一方面,由于历史上辗转迁移,在漫长的岁月里,他们的民系性格受到严峻的磨练,又形成了一种艰苦卓绝、冒险犯难、开拓进取,善于吸收新鲜事物的开创精神。客家人这种既继承保存华夏文化中的优良传统,又富有开拓进取的创新精神,正是中华民族精神的体现。"③

---

① 金耀基:《客家与近代中国·序二》,载丘权政《客家与近代中国》,中国华侨出版社,1999,第8-9页。

② 同上。

③ 胡绳武:《客家与近代中国·序三》,载丘权政《客家与近代中国》,中国华侨出版社,1999,第10-11页。

海外华人历史学家郑赤琰①先生针对汉民族的一个分支——海外客家人为什么有特别坚强的生存毅力和经常涌现出像李光耀等优秀的政治家的现象进行了研究。他认为，正是客家人作为一个占人口少数的族群的危机意识促使他们产生了一种特殊的危机文化，他把客家人的这种危机文化概述为"敏锐危机感"。所谓"敏锐危机感"，是指一个族群在激烈的竞争环境下产生的一种求生的本能，这种本能被一代一代地传下去，并且被不断地强化和灌输，从而形成的一种客家人特有的危机意识。"所谓'敏锐危机感'（strong sense of danger），是指任何一种有社会结构的动物，其能够维持整个群体的生存与发展，必须靠其能够克服种种危机，在危机克服的过程中，最重要而又关键的一个环节是这个社会组织能有一群或一个具有特别敏锐危机感的领袖。"②客家人之所以能够在比较恶劣的生存环境中生存、发展，就在于其在关键时刻总会产生一个能够带领整个族群走出困境的领袖人物。如新加坡的李光耀，就是这样一个具有敏锐危机感的领袖人物，带领新加坡华人在危急关头走出危机。郑赤琰还认为："危机感的养成，不单是靠整体社会的危机意识，还要靠整体社会身处危机的一再考验，一次的或短期的考验不足以培养强烈的危机感，更不足以证明这个社会能真正经受得起考验。要长期经受考验才能真正锻炼出具有敏锐危机感的族群。一旦有了长期化解危机的经验，危机文化也就会植根在这个族群的社会结构上，然后经过文化的熏陶把危机感强烈地潜伏在族群意识中，使到每个成员都或强或弱地感染到这种危机感的习性。

---

① 郑赤琰，1936年生于马来西亚吉隆坡，祖籍广东丰顺。现任马来西亚大马新闻信息学院院长及兼任香港中文大学教授。研究兴趣主要包括海外华人问题、客家研究、中国外交政策、亚洲国际关系、东南亚政治与政府等。郑赤琰本身是客家人，从小受到客家文化的熏陶，后来又在海外接受教育，教育背景非常多元化。1946年在柔佛士乃小学受教育，1959年毕业于巴株华仁中学，1963年毕业于新加坡南洋大学政治系获文学士学位，1971年考获加拿大西安大略大学政治学硕士学位，1975年又获美国纽约州立大学博士学位。多元的教育赋予他对客家人的了解和研究具有开阔的视野和世界眼光，他对客家人的特性的认识尤为深刻。其客家研究成果《"敏锐危机感"与客家人的政治成就》可以说是客家研究的一篇杰作，具有划时代的意义。

② ［马来西亚］郑赤琰：《"敏锐危机感"与客家人的政治成就》，载香港岭南大学族群与海外华人经济研究部《族群研究论丛》第4辑，2000，第2页。

这种习性一旦养成便不容易消失，即使个体家庭或个人离开这个族群，三五代时间也都不会轻易消失，因为由文化熏陶出来的习性既然要经历好几百年以上才能稳固下来，一旦稳固下来以后，也就不容易消失。"①

客家族群特有的敏锐危机感，在海外客家人及海外华人中表现尤其强烈。海外客家人世代生活在海外特殊的、危机四伏的生存环境之下，他们要生存和发展，就必须具备危机意识，就必须对危机特别地敏感，善于应对并化解各种危机，并使危机转化为生机。海外客家人就是这样一个具备敏锐危机感的族群。海外客家人在海外世世代代的长期生活体验中，已经将这种对危机的敏感性发展成他们固有的文化，成为海外华人社会文化的一部分。"这个危机文化既由实际危险催化出来，同时也由这个危机文化去加强他们对危机感受的敏锐能力。这个文化正如其他文化一样，对于个体行为的作用，可在他的潜意识中左右其思想，也可使其在实际行动中快速地领会到，不必要经过个人的经验中寻找答案，因为这个危机文化会感召他，使他得到先机，作出敏捷的反应。"②

正是这种敏锐危机感孕育了客家人的斗争精神。无论是在国内还是在海外，客家人都是比较有斗争精神的一群人。有学者认为，近代中国革命的策源地在广东，而客家人又在其中发挥了至关重要的作用。中国社会科学院近代史研究所研究员韩志远指出："19世纪末、20世纪初是广东客家人发展的重要时期。从人数来说，客家已有大约800万人，主要分布在广东的东部和中部地区，以嘉应州、惠州、潮州等地最为集中。此时客家人原来的低层次、宗族性的组织，已发展为明确的团体组织。而且，这一时期，广东的客家人与境外的侨胞的联系更加密切。……包括客家人在内的广东民众的反抗斗争孕育了广东革命高潮的到来，正如时人所说，'即无孙文，广东亦不久安矣'。时势造英雄，具有远见卓识的孙中山先生顺应历史的潮流，创建资产阶级革

---

① [马来西亚]郑赤琰：《"敏锐危机感"与客家人的政治成就》，第4页。
② 前揭书，第6页。

命组织兴中会、同盟会，推动了广东乃至全国革命向前发展。在孙中山有意识地吸收和培育之下，大批广东客家人加入兴中会和同盟会的组织，在广东革命运动中起了重要的作用。因此可以说，没有客家人的参与就没有广东革命的成功。同样也可以说，客家人革命活动促进了19世纪末、20世纪初中国历史的发展进程。"[1]

西方传教士对客家人的斗争精神也是非常钦佩的。英国长老会和美国浸信会于1912年在汕头举行关于宗教的会议，英国传教士坎贝尔（George Compbell）在会上介绍其在梅县客家地区传教过程中对客家人长期观察的心得："客家人比城里人勇敢，富有特立独行的气概，渴爱自由，普通山居的民族大都如此，客家人也是如此。"[2] 他还预言，客家必将对中华民族的奋发和进步作出更大贡献。

曾经有人专门对太平天国起义与客家人的关系做过研究并得出结论，"客家与太平天国有密切关系"，"说太平天国是客家人领导的，却是事实"。中国社会科学院近代史研究所原所长、研究员王庆成在《客家与太平天国起义》一文专门对这个问题进行了考证："客家虽是汉族的一支，但其语言、文化有自己的显著特色。以其方言论，尤为其族系的明显标志，为今之学者辨别客家族属的重要准则。客家人在太平天国起义中有特殊的地位，以后虽有变化，但客家人在领导层仍占优势。所以在太平天国的口头语言和书面语言中，客家方言的色彩一直很明显。太平天国立国十四年，编撰刊行书籍数十部，据学者的研究，认为它的文书主要用客家话写成，这在我国文书历史上是罕见的；认为太平天国文书多客家方言语词、语法乃至语音，如离开客家语言文化，就难以理解。"[3]

中国社会科学院民族研究所研究员罗美珍从客家文化的视角探究客家人的特性。她认为客家文化塑造了客家人的特性，客家人的特性在近现代中国

---

[1] 丘权政主编《客家与近代中国》，中国华侨出版社，1999，第123页。
[2] 转引自罗香林:《客家源流考》，中国华侨出版社，1989，第1页。
[3] 丘权政主编《客家与近代中国》，中国华侨出版社，1999，第22–28页。

社会中发挥了重要的作用。例如，开拓意识给国家带来了生机，崇文重教造就了大批建设人才，勤劳节俭、自强不息、求和求忍仍是当今振兴中华的精神支柱。但她也认为，客家文化形塑了客家人一些不好的或者说是与时代相悖的特性，她历数客家人特性中的一些糟粕，是需要摒弃的。例如，知足常乐，竞争意识不强，这个特性在客家谚语中有很多表现，如"在家千日好，出门半朝难"，"金窝银窝不如自己家的狗窝"，"日求三餐，夜求一宿"等，这些特性显然是与时代竞争进取精神相违背的。又如重文轻商，也是客家人特性中的糟粕，客家人"万般皆下品，唯有读书高"的观念太深，轻视做生意和打工的。客家社会长期处在小农经济中，墟场（集市）上的贸易过去多是以物易物，后来才逐渐有了一些商品经济。但是人们的观念中总把经商贬为无文化的铜臭气。这种儒生自视高傲的观念使得客家人在经商中总比闽、粤人要逊一筹。还有客家人内聚力强，但也养成了狭隘的小团体意识，不利于他们与其他族群和睦相处。再如，客家人的迷信思想比较严重，造成客家人过分依赖天命，不愿意发挥人的主观能动性。客家人地处山区，交通不便，造成了客家人视野比较狭窄，心理内向、眼界不开、气量不大、不善交际等。[①]

人是环境的产物，同样，作为族群的人类共同体，也受其生存环境的影响，生存环境为其性格特征打下深深的烙印。客家人这种敏锐危机感和斗争精神是其生存环境的产物。客家人作为一个移民群体，从原来一个比较熟悉的和比较友好的生存环境，迁徙到了一个完全新的环境，在比较恶劣和严峻的外部环境下，如果缺乏郑赤琰先生所说的敏锐危机感和斗争精神，他们就无法生存，更谈不上发展，所以他们必须不断地与天斗、与地斗、与人斗，斗出一个崭新的环境，斗出一个有利于本族群生存和发展的环境。正如一位马来西亚华人研究学者梁肇庭[②]所说："19世纪，生活在岭南核心区的客家人面对广府人的不友好，他们的生存出现了危机，通过一次次的族群动员，客

[①] 丘权政主编《客家与近代中国》，中国华侨出版社，1999，第327-328页。
[②] 梁肇庭（1939—1987），出生于马来西亚一个客家人家庭，早期主要研究中苏关系史，后期从事客家历史的研究。

家人的族群性得以形成。20世纪，新的政治环境到来，客家人的族群性再次高涨，他们试图利用社会变革的机遇，努力提升自己的社会经济地位。到后来，中国共产党领导的新民主主义革命时期，客家人相对低下的社会经济地位反而成为他们的一大优势。"的确，在近代中国，广东是革命的中心和策源地，而客家族群在这个时期涌现出一大批精英人物，如姚雨平、廖仲恺、邹鲁、邓仲元、陈炯明、陈济棠、张发奎、陈铭枢、叶挺、叶剑英等人，在他们的带领下，客家人一次又一次地抗争和奋斗，终于取得了与其他族群平等的地位。梁肇庭认为："客家人作为一个相对弱势的群体，通过他们的不断努力，在新的国家体系下让人们看到了他们新的发展前景，在面对省内仍然占强势地位的广府人和福佬人时，他们将来一定能够获得平等地位。……客家人对于社会运动表现得特别积极进取，他们大力倡导社会变革；但是在客家人内部则通常表现得较为保守，他们努力维护自身的传统习俗和社会组织，以固守自身独特的文化。"[1]

归根结底，海外客家人的特性就是国际移民的特性，其性格的形成与培育是在国内和海外漫长的迁徙过程中形成和磨练出来的。客家人在中国本土就是一个喜欢迁徙的族群，到了海外之后，他们更加不安于现状，继续向世界各地拓展，不断地探寻和追求更加美好、更能实现他们的梦想的地方。客家人，尤其是海外客家人，他们的血液里面天生就有不安分守己的基因，正是这个基因，驱使一代又一代的客家人不断地迁徙，从中国的中原迁徙到中国南方，然后又从中国的南方下南洋、闯世界。海外客家移民是最优秀的一群人，他们大到创建一个国家，小到开发一个城市或开办一家公司，都能够取得成功。作为海外移民，海外客家人具有勇于开拓、大胆探索、求真务实、不断创新的优良品格，正因为具有这些优良品格，他们才能取得一个个耀眼的成就，引起全球广泛的关注，如李光耀和他的战友们一起创建的新加坡、泰国谢其昌和合艾市的开发，马来西亚的张弼士和他的商业成就。海外客家领袖人物是最能够集中体现海外客家人特性的精英，我们可以从这些海外客

---

[1] 梁肇庭:《中国历史上的移民与族群性：客家人、棚民及其邻居》，冷剑波、周云水译，社会科学文献出版社，2013，第72-73页。

家精英人物身上看到海外客家特性的各种表现。

二、海外客家著名人物及其贡献①

（一）李光耀和新加坡奇迹

李光耀（1923—2015），祖籍广东省大埔县高陂镇党溪乡，1923年9月16日出生于新加坡甘榜爪哇路92号。到李光耀出生时，其家族在新加坡定

---

① 海外客家人涌现出许多杰出人物，本书只选取了四位最有代表性的领袖人物：李光耀、罗芳伯、叶亚来和胡文虎。选取的基本原则是：① 公认的海外客家领袖人物；② 为海外华人社会和住在国作出过较大贡献；③ 为促进中国和住在国关系作出过较大贡献。除了上述四位领袖型人物之外，海外客家人中的优秀人士灿若群星，他们是全球客家人的先进代表（以下为不完全统计）。

1）新加坡：黄应荣，祖籍广东梅县，曾任南洋大学校长等职；傅文楷，祖籍广东梅县，曾任南洋大学商学院长等职；钟介民，祖籍广东蕉岭，曾任南洋大学教授；侯永昌，祖籍广东梅县，曾任新加坡政府卫生部部长等职；李炯才，祖籍广东惠州，曾任新加坡国会议员、文化部次长、教育部次长等职；曹煜英，祖籍广东大埔，曾任新加坡国会议员、国家发展部次长等职；卓济民，祖籍广东大埔，曾任新加坡客属总会会长。

2）印度尼西亚：卓谋，祖籍广东梅县，有史可考的第一个出国的海外客家人，宋末元初抗元失败后流落到现印尼的西加里曼丹；张榕轩、张耀轩兄弟，祖籍广东梅县，初在槟城，后移居印尼棉兰，在商业上取得成功，曾任棉兰客属会馆会长；丘阿凡，祖籍广东梅县，印尼中华会馆创办人，为印尼华人社会作出过重要贡献；潘立斋，祖籍广东梅县，印尼中华会馆创办人，为印尼华人社会作出过重要贡献；丘公侠，祖籍广东梅县，曾任印尼多家华文中学校长；叶金生，祖籍广东梅县，创办印尼道生学校，为促进印尼华文教育事业作出过重要贡献；丘成绍，祖籍广东梅县，创办印尼崇德学校，为促进印尼华文教育作出过重要贡献；黄少凡，祖籍广东陆丰，曾经当选为印尼西加里曼丹山口洋市市长；梁世桢，祖籍广东梅县，印尼全宝集团（印尼股票交易所第一家房地产上市公司）董事长，兴学重教，重建印尼历史上有名的华文学校——八华学校。

3）马来西亚：张弼士，祖籍广东大埔，著名实业家；姚德胜，祖籍广东平远，著名实业家，为马来西亚华人社会作出过突出贡献；张运喜，祖籍广东梅县，著名实业家，为马来西亚华人社会作出过重大贡献；李桐生，祖籍广东梅县，著名实业家，为马来西亚华人社会做出过重大贡献；郑安寿，祖籍广东梅县，著名实业家，为马来西亚华人社会作出过重大贡献；林晃升，祖籍广东梅县，著名实业家，曾任马来西亚华校董事联合会总主席、嘉应会馆总理等职；吴德芳，祖籍广东梅县，著名实业家，曾任雪隆嘉应会馆及雪隆客属总会会长等职。

4）泰国：伍淼源、伍佐南、伍东白父子，祖籍广东梅县，为泰国华人社会作出过重大贡献，泰国客属总会创始人；谢枢泗，祖籍广东梅县，泰国合艾开埠者、著名实业家，为泰国华人社会作出过重大贡献；徐锦荣，祖籍广东蕉岭，为合艾的开发和华人社会作出过重大贡献；黄秋景，祖籍广东大埔，为泰国华人社会、华文教育作出过重大贡献；丘细见，祖籍广东丰顺，著名实业家；他信，祖籍广东梅县，前任泰国总理；英拉，祖籍广东梅县，前任泰国总理。

5）毛里求斯：朱梅麟，祖籍广东梅县，曾任毛里求斯国会议员、部长等职；李国祥，祖籍广东梅县，曾任毛里求斯旅游部部长；曾繁兴，祖籍广东梅县，曾任毛里求斯文化部部长；朱志筠（朱梅麟长女）曾任毛里求斯驻中华人民共和国大使；朱玉英，祖籍梅县，曾任毛里求斯司法部部长；杨钦俊，祖籍广东梅县，现任毛里求斯最高法院大法官。

6）美国：沈已尧，祖籍广东平远，美国著名历史学家；潘毓刚，祖籍广东梅县，在广州读小学至四年级，1947年全家迁往台湾，1959年毕业于台湾大学，1974年任波士顿学院教授，连续4年担任全美华人协会总会主席；丘成桐，祖籍广东蕉岭，著名华人数学家。

居已经有100多年的历史,祖父是新加坡一个出色的商人,父亲李进坤是蚬壳石油公司的雇员,母亲蔡认娘,精于烹饪。李光耀从小接受英文教育,中学毕业后到英国剑桥大学学习法律。"1950年大学毕业之后,他以一个反殖煽动者的身份,从伦敦回到新加坡,从此,成了一个天然的民族主义革命领袖。"① 在李光耀的领导下,新加坡于1959年摆脱英国殖民统治获得自治,1965年正式独立建国。从1959年至1990年,李光耀担任新加坡总理长达30年。在李光耀卸任总理前夕,《天下》杂志发表题为《李光耀就是新加坡》一文,对他给予高度评价:"以任何标准而言,李光耀都是世界上罕见的杰出领袖。是他的雄才大略,使得马来西亚半岛尖端,脏乱拥挤的港口小岛,在三十年间,变成最为摩登、整洁、秩序井然、绿荫遍地的花园王国。"②

李光耀认为,在很大程度上是移民的精神造就了新加坡奇迹。"大部分新加坡的公民是移民,是从印尼、印度及中国等地来的,在这里落叶生根的历史还不十分长远,国家的脚跟还没有站稳,不时还受三个具有长远历史文明的亚洲大国所影响。这一点,对我们这个年轻国家多少是一个问题。在这个世界上,稳健生存、发展、有巨大成就的移民国家有的是,例如美国、澳洲、新西兰。新加坡必须认真分析它们的宝贵经验。它们能够生存,为什么我们不能生存?可是我们要承认大部分的移民之所以要脱离他们的祖国,是因为他们要寻找比较好的生活。这样一来,所有这些移民国家就有一个优点:他们的人民富有'创造性的冒险精神'。如果你是懦夫,你怎么会离乡背井,脱离南印度或者南中国,远渡重洋,冒险来南洋或新加坡谋生呢?你不懂南洋的天气怎样,环境怎样,会不会适合你,你只希望凭着刻苦努力,创造一番事业。这种不畏艰险的创业精神,对我们非常有利。"③

李光耀是新加坡的骄傲,也是全球华人的骄傲,更是海外客家人的骄傲,他身后不仅仅是留给新加坡人一个繁荣富强的国家,更重要的是,他给新加

---

① [新加坡]谢佐芝主编《世界客属人物大全》,新加坡崇文出版社,1990,第316页。
② 前揭书,第317页。
③ [新加坡]李光耀:《李光耀40年政论选》,中国现代出版社,1994,第130页。

坡和全球华人留下宝贵的思想财富。李光耀的思想是全人类共同的精神遗产，也是海外客家人对人类文明的重大贡献。2023年9月16日是李光耀100周年诞辰，其长子时任新加坡总理李显龙在Facebook上发文纪念父亲。李显龙强调："新加坡的故事不会止步于此，希望我们永远保有足够的智慧、勇气和信念，引领新加坡迈向更美好的未来。"李光耀和他的同一代人塑造的核心价值观和理念将指引后代继续向前。"后代的新加坡人秉持了这些基本信念——唯才是用、宗教自由、种族和谐、公正与平等、自力更生、诚信和廉洁，共同塑造了充满活力、蓬勃发展的大城市。"①一名新加坡人在纪念李光耀百年诞辰的文章中写道："尽管李光耀先生已离我们远去，但他给我们和子孙后代留下了丰厚的遗产。在他的领导下，新加坡以高效廉洁的政府、严格的法律治理闻名于世。他始终强调社会稳定、种族和谐、宗教包容，以及创建多元种族和多元文化社会的重要性。"②

现将李光耀的思想概括如下：

1. **人人平等的理想社会**

李光耀阐释他的理想社会"是人人平等，即使不能在最终的成就方面完全平等，至少也要在谋求同样的教育、成就和报酬方面得到平等的机会"③。李光耀早年在英国留学时就接受了西方民主社会主义思想，他认为，民主社会主义的一个重要目标，是要消灭人剥削人的现象，实现公平和正义。"作为民主社会主义者，在国内我们拒绝那种认为应该使贫者更贫、富者更富的主张。我们同经济上和社会上的不公正进行战斗，根除不公平的做法，并为所有人创造更多的平等机会。""民主社会主义者不能把一个穷人变成一个富人，但它对穷人提供了机会，使他健康、受到良好的教育和训练，获得一个有意义的并能够使他得到同他对社会的贡献相称的报酬的职业。""我是一个绝不反悔的社会主义者"，我们坚信"人不应该剥削人"这个基本原则，"我们认

---

① 新加坡《联合早报》，2023年9月16日电子版。
② [新加坡]薛宝金：《用心缝制友谊——追忆建国总理李光耀》，《联合早报》2023年9月16日。
③ [英]亚历克斯·乔西：《李光耀》，上海人民出版社，1976，第63页。

为拥有财产应该剥削别人是不道德的。但是,为了取得经济的增长,我们已经不得不把我们和政策建立于这样的原则上:'各尽其经济所能,各取其经济所值'。最后的理想,'各尽所能,各取所需',只有当我们扫除了愚昧、文盲、贫穷和经济落后,才是恰当的。"①

2. 精英主义

精英主义,又叫专家治国,或叫技术统治。它的核心是主张为政在人,新加坡的前途和命运取决于少数精英人物,治国者必须是最优秀的人才。李光耀认为,新加坡是一个资源贫乏的小国,人才是其唯一的资源。新加坡参加世界竞争的一个基本原则是"要当第一"和"追求卓越"。李光耀说:"有人不禁要问,我们的机场,我们的海港,非取得世界第一的荣誉不可吗?做世界第二机场、第二海港,少一些精神压力不好吗?我倒要问,既然如此,做世界第三机场、第三海港,不是更轻松写意吗?"李光耀指出:"如果没有要争当第一的竞争意识,而甘居二流、三流,那新加坡就不会有今日的成就。我们能有今日的地位,是因为我们以最佳的努力追求卓越的成就。要'争当第一',就需要由一流的人才来治理国家。在新加坡,拥有受过良好教育的、高素质的人民,并由一个精英阶层来治理,那就能克服一切困难,在激烈的世界竞争中获得卓越的表现。"

加拿大学者 R. S. 米尔恩将李光耀的精英主义的内容概括为如下四个方面:①它有"明显的独裁主义色彩",但是,这种独裁又是"慈善为怀"的。②精英人物都是"受过训练的专业人员,或是具有比本科更高学位的人",他们在政治生活中的角色担当就是发挥自己的技术专长,制定、修改和促进有关物质、经济和社会规划等方面的政策。③精英人物在被挑选出来治理国家时,还必须经历一个"政治化"的过程。即首先让他们的政府部门做业务工作(即文官),以锻炼和获得经验,然后再让他们担任政治职务,如担任人民行动党的领导工作,推荐到某个选区去竞选议员,出任内阁部长等。

---

① [英]亚历克斯·乔西:《李光耀》,第237页。

④ 文官与政治官员二者之间的界限很不分明，一般人很难分清它们两者的区别，尤其是在有人民行动党在场的地方和人民行动党的服务机构中，诸如社区中心、公民咨询委员会和居民委员会、房屋发展局等机构，更是模糊不清。这种界限不清的倾向由于有许多高级文官成为政治官员——议员和内阁部长而受到加强。①

3. 好政府

李光耀认为，新加坡的成功关键在于有一个好政府。建立一个好政府，是他执政几十年一直在追求的目标。什么是好政府？李光耀指出，关于"好政府"这个概念，东西方不同的价值观念有不同的理解，西方国家比较重视个人的自由，因此往往认为政府管得越少越好，而亚洲人的理解则完全不同，亚洲人比较看重经济发展所需要的稳定和纪律。李光耀指出，建立好政府的关键，是这个国家的领袖必须树立正确的权力观念和责任感，"身为领袖者，无论是否民选，都必须要有把自己当成人民的信托人意识。传统上的族长都是专制的，甚至是独裁的。但他们对于本身的部族都有责任感"②。李光耀认为，一个好政府应该符合如下八大条件：① 人民在食、住、就业、保健等方面都受到良好的照顾；② 在法治下，社会有秩序、有正义，国家不是由反复无常、独断专行的个人统治者管理，人民不分种族、语言和宗教，彼此都不互相歧视，没有人拥有极度的财富；③ 人民尽可能享有个人自由，但不能侵犯别人的自由；④ 经济能取得增长，社会能取得进步；⑤ 有一个良好的教育制度，并且不断获得改善；⑥ 统治者和人民都有很高的道德标准；⑦ 有优良的基础设施，休闲、音乐、文化和艺术设备；⑧ 人民有信仰和宗教自由，能过充实的知识生活。

4. 东方式的民主

李光耀认为，实行民主政治必须结合本国国情，树立与本国文化传统相

---

① [加拿大]R. S. 米尔恩，《东盟国家的专家治国论者和政治》，《东南亚研究资料》1984年第4期，第23页。

② 新加坡《联合早报》，1992年11月21日。

适应的民主观。李光耀坚决反对西方国家向新加坡和其他发展中国家"输出民主"的做法，他认为，民主政治并不是放之四海而皆准的一种东西。好几百年的实践证明，只有欧美几个国家的民族性格和国情适合推行欧美式的民主政治，首先是英国，然后是美国、加拿大、澳大利亚、新西兰等国。至于亚洲国家，目前完全没有实行西方式民主政治的条件。李光耀指出，要使民主政治能够正常运作，而不会被经常打断，有关国家的人民必须"首先必须培养一种文化习俗"。在这种文化习俗中，互相竞争的集团能够自行通过互相让步、妥协而不是暴力，求同存异，协调彼此的分歧与冲突。但是，要做到这一点并不容易，人民必须达到相当高的教育水平与物质生活水平，还要有一个人数相当多的中产阶级。

李光耀还把民主政治分为西方式民主政治和东方式民主政治。前者的核心是强调监督与制衡，强调个人自由，其特点是"重权利，轻责任和轻义务"；后者的精髓是强调个人服从社会和国家，强调政府的作用，强调为了社会和国家的利益，有时候就需要将个人的利益和自由转让出来，甚至作出牺牲。李光耀指出，西方式民主政治是在西方文化的基础上产生出来的，并不一定适合每个国家。新加坡是一个亚洲国家，是典型的东方社会，因此，在实行民主政治时，一定要考虑到两种社会、两种文化的差别。新加坡必须推行符合自己的传统文化和习惯的民主政治，而决不能照搬欧美式的民主政治。李光耀认为，新加坡要的是"带有家长制倾向的东方式民主主义"，"美国不应该把本国的民主主义强加给他国"。李光耀以及与他同时代的领导人尤其强烈反对西方的反对党政治，认为新加坡人民行动党的一党执政是由新加坡的国情所决定的，一些青年盲目崇拜欧美国家多党政治的倾向是完全错误的。李光耀指出，新加坡实行人民行动党一党执政的模式是有充分理由的：首先，新加坡没有适合两党制或多党制生存的文化基础。其次，一党执政有利于最大限度地网罗和收集人才，防止人才浪费。新加坡是一个小国，人力资源是最为宝贵的资源，对于新加坡来说，如何防止人才浪费，是关系到新加坡能否生存和发展的大事。由一党执政，可以由这个党把有限的人才集中在一起，共同为国家服务，如果搞两党制或多党制，那么有限的人才就会分散在众多的政党里面，造成人才浪费，而新加坡这样的小国是经不起这样浪费的。再次，反对党政治不利于国家和社会的稳定。李光耀指出，纵观实行两党或多党政治的国家，反对党并没有给人民和国家带来任何好处，带来的只是动乱和暴力。新加坡一些年轻人对反对党政治的盲目崇拜，是因为他们不了解反对党政治的实质。反对党政治的实质是什么呢？"就是为反对而反对"，"反对党在伦敦、堪培拉、惠灵顿、新加坡或科伦坡，都不可能改变在朝政府的政策。如果反对党得到国会外示威（如罢工或游行）的大力支持，他们最多只能制造不稳定的气氛。反对党所能做到的，只是在国会中制造不同的声音和装模作样的愤怒情形。……英国人民已经对这种制度感到厌倦，对它感到无能为力。"[1]

5. 新加坡特色法治

李光耀在总结新加坡成功的经验时曾经谈道，新加坡成功的一个重要因素，是英国对新加坡进行长达100多年的统治，给新加坡留下了法治的传统和习惯。李光耀本人是英国剑桥法学院毕业的律师，深知法治的重要性。李光耀在执政几十年，对新加坡的最大贡献是什么，笔者认为，不是其他，而是建立了一套具有新加坡特色的法治制度。与其他国家的革命者不同，李光耀能够正确看待历史，重视法律的连续性，在过去英国殖民统治时期的法治的基础上制定了一整套完备的法律。新加坡早在英国殖民统治时期就已经有了比较完善的立法体系。1965年独立后，新加坡对过去殖民统治时期的立法不是采取简单的全盘打碎的方法，而是有批判地继承，是一种扬弃。这种对过去旧法律的正确态度使得新加坡建国后的立法工作比较顺利。独立后的新加坡政府基本上继承了过去英国殖民统治时期的各种法律，新政府在立法方面所要做的主要是完善和健全以及剔除过时的成分。新加坡现行法律有400多种，法律调整的范围涵盖了政治经济和社会生活的方方面面，大到政府权

---

[1] [新加坡] 李光耀：《我们的任务》，《新加坡》1981年总第180期，第5-7页。

力，小到人民生活的各个方面，如家庭成员如何赡养父母，不准在公共场所抽烟等，都有法律在规范人民的行为。

新加坡特色法治的一个重要特点，是强调社会纪律，维护公共秩序，用法律来规范人们的社会行为，建立一个人们高度守纪律的社会。新加坡的社会立法是比较健全和完善的，例如，针对年轻一代不愿意与父母生活在一起，不愿意赡养没有经济来源的父母的社会弊端，新加坡国会制定了赡养父母法。在这项法令下，如果子女不负起赡养的责任，60岁以上的父母可以提出赡养申请，交由仲裁庭决定是否要向子女发出赡养令。又如，针对那些尚未构成刑事犯罪，但又违反了社会公德的不良行为，处以高额的罚款；路上乱丢垃圾，最多可被判罚款1000元（新加坡元，下同）；随地吐痰，最高罚款额为1000元；电梯和公共汽车内抽烟，罚款1000元。总之，新加坡的罚款项目之多是世界罕见的，有些人戏称它为"罚款国"。新加坡设立有初级法庭，该法庭的第13庭每逢星期三和星期四专门处理随地吐痰和乱丢垃圾等轻微案件，在过去数年，该庭平均每个星期要处理135个案件。根据新加坡的法律，贩卖或携带15克海洛因或30克吗啡者，必被处于绞刑；新加坡还保留了鞭刑，专门用于对付那些对社会危害极大，单是判刑还不足以惩戒的罪犯。

6. "新资本主义"

李光耀塑造的新加坡，是典型的"新资本主义"，其重要特点，是强调国家对政治经济和社会生活的干预。它不仅打上了西欧民主社会主义的烙印，而且具有很强烈的中国传统文化的色彩。新加坡人民行动党及其政府重视发挥和运用国家调节的功能，可以说是中国儒家文化传统结构中"国家强"而"社会弱"的基本运作特征与资本主义现代化相结合而产生出来的一种"东方形态"。国家主义是中国传统儒家文化的一个重要内容，它强调国家至上，个人必须服从国家，以国家利益为个人的出发点和归宿，个人要为国家作出牺牲，而国家必须对人民的一切负责。政治、经济文化乃至社会生活的一切领域都必须由国家来过问，由国家包下来。中国传统儒家文化中这种国家至上主义对世世代代的中国人产生了深刻的影响，新加坡的华人也不例外。一位专门研究新加坡和亚洲问题的英国学者这样描述新加坡华人,"对于一个人道的合理的政府,通常都有天生的依赖感","都缺乏政治上的兴趣,他们只是默默地接受政府……从孩提时代起,他们就接受了一种观念,认为尽义务才是他们得到安全的唯一方法。不论是信仰、语言、文化或是生活习俗,早就已经编织成一个完整的模式,而且在那模式上也显示出一个良好政府的雏形"。① 行动党的主要领导人李光耀的思想深处、他的领导方式、他对人民的态度,更是具有浓厚的国家主义的色彩。因此,华裔新加坡人都把他视如族长、父亲般的领导人,只有那些具有现代西方观念的人才把他当作总理。因此,在评价李光耀时,千万不要忘记了他是一个华人,"传统的中国人","他认为一个政府必须统治一切,一个内阁总理也必须是在亚洲观念和亚洲立场上的一个领袖"。②

李光耀的"新资本主义"有如下几个特点:

(1) 主张国家控制与市场经济相结合

新加坡人民行动党既反对自由放任的市场经济,也不赞成以前在共产党国家实行的计划经济,而主张两者的统一。在经济建设的实践中,人民行动党追求国家控制与市场调节比较完美的结合;正是这种结合,创造了新加坡的经济奇迹。新加坡学者这样总结道:"事实上,新加坡政府除担负自由放任主义经济学家所指定的政府传统任务外,还担当了规定目标人、生产者、调节者和财政代理人。"③ "新加坡迄今为止所取得的经济成就更多的是国家干预的结果,而不是自由市场调节的结果。"④

(2) 经济发展是新加坡生存的基石

李光耀认为,对于新加坡这样一个小国来说,维持生存是最重要的。为了生存,新加坡必须迅速实现工业化和现代化。新加坡学者欧进福说:"在人

---

① [英]亚历克斯·乔西:《新加坡第一》,台湾金陵图书有限公司,第64页。
② 前揭书,第416页。
③ [新加坡]琳达·利姆:《新加坡的成功:自由市场经济的神话》,《亚洲概览》1983年第6期。
④ [新加坡]欧进福:《政府在经济发展中的作用》,《国外社会科学情况》1987年第8期,第5页。

民行动党领导人脑中经常考虑的最根本问题,是新加坡的生存。他们对维持生存的全神贯注,对经济发展是安全的基石的这种信念,激励了政府坚韧不拔地领导人民奋发努力,追求经济的发展。"①

(3) 平等和公正

李光耀指出,人民行动党的理想社会是平等和公正,但是,这种平等和公正不是一些国家所推行的那种平均主义,而是指机会均等。就像运动员百米赛跑一样,每个人都站在同一起跑线上,在起跑线上每个运动员都是平等的,但是,由于各人的体力和训练程度不同,比赛的结果也是不相同的,这种结果的不相同是必然的、合理的。人民行动党反对前一种不平等,即机会不均等,而主张后一种不平等,即结果的不相同。人民行动党不能把一个穷人变成为一个富人,但是,它对穷人却不断地提供机会,使他们保持身体健康,受到较好的教育和训练,为他们创造和提供参与竞争的条件与机会。

(4) 反对西欧的福利主义

李光耀认为,实现民主社会主义并不是要完全抛弃资本主义,而是要在资本主义的制度下实现社会主义的原则。与西欧的社会民主党人一样,李光耀认为,在资本主义与社会主义之间并没有一道万里长城,它们是可以互相补充、相互完善的。民主社会主义的实质,是要通过国家权力来调节资本主义市场经济,使之提供日益增多的经济盈利,然后通过各种税收把这些盈利提取出来,再利用社会政策进行重新分配,以实现社会公正和平等。新加坡人民行动党的经济政策的基本内容,就是在"混合经济"制度下,由政府推行"充分就业""公平分配""社会福利"等社会主义政策,以消除资本主义制度下经常出现的失业、贫困、贫富悬殊等社会弊病。然而,与西欧的大多数社会民主党有所不同,新加坡人民行动党反对过分地实行福利主义,认为在这方面走得太远,就会导致绝对平均主义,从而大大挫伤人民群众的积极性,使社会和人民失去竞争心和进取精神。李光耀指出,帮助穷人是行动党

---

① [新加坡] 欧进福:《政府在经济发展中的作用》,第5页。

的宗旨之一，但是，关键在于怎样帮助穷人。行动党不主张给穷人"送鱼"，而是给他们送"渔具"和"教会他们怎样捕鱼"，这才是既消灭了贫穷，又能激发人们的积极性和竞争心理的最佳途径。

（二）罗芳伯与兰芳公司

荷属印尼坤甸华人罗芳伯建立的兰芳公司，是早期华人成功地自己管理自己事务的一个典型。罗芳伯（1738—1795），祖籍广东梅县石扇，34岁时从家乡来到当时的荷属印尼坤甸，与友人一起成立兰芳公司，开采金矿。经过多年的经营，兰芳公司在经济上取得了巨大的成功。当时的坤甸处于无政府状态，土匪出没，各个派别的华人之间、华人与土著之间也经常因为利益问题而发生争执甚至发展到流血冲突。罗芳伯挺身而出，合并各家小的金矿公司，组成自卫武装，维护秩序。于是，兰芳公司从原来的纯经济组织演变为一个地方自治机构。罗芳伯以"大唐客长"的名义实行治理，下设司法、军事、教育、财政及工农业等机构，俨然成为一级政府，有自己的税收制度，制定了自己的法律，还拥有武装力量。

关于兰芳公司是一个什么性质的机构，学者们有各种不同的观点。有人认为，兰芳公司实际上是华人在海外建立的一个独立的共和国，但也有学者反对这种观点，认为它充其量也只能算是一个华人地方自治机构。姚楠主编的《东南亚历史大辞典》给它下的定义是："印度尼西亚婆罗洲（今加里曼丹）华侨从事经济活动的经济自治组织。……公司拥有苏丹授封领域，人口10余万，有自己的武装，有各项制度、法令，以维持领域内的社会治安，并向当地统治者纳税。"[①]

在20世纪50—60年代闻名新马等地的曾铁忱（曾经担任《南洋商报》主笔、编辑，《南方晚报》主编等职）曾以"坤甸国王罗芳伯"为题撰写文章，称罗芳伯为"坤甸王"，他建立的兰芳公司是"首创共和"。"罗芳伯以出奇制胜的军事行动囊括东万律一带后，所属诸采矿公司均合并于兰芳公司。

[①] 朱杰勤：《东南亚华侨史》，高等教育出版社，1990，第122、154-155页。

到1877年时，隶兰芳公司统属者，已有众三四万人，又得勇猛善战的吴元盛为佐，东征西讨，所向无敌。坤甸苏丹自知芳伯势盛，因己力所不及，便将一部分土地分给罗芳伯，归他管辖。于是罗芳伯扩大兰芳公司的组织，建立自治政府，而定国号为'兰芳大总制'。""由公司组织而迈进到政府组织，看来是自然趋势，……""罗芳伯与群雄所建立之兰芳大总制，实为一完全自主的共和政体……"①

著名学者罗香林也持同样的观点。他指出："西婆罗洲兰芳大总制之所以建立，盖缘华侨多人于乾嘉间聚集坤甸一带，从事金矿采掘，罗芳伯等为其魁杰，由事业之互助与保障，因而结为团体，建立首领与属员分工合作之制，称为兰芳公司；又因与土王（即当地苏丹——作者注）订立条约统辖人民，据地防守，自为管制，由经济集团进而兼为政治组合，遂乃成为略具规模的共和国，而称兰芳大总制焉。""其所以不专称公司而曰大总制者，以是时除公司所经营之采金业外，已尽有关于土地与人民之主权及政务也。"②

朱杰勤先生不同意上述观点，他认为，把兰芳公司定性为独立的国家是不准确的，是西方殖民者的阴谋，是企图挑拨离间东南亚当地人民与华人的友好关系。兰芳公司"虽具有自己管理自己组织的措施，但仍然向当地政府纳税"，"是一个生产和自卫的组织"。③"有些人认为大统制犹如今之大总统，不知总统的制度与大统制全不相干，而且他自称为'大唐客长'，已经自称为客人的领袖而已，主客关系已分清楚，断无反客为主、在他人的国土上建立一个国家的道理。"④朱杰勤认为，在18世纪50年代，在西加里曼丹出现了10多个由华侨华人建立的类似兰芳公司那样的华人自治组织，它们具有当时中国的秘密会社的性质。"当时兰芳公司管辖地区内的人口约有2万。各行各业都要纳钱，以作为公司行政费用。有司法及行政权力，把家长制度的某

---

① 曾铁忱：《坤甸国王罗芳伯》，载《泰国华侨客属总会会刊》，泰国客属总会，1973，第19—20页。
② 罗香林：《西婆罗洲罗芳伯等所建立的共和国考》，香港中国学社，1961，第23页。
③ 朱杰勤：《东南亚华侨史》，高等教育出版社，1990，第92、97页。
④ 前揭书，第92页。

些特点应用于公司管理方面。"朱杰勤先生也承认,这些华人公司"事实上已经独立了"。①

据马来西亚华人历史学家刘伯奎先生的考证,在18世纪后半期,在西加里曼丹出现了一股采金热潮,华人像潮水般地涌向这块地方,"此时西加里曼丹华人的金矿公司,至少已有18家知名的……其中最具规模的是大港公司和三条沟公司。上述这些公司的职工,已增至万人以上。可见当时在西加里曼丹的华人,数量已相当可观。上述这些华人公司,他们所利用的土地,都是向马来土王租用的,每年租金50两黄金,另外征收矿工人头税,每名3元。"② 与其他公司一样,兰芳公司实际上是一个自治组织。"原先这是一个开采金矿的组织,因为当地治安不好,便逐渐负起维持当地治安的责任,平定地方上的骚乱。时势造英雄,这个采金公司便成为一个自治机构。罗芳伯一跃成为这个机构的总长。那时候,荷兰人的势力还到达不了这些地方。故自1777年起迄于1823年的几十年间,兰芳大总制的统治权与坤甸苏丹的统治权分庭抗礼,但相安无事。"③

笔者认为,把兰芳公司定义为华人的自治组织是比较可取的。从主观上看,当时以罗芳伯等人为首的华人领袖是一帮没有受过什么文化教育的农民,他们恐怕连国家是什么东西都不懂,他们从中国移民到加里曼丹,并没有要建立一个独立国家的意愿,而只是希望在当地落脚、采矿谋生,由于当地苏丹无法维持地方秩序,他们被迫自己组织起来维护地方治安、建立秩序。所以,他们要创立共和国等想法,都是后人强加给他们的。从客观上看,当时的苏丹和荷兰殖民统治者也不允许罗芳伯等华人领袖们建立一个独立的共和国。卧榻之下,岂容他人鼾睡?只要兰芳公司稍有一点独立的意图,都会立即遭到镇压。兰芳公司之所以能存在几十年,关键在于它与当地苏丹和荷兰

---

① 朱杰勤:《东南亚华侨史》,第93页。
② 刘伯奎:《19世纪沙捞越华工公司兴亡史》,(没有出版社名称),估计在马来西亚沙捞越古晋出版,第27页。
③ 前揭书,第7页。

殖民当局达成了一种默契,在当地苏丹和荷兰殖民当局许可的范围内实现某种程度的自治,而这种自治一旦超越了这个范围,便不可能再继续存在下去。关于这个问题,对西加里曼丹华人历史有较深入研究的刘伯奎先生的论断比较接近事实。他认为,当时在西加里曼丹采矿的华人大多数来自贫苦的封建农村,至于当地的马来人,则仍然停留在封建社会以前的阶段。在文化上,绝大多数华人都是文盲;在政治上,他们原本是人类历史上最具典型的封建皇帝统治下的贫困农民。这样,政治、经济、文化上的落后性,使他们不能普遍具有当时先进的资本主义民主政治思想,对于要在异乡建立一个健全、稳固的自治社会与政权根本没有完备的条件,即使是在18世纪中叶最早建立的兰芳大统制,也只是在西方殖民统治者施加的压力不大时,才会有一段辉煌的日子。因此,华工公司不可能发展成为具有统治外族性质的殖民政权。公司只能停留在封建农村自治社会的阶段。[1]

(三)叶亚来与吉隆坡的开发

海外华侨华人在参与开发东南亚的过程中,曾经出现过一些客家华人领袖,他们在管理华人事务方面表现了杰出的才能,在东南亚华侨华人历史上写下了光辉的一页。马来亚的叶亚来就是这方面的典型代表。据史料记载,叶亚来1837年出生于广东惠阳县淡水镇,17岁时离开家乡下南洋谋生,24岁便担任了双溪乌戎(今芙蓉市)的华人甲必丹(由殖民统治当局任命的管理华人事务的官员),后与他人合作在吉隆坡开采锡矿,30岁时担任了吉隆坡的华人甲必丹,在管理华人事务方面表现出了杰出的才能,对吉隆坡的开埠和发展作出了重大贡献。当时英国殖民当局派驻雪兰莪州的官员Frank Swettenham在给殖民当局的报告中写道:"甲必丹叶亚来,到如今还是雪兰莪的领袖人物,他的能力和胆识都是非常卓越的。在参政司制度未实施以前,吉隆坡市政在动乱中曾前后三次被马来亚乱党烧成平地,结果都被叶亚来独捐巨资,三次把它重建起来。""甲必丹叶亚来曾在朋友的指挥下,苦守吉隆

---

[1] 刘伯奎:《19世纪沙捞越华工公司兴亡史》,第59页。

坡，再三击退来犯的侵略者。他在内地的荒漠开路，使吉隆坡能跟各处主要锡矿场取得联络。我相信是他独自的毅力，才说服了众多华籍同胞，忍耐住水深火热的兵乱而安居于雪兰莪境内，他将吉隆坡治理得很太平，而邻境就没有这种好现象。据警察总监说，由于甲必丹执法如山，这些年来仅发生过一宗比较严重的罪案。"①

华人历史学家颜清湟先生高度评价叶亚来的成就，认为他是一位杰出的华人领袖。"他以严酷的手段管治吉隆坡的华人社会，有效地维持法律与治安。当然，他也利用其政治权力使自己在经济上获得利益，以成为雪兰莪最大的矿主之一。……自1873年3月至1880年间，叶亚来是吉隆坡的实际统治者，事实证明他是一位能干的行政专才。他也是一位非常成功的大资本家，是雪兰莪最富有者之一，拥有数目庞大的矿场、园丘、工厂、店屋和土地。"②

（四）胡文虎与他的企业王国

胡文虎（1882—1954），祖籍永定县（区）下洋乡中川村，1882年2月4日出生于缅甸仰光，1954年9月5日病逝于美国檀香山。胡文虎父亲胡子钦，1861年乘船到了仰光，后创设永安堂国药行。娶妻李金碧（潮州籍），生文龙、文虎、文豹三兄弟，文龙早故。胡文虎10岁时，其父亲将他送回家乡读书，4年后回到仰光，在其父亲的药店中学习经商和阅读医书。1908年夏，父亲在仰光去世，由胡文虎兄弟继承父亲的事业。在两兄弟的努力下，永安堂的业务不断发展壮大。胡文虎富有胆略和开拓进取精神，先后到日本、泰国等国学习考察，采集中外古方和制造中成药的先进经验，发明万金油、八卦丹、头痛粉、清凉水、止痛散等5种良药。这些中成药价格低廉，功效显著，尤其适用于热带和亚热带各种流行病，很快就风行南洋各地。1923年，胡文虎在新加坡创立永安堂总行，并建立制药总厂。到30年代，在海内外设立了永安堂分行20余处，海外包括曼谷、雅加达、槟城、棉兰、泗水等地，

---

① 曾铁忱：《叶亚来的丰功伟绩》，载泰国客属总会主编《泰国华侨客属总会会刊》，1973，第2页。
② 林水豪、骆静山：《马来西亚华人史》，马来西亚留台校友会联合总会，1984，第214页。

国内各大城市均有设立分行。1923年,胡文虎与其兄弟合作成立虎豹有限公司,自任董事长,其弟文豹任常务董事。

胡文虎涉足报业也取得巨大成就,先后在南洋各地和中国国内独资创办10余家报社,被人们誉为"报业巨子"。胡文虎在南洋各地创办的报纸包括《缅甸晨报》《星洲日报》《星暹日报》《星岛日报》等,影响日盛,在当时弘扬中华文化、宣传抗日等方面发挥了重要作用。其女胡仙博士继承父亲的报业,并且进一步将之发扬光大。胡仙自任星岛日报有限公司董事长,该公司在檀香山、三藩市、纽约、伦敦、悉尼、多伦多、温哥华均有设立办事处,并发行卫星传真影印的《星岛日报》国际版。"星系"报业一时成为影响力最大的国际中文报业,其影响直到今日仍然广泛存在。

胡文虎共有4位妻室:原配夫人郑炳凤,在槟城结婚;庶室陈金枝,在仰光迎娶;另外还先后纳娶黄玉谢(槟城)、邱秀英(香港)。共有9个子女:7子为胡蛟、胡山、胡好、胡一虎、胡二虎、胡三虎、胡四虎;2女为胡仙与胡星。

胡文虎在其事业取得成功之后,将其财富和爱心广济天下众生,赢得了海内外民众的爱戴。"胡氏之所以名震环宇,并不是因为富甲天下,而是因其宅心仁厚、广济博施、惠群利众、爱国爱乡。"胡文虎说"对于忠字,鄙人以为忠于国家为先,所以爱国观念不敢后人,自永安堂业务稍有寸进后,即本诸以社会之财还诸社会之义,致力于救国救灾慈善文化事业",因而他规定以每年所得赢利25%(后来又提高至60%)作为救国救灾慈善公益文化事业费用。"长期以来,胡文虎始终关心祖国强弱,民族兴衰,表现了海外赤子对祖国和人民的热爱和忠诚。他用实际行动实现了'忠于国家为先''爱国观念不敢后人'的诺言,在华侨社会确有重大影响,是爱国华侨领袖之一。"[①]

三、海外客家文化

如果把海外华人文化看作一个整体,那么,客家文化就是其中的一个重

[①] 曾少奇:《爱国华侨胡文虎》,载《永定文史资料》第六辑,中国人民政治协商会议永定县委员会文史资料室,第1—7页。

要组成部分。海外华人文化源于中华文化，广泛地吸收了各国本土文化和西方文化，是在海外的土壤中播种、成熟和发展起来的一种新型文化。它是一面镜子，反映出海外华人生活的全部面貌；它是历史留下来的足迹，显示海外华人走过的道路；它是一种凝合剂，把海外华人紧紧地团结在一起；它还是一种精神的动力，推动海外华人向前发展。海外华人文化具有多元化、多层次、多样性和高度开放性等特点。因此，笔者将海外华人文化定义为一种新的文化模式，它根源于中华文化，但又区别于中华文化，因为它是在另外一种特殊的土壤中产生和发展起来的新型文化。我们在观察和研究海外华人文化时必须承认，由于一系列历史和现实的原因，海外华人在住在国处于一种边缘的地位，因此，他们的文化也一直被边缘化，成为一种典型的亚文化，这是从海外华人文化在海外各国文化中所处的地位来说的。

何谓亚文化？亚文化又叫次文化，任何群体，凡在某些方面与社会主导性文化的价值体系不同者，都被称为亚文化。从事不同职业的人形成不同的职业亚群体，各社会阶层、民族和宗教群体常常形成各自的亚文化。从某种意义上讲，各种社会群体都有自己的价值观和生活方式。各社会群体的亚文化并不否定主导性文化，仅仅是忽视其某些方面，并以自己特有的形态补充主导性文化。当这种亚文化占主导地位时，它就成为主导性文化的替代性文化。亚文化通常会产生特殊的生活方式、语言和价值体系。可能有许多海外华人不承认自己的文化是亚文化，他们在感情上也会难以接受这一现实，但这是不以海外华人的主观意志为转移的客观事实。如前文所说，华人在海外是一个地位极其特殊的少数民族，尽管其母体文化有几千年悠久的辉煌历史，但是，中华文化在移植至海外以后，便出现了变异和重新整合。

上述情况在战后东南亚尤其突出，当东南亚一系列新兴民族独立国家诞生之后，当地主体民族掌握了国家政权，他们运用国家政权的强制力量，扶持主体民族的文化，压制其他文化，使主体民族的文化上升为主导文化，华人作为一个在政治经济上处于被边缘化的少数民族，其文化也被迫退居次要地位，成为一种亚文化。作为海外华人文化的一个重要组成部分，客家文化当然也处于亚文化的地位。

要了解海外客家文化，还需要从了解什么是中国本土的客家文化开始，因为海外客家文化是中国本土的客家文化在海外的衍生、变异与发展。中国社会科学院民族研究所研究员罗美珍这样描述客家文化："客家不是单纯由血统联系起来的种族。它是个文化上的概念，是由于中原汉人自唐末至宋末几次南迁至闽、粤、赣交界处而逐渐形成的一个在文化和语言上与中原汉人既保持共性又有独自特点的群体。它的文化属于移民文化，是一种以华夏传统文化为主体的多元文化。可以用如下公式表述：客家文化＝华夏传统文化＋地域创新文化＋土著文化＋周边文化。"罗美珍认为，客家文化有如下三大特点：①客家人传承汉魂；②善于创新，能兼容、博采众长；③反映中原文化和个性文化的语言。

客家文化包括物质文化和精神文化两大部分。物质文化主要由四大部分的内容组成：①作物；②工具和用品；③衣着；④饮食、房屋、交通运输等。精神文化的主要内容有如下六大方面：①崇尚意识，包括崇文重教、勤劳节俭、祖先崇拜、求和、求忍等；②信仰；③习俗；④禁忌；⑤娱乐；⑥语言艺术。[①]

借用罗美珍研究员的做法，我们也可以把海外客家文化用如下公式来表述：海外客家文化＝中国本土客家文化＋住在国民族文化＋全球化、区域化。同样我们也可以将海外客家文化分成物质文化和非物质文化两大部分。

（一）物质文化

主要有客家人的庙宇等，客家人信仰大伯公，在海外客家人聚居的地方往往都会盖一些大伯公庙，以供客家人去祭拜。客家人还供奉其他的神，例如，泰国客属总会辖下就有6个神庙，包括吕帝庙、关帝庙、观音庙和三奶夫人庙，这些庙宇均有近百年的历史，香火非常旺盛。在早期的海外华人社会中，庙宇除了是祭祀神明的地方，还兼有学校、会所的功能。除了庙宇之

[①] 丘权政主编《客家与近代中国》，中国华侨出版社，1999，第311-328页。

外，客家人的物质文化与其他方言群没有多大差别。

（二）非物质文化

主要有祖先崇拜和信仰、客家话、客家山歌、汉剧、客家风俗习惯、客家饮食文化等。海外华人在迁徙的过程中，把本土的各种信仰带到了海外定居的地方，并且一代代地传承与发扬光大。在现代化和城市化的浪潮中，客家人的非物质文化受到很大的冲击，它们面临许多严峻的挑战，甚至有濒临灭绝的危险，为此，许多客家团体和有识之士作出了坚持不懈的努力，挽救和振兴客家文化。例如，曾经在新马等地客家人中非常流行的汉剧，就经历了一个从发展、繁荣到衰落的过程。汉剧并不是起源于客家，而是起源于陕西汉水，在明、清时代流传到安徽和湖北一带，然后又进一步往南发展到江西南部和广东东部一带，成为梅州地区客家人最喜爱的一种地方剧。客家人下南洋时又把这个剧种带到了东南亚各国，在新加坡和马来西亚尤其流行。在20世纪50年代，汉剧曾经在新加坡大行其道，非常红火，一度有过5个汉剧团体，以新加坡南洋客属总会属下的"儒乐部"的实力最强。这些汉剧团体举行各种演出，培养造就汉剧人才，为繁荣华人文化作出过重大贡献。到了20世纪60年代之后，随着华文教育的衰落和其他因素，汉剧团体后继乏人，受众的口味也发生了重大转变，曾经热闹一时的汉剧逐渐走向式微。

1. 客家饮食文化

客家饮食文化应该是海外客家人保持最完整的一种非物质文化遗产。饮食文化一般是指与饮食有关的各种礼仪和文化，包括食材的选择、菜单的制定、烹饪的方法、餐具的选择、食客的座次、食用的顺序等。所谓客家饮食文化，是指客家族群在长期的生产生活历史过程中形成的一种颇具特色的饮食习惯、菜系、烹饪方法等。客家饮食文化是中华传统饮食文化的一个重要组成部分。与其他方言群（包括闽南人、潮州人、广府人）相比，客家饮食文化的主要特点是重视各种传统礼仪，饮食习惯比较简单粗放，食材讲究新鲜，注重各种"山珍"，以家畜类为主要食材。在烹饪方法上则注重"肥"

（油水重）、"咸"（重口味）、"烫"（热食）。客家人在移民海外的同时，也把客家饮食文化带到了住在国，并且在住在国发扬光大。人类学家常常说，到达一个文化的核心的最佳途径之一，就是通过其肚子。作为一个客家人，笔者在赴海外田野调查的过程中也非常重视对海外客家菜的品尝和观察，从中发现有几个重要的特征：①海外客家菜的代表性食物，与国内是相同的，如酿豆腐、盐焗鸡、各种米制的"粄"（北方叫"糕"）。②口味没有国内客家菜那么重，一般都是偏淡。③在海外各国中，只有毛里求斯的客家菜仍然保留了比较正宗的国内客家菜特色。其中主要原因是该国的几乎所有华人餐馆的厨师，都是近年来在梅州烹饪学校毕业的客家青年，他们把正宗梅县客家菜的烹饪方法带到了毛里求斯；而其他国家的客家菜馆的厨师基本上都是当地出生成长的客家人后裔。一般而言，后者在住在国生活了若干代之后，缺乏对客家饮食文化的深入了解。④客家菜到了海外之后，慢慢本地化，融合了相当多的本地元素。在东南亚，客家菜多了本地人喜欢的咖喱元素，食材方面则多了海鲜及一些热带食物，在烹饪方面则融合了当地人喜欢的烧烤等。⑤在客家人与中国南方其他方言群混合居住的地区，客家菜也融合了许多其他中国南方菜系的因素，如广府菜、潮州菜等。以吉隆坡的客家菜为例，吉隆坡曾经是马来亚客家人的大本营，但到了20世纪70—90年代，随着香港商人在吉隆坡投资的增多和香港文化在该地的影响日益深化，客家菜的味道越来越淡。⑥近几十年，在新华侨华人移民进入海外各国之后，他们又把新的、更加具有中国本土特色的中国各地菜系带到了海外，传统的客家菜（也包括闽南菜、潮州菜、广府菜）受到较大的冲击，其中国原乡特色受到质疑和挑战。

2. 客家话

现代汉语分为标准语（普通话）和方言，我国现代汉语比较流行的有十大方言，客家话是其中之一。据方言学者的研究，客家话分布于我国7个省区（包括广东省、广西壮族自治区、福建省、台湾省、江西省、湖南省、四川省）200多个县市（区），讲客家话的人一共有3,500万（1982年第三次全国人口普查的统计数据）。其中以粤东、闽西、赣南和湘南为客家人居住最集中的地区，这4个地区连成一片，有41个纯客县市，包括：广东省属下有梅县（区）、兴宁县（市）、大埔、五华、蕉岭、丰顺、平远、河源、和平、连平、龙川、紫金、新丰、始兴、翁源；福建省属下有长汀、上杭、宁化、清流、明溪、永定（区）、武平、连城；江西省属下有宁都、兴国、石城、瑞金（市）、会昌、安远、寻乌、定南、于都、南康、大余、崇义、上犹、赣县；湖南省属下有桂东、汝城。[①]客家人的客家特性的最重要表现就是客家话，是客家话把海内外的客家人连成一片，因此，客家话是客家观念共同体的核心，也是海内外客家人团结和联系的纽带。正如一位方言学家指出："客家人屡经迁徙，分布地区广大，又很分散。除广西的一些地区外，客家人多住在山区，因此有'逢山必有客，无客不住山'的说法。虽然如此，各地的客家话还是有很多共性，没有很大的差别，可以互相通话。这个大概跟客家人注意保持客家话有关系。客家人内部的凝聚力强，强调不忘本，迁徙时常常携带宗谱，注意保持固有的风俗习惯，尤其是语言。他们严格遵守'宁卖祖宗田，不忘祖宗言'的古训。在纯客县，当然是客家人互相通婚；在一些非纯客家县，客家人的新媳妇进门不会说客家话的，要求学会客家话；客家人的女儿远嫁，回娘家时必须说客家话；小伙子外出工作，回家探亲时更得说客家话。客家人回老家不说客家话，就可能受到'忘了祖宗忘了本'一类的指责。"[②]

客家人在迁徙海外和定居时，也把客家话带到了住在国。客家话曾经是海外尤其是在东南亚非常流行的华人方言。研究汉语方言的学者指出："汉语和汉语方言无疑是世界上使用人口最多的语言，也是全世界华人共同拥有、共享的非物质文化财富。海外汉语方言是财富的组成部分，海外汉语方言里积淀了华人华侨的海外移民史，积淀了华人华侨的海外发展史，积淀了华人

[①] 李荣、熊正辉、张振兴等主编《中国语言地图集》，香港朗文出版（远东）有限公司，1987。
[②] 前揭书，1988（电子版）。

华侨的集体记忆和智慧。"[1] 同样，客家话也是海外客家人的集体记忆和智慧及精神财富。据汉语方言学者的调查研究，客家话在海外也是分布地域最广的汉语方言之一，海外近者如印度、印度尼西亚、马来西亚、泰国，远者如牙买加、夏威夷、大溪地、毛里求斯、南非等地区都有客家方言的踪迹。在泰国，客家话的使用虽只限于中老年客籍华人之间，但它是排在潮州话之后的第二大汉语方言。[2] 客家话在东南亚的马来半岛，东马的沙巴和沙捞越的部分城市和乡村，印尼雅加达、西加里曼丹省三口洋市，泰国南部的合艾市等地都曾经是非常流行和有影响力的方言。暨南大学文学院教授陈晓锦认为，在东马的沙捞越、沙巴，西马的玻璃市、吉打、吉兰丹、槟城、吡叻、彭亨、雪兰莪、森美兰、马六甲、柔佛州等地的小城镇和乡村，以及城市边缘地带，仍然有许多华人主要讲客家话，估计客家话的使用者接近100万人。[3]

在泰国，客家人是数量上仅次于潮州人的一个族群，客家方言在华人方言中的影响和地位也仅次于潮州话。据陈晓锦的考察，"客家话在泰国华人社区，是使用人口排在潮州话之后的汉语方言，在首都曼谷、泰南合艾等地都有客家人。据说，泰南最大的城市合艾100多年前的开埠，就与客籍华人息息相关，合艾的华人原先是客家籍的最多，不过现在该地客家人的数量也已经被潮州籍华人超越。因为潮州籍的华人占了全泰国华人总数的90%，所以就算位列第二，客家话在泰国华社其实也只是小方言。泰国的客籍华人把客家话分为'半山客'和'深客'两种，'半山客'、'深客'既可以指说的话，也可以指说那种话的人。所谓'半山客'，指的是来自于广东揭西、丰顺一带的客家话和客家人；'深客'指的是来自于广东梅州、惠阳一带的客家话和客家人。""尽管泰国的客家人人数不多，又分散居住在首都曼谷、泰南合艾等各地的华人社区中，但是中老年的客籍人士仍然恪守'宁卖祖宗田，不忘祖宗言'的祖训，他们在一起时仍讲被他们称之为'阿姆（意：母亲）话'

---

[1] 陈晓锦:《东南亚华人社区汉语方言概要》（上册），世界图书出版公司，2014，第13页。

[2] 前揭书，第74页。

[3] 前揭书，第17页。

的客家话，唱客家山歌。在曼谷最繁华的金融区素坤逸路，甚至还有一个客家人自发组织——成立于 2006 年的客家研究会，研究会有一间专用的房间，搜罗了不少关于客家及客家话的书籍和资料。在曼谷租金最贵的地段，在自己的公司内建立这样一个组织的公司董事长，是一位客家话很不灵光的客家人，但是他告诉笔者，他正在努力学习，希望自己和朋友们的努力能为客家方言、客家研究在泰国发扬光大贡献一分力量。"①

在印尼，陈晓锦调查得出的结论与笔者田野调查的结果是相同的，那就是乡村、城市边缘和外岛地区的华人仍然保留着比较多的华人特色，包括华人方言的使用与保留。在雅加达之外，在乡镇，汉语方言得益于岛国特殊的地理环境，得以较好地延续下来。在印度尼西亚的第三大城市棉兰，福建闽南方言通行，甚至祖籍地非福建的华人也会说闽南话；在西加里曼丹坤甸，华人主要讲潮州话；而在泗水，在山口洋，华人仍是使用客家话，就是青年人也不例外。笔者在雅加达偶遇几位来自山口洋的客籍年轻人，尽管他们没学过中文，不懂得汉字，不怎么会说华语，但是传自祖辈的广东揭西客家话非常流利，有的青年人还清楚地知道自己属于什么辈分，并把夹在钱夹子里随身携带写着家族辈分的纸张掏出来展示。也有的来自山口洋的青年人既不知道自己的祖籍具体是广东何处，也不知道自己是第几代华人，可也会讲相当不错的客家话。②

客家人把客家话带到海外的同时，也把与方言有关的一些文化因素带到了海外，如客家方言俗语（包括顺口溜、谚语、歇后语和谜语等）、客家方言歌谣（又叫客家山歌）等，成为海外客家文化的重要标识。这些客家文化元素一方面是客家人到海外之后把原来家乡的流传文化原原本本地带到了海外；另一方面，客家人到了海外之后，受到住在国文化的影响，与住在国人民交往多了之后，吸收了住在国文化的一些元素，既有传承，也有新的元素，是一种文化的融合，是客家文化的本地化（东南亚华人喜欢叫"在地化"）。

---

① 陈晓锦：《东南亚华人社区汉语方言概要》（上册），第 6 页。
② 前揭书，第 21 页。

所以，我们不能把它们简单地等同于原乡文化在海外的翻版，而应该看作是新生的文化，或者叫文化创新。陈晓锦在谈到海外华人方言俗语时说："很多都是国内闽、粤、客方言区的人民一代传一代，常常使用，再熟悉不过的了。东南亚华人把它们带到了居住国，亦代代口耳相传，世代传承。除了这些传承下来的俗语，我们也记录到了华人到了现居国之后，在新环境下与时俱进创作的新俗语。收集到的新俗语数量不算多，但是内容涉及东南亚的历史、经济、生活，反映了异国的气候、环境等状况，也反映了异国的语言等方方面面的状况，从一个侧面为我们开启了了解东南亚和东南亚华人的一扇窗户。"[①] 据陈晓锦的调查研究，客家方言歌谣当年在东南亚也曾经非常流行，成为在海外传播和传承客家文化的重要工具和载体。客家歌谣主要是山歌，客家山歌一般都有固定的调子可唱，但山歌的内容通常不固定。国内的客家人善于即兴作歌，海外的客家人也有即兴创作的山歌。即兴创作的山歌虽然内容不同，但凭着个中的客家方言词语和熟悉的山歌调，客家人就能自然而然地找到知音。当然，也有歌谣来自中国本土。

下面是一首在广东惠阳、东莞一带的客家人中流传，又被广东惠阳籍的客家人带到马来西亚柔佛州士乃等地广为传唱的歌谣，名为《月光哗哗》。

本土版：

月光哗哗，挨[②]（挑）水供猪嬷（喂养母猪），猪嬷唔愿大，挨去龙岗卖，卖得几多钱？卖得一吊钱。

马来西亚版：

月光哗哗，打水供猪嬷，猪嬷唔愿大，挨去龙岗卖，卖到三百钱，学打棉，棉线断，学打砖，砖斗缺，学做铁，铁生镭（生锈），学饲猪，猪毛短，学做碗，碗笃（碗底）深，学做针，针眼细，学做事……[③]

[①] 陈晓锦：《东南亚华人社区汉语方言概要》（下册），世界图书出版公司，2014，第1263页。

[②] 挨，客家话，即"排"的意思。

[③] 前揭书，第1290页。

从上文提到的客家山歌在国内外的两个版本可以看出，客家人把客家山歌带到海外以后，并不是简单地重复原乡的那一套，而是有所创新和发展，形式上没有多大变化，但是在内容方面增加了许多东西，变得更加丰富多彩。一方面，这是受到住在国文化的影响，吸纳了本土的一些元素；另一方面，这也反映出到了海外之后的客家人生产方式和生活方式发生了许多变化。在原来的中国乡下，客家人只是生活在农村，从事农业生产，包括养猪等，是非常单一的生产方式和生活方式，但到了马来西亚之后，客家人就不是从事单一的农业生产了，他们可能还从事小手工业、加工业、商业等。"也有一些歌谣记述的是移民的心路和南洋创业的艰辛，……难离故土，去'过番'的无奈心情，和对'过番'改变生活的期盼。"①

客家话不仅是客家文化的载体，承载着千百年来客家人可歌可泣的历史，同时它还是一种灵魂，是维系客家人，尤其是维系海外客家人共同体的一种无形的精神力量。在海外，哪怕你在说其他语言，当对方是客家人时，他就能够听得出来你的客家口音，就会马上问你是不是客家人，彼此之间的感情马上就拉近了。一句"涯系客家人"，就会让你找到同样是客家人的朋友，所以，客家人有一句古训"宁卖祖宗田，不忘祖宗言"。崔贵强认为，在早年槟榔屿各个方言群之间争夺权力的斗争中，客家人依靠客家话，依靠客家共同体，明显比其他方言共同体占据了更多的优势。所以，客家共同体作为一种观念的共同体，客家话在其中发挥了其他因素无法替代的作用。

四、海外客家观念共同体的延续

（一）海外客家文化的保存和发扬

在过去几十年，笔者几乎每年都要到东南亚各国访问、考察，接触到许多客家人，现将他们保存和发扬客家文化的一些情况记录如下：

---

① 陈晓锦：《东南亚华人社区汉语方言概要》（下册），第1295页。

1. 泰国

官国发（译音，下同）先生，80多岁，祖籍梅县。其父亲在20世纪20年代从梅县迁移到泰国，到官先生的孙子辈，已经在泰国生活了4代人。官先生属于在泰国出生成长的第二代华人，小时候接受过一点华文教育，后来到泰国的法政大学读书，然后从政，官至副府尹（相当于中国的副省长）。20多年前从官场上退下来之后致力于对中国问题的研究，曾经在泰国朱拉隆功大学中国研究中心担任副主任，还在曼谷的蓝甘杏大学任教，给学生讲授中国问题。官先生本人的中文很好，能说会写，亦会说客家话。前几年到广州访问时，笔者还陪同他访问梅县，寻找故居。官先生的夫人也是客家人，所以，他们夫妻俩在家有时还会说一些客家话。但是，他们家中使用的共同语言是泰语，官先生夫妇无法用中文或者客家话与下一代人沟通，因为泰国早在20世纪50年代就取缔华文教育，此后出生的华人子女几乎全部都接受泰文教育，泰文成为他们的母语。中文和方言则是在家中与老一辈人交流时使用的语言。官先生曾经有意培养子女们对学习中文的兴趣，还把一个儿子和一个女儿专门送到中国学习中文，但是，由于泰国的语言环境，他们对中文没有特殊的兴趣，进步不大。据笔者的观察，客家话在官先生家里可能到了第三代人之后就销声匿迹了。至于客家的风俗习惯和传统，如拜祭祖先等，还有可能延续下去。在泰国，不仅是客家话，就是曾经在相当长的时间成为泰国商业语言的潮州话也很难延续下去。据笔者的调查，目前在泰国潮州人家庭，一般都是老一辈的人还在说潮州话，而年轻一辈一般都不太懂，很难用潮州话进行交流，所以，在潮州人家里，在大多数情况下也是使用泰语进行交谈。

吴启方女士，80多岁，祖籍梅县。在泰国出生于一个客家富商家庭，曾经在香港和梅县接受过系统的中文学校教育，战后回到泰国工作，先后担任泰国华社的多项重要职务，曾任泰国客属总会永远名誉会长。吴女士一直致力于在泰国弘扬客家文化，倡导客家精神，她身体力行，经常带儿孙辈到中国考察，接受中华文化的教育与熏陶。她创立泰国客家文艺联谊会，联络全泰客家文化人士，并且定期推出刊物《客家之音》，出资设立梅松文艺基金会，亲自担任基金会的董事长，鼓励泰国的客家青年学习和发扬客家文化，为在泰国保存和弘扬客家文化作出不懈的努力。她还亲自撰写文章，呼吁泰国客家人要将客家精神发扬光大。她在一篇论客家精神的文章中这样写道，客家精神主要是"刻苦耐劳""克勤克俭""爱劳动"，泰国的客家人把这种精神带到泰国，在泰国开花结果，"我们的先贤也把这种精神带到海外"，泰国客家人到处开拓，尤其是泰南的拓荒者，"谢枢泗与徐锦荣两位先贤与当地人士开发泰南荒芜地区，建立起繁荣的城市，也就是这种伟大精神的体现"。①

2. 马来西亚

宗镇三先生，80多岁，祖籍梅县。1935年出生于马六甲的一个书香家庭，从小受到中国文化的熏陶。20世纪60年代初在新加坡接受教育，80年代中期留学美国，获得硕士学位。宗先生是东南亚著名的艺术家和艺术教育家，擅长中国水墨画，曾经创办马来西亚艺术学院，担任院长。宗先生热心华文教育与传播，曾经担任马来西亚华人文化协会（简称"马华文化协会"）会长。宗先生能够说一口流利的带有梅县口音的客家话，他在家里也与子女们说客家话。据我的了解，他的几个子女都会说客家话，只是程度不同。宗先生还告诉我，他还教孙子女们说客家话，他希望客家话能够在他的家庭世世代代流传下去。

邱会宗先生，80多岁，祖籍梅县，在马来西亚出生。曾经担任过马来西亚政府华人部长的政治秘书，还担任过马华文化协会的副会长，退休后仍然非常热衷于华文教育与传播。他能够说一口流利的客家话，喜欢唱客家山歌，曾经送给笔者一张他的客家山歌集 VCD。他唱的客家山歌声情并茂，非常有感染力。

笔者在1999年春节期间曾经作为马华文化协会华人历史调查的顾问，受

---

① [泰]伍启芳：《我的母亲》，泰国留中大学出版社，2007，第66页。

邀到马来西亚各地访问与考察。在登嘉楼州，笔者专门走访了蒲莱华人新村，这是一个客家人聚居的村庄。据村长介绍，这个华人新村居住的都是客家人，他们都信奉大伯公，为此他们专门兴建了一座大伯公庙，每到节假日，村民们都去烧香祭拜，香火非常旺盛。村长说，该村大部分人都还会说客家话，但他对今后的年轻人能否继续坚持说客家话也表示担忧，因为大部分年轻人都进城做工或者寻求各种发展机会，留在村子里的都是老人和小孩，与老人一起生活的小孩子可以跟爷爷奶奶学习客家话，如果是进城与父母亲一起生活的小孩则几乎没有机会学习说客家话了。

3. 印尼

印尼是海外客家人最多的地方。笔者的一个伯父、叔父和一位堂伯父都是在20世纪20—30年代到达印尼雅加达，他们在雅加达定居生活，繁衍后代，现在已经有几十口人。由于印尼苏哈托当局推行强制同化政策，华语包括各种中国南方的方言都不受鼓励，甚至是受到压制的，这种情况在雅加达等大城市尤其严重。因此，笔者在印尼的10多位堂兄弟姐妹，只有年纪大一些的还会说客家话，50岁以下的都不会说客家话，也听不懂，平时在家也不用客家话进行交流，都是说印尼语。据了解，在印尼外岛地区，一些客家人比较集中的中小城市，客家话还是比较流行的，客家人的各种风俗习惯也比较盛行。

（二）客家文化面临的挑战和冲击

在海外，尤其是在东南亚各国，客家人和他们的后裔虽然一直在顽强地坚守自己的文化传统和价值，他们为保存和发扬客家文化作出了很大的努力。但是，与其他方言文化一样，客家文化在海外正在面临诸多冲击和挑战，客家人能否最后坚守住自己的阵地，还真是一个非常值得研究的课题。这些挑战和冲击包括如下：

1. 西方化

海外华人都很重视后代的教育，喜欢把子女送到国外，尤其是欧美接受教育。客家人也一样，只要经济条件许可，一般都会把自己的子女送到西方国家去读大学。这些华人青年在西方接受大学教育后，一般都会回到原住在国。笔者有许多曾经在西方留学的海外华人朋友，其中也有不少客家人的后代，他们能够说一口流利的英语，偶尔也能够说几句客家话和普通话，但无法再用后两种语言进行深层次的交流，然而，他们虽然已经不会说客家话，但仍然认同自己是客家人或者是客家人的后裔。这些在西方留学回到原住在国的华人，因为受过高等教育，一般都不愿意子承父业，再从事华人的传统行业（主要是从事工商业活动），而跻身于当地国家的中产或上流社会。他们多在文化教育、医疗卫生或者是法律界工作，拥有较高的社会地位。笔者发现了这样一个规律：越是接受西方教育程度高的客家人后裔，其说客家话的水平就越差，甚至完全放弃了母语。

2. 本土化

处于社会中下层的海外华人本土化的程度比较高，这是由如下两个方面的原因决定的：一是20世纪50年代之后，由于海外各国均先后取缔了华文学校和华人教育，因此，战后出生的第二代、第三代华人一般都是在当地国家接受住在国语文的教育，没有接受过正规的华文教育，加上几十年长期与中国隔绝，他们对中国文化包括各种方言文化均感到比较陌生；二是生存的压力，各国政府在战后均在政治、经济和文化等方面推行同化政策，推行本地民族优先的政策，华人受到挤压，被迫从各方面重新适应变化了的生存环境，放弃或者淡化原来的文化认同，这是在当时不得不做出的一种选择。然而，尽管在20世纪50—80年代出生和成长起来的第二代、第三代华人没有受过正规的华文教育，但是，由于许多华人家庭，尤其是中下层华人家庭在家中仍然使用方言进行沟通，加上当时的华人仍然比较多地维持着三代或者是四代同堂的大家庭，因此，客家话在许多华人家庭得到了维系和保存。此外，中下层华人仍然主要是从事华人传统的行业，如经商、街头摊贩等，因此，客家话在许多城市的中下层华人中，尤其是在市场和街头摊贩中仍然是一种比较流行的语言。

3. 都市化和现代化

都市化和现代化在各国快速发展，在这种大趋势下，华人家庭正在经历一种前所未有的变化。受到这种潮流的冲击，华人家庭出现如下几方面的变化：①传统的三代同堂的家庭逐步瓦解，让位于由父母和子女两代人组成的小型的核心家庭；②华人青年的婚恋对象范围不断扩大，跨方言群、跨民族通婚成为一种普遍现象；③新生代华人正在失去华人传统的宗教信仰。一般而言，老一代华人都坚持华人本身的传统宗教信仰，但是，在战后出生的新生代华人中，坚持华人传统宗教信仰的人越来越少，他们受教育与社会环境的影响，越来越多的人选择信仰基督教、天主教、伊斯兰教或者是其他本地宗教。婚姻和家庭的变迁，对海外客家人保持和发扬自己的传统文化构成了严峻的挑战。

上述三大变化对海外客家人后裔继续坚持说客家话形成了许多障碍。华人传统家庭的变化，可能是一个最大的障碍，因为在一般的情况下，华人下一代学习客家方言都是通过老一辈传授的，如果祖孙辈不在一个家庭生活，下一代客家人就失去了学习方言的机会。这种客家方言，包括其他华人方言，都是靠祖辈传给孙辈的，因为父母辈忙于工作，无法承担教授下一代方言的任务。笔者还发现，海外华人家庭现在都喜欢雇用当地民族的人到家里来做佣人，包括带小孩，许多家庭的小孩子从一出生就在当地佣人的陪伴和教育下成长，几年下来，小孩子的当地语言学得非常流利，但传统的方言包括中文却变得生疏，甚至完全遗忘了。这也是客家话和其他华人方言到了华人第三代之后就慢慢消失的最主要原因之一。

与其他方言群相比，海外客家人在文化适应和文化认同方面有哪些特点？笔者认为，最大的特点就是在坚守自己的客家文化方面表现得更加执着，对其他文化有更强的排他性。有一位马来西亚的客家朋友告诉我，据他的长期观察，在东南亚各国，闽南人、海南人到了第二代、第三代就有可能被当地文化同化了，而客家人往往到了第四代、第五代却还能够执着地保持客家文化和传统，还在坚持自己的宗教信仰和讲客家话。形成这个特点的原因固然很多，其中最重要的有两点：① 客家人长期居住在山区，与外来文化接触比较少，慢慢地便形成了自己独特的语言、信仰与生活方式等，一代一代地相传，移居到海外之后，这种保留和发扬自己独特文化的意识反而变得更加强烈了；② 客家人的祖先来自中国的中原地区，他们先天就有一种文化优越感，移居到了海外之后，这种文化优越感更加被强化了。然而，在西方化、本土化和都市化浪潮的冲击下，海外客家文化和客家人的文化认同也受到了严重的冲击，受影响最大的就是客家话。

与其他方言一样，客家话的存在与发展是和农业社会密切联系在一起的，是农业社会条件下交通不便、经济自给自足等自然经济的产物。然而，作为一种文化，它的存在与发展又有其自身的价值，是中华文化宝库中的一个重要组成部分。客家人把客家文化带到海外，在海外特殊的环境下得到维系和发展，为繁荣海外华人文化作出了重要的贡献。从历史发展的观点看，客家方言在海外的传播现状与前景不容乐观。

目前在一些东南亚国家，客家话与客家文化仍然很盛行和有较大影响，尤其是在客家人后代聚居的城市社区和村庄。例如，马来西亚的一些华人新村，马来西亚中小城市的一些客家人聚居的社区，印尼外岛地区的一些华人村庄和中小城市社区。然而，在新加坡这样的国际化大都市，客家人正在慢慢地放弃传统的客家话与客家文化，他们已经或者正在逐步融入更大范围的华人社会和本地主流社会。客家话已经沦为街头小商贩的语言和客家老人怀旧的一种情绪的宣泄，以客家山歌为代表的客家文化也逐渐被边缘化和正在消失。客家人和他们的后代如果要真正融入当地主流的华人社会和本地社会，就必须学习接受其他文化，客家话与客家文化就在这个过程中慢慢地丧失阵地。

据笔者观察，20 世纪 60 年代之前的印尼华文学校从校长到教员，以客家人居多，他们在教学的过程中自觉或不自觉地把客家人的文化和价值观传输给了下一代。以印尼著名华人熊德龙先生为例，他本人并不是客家人，但从小生活在客家人聚居的村落，上学的时候又是在华文学校受教育，老师们都是客家人，他从小受到客家文化的熏陶，所以，他把自己归类为客家人。因此，我们可以说，20世纪60年代之前的印尼华文学校曾经是传授和保留客家特性的大本营，而当前印尼的华文学校情况则完全不同，教员的来源非常多元化，且大多数不懂方言，华文学校已经完全丧失了这方面的功能。另外，学校传授的都是普通话，如果外岛地区的华文教育能够保留目前的发展势头，那么，若干年之后，外岛客家人聚居的地区流行的将不再是客家话，而应该是标准的普通话了。

与其他方言和建立在方言的基础上的各种亚文化一样，客家文化在东南亚华人中曾经流行一时并且在团结与凝聚海外客家人方面发挥过重要作用。作为东南亚华人的一个重要组成部分，客家人为东南亚华人社会的发展，为东南亚各国的政治经济和文化建设作出了重大的贡献。经过几代人的努力，他们已经深深地融入东南亚本地社会。本土化（在地化）是一把"双刃剑"，它既促成了海外华人加快融入住在国社会，成为住在国社会的一分子，但是它也让海外华人失去了很多东西，包括自身的传统文化与母语。

客家话和客家文化目前正在面临前所未有的挑战，全球化、区域化、本土化及都市化对方言和建立在方言基础上的华人亚文化的冲击可能是毁灭性的，也许不需要很长的时间，少则十几年，多则几十年，在东南亚及世界各地就再也听不到客家话了，客家文化将进入历史博物馆。笔者也许有点过于悲观，但这绝对是一个不容否认的趋势。随着时间的推移，在快速都市化的潮流下，海外华人社会各个亚文化群的趋同现象也将会越来越明显。在历史上，海外华人社会中的各个亚文化群体的区别主要是以方言为标志，无论是客家人、潮州人、闽南人、广东人，均以说自己的方言为主，方言成为各个方言群认同的突出标志。随着方言的使用日益式微，维系各个方言群体的纽带也就失去了作用，趋同便成为一个必然的趋势。

据笔者近年来的调查与了解，海外各国的客家社团，包括宗亲会馆及一些文化团体，一直在为弘扬客家话与客家文化作出不懈的努力。然而，这些努力与潮水般的西方文化和本土文化的冲击相比，是微不足道的，甚至可以说是徒劳的。总之,本人对客家文化在海外是否还能够继续生存与发展持悲观的态度。也许有一天,海外华人要到历史博物馆去才能听到客家话和客家山歌。这种预言也许太过残酷,但绝对是一种我们不得不面对的现实。笔者认为,三代同堂的大家庭是客家话和各种方言赖以生存以及一代一代地存续下去的最主要阵地,如果这个阵地不存在了,客家话与各种方言便失去了根,"皮之不存,毛将焉附"。如果要靠办学习班的办法来传授与提倡说方言,那么,这种方言离消失便不远了。据有关学者的研究,越是都市化程度高和经济发达的地区,冷门语言消失的速度就越快,经济成功导致一些冷门语言逐步退出日常生活。一份发表在英国《皇家学会生物学分会学报》的研究报告指出:"世界上的语言正以极快的速度消失,情况非常严峻。""世界上四分之一的语言正受到威胁。""一个国家经济上越是成功,它的一些地方语言消失得越快。""随着经济发展,一种语言通常会主宰一个国家的政治和教育领域。人们被迫接受主导语言,或者冒着在经济和政治方面被忽视的风险使用冷门语言。"[1]

新加坡可能就是一个最明显的个案。新加坡原本是一个中国南方各种方言的聚集地。在20世纪50—70年代,中国南方的各种方言,包括广府话、客家话、潮州话、闽南话、海南话在新加坡大行其道。最近几十年,新加坡经济取得了巨大的成功,但是,华人方言逐步消失了。笔者曾经多次在新加坡做访问学者,平时也比较注意观察当地华人说方言的情况,很不幸,只是偶尔能够从在寺庙里上香的上了年纪的华人中听到方言,以及在政府组屋小贩中心听到一些上了年纪的人在说方言。至于年轻人,大多数场合都说英语,偶尔也说说华语,50岁以下能够说方言的华人已经是凤毛麟角。笔者对一些华人做过访谈,问他们平时在家中是否有使用方言交流,回答基本上都是否定的。一些人说,只是与上了年纪的爷爷奶奶交谈时,才不得不说几句很不流利的方言。至于政府对于方言的态度,最近曾经有人问新加坡政府领导人,

---

[1]《研究显示,经济发展或致冷门语言消失》,英国广播公司网站2014年9月3日报道。

能否在提倡说华语时也鼓励人们说方言，政府有关方面的回答是没有必要。的确，在新加坡当前的现实下，说英语已经是一边倒的趋势，还能够说一点华语就已经很不错了，不可能再学方言。

马来西亚是海外客家人聚居较为集中的地区，客家话在一些地方曾经是非常流行的方言，但在20世纪90年代之后，随着马来西亚加速的工业化和都市化进程，客家方言日渐衰落。陈晓锦曾经于1999—2002年在马来西亚进行过一次多语言、多方言环境下华人的语言取向的问卷调查，参过问卷调查的华人一共有680人。问卷设计除了姓名、年龄、性别、职业、祖籍地之外，一共有14个问题，涵盖了接受调查的华人代别、受教育程度、母语情况、掌握的语言和方言、对母语的态度、对语言和方言的喜好程度和掌握程度，以及掌握多种语言和方言的原因等方面的信息。调查结果表明，在马来西亚，包括客家方言在内的华人方言的前景不容乐观。受调查者中有58%的人把祖籍地方言作为自己的母语，而将华语普通话作为母语的占28.2%。在受访者中能讲流利方言的比例是：潮州话4%，福建话16.9%，广东话14%，客家话12.7%，海南话0.1%。使用得最多的语言和方言比例是：潮州话2.8%，福建话16.8%，福州话0.1%，广东话12.2%，客家话9.3%，华语63%，马来语0.9%，英语1.5%。受访者最喜欢的语言是华语，占63%。受访者最喜欢的方言是广东话，占比达11.4%；第二是福建话，占9.3%；居第三位的是客家话，占8.7%；潮州话居第四，占2.5%。陈晓锦据此得出结论："完全可以说，在可以预见的未来，马来西亚华人社区中流通的汉语方言将会一点一点地减少，而华语的地位则会慢慢地上升，华社中再现马六甲华人社区全通行华语状况的可能并非耸人听闻。不过，在汉语方言整体慢慢衰退的同时，汉语方言广东话则会有逆势的发展。"[①] 陈晓锦根据海外华人方言使用情况，将海外华人方言划分为消亡和濒危两大类型。她认为，存在过两百多年历史的南非开普敦华人社区的客家方言和粤方言广府话，及印度加尔各答

---

① 陈晓锦：《东南亚华人社区汉语方言概要》（下册），世界图书出版公司，2014，第1314页。

华人社区的客家方言和粤方言广府话，就是消亡了的语言；而现在还存在的海外汉语方言前景也不容乐观，按照国内的界定濒危方言的标准，也都应该列入濒危的行列。陈晓锦把目前海外仍然使用的汉语方言的濒危程度分成如下五个等级：

1）一级。在一国华人社区中使用的人数最多，是社区内各种不同方言群公认的通用语言，也是社区内来自不同方言群的大多数华人，尤其是中老年华人共同使用的方言，即社交语言。例如，在马来西亚的吉隆坡，广府话就是不同方言群的人共同使用的社交语言，当几个不同方言的人走到一起时，不约而同地就会使用这种语言。菲律宾马尼拉地区的闽南话和泰国曼谷地区的潮州话也是如此。

2）二级。不是一国华人社区内最强的方言，但还在祖籍地为同一方言区的华人中，尤其是同一方言区的中老年华人中流通。如马来西亚的客家话，印尼西加里曼丹山口洋市的客家话等。

3）三级。只是在一国华人社区的少数中老年人里流通的方言。如老挝的潮州话，泰国曼谷、柬埔寨等地的广府话，印尼雅加达的客家话等。

4）四级。在一国的华人社区中，已经基本上没有什么人讲的方言。如新加坡、越南胡志明市的客家话、海南话等。

5）五级。在一国华人社区里已经没有人说，消亡了的方言。

这五个级别，濒危的程度依次递增，第一级相对较轻、第五级程度最重。第一、二级的方言在短时期内还不会有彻底消亡的危险，第三级将会很快向第四级演进，第四级坠落到第五级的可能性很大，第五级的方言则没有任何起死回生的余地。[1]

客家话是客家人的母语，如果没有了客家话，客家人也就不成为客家人了。然而，母语保护已经成为一个带有全球性的问题，在现代化和全球化的冲击下，尤其是面对信息时代互联网的出现与普及，越来越多的人使用英语

---

[1] 陈晓锦：《东南亚华人社区汉语方言概要》（下册），世界图书出版公司，2014，第1328-1329页。

等比较通用的国际语言进行交流,而使用得比较少的语言将会越来越被边缘化,这种速度今后可能还会加快。类似客家话那样的母语已经变得非常脆弱。海外各国客家人的后代在大批涌向城市和再移民的过程中,往往由于生存和发展的需要而把母语及母语文化放在一边,而不得不去学习住在国的语言和主动地去适应住在国的文化。在这样一种文化变迁和文化适应的过程中,母语和母语文化便被遗忘了。联合国教科文组织代表毕斯塔在"2008年国际语言暨第九届国际母语日"论坛上指出,处于弱势的民族语言正在面临着强势语言、互联网以及全球化的冲击,处于濒临灭绝的境地。"全球6,000多种语言,至少有3,000多种面临消失的危险。有报告预言,到2050年,90%的人类语言将从地球上消失。"[①] 从客家话在海外的发展趋势来看,上述警告绝不是危言耸听,而是一种现实的危险。不仅客家话,还有广东话、潮州话、闽南话等方言,在海外都面临相同的命运,应该引起海外华人社会的高度重视,把保护自己母语看作是捍卫自己的文化的一个重要内容。客家话代表着客家人独特的世界观、文化、哲学、思维方式,甚至包括生产方式、生活方式,它与其他中国方言一样,是人类珍贵的文化遗产。我们必须像爱护自己的生命一样捍卫自己的母语。

更为严重的是,伴随着方言的消失,以方言为载体的传统文化也将随之消失,这才是最令我们痛心的事情。以客家话为例,伴随着客家话在海外的濒危,客家山歌、客家谚语、汉剧、客家崇拜、各种客家叙事和记忆也将随之逐步走向消亡。因此,我们可以说客家方言是海外客家人的根,没有了客家方言,海外客家人便失去了根。正如著名的方言学者詹伯慧先生所说的"留住方言留住根"。陈晓锦也认为,"我们知道,语言的消亡不是一种单一的

---

① 转引自王培培的报道《母语保护应像全球变暖一样受关注》,载《中国青年报》2008年4月22日。该报道还披露如下一些数字:联合国注册的语言有6,000多种,而全球97%的人使用的语言种类仅占全部语种的4%,也就是说,占全球人口3%的人说着全球96%的语种,而且有50%的语言只有不到1万人会说,有25%的语言不到1,000人会说。同时,只有不到25%的语言在学校和互联网上使用,世界上75%的网页是英语网页,数以千计的语言基本上进不了教育体系、新闻媒体、出版物和公共场所,尤其是没有文字的土著语言,消亡危险更突出。

现象,伴随着语言消亡的往往还有那种语言所载负的文化。""早期从中国大陆移居海外的华人,大都是穷苦的没有文化的劳工,他们从祖籍地带走的只是自己的母语方言,和依附于方言之上的祖籍地文化。带自祖籍地,生存在海外的汉文化在他国没有深厚的根基,没有文字的海外汉语方言若死亡,与之转换的必定是异族的语言文字,及随之而来的填补空缺的异族文化,因为依附于汉语方言之上的汉语方言文化失夫了培植它的本来就少得可怜的土壤,更将难以为继,必然也会随之消失。"[1]陈晓锦从方言学的角度大声疾呼"抢救海外汉语方言"。因为,海外汉语方言不仅仅曾经是海外华人语言交流的工具,更为重要的是它是一部厚重的海外华侨华人历史,"海外汉语方言里积淀了华人华侨的海外移民史,积淀了华侨华人的海外发展史,积淀了华人华侨的集体记忆和智慧"[2]。

---

[1] 陈晓锦:《东南亚华人社区汉语方言概要》(下册),世界图书出版公司,2014,第1329页。
[2] 前揭书,第1330页。

第二编 印度尼西亚客家人

第四章　印度尼西亚华族的嬗变

印尼是海外华人人数最多的一个国家，该国华族是海外华人中历史最为悠久、最为多元化的一个族群。一部印尼华族形成和发展的历史，就是海外华人在世界各地拼搏和奋斗历史的缩影。几百年前，印尼华侨带着梦想来到这块地方，然后在这里生根、开花和结果，经历了从落叶归根到落地生根的曲折历程，从华侨演变成华人最后成为住在国的一个少数族群——华族。印尼华族是该国民族大家庭的一个重要成员，他们的前途与命运和住在国所有民族的前途与命运紧密地联系在一起。在大部分东南亚国家，当华人放弃中国国籍，成为住在国公民之后，其身份认同就发生了质的变化，即从华侨过渡成为华人和华族[①]，这个过渡时期，大部分东南亚国家从20世纪50年代初期开始到20世纪70年代之前，只用了20年左右的时间。与大部分东南亚国

[①] 在许多时候和场合，华人和华族是同时使用的，都是指同一类人，但在区别其他族群时，大部分都使用"华族"一词。在东南亚学者和英文书写的文件和学术著作中，一般都会称"华族（Ethnic Chinese）"，唯有在内地（大陆）和港澳台地区才继续使用"华人（Overseas-Chinese）"一词。本文所引用的许多文献资料，按照中文原有的表述习惯，仍然称"华侨华人"。本文在大多数场合，使用的"华人"是中文表述的习惯，实际上是指"华族"。有时候，"华人"和"华族"是通用的，指同一类人。笔者认为，在东南亚，尤其是在印尼，区别"华人"与"华族"有重要的意义：首先，"华族"是作为一个少数民族的独立存在，表示一种族群认同，而"华人"却没有这个含义，只是指一般意义上的人或公民；其次，苏哈托以前的执政当局一直不承认华族作为印尼一个少数民族的身份和地位，强调"华族"的族群认同，有利于印尼华族今后在印尼的生存与发展；再次，中国的研究工作者应该跳出中国本位，从海外华人的视角看待问题和分析问题。笔者非常赞同廖建裕教授如下观点："其实，海外华人（相当于英语中的Overseas Chinese 或 Chinese Overseas）是从中国人的观点看事物，是以中国为本位的。对于绝大部分的东南亚华人，这种称呼是不正确的。我们已落地生根，且拥有所在国的国籍，这是我们的国家、我们的家乡。我们不是在海外，反之，当我们去中国探亲访友时，才是'身在海外'。"廖建裕：《现阶段的印尼华人族群》，新加坡国立大学中文系、八方文化企业公司，2002，第125页。

家不同，印尼华人真正成为一个被承认的少数民族——华族的时间要晚一些时候，直到1998年实行民主改革之后，才最终完成了这一转变，其间花了约半个世纪时间。这个过渡时期既漫长曲折，且充满辛酸和血泪，这是由印尼政治经济和社会发展的特殊性所决定的。了解印尼的客家人，必须首先认识印尼华人社会发展演变的历史与现状，因此，本书专门安排这一章，作为读者了解和认识印尼客家人的背景资料。

印尼经济社会发展概况如表4-1所示。

表4-1 2020年印尼经济社会发展概况

领土面积/平方千米	1,916,862.2
人口/千人	270,203.9
城市人口比例/%	56.7
按现价计算的国内生产总值/亿美元	10,591.5
人均国内生产总值/美元	3,928.5

资料来源：ASEAN Secretariat, UNCTAD, UNICT, World Bank, ADB, UNDP.

一、印度尼西亚华族研究现状

印尼是全球海外华人聚居最集中、人数最多的一个国家，印尼华族是海外华人中历史最悠久、最为多元化的一个族群，印尼华族也是海外华人中饱经沧桑，曾经遭受过最多苦难的一个族群。长期以来，印尼华族一直是海内外华人研究学者高度关注的对象，国内外学者研究印尼华族的成果非常丰硕，涌现出许多研究印尼华族的著名学者。

我们可以把新中国成立以来的印尼华族研究学者分成三个世代：第一世代，1949年以前出生和成长起来的老一代学人，以周南京、黄昆章和梁立基三人为代表（均已去世），目前健在的还有李学民、梁英明、许友年、温北炎、蔡仁龙、温广益等人。这个世代的印尼华族研究学者以印尼归侨居多，他们在年轻时从印尼回国深造，在国内著名大学学习和工作，他们的研究重点多为印尼华族历史和文化，研究成果也主要聚焦在印尼民主改革以前的华侨华人。第二世代，出生于1950—1960年（又叫50后、60后），这个世代的印尼华人研究学者多在国内接受教育，年龄在60岁左右，主要代表人物有曹云华、郑一省、吴崇伯、林梅等人。第三世代，出生于1970—1980年（又叫70后、80后），我们可以把这个世代的学者叫做中青年学者，主要代表人物有韦红、李皖南等人。

北方印尼华人研究学者的著名代表是周南京教授（1933—2016），他为新中国印尼华族研究作出了卓越的贡献。他青年时期从印尼回国，在北京大学就读，毕业后留校工作，一直从事华侨华人研究，曾经担任北京大学海外华人研究中心主任。他主编的《华侨华人百科全书》是中国华侨华人研究的一个里程碑。周南京教授著有《印度尼西亚华侨华人研究》一书，还和其他人合作编著了《印度尼西亚华人同化问题资料汇编》和《印度尼西亚排华问题资料汇编》两书，这些著作为后来的学者研究印尼华族问题提供了重要的史料和文献。

厦门大学、中山大学和暨南大学聚集了国内研究印尼华侨华人的主要力量。早在1985年，中山大学的温广益教授就与厦门大学的蔡仁龙教授等人合作出版了《印度尼西亚华侨史》（海洋出版社，1985年）一书。南方从事印尼华侨华人研究的杰出代表是黄昆章教授（1937—2013）。黄昆章教授是印尼归侨，早年从印尼回国学习，1966年南开大学研究生毕业后到暨南大学工作，长期从事印尼华族问题研究。黄昆章教授先是与李学民教授合作撰写了《印尼华侨史（古代至1949年）》一书（广东高等教育出版社，2004年），后又单独撰写了《印尼华侨华人史（1950至2004年）》（广东高等教育出版社，2005年）等著作，在海内外有重大影响力。黄教授先后在国内外期刊发表中文、印尼文论文150余篇，与印尼华族相关的著作还有《从落叶归根到落地生根——世界华人研究文集》《风雨沧桑五十年——第二次世界大战后印尼华侨华人社会的变化》《印度尼西亚华文教育发展史》等。

关于印尼民主改革时期华人社会的发展变化，中国学者也有一定的关注，研究多散见于一些论文，系统的研究成果却比较少。温北炎与郑一省合作撰写的著作《后苏哈托时代的印度尼西亚》（世界知识出版社，2006年）是对民主改革初期印尼华人社会发展变化进行研究的有益尝试，该书的第五章专门对民主改革初期印尼各届政府的华人政策、华文教育、华人政治、华人经济、华人与当地民族的关系等进行阐述。曹云华、邓仕超和许梅合著的《东南亚华人的政治参与》（中国华侨出版社，2004年）有专门一章研究印尼民主改革时期的华人参政的情况，该书出版时间较早，只是研究了民主改革初期华人参政的情况。

近年来比较系统和全面研究民主改革时代印尼华族的著作有曹云华、李皖南等人合著的《民主改革时代的印度尼西亚华人》（暨南大学出版社，2014年），郑一省教授主编的《美达村华人》（中国社会科学出版社，2019年）。这两部著作是国内研究民主改革时期印尼华族的代表作品。厦门大学的吴崇伯教授对印尼民主改革时期华族经济进行了比较系统的研究，他这方面的研究成果主要有《东南亚金融改革与政策效果评价》（《经济学动态》2002年第10期）和《苏西诺政府的经济政策及制约因素》（《当代亚太》2006年第12期）。

印尼本土的华人学者、企业家和许多有识之士对印尼华人社会在民主改革时期的发展变化给予了高度的关注，他们纷纷撰写文章、编写著作、发表演说，通过各种方式陈述他们对印尼华人社会的看法和反思。代表人物首推李卓辉先生。李卓辉1938年出生于印尼，祖籍福建南安，早年曾在华文学校担任过初中和高中教师，后来担任几家华文报纸的主笔，20世纪70年代还从事过企业管理，2001年开始担任印尼目前最大的华文报纸《国际日报》总编辑兼主笔。李先生长期热心研究印尼华人社会，研究成果丰硕，在印尼华人社会有极大的影响力。他先后出版了《坚强奋起　百年复兴》《赤道火花　自强不息》《民主改革时代政治风云》《印华参选与国家建设》《改革激流　迂回迈进》等著作，内容涉及民主改革时期的印尼华人政治、华文教育、华人社团、华社领袖等。此外，他还经常给新加坡《联合早报》和马来西亚

《星洲日报》撰稿，发表针对印尼华人社会的评论文章。2014年，他在《联合早报》发表一篇题为《印尼华裔精英参政走向精明成熟道路》的文章，对民主改革以来印尼华裔参政的情况进行了总结。他在文章中指出，民主改革时期印尼华裔参政经历了从早期的恐怖、疏远发展到最近的参与和积极投身其中几个阶段，经过10多年的学习与锻炼，华裔对政治事务越来越感兴趣、越来越熟悉，且"日趋成熟"。[①]

许天堂先生也是印尼本土华人学者的杰出代表。许天堂1943年出生于西爪哇省库宁岸县，后移居雅加达，祖父为华商，父亲是作家，是第八代侨生（即土生华人）。许天堂早年经商，1999年参与创办印尼华裔总会，担任中央理事会主席兼任雅加达分会主席。2002年创立民族问题研究学会，任副主席。他的代表作是《政治漩涡中的华人》一书，原作为印尼文，后由周南京先生翻译成中文在香港出版（香港社会科学出版社，2004年）。该书主要研究印尼华族的历史，包括从早期华侨到印尼落脚一直到新秩序时期结束，是研究和了解印尼华族历史的一部不可多得的参考书。近十多年来，许天堂经常受邀到海内外各类会议和研究机构做演讲，还给各报刊撰写时政和关于华族的文章。他对民主改革时期印尼华族的观点散见于一些报刊和演讲稿。

新加坡是海外开展印尼华族研究的一个重镇，因其邻近印尼加上良好的研究环境，这里聚集了一批从事印尼华侨华人研究的专家学者，其代表人物首推廖建裕先生。廖建裕，1941年出生于印尼，后到新加坡定居，先后在新加坡南洋大学、印度尼西亚大学读书，又到澳大利亚留学，后在美国华盛顿美利坚大学获博士学位，曾经在新加坡东南亚研究所、新加坡国立大学、新加坡南洋理工大学任教和从事研究工作，曾任新加坡华裔馆馆长，长期从事印尼华人、族群、东南亚政治等方面的研究。其著作有中文、英文和印尼文等作品数十种，主要代表作有《现阶段的印尼华人族群》（中文版，2004年）、《印尼原住民：华人与中国》（中文版，2007年）、《东南亚与华人族群

[①]［印尼］李卓辉：《印尼华裔精英参政走向精明成熟道路》，《联合早报》2014年4月14日。

研究》（中文版，2008年）、《印尼孔教初探》（中文版，2010年）、《理解东南亚华人》（英文版，2007年）、《当代印尼华族》（英文版，2008年）。近年来，廖先生还经常应邀到印尼一些大学和重要的会议做演讲，这些演讲对我们了解和研究近10多年印尼华族的情况有极大的帮助。

香港也是研究印尼华侨华人的一个重镇。由于其特殊的地理位置，这里聚集了一大批印尼归侨及从事商业活动的印尼华人企业家，他们利用业余时间开展对印尼华族历史和现状的研究，取得了令人瞩目的成就。香港印尼研究学社和由其创办的《印尼焦点》，为海内外开展印尼华人研究树立了一面旗帜，他们尤其关注民主改革时期印尼华人社会的现状与发展趋势，成为推动印尼华人研究的一支重要力量。由香港印尼学社主办的《印尼焦点》是定期出版的全面反映印尼政治经济和华侨华人情况的中文刊物，从1999年5月31日创刊至2022年6月已经出版了73期，2021年起还推出了微信版。

总的而言，在21世纪初期以前，中国的印尼华族研究形成了"南黄（即南方以黄昆章教授为代表）北周（即北方以周南京教授为代表）"的基本格局。随着黄、周两位教授先后去世，这个格局被打破。第一个世代的学者大部分都还健在，但已经很少从事研究工作。现在从事印尼华族研究的主要力量由第二世代和第三世代的学者组成，再过若干年，就要由第三世代的中青年学者挑起大梁，引领中国的印尼华族研究走向新的时代。可喜的是，最近一段时间以来，中国先后成立了许多印尼研究所（中心），越来越多的青年学者有志于从事印尼和印尼华族的研究。笔者最近粗略梳理了近年来国内先后成立的印尼研究中心（所），竟有14个之多。这些机构充满活力，从人员和队伍的组成看，具有如下的特点：①年纪轻，多为70后、80后的青年科研人员；②受过良好的训练，有许多人曾在东南亚相关国家接受博士、硕士教育或者进行短期访问或田野调查；③知识结构比较多元，有包含经济、金融、法律等多种学科背景。这些新成立的印尼研究机构今后将成为中国印尼华族研究的主要力量。但是，这些新机构当前面临的最大问题是没有固定的编制和人员，没有固定的场所，大多是因为兴趣或需要而临时拼凑组成，缺乏核心凝聚力。①

二、印度尼西亚华族形成和发展的历史阶段

印尼华族经历了从华侨到华人再到今日华族的漫长而曲折的历史，大体可以分为如下三个阶段：①华侨阶段（1953年以前）；②华人阶段（1953—1998年）；③华族阶段（1998年至今）。1953年中国宣布放弃双重国籍政策，动员各国华侨加入住在国国籍，成为住在国公民，这是华侨过渡到华人或华族的分水岭。然而，绝大部分印尼华人虽然已经加入印尼国籍，成为印尼公民，但其政治忠诚度仍然受到质疑，无法与印尼其他民族一样享受到公民的各种权利。印尼华人真正成为一个民族，那是在1998之后，主要标志是印尼进入民主改革阶段，针对印尼华人的各种歧视政策与法律逐渐被废除，作为印尼公民的华族开始与印尼当地民族一道真正分享政治权利，印尼华族成为印尼民族大家庭的正式成员。印尼华族是一个非常复杂多元的群体，无论是在政治态度、经济收入、职业、文化教育乃至生活方式等方面均是如此。我们在了解和研究印尼华族的时候，一定要注意印尼华族的共性和个性、整体性和局部性的关系，既要看到他们的共性和整体性，也要关注他们的个性和差异性。不同的历史时期、地区、家庭、居住环境、职业、文化教育、社会环境，塑造了多元化的印尼华族社会。

（一）华侨阶段（1953年以前）

中国早在汉代就与印尼古代的一些王国有了交往，华侨华人的出现可追溯至这个时期。荷兰考古学家德·弗里斯研究印尼出土的中国陶器得出结论说，远在2000年前中国人已经漂洋过海踏上印尼国土。②隋唐时期，中国与东南亚各国官方和民间的交往逐渐增多。到了宋代，随着航海技术的提高，中国与东南亚海岛国家的贸易往来更加频繁，其中以印尼的一些古代国家为

---

① 曹云华：《论建设具有中国特色的区域国别学：以东南亚研究为例》，《东南亚研究》2022年第3期，第15-16页。

② 朱杰勤：《东南亚华侨史》，高等教育出版社，1990，第8页。

最，如三佛齐。明代航海家马欢的《瀛涯胜览》（爪哇国条）记载了许多中国人前往印尼的事迹。从中国古籍的记载中，我们可以了解到印尼古代已经有不少华侨华人在这里居住，时间长了，他们慢慢就与当地人同化，信奉伊斯兰教，说本地人的语言，穿着本地人的衣饰。①

1. 土生华侨社会的形成和发展

在荷属东印度公司阶段（1602—1798年），华人较多地来到印尼的爪哇地区经商和贸易，许多人时间长了之后慢慢就定居下来，逐步形成了一个独特的社群，这就是被廖建裕等学者称为土生华人的社群，即土生华人社会。土生华人社会形成的主要标志如下：人口已经发展到了一定的规模，足以成为一个相对独立的社会；在土生华人内部形成了一种通用的公共语言，即峇峇马来语；土生华人一般实行内部通婚。第二次世界大战后，由于各种原因，印尼的土生华人社会逐渐走向衰落。

2. 新客华侨社会的形成和发展

19世纪末、20世纪初，大量中国人移民到印尼各地。华侨妇女的大批到来，使华人族内通婚成为可能。与上述的土生华侨不同，这些新来者仍然较多地保留了中国故乡的生活方式与习惯，包括方言、宗教信仰、族内通婚等。这就是后来被学者们定义为"新客"的华侨华人社群，这类新客华侨华人和他们的后裔构成了现代印尼华族的主体。

3. 外岛华侨社会的形成和发展

上述把印尼华侨分为土生华侨和新客华侨两大类，主要适用于荷兰殖民统治时期到印尼独立以前的爪哇地区；而在印尼大量的外岛地区，生活着许多的华侨，他们与爪哇地区的华侨有着显著的差别。印尼号称"千岛之国"，各个岛屿之间的政治、经济、民族和文化的情况千差万别，正是这种差异加上外岛地区华侨来源地的差别等原因，造成了外岛华侨与爪哇华侨极大的差异性，他们在文化适应、文化认同等方面均具有自己的特点。

---

① （明）马欢：《瀛涯胜览》，冯承钧校注，中华书局，1955。

上述三类华侨华人，构成了现代印尼华族的雏形。现代印尼华族正是在这三类华侨华人的基础上形成和发展起来的，他们的历史和基本特征形塑了现代印尼华族。尽管印尼独立之后在政治经济和社会等方面发生了翻天覆地的变化，关于华侨华人三种类型的区别已经成为历史，但是，在今天印尼华族的身上仍然可以看到当年这三类华侨华人的影子。换言之，上述三类华侨华人的特征在今日印尼华族身上打下了深深的烙印，尽管这三类华侨华人的后裔大多数都已经不会说母语，也不懂祖籍国的传统文化，但是，在他们的身体中，仍然流淌着祖辈的血液，仍然保存着祖先的基因。

（二）华人阶段（1953—1998年）

1953年4月19日，周恩来总理代表中国政府在万隆会议上宣布放弃双重国籍政策；同年4月22日，我国与印尼政府签订了《中华人民共和国和印度尼西亚共和国关于双重国籍问题的条约》。随后，中国政府在与东南亚各国政府接触时，一再表示不再奉行双重国籍的政策。东南亚各国政府的国籍政策对华族的最后形成起到了直接的作用。战后初期，比较早允许华人加入当地国籍的是马来亚政府。于1957年成立的马来亚联合邦政府放宽了公民条例，使大部分华人有资格成为该国的公民。在短短的一年内，有100多万人申请与被批准为马来亚联合邦公民。新加坡华人占该国人口的大多数，新加坡独立后，华人自动成为该国的合法公民。一些东南亚国家的政府出于各种考虑，迟迟不解决华人加入当地国籍的问题。在菲律宾，马科斯之前的几届政府均担心让华人取得公民权会使当地人无法与华人竞争，因此，给华人加入菲律宾国籍设置了种种障碍，直到1975年才欢迎华人集体归化，让大部分华人取得菲律宾国籍。

印尼华人政治认同的转变开始于20世纪50年代初期，直到20世纪80年代初印尼当局最终全部解决华人的入籍问题，才最终完成这种转变的过程。温广益认为，到1979年，苏哈托政府加快了解决华人入籍问题的步伐，"到这年的4月底为止，印尼全国有820,433名华侨申请加入了印尼国籍。由此华侨（包括无国籍者）只剩下 30 万人左右，仅占华侨华人总数的 5%。至此，在印尼的中国血统居民基本上完成了从华侨向华人的国籍身份的转变，亦即绝大部分华人在政治认同上已从中国转为印尼"[①]。

根据廖建裕的研究，经过几十年的努力，印尼华人政治认同的转变是比较彻底的，目前，绝大多数已经在政治上认同印尼，而不再认同中国。廖建裕在 1990 年中国与印尼关系正常化之前曾经对 129 名印尼华人进行问卷调查，以了解他们对中国和印尼的看法。在这 129 名被调查者中，只有 14.73% 的人把中国当作是他们的祖国，他们想经常去访问中国并且希望继续保持华人的风俗习惯；另外 41.86% 的人视中国为他们的祖先的土地，他们并不感到有必要去访问中国；还有 43.41% 的人视中国为外国。在问到对印尼的态度时，93.79% 的被调查者认为印尼是他们真正的祖国，2.33% 的人回答印尼是他们的第二祖国，1.55% 的人认为印尼是一个做生意的地方，还有 2.33% 的人的回答比较含糊。当问到他们如何看待中国与印尼关系正常化的问题时，44.96% 的人回答有利于商业和贸易，6.20% 的人回答有利于他们去中国探访他们的亲戚，另外有 24.8% 的人认为两国关系正常化为研究他们的祖先文化提供了一个好机会，24.03% 的人回答不会对他们的生活产生什么影响。问卷调查还发现，只有 5.42% 被调查者仍然能够说和写中文，35.65% 的人懂一些中文，其余的人则完全不懂中文。[②]

虽然到了 20 世纪 80 年代之后，绝大部分印尼华人已经加入印尼国籍，成为印尼的公民，但是，他们作为一个族群的身份却迟迟得不到承认，印尼当局也不愿意把他们当作一个少数民族看待，而是把他们打入另册，叫"非原住民"。"在苏哈托时代的印度尼西亚，对华人的歧视是公开的、合法的和

[①] 温广益：《近二三十年来印度尼西亚华人政治认同的变化及其所带来的影响》，载洪玉华、吴文焕主编《华人：东南亚变化中的认同和关系国际会议论文集》，菲律宾华裔青年联合会，1994，第 181 页。

[②] Leo Suryadinata, "Ethnic Chinese in Southeast Asia: Overseas Chinese, Chinese Overseas or Southeast Asians?" in *Ethnic Chinese as Southeast Asians* (Singapore: Institute of Southeast Asian Studies, 1997), pp. 17-18.

赤裸裸的。最明显的是把人民分成两类——原住民和非原住民，华人及其他移民被归类为非原住民，甚至在他们的身份证上做上记号，实际上是把华人列入另册。苏哈托在1966年上台伊始，便下令将'支那'一词取代'中华'，这是对华人具有明显歧视的称呼。苏哈托政府对华人实行种族歧视的另一个最重要表现，是在职业方面的歧视，即不让华人进入工商业活动以外的领域。"①

（三）华族阶段（1998年至今）

一般而言，大部分东南亚国家华族形成的最重要标志，是一国大多数华人放弃祖籍国国籍而加入当地国籍。当大多数华人加入所在国的国籍，成为所在国的正式公民之后，就意味着该国华人已经从华侨演变成为华族。与其他东南亚国家相比，印尼华人成为一个被承认的少数民族的地位要晚一些时候。印尼华人真正成为一个族群，应该是在1998年印尼实行民主改革之后。印尼华族形成的标志是政治参与，即印尼华族享有与印尼其他民族同等的参与国家政治生活的权利。

民主改革给印尼华族社会带来的最重要变化之一，就是他们作为一个族群，拥有了参与国家政治生活的权利，这是作为一个国家的公民最起码的权利。最近20多年来，印尼华族积极参与国家政治生活，为印尼政治的现代化和民主化作出了重要的贡献，与此同时，印尼华族通过积极参与国家政治生活，也使整个族群得到了改造和提升。印尼华族在国家政治现代化和民主化的进程中努力学习民主，努力学习与其他兄弟民族和睦相处之道。印尼华族既是民主大学校的学生，又是民主的积极参与者和推动者。

印尼独立至苏哈托执政时期，从整体来看，华族几乎没有任何参与国家的政治生活，当然也不乏一些优秀的华族被吸收作为政府的成员，参与政府事务的管理，但是，从华族作为一个少数民族整体来看，他们在国家政治生活中没有应有的地位，也没有自己的代表，他们完全处在一种任人摆布、听

---

① 曹云华、李皖南：《民主改革时代的印度尼西亚华人》，暨南大学出版社，2014，第30页。

天由命的境地。1954年3月13日，各派别华社领袖组成国籍协商会，选举萧玉灿为主席，该协会的初衷是争取华族的公民权益，成立之后便积极参与政治活动。1955年印尼举行独立之后的第一次民主选举（国会选举和制宪会议），国籍协商会参与了选举，一些大政党也派出华族代表参选。国籍协商会赢得1席（萧玉灿），政府另外委任7位华族议员。这个时期，虽然有不少优秀的华族进入内阁担任部长等职务，但囿于当时各种原因，他们基本上无法发挥作用。"独立后的印尼政府内阁有如走马灯，部长座位不稳常被调动，从1945年到1966年，总共换了24届内阁。虽然有多位华族出任部长，如陈宝源、王永利、萧玉灿等被委任部长或国务部长，但为时不长，没有能发挥应有的作用与才华。"[①]

在苏哈托执政时期，华族的生命安全与财产安全都处在没有任何保障的恶劣环境下，他们无权参与国家的任何政治生活。在这个时期，全国各地各种大大小小的排华反华事件层出不穷，华族生活在极端恐惧之中。1998年发生的大规模排华事件，是苏哈托政权长期对华族实行种族歧视和压迫政策的总爆发。印尼华族学者许天堂先生对这个时期的印尼华族状况作出如下非常精辟的描述："1998年5月悲剧非常刺痛全印尼华族的心，并且使他们意识到被边缘化和被变得无能为力。他们作为公民的权利大部分被阉割了，并且与印尼共产党一起总是被当作替罪羊和掌权者压榨的对象。作为民族和种族，甚至作为人类的地位被鄙视。新秩序掌权者给予他们唯一的自由，是在企业领域，但是，没有政治自由，这种经济活动便变得毫无意义。"[②]

1998年开始至今，印尼推行了一系列的政治改革，印尼的学者称之为民主改革。民主改革中实行的各级各类选举和地方自治为印尼华族参与政治生活提供了广阔的空间。从过去20多年的实践看，印尼华族可能而且应该在国家政治生活中扮演积极角色，尤其是在地方自治中可以大有作为。实行地

---

① ［印尼］李卓辉：《印华参政与国家建设》，联通书局，2007，第171页。
② ［印尼］许天堂：《政治漩涡中的华人》，周南京译，香港社会科学出版社，2004，第1063页。

方自治，由人民直接选举地方各级行政首长，这是印尼民主改革和政治现代化、民主化进程中的重要一环，同时也赋予了华族参与地方自治的权利，为印尼各地区的华族积极参与地区政治生活提供了机遇。与总统选举和国会选举相比，华族参与地方政治事务的机会更多一些，门槛也低一些。据统计，自2005年实行地方直接选举各级行政首长以来，已经有一些华族精英当选为地方行政首长，他们是西加里曼丹省上候县县长张锦坤、邦加-勿里洞省东勿里洞县县长钟万学①、西加里曼丹省山口洋市市长黄少凡、西加里曼丹省副省长黄汉山、邦加-勿里洞省东勿里洞县县长钟万友、东努沙登加拉省副省长李振光、东爪哇省玛琅市市长魏廷安等。

以山口洋市为例，该市是西加里曼丹省下属的一个城市。西加里曼丹省是印尼华族占比例最高的一个省份，全省约500万人口，华族约占20%，主要集中在坤甸、山口洋一带。在首府坤甸，约有60万人口，华族约占30%，以潮州人为主。在山口洋市，约有20万人口，华族约占62%，以客家人为主，有一部分潮州人，但都讲客家话。该市除华族之外，当地民族主要有达雅族、马来族和爪哇族。就山口洋市华族从政的基本情况来看，黄少凡曾在2007至2012年出任市长，而现任市长蔡翠媚也是华族。②

华族之所以能够在上述地方取得成功，有几个共同的特点：① 华族占当地人口比例较高；② 华族与当地民族关系较为融洽；③ 华族社会较为团结；④ 这些县市均处在印尼的外岛地区，与当地其他少数族群相比，华族文化较为强势。事实上，从印尼华族参政取得成功的实例来看，纵使是在华族人口占较大比例的城市，华族要取得竞选成功，也必须与当地民族打成一片，成为他们中的一员，代表他们的利益。印尼首位华族县长张锦坤就是这方面的典范。张锦坤于2003年被西加里曼丹省上候县议会选举为县长（2004年之

---

① 钟万学在2012年与现任总统佐科维搭档竞选雅加达首都特区首长，并成功当选副省长。佐科2014年10月成为总统后，钟万学随即升任雅加达省长。2017年5月因亵渎宗教被判刑2年，后获减刑，2019年1月24日获释。

② [印尼]刘议华：《当选山口洋市长蔡翠媚》，《国际日报》2017年2月25日。

前印尼还没有实行直接选举）。他出生于当地一个客家农民家庭，是第二代华族，父亲张建仁在 30 岁时由中国南来该县根巴岩村定居，并与当地主要民族达雅族人通婚。所以，张锦坤从小就能说熟练的达雅族语，还会说流利的客家话与潮州话。许多研究表明，民族通婚是促进民族融合的重要途径。张锦坤通过与当地民族通婚，与当地族群紧密联系在一起，这也是他当选县长的关键因素。

因此，作为一个族群，印尼华族真正参与印尼的国家政治生活是从印尼实行民主改革以来至今 20 多年的时间，它也成为印尼华族真正成为一个民族的标志。从 1998 年苏哈托下台到今天 20 多年的时间里，印尼华族经历了民主的洗礼。印尼华族与当地民族一道，共同推动印尼的政治改革与经济社会发展，他们既是这场改革的亲身经历者、参与者，也是受益者；他们与当地民族一道，共同促进了改革，同时也分享了改革的成果，在促进印尼社会进步的同时，也享受到了印尼社会进步的成果。华族是印尼民族大家庭的一个重要成员，印尼华族没有自己的特殊利益，印尼华族参政是代表全体印尼人民的利益，而不是一个少数族群的私利。华族积极参与国家的政治生活，不仅改变了华族自身，还促进了华族与当地民族的融合，从而极大地提升了整个印尼人民的素质。

三、印度尼西亚华族的界定和变化

（一）印尼华族的界定

所谓"印尼华族"，是指祖先来自中国大陆，已经加入印尼国籍，成为印尼公民的华人或者华裔，是印尼 100 多个民族中的一个少数民族。本书把印尼华族看作一个整体，这是从方便进行研究的角度而进行的假设，其实，印尼华族是一个非常多元化的群体，无论是从语言文化、宗教信仰、职业、居住地、阶级与阶层等方面来看，印尼华族都是一个非常复杂和相当多元化的族群。印尼华族已经成为印尼民族大家庭的一个重要组成部分，印尼就是印尼华族的祖国，华族与其他民族一样都是印尼的公民，印尼华族的政治效忠对象早就从祖籍国转移到印尼。

美国学者 G. 威廉·史金纳认为，应该通过社会认同来确认印尼华族的身份。"印度尼西亚华人（即华族，下同——作者注）事实上指的是出生在中国的移民以及早期移民通过父系传下来的后裔。尽管如此，由于全国许多地方通婚和同化现象相当可观，人们按照简单的种族特征不能确定谁是华人，谁不是华人。……这样，华人的确切含义首先取决于其社会认同，而不是该种族在法律上或者文化上的特征。在印度尼西亚，倘若一个人自我认同为华人，他本人以华人社会的一员行事，接受华人的社会认同，那么，他就是华人。这种自我认同为华人以及加入华人社会体制的唯一可靠的文化特征是他们——至少在某种形式以及在某种情况下——都使用中国的姓。"①

廖建裕也同意上述观点。他认为，印度尼西亚华族是复杂的群体，其文化背景和生活条件都有差异。如果单纯从语言、名字、脸型和宗教来辨别印度尼西亚华族是很困难的，甚至是不可能的。因为许多华族已经不会讲华语，也使用了印度尼西亚名字，许多华族已经与印度尼西亚人通婚，在宗教方面，也有许多华族放弃了华族的传统宗教，改信伊斯兰教或西方的基督教。甚至有许多人的脸型也变得越来越像印度尼西亚人。那么，应该怎样辨别印度尼西亚的华族呢？可以采取史金纳所说的社会认同的办法。因为，即使华族已经更换他们的名字，但是，印度尼西亚原住民或印度尼西亚华族还是能从这些人的言行举止中辨认出谁是华族。②

从目前的情况看，按照社会学的分层理论对现阶段的印尼华族进行分类

---

① ［美］G. 威廉·史金纳：《华人少数民族》，载周南京等编《印度尼西亚华人同化问题资料汇编》，北京大学亚太研究中心，1996，第 589 页。

② Leo Suryadinata, "Government Policies towards the Ethnic Chinese in the Asean States: Comparative Analysis," in *The Ethnic Chinese—Proceedings of th International Conference on Changing Identities and Relations in Southeast Asia* (Manila: Teresita Ang See and Yo Bon Juan,1994), p.73.

也许是最为合适的一种分类方法。① 从社会分层理论看，当前印尼华族是一个相当复杂和多元的群体，可以划分为上层华族社会集团、中层华族社会集团和下层华族社会集团。上层华族社会集团主要是指大企业家、商人、政治家、教师、医生、律师等专业工作者、高级管理人员，他们应该在华族社会中居少数，约占5%，是华族社会的精英，他们对华族社会的未来发展具有领导与导向的作用；中层华族社会集团，一般是指华族中产阶级，即拥有稳定的经济收入，从事管理工作者，如小商人、中小企业家等，这部分中层集团约占整个华族的25%；下层华族社会集团，一般是指生活在底层的华族，从事非熟练劳动，与大多数印尼人没有多少差别，有许多还从事农业、林业、矿业和渔业等方面的工作，收入较低且不稳定，没有什么技能，他们占了华族的大部分，约占70%。②

印尼华族究竟有多少人？从表4-2可以看到，学界对印尼华族数量的估算有很大的差别。需要注意的是，西方学者在2010年的估算，是在印尼官方人口普查的数据基础上，通过调查问卷的形式得出的，鉴于部分华族可能不愿意承认自己的华族属性，因此，西方学者的估计数据是偏低的。

表4-2　印尼华族数量的估计

研究成果/学者	估算值/人	估算年份
《华人经济年鉴1995》①	约600万	1994
《海外华人经济研究》②	600余万	1999
《华人经济年鉴2000—2001》③	1100万	2000

---

① 社会学理论认为，社会分层是指根据一定标准对社会群体进行阶级、职业、收入、权力、地位、心理等方面的高低有序的等级层次的排列。阶层是指社会中处于某种特殊地位的社会集团。它是在一定的生产关系之外，处于相同地位的人们组成的社会集团。阶级划分的依据是经济，阶层划分的依据不完全是经济，职业、权力、受教育程度、社会声望等因素都可以成为分层的标准。

② 笔者根据多年来到印尼实地调研，与当地华族人士访谈等而得出的估计数字。以上比例在各个不同的地区也有较大差别，爪哇地区可能比较接近以上比例，而在大部分外岛地区，上层集团和中层集团所占比例较少，下层集团所占比例较高。例如，在西加里曼丹省，下层集团的华族比例甚至超过90%。

续表

研究成果/学者	估算值/人	估算年份
《全球化时代的华人经济》④	800多万	2003
"Space, Place, and Transnationalism in the Chinese Diaspora."⑤	700多万	2003
《东南亚华侨华人数量的新估算》⑥	大约1000万	2009
"Chinese Indonesians: how many, who and where?"⑦	300万左右	2010
李卓辉⑧	1300多万	2010
《当代印度尼西亚经济研究》⑨	800多万	2013

资料来源：笔者根据以下来源进行综合整理。

①华族经济年鉴编辑委员会：《华人经济年鉴1995》，中国社会科学出版社，1995。

②单纯：《海外华人经济研究》，海天出版社，1999年。

③华族经济年鉴编委会编著：《华人经济年鉴2000—2001》，朝华出版社，2001。

④廖小健、刘权等：《全球化时代的华人经济》，中国华侨出版社，2003。

⑤ Laurence Ma, "Space, Place, and Transnationalism in the Chinese Diaspora," *The Chinese Diaspora. Space, Place, Mobility, and Identity*, New York: Rowan & Littlefield, 2003.

⑥庄国土：《东南亚华侨华人数量的新估算》，《厦门大学学报》2009年第3期。

⑦ Evi Nurvidya Arifin, M. Sairi Hasbullah & Agus Pramono, "Chinese Indonesians: how many, who and where?" in Asian Ethnicity, Vol.18, No.3, 2017.

⑧李卓辉先生根据2010年印尼全国人口调查的相关数据，对印尼华族的人数进行了重新估算。据他的新估计，截至2010年，印尼全国的华侨和华族总人数为1,300多万（详见[印尼]李卓辉：《印尼华人的现状与展望》，《印尼焦点》2012年6月30日第34期）。

⑨吴崇伯：《当代印度尼西亚经济研究》，厦门大学出版社，2011，第110页。

比较多的学者倾向于把印尼华族占印尼人口总数的比例界定在4%~5%之间，而根据表4-3，可以看出印尼人口的阶段性变化。因此，我们可以简单地推测目前印尼华族的总人数在1,000万到1,300万。

表 4-3　印尼人口数量变化

年份	2000	2010	2021
人口数量/百万	211.51	241.83	276.36

资料来源：世界银行（https://data.worldbank.org.cn/country/indonesia?view=chart）。

如果按照李卓辉先生的估算方法，则比上述总人数要略多一些。李先生按照同化的程度和是否懂华文作为根据，把当前印尼华侨华族划分成如下三大类：

1）懂华语，了解中华文化的华族。他们均为印尼公民，全国有300多万人。

2）土生华族，即在印尼土生土长，有些已经是第四代、第五代甚或是第六代以上的华族。总数在1,000万以上，"大多不懂华文华语和传统中华文化。爪哇外岛有些会讲华语，但不能读不能写，这些土生华族很多自称是'印尼公民'，不自称为华族，目前爪哇各地约90%以上归属这一类"。李卓辉指出，为什么印尼政府的人口统计中只显示全国仅有300多万华族，主要原因就在于这1,000多万土生华族的族群认同出现问题。"目前印尼1,000万土生华族，正出现比当年林文庆所指出的更为恶化现象，因此，他们大部分人不承认是'华族'，而只填写'印尼人'，人口统计中'华族'大幅度下降的原因即在于此。"

3）新移民，即华侨。这部分人目前可能在50万人左右，主要来自1,000多家进入印尼的大陆国有中资企业，还有2,000~3,000家来自大陆的私营企业，加上台资企业500多家的员工、管理人员、技术人员、从事经贸活动的商人等。其中台资企业员工5万人以上，还有一小部分留学生及一些流动性很强的新移民（包括港澳地区和新马等国的华族）。这部分人分布极广，主要在爪哇地区，但在一些偏远地区，如巴布亚、西加里曼丹等地也有中国的新移民。①

---

① [印尼] 李卓辉：《印尼华侨华人现状与展望》，《印尼焦点》2012年6月30日第34期，第45页。

按照李先生以上的估算方法，印尼华族（包括新华侨华人）占印尼人口的比例约为6%，他在2010年估算印尼华族为1,300多万。按照印尼2021年的总人口2.7636亿计算，目前印尼华族约有1,600万人。

（二）民主改革后印尼华族的变化

民主改革和政治现代化、民主化的进程，给印尼社会带来了深刻的变化，毫无疑问，也使印尼华族社会受到前所未有的冲击，为印尼华族社会的发展带来了空前的机遇，同时也带来了许多新的挑战。华族的政治地位和社会地位焕然一新，取得了与主流社会平起平坐的位置，在国家政治生活中开始扮演十分活跃的角色。民主改革20多年来，印尼华族社会发生了深刻的变化，具体表现在如下五个方面：

1. 华族的公民权利逐步正常化

在苏哈托执政时期，华族的公民权利受到严重的践踏，华族的生命安全得不到应有的保障，更谈不上其他经济、社会和政治权利。进入民主改革时期之后，随着印尼民主和法制逐步迈入正轨，各种歧视华族的法律、法规和政令被废除，华族作为国家公民的地位得到确认和应有的尊重。实际上，民主改革时期的每一位领导人都在努力促进华族公民权利的恢复和正常化，是积小步为大步，积小胜为大胜，经过前后几任总统的努力，印尼华族的公民权利出现了从量变到质变的转化过程，最终完全正常化。

2. 华族社团迅速壮大发展

海外华侨华人都喜欢组织自己的社团，印尼华族也没有例外，但是，在苏哈托执政时期，印尼人民不允许自由结社，同样，印尼华族也被剥夺了这个权利。在民主改革时期，华族组织社团的禁令被解除，华族组织社团的积极性空前高涨。民主改革让华族在各个领域里都有广阔的发展空间。各种以同行、同乡、同窗、同宗为类别的乡亲会、宗亲会、校友会相继成立；有些华社团体之间内部有矛盾，但能通过和平协商得到解决；各种团体经常举办时事论坛、健康讲座或专题座谈会等。

3. 华文教育空前繁荣

在苏哈托执政时期，华文学校和教育被严厉禁止，华族连讲华语都受到严密控制。苏哈托下台之后，关于华文教育的各种禁令被取消，各类华文学校如雨后春笋般地涌现，华族学习华语的热情空前高涨，华文教育出现一片繁荣的景象。据不完全统计，目前印尼全国有较大规模的三语学校（所谓"三语学校"，是指同时教授三种语文，即印尼文、中文和英文的学校）50多家。印尼华族的办学热情持续高涨，他们不仅兴办幼儿园、小学和中学，近年来还积极兴办大学。例如，位于苏北省棉兰市的亚洲国际友好学院，该学院除了设立有英文、印尼文等专业之外，中文是最重要的专业，吸引了当地大量的华族子弟前来学习中文。

4. 华文媒体迅速扩张

与华文学校和华文教育一样，华文传媒在民主改革时期也得到了迅速扩张，全国各地出现数十家华文报纸和刊物，同时出现了华语广播电台和雅加达华语电视《美都新闻》节目。全国性华文报纸有《国际日报》、《印尼星洲日报》、《商报》和《千岛日报》，地方性的华文报纸有《坤甸日报》、《泗水晨报》、《棉兰日报》、《讯报》（棉兰）和《印广日报》（棉兰）。此外，还出现一些不定期出版的华文刊物，如《呼声》等。

5. 华族经济社会生活日益多元化

印尼民主改革的一个重要成就，是整个社会变得更加开放，华族从事工商业以外的工作机会变得越来越多，换言之，印尼政治现代化和民主化导致经济社会开放度的增加，给华族从事工商业以外的职业提供了机会和打开了大门。长期以来，印尼华族精英一直被限制在工商业领域发挥自己的聪明才智，很少有人从事工商业以外的各种工作，如政府公务员、警察、军人等。进入民主改革时代，越来越多华族精英从传统的工商业领域走出来，开始从事各种专业工作。东南亚各国华族经济社会发展历史表明，从事工商业之外的各种专业工作，有利于华族与当地人的融合和理解，也有利于华族以更加宽阔的视野参与国家的政治经济和社会生活，真正发挥公民的作用。

四、印度尼西亚华族与当地民族关系的演变

从印尼独立建国至今,印尼华族与当地民族的关系经历了如下三个发展阶段:两种民族主义对立的阶段、歧视型同化阶段和融合阶段。在经历这三个阶段的发展演变之后,印尼华族社会终于为自身和子孙后代在印尼长期生存与发展确定了一条正确的道路,那就是与当地民族和睦相处,融入当地主流社会,与当地民族一道共同努力,建设共同的祖国和共同的家园——印度尼西亚。

(一)两种民族主义对立的阶段(1945—1964年)

对于第二次世界大战后在印尼出现一连串的反对和排斥华侨华族的事件的原因,学者们有各种各样的解释。经过几十年之后,再回过头去冷静地思考,我们不难发现,它实际上是两种民族主义激烈冲撞的结果。印尼华侨华人的民族主义与东道国的民族主义到了战后初期均达到了顶峰,在一个民族国家内,两种极端的民族主义是不大可能长期并存且相安无事的,它们必然发生矛盾和冲突,在冷战这一国际环境因素的刺激下,这对矛盾更是显得不可调和。

印尼当地的民族主义发轫于19世纪末20世纪初,在第二次世界大战后发展到了顶峰。印尼当地民族的民族主义的产生和发展分可分为如下两个时期:

1. 从19世纪末到第二次世界大战后初期

主要表现为反对西方殖民统治和压迫,争取民族的独立与解放。在这个时期,华侨华人与当地民族一样,是受压迫者和受剥削者,因此,他们与当地民族一起,积极参与了反对荷兰殖民统治的斗争,为印尼的民族独立和解放作出了积极的贡献。在第二次世界大战前,印尼当地民族的民族主义尚处于萌芽状态,而且其主要矛头是针对西方殖民者,因此,华侨华人的民族主义还没有与当地的民族主义发生正面的冲突。

2. 印尼获得独立后

印尼独立国家建立之后，其面临的主要任务是维护国家的独立、统一和发展。当荷兰殖民者被赶走之后，印尼的民族主义者便把主要矛头转向华侨华人，当地民族中的政治精英把华侨华人看作是实现他们的政治经济领导权的主要障碍。他们制定和实施一系列极端的华侨华人政策，旨在改变华侨华人的政治认同和削弱华侨华人的经济地位。第二次世界大战后初期至20世纪70年代初期的冷战格局，对印尼当地民族的极端民族主义起到了推波助澜的作用，华侨华人被视为中国的"第五纵队"。

印尼华侨华人的民族主义（视中国为自己的祖国）产生于19世纪末，到了辛亥革命前后达到了第一次高峰，主要表现为印尼华侨华人对孙中山发动的反清革命的支持。第二次世界大战前后达到了第二次高峰，它以印尼华侨华人对祖国抗日战争提供的各种支援为重要标志。第三次高峰则出现在新中国成立之后，新中国的成立再一次激发了印尼华侨华人的民族主义情绪，许多华侨华人对新中国的热爱和向往达到了如痴如醉的地步。他们在当地唱中国国歌，悬挂中国国旗，阅读来自中国的各种报刊，甚至上街游行，表现出非常强烈的爱国主义热情。许多华文学校使用从中国输入的教材，教导孩子们唱中国国歌，每天在学校升起中国国旗。

在战后初期，华侨华人的民族主义与印尼当地民族的民族主义都发展到了顶峰，从而直接引发了许多冲突。战后初期印尼华侨华人过分膨胀的民族主义显然不利于华侨华人在住在国的生存和发展，它所带来的许多消极后果极为严重和深远。由于实现了国家的独立，西方殖民者已经离开，而此时华侨华人的民族主义却日益高涨，于是，印尼民族主义与华侨华人的民族主义展开了正面冲突。印尼当地民族的民族主义具有如下三个方面典型的特征：①明显的极端狭隘的种族主义；②把改变华侨华人的政治效忠对象作为重要的政策目标；③奉行经济民族主义，对华侨华人经济实行本土化政策。

（二）歧视型同化阶段（1965—1997年）

同化有两种：一种是平等型同化，另一种是歧视型同化。

所谓"平等型同化"，是指一旦华族被同化和融合进当地主流社会之后，他们就拥有了与当地民族同样的各种权利与自由，不管是在政治方面，还是在经济方面或文化教育方面。在泰国和菲律宾，在政府和军警等历来被当地民族垄断的领域担任高层领导职务的华裔比比皆是；在其他行业和领域，华裔也受到与当地民族一样的同等对待。在泰国和菲律宾，正是这种平等的同化政策，才加速了华族社会的本土化——泰国化和菲律宾化。有些学者把这几个国家华族的同化过程归结为自然同化。

歧视型同化，也有些学者称之为"强迫型同化"。当年的印尼和越南就属于这种类型，尤其以印尼为典型。种族歧视通常是指具体的行动或行为，其目的是要阻止某个民族集团的成员获得与其他民族同等的权利与利益。通常是占统治地位的民族集团的成员或者是其代表采取各种行动或实践，严重伤害处于从属地位的民族集团的成员的利益和权利。严重的种族歧视使一些少数民族集团处于被孤立的状态，无法真正融入主流社会，长期处于社会的边缘，从而导致整个国家和社会的分裂与对立。

与平等型同化政策相比，歧视型同化政策的最大特征是对被同化的华族继续实行歧视性的政策。在漫长的岁月里，华族与印尼当地民族长期共同生活，除了在皮肤、眼睛等外型方面外，已经与当地民族没有任何差别，他们在语言、宗教、价值观、生活方式等方面完全与当地民族打成了一片。尽管如此，华族仍然被当作是异类，仍然受到不平等的待遇甚至受到歧视，他们对印度尼西亚的忠心仍然受到怀疑，他们仍然被看作是一个与当地民族不同的"排他性集团"。

据印尼华族团体——百家姓协会理事会不完全的统计，印尼从荷兰殖民统治时期至苏哈托时期，一共颁发过14项歧视华侨华族的法规或法令。它们是：

第四章　印度尼西亚华族的嬗变　179

（1）有关欧洲民族民事登记的 1849 年第 25 号条例。

（2）有关东方华族民事登记的 1917 年第 130 号条例。

（3）有关回教信徒印度尼西亚原住民民事登记的 1920 年第 51 号条例。

（4）有关基督教信徒印度尼西亚原住民民事登记的 1933 年第 5 号条例。

（5）有关华族秘密组织的 1909 年第 25 号和 1917 年第 497 号及 171 号条例。

（6）有关解决华族问题基本政策的内阁主席团 1967 年第 37 号政令。

（7）有关华族问题的内阁主席团 1967 年第 6 号通告。

（8）有关华族宗教信仰及风俗习惯的 1967 年第 14 号总统政令。

（9）有关成立华族事务参谋处的 1967 年第 15 号总统政令。

（10）有关整顿华族庙宇的内政部长 1985 年第 455-2-360 号政令。

（11）有关华族问题统筹委员会的国家情报局长 1978 年第 31 号决定书。

（12）关于禁止华文印刷品进口、发行及买卖的商业部长 1978 年第 286 号决定书。

（13）有关向商贩发放贷款的印度尼西亚银行总裁 1973 年第 6 号通知。

（14）有关禁止印刷与发行华文书刊及广告的新闻部长 1988 年第 2 号政令。[①]

在这个阶段，虽然大多数华侨华族已经加入印尼国籍，成为印尼公民，然而，他们却被排除在印尼民族大家庭之外。印尼当地民族的一些精英仍然认为，华族不能算是一个少数民族，而只是一个还没有被完全同化的排他性集团，解决华族问题的最好办法，就是采取一切手段将他们完全同化，使他们完全失去自己的种族特性，真正融入印度尼西亚社会中去，成为印度尼西亚民族大家庭的一个成员。[②] 印尼前总统苏加诺认为，印度尼西亚共和国不承认有"少数民族集团"。"在印度尼西亚没有少数民族集团，自然也就没有

---

① 周南京：《印度尼西亚华人同化问题资料汇编》，北京大学亚太研究中心，1996，第 695–706 页。
② 曹云华：《变异与保持：东南亚华人的文化适应》，台湾五南图书出版公司，2010，第 119 页。

多数民族集团。印度尼西亚人民或印度尼西亚公民只由一个民族即印度尼西亚民族组成。"① 苏哈托时期的专业集团的观点更有代表性且更为露骨:"到底何谓少数民族问题呢?如果我们仔细地研究一下,那么,少数民族问题实际上是尚未实行同化的问题。直到目前,我们在日常生活中还可以遇到这样的情况:社会公众仍然把外裔印度尼西亚公民看作是无法同多数民族集团共生死同命运的外来因素,因此,外裔公民的许多利益也就不同,也正是因为如此,从而认为对他们的活动范围、权利和义务加以限制是非常适当的。正当的同化过程会培养人们的'印度尼西亚民族感'。同化意味着外裔集团成员以个人的方式加入或被吸收到如此巨大的印度尼西亚民族整体中去的一个结合过程,从而使那些特殊集团最终不再存在。我们目前所进行的努力应该包括:消灭一切阻碍同化过程的因素,包括消灭生活上各个方面的排外主义在内;发展一切能够加速同化过程的因素。"②

(三)融合阶段(1998年至今)

1998年苏哈托政权垮台,印尼进入民主改革时期。民主改革时期的历届印尼政府,逐步放弃了苏哈托长期一直推行的对华族歧视同化政策,转而实现民主平等的融合政策。融合政策就是使各民族不分大小,一律平等,各民族和睦相处,享有同样的公民权利,允许弱小民族和少数民族保留自己的文化,享有各种自由。由此,印尼华族才成为真正意义的一个少数民族,真正完成了身份的转变——从华侨、华人到华族。

在东南亚国家,菲律宾华族最早提出融合理论并且最早付诸实施。菲律宾华族知识分子把这种模式叫做"融合","非中国化"或"菲律宾化"。菲律宾的融合模式既不同于印度尼西亚,也有别于泰国,是菲律宾华族根据菲律宾的国情而选择的一条独特的道路。菲律宾华族问题研究工作者德里西塔·昂·西认为,菲律宾华族的这种"非中国化"不论对华族本身还是对东

---

① 周南京:《印度尼西亚华人同化问题资料汇编》,北京大学亚太研究中心,1996,第565页。
② 前揭书,第559-560页。

道国菲律宾，或是对菲律宾华族的母国中国，都是有益无害的。融合理论的实质，是鼓励菲律宾华族正视现实，不要再固守在新的历史时期已经无法坚持的阵地，全副身心投入到菲律宾当地社会，成为菲律宾的公民，为菲律宾的国家建设作出自己的一份贡献。

其实，印尼华族中也有许多有识之士提出融合理论。他们当中首推印度尼西亚中华党的创始人林群贤，他认为，当新的印度尼西亚建立时，华族应该成为印度尼西亚人。[①] 印尼独立建国之后，萧玉灿也主张华族要融合进印尼民族大家庭，华族要爱印度尼西亚这个国家，但是必须保留自己的文化特征。[②] 一般认为，华族能否融入主流社会还取决于内外部条件以及自身的立场与态度等，需要具备如下三个因素：① 住在国"主流社会"能提供华族融入的外部环境；② 华族自身要有融入的条件，包括要有一定的教育背景、文化素质（尤以语言为主）及经济基础；③ 融合不但不会给当地社会增加压力与产业竞争，而且还可以让政府与当地民族明显感觉到会对他们有利。1998年民主改革之后的印尼显然具备了上述三个条件，印尼华族身份认同也就最终完成了艰难的转变。

五、印度尼西亚华族的前途和命运

华侨、华人、华族，这三个词只有一字之差，却反映了印尼政治经济和社会各个领域巨大而且深刻的变化。笔者把这个转变概括为"嬗变"，也就是说，这种变化不是一般的量变，而是质变，是从量变到质变的飞跃。这种从量变到质变的漫长过程和最后出现质的飞跃，也不是只发生在华族身份认同的变化方面，还包括印尼政治经济和社会体制的深刻变革，以及印尼华族与当地民族关系的蜕变。事实上，只有后两个方面发生了变化，才能有印尼华族的诞生，印尼华族的梦想才能真正实现。这种巨大而且深刻的变化具体

[①] 周南京：《印度尼西亚华人同化问题资料汇编》，第 41-42 页。

[②] 前揭书，第 76 页。

表现为如下三个方面：

1. 反映了印尼从独立建国至今成为一个现代国家所经历的政治经济和社会体制的改革与发展进程

印尼学者一般把印尼独立建国之后至今的历史分为如下几个发展时期：革命时期（1945—1950年）、议会民主时期（1950—1959年）、有领导的民主时期（1959—1965年）、新秩序时期（1966—1998年）、民主改革时期（1998年至今）。[①] 所谓民主改革时期，是指1998年苏哈托政权垮台之后至今20多年的时间里，印尼国内进行了一系列的政治经济改革，包括实行普选制和地方自治等。在这20多年的时间里，印尼政治、经济、社会和文化等各个领域均发生了翻天覆地的变化，其中最深刻的变化，就是印尼华族作为一个少数民族得到了国家和制度层面的认可，印尼华族作为一个少数民族的权利得到了国家的承认和尊重。

进入民主改革时期之后，随着印尼民主和法制逐步迈入正常轨道，各种歧视华族的法律、法规和政令被废除，华族作为国家公民的地位被重新确认。印尼华族社会普遍认为，进入民主改革以来的历任总统均在促进印尼华族与当地民族的关系正常化方面有所作为，为印尼华族顺利融入印尼民族大家庭作出了积极贡献。

[①] 1997年下半年在泰国金融危机的引发下，印尼出现金融危机，政局严重动荡。1998年3月，苏哈托第五次担任总统，哈比比为副总统。1998年5月13、14日，印尼雅加达等地发生几十年来最严重的攻击华人的骚乱事件，给华人的生命财产造成极为严重的损失，印尼出现了政局的全面动荡和政治、经济、社会的空前危机。5月20日苏哈托在人民示威和众叛亲离中被迫交权给哈比比副总统，哈比比出任印度尼西亚共和国第三任总统。印尼开始进入民主改革的时期。1999年6月，印尼举行30多年来第一次自由、民主的全国大选，共有48个政党参加，苏加诺女儿梅加瓦蒂领导的民主斗争党获33.76%的选票成为议会第一大党。1999年10月，印尼人民协商会议投票选举伊斯兰教士联合会主席瓦希德为印尼共和国第四任总统、梅加瓦蒂为副总统。2001年7月23日，印尼人民协商特别会议通过了罢免总统瓦希德的决议，同时任命梅加瓦蒂为印尼第五任总统，任期至2004年。2004年10月，苏西洛·班邦·尤多约诺就任印尼总统；2009年7月，苏西洛竞选连任，担任第二个任期总统至2014年。2014—2019年，佐科·维多多担任印尼第八任总统；2019—2024年，佐科担任第二个任期的印度尼西亚总统。

（1）哈比比总统时期（1998年5月—1999年10月）

1998年，哈比比总统颁布第26号总统令，撤销了使用"原住民"和"非原住民"（主要是指华族）的称谓。两者称谓的统一，意味着政府放弃了"原住民"优先的政策，让"非原住民"享受与"原住民"同等的权利。

（2）瓦希德总统时期（1999年10月—2001年7月）

瓦希德总统在实现印尼华族公民权利正常化方面迈出最为重要的一步，那就是撤销了苏哈托执政时期颁布的1967年第14号总统令。该命令禁止在公共场所举办任何形式的华族的宗教和习俗活动。瓦希德总统还在2000年公布，华族阴历新年为选择性假日。苏哈托执政时期，禁止华族公开庆祝自己最重要的节日——春节。

（3）梅加瓦蒂总统时期（2001年7月—2004年10月）

梅加瓦蒂在2003年华族阴历新年前公布，华族阴历新年为印尼的公休日。

（4）苏西洛总统时期（2004年10月—2014年10月）

苏西洛总统于2006年颁布了两个重要的法令，即第12号国籍法和第23号居民登记法。新的国籍法采用了民主的原则，新的居民登记者则是按照民族理念而不是按照种族为依据进行登记。这两个法令对华族社会的影响是最为深刻的，它从法律和制度上消除了对华族的国籍歧视，使华族成为真正意义上的国家公民。印尼华族许多有识之士普遍认为，2006年的印尼新国籍法在法律和制度层面为华族提供了与主流社会平起平坐的社会地位和政治地位。2014年大选前夕，苏西洛总统又给印尼华族送来一份厚礼，即通过2014年第12号总统决定书，废除有辱华族的安贝拉（Ampera）内阁1967年第6号通告，该通告把对华族的称呼全部改为对华族有侮辱含义的"支那"。根据上述总统决定书，把对华裔的称呼改为"华族"（Tionghoa）。

（5）佐科总统时期（2014年10月—2024年）

佐科总统在任期内没有制定专门针对印尼华族的政策和法令，因为前几任总统把该做的都做完了，但是，佐科总统所实行的内外政策是促进印尼进步和发展的,因此,也是在根本上符合印尼华族利益的。笔者最近通过微信与一位印尼华族朋友陈友明先生专门就此事进行访谈,他告诉笔者:"佐科总体任期虽然没有专门针对华族的政策出台,但是他的行动和措施都是对华族和广大民众有利的。比如对于极端宗教组织和人士、极端民族主义分子、徇私舞弊官员等敢于做出果断措施。虽然他极少出席华族活动,甚至春节也仅出席过一次,但华族普遍都认为他这是为全局着想。对于正派的官员,即使他是少数族群,他也毫不含糊地支持和重用,比如起用钟万学。所以民众包括绝大多数华族公认他是公正的总统,是确确实实做实事的。他在对外关系上也是'爱憎分明',奉行对中国友好、发展和合作的政策;对利己损人的美国及西方势力不屈服妥协,比如对巴布亚自由港金矿、镍矿的出口限制等。从目前的情况看,印尼历史上对待华族不公平的政策和法令都已经得到较为彻底的清理。在法律和制度层面上,作为少数族群的华族的身份地位跟广大印尼民众的命运紧密连在一起。有些损害华族权益的案例,大都已不是法律和制度层面上的歧视政策,许多是涉及宗教和族群背景的个案,有些是民众之间的不和谐,有些是政府官员的个人行为,而不是系统性的、制度性的。"[1]

2. 反映了印尼当地民族对华族认识的变化过程

进入民主改革之后,印尼已经从政治制度和国家的层面排除了各种不利于华族甚至是排斥华族的政策、法律和法令,逐步实现了华族与印尼各民族平等。然而,在个人认知层面和思想意识层面,印尼当地主流民族对华族的一些偏见和歧视仍然是存在的,甚至是根深蒂固的,有学者把这种对华族的歧视和偏见概括为"厌华"情绪。所谓"厌华",是指讨厌或不喜欢华族的情绪或是心理。泰国法政大学教授张锡镇以泰国为例,分析近年来泰国民众对中国及新华侨华人移民的不满情绪和负面观感,他把这种不满和负面观感

---

[1] 2022年10月12日,微信访谈。被访谈人陈友明,印尼华族,印尼三语学校协会主席(印尼全国现有三语学校70所,有学生5万~6万人,其中40所是三语学校协会会员单位)。

概括为"厌华情绪",并且指出其三个特点:① 媒体对中国的负面报道增多;② 知识分子对华反感情绪尤甚;③ 在民众中波及范围广、影响大。① 其实,张锡镇这里说的"厌华情绪",不仅在泰国社会存在,在印尼也不同程度地存在,只是表现形式和发展的趋势不同罢了。在当前印尼当地民族中,"厌华情绪"主要表现为:印尼当地媒体经常会借题发挥,发表一些对华族不太友好的言论;当地民族一些精英人物时常会把华族个别人的一些不良行为夸大为整个华族的表现,借以给整个华族抹黑;在全国大选和地方选举时期,一些政党和政治人物为捞取选票,时常利用一些事件散布一些不利于华族的言论,挑动当地民族对华族的不满情绪;一些精英人物任意夸大华商和华族企业在印尼经济生活中的比重,把印尼经济社会发展中存在的一些问题,如贫富悬殊等嫁祸于华商;等等。

3. 反映了印尼华族形成和发展的艰难历程

这是一个充满艰难困苦和荆棘丛生的历史过程,也是印尼华族不断学习和适应的过程。在这个漫长的历程中,印尼华族付出了沉重的甚至是血的代价,终于适应和融合进了印尼民族大家庭,成为印尼民族大家庭中一个不可或缺的成员。对于印尼当地民族而言,他们在长期与华族相处的过程中,也逐渐从对华族反感、排斥、不适应到接受和认可华族。华族企业家潘仲元先生(已去世)关于印尼华族与当地民族的融合理论颇具代表性。潘先生把美国与印尼的华族社会进行比较,认为无论是从过程还是目的来看,印尼华族真正融入当地主流社会的路程还相当长,任务仍然很艰巨:① 印度尼西亚主体民族对外来民族的包容性较低,仍与美国相距太远,不像美国具有国际上最好的、足以提供华族融入主流社会的外部环境和融入美国主流社会内在的充裕条件。② 美国的华族、华商、华裔正在快速而健康地融入美国主流社会。虽然还有相当漫长的路要走,远未达到可以得意与自豪的境地,但不管怎么说,融入美国主流社会的华族、华商、华裔,将有力地提升华族全球化的国

---

① 张锡镇:《中泰关系近况与泰国社会中的厌华情绪》,《东南亚研究》2016年第3期。

际形象,这不但能对中美经贸关系起推动作用,进而在改善中美政治关系方面也将起到积极作用。在印度尼西亚,华族、华裔所憧憬和期待的,也正是这种景象。③国内外,尤以印尼为主的华文媒体、华族、华裔社团,应认真探讨,努力引导海外华族以主动、正确的态度和方式融入当地主流社会。过分传播、宣扬与夸大海外华族的财富以及在当地政治上的影响力,会诱发当地其他族裔的不平衡心态,引起和造成人们的敏感与反感,这是一种狭隘的民族主义倾向,实际上是在对海外华族帮倒忙,更不利于印度尼西亚"和谐社会"的建立。①

印尼华族经过漫长的艰难摸索,逐步明白了这样一个真理,那就是印尼华族的前途与命运和国家的前途与命运是紧紧地连在一起的,只有国家发展了,全印尼人民过上了好日子,华族才能有一个真正稳定、幸福的家园。正如印尼华族著名学者许天堂先生所说:"为实现公正和繁荣、民主,没有贪污受贿、相互勾结、裙带关系,没有形形色色的歧视,并且没有各种形式的暴力以及始终尊崇法律和基本人权的新印度尼西亚,显然还需要做出牺牲和经历漫长的时间。正是如此,华族作为印度尼西亚民族不可分割的部分,必须积极地与其他民族携手合作,肩并肩地为实现上述理想而共同斗争。因为一切形式的歧视问题,包括'华族问题',是整个印度尼西亚民族的问题,华族不可能单独解决这个问题,只有实现我们所追求的新印度尼西亚,才能解决这个问题。"②

香港的印尼归侨、香港《印尼焦点》杂志总编辑吴文根先生也认为,只有印尼这个国家发展了,全体人民的生活水平都得到了提升,印尼华族才能真正在印尼安居乐业。吴先生与笔者在微信上谈到现任总统佐科·维多多的华族政策时指出,"自上台以来,印尼现任总统佐科·维多多表面上没有颁布过针对有利于华族的法律法规,反而,他颁布的一些法律法规(如税务赦免

---

① [印尼]潘仲元:《浅谈华人、华裔融入主流社会——印尼的华裔们都已融入主流社会了吗?》,2008年5月,由香港印尼研究学社陈平先生(已去世)提供中文稿,中文稿没有公开发表。

② [印尼]许天堂:《政治漩涡中的华人》,周南京译,香港社会科学出版社,2004,第976页。

条例），对于在海外有大量资产和存款的印度尼西亚华族富豪（当然也有一部分印度尼西亚友族富豪和贪官污吏）就绝对不是好消息。实际上，佐科上台后即从整个印度尼西亚国家民族的利益和立场，作出了很多决策，如农村广大贫困的农民和一部分城市贫民可以申请补助卡，免费看医生，翻新或重建他们破旧的房舍居所，相对舒缓了这些低阶层人民在医疗卫生和日常生活的压力。同时，通过法律没收了贪官污吏的赃款（包括一部分前总统苏哈托的贪腐所得资产），又把美英西方持有的矿场企业（尤其是苏哈托时代私相授受的巴布亚岛上的最大金矿企业——自由港公司）的控股权收回国有，令国家财政收入激增以支持大量基础设施的建设以及社会福利开支。可以说，这些带有社会主义性质的重大措施在很大程度上舒缓了印度尼西亚人民的生活压力，从而令佐科·维多多在第二任期内直到目前仍然维持75%的民意支持度。对于一个民选的国家元首，能够在第二任期有如此高支持率实属难得。话说回来，虽然佐科·维多多并没有颁布专门针对华族有利的法律法规，但是，由于民心趋稳、社会安定，反华分子和极端宗教人士与团体鼓动的针对华族的动乱每每不成气候。相反，随着中国加大在印尼的投资带给印尼人民的实惠，加上俄乌战争后更多印度尼西亚有识之士看清美国的所作所为和背后的目的（在俄乌冲突中，印度尼西亚网民普遍支持俄罗斯），越来越多的印度尼西亚民众改变了对中国的负面印象，令人欣喜！在此情势下，华人得以生活在社会安定的环境下，是否出台专门针对华族的有利法规就已经不是很重要了。"[1]

新加坡前总理李光耀曾经论述过关于东南亚华族的心路历程，对我们今天理解印尼华族的嬗变过程也许会有很大的帮助。他于20世纪90年代中期在香港举行的华人企业家大会上指出："我们是华族。但我们必须实事求是地承认，归根到底，我们是效忠于自己居住的国家而不是中国。……我们离开

---

[1] 2022年11月6日，微信访谈。被访谈人吴文根，在印尼出生和接受教育，后到香港定居，现任《印尼焦点》杂志总编辑。

中国已有两三代人,现在我们扎根于我们自己的出生地。与我们利害攸关的是自己所居住的国家而不是我们先辈移居来此之前所在的中国。泰国华人是泰国人,归根到底,他们希望泰国繁荣起来以使他们在泰国的财富会有所增加,他们在泰国的子女的前途能得到保障。新加坡籍华人、印度尼西亚籍华人、马来西亚籍华人以及菲律宾籍华人的情况也大致如此。他们可以频繁去访问中国和在那里投资,但很少有人会把中国看成是自己的国家。"他还告诫说:"如果不是这样考虑问题,而是认为比起与我们各自居住国的同胞,我们彼此之间以及我们与我们祖辈的国家有着更多的共同之处,这是不切合实际的。当我们的利益无法一致时,我们就会感到悲伤。这还会引起我们那些不是华族的同胞的误解和摩擦,即使在像新加坡这样华族居多数的国家情况也是如此。"① 印尼著名的华裔企业家、国信集团创办人翁俊民非常赞同李光耀的观点,作为印尼华族,他在这方面感同身受。他指出,作为华裔分布最多最广的区域,东南亚地区的发展长期以来因华裔的投入而更加丰富多彩。虽然只是6亿多人口中的少数族群,但从社会文化到工商科技,华裔在东南亚的历史角色不容忽视。他呼吁:"时至今日,土生土长的华裔应该看清楚本身对国家的义务与责任,积极融入本土,以国家为效忠对象,扮演好自己作为公民、参与建国的角色,经商者守法经营,积极投身公益,这些必要的转型不仅适用于印尼,也是每个社会对企业家与华裔的期待。"②

---

① [澳]乔治·希克斯、丁麦基:《海外华人认同问题》,《南洋问题译丛》1994年第2期,第58页。
② [印尼]翁俊民:《印尼华裔今昔——国家定位和角色》,载《联合早报》2022年1月25日。

第五章　印度尼西亚客家人的社会变迁与文化认同

说起印尼客家人的历史，人们会如数家珍地娓娓道来：200多年前的梅县石扇人罗芳伯带领一批同乡南渡到西加里曼丹坤甸，创立"罗芳大总制"的民主政体之雏形，被尊称为"大唐总长"。清末民国初期的著名实业家张弼士，早年从大埔县西河来到印尼棉兰发展橡胶和锡矿业，富甲东南亚，后回国创办了张裕酿酒公司，酿造出"白兰地葡萄酒"，在巴拿马万国博览会夺得金奖，为祖国赢得了荣誉。华侨实业家张榕轩、张耀轩兄弟于清朝末年从梅县松口抵达印尼棉兰，成为开埠功臣之后，承办在中国近代史上第一条由华侨投资的纯商办的潮汕铁路。

一、印度尼西亚客家人概况

印尼的客家人，是印尼华人中的一个亚文化群体，是相对于广东人（广府人）、闽南人、潮州人而言，从方言及文化认同上加以区别出来的一个独特的华人社群。笔者曾经给东南亚的客家人下过如下的定义，同样也适用于印尼的客家人："本书所说的客家人，是特指东南亚华人社会中的客家人，他们与中国南方本土的客家人既有联系又有重大差别。所谓联系，有两个方面的含义：一是他们的祖籍地，他们的祖先来自中国南方客家地区；二是指他们和他们的后裔还与祖籍地保持各种各样的来往，有着千丝万缕的联系，有许多已经在东南亚生活了几代的客家人后裔，虽然不会说客家话了，但他们一有机会仍然希望回到祖籍地寻根拜祖。至于差别，当然是非常大的，客家人和他们的后裔在东南亚长期生活，已经落地生根，成为东南亚所在国家的公民，在语言、文化、价值观、生活方式等方面也发生了很大的变化，与祖籍地的客家人有很大的不同。"[1]

日本当年的满铁东亚经济调查局曾经对东南亚华侨的状况进行过详细的调查，于1940年出版的《三十年代荷属东印度之华侨》是当时满铁编纂的东南亚华侨丛书之一，该书提供的印尼华侨华人的许多史料，对我们了解当年印尼华侨华人历史仍然具有重要的参考价值。如表5-1到表5-4，反映了当年印尼华侨华人和客家人的相关资料，包括华侨华人的增长情况、客家人口在各方言群中所占比例及其在印尼各地的分布、客家人所从事的职业，等等。这些数据从一个侧面反映了客家人在印尼的历史。

表 5-1 荷属印尼华人人口的增加

年　度	华侨人口总数
1860	221,438
1880	343,793
1885	381,752
1890	461,089
1895	469,524
1900	537,316
1905	563,449
1920	809,039
1930	1,233,214

资料来源：Volkstelling 1930, Deel VII, p.88. 转引自杨建成《三十年代荷属东印度之华侨》，中华学术院南洋研究所，1985。

---

[1] 曹云华：《变异与保持：东南亚华人的文化适应》，台湾五南图书出版公司，2010，第366页。

表 5-2　荷属印尼华侨出生地性别人数统计

方言群	男	女
福建人	309,253	245,728
客家人	124,905	75,831
潮州人	63,423	24,389
广东人	97,740	38,390
其他	123,941	64,468
合计*	724,499	465,515

*包括土著及出生地不明者。

资料来源：同表 5-1。

表 5-3　荷属印尼之客家人分布情况

地区		人数	占当地华侨华人总数的比例/%
西部爪哇	巴达维亚（雅加达）	28,683	40.0
	其他都市	8,312	19.0
	乡村	28,329	19.6
	中部爪哇	3,372	2.6
	土候领	577	1.7
东部爪哇	泗水市	1,391	3.6
	其他都市	805	3.0
	玛琅及贝苏奇州乡村地方	2,667	7.1
	其他东部乡村地方	1,052	1.9
外领（外岛地区）	亚齐	8887	40.8
	塔巴奴里及苏门答腊西海岸	1016	7.1
	苏门答腊东海岸	13774	8.7

续表

地区		人数	占当地华侨华人总数的比例 /%
外领（外岛地区）	班加里斯	1,325	3.9
	廖内群岛	3,677	10.7
	印得培吉	1,371	10.0
	巨港	1,934	7.4
	边库连及南榜地方	5,040	34.6
	班（邦）加及勿里洞	45,199	36.3
	婆罗洲西部州	38,213	57.3
	婆罗洲南东部州	912	3.7
	西里伯	1,866	4.5
	其他诸岛	2,334	8.9

资料来源：同表 5-1。

表 5-4　荷属印尼客家人职业类别比率（以有职业者 100 人为基准）

人群	职业类别	爪哇及马都拉	苏门答腊	其他外岛地区
荷属印尼出生者	原始生产业 /%	24.1	34.2	60.8
	工业 /%	19.0	13.0	12.7
	商业 /%	41.5	18.8	14.8
	有职业者总数 / 人	9,659	7,396	7,402
荷属印尼外出生者	原始生产业 /%	1.0	51.8	30.5
	工业 /%	28.0	19.9	24.3
	商业 /%	63.9	17.0	34.1
	有职业者总数 / 人	16,718	34,386	4,730

资料来源：同表 5-1。

从表 5-1 可以看到，早在 1860 年，荷属印尼的华侨华人总数已达 22 万多；30 年之后的 1890 年，翻了一番多，达 46 万多；到 1930 年，已经达到 123 万多。从表 5-2 看，当年荷属印尼华侨中数福建人最多，占了约 45%；客家人次之，约占 16%；第三为广东人，占 11%；潮州人第四，占 7%。从表 3 看，爪哇地区的客家人有 7 万人，约占当时荷属印尼客家人总数的 33%，而且主要集中在巴达维亚（雅加达），有 28,683 多人。在外岛地区，客家人主要集中在邦加及勿里洞（45,199 人）和西婆罗洲（38,213 人），两个地区的客家人数量占了当时荷属印尼客家人总数的 41%。在荷属印尼华侨华人中，客家人占比较高的地区分别是：居首是西婆罗洲 57.3%，其次是亚齐 40.8%，再次是巴达维（雅加达）40%；其他依次为：邦加及勿里洞 36.3%，边库连及南榜 34.6%，西部爪哇其他都市和西部爪哇乡村分别占 19%。表 5-4 反映了当时荷属印尼客家人从事的各种职业。一般而言，以经商者居多，在爪哇及马都拉地区，荷属印尼出生者中经商的比例达 41.5%，荷属印尼外出生者达 63.9%；在外岛地区，客家人从事原始生产业的比重较高（荷属印尼出生者），在苏门答腊以外的其他外岛地区高达 60.8%，在苏门答腊为 34.2%。

以上所述只是 20 世纪 30 年代荷属印尼客家人的基本情况，为我们了解和研究当前印尼客家人提供了重要的参考。最近半个多世纪的时间里，印尼经历了独立和建国的过程，印尼当局华侨华人政策也发生过多次重大变化，还出现过多次较为严重的反华排华事件，随着印尼政治经济和社会的变迁，印尼客家人的经济社会状况、地区分布、职业、语言等都发生了许多变化。以亚齐为例，当年亚齐的客家人多达 8,800 多人，占了当地华人的 41%。在 20 世纪 60—80 年代，亚齐是排华最厉害的一个地区，发生过多次严重的排华事件，那里的客家人基本上都走光了，大部分在当年排华最严重时被迫回到中国，一部分迁徙到印尼的其他地方，如棉兰等地。另外一个最重要的变化，就是大部分客家人都不会说客家话了（其他方言群也面临同样的命运），他们只能学习印尼语和说印尼话。

印尼客家人近半个多世纪以来变化不大的可能是历史上形成的行业和职

业，和战前差不多。爪哇地区的大部分客家人仍然从事工商业活动（其他华人亦如此），而外岛地区的客家人中，仍然有相当大比例的人从事原始生产业（包括农业、渔业和各种种植业）。"将种族（这里说的种族，应该是指华人不同的方言群——作者注）与职业混为一谈，似乎是无道理，但华侨的经济生活中，至今仍然是以血缘为主，且基于乡土的同一性而团结，即使是有对立的事实存在，也能肯定职业与种族之间发生的关系，但须注意的是种族与职业的结合，若说仅存在于种族本身的社会或是其本质的特性中，不如说是在各殖民地里，种族发展的过程中第二次发生的东西。这种情况不仅不会在殖民地里呈现出胶着的现象，而且在比较研究各殖民地华侨的职业与种族的关系时，更能深一层地去了解。"[1]

20 世纪 30 年代，各方言群所从事的职业大致如下：

1. 福建人[2]

福建人半数是商人。在苏门答腊及西部爪哇的福建人，是以从事原始生产为主，巴达维亚市近郊的福建人经营农业。在苏门答腊的福建人从事渔业，在苏门答腊东海岸地方的从事农业及园艺业，失去了福建人从事商业的特性。

2. 客家人

爪哇及苏门答腊的客家人中，有的是从事商业，也有的是从事一般的生产事业。外领[3]则从事原始生产业，苏门答腊以矿业为主，而西婆罗洲主要是农业。

3. 广东人（广府人）

广东人约有五分之二从事工业，部分从事商业及原料生产。与其他方言群的华侨华人比较，广东人显现出不同的地方。在苏门答腊的广东人从事农业及园艺或矿业。另外，邦加岛的矿工中也有不少广东人。巨港及东婆罗洲地方的广东人，有不少人是从事石油业的事务员。广东人中最引人注目的现

---

[1] 杨建成主编《三十年代荷属东印度之华侨》，中华学术院南洋研究所，1985，第 270-271 页。
[2] 这里说的福建人，应该主要是指闽南人。
[3] 外领即爪哇岛以外的地区，有时又叫外岛。

象是这些有职业者在荷领东印度外出生者的人数相当多,这是因为有很多的广东人由其乡里来到这里,但是他们子女的职业相当复杂。

4. 潮州人

潮州人大部分都是从事农业及园艺方面的工作。苏门答腊东海岸州的潮州人主要从事烟草栽培业;西婆罗洲则以农业为主,次之为商业;其他地方则以商业为主或是活跃于工业方面。

目前印尼的客家人有多少?据《印尼客属联谊总会成立两周年纪念特刊》记载,"自明、清以来,早期从中国抵达南洋谋生的客家人,经世代繁衍,开拓创业,在此落地生根。现今,在印尼全国有2.4亿多人口中,华人约2,000万,而客家人约有600多万。"[1]印尼华人问题学者黄昆章教授也是持这个观点。他估计,印尼的客家人约占华人总数的30%。黄教授还指出,印尼的客家人主要来源于当今广东梅州市属下的7县1区,即梅县、焦岭、兴宁、五华、丰顺、平远等地以及广东的惠州,还有福建的永定等。[2]也有一些学者认为,印尼的客家人在华人所占比例要更高一些,有人估计达40%,甚至有人估计达到50%。一些年老的客家人经常对当年客家人在雅加达的辉煌事迹津津乐道。在20世纪50年代,客家话是雅加达的商业语言,不懂得客家话的人无法在雅加达做生意,甚至在各种祭祖仪式上,都是用客家话宣读祭词。在华文学校,大部分老师都是客家人,他们操着浓重的客家口音教授华语,使得当时许多华校的学生讲的华语都带有很浓重的客家口音。

印尼客家人应该是一个历史的概念,由于政治与经济社会的变迁,印尼客家人处在一个不断发生量变和质变的过程中。从表5-5我们可以看到,在各个不同的历史阶段,操中国南方方言的华人呈不断减少的趋势,而讲印尼语的人数则大幅度上升。在1950年,操印尼语的华人约有144万人,而到了2020年则上升到约889万人;操客家方言的印尼华人在1950年多达178万

---

[1] 印尼客属联谊总会主编《印尼客属联谊总会成立两周年纪念特刊》,2010,第34页。
[2] 黄昆章:《印尼客家人的地位与作用》,《八桂侨史》1996年第4期,第25页。

多人，而到了2020年锐减到只有约14万人。其他方言群体也出现同样的下降趋势。笔者的两位大伯和一位叔叔相继在20世纪30—40年代移民到印尼雅加达，他们在那里繁衍后代，到目前已经有四代人了，家族人数在50人左右。2010年，笔者和同事曾经去访问他们家，在访谈的过程中发现，当时只有我的伯母和一位60多岁的堂兄还能够说流利的客家话，其余人均不会说客家话。这个事实印证了上述统计数字是基本准确的。上述数字的变化，也从一个侧面反映出了当年印尼政府对华人实施的强迫同比政策的确是非常彻底和坚决的，只用了差不多50年的时间，便基本上把海外华人传统文化赖以生存的根基——母语和方言连根铲除。

表5-5　各种语言（方言）群的印尼华人人数统计

语言 （方言）群	各年份各方言群印尼华人人数					
	1950年	1980年	1990年	2000年	2010年	2020年
印尼语	1,442,650	3,750,677	6,081,872	7,448,912	8,348,912	8,897,813
闽南话	4,067,895	1,768,931	1,622,106	1,349,285	875,460	723,480
客家话	1,783,056	543,670	485,691	220,751	172,360	140,937
广东话	893,271	468,712	205,683	52,670	32,791	10,705
其他	676,804	210,756	144,576	6,870	—	—

资料来源：维基百科"印度尼西亚华人"词条。

印尼号称"千岛之国"，各个岛屿之间的政治、经济、民族和文化的情况千差万别，加上印尼客家人来源地的差别等原因，造成了印尼各地客家人之间有很大的差异，他们在文化适应、文化认同、客家特性等方面都具有自己的特点。今天的印尼客家人分布在哪些地方？他们主要从事什么职业？印尼客属联谊总会辅导委员会副主席章生辉先生分析："印尼客家人分布的地区很广，主要居住地为爪哇的雅加达、三宝垄、泗水、万隆，苏门答腊的占碑、巨港、棉兰、婆罗洲的坤甸、山口洋，苏拉威西的孟加锡和安汶、邦加、勿里洞以及帝汶岛。他们在印尼城镇普遍以经商为主，其中以杂货、烟酒、皮鞋、首饰、缝衣、药材、餐饮等业为最多；此外在乡村及种植场里则以种植橡胶、椰子、烟草为多；而勿里洞及邦加的客籍华人则多以开采锡矿为主。现在的印尼客籍华人在房地产、华文报业、旅游休闲、金融证券、汽车、航空、制糖、煤炭等产业以及政界也成为佼佼者。"①

在外岛地区，华人比较集中居住的地方主要有四个：① 苏门答腊岛东岸；② 苏门答腊岛南端的邦加与勿里洞；③ 廖内群岛；④ 西加里曼丹。这四个聚居地的华人，占比重较大的是客家人。与爪哇人口稠密、华人多经商不同，外岛的华人多是劳工、小农、小商人与工匠。他们的职业不同，地位有别。20世纪初至中期，华族移民多以印尼外岛为目的地，例如，在1930年，爪哇的华人只有五分之一是在中国出生的，而同时期的外岛华人，却有半数出生于中国。在外岛地区也有土生华人，早期有大批华人到这里当矿工（1870年之前），他们都是单身男人，与本地妇女通婚。在西加里曼丹，华人矿工主要是与达雅族妇女通婚，他们的后代多讲当地的语言，也讲客家话。②

"西加里曼丹岛（旧称西婆罗洲），其中一个叫'百富院'的小镇，有一座桥是两种客家话的分水岭：桥靠坤甸市这边是讲坤甸式的梅县等地的客家话，桥靠山口洋市那边至三发县等地都讲陆丰人的客家话。坤甸市是西加岛的首府，卡江以东是老埠头，卡江以西是新埠头，分为两个地区，而老埠头几乎全讲潮州话，就连客家人也不例外。相反地，在新埠头所听到的客家话，都是坤甸式的。离开坤甸，沿卡江而上，几百千米长的两岸有大小十几个城市，居住在这一带的华人，大概90%都是客家人，都讲坤甸式的客家话。这些客家人，祖祖辈辈、世世代代在这里土生土长，但还能一直保留着自己祖籍的母语，实在难能可贵。住在城市里的客家人都从商做生意，经营土产出

---

① 《蕉风椰雨忆故园》，《梅州日报》2009年9月1日。
② [新加坡] 潘翎主编《海外华人百科全书》，三联书店（香港）有限公司，1998，第160页。

口，开杂货店、金铺、鞋店、小五金兼建筑原料店等，而住在乡村的客家人则以务农、割橡胶、管理椰园等为主。"①

邦加、勿里洞岛也是客家人聚居的地区。客家人的祖先大部分来自广东陆丰一带，讲的是陆丰客家话，和山口洋市的陆丰客家话基本相同，而勿里洞的客家话也与坤甸的客家话相似。在棉兰市也有不少的客家人，主要来自广东惠州一带，也有一部分来自梅县，但他们大部分已经不讲客家话，而是讲闽南话，因为闽南话是这里比较流行的商业语言。在亚齐地区也有许多客家人，因为这里的客家人居多，所以福建人、潮州人也跟着客家人一起讲客家话。

黄昆章教授是著名的印尼华人研究学者，他本人也是祖籍梅县的客家人，在印尼出生和成长，在印尼的华文学校接受教育直到高中毕业，之后回国读书和定居，长期从事印尼和印尼华侨华人的研究，所以他对印尼客家人历史描述应该是比较准确和接近事实的。他认为，定居海外各国的客家人及其后裔，以印尼为最多。印尼客家人以梅县和大埔人占最大比例，其他依次为五华、蕉岭、兴宁等。"毋庸讳言，在印尼华侨史和客家人历史上，印尼客家籍华侨华人对当地和中国所作的贡献占有重要的一页"②。根据黄昆章教授的研究，印尼客家人有如下几大特点：

一是以刻苦、刚强、勤劳、团结以及富于进取精神而著称于世。他们到印尼后，主要从事原料生产，其次从事商业等活动，如农业劳动、经营杂货业、药材、酒店、缝衣、制鞋、开矿及养鱼等。西加里曼丹不少地方原是杂草丛生、无人居住的荒山野岭或者原始森林。客家人到这里后，披荆斩棘，修桥筑路，种稻种菜，盖房造船，饲养牲口，疏通河道，逐渐使这些地区成为人烟稠密的居民点。山口洋、坤甸以及三发等城市的开发，客家先人立下了丰功伟绩。客家人在 18 世纪已陆续到邦加、勿里洞开采锡矿，1930 年，

---

① 《印尼的客家人》，载于《福建侨报》2000 年 12 月 14 日。
② 黄昆：《印尼的客家人》，载阮秀兰主编《黄昆章文集——纪念黄昆章教授逝世两周年》，香港生活文化基金会，2014，第 88—91 页。

这里的客家人已达 4.5 万人，其中不少是受尽资本家压迫和剥削的契约华工，他们为开发矿山作出了重要贡献。

二是重视教育，文化水平较高。客家人到印尼后，在兴办文教事业、传播中华文化以及沟通中外文化交流等方面都发挥了积极作用。1921年创办并且在印尼有较大影响力的华文报纸《新报》和《天声日报》等，其主要领导人、总编辑或编辑以及记者等大多数都是客家人。各种客家团体更是遍布印尼城乡。巴城（今雅加达）1865年成立的华侨公会，是历史悠久的著名华侨社团，它兴建了3间学校，教师多为客家人。各地中小学都有相当多的客家籍教师。他们有的是在中国受过高等教育的新客移民，也有不少是在当地学校培养出来的人才。

三是有斗争精神。印尼客家籍华侨华人积极支持印尼人民争取民族解放和祖国独立的斗争。在抗击荷兰侵略者、日本占领军以及1945—1949年期间的历次重大斗争中，都有客家籍华侨华人的参加。

四是具有浓郁的华人民族主义精神。客家籍华侨素有热爱祖国的传统。他们关心中国的前途和中华民族的命运。20世纪初，他们同其他方言群的广大华侨华人一起，积极热情地以各种方式支持孙中山先生领导的推翻帝制的运动。梅县籍华侨谢逸桥、谢良牧及梁鸣九等加入同盟会。各地进步团体——书报社也有不少客家人参加，如巴城书报社社长梁密奄就是梅县人，巴城《华铎报》主笔廖嗣兰也是梅县人。他们热情宣传民主共和思想，抨击保皇主义。他们还经常向华侨募捐，将所得钱财用以支援孙中山。泗水的梅县籍华侨邓寿南捐出了大部分财产，用于购买武器弹药，支持1912年南方革命政府的北伐。客家籍华侨企业家张鸿南及张弼士也曾向孙中山捐献巨款。客家华侨还不怕流血牺牲，回国参加战斗。蕉岭籍华侨林修民是勿里洞华侨，口里华侨罗仲霍是惠州人，他们参加了黄花岗起义，牺牲时分别为26岁和30岁。蕉岭籍华侨罗福星也参加了黄花岗起义，后来还奉孙中山之命去台湾策划起义，不幸于1913年被捕，次年3月壮烈牺牲。口里梅县籍华侨温生才、陈敬岳先后在1911年阴历三月和六月刺杀清朝官吏中英勇就义。在日本侵略中国的国难当头时，客家华侨丘元荣、梁锡佑、李裕荣、陈奋澄、张资谋、饶简、钟可彬及李慕青等带头慷慨解囊，捐款捐物。所有各行各业的客家人也都纷纷行动起来，投入支援祖国抗战的救亡运动之中。①

二、爪哇的客家人

爪哇地区是印尼华人也是客家人最多、最集中的地方。这个地区是印尼的政治、经济和文化中心，也是苏哈托时代对华人推行强迫同化政策最为彻底的地方，因此，华人被强迫同化的情况非常普遍且彻底，不仅是客家人，包括其他方言群体的方言、传统文化等均受到毁灭性的打击。与其他华人方言群一样，这个地区的客家人多居住在大城市，如雅加达、泗水等地。长达30多年的强迫同化政策，迫使这个地区的所有华人都不得不放弃自己与祖籍国相关的所有特性，他们实际上都成了20世纪一些华人研究学者所说的"土生华人"。

（一）概况

在20世纪中期，客家话于爪哇地区曾经是非常流行的一种华人方言，甚至在一些客家人比较集中的地方成为各个华人方言群之间相互沟通的社交语言，仅仅半个世纪的时间就消失得如此彻底，成为一种正在"行将消灭"的语言，实在令人扼腕叹息。究其原因，除了当局的强迫同化政策之外，一些学者认为，与客家人社团领袖不够重视也有关系。在印尼出生、长大的客家语言学者哈马宛（原名温戴奎，梅县籍客家人）指出："随着客家人迁入印度尼西亚并定居下来，印尼客家方言在爪哇至少已有150年的历史。过去客家人所创团体有客家公会、华侨公会等，这些客家人的团体多热心于商界，极少人从事于收集客家文化的资料，对客家话的研究少之又少。在过去的雅加达华文报上，曾登过一些客家山歌，在印尼文的杂志上曾见到提及关于邦加

---

① 黄昆章：《印尼的客家人》，载阮秀兰主编《黄昆章文集——纪念黄昆章教授逝世两周年》，香港生活文化基金会，2014，第88-91页。

及勿里洞客家方言的词汇问题,但没有作出系统的调查研究。自从1965年以后,印尼华校包括客家人的学校都关门大吉,客家话除了在坚持讲客家话的家庭之外,可以说处境艰难。所幸中年以上的客家人,在各种集会(婚丧喜庆等)上还应用印尼的客家话,但是,这些客家话已起了多大的变化,受了什么样的影响,值得我们去调查。"①

在21世纪初,暨南大学东南亚研究所教授温北炎曾经对爪哇地区的华侨华人同化问题做过一个问卷调查。②调查结果与哈马宛说的情况基本相似,从另一个侧面印证了印尼当局的强迫同化政策在爪哇地区是实行得非常彻底的,爪哇地区的华人绝大部分已经放弃说中文和方言,以印尼语作为自己的母语。印尼华人均表示,为了生存与发展,必须学习和掌握印尼语。中青年华人已把印尼语视为自己的母语。在工商活动、工作交往和日常生活中,印尼语是最重要的语言。此外,华人重视英文和华文学习,把学习华文作为继承族群文化和谋生的手段。问卷调查中有几项涉及语言学习方面的问题。当被问到"您能说几种语言?"时,100%都回答会说印尼语,说明华人在融入当地主流社会中迈出了最重要的关键一步;会讲英语的占62.5%,说明华人重视英语学习,也反映当地高中和大学生基本上掌握了世界最流行的英语;会讲华语的占60%,一部分能进行一般华语交流,但大部分只掌握初级华语,60岁以上都懂华语。当被问到"您认为日常生活中哪种语言最重要?"时,92.8%的华人认为印尼语最重要,英语排第二,占33.9%;华语排第三,占32.1%。在被问及"您与朋友交往时主要使用哪几种语言?"时,98.2%的华人回答是印尼语,华语占27.4%,方言(客家话、福建话、广府话等)占4.8%,英语占4.2%。被问及"您在家里主要使用哪种语言?"时,98.2%的人回答使用

---

① [印尼]哈马宛:《印度尼西亚西爪哇客家话》,中国社会科学出版社,1994,第1页。
② 2002年1月,暨南大学东南亚研究所以温北炎教授为首的课题组访问了印尼爪哇地区的雅加达、万隆、日惹等城市,与当地华人社团合作,对华人社会作了题为"印尼华人融入当地主流社会"的问卷调查,主要目的是要了解印尼华人与当地民族的关系。问卷一共设计了24个题目,发出问卷250份,回收168份,均为有效。调查对象168人,其中男81人,女87人。按年龄段将其分组:A组为20岁以下,共24人;B组21至35岁,共81人;C组36至60岁,共47人;D组60岁以上,共16人。

印尼语，说明中青年华人已把印尼语当母语，36.9%用华语，13.1%用方言，只有4.2%用英语。值得指出的是，华人在自己家中使用客家方言交流的比例最高，占14.3%；福建话排第二，占5.9%；广府话排第三，占4.8%；潮汕话排第四，占1.2%。①

据印尼华人黄玉婉、许振伟等人在爪哇各地的实际观察和走访当地各阶层人士，21世纪初爪哇各地华人方言群的基本情况如下：

1）雅加达：早期以福建闽南人为主，后来各种方言群的移民逐渐到来，包括客家、广府、潮州、福清等方言群体。早期到达的闽南人经过几代的繁衍生息，早已和当地的原住民水乳交融，不分你我。后来的新客，由于方言群较杂，一般亦不用自己的方言，而是以华语或印尼语相互交谈。因此，第三代的华人基本上已不谙本身的方言，有人甚至从第二代就遗失了方言。目前能听到的方言主要是客家话与闽南话，而他们这些人大多数是后来从其他外岛移民过来的，尤其是来自棉兰的闽南人，及山口洋、坤甸的客家人。

2）茂物：华族各个方言群均有在此定居，客家人稍多，主要从事农业。

3）万隆：华族各个方言群混杂在一起，以福清人居多，大多从事纺织业。

4）苏加武眉：华族各方言群混杂，大多经营小商店，从事小买卖。大多数以当地原住民巽他话或印尼语与当地人交流，家中也比较少用华族方言，一般到第三代就完全遗失了母语方言。

5）文登：华族人口约占25%。主要为闽南人，以泉州人居多。早期的华族移民主要从事农耕和小买卖。经历了多个世代之后，华族与当地民族通婚非常普遍，基本上已完全同化，不谙华语及方言，自认为是印尼原住民。

6）井里汶：华族各个方言群均有，但以福建和客家人居多，靠海为生，从事渔业较多。

---

① 温北炎：《关于印尼华人融入当地主流社会的问卷调查》，《东南亚研究》2002年第2期，第6页。

7）三宝垄：以福建和福清人居多。多从事农耕，已经完全融入爪哇文化，虽然不谙汉语和方言，但中国的传统文化习俗依然有所保留。

8）日惹与梭罗：福建和福清人稍多。多为早期移民（土生华人），新客华人较少。土生华人一般受荷语教育，不谙华语和方言，大多数华族以当地方言爪哇语或印尼语与当地人交流。母语和方言几乎消失殆尽，但仍然保留着中国的传统文化习俗。

9）泗水：华人占当地人口约6%。华族各个方言群均有分布，包括闽南、福清、客家、潮州等。华族多从事工商贸易，新客华人中50岁以上者会说华语和方言，40~50岁者仅能够听懂华语和方言，40岁以下者一般不谙华语和方言。然而，在客家人家庭里，使用客家话进行交流的情况还比较多见，一些20~30岁的客家人还会听、说客家话。一些宗亲会馆，如福清同乡会、客家同乡会等近来还举办方言补习班，以让年轻一代捡拾回祖籍方言。①

（二）个案分析：邦加麟岸和泗水

现以位于西爪哇万隆邦加麟岸和中爪哇的泗水为例，看客家人在爪哇地区的社会变迁。

1. 邦加麟岸

邦加麟岸位于印尼西爪哇省万隆市以南，离市区仅有40多千米。该地的产业以种植园、畜牧业和旅游业为主，有许多旅游胜地，如芝伦扎湖、芝坡郎温泉等。邦加麟岸气候温和，长年保持在18~24℃。土地属黑质土，适合各种农作物生长。处于丘陵地带，多处有温泉。交通发达便利，至今仍然保持良好的自然生态。本地居民以巽他族为主。华人大约是在20世纪初（即荷属东印度时代）陆续到这里谋生和落户定居，最多时约59户人家，总人数约300人，除了个别福建人，绝大部分都是客家人，讲梅县客家话。大部分华

---

① 黄玉婉、许振伟：《印尼华人的语言主状况》，载陈晓锦、张庆双主编《首届海外汉语方言国际研讨会论文集》，暨南大学出版社，2009，第165-166页。

人经营阿弄店（小商店），少部分人种植马铃薯和包菜，还有人经营养鸡场。1960年，印尼政府发布总统第十号法令[①]，致使邦加麟岸半数以上的华侨华人永远离开了他们曾经安居乐业、生儿育女的第二故乡，被迫返回中国。未回国的华侨华人除了几户留下来经营小商店之外，大部分人迁移到万隆谋生。

2. 泗水

泗水，位于爪哇岛东部，是印尼东爪哇省省会和最大城市。东北临泗水海峡，与马都拉岛相望，是印度尼西亚的第二大海港，早在中世纪就成为爪哇的对外贸易港口。现有350万人口，其中华人有50万。此地最早见于13世纪初中国宋代赵汝适《诸蕃志》，称"重迦庐"。元代汪大渊《岛夷志略》作"重迦罗"，都是此地古名Jungala的译音。15世纪初马欢《瀛涯胜览》称此地为"苏鲁马益"。17世纪初，中国明代《东西洋考》也称此地作"苏鲁马益"。泗水是一个现代化的工业城市，又是爪哇岛东部和马都拉岛农产品的集散地，主要工业有造船、石油提炼、机械制造等。中国从印尼进口商品大多都由泗水进入，而印尼出口的大宗商品——蔗糖、咖啡、烟草、柚木、木薯、橡胶、香料、植物油和石油产品也通过该港口输出。

泗水的客家人以梅县人居多。叶复觉曾经在印尼《千岛日报》撰文回忆梅县客家人在泗水的沧桑历史。据其记忆，客家人在泗水的黄金时期是20世纪30—40年代。印尼独立之后，与印尼全国的华人一样，泗水的客家人也是一年不如一年，一代不如一代，其经济社会生活受到越来越多的限制。到20世纪90年代，曾经活跃一时的客家人工商业活动日益萧条，能够生存和发展下来的公司和商号没有剩下几家。

1931年受到全世界经济不景气影响，泗水市部分华侨大中型商店宣告倒

[①] 印尼独立之后，政府极力推行经济民族主义，导致印尼当地民族的极端民族主义思潮极度膨胀，主张将华侨华人经营的所有企业全部剥夺并转入给印尼原住民。总统第十号法令原本规定外侨在一级（省）和二级（县）首府以外的小商贩、零售商必须在1960年1月1日前停业，但是，印尼政府中一些有影响力和敌视华侨华人的集团趁机扩大该法令实施的范围，结果演变成全国范围内的排华浪潮，强迫华侨华人从世代居住的乡镇地区向外迁移，有些地方甚至出动军警强行驱赶，使数十万华侨华人流离失所，走投无路。据有关方面统计，1960年至1961年两年时间里，一共有11万华侨华人从印尼回到中国。

闭破产，华侨经济呈现衰退。20 世纪 30 年代中，市场经济复苏，带动各行各业欣欣向荣。30 年代中定居泗水的梅州市客家同乡相当多，主要聚居于唐人街商业地区，活跃于各行各业，那时客家人开设在泗水市各地区的商店蓬勃一时。30 年代中期是泗水客家人的黄金时期，他们的经济活动几乎涉及所有的工商业领域。客家人开设的商店、商行等遍及各个行业，主要的有如下一些：

1）进口及批发商：新新公司、黄康华、利通、公昌、德万和信裕昌、华新、新青年、永和隆、英华、应彰、恒兴、裕和兴、祥隆、南隆、占合兴（独资或合股）。所输入的商品均是中国货和日本货，欧美货被五大洋行垄断，无从染指。

2）皮伸批发商：合盛、西南公司。

3）陶瓷餐具批发商：义兴隆、德昌隆、土库李。

4）西成药店：济民、余金池、余仁山。

5）中约材店：新万山、永大和、大安、永寿堂、民生、万山、永济堂、杏林堂、万生堂、万安堂等，兼营中国食品。

6）海味、香纸、蜡烛店：利源。

7）土产店：新利源。

8）领带：黄权麟、古干民、黄报中、黄德祥。

9）洗染店：罗晋全、赖志民、赖志文、赖增彬、宋耀标、何治香、罗宝华。

10）洋服裁缝店：良友、联新、香港洋服店（另外富新街有一家，专缝制妇女唐山衫裤、旗袍、寿衣店）。

11）儿童服装店：黎明号。

12）旅店/菜馆：南洲、海洋洲、平安栈、王亚五、松江、黄德祥。

13）洗涤肥皂厂：泉盛、胜美、协和、南隆（生产牛头唛洗衣肥皂，质量稍高，兼生产中档奖杯唛沐浴肥皂），另外还有一间何姓同乡的工厂，及张德修的家庭工业式小工厂。

14）印刷厂：世界、黄康华这两家规模稍大，设备齐，但俱未能印彩色的印件，另有协和、中西、中民、东南。

15）电版业：华秀、写真。

16）罐头/饮料：土库南、土库璧、福昌、海通、土库干。

17）鞋业：美的、柏林、永安。

18）百货零售商：规模较大的有 PASARBESAR（又叫利南号）、TJIAABIE、世界公司（N.V.SEEKAYKEMBANG-JEPUNG），这三家商店除一般性的日用品外，还有纸张、文具、稍高档的化妆品；中小规模的有 PASARTUNJUNGAN、古德记、杨树兴、陈亚琳、土库梁、万隆、土库兴、利南分店、东升、泗滨公司（1940年初焚于火灾）、土库阳、TOKOCOSMOS、土库罗、DAPUAN 等。

19）藤条/家具：经营此行业的，多是兴宁同乡。

20）睡床/家具店：美景家私店、同和。

21）布匹批发：震华号（位于史郎不列丹街 SLOMPRETAN）。

22）本子厂：世界、利南号、黄康华、源源。

23）电池厂：黄康华（出品 TARZAN 及鹅印大小两种电池）。

24）香水/香料：合群、叶吉尚。

25）汽水厂：万隆汽水厂。

26）烘饼干厂：美丽饼干厂。

27）焊制马口铁用具店（客家人说打洋锡店）：黄鼎祥、黄发贵（生产盛水、煮水、煮饭器具，及其他日常用具）。

此外，泗水市客家人在其他行业的经济活动也非常活跃。例如，照相馆、纸扎店（专做灵屋、"金童"、"玉女"，后来发展到纸扎的汽车和飞机）；沿街叫卖的牛肉丸子和面吃小贩；家庭手工业，诸如本子、皮件加工、缝制女装衣裙、小修建工程、包伙食等行业，摊商小贩等，应有尽有。此外，每年一次的年夜市中的博彩档（变相赌博），几乎全是客家人开设的。泗水客家人在上述各行业的经济活动中胼手胝足，白手起家，全靠自己的智慧和勤劳。

进入20世纪40—50年代，在这十年时间里，先后经历了荷兰殖民统治、日本殖民统治、重返荷兰殖民政府统治、独立战争、印尼共和国宣告独立几个时代的变迁和风风雨雨。在这动荡岁月，随着政权的不断更替，印尼经济社会面貌发生很大的变化，泗水客家人的上层阶级人士，浮沉非常显著。30年代曾经显赫一时的大商家、大老板、乡贤等风云人物，到40年代末，像大浪淘沙般地消失，只留下那些适应能力强的人能够继续生存与发展。40年代末至50年代中期，印尼独立后，客家人独资或合伙，新开张的商店和工厂有如雨后春笋，比二战前更多。由客家人士经营的公司计有：

1）杂货批发商：祥发、裕通、锦兴、联发公司、华通、东升、是路通、海源公司、高沅、大新、锦沅、永泰公司、泗通、沅新、荣友、泰山、同和公司、丰兴、天沉、和隆、永和隆公司、英隆、沅隆、丰沅公司、南利公司、钻石公司、印港贸易公司等。加上30年代留下来的老字号，如新新公司、黄康华、公昌、新青年、华新、恒兴、祥隆、信裕昌、合盛、西南等，共有三四十家之多。

2）百货零售商：大新公司（由世界公司改组），KAPASAN街的TOKOYOUNG和COSMOS已倒闭，各地区客家人的小百货零售商店没什么变动。

3）菜馆／面店：西湖、梅东、潘琳润、李南贤、古绍清、梅县。

4）罐头／饮料店：土库美（兼开设铁锚唛点子纸牌工厂）、新活荣、土库源、集成、万丰、古旺亨、新裕泰、源美。

5）西药店：永美、福美。

6）响务公司：黄汉彩、梁柳青。

7）化妆品厂：RITA和JULIA。

8）编织厂：绍昌织袜厂、吴仁昌狗牙片厂。

9）肥皂厂：WING。WING的老板长袖善舞，不断扩充业务，积极发展。到20世纪末，WING已发展成为一家印尼工商界多元化的集团企业，有分设各地的银行和各式各样的工厂。

10）漆油厂：土库星。

11）蚊香厂：南通。

进入 20 世纪 60 年代至 90 年代，历经多次政治动荡和排华事件，上述客家人的商店大部分经不起冲击，都倒闭了，剩下少数几家由第二代、第三代人接班，同时涌现出一批新商号、新老板。变化最大的是，商店名一律用印尼文，老板是印尼籍华人。"从 1937 年到 2007 年，不长不短的 70 年风风雨雨岁月中，泗水客家人所创立的事业很多是当代兴亡，能延到第二代接班的为数不多，延至第三代的简直是凤毛麟角，仅有西药店余金池，中药材行业的老万山、新万山等。一些中药材店跨越两个世纪，业务延续到第三、第四代人经营，不同的是商店名改用印尼文而已。"[①]

三、西加里曼丹的客家人

根据各种历史资料，华人大批到达西加里曼丹，应该分成两个阶段。根据来源地的不同，他们被分成两个大的方言群体，或叫次文化族群，即讲客家话的方言群和讲潮州话的方言群。"事实上，坤甸市和山口洋市可以代表西加里曼丹华人社会的两大集团，他们前来定居的历史是不相同的。前者是为了当金矿工人而入境的，他们大多数聚集在山口洋及其附近的地区。后者是跟随荷兰殖民主义者而来的，他们大多数在坤甸市以及西加里曼丹南部地区定居。……在日常生活中，前者一般讲客家话。对外界，包括对政府工具不甚友好的行为，他们会很快作出自发的和直截了当的反应。……后者平时讲闽南话（严格地说，应该是讲潮州话。潮州话是闽南语系的一个分支——作者注）。在办企业的过程中，他们大多数依靠一些官员的支持。对于妨碍他们的事业或者侵犯他们的公民权的行为，他们趋向于不作公开的反应。"[②]

[①] 叶复觉：《客家人来历与泗水客家人》，《千岛日报》2012 年 5 月 26 日。

[②]《山口洋——阿妹城》，译自《罗盘报》1987 年 7 月 5 日第 8 版，载周南京等人编译的《印度尼西亚华人同化问题资料汇编》，北京大学亚太研究中心，1996，第 737-738 页。

（一）西加里曼丹客家人的历史

早期大量来这里的客家人，主要以广东梅县和周边的一些县的客家人为主，时间大概是 18 世纪中期至 19 世纪初期，以开采金矿和钻石为主，但是，也有许多人从事种植业。例如，梅县人罗芳伯成立的兰芳公司（1777—1823 年），人数最多时曾经多达 10 多万人，以梅县的客家人居多。在西加里曼丹，与兰芳公司同一个时期出现并且比较著名的公司还有几十个。关于客家人到达西加里曼丹的历史，印尼华人学者许天堂先生的研究具有重大的价值。许先生认为，"华人大批抵达西婆罗洲（即西加里曼丹，下同——作者注）大约发生在 1760—1770 年间。他们被三发苏丹雇佣为金矿工人，后来造反和控制及接管该金矿的经营权。"这些客家人到来之前，西加里曼丹还处于一种完全未开发的状态，荷兰殖民者到这个地方的时间要比华人晚得多。"华人到来时，西婆罗洲的社会生活仍然十分简单和颇为分散，然而，苏丹阿卜杜尔·拉赫曼一世后来成功地吸引一群华人、马来人和武吉斯人的兴趣前来定居和兴建 1 座城市。直到 1786 年荷兰才出现，带来 2 支队伍和 50 名士兵来兴建他们的工厂。""1812 年，金矿主要在三发（现西加里曼丹属下的一个县，地处卡江的上游——作者注），其中 30 座由华人经营，每座矿约有 300 人。每个金矿工人月薪 4 元，矿主每年须向苏丹缴纳特许税 50 两（黄金的重量单位，合 53.913 克）黄金。此外，华人每人每年须缴纳 3 元人头税。在三发地区，共有华人 3 万人，马来人和达雅克人 1.2 万人。在三发河南部 15 千米处的萨拉科，有一个住有 1.2 万人的矿工聚居地。在蒙特拉多（打劳鹿）住有 5 万人，包括华人、达雅克人和马来人。在东万律及其他华人聚居地，每年的人口都在增加。在松戈和马坦也有华人聚居地。最有价值的金矿之一是坦帕苏克金矿。在坤甸华人村，住有华人 2,000 人。文莱住有 1.5 万华人、马来人和穆鲁特人。"[①] 西加里曼丹以华人为主开展的开采金矿和钻石的活动从 18 世纪初期开始，18 世纪中期逐步兴旺，一直到 19 世纪中期，随着金矿

[①] [印尼]许天堂：《政治漩涡中的华人》，周南京译，香港社会科学出版社，2004，第 188-192 页。

和钻石蕴藏量的日趋枯竭而走向衰微，持续了1个世纪多的时间。

从各种资料来看，华人尤其是客家人对西加里曼丹及婆罗洲其他地方的金矿的开采一直处于支配地位，这种状况直到19世纪初荷兰人的到来才终结。1816年荷兰人从英国人手里重新获得东印度的全部殖民地，荷兰殖民者通过收买当地苏丹及向华人矿主发动战争等方式，取得了对婆罗洲金矿、鸦片、食盐贸易、进出口关税、华人进出婆罗洲的捐税等控制权。

客家人来到西加里曼丹，几乎都是单身男性，没有华人妇女，于是，大多数华人男子便与当地妇女通婚，尤其是与达雅族妇女通婚的居多，只有少数较有钱的华人回到家乡娶中国妇女为妻。在大规模开采金矿的高潮结束之后，很多华人便开始从事种植、贸易等行业。现在居住在山口洋市及周边地区和卡江上游各县的华人，应该都是早期来到这里的客家人与当地达雅族妇女通婚的后裔。他们和他们的子孙一代代人努力耕耘，给当地带来了发展和繁荣。据记载，在三发县、东万律及卡江上游等地，客家人聚居的地方一直都比较繁华，这种状况一直持续到20世纪50年代。

提起卡江，当地人都很自豪。这是全印尼最长的河流，发源于与东马沙捞越交界的大山。直贯于西婆罗山脉两端，全长500千米，南与马辰山脉相毗连，北与沙捞越接壤。的确，这条河流给当地人民除了带来交通运输的便利之外，还带来许多财富。在历史上，沿江一带曾经出现许多繁华的城市，在1947年，华侨青年许济南先生从坤甸出发，乘轮船溯江而上，走访了沿江城镇，历时20天。据他考察，沿江一共有6个比较繁华的港口城镇，它们是大院埠、上侯埠、昔加罗埠、双沟月埠、新钉埠、彬路埠。"沿江商业规模甚小，多梅县客属人士，而文化教育甚为普及，各埠皆有中华公会及青年会之设立。"许济南先生对上述6个沿江城镇描述如下：

1）大院埠。距坤甸90海里。华侨商店60余间，皆板屋，颇昂阔，市街不大清洁。华人约2,300人，操工商生活，亦多自置小胶园生息者。该地华侨生活战前皆颇余裕，战后环境不同，多有困难破产者，目前商业亦甚冷落。华侨公会为该埠完整文化机关。

第五章　印度尼西亚客家人的社会变迁与文化认同　　211

2）上侯埠。距坤甸139海里，公路亦可直达。地势平坦，傍有小山，面对江河。全区华侨约2,500人。现有商店120余间，皆小资经营。当地有一间华侨学校，学生360余名。

3）昔加罗埠。距坤甸178海里，公路亦可达。华侨人口2,000余。商店80余间，傍山建筑成"一"字型，但战后商业物资缺少，均冷淡。该埠有中华公会和中华公学。

4）双沟月埠。距坤甸192海里。华侨约1,500人。商店50余间，殷商甚少。该会中华学校学生200余名，经费亦颇支绌。该地华侨多侨居数代者，对祖国感情深厚。

5）新钉埠。位于卡江上游之中央，地势开阔，多未开辟。人口不多，华侨仅千余人。商业亦不繁盛，但交通便利，往来船只必停泊于该处转运货物。有中华公会，中华公学有学生250余人。

6）彬路埠。距坤甸水路288海里，公路由新钉埠亦可直达。该埠商店80余间，华侨约600人。当地华侨主要是种橡胶和水稻。有中华公会和中华公学。①

上述记载是60多年前一位华侨青年笔下的客家人聚居地的情况，经过半个多世纪的变迁，尤其是经过1966年的"红头事件"②，大部分客家人聚居地已经不复存在，大多数客家人后裔迁徙到坤甸市附近一带居住。2012年2月上旬，笔者和几位同事曾经到西加里曼丹考察，专门去拜访过这些难民村，其中之一是位于坤甸市郊的永恒互助社。该村庄附近有一个观音堂，是客家人建的一座寺庙，听说这个寺庙已经有100多年的历史了，3年前发生一场大火，把寺庙烧了，后来在原址重新修建了这座观音堂，应该算是附近最富丽堂皇的建筑物了。寺庙的前堂供奉观音菩萨，后堂供奉太上老君等道教的

---

① 许济南：《卡江之游及各区志》，载《战后南洋华侨概况·西婆罗洲部》，星洲文化出版社，1947，第27页。

② 苏哈托在1966年上台后，对西加里曼丹采取了种族分化政策，大规模地驱赶在广大农村地区世代居住的华族农民，使他们成为无家可归的难民，造成数万华人流离失所。史称"红头事件"。

神仙。因为是中午，前来烧香的人较少。听本地人说，周围的客家人都会来这里烧香，他们的祖籍地多数是广东梅州。

听永恒互助社一位姓李的副理事长介绍，附近住的大多数都是客家人，他们都参加了这个社。互助社现有社员1,200多人，如果加上他们的家庭成员，那算是一个拥有5,000~6,000人的大社团了。社员大部分都是1966年"红头事件"时从西加里曼丹各地被驱逐出来无家可归的人，后来被华人救济安排到现在这个地方落脚。因为是难民，他们没有自己的土地，多数以打工为生。他们中的许多人没有国籍，直到1982年，经过华人社会的努力，才解决了这个国籍问题，成为印尼公民。这个互助社成员可以说都是华人社会中最底层的人，他们既没有土地，又缺少知识和技术，只能替人做工，当地经济又不好，只好到邻近的东马、文莱、中国台湾等国家和地区去做工，远的则到日本、澳大利亚。到东马，如在沙捞越做工，一个月能够挣到2,000~3,000元人民币，而在本地做工，最高也就1,000多元人民币。到中国台湾、文莱和日本等国家和地区做工的收入要高很多，但是，手续费也较高，去台湾的手续费要10条印尼盾（1条为1,000万盾，约8,000元人民币），去日本的手续费则要翻一番。

因为本地太穷，当地很多年轻姑娘都愿意嫁到中国台湾地区去当"东南亚新娘"，仅永恒互助社的会员中就有70%的华人姑娘出嫁到台湾。前几年，笔者从台湾的统计资料中发现，印尼嫁到台湾的新娘数量快速增长，感到有点不可思议，到了西加里曼丹调查之后才恍然大悟，大部分所谓到台湾的"东南亚新娘"原来都是华人女子。听坤甸日报社社长陈得时先生说，仅山口洋市一个地方，这几年嫁到台湾去的华人新娘就有上万人，难怪在山口洋市考察期间，很难见到年轻姑娘，原来都嫁到台湾去了。

据陈得时先生介绍，在坤甸市附近一带，这类难民村还有几个，村民几乎都是客家人的后代，他们多是与达雅族妇女通婚的混血儿，在皮肤、长相、性格、价值观等方面都打下了客家人深深的烙印。

西加里曼丹是全印尼华人占比例最高的一个省份。全省600万人口，华人约占了20%，主要集中在山口洋、坤甸一带。在首府坤甸，约有60万人口，华人约占了20%，以潮州人为主，客家人也得学会讲潮州话。在山口洋市，约有20万人口，华人约占50%，以客家人为主，有一部分潮州人，但都讲客家话。山口洋市的客家人，多来自粤东，包括梅县、海丰、陆丰等地。20世纪80年代初，印尼《罗盘报》的记者曾经专门采访过山口洋市当地500名华裔。据其报道："在那里居住最早的，迄今也有6代（约3个世纪），这部分人占4.58%；定居一、二代的占13.74%；其余的——已在那里居住三、四、五代的，占66.53%。"[1] 据笔者观察，上述记者所说的第一部分人，即居住最早的客家人，主要是18世纪初期和中期到这里开矿的梅县人的后裔；第二部分人，即刚定居一、二代的客家人，是20世纪60年代"红头事件"爆发后附近县、镇等乡村地区搬迁到这里的客家人的后裔，也以梅县的客家人为主；第三部分人，即是目前该市客家人的主体——来自广东海丰、陆丰一带的客家人，在19世纪初期，荷兰殖民者在西加里曼丹站稳脚跟之后，大规模开发热带香料和热带作物，需要大量的劳动力，于是，粤东地区一带有大量的华人来到这里，这就是第二个时期的华人移民，包括潮州人和客家人，后者主要是来自海陆丰一带（曾经是惠州府的辖区）的客家人。与第一部分客家人不同，他们多从事种植业、渔业等行业。正是后者，他们为西加里曼丹的农业、渔业和种植业带来了繁荣。维克多·珀塞尔写道，在20世纪30年代，福建籍华侨半数以上经商，但在西爪哇的雅加达一带和苏门答腊西岸，他们多数从事农业及种菜。西加里曼丹的客家人多务农。潮州籍华侨多数也是务农及种菜，在苏门答腊东部，他们多半做烟草种植园的苦力。在苏门答腊有许多广东人从事种田、种菜和开矿。[2]

在西加里曼丹省，目前客家人居住最为集中的要数山口洋市。山口洋市的当地名字叫Singkawang，是印尼全国唯一的一座华人占人口多数的城市。

---

[1]《西加里曼丹支那人后裔》，译自《罗盘报》1987年7月5日第8版，载周南京等编译《印度尼西亚华人同化问题资料汇编》，北京大学亚太研究中心，1996，第734页。

[2]［英］维克多·珀塞尔：《东南亚华人》，载《南洋问题译丛》1958年第2-3期，第127页。

为什么叫山口洋？当地华人解释说，这里靠山面海，背后是山，前面是出海口。这个城市兴起于19世纪末，离此地40多千米的地方有一个金矿——蒙特拉多金矿，矿主和华人工头兴建了一些休养设施，人们经常前来这里休养，以后这里便逐步发展成一个小市镇。这里地处赤道线附近，属热带海洋性气候，中午时非常炎热，但是到了晚上有海风吹拂，所以人们并不感到很热，反而感到很凉快。从省会坤甸到山口洋市约120多千米，约2个小时的车程。

（二）西加里曼丹客家风俗

西加里曼丹的客家人在坚守客家传统文化方面非常令人敬佩和感动。他们保留下来的客家风俗和习惯，也许在中国本土客家人聚居的地方也非常罕见了。现以山口洋市客家人的婚俗习惯和客家话为例[1]，看看当地客家人是怎样坚持自己的传统文化的。

1. 婚俗习惯

暨南大学华文学院的赵敏博士曾经在山口洋讲授华文课程。她与当地学生有大量的接触，还利用课余时间深入当地进行田野调查。她尤其关注当地客家人的婚俗习惯，她在与钟裕宏合作撰写的《海外客家华人婚俗研究——以印尼西加山口洋客家华人为例》一文中，比较详细地阐述了山口洋客家人的婚俗习惯，现将其主要内容介绍如下：

（1）提亲

包括求婚、看日子、送日等过程。其中最为重要的是求婚，又叫"提亲"，是婚嫁之事的最初阶段，一般都是男方看中某家千金，而委托媒人往女方家求婚。随着社会的变动，现代年轻人大多数是自由恋爱，提亲常常是走过场。虽然对现代的山口洋客家华人来说，提亲只是一种形式，但这个过程不可或缺。山口洋客家话说"无媒不成婚"，山口洋客家华人特别强调"明

---

[1] 山口洋位于印尼西加里曼丹省西北部，北临东马，隔海与新加坡相望。面积504平方千米，为西加第二大城市。人口约20万，其中华人人口占60%，是印尼华人人口比例最高的城市。山口洋市华人祖籍地基本为海丰县和陆丰县的客家人（现为汕尾市所辖），由于地处偏远，华人数量庞大且居住集中，以及客家人恪守传统的民族特性，客家话至今在山口洋市通行，客家地区的许多习俗亦被很好地保留。

媒正娶"，婚事的各个环节一定要通过媒人，双方才能谈婚论嫁。提亲时媒人还会写下女方出生的生辰八字，然后将其带回男方家，跟男方的生辰八字一道送去给算命先生择定结婚吉日。

（2）订婚

订婚，又称"婚约"。按照山口洋的习俗，婚礼前必须有订婚仪式，一般在婚礼前的一两个星期举办。如果女方家离男方家较远（如外省），可以提前几个星期举办。山口洋客家华人送聘礼的方式与其他地方的客家华人有所不同，聘礼会被放进两个特制的桶里面，这种用金属做的桶叫"lokak"。lokak一般有两种，圆形和四方形，的周围绘有龙凤和双喜图案。lokak中的聘礼要由媒人来装，然后由男方家把它挑到女方家，到了女方家门口就由女方派一位家人挑到屋里。女方收下大部分聘礼，少部分还回男方。订婚一般是在早上举行，新郎和媒人队伍在选好的吉日带着聘礼（lokak）前往女方家。一般女方家会邀请一些亲戚朋友来参加她的订婚宴会，又叫"开茶会"（khoi cha fui）。当新郎到达时，媒人会请新娘出来牵着新郎进屋，跟排成一列的女方家人握手。

首先，媒人会把聘金和酒水钱交给女方父母，然后由女方父母亲自把要还回给男方的钱交给新郎。媒人再交给女方父母结婚当天用的红包。此红包包括"吃姊妹饭"（见婚礼）的红包（数量是按照新娘的兄弟姐妹）和另四个红包，四个红包分别给开面容（新娘出嫁前帮新娘拔面毛的人）、煮茶、煮饭和挂门红（在女方大门上挂红线或红布）的人。

接着，媒人把男方送的首饰一一交给女方和女方父母。一般订婚戒指由新郎新娘交换戴，而项链等由女方父母帮女儿戴上。

最后是"开茶会"，女方把男方带过来的食物再加上女方自己准备的一些食物给邀请来的亲友们吃。女方也会把一些糖果和"Kelotok"发给没有来的亲戚，目的是要告诉别人她已经有了未婚夫。

(3) 婚礼

包括迎亲、拜堂、进新房、敬茶和宴请等程序。山口洋客家人一般把结婚宴会称为"食喜酒"。山口洋客家人习俗没有规定食喜酒一定要在婚礼当天举办,但为了省时间,多数人还是会在婚礼当天举办。山口洋客家华人摆喜酒有三种方式:吃热、自由餐、美式酒。吃热是像中国人举办婚宴一样,大家围着一张圆桌坐,然后由服务员把菜一盘一盘地端上。吃热方式消费比较高,家庭经济情况比较好的人一般会选择使用这种方式举行婚宴。现在流行自由餐(即自助餐),这种婚宴方式简单又省钱。还有美式酒,又称"花园宴会"(garden party)。这一方式是受到西方的影响,一般较时尚的年轻人会选择这种宴会方式。美式酒的最大特点是全部宾客都是站着用餐,举办者不用准备椅子给客人坐。

(4) 新娘回"三朝"或"十二朝"

过了门后,新娘不可以随意回娘家。新娘必须按照双方父母定好的日期才可以回去。在山口洋,一般新娘是回第三天或第十二天。新郎必须偕新娘一道,回新娘娘家叩拜岳父岳母,感谢岳父岳母之恩德,向岳父岳母请安。回娘家的时间不可以超过午时,而离开娘家不可以等到太阳下山。回娘家前新郎必须要准备一些礼品,礼品是按照提亲时商议过的物品,一般都是新娘父母喜爱的物品,如鸡、猪手、罐头食品等。此外,新郎还要准备两个红包给岳父岳母。

(5) 山口洋客家华人婚嫁禁忌

山口洋客家华人对婚嫁有许多的禁忌。比如,同一个姓氏禁止结婚,他们认为如果跟同一个姓氏的人结婚,婚姻不会幸福;结婚的时间不可以在农历的六月和七月,据说六月结婚的人,婚姻不会长久,而七月是中元节(鬼节),绝对不能在该月结婚;安床的女性必须是家庭美满、儿孙满堂的年长女性;新郎新娘进屋的时候不可以踩到大门槛;如果家里的弟弟或妹妹跳过长子先结婚,那么长子必须在新郎新娘进门前在大门剪断一条红色的彩带,表示他很快也能找到对象结婚;等等。

赵敏和钟裕宏对上述各种现象进行阐述和分析,最后得出结论说:"客家人作为一个重传统、尚礼节的族系,即使迁移到海外,依然保留着大量的中华民族传统文化与道德观念。以上对其婚俗的介绍即可见一斑。"[1]

2. 客家话

在爪哇,客家话几乎已经销声匿迹,但在西加里曼丹仍然很流行。

印尼《国际日报》记者小真对西加(印尼华人习惯上将西加里曼丹简称为"西加",下同——作者注)的原三发县(析为现在的山口洋市、孟加影县、三发县三地,均为西加省属下的第二级政府行政区)的客家话流行情况进行了调研和考察。据他发现,这三个行政区里的华人使用同样的客家话(以下均称为"三发客家话")。西加是全印尼华人人数最多的一个省份,所以整个省的华人在社会日常生活和商业活动中都使用华语方言(依各地通行的方言,不流行普通话),这是全印尼最特殊的一个省;其他地区如棉兰使用闽南语,但只适用于一个市区,而没通用于全省;邦加也通用河婆客家话,但沿用至今已与印尼语参半了,且腔调也不是纯华人腔调了。唯独西加华人在使用方言时,还保持着华语声调。

西加的方言可分为三个语言区:西加西北部百富院以北是三发客家话区,以南及卡江一带是梅县话区;坤甸市区则以潮州话为主。三发客家话虽说源自河婆,但这里的客家人的祖籍多来自广东海陆丰地区(原属惠州府,现属汕尾市)。三发客家话已形成一种独特的客家方言,三发县人说的是中国哪个地区的方言?是源自中国广东河婆、海丰、陆丰一带,但经过三发客家人长期的社会生活实践而形成的一种具有三发本地特色的客家方言。因为语言在某个地区使用过程中,为了日常生活的需要,也为了生产活动的需要,自然而然地创造出许多新的词汇,同样在使用过程中受当地语言环境的影响,发音就会产生变化。经过数百年的演变,三发客家话虽然还保留了原乡的一

---

[1] 赵敏、钟裕宏:《海外客家华人婚俗研究——以印尼西加山口洋客家华人为例》,《东南亚研究》2013年第3期,第93-96页。

些基本要素，但与原乡的语言体系就逐渐不同了。原三发县的华人常常自称说是"番俗话"，走音就成了"番薯话"。不管怎样，它是源自中国广东东南地区的方言，在他乡异地发展演变而成的一种独特的华语方言。

小真认为，三发客家方言的形成应该从三发华人的历史谈起。在18世纪，中国很多移民来到三发县开采金矿，如山口洋属鹿邑金矿、孟嘉影属鲁末金矿、三发属三巴冷金矿等，这些由中国南来的华工，大多数来自广东省东南部的乡下，后来开始发展农业，随之也来了大批潮州人，只是潮州人多投身农业或小贩，人数不多，他们没有加入金矿开采。当时的华人中，金矿工人最多。这些华人开辟了山口洋、邦戛、三发及其他小乡镇，因此在城市里占主要地位，占居民的多数，如山口洋。华人之间都使用各自的家乡话，其中客家语系的人数较多，所以在三发县的乡镇社区上都通用客家话。因为没有马来人，在1966年以前都是只有中华学校。孩子们接受的是华文教育，所以连一句印尼话都不会讲。后来华校被封闭，一些年轻人开始接受印尼文教育，才会有目前印尼话的流行。

据小真的考察，三发客家话的最大特色就是掺杂了许多中国本土客家话中没有的词汇和发音。"三发客家话除大部分的话语可用汉字书写外（只是不同发音），却又有好多词汇没办法用汉字书写。它又不是来自马来语，或其他外来语，它是数百年来人们为了生活，工作上的需要，自创的共同语言，只有发音，不能书写，与其他话语一样有音调，有同义词、同音词。举例如下：a-bui（哪儿），a-kai（那边），a-li（这儿），a-nyong-hin（这么样），at（怒、生气），a-un（那边，指较远），au-man（耍赖、蛮横），m-pu-ja（晚上），bong-pai（以前），bu-sin（身体），cau-je（穷光蛋），cha-pu-nyit（昨天），ha-pu-ja（昨晚），cha-thang（阻碍），cha-fon（合口味），cha-theu（机器），cheh（传染），cheh-he（就是），chin-chai（随便），chok（对、正确），choi（蒸/在），choi-ko（可怜），chun-chah（顺畅/完蛋/解决），chun-chun-cha-cha（整齐、完），ci-soi（羞辱），等等。许多无法用汉字书写的三发客家话，只能借用印尼文发音拼写。"①

在山口洋市属下的邦戛出生和长大,后来回到中国生活和定居的贝仲敏也认为,邦戛话(即山口洋客家话,下同)是掺杂了印尼话的独特方言,"最大的特点莫过于掺杂了许多马来话(即现在的印尼话)。听邦戛'老本地'讲的客家话甚是有趣,如骂顽童没有礼貌、缺少教养'果朗阿热'(korangajar),警察局叫'干突'(kantor)',更早期叫'痫八寮',两人相好叫'佳湾'(kawan),市场这个词早忘了而叫'巴刹'(pasar),咖啡店干脆说'哥比店'。类似例子真是不胜枚举。友人回忆和统计过,仅是我们所知的就超过 200 个字词。邦戛话传承中国中原乡文化而在异域发展成独特的一支方言。好些很形象的俚语至今老幼都还挂在口上,例如'冷锅死灶''没影没迹''送肉上砧''咸鱼转海'。同一件事可用许多词语表达,例如人死了,文雅的说辞是'过世''过身''消去',粗俗用语则有'死掉''鸟干'。另有一些现代汉语中已少见的却还沿用,如'捋胡须'、'尥(liao)脚球'(踢足球)。还有些是因时因事创造出来,只有邦戛人才懂的词。如人死了叫'洗筐'(据知,邦戛渔巴杀鱼虾卖完后,鱼贩必到河边将装鱼虾的箩筐洗净,由这'卖完了'引申成'人完蛋'之意)。又如,说某某骄傲自大、爱出风头称之'跌马'(二战后,美国牛仔片充斥影院,牛仔斗歹徒救美人,难免有时被打下马,从而创造出这个词来)"②。贝仲敏还谈到,山口洋等地的归国华侨,也把这个地方的客家话带回中国,成为归国华侨文化的一大特色。"山口洋、邦戛、三发等讲邦戛话区域的归侨,回国至少已 43 年了,有的甚至超过半个世纪,离散在天南地北,每每相逢聚首欢叙,总爱用邦戛话攀谈。有些普通话无从表达的,用邦戛话一语道破,引得大家捧腹大笑,好不开怀。"③

(三)西加里曼丹印象

2012 年 2 月 5 日至 13 日,笔者和几位同事访问了山口洋市、坤甸市及

---

① [印尼]小真:《独特的西加原三发县客家话》,《国际日报》2012 年 2 月 13—14 日(连载)。
② 贝仲敏:《邦戛(PEMANGKAT)话趣谈》,《客家》2004 年第 1 期。
③ 贝仲敏:《邦戛(PEMANGKAT)话趣谈》,福建侨联网,2003 年 10 月 10 日,《客家》2004 年第 1 期。

三发县等地，深入当地华人社会，包括华人家庭、华文学校、寺庙等，主要以访谈的形式进行田野调查。以下是我们与当地一些华人的交谈记录：

黄锦陵，男，约60岁。祖籍为广东陆丰的客家人，爷爷那辈南来西加里曼丹，他是第三代华人，已经有外孙女了，也就是说，黄家在西加里曼丹已经经历五代人了。黄老师（黄曾经是华文学校老师，当地民众都习惯叫他黄老师）有6个子女，4个女儿和2个儿子。据黄老师说，他是读华校的，华校高中毕业后曾经在一家小学任教，后来发生了1966年的排华事件，军人政府关闭了所有的华文学校，他被迫转行做其他工作。在这几十年时间里，他什么工作都做过。直到1999年恢复华文教育，他又重操旧业，做回老本行。黄老师一家是地地道道的印尼人了，他的2个女儿都嫁到台湾，儿子也在台湾工作，家中盖有一栋独立的二层楼房。黄老师非常热心华文教育事业，我们在山口洋市的几天时间里，谈得最多的当然是当地的华文教育。据黄老师介绍，目前全山口洋市有20家华文补习学校，都是很艰难地生存和运作，基本上都处于亏损经营，幸亏有热心华文教育的华人社团和企业支持。黄老师说，这些华人企业和华人个人的办学热情目前还很高涨，但是，这种热情能够维持多久，是否能够一直延续下去？黄老师表示极大的担忧。他认为，山口洋市的华文教育与其他地方的华文教育有很大的不同，其他大部分地方的华人学习华文，都是把华文当作工具，当作外语来学习的。但是，山口洋市的华人重新兴办华文学校，他们可以说是尽了最大的努力，这样做的目的是复兴中华文化。他们把子女送来学习中文，工具心（即把华文当作是一种工具）可能都存在，但是，他们中的许多人是为了学习中华文化，是为了复兴已经中断了30多年、中断了几代人的中华文化，这个目标真可谓任重道远。我们非常钦佩山口洋华人的这股精神。黄老师身上就有这股精神，一股顽强不屈、锲而不舍的精神，这股精神在海外客家人身上的表现尤其突出。

李绍发，男，82岁，身体很健壮，一点都看不出有80多岁的样子。李先生是第四代华人，其父亲和祖父都居住在山口洋，他本人也是在山口洋出生长大的，后来搬迁到坤甸。据李先生说，他祖父和父亲都是华人社会的领袖，都做过管理华人事务的官员；①他祖父曾经在山口洋的假师（Jawai）和福律（Kulor）做过"佬大"（华人村长），管理华人事务，后来升任鹿邑（Monteraso）的甲必丹，其父亲后来也继任这个职务。李先生回忆说，在上世纪40—50年代，山口洋市区的店铺中，99%都是客家人开的，还有少数几家是印度人开的。印尼独立后的第一任副总统哈达在当年视察山口洋市之后曾经说过这样一句话："我来到山口洋市，就好像到了香港一样。"李先生小时候家庭比较优裕，在荷兰人办的学校受教育，精通荷兰文、印尼文，华文方面稍差一些，只读过华文学校二年级，中文能够说，但文字能力不如荷兰文和印尼文。李先生现在仍然还在做生意，主要是做美国和欧洲等国家的农药代理。李先生对西加地区的华人文化和历史比较了解，用印尼文写了一本名为《中华文化在西加里曼丹》的小册子。

林展理，男，60多岁，有3女1子，已经有1个外孙子。家里开了一个杂货店，是华人社会的热心人士。其父亲曾经是山口洋华人公会的会长，我们山口洋几天的活动都是他陪同的。据林展理先生介绍，山口洋市以及附近一些县的华人都信奉大伯公（中国本土叫"土地公"的神）。听当地人说，山口洋市及其周边有华人各种各样的寺庙约1,000座，每几十米就一定会看到1座寺庙，规模有大有小，也有人更正说实际上没有那么多，只有700多座。这里的华人寺庙大多数都是供奉大伯公，也有几种神合在一起供奉的，华人基本上都是多神主义者，只要自己认为有用的神，都可以供奉，顶礼膜拜。山口洋市华人中约有20%信奉基督教或天主教。林先生还向我们介绍了当地华人参政的情况：该市是印尼华人参政最为成功的一个地方，目前市长是华人，议长和一位副议长也是华人，25位市议员中有7位是华人。在山口洋市竞选市长约需要50亿印尼盾（折合人民币约400万元）。在印尼，地方议会议长和副议长是领薪水的，山口洋市议长的月工资约1,000万印尼盾（折

---

① 在荷兰殖民统治时期，荷兰统治者为了维护其殖民统治，将华人与本地人分而治之，任命一批华人管理华人社会的事务，这些华人官员分为玛腰、甲必丹、老大和甲太等。玛腰是华人最高级官员，甲太（相当于村长）是最低级官员。

合人民币约 8,000 元）。印尼各地方行政首长的任期为 4 年，时任山口洋市市长黄少凡是 2008 年上任的，2012 年 9 月任期届满，选举产生新的市长。访谈时已经有 4 组华人候选人报名参选。华人社会普遍反映，许多华人愿意参与竞选，这一方面是好事，说明华人参与政治的积极性越来越高，精神可嘉；另一方面，又可能是坏事，因为如此多组别的华人参与竞选，势必分散华人的选票，最后结果是哪一位华人都选不上。而当地的马来族和达雅族则表现得比较团结，这次市长选举，这两个民族联合推出一组候选人。从当时的情况看，山口洋市华人是否能在本届选举中获胜，还真是没有胜算。上一任市长黄少凡也报名参加竞选下一任市长，在上一次选举中，他是以新印度尼西亚党的身份竞选获胜的，这个党的影响日益式微，因此，黄少凡这一次是以斗争民主党的身份竞选。据说，他参与斗争民主党的前提是必须向党提供 50 亿印尼盾（折合人民币约 400 万元）的经费，这在山口洋市可是一笔巨款。据后来了解，黄少凡在是次选举中落选，败给当地马来族和达雅族的联合候选人。

曾先生，男，约 50 多岁，邦戛人。曾先生也算是当地比较富裕的人家，父亲曾经担任过当地华人公会的会长。听其本人介绍说，他是做岛际贸易的，即加里曼丹岛与其他岛屿之间的贸易。在印尼，岛屿众多，各个岛屿之间的物资流通自然就显得十分重要，从事这个行业，应该是比较富有的。在曾先生陪同下，我们去参观了两间学校。一家是当地马来人办的穆罕默德亚学校，这是一所伊斯兰教会办的完全小学，还有幼儿园。这家小学原来没有校址，只是租用了当地一户人家的房子作为校舍，十分破旧。当地华人社团和旅居雅加达的一些华人企业家出资兴建了一栋两层占地面积几百平方米的校舍，无偿交给学校使用，平时也提供一些资助，为了鼓励当地的穆斯林学习华文。山口洋市华文教师联合会还专门出资聘请了一位华文老师，到该校任教，由总部设在雅加达的赤道基金会提供工资。听曾先生说，在邦戛这个地方，穆斯林曾经非常排斥华人，以前几次排华，这里都有发生过一些暴力事件，使这里的民族矛盾比较尖锐。实行民主改革之后，华人开始拥有公民的权利。

为了让穆斯林更多地了解华人，华人主动与友族改善关系，帮助穆斯林建校便是非常重要的一个步骤。当地华人都说，最近几年，这里的民族关系得到了较大的改善，穆斯林不再仇视华人。这个镇的实践告诉我们，在印尼，由于许多因素的作用，华人与其他民族之间有较大的隔阂，但是，只要华人主动采取行动，改变以前一些不太妥当的行为，民族关系是可以改善的，华人与穆斯林之间是可以友好相处的。

蔡翠媚，女，42岁，访谈时任山口洋市议会议长，后任该市市长。蔡家是一座独立的房子，只有1层，家里的设施也很一般。蔡翠媚的祖籍是陆丰，我们一开始试着用客家话交谈，但是好像不大顺畅，因为当地的客家话是广东陆丰的客家话，音调有很大的不同，有些字的发音也有差别，加上还夹杂着许多印尼语和潮州方言，因此我们只能听懂一半。考虑到同行的其他人也不懂客家话，最后我们还是改用普通话交谈，由陪同的黄老师向蔡议长翻译成当地的客家话。我们交谈的话题主要是关于当地华人参政的问题，在谈到其本人参政的动机时，蔡女士很动情地说："作为一个母亲和女人参政，自己失去了很多与子女和家人在一起的时间。但是，我的家人包括我的丈夫都很支持我、鼓励我，使我能够全心全意做好议长的工作。我记得在2009年参选时（2014年届满），一共有400多人参与竞争25个席位，只有2个妇女当选，一个是我，另一个是达雅族的。当时参与竞选时，很多选民都持怀疑态度，说"一个妇道人家，懂什么政治"，实践证明，这种怀疑是站不住脚的。"我用实际行动告诉那些怀疑妇女参政能力的男人们，妇女也同样能够做好男人做的事情。我今年42岁，我今后有机会还要继续从事政治活动。我现在生有4个子女，另外还领养了3个孩子，我在参与政治生活之后，对他们的照顾的确是少了，但我尽量抽时间与他们在一起，尽到我做母亲的责任。"

黄醒民，男，60多岁。黄先生现任南华中学校友会主席，也是华文教育的热心推动者。黄先生是南华中学最后一届学生，1966年从南华中学毕业。他大力支持当地的华文教育，把他的另一所临街的房子拿出来给南华中学校友会华文补习班当校舍。

黄才俊，约20岁，邦戛人，曾经到过暨南大学华文学院进修华文。黄老师在暨南大学任教时，十分热心地鼓励这个学校的老师们多用华语，因此该校许多公共场所都用华语和印尼语标注，如校长室、电脑室、教室等。

对西加里曼丹进行了一次走马观花式的考察后，我们对这里的华人留下了深刻的印象。

1. 华人比较集中且具有特色

西加里曼丹是全印尼华人较为集中聚居的一个省，华人不被看作是外来的少数民族，而是与当地达雅族和马来族拥有同等地位的三大民族之一。西加里曼丹省总人口为400万左右，达雅族占40%，马来族占30%，华人占20%，其他民族（包括马鲁古族、巽他族等）约占10%。[①] 历史上这里也发生过一些排华事件，如1966年的"红头事件"，但总的而言，与其他地区相比，这里的民族关系算是比较好的。据当地人说，在1998年爆发的大规模的排华事件中，爪哇地区，尤其是雅加达一带比较惨烈，而这里还算是比较平静的，华人并没有受到太大的冲击。正因为这里的民族关系相对比较稳定，听说很多原来已经移民雅加达的许多华人最近几年又回到坤甸，导致坤甸市的土地和房屋价格快速上涨。

2. 华人更加顽强地坚守自己的文化

从祖籍地来看，华人多数来自中国粤东一带：客家人多来自海丰、陆丰，也有一部分来自梅州市各县；潮州人多来自揭阳、潮阳一带。据笔者对东南亚华人中各个方言群的观察，福建人和闽南人比较容易融合于当地社会，而客家人和潮州人是比较难同化的，他们比较顽强地固守自己的文化，坚持讲自己的方言，坚持自己的传统节日习俗等，希望通过方言和传统节日，一代又一代地将自己的文化传统延续下去。这里的华人流行讲方言，过自己的传

---

① 在西加里曼丹省究竟有多少华人，这是一个比较多争议的问题。《赤道基金会九周年纪念特刊》这样写道："当前（2006年）西加总人口380万，华族约70多万。"按照这个说法，华人约占西加总人口的20%左右。西加华人李绍发在与笔者的交谈中则认为，西加当前的人口有400万，达雅族人占40%，马来人占35%，华人占8%~12%。

统节日，可能与这里的华人的职业特点、经济活动和家庭构成有密切关系。与其他地区的华人社会不同，西加里曼丹的华人仍然以农业、渔业和养殖业为主，这里还是一个典型的农业社会。除了居住在坤甸市区和山口洋市区的华人以从事工商业为主之外，在这两个市区之外的华人多数都是农民，从事种植、养殖和捕鱼等工作。与这些职业相关联，这里的华人家庭结构也具有自己的特点。与城市华人核心家庭不同，这里的华人家庭多数仍然是三代同堂的大家庭，正是通过这些大家庭，祖父母在带孙子孙女的过程中将方言传授给下一代。这种三代同堂的家庭结构，使中国的客家方言和潮州方言在这里得以更好地延续下去。

在城市的华人社会中，三代同堂的大家庭让位给以父母亲和子女组成的核心家庭，随着这种核心家庭占主导地位，方言也慢慢地消逝。于是，在雅加达、泗水等大城市已经听不到的乡音，在西加里曼丹却还到处盛行。在山口洋市，你到处都可以听到带着陆丰口音的客家话，你会感觉到好像是在广东的客家地区；到了坤甸市，你会随处听到带着揭阳口音的潮州话，你会感觉到你好像是在广东揭阳的某个地方。这里的乡音是那么亲切和蔼，这里的乡亲是那么热情洋溢，置身于这里，你会感觉到你不在异国他乡，而是在粤东乡村。

3. 华文教育重新起步

最近 10 多年，笔者曾经五访印尼，去过爪哇岛各地，从西到东，包括雅加达、万隆、梭罗、泗水、日惹、巴厘岛等地，外岛则去过苏门答腊岛的苏北省、加里曼丹岛的西加里曼丹省。虽然是走马观花，但是每次访问笔者都把当地的华文教育作为重点考察的内容。西加里曼丹的华文教育起步早，又有一批热心华文教育的华社人士，加上该地区华人人口也相对比较集中，因此，华文教育在全印尼也算是比较好的。笔者在前文中谈到，仅在山口洋市，就有 20 多家颇具规模的华文补习学校，开始时由 20 世纪 50—60 年代上过华校的老一辈华人担任老师，也从中国请来一批志愿者，然后培养了一批本地的青年老师，西加里曼丹的华文教育就像滚雪球般地发展起来。

发展华文教育，除了热情之外，还需要经济实力。西加里曼丹地区基本上还是农业社会，大部分华人都比较贫穷，要依靠自身的力量发展华文教育存在较大的困难，而当年从西加里曼丹地区移民到海内外的华人在这个关键时刻就发挥了重要的作用。与所有国家的城市化和工业化过程一样，这里华人社会的流动性很大。西加里曼丹华人移民到印尼其他大城市的人口有 70 万左右。这些移民到海内外的华人对自己出生和成长的西加里曼丹存有感情，也有一定的经济实力，他们以各种方式支持家乡的华文教育，其中以赤道基金会最有实力，发挥了最重要的作用。1997 年，来自赤道线上的西加里曼丹乡亲，成立了赤道基金会。90 位创始人集资购买了会所，制定了基金会章程。为了追求理想、实现抱负，"赤道魂"把大家凝聚在一起。因为异地重逢，大家倍感珍惜乡谊的可贵，更由于乡缘的牵引，大家对家乡的现状尤其关怀。该会主席丘一凡说："该基金会成立后积极推动家乡的扶贫助学教育工程，仅在 2005—2006 年两年时间内，已经发放资金资助西加地区十几所华文补习学校的 240 多名贫困学生就学，并资助扩建校舍与重点师资的培训工作。"[1]

赤道基金会成立之后，把发动乡亲们捐献扶持教育经费作为一项重要工作，这项工作也得到了广大旅居海内外的西加里曼丹乡亲的热烈响应，他们踊跃捐献，真正做到有钱出钱，有力出力。据统计，在 2004 年，赤道基金会一共收到 35 笔捐款，共 165,900,000 印尼盾（约合人民币 12 万元），2005 年收到 59 笔捐款，共 347,000,000 印尼盾（约合人民币 28 万元），2006 年收到 169 笔捐款，共 1,718,000,000 印尼盾（约合人民币 136 万元）。[2] 从每笔捐款的数目看，少的几万印尼盾，多的几十万、上百万印尼盾，钱不在乎多少，贵在参与，贵在每个华人都有一颗支持华文教育的心。我们从山口洋市福律华文补习学校校舍建设的捐献名单中看到，有的人捐献了几车泥土，有的人捐献了几根木头，有的人做了几天的工，都有记录，真正体现了当地华人为

---

[1] 刘乃文：《继往开来，与时俱进》，载《赤道基金会九周年纪念特刊》，赤道基金会，2006，第 6 页。
[2] 前揭书，第 72-76 页。

了支持华文教育有钱出钱、有力出力的积极参与精神。正是这种精神，才使西加里曼丹近十多年来的华文教育从无到有、从小到大，不断发展，闻名印尼全国。

4. 华人参政热情更高

与其他地区相比，西加里曼丹的华人对参政有更高的热情，收获也更多。我们拜会了时任山口洋市议会议长蔡翠媚女士和坤甸市议会议长刘建源先生，亲身体会到这里的华人对政治生活的热情和参与的踊跃。印尼国家的民主改革为各地华人参政提供了前所未有的机遇，这里的华人紧紧抓住这个机遇，为其他地区的华人参政树立了榜样。目前，西加里曼丹省华人参政的局面一派大好，涌现出如下一些华人政治家：国会议员叶锦标、林瑞强，[①]西加里曼丹省副省长黄汉山，坤甸市议会议长刘健源，前山口洋市市长黄少凡，前山口洋市议长蔡翠媚（后竞选成功担任市长）、副议长黄振能。在坤甸市议会45位议员中，有7位华人议员，在山口洋市25位市议员中有7位华人议员，三发县有2位华人议员。

笔者认为，以上华人参政取得成功固然可喜可贺，但是，我们在谈到西加里曼丹华人参政时，也不要忘记那些敢于第一个吃螃蟹却未能成功的华人，他们的勇气和胆识更加令人敬佩。前文曾介绍过的李绍发先生就是这样一个人。李绍发先生谈起他当年参选的经历，仍然意气风发。李先生回忆道："在1999年，国家刚刚实行民主改革，华人也有了参加竞选各种政治职位的权利，但是，在那个时候，很少华人有勇气站出来参选。在印尼的历史上，华人参与国家政治生活受到迫害的事件经常发生，令许多华人一提起政治就心有余悸，噤若寒蝉。我当时已经67岁，天主教的大教主劝我出来代表天主教党参加竞选省议员，我那时也是凭着勇气出来参与竞选的，虽然没有取得成功，但我很坦然，因为毕竟我是最早站出来的一个华人，我不在乎是否成功，关键在于我为其他华人，尤其是为年轻华人做出了榜样，起了一个带头的作

---

① 以西加里曼丹为选区参与竞选而产生的印尼国会议员，他们均为印尼民主党派出的代表。

用。"① 在2004年，李先生又积极参加了地方代表理事会议员的竞选，仍然没有取得成功。笔者认为，李绍发先生虽败犹荣，是改革开放时代印尼华人参政的先驱，是海外华人学习的榜样。

5. 客家人的"客家性"更浓

笔者一行在2012年2月初访问山口洋时，正好是农历元宵节。与中国国内相比，这里的节日气氛更加浓郁，如下是笔者在当时记载下来的见闻：

今天（2月6日）一大清早约6点多钟我就起床，7点匆匆吃了一碗粥就出发去看元宵大游行。这是山口洋一年中最重要的节日。在山口洋，从年三十晚上就开始闹春节和元宵，当地华人在几个月前就成立了元宵筹备组，准备这半个月的庆祝活动。年三十晚上，为时半个月的春节元宵庆祝活动正式拉开序幕，由市长讲话，然后开始进行各种活动。元月十四日举行闭幕式，还是由市长讲话。元月十五日，举行元宵大游行。全国各地慕名前来观看的游客不下万人，这几天当地的旅店生意最好，天天爆满，酒店价格翻番还订不到房。

据当地人介绍，元宵游行活动在很早以前就有。在新秩序时期，苏哈托下令取缔与华人文化有关的一切活动，这个华人传统节日活动同样也受到取缔，1999年之后才开始逐渐恢复，但也是好事多磨，遇到种种困难，终于在华人社会的共同努力下，才逐步恢复了华人庆祝自己节日的权利。山口洋的元宵庆祝活动在前几年受到其他友族的阻挠，曾经发生过一些不愉快的事情，华人树立在市中心的一条巨龙也受到破坏，后来，经过各种努力，尤其是黄少凡市长2008年上任后协调各族之间的关系，做好民族团结工作，才逐步使华人的元宵庆祝活动走上正轨，不再受到其他民族的阻挠。

上午8点多，游行活动正式开始。先是在市中心的位置举行一个简短的仪式，然后开始沿着主要的街道游行。一共有700多个乩童，分别乘类似轿

---

① 2012年2月12日上午，笔者一行四人到李绍发先生家拜会，宾主之间用客家话交流，李先生向我们畅谈其人生经历和当年参政的历程。这是一位令人肃然起敬的老人。

第五章 印度尼西亚客家人的社会变迁与文化认同　　229

子的东西边走边表演,有的坐着,有的站着,有的则两脚踩在大刀上,有的用铁链穿进鼻子。游行队伍有三四千米长。依我的理解,这700多个乩童分别代表各路神仙,大部分神仙都是来自中国,包括齐天大圣、哪吒、观音、关公等,还有客家人信奉的"菜篮神"等。山口洋的客家人非常富有想象力和创造精神,把这些神仙加以本地化,以成为本地客家人的信仰。在道教中,凡是华人认为不平凡的人或者大自然的一些无法解释的现象,都可以成为华人崇拜的神仙,这一点与当地达雅族人的信仰比较类似。在印尼各岛屿,很多民族都是多神的崇拜者。据当地人说,华人为了减少阻力,也吸收当地其他民族参加元宵庆祝活动,在游行队伍中有许多达雅族人抬着他们信奉的神仙或华人的神仙参与游行,在游行队伍中也有一些马来人参加,但他们多是被请来抬神仙的。

据当地人说,搞这样一场规模盛大的活动,耗费很多,光是靠本地的财力远远不能支撑,因此,还需要雅加达的华人财团的支持,每年都有雅加达的华人老板捐资赞助这项活动。尤其是那些祖籍山口洋,后来到外地发财的商人,他们每年到这个时候都会慷慨解囊。

下午到山口洋市体育馆参观。这里陈列了一条巨大的红色的龙,这条龙有138米长,我在中国国内没有见到过如此巨大的龙。在龙的旁边还建了一座仿照中国长城建立来的"山口洋长城",门口还要收门票,约人民币10元,供过节期间市民游玩和欣赏。长城内还设有反映山口洋市历史的一些老照片。

近年来,山口洋的闹元宵活动开始闻名海外,许多外国人也前来参加活动,尤其是比较多马来西亚的华人乘机来这里旅游,成为当地发展经济的一大亮点。

这次来山口洋考察,正好遇上这次元宵节,也算是机缘,笔者只是在儿童时期曾经在家乡见过各种民间的送神、敬神活动,但都是小规模的,如此大规模的元宵庆祝活动,还真是第一次见到。元宵这个传统节日,在山口洋受到如此的重视,在全球华人中实属罕见。究其原因,有如下两个方面:

一是海外华人社会对传统文化的依恋。这是所有海外华人社会带有共性的东西，即华人长期远离母国，在与当地文化打交道的过程中有一种危机感、紧迫感。在本地占优势地位的文化面前，他们感到自身的传统文化正在萎缩，正在被边缘化。他们强烈希望保留自己的文化，希望保留自己的根，而利用传统节日来弘扬自己的民族文化，是最好的形式和途径。

二是海外华人社会希望通过庆祝传统节日，加强自身的团结。传统节日一般都是与农业社会有联系的风俗、习惯和精神生活。在工业化和快速城市化的过程中，这些传统节日所反映的精神和风俗已经越来越脱离现实生活，越来越不受年轻一代的理解和重视。而老一辈的人往往是华人社会的主导力量，他们希望借助于这种热闹喧天的节日庆典活动，唤起年轻一代对本民族传统文化的兴趣，延续本民族的香火。

四、邦加－勿里洞的客家人

邦加－勿里洞是印尼外岛地区的一个行政省，由位于苏门答腊南部的两个岛屿组成，即邦加岛和勿里洞岛。邦加与勿里洞也是外岛地区客家人比较集中聚居的地方，他们的祖先为19世纪初的契约华工（即"猪仔"），被卖到当地开采锡矿。两地的采锡业在19世纪中叶以后达到鼎盛，但在第二次世界大战后逐渐走下坡路。采锡业没落之后，两地的客家人逐渐转向农业和商业发展，也有许多人迁移到西加里曼丹、爪哇、新加坡、马来西亚等地。据许天堂先生的考察，华人移民大规模到邦加和勿里洞开采锡矿的开端是在19世纪初期。早在18世纪初期，当地的苏丹把锡矿的开采权和贸易权卖给了荷兰东印度公司，而后者也很快控制和垄断了锡矿的开采和贸易。最初，荷兰人主要是雇佣当地人从事锡矿的开采，后来他们发现，华人矿工的方法和技术比起当地人来要优越得多，于是，他们开始到中国南方，尤其是广东招募大量的矿工。"1812年，巨港苏丹把开采邦加和勿里洞锡矿的特许权交给了英国国王。从此在上述两个岛屿设立了英国代办处，后来由荷兰代办处代替，同华人矿工签订了合同。1813年锡产量为450吨，到1861年增加至1,550

吨。"① 另据日本人的调查，早在 19 世纪初期，英国殖民当局已经发现邦加岛和勿里洞岛蕴藏有丰富的锡矿，为了更好地获取这些矿产资源，英国人一方面将这两个岛屿设为直辖区，另一方面加紧从中国输入大量的劳动力，导致该两个岛屿的锡矿产量猛增，从 1813 年的 450 吨增至 1816 年的 1,550 吨。这也从一个侧面反映了这段时间内矿工人数增加的情况。日本人也承认，邦加岛、勿里洞岛等附近的岛屿"无一不是中国人开发的小岛"②。

（一）邦加客家人

邦加岛与苏门答腊隔海相望，面积 11,340 平方千米，岛名来自梵语"vange"，意思是铅、锡，说明该岛屿自古以来就有锡矿等矿藏。古代曾经属于巨港苏丹的领地，1812—1816 年为英国殖民者占领，1816 年并入荷兰。邦加岛现在的行政区划包括省辖市槟港和邦加县。全岛居民中约有 30% 为华人。1834—1843 年，荷兰殖民政府大规模开发这里的锡矿，于是，大批华人，主要是广东一带的客家人来到这里。目前，该地的华人大部分是当年华人矿工的后裔。

据早期日本人的调查，邦加岛的华人移民多半来自中国大陆客家地区。（表 5-6）

---

① [印尼] 许天堂：《政治漩涡中的华人》，周南京译，香港社会科学出版社，2004，第 191-192 页。
② 日本外务省通商局：《南洋资源调查报告第一、二、三及四号：南洋的铁矿、煤炭及矿业》（1928 年），转引自 [日] 饭岛典子著，罗鑫译《近代客家社会的形成：在"他称"与"自称"之间》，暨南大学出版社，2015，第 30-31 页。

表 5-6　邦加岛华侨人口信息表（1943 年）

身份	侨生*人数	新客**人数	合计
客家人	19,733	5,046	24,779
广东人	5,654	8,761	14,415
广西人***	3,031	8,736	11,767
潮州人	2,749	4,887	7,636
其他	24,758	12,506	37,264
不明身份	—	—	2,258
合计	—	—	98,119

* 侨生，指在当地出生的华裔。

** 新客，指新迁徙来的华人移民，而不是专指客家人。

*** 这里说的广西人，大部分操客家方言，来自广西客家人聚居的地区，但日本人在统计时把他们归类为广西人。

资料来源：台湾银行东京调查部《苏门答腊概观·其四——苏门答腊的矿业》（1943年）。转引自［日］饭岛典子著、罗鑫译《近代客家社会的形成：在"他称"与"自称"之间》，暨南大学出版社，2015。

2008 年，台湾客家电视台记者黄靖岚专门到访过邦加岛。据她调查，"当然，现今邦加岛拥有不少的客家人。当地客属公会主席邹霖财先生说，客家人在全岛的比例有 15%，除了马来人之外，亦有很多的土著；而汉人部分，除了客家话，还有潮州话、福建话等方言的流通，所以，各方面都是很多元的，语言的转换及使用，更是丰富。最有趣的是，当地的邦加话，已经是所谓印度尼西亚的土著语和客家话杂交相糅而成的本地话了。"[1] 据黄靖岚的考察，这里的客家人大多数是矿工的后裔，他们虽然在很多方面已经完全本地化，但是，在精神的深处、价值观等方面，他们仍然非常顽强坚持了祖辈的传统。这里的客家人，其生活水平一般都要比土著高，"这可能跟汉人较勤劳的天性有关"。"作客他乡的客家人，要在异地求生存真的很艰辛，尤其是当

---

[1] 转引自陈天民：《追溯印尼邦加的华人矿工历史》。

'猪仔'般被骗过来的这些锡矿工人。我在寻找矿工后代的过程中,看到了许多令人感动的画面。我看到有人在家里供奉祖先牌位,却又看不懂中文的悲哀,当我帮他们念出祖先的名字时,我看到他们的欢欣,以及母亲感到安慰的笑容。这里的客家人,虽然面临岁月无情的摧残,后代子孙已经逐渐不愿意学习母语和不再重视中国本土的传统文化了,但是,我看到许多人还是很努力地想保有自己的文化,尤其是在庙里,许多我们在台湾司空见惯的祭祀方式,但在邦加岛,或是如同邦加岛一般的其他地区,拥有需要被保留在他乡来识别自己身份的文化,都会非常刻意地强调仪式。"①

(二)勿里洞客家人

勿里洞是印度尼西亚苏门答腊南部的一个小岛。这个弹丸小岛,面积约4,375平方千米;最高的山脉是尖山,海拔510米;人口约20万,华人有2万人左右。在早期,当地民族和华人50%为矿工,现在大部分务农,一部分伐木为业,近海居民则以捕鱼为生。岛上有4个主要市镇,县府设在丹绒班兰(Tanjung Pandan),县府属下的警察署、司法院、检察院、移民厅、海关等都设在丹绒埠,属勿里洞西区,其他是新路埠(Kepala Kampit)、玛纥埠(Manggar)和岸东埠(Gantung),都属于勿里洞东区。

岛上矿产丰富,尤以锡矿为主,海产亦丰富。1992年,岛上国营锡矿企业因管理不善而停顿,所有矿工都被停止工作,而作了善后处理。被停止工作的矿工,大部分已转为渔民、农民。幸而近几十年来,高岭土由于用途日益广泛,它是纸张、肥皂、漆的原料,高岭土工厂大大小小有一二十家,这些工厂都是华人后裔兴建的,减少了一部分失业人数。岛上的原住民都很善良,与华人和睦相处,通婚现象很普遍。岛上的原住民90%以上是回教徒。

18世纪末至19世纪初期,许多中国人由广东沿海一带离乡背井、漂洋过海到这个小岛谋生。岛上华人以客家人占多数,他们来自广东省的兴宁县、梅县、五华、河源、陆丰、揭阳、河婆等地,其中90%都是"猪仔"工人,

---

① 陈天民:《追溯印尼邦加的华人矿工历史》,第217页。

其他一小部分来自福建省各地，多是从商。①许天堂先生认为，"勿里洞的历史与邦加的历史几乎相同。大规模的华人聚居地估计开始出现于19世纪第二或第三个十年。1917年，在邦加岛15.4万人，华人有7万人。1930年在16.9万总人口中，华人有9.6万人，占57%，其中约2万人是锡矿工人。与此同时，1919年在勿里洞有1.7万名华工，1930年有3万名。一般而言，来到勿里洞的华人原籍为客家人。有一小部分原籍福建、潮州、广府（即广州及附近操广州话方言的群体——作者注）及其他。然而，客家人以外的华人人数相对较小。作为比较，我们可以从1930年人口调查中摘引如下资料：福建人1,786人，客家人23,367人，潮州人2,230人，广府人1,232人，其他289人。"②表5-7是日本人的统计，与许先生提供的数据稍有出入。

表5-7 勿里洞华侨人口信息表（1943年）

身份	侨生人数	新客人数	合计
福建人	852	934	1,786
客家人	5,653	14,714	20,367
潮州人	745	1,485	2,230
广府人	481	751	1,232
其他	8,868	19,736	28,604

资料来源：台湾银行东京调查部《苏门答腊概观·其四——苏门答腊的矿业》（1943年）。转引自［日］饭岛典子著、罗鑫译《近代客家社会的形成：在"他称"与"自称"之间》，暨南大学出版社，2015。

目前勿里洞的华人大部分都是当年客家矿工的后裔。据陈锦云先生在《锡岛风云回忆录》中的记载："在荷印殖民时代，绝大部分都是矿工，也是'猪仔'过来人，也叫契约工人，他们勤劳节俭，朴素也洁身自爱，在工作过程中，一点一滴地积蓄起来，契约期满，有的领得一张船票转唐山，有的留

---

① 转引自陈锦云：《锡岛风云回忆录》。
②［印尼］许天堂：《政治漩涡中的华人》，周南京译，香港社会科学出版社，2004，第217页。

下来成了家，有了后代。但回忆起当年'猪仔'沧桑史，有血有泪。……我父亲是'猪仔'，我叔父是'猪仔'，我堂叔是'猪仔'，我堂兄也是'猪仔'。一天晚上，他们坐在灯下谈家常，谈家乡情况，也谈怎会从老远的家乡来到番邦。那时我只是七八岁的小鬼，也拉张矮凳坐着旁听，津津有味，虽然现已七十年了，但还深深印在脑子里。我父亲说，他20岁过番，过番的原因是家乡民不聊生，又时值干旱，农作物无收成，加上苛捐杂税，地主逼租，又常有盗贼洗劫乡村的牲畜，疮痍满目。适有水客在家乡各住户游说南洋是好地方，由荷兰人开的采锡公司正招兵买马，参加开矿者有吃有住又有工钱，何乐而不为？如果大家都有意思的话，可随水客前去，不必花一文钱。那边工作轻松，吃用好，营养足，'一餐无鱼就杀猪'。于是父亲决定过番淘金，该水客拿出一张纸，在扭来扭去不知什么文字上盖了手印，又给了他一个大洋作零用，原来那张盖手印的纸说的是借给父亲一个大洋，到南洋工作，发薪时才扣除。父亲把大洋留给老母作家用，反正父亲自己有得吃就算了，不需要零用钱。父亲一个包袱，脚上穿上一双草鞋，别了老母（老父已去世），叮嘱叔侄们照顾她老人家，同时希望他们也多保重，日后在外洋能安心工作的话也会托水客带他们来。就这样跟着水客，踏上征途，在路上父亲他们又认识了二十位新人，也是由该水客在其他乡村招来的，熙熙攘攘，行陆路、走水路，到了潮州，则乘潮汕火车到汕头，再乘轮船往香港。在香港，他们被安置在'猪仔行'，里面已有很多同一命运被招往勿里洞采矿的人。行里床铺不够，只好大家挤着睡，好在是九月天，秋高气爽，也不觉得什么。在'猪仔行'住了三天，第四天乘远洋轮往目的地。他们乘的是日本轮船，载了一船水泥，尘灰扑鼻，虽然舱上已盖上帆布，还是冲得他们大打喷嚏，甲板经过水手两次的冲洗才干净。航行了七天的水路，到了新加坡，该轮卸下一个货舱的水泥，当天傍晚启航，第二天早上到了勿里洞。勿里洞的码头只能停泊三百吨的轮船，万吨巨轮停在很远的大海上，他们都坐在甲板上，等候驳船，足足等了半天，天气热，肚子又饿，船上已没有给吃的了，好难熬！下午两点了，才看见远远来了两艘驳船，前面由汽艇慢吞吞地拖来。他们上了码头,来的有一个是唐人,听说他是做荷兰官的,会讲客家话,还有五六个矿警,当地人叫他们'Opas'。左右两旁由矿警用长绳牵着,父亲他们在中间,那个唐人当官的在前面领路,一路被押着像犯人一样,足足走了约三公里的路,安排在'新客寮'。两天后父亲他们在合约上盖了手印,正式成为契约工人,才被分配到各个'隆帮'(矿山)。"[1]

由于客家人的聚集,客家话便成为勿里洞的流行语言。曾经有人说,在勿里洞不会说客家话,就寸步难行。这句话可能有点夸张,片面夸大了客家话在勿里洞经济和社会生活中的意义,"但是,也道出一个事实,即客家话的确成为勿里洞华侨社会的'共同语言'。在勿里洞,除客家人外,也有许多福建、浙江以及其他外籍人士,在这许多不同籍贯的华侨中,客家人可能不会操闽语、粤语或其他方言,而闽、粤等华侨,却一般能操流利的客家话。不仅这样,甚至一些印尼朋友也能讲得一口咬音正确的客家话。在勿里洞,客家话确实是华侨间日常使用的语言"[2]。勿里洞华侨华人社会通行客家话,是有其历史根源的。早在19世纪中叶,荷兰殖民统治者大力开发锡矿,需要大量的廉价劳动力,中国南方的客家人便陆陆续续地前来此地落脚,尤其以海陆丰、兴宁、梅县一带的客家人为多。"由于客家工人不断南来,人数不断增加,客家话在勿里洞便形成了巨大的影响力,影响到在这里谋生的其他籍贯的华侨也操客家话。"[3]

一般认为,勿里洞客家话虽然源自中国南方,但在本地历经时势变迁也发生了许多变化。语言是交流的工具,在不同方言群之间,尤其是在与印尼本地人群交流之间,相互影响是非常正常的现象。勿里洞客家话的最大特点,是夹杂了不少外来词汇,如巴刹(pasar),加龙(karung),多朗(tolong)等,这些都成为当地客家口语中常用语。据常习之(又名邹访今)的观察,勿里洞客家话从外国语言借入的词汇分为如下两类:

---

[1] 陈锦云:《锡岛风云回忆录》。
[2] 前揭书。
[3] 常习之、李旭:《锡岛史话》,香港生活文化基金会,2014,第40-41页。

1）从荷兰语中借入的外来词：亚呼基（afkir），塞夫（sef），关都（kantor），慕锡（musik），按时勒（onslah），奥巴（opas），班息安（pensiun）。

2）从印尼本地民族语言中借入的外来词：庵本（ampun），耶沙（djaksa），榴菇（duku），榴莲（durian），甘光（kampung），加龙（karung），交人（kawin），鲁拉（lurah），芒吉柿（manggis），拢帮（numpang），沙地（sate），巢禾（sawo），时拉马（selama），纱笼（sarung），达彼（tapi），巴力（parit），渣末（tjamat），多朗（tolong），大端（tuan besar），乌兰那（wedana），都耕（tukang）。

常习之认为，进入勿里洞客家话中的一些印度尼西亚语借词，似乎已和客家话融合为一，分别不出是否印度尼西亚语。如"交人"（kawin），本是两个音节的一个词，是不可把两个音节分割开来的。但是，勿里洞的客家话词汇中，有时却把"交人"与客家语中"结婚""嫁人""娶妻"的词汇等同使用。进入勿里洞客家话中的印度尼西亚语借词，如"芒吉柿""榴莲""榴菇"等都是热带水果名，它们在中国很少见或者没有；"乌兰那""渣末"等借词，严格说起来和中国的"区""乡"也不尽相同；"巴力""拢帮"（单身工人宿舍）等富有勿里洞乡土气息。"一般来说，它们都可丰富勿里洞客家话词汇，为勿里洞客家话添上异乡的色彩。"①

（三）"印尼客家之子"钟万学

钟万学，1966年6月29日出生于印尼邦加－勿里洞省东勿里洞县，父亲是当地客家矿工，祖籍广东梅州。当地客家人叫他"阿学"（客家话读音：Ahok）。他在出生地读完高中后，考入雅加达的特里萨克蒂大学（Trisakti University），选修地质工程矿产技术专业，于1990年获得学士学位（S-1），获地质工程师衔。接着上普莱斯蒂亚·穆理亚大学（Universitas Prasetiya Mulya），攻读财务行政管理学，于1994年取得硕士学位。

---

① 常习之、李旭：《锡岛史话》，第43－45页。

2004年，东勿里洞县举行县长直接选举（2005—2010年），客家人后裔钟万学以37.13%得票率高票当选，成为该县第一位民选华人县长，时年39岁。作为矿工的后代，他矢志发展地方建设，为穷苦人民谋福利。他上任之初就在全县实行免费医疗和教育，深得中下层人民的拥护。2006年底，钟万学辞去县长职位，竞选邦加-勿里洞省省长职位，以相差1%的选票输给了另一位候选人。在2009年大选中，钟万学顺利当选为国会议员。2012年7月，钟万学（大印尼运动党）作为副省长候选人与斗争民主党佐科搭档，竞选雅加达特区省的正、副省长取得成功，任雅加达特区省副省长。任期内以坚决反对贪污、严格执法、为民服务而得到了高度的赞誉。钟万学于2014年就任雅加达首都特区省长，2017年因亵渎伊斯兰教罪名入狱，2019年初出狱。

钟万学在其回忆录中说，他为什么会选择从政的道路呢，这与他小时候受到的影响有很大关系，因为他的父亲从小就向他灌输为社会服务和为人民服务的意识。"阿学之所以能参选为县长候选人，是因为他的父亲在阿学年轻的时候，就希望阿学将来长大了成为官员造福人民。这个崇高的志向，使得他父亲必须刻苦耐劳，勤俭养家，让孩子们接受良好和高深的教育，向孩子们灌输如何造福人民的正确理念，但因为家庭经济的因素，这个远大的志向差点被阿学忘掉了。结果当人民信任阿学，选举他担任东勿里洞县长时，他父亲的不懈努力和愿望实现了。这个事实，使得阿学在意识里十分赞同一位官员说的'他是他父亲的意识形态塑造的孩子'。大体上，孩子们获得思想教育传递、教训和教导是在晚上临睡之前，但是这种教育制度在钟万学家庭里有所不同，他们是在饭桌上进行的。因此，他和他的3个弟妹每天必须和她的父母亲一同吃晚餐，坐的位置总是固定的。他的父亲在饭桌上教训和教导孩子们有自己的理由。他父亲认为，如果在床上进行，孩子们的注意力已经在准备睡觉上，而在饭桌上传递的教育和教导思想意识能更完整，而且孩子们的注意力还是新鲜的。"[1]

---

[1] [印尼]钟万学：《改变印度尼西亚——钟万学自传》，苏仁节译，《千岛日报》2012年9月8—17日连载，由香港印尼研究学社提供电子版。

第五章　印度尼西亚客家人的社会变迁与文化认同　239

钟万学回忆小时候的成长过程，他印象最深的是父母亲总是在吃饭的时候教导子女们一些做人的道理。"我们家在饭桌上讲话的话题，从中国的古代故事讲起，完全都是人事应对的实际问题。父亲总是希望孩子们在成年后，能为人民造福。这个家训至今仍深深地镌刻在我心灵深处。父亲经常说，不会留任何遗产给孩子们，理由是，即使我们家财万贯，一旦被人抢去，什么都没有了，但是如果受到很好的教育和有很好的声誉，那才是真正的财富，任何人也不能抢去。"①父亲揭示的道理，使阿学心里非常感动。他和弟妹们通过学校的教育，学习欲望非常高，努力追求高深的学问。他们的父亲不仅给与精神上的推动，而且也尽力为他们准备教育费用。

钟万学在其回忆录中还揭到，当时他有两个选择，从政前他已经是基督教雅加达地方的理事会主席，如果只考虑个人的利益，他继续当基督教理事会的主席，是一条平坦且很舒适的道路，没有什么风险，也不需要太多的付出。"如果为满足我的意愿，当然我希望想当教会的理事，同时也享有在雅加达基督教小区成为宗教精英的'社会身份'。可是，谁能拯救广大人民，使他们能享有更高的教育和福利呢？值得深思。若是为了家庭的需要或是私人的喜爱，我大可以带我的家属回到我的出生地楠榜，即使在那里没有电话设施和手机信号，同时也没有商厦，不能购买小麦面包，也没有电影院，也能过得挺自在。然而，人民不仅仅需要在教堂里祷告，他们更需要的是现实的帮助，使他们拥有基本的衣食住行、教育、健康和老年的生活保障。即使当权者没有履行就职誓言，作为贫困人民，我们也不可能反抗掌权者，我们连反抗富人的能力都没有，遑论去反抗贪污官员。连富有的人家都不能反抗官员，因此如果想反抗贪官，就必须振作争取当官。"②这是钟万学的父亲从中国古代故事中总结出来道理。钟万学为了从政，辞去教会理事会主席的职务，引起外界的激烈反响。

---

①［印尼］钟万学:《改变印度尼西亚——钟万学自传》。
②同上。

钟万学在担任县长期间,花最多力气抓的就是教育。他认为,像印尼这样一个国家,首先必须让人民不断提升文化素质,只有如此,这个民族才有希望。他在回忆录中说,他从穆罕默德先知和中国哲学中得到了这方面的启示。"当时我开始寻找穆罕默德先知有关到中国学习哲理的含义,它当然与占世界穆斯林人口最多的国家——印尼有关系。从中国学习到的哲理中,我获得两个有关教育方面的重要启示:第一是'有教无类',即教育不能有歧视,不管什么人都可以接受教育;第二是有关领导的身教问题,即'上梁不正下梁歪',比喻上级或长辈如果行为不正,其下属或晚辈也会有样学样、步其后尘。"[1] 在钟万学的领导下,东勿里洞县政府决定实行从小学直到高中的12年免费教育,从贫困学生中派送4名学生在雅加达德利沙格蒂大学免费学习,再派送成绩前10名的学生就读于邦加勿里洞大学。钟万学指出,政府理应学习中国在公元前1000多年前就提出的道德价值观,那就是不可以有歧视的教育制度,但在大部分人口是穆斯林的印尼,在教育制度中明显存在歧视的现象。昂贵的教育费用使许多人交不起学费,贫困人民只能获得素质很低的教育。如果政府愿意实践以上的教育理想,那就必须在各地必须实行高质量的平等教育纲领,让所有人民都能获得高素质的教育机会,高素质教育不是只属于富有人家和掌权者的特权。

受到中国传统文化的影响,钟万学十分重视"身教重于言教""上梁不正下梁歪"等中国格言。他经常说:"如果领导人正直,他属下的团队人员也就不敢越雷池半步。有了总统和地方首长的民主选举制度,人民才能通过民主选举领导人,选出大多数人认为是正直、可靠、合人民心意的领导人,这是最正确的管道。"[2] 在印尼,贪污是一个非常普遍的现象,也是印尼人民深恶痛绝的一种社会弊端。作为一个人民选举产生的年青的官员,钟万学担任县长期间,每天都必须面对如何与贪污作斗争的问题,在人民的福祉还是个人

---

[1] [印尼]钟万学:《改变印度尼西亚——钟万学自传》。
[2] 同上。

的利益两者之间选择。当在两者之间必须做出选择时，钟万学毫不犹豫地选择了前者。"我在担任县长期间，每天必须应对的问题是究竟要向既得利益妥协还是坚持就职宣誓中为国为民造福的诺言。举个例子，有人以地方预算案中的5%向我兜揽一项工程。假如这个工程预算每年是700亿盾的话，如我愿意接受，每年就能获得35亿盾的佣金，这还不包括企业家送来的红包。已在运作和准备申请营业准证的一位棕榈园园主，刚认识时就要给我3亿盾的红包和其他贵重的礼物。大致估计至少在一年中我能获得60亿盾到70亿盾的额外收入。"[1] 因为执政期间反贪倡廉取得优异成绩，钟万学被有关机构评估为成功施行了反贪纲领，并在2006年获得"反贪精英"称号。钟万学担任东勿里洞县长后，勇敢地采取了两个重要的改革措施以解决社会的基本需要，即克服教育和健康两个"老大难"问题，因此，他被列入2006年印尼《时代杂志》选出的改变印度尼西亚的十大精英榜。

五、棉兰的客家人

棉兰位于印尼苏门答腊岛的北部，是北苏门答腊省（印尼华人简称为"苏北省"，下同）的省会，濒临马六甲海峡，是印尼第三大城市，其地位仅次于雅加达和泗水。苏北省的地理位置非常重要，东临马六甲海峡，西北与亚齐特区相接，南连廖内群岛和西苏门答腊省，西向印度洋。苏北全省面积71,680平方千米，有1,300万人，其中华人人口约100万。棉兰市人口220万，华人约50万，占全市总人口的20%，是全印尼华人聚居最集中的城市之一，仅次于西加里曼丹的坤甸市和山口洋市。50万华人在棉兰市区及周边地区世代生存、发展和繁衍后代，是一个具有典型意义的群体。他们与当地民族一起团结奋斗，共同为棉兰的发展和进步作出贡献。与印度尼西亚其他地区华人一样，他们热爱印度尼西亚，建设印度尼西亚，已经成为印度尼西亚忠诚的公民。如果说棉兰的华人有什么不同的话，那就是他们更具有华人的特色，

---

[1] [印尼] 钟万学：《改变印度尼西亚——钟万学自传》。

具有更高程度的国际化,与当地民族的关系也更为融洽、和谐。在棉兰50万华人中,数福建人最多,约占华人的60%,客家人约占30%,还有一部分潮州人和广府人。提起印尼棉兰的华人,人们马上会说这里的福建人很富有、能干,经商成功。不可否认,福建人经商最为成功,经济势力最大,在华人社会中也最有影响力。[1]但是,历史资料表明,最早来到此地并为这里的开发立下汗马功劳的应该是客家人。印尼棉兰开埠功臣是广东梅县人张榕轩,他在印尼棉兰的发展史上写下了光辉的一页,我们有理由为客家人祖先在棉兰曾经创造的辉煌而感到自豪。此外,以海陆丰客家人为主体的日里各大小烟草种植园工人,曾经为当年日里的经济发展流血、流汗,他们的功绩也不可抹杀。

(一)简短的历史

早在13世纪,在苏门答腊港口城市巨港已经有华人聚居,主要是从事贸易的商人。与东南亚其他地方相比,华人较大规模地向棉兰迁移的时间可能要晚一些时候,大概从19世纪中期起,荷兰殖民者在苏门答腊的日里、朗卡特和实丹(塞尔当)等地大规模地开发烟草种植园,吸引大量的中国移民前来。苏门答腊各地烟草种植园的华工人数在1930年达到高峰,约21,000人。之后,由于移民费用过高,加上苦力条例被取消,1931年12月31日停止从中国招募劳工,华人劳工逐步被爪哇的工人所取代。[2]

比较早来到棉兰的应该是客家人,福建人可能要晚一些时候。据棉兰开埠功臣张榕轩的后人张洪钧先生整理的史料,其曾祖父张榕轩20多岁便从巴达维亚(今雅加达)来到棉兰创业,当年(大概是在19世纪70年代初——作者注)的苏岛日里埠还是一片荒野之地,虽然荷兰殖民当局早已有开发日里埠之议案,但迟迟未施行。20岁出头的张榕轩甫抵该地,见土地膏腴,茂林蔽日,乃英雄用武之地,设万永昌公司,经营商业和垦殖业,广种甘蔗、

---

[1] 以上数据均来自笔者2009年10月赴棉兰田野调查所得资料,详见曹云华:《棉兰华人印象》,载《东南亚研究》2010年第1期,第25页。

[2] [印尼]许天堂:《政治漩涡中的华人》,周南京译,香港社会科学出版社,2004,第191-195页。

烟叶、橡胶等经济作物,事业有成。20世纪初,棉兰市有华侨3万人,华侨商店1,000多间。于1910年11月2日成立的日里中华商务总会,会员有600余人。这些数字也从一个侧面反映出当年棉兰市华人社会的繁荣景象。①

虽然客家人最早来到这里并且为这里的发展立下了汗马功劳,但是,后来在该地经济中占优势地位的不是客家人,而是福建人。为什么福建人能够后来居上呢?不同方言群所反映的文化也许可以给我们一种合理的解释。毋庸置疑,作为一个不断迁徙的族群,客家人天生具有开拓和冒险精神,客家人来到海外,把这种开拓和冒险精神进一步发扬光大,所以,东南亚的许多城市都是他们最早开拓的,如泰国南部的合艾市、马来西亚吉隆坡市、印尼西加里曼丹的坤甸市,还有苏北的棉兰市,都是客家人最早在这些地方开拓发展的。他们在这些地方开矿、筑路,建立烟草和橡胶种植园,奠定各种基础,形成城市的雏形,但是,他们不可能长期地占有和发展,主要是因为排外和内部不团结。广东人有商业意识,善经商,他们的到来可以使一个地方很快就繁荣兴旺起来。潮州和闽南人则较有战斗精神,在圈内也比较团结,所以他们往往能够占领一个地盘并且不断扩充实力。人是环境的产物,形成上述情况在很大程度上是由客家人所处的特殊环境决定的。换一句话说,客家人的传统文化中缺乏海洋文化的基因,客家人只是到了海外之后,才慢慢地接受了海洋文化,逐渐受到海洋文化中的商业基因的熏陶和浸润,补上了商品经济这一课。

此外,还有一个很重要的原因,那就是棉兰与新加坡有着非常紧密的商业联系。新加坡作为东南亚最重要的贸易城市,重要的商业网络基本上均由福建人垄断。因为地缘、族缘和血缘及方言的关系,促成新加坡与棉兰两地的福建人建立了紧密的商业网络,客家人要进入这个网络是非常困难的,于是,客家人只好继续与土地打交道,做生意的事就交给福建人了。台湾华人研究学者黄建淳先生在考察沙捞越古晋的福建人为什么能够在商业方面占有

---

① 由张洪钧先生提供的资料,未公开出版。

绝对优势地位的原因时指出:"在古晋,凡大宗贸易或出入口商,多由福建人所开创,虽然潮州人及后起的福州人亦不乏参与类似行业的竞争,但福建人仍在沙捞越的经济中占有重要的支配力量。此与新(新加坡)晋(古晋)两地历来频繁的商贸发展,以及闽帮在新加坡占有绝对优势的经济实力,有密切的连带关系。"①棉兰的福建人能够在商业与贸易方面占有绝对优势,情况与古晋基本类似,源于这两地的福建人与新加坡商业的天然联系。

(二)苏北省客属联谊会

苏北省客属联谊会名誉主席张洪钧(他还担任印尼客属联谊总会副主席)出身一个华侨世家。早在19世纪70年代初,张洪钧的曾祖父张榕轩,便从巴达维亚来到棉兰开创基业,各项事业兴旺发达,成为当地著名的华人领袖,后又成为满清政府驻棉兰的总领事,受到当时满清政府的重用,在保护华侨方面发挥了重要的作用。

为加强苏北省客家人的联谊,棉兰地区知名客家人士于2000年4月正式成立了苏北省客属联谊会。创会的宗旨是团结苏北省各地的客家人,以联络乡情,增进乡谊,守望相助,融入主流社会,团结本地各华族社团,与各族群和睦相处,为共同建设繁荣、富强的印度尼西亚共和国而多作贡献。张洪钧先生说,该会成立之初只有会员100多人,五年之后的2006年,会员发展到600多人,会员包括有祖籍梅县、大埔、兴宁、蕉岭、丰顺、惠州及福建永定县的客家乡亲。②从会员的祖籍地也可以看出,棉兰的客家人来源非常广泛,他们参与客家人组织的热情也不断高涨。

---

① 黄建淳:《沙捞越华人史研究》,台湾东大图书股份有限公司,1999,第317-318页。
② 张洪钧:《印尼苏北省客属联谊会史略》,载印尼苏北省客属联谊会主编《印尼苏北省客属联谊会五周年纪念特刊》,2006,第41页。

棉兰的客家人，有很大一部分是20世纪60年代印尼出现大规模排华时，从邻近的亚齐省移民到此的。他们来这里的时间比较短，起点比较低，条件比较艰苦，但是，也有不少人取得了成功，很快就在棉兰立足和发展自己的事业。例如，新任该会馆理事会主席饶健民先生，就是当年从亚齐移民过来的，他现在开了几家金店，生意兴隆。饶先生经常来往于新加坡、吉隆坡和槟城等地，准备把金店的生意进一步扩大，进行跨国经营。据相关历史资料，在棉兰的华人中，客家人可能是最早来这里定居的，如张洪钧先生的曾祖父张榕轩先生兄弟，很早就在这里奠定了基础，后来才有大量的福建人（闽南人，祖籍多在晋江、泉州、安溪一带）迁移来到这里。客家人以吃苦耐劳著称，在东南亚华人中也出现过许多如罗芳伯、叶亚来、张榕轩等领袖人物，但是，最终取得成功的企业家和商人以福建人居多。

　　在棉兰，福建人多从事与商业活动有关的行业和职业，而客家人多从事与种植业相关的行业与职业，这种分工应该与他们早期移民的历史有密切关系。上文曾经提到的台湾学者黄建淳在分析早期东南亚华人的方言与职业行业分布的关系时做过一个分析，颇能说明问题。"至于后到南来谋业的移民者，在人地生疏下，寻求非亲即故的亲戚或族人的眷顾和提携，往往是在异域安身求存的固有模式。大体而言，他们自身没有选择职业的机会，投靠乡亲族友的行业谋生，无论是否吻合于自己熟悉的技能，在新的环境中，皆须入境随俗的重新调适与学习；因经年累月的潜移默化，前辈乡亲从业的技能就成为自己的技能，即使来日稍有积蓄，不再寄人篱下而自创生理，但也萧规曹随，本诸学来的技能重操旧业而已。尚嗣后经营得法，业务日盛而人于不足时，则一如自己的原先的履历，招纳乡亲晚辈南来协助。如此环环依循、代代援例，使血缘、地缘与业缘的关系相互依偎也相辅相成，年久日深，即形成相对于某一方言群，即存在某一行业类型的自然关系与特征。"[①] 早期南来的客家人，多从事矿业和种植业，这就导致后来的客家人也大多从事这些

---

① 黄建淳：《沙捞越华人史研究》，台湾东大图书股份有限公司，1999，第320页。

行业。这种方言与行业及职业的关系，给海外华人社会打下了深刻的烙印。

（三）海陆丰客家人与惠州会馆及当时的烟草种植业[①]

棉兰及其周边地区早期被称为日里。当年日里以烟草种植起家，而烟草种植园的老板和工人以客家人居多，从这个角度可以说，客家人是棉兰开埠的功臣。据日本人当年的调查，早在1864年以前，日里便兴起了烟草种植，烟草种植园开始以当地的马来人为主要劳动力，但由于生产率低下，于是改为从新加坡和槟城招收华人劳工，几年以后，由于英国殖民政府设置移民保护局，限制华人劳工从这两地转口输出，从上述两地招收华人工人已无法满足烟草种植园的需要。1873年之后，荷印当局与中国当局交涉，并签署相关协议，中国政府准许自由移民。日里开始从中国直接输入劳工，各个种植园在中国实行联合招募，他们多来自中国南方，客家人占了多数。据日本人的调查统计，"在1912—1929年期间，从中国输入的华人劳工中，36%为潮州，41%为陆丰及海丰[②]，5%为福建，4%为客家[③]，其余的4%则为其他地方"[④]。在上述统计数据中，陆丰和海丰人应该都是客家人，也就是说，与后面说的4%客家人相加，两者占了45%。

[①] 这里说的惠州，是1949年以前的大惠州地区（下同），包括现在的惠州市下辖各县、河源市下辖各县和汕尾市下辖各县。海外经常叫"惠州10邑"，包括惠阳、博罗、龙川、河源、紫金、海丰、陆丰、和平、连平、新丰。

[②] 这里说的陆丰及海丰人，多数属于客家人，即人们常常说的海陆丰客。这一带在广东早期的行政区划上属于惠州，因此也有人把他们叫做惠州客。在海外，他们一般也是加入惠州会馆。

[③] 指嘉应州属各县的客家人。

[④] 日本满铁东亚经济调查局：《三十年代荷领东印度之华侨》（南洋研究史料丛刊第17集），杨建成等译，中华学术院南洋研究所，1985，第241页。

表 5-8　1888—1900 年日里输入的劳工及回国人员统计

年份	移民数量			返国人数	汇款额/基尔特
	海峡殖民地输入	中国输入	合计		
1888	2,820	1,152	3,972	586	840,100
1890	2,462	6,666	9,128	1,476	115,453
1895	2,142	8,163	10,305	2,140	210,649
1900	4	6,922	6,926	1,835	215,412

资料来源：日本满铁东亚经济调查局《三十年代荷领东印度之华侨》（南洋研究史料丛刊第 17 集），杨建成等译，中华学术院南洋研究所，1985，第 240 页。

另据归侨张云飞[1]先生的考证，比较早参与棉兰开发的华人劳工多为惠州和海陆丰一带的客家人。"日里资源开发开始，是在 1874 年，由英属海峡殖民地转运来第一批潮汕和海陆丰籍的华工，只有 48 人。后来荷兰十二公司和英美大资本家，为了扩大种植烟草叶种植面积需要大批劳动力，由 47 个种植园成立招工总机构，于 1889 年派遣代理人到中国沿海厦门、汕头等处，输入日里的契约华工，共有 13,551 人。到了 1935 年，在日里 100 多个种植烟叶园中，共有契约华工 10 万多人。"[2] 这些华工中有相当一部分是来自惠州和海陆丰一带的客家人。张云飞先生回忆道，在 1936 年至 1941 年间，他担任棉兰养中学校校长，由于该校董事多数都是种植烟园的华人老板，所以他有很多机会到各家大种植烟园去参观访问，亲身走访了约 20 多个种植烟园，接触了大量的同乡华工。"在日里 100 多个种植烟园中，海陆丰人占了 30 个（原话如此，应该是指海陆丰人担任管理，即大工头的烟园有 30 多个——作者

---

[1] 张云飞，广东海丰人，早年与彭湃等人组织海陆丰地区的农民运动，1928 年大革命失败后流亡到印尼日里（即现在的棉兰附近），新中国成立后回到海丰县定居，于 1991 年去世。张云飞在印尼日里期间（1936—1941 年）曾经担任棉兰养中学校校长，与棉兰及其附近的种植园华工有许多接触，对这个地方华工的历史有深入的了解，回国后曾经撰写《日里华工血泪史》一文。

[2] 张云飞：《日里华工血泪史》，载《棉兰鹅城慈善基金会 20 年纪念特刊》，2004。

注），契约华工共有4万多人。""在日里每个种植烟园中，设荷兰总经理1人，荷兰副总经理和书记若干人，由荷兰总经理从契约华工中选拔1人为大工头，在大工头之下，选任若干工头仔，分别指挥契约华工的日常操作，如开芭、锄泥、播种、播烟苗、浇水、捕虫等工作。每日工作9小时，星期日不休息，规定每月1日和16日为发粮休息日。他们终年累月披荆斩棘，胼手胝足，为殖民主义者卖命。在荷人管工监督下，稍有怠工或出勤迟到以及违抗命令者，轻则被其鞭笞辱骂，重则被其殴打判刑监禁，甚至重伤死在监狱中也无人过问，人生悲惨之事莫过于此。"直到第二次世界大战结束之后，契约华工才得以被正式废除。"废除契约华工后，日里华侨社会发生了根本的变化，10多万契约华工获得了自由，脱离苦海，有如拨开云雾见青天。除了一小部分愿意留在种植园做自由华工外，大部分华工喜气洋洋分散到种植园附近，租地经营菜园、种菜、养猪和养鸡鸭，过着安康的生活，也有的到城市经营小商店或到工厂做工，也有的把东西便宜变卖后回到自己的祖国，参加社会主义建设。"①

从张云飞的上述回忆中，我们可以推论，现在棉兰市区及周边的客家人，多半是当年从中国南方来到棉兰一带的大种植园的契约华工的后裔，大多数祖籍来自广东惠州包括海陆丰一带，正因如此，才有当地历史最为悠久的惠州会馆的产生。

棉兰惠州会馆创建于1895年，当年馆址设在棉兰市商业中心——广东街58号，该会馆还创办了当地著名的华文学校——养中学校。惠州会馆的前身是惠州公司，由旅居日里惠州十属同乡创建。棉兰是世界闻名的日里烟叶的产地，早年客属华人漂洋过海，南来谋生，大多分布在日里昔黎冷勿拉涯县一带，海陆丰两县同乡居留于此地者为数众多，因此，苏北日里的大工头多数是惠州府海陆丰两县人士。1965年之后，惠州会馆被关闭，与其他华人会馆、华文学校一样停止了所有的活动。1989年，惠州籍人士积极活动，成立

---

① 张云飞：《日里华工血泪史》。

了鹅城慈善基金会,作为惠州会馆的当然继承者。

上述惠州籍华工后裔,留在棉兰市的多从事工商活动;留在棉兰市周边农村地区的惠州籍华工后裔,多数仍然从事农业和种植业或与之相关的活动。据有关资料记载,位于棉兰市区附近的昔黎冷勿拉涯县,华裔约有2000多户,其中惠州籍的华裔有700多户,绝大多数是海陆丰的客家人。他们散居在各个村庄,包括万挽、甘光笨、南吧、勿拉涯、沙浪开亚、双溪武鲁、新邦帝甲、扪那雅罗、目光实打曼、东姑哺茶和巴东答腊等村庄和小城镇。居住在农村的,大多数以种植农作物和饲养家畜家禽为生,居住在小城镇的,则多数经营小生意,也有一部分受雇于他人,居住在海边的还有不少人以出海打鱼为生。南吧镇是该县的县府所在地,附近有一座北帝佛祖庙,是老一辈的华人从中国家乡携带香火炉灰到南吧而建的庙,迄今已有110多年的历史,供奉的神为玄天上帝——佛祖公。各个村庄的华人都成立了互助会、基金会等组织,以广泛地团结华裔乡亲和促进与华人社会有关的各项公益事业。例如,在网眼成立了同心互助会,新邦帝甲和巴东答腊有忠廉互助基金会和观音堂神庙,在万挽成立了万联互助基金会,该基金会还举办了华文补习班,从初小一年级到三年级,有学生100多人。[①]

昔黎冷勿拉涯县有一个叫网眼的小镇,这是一个离棉兰市区只有50多千米的市郊渔港,该镇共有12个村庄,其中有5个为华族与友族混合居住,另外7个则为纯友族居住。华族约有400多户,他们的祖籍多数为广东海陆丰两县,以农业和畜牧业为生。在镇上,居住有较多的华人,最盛时曾经有华人居民200~300家,大多数是海陆丰乡亲,以林姓占多数。因为这个地方有比较多的惠州人,1925年,在一个叫林妈有的(外号"妈有公")华人的带领下,大家积极游说各地的惠州籍工头,发起成立了网眼惠州同乡宗祠,后改名为惠州会馆。当时为创建会馆而捐资的一共有364人,可见当时惠州人

[①] 林英顺:《昔黎冷勿拉涯县惠州乡亲近况》,载《第八届世界惠州同乡恳亲大会纪念特刊2007年》,棉兰鹅城慈善基金会(惠州会馆),2007,第187页。

在该地的影响力非同一般。

（四）当年客家归国华侨的自述

1963年5月，中山大学东南亚历史研究室和厦门大学南洋研究所的4位教师组成一个联合调查组，到广东省阳江县组篑农场进行田野调查，采访了近百名归国老华侨，他们多是在1900—1940年间被卖到印尼苏门答腊东部日里种植园和邦加锡矿的"猪仔"，这些口述资料后来被整理出版，书名为《猪仔华工访问录》（由中山大学东南亚历史研究所1979年出版）。这些人在当时自述时已经60~80多岁，估计他们中的绝大多数都已经去世。当时做口述资料的目的，是让这些华人以亲身经历揭露殖民主义和帝国主义对华人的压迫和掠夺，但是，现在重新审视这些口述资料，笔者认为还有另外一层的含义，那就是这些华工留下来的宝贵的口述资料，为我们提供了观察当时华人移民的珍贵的片段。现将曾经在日里各个种植园做过劳工的部分客家归国华侨的口述资料整理如下：

1. 周亚招

周亚招，广东省五华县水寨人，1880年生，1963年做口述资料时83岁（估计已经去世）。1900年被卖"猪仔"到印尼，在荷兰种植园种烟30年，1930年离开种植园，在附近的瓜勒一带以小贩为生。1960年回国，被安排到阳江组篑农场。

"我的家乡在五华县水寨，家境很穷，没有一分田地。幼时父亲离家往印尼做工，但从未有音讯返家。""全家三口经常挨饿。""为了维持生计，我在12岁时便离家到镇平一带做拉船缆的童工，这种劳动又重又艰险，我还是硬着头皮支持了好几年。1900年（20岁），我在镇平县城遇到了一个'猪仔头'（不记得姓名了），他骗我说：过番（指去南洋）很容易赚钱，又不像做拉缆工那么辛苦。我被他的甜言蜜语欺骗了，便跟他往梅县，转乘木船下汕头，准备过番去。"

在汕头，周亚招乘12公司的轮船出发，经过七天七夜，到了勿老湾靠岸。"4月15日，我被分派到宋沟逝佛烟园，先做了半个月的杂工，便开始种烟。这个烟园很大，有华工600多人，印尼工近2,000人。""我在宋沟逝佛烟园先后做工4年，第5年便转到另一个叫俄罗令吉烟园，在这个园丘共7年，这个园丘规模较小，只有华工200人，印尼工近千人。1912年我转到锡姑兰打园丘种烟，这个园丘有华工400~500人，印尼工1,000多人。我在这里总共做了17年的苦力，直到1930年脱身为止。"

"我每年种1.6万~2万株烟，每千株得8~10盾工钱，每月发的粮银和下土库（即烟草种植公司总部）时结大数所得的款，常常是到手不到几天便一赌而光，无论是在坝上或在土库中，大工头都到处开赌，把我们用血汗换来的一点钱骗光。"

"我到印尼后，头两年曾写过几封信回家，均不见回复，此后便和家庭中断联系。""1930年契约期满后，虽然身上只有几十盾钱，但我还是决心离开园丘，到外面另谋生路。于是我来到勒瓜，买了一对箩和一些杂食，四处游走贩卖。由于自己没有本钱，贩卖所得之利钱极微，常常是半饿肚子过日子，有时也挑担子去做杂工，有时什么也捞不到来做。这种流浪生活，一直到1960年8月返国后才结束。"[①]

2. 杜亚进

杜亚进，广东省惠州上埔乡人，1890年生，当年口述资料时73岁。1910年（20岁）被卖到日里烟园当种烟工人，后离开烟园，先后从事过帮工、小贩、种菜等工作。

"在1910年前，我家乡有500多人，主要靠种田维持生活。因地少，当长工一年的工钱也只有10块银元，有时还不到此数，所以乡中很多人卖身到日里当种烟工人。我家中大小有13人，主要劳动力4人，自己有耕地四五斗，1斗一年能收3担谷子，此外还向别人租来9斗地，地租为收获量的一

---

① 刘玉遵、黄重言、桂光华、吴凤斌：《"猪仔"华工访问录》，中山大学东南亚历史研究所，1979，第61-64页。

半,亦称为'对分制'。家庭经济属于中等水平,但要维持生活也不易。后听到'猪仔头'宣传到南洋能够发财,1910年便跟'猪仔头'从家乡搭帆船到汕头,同船卖身的共有15人。"据杜亚进回忆,他到汕头之后,每人分到10块银元,过几天后便乘船出发往印尼,同船的华工有2,000人。

"船到勿老湾上岸后,又坐火车到棉兰的十二公司的'垅'中,过了名,第二天由亲丁带到十二公司所属的甘榜峇汝园丘。这个园丘共有华工400多人,分12个公司,园丘中有一华人大工头,每一'公司'有一华人工头仔。"

"到了园丘后,我便被分配到烟芭种烟。上芭初期,每半个月荷兰公司发一次粮,每次每人共发4盾10仙,扣掉大米钱外,现款有2.5盾。生活比较俭朴的人,半个月的费用约3盾,可剩下50仙左右。每年共发10次粮,到停发时,烟叶已可采摘,这时改以计件工资支付,每摘4,000叶(以40叶为一株,用绳子串在一起,挂在竹竿上)工资为0.7盾。这期间,种烟工每月最高收入为30盾,最低20盾。到烟叶采摘完毕,种烟工人就要从烟坝搬回'土库',做拣烟叶的工作,即按烟叶的质量分等级,以40叶为一把,用绳子绑好,每100把工资为0.7盾。"

1912年,杜亚进离开烟草种植园,先是给人当帮工,主要是到橡胶园当临时工人,先后去过奇沙兰、亚齐等地。1939年之后,当临时工的机会很少了,便改行当小贩,主要是收破烂。1945年日本投降后,在奇沙兰郊区开荒种菜和养猪,雇几个临时工,还到奇沙兰市场做一点小买卖,1960年回国。"我从20岁卖身出洋,在印尼住了50多年,但并没有正式成家立业,所以,回来时依然是孤独一身。"[①]

3. 陈亚兴

陈亚兴,广东省陆丰县东海人,1896年出生,口述资料时77岁。1910年出国,在日里烟草种植园当种烟工人31年,日本南侵后离开烟园,在山芭中开荒种地,直到1960年返国。

[①] 刘玉遵、黄重言、桂光华、吴凤斌:《"猪仔"华工访问录》,第65-66页。

"我们东海村一带,大家都很贫困,靠半农半渔生活。我的家庭也很穷,父母早已双亡,剩下我们兄弟 5 人,我排行第五。六弟在我出国前不幸夭折,家中有 2 担谷山瘠(瘦的意思)田,收成很少,我们兄弟经常挨饿。为了维持生活,我们经常捕些鱼虾出卖。"

"1910 年,遇见邻村一位老番客,他是从印尼回来招工的,他说南洋生活好,易赚钱并说可以带我去印尼。我感到在国内已无生路可寻,所以决心跟他去。那个番客领我和另外 3 名新客来到汕头一家客栈,并被卖身当'猪仔'。船期到了,便一齐坐船往印尼。当时我们 4 名新客各得 52 元卖身银,此外,老番客从我们新客中还扣去 18 元(本来我们是有 70 元卖身银的)。"

"一到印尼,我被派至巴拉锡拉冷烟园种烟,这个园丘属于十二公司,有七八百华工,千多印尼工。初去第一年,我种烟 14,000 株,落土库结大数时,得 40 多盾钱。所得工钱七扣八除,很快就分文不剩。"

陈亚兴先后在 3 个烟草种植园做工 31 年,直到 1942 年日本占领印尼,3 个园丘相继关门,无工可做,于是便到附近的山芭开荒种地,种一些杂粮、旱稻以维持生计。1940 年与一位爪哇妇女结婚,婚后无子女。因为当时没有办理结婚手续,1960 年返国时不能携带妻子回国。[①]

4. 郑亚来

郑亚来,广东省陆丰县望寮村人,1892 年生,口述资料时 71 岁。曾经读过几年书稍识字,卖身至日里当种烟工人二年,后到各地做临时工、小商贩等,1960 年返国。

"1912 年,我从家乡步行两天到汕头,想在汕头找份工作。到汕头后,适遇同村人马程,说往南洋好,他带我到客栈,给了我 40 元,我便这样卖身到印尼了。临动身往印尼前,大哥从村里赶来,要我回乡,我感到自己回乡也没有出路,于是把 40 元钱全部给了大哥作家用,自己还是卖身去印尼了。""我在四月间从汕头乘船直达日里,上岸后,领得 7 盾钱。接着被送

---

① 刘玉遵、黄重言、桂光华、吴凤斌:《"猪仔"华工访问录》,第 72—74 页。

至棉兰婆罗卒烟园种烟。这里的种烟工人以陆丰人为多。全园共有400多华工。"①

5. 黄亚改

黄亚改,广东省陆丰县人,1883年生,口述资料时80岁。1915年卖身出国,初在老威园丘种烟1年,脱身后离开烟园到附近做杂工4年(1916—1920年)。此后自己经营菜园39年(1921—1960年),1960年返国。

"我出国的原因主要是还不了债,就不告知家人偷偷跑了出来。和我同行的还有两人,一个是马辉,一个是邓牛波,都是卖身到印尼种烟去的。三人步行三日才到达汕头,住客栈后即不准上街。下船前有检查身体,但无问话和照相,每人给卖身钱40元,其他什么东西也没有给。船直达勿老湾,上岸后分在荷兰人园丘的老威做工。的老威园丘有工人1,500人,大工头叫亚辉,对工人很凶,经常打骂工人。工作时间是上午6时到11时,下午1时至5时,星期日无假,一月规定有2天(1号和16号)休息。种烟工作在前几个月比较辛苦。初去时,一人一月发给四五盾作为伙食费用,我种烟1.7万株,种一年只得了31盾。"②

6. 钟亚生

钟亚生,广东省陆丰县三角岭新乡人,1891年生,口述资料时72岁。1915年卖身出国,在端里金新园丘当杂工1年,种烟工1年。脱身后在苏北马达山、奇沙兰等地做木工(1917—1956年)。1960年返国。

"我家原有母、兄、嫂、3个侄子、1个侄女、我和妻子及1女,共10口人。耕有5斗田,田是祖上传下来的。但家中人多,收入不够支出,靠担柴卖换一些零用钱,供日常油盐咸淡所需要。""家乡常有去南洋的人,所以当我向母亲提出要求出国时,母亲就答应了,妻子最初不肯,经我说服后也同意了。""船到勿老湾第二天,就乘半天汽车到甘里冷,然后走路2小时,就

---

① 刘玉遵、黄重言、桂光华、吴凤斌:《"猪仔"华工访问录》,第98页。
② 前揭书,第114页。

第五章　印度尼西亚客家人的社会变迁与文化认同　255

到了端里金新园。同到这个园去的有 10 多人，端里金新园的园主是荷兰人，大工头李亚龙是唐人。李亚龙管有 2 个园丘，端里金新园和赤毛园。每个园丘之下有 6 个公司，名称是一公司、二公司、三公司……直到六公司，每个公司有三四十人，一个工头带领。工人中华工与印尼工各居一半，有的印尼人还多些。华工以广东人最多，客家籍、潮州籍、广府籍人都有，福建人少。""工人都是单身汉，原来没有女工，后来潮汕反农会（指国民党镇压农民起义）时，男女纷纷外逃，这时便有一些女人跟着男人往南洋进园丘，但是这些女人不种烟，只在摘烟叶季节帮忙分烟叶、串烟叶等工作。在我初去时，印尼人男工、女工都有，他们只从事开山芭、修路等工作。烟草由华工种。""我只种了一年烟，所得工钱扣除一切费用外，仅剩下 65 盾钱。扣除费用包括：伙食，半个月要 3.5 盾钱，一月 7 盾钱；工具一担水桶 5 盾，锄头一把 2 盾；房租 1.5 盾；镰刀 1 盾；六齿耙 1.5 盾。这一年没有添置衣服，也没有赌博、借钱，也没有寄钱回家，仅在做杂工时寄过 5 盾钱回家。""我卖身出国，在外辛苦 45 年，最后仍是孤老汉，身体残缺，1960 年回到祖国，幸得政府照顾，安排在农场老人院。"①

7. 庄亚佛

庄亚佛，广东省陆丰县东海浮头乡人，1899 年生，口述资料时 64 岁。20 岁（1919 年）被卖身到日里烟草种植园当种烟工人。10 年后离开烟园，自己经营菜园，做过临时工等。1960 年返国。

"由于在家乡整年累月辛苦劳动，生活仍难以维持，便决心过番。当时（1919 年）在汕尾有客行，我到客行后，就由客行介绍给客头，双方谈妥，客头先给 49 银元，然后由客头率领，从汕尾乘船到香港，同船卖身的 10 余人。这客头过去也是卖身到日里烟园当种烟工人的。""我是在 1919 年八九月间到园丘的，到后，先被分配当杂工，每天工资总额 2 仙。每月 15 日发小粮，除大米外，发现钱 3 盾，月底发大粮，即根据该月做若干工，总算一次，扣

---

① 刘玉遵、黄重言、桂光华、吴凤斌：《"猪仔"华工访问录》，第 119 页。

除月中已发的粮、款，其余的一次发清。发大粮时，一般有 5~6 盾。""烟园中，除了规定每半个月休息一天外，一年中遇到一些唐人的节日，也有放假。放假日数的多寡，视节日之大小而定。（表 5-9）"

表 5-9　烟园华工的节日假日

节日名称	放假天数
春节	3 天
清明节	1 天
五月节（即端午节）	0.5 天
七月半	1 天
八月半（即中秋节）	0.5 天
冬至	0.5 天

资料来源：由庄亚佛口述回忆。

"在烟园种烟，除了摘烟叶、拣烟叶期间，是计件工资外，其余都是包工的。例如，第一年共包种烟草 1.6 万株，从上坝到摘烟叶前为止，每半个月荷兰公司发一次粮，共发 10 次，到第一年烟叶收成完毕，大工头则根据包种烟叶的数量、质量，以千株为单位来定工价。只要大工头满意，工价就比较高，反之则低一些。然后扣除掉摘烟叶以前已发的 10 次粮款及其他款项，这称为'算大账'。新客因为要扣除卖身银，所以到'算大账'时剩下的款都很少。""第一年'算大账'后，我剩下不到 10 盾。第二年大工头'收苦力时'时，再'受苦力'，得'落名银'30 盾。到第二年结大账时，剩下的钱比较多，但因为在园丘中也养成爱赌博的嗜好，赢的机会少，输的次数多，因此，在烟园里连续做了 10 年种烟工人。这时，日里一带，有的种烟园改种橡胶、咖啡或者茶叶，便打算出园。离开烟园后，在日里附近开芭，种蔬菜，每年的收入比在烟园多。经营了 4 年多，又种旱稻，共开芭 2,000 多担，采取轮耕的办法，不必施肥，产量很高，每次（即只有一半的面积），能收获稻谷十几包（每包100多千克），产品主要是卖给碾米厂。此外，还养猪，养鸡、鸭，自己做不了，还雇了三四个工人给我帮忙。"①

8. 洪水龟

洪水龟，广东省陆丰东水人，1903年生，口述资料时60岁。1922年（19岁）卖身至印尼，当种烟工3年，后做过临时工、小商贩等，1960年返国。

"九月（1922年），我乘'万胶轮'直往勿老湾上岸。接着被送往丁吾行答巴丘种烟。这个园丘有唐人300多人，爪哇工500多人。""1942年日本南进后，我到奇兰沙花200多盾钱买地3亩，开辟了一个小菜园，种了12年菜，赚得几万盾钱。1954年转行去经营一间小亚弄店，月中营业额15,000盾，收入仅够糊口。1960年初，生意不能继续做了，只得把亚弄店贱价卖给印尼人。1960年返国。"②

9. 刘英

刘英，广东省惠阳县人，1877年出生。1907年卖身到印尼，当胶园工人5年，木工8年，接着做杂工，直到1960年8月返国。

"荷兰人把我分派到丹绒马勒奇沙兰橡胶园做杂工，言明三年期满便可脱身。我做的工主要是割草、斩芭、开小沟。每日工资总额3仙，月底结清。""在园丘劳动是光身的，卜部只有围巾；每日三餐，是自己煮自己食，每人有一个小锅。我们做工做到第三年的八九月间，工头为了迫我们继续卖身，便诱骗我们向公司借钱，当时我也借了15盾，公司把钱借出后，便尽量想办法引诱'猪仔'去嫖、赌、饮、吹，让'猪仔'很快把钱花光。这样，猪仔就不能不继续卖身了。我自己到第四年还继续落名卖身。"③

10. 黄成招

黄成招，广东省龙川县石坑乡人，1884年出生。1910年被卖身到印尼，

---

① 刘玉遵、黄重言、桂光华、吴凤斌：《"猪仔"华工访问录》，第123-124页。
② 前揭书，第126页。
③ 前揭书，第146页。

在荷兰橡胶园当杂工3年,脱身后做木工多年,后经营小菜园10年,接着又经营锯木厂8年,1943年转行经营小商店,直到1960年1月被迫关闭时为止,1960年8月返国。

"我们在勿老湾上岸后,先到棉兰的张四甲必丹过名,领得7盾钱,接着我们200多人被派到各个荷兰公司做工,同我一起被分到十二公司的橡胶园的'猪仔',共有40多人。我去的那个橡胶园,叫丹绒锡拉末胶园,位于绒不拉境内。该园原是十二公司种烟的,后来改种橡胶,我初去时,橡胶树刚刚开割,还有许多新种不久的幼苗,全园有华工200多人,爪哇工人1,000多人(大多是妇女)。华工主要是负责锄草、开沟、翻土、清芭等工种,爪哇工主要是负责定植胶苗、割胶等工种。我所在的橡胶园的组织机构大致是这样的:最高的是大头家(荷兰人),其下有两三名二头家做帮手(皆为荷兰人)。大头家很少到胶园中巡视,这些工作主要是交给二头家去做,在二头家之下,设有两套组织,分别管理华工和爪哇工人。在管理华工方面,有五六名小工头,各负责管理三四十名华工。小工头不参加劳动,其主要职责是给其管辖的华工划分出劳动地段,分派工种,监督华工劳动和各种行动,经常向二头家报告。小工头之上一般还设有一个大工头,由华人担任,但是我们园丘中华工较少,故没设大工头一职,而由二头家直接管小工头。"[1]

(五)美达村的客家人

谈到棉兰的客家人,不能不提到位于棉兰市郊的一个著名的客家村庄——美达村。这是一个纯客家村,带有梅县口音的客家话在此仍然是最为流行的语言。笔者在2009年12月上旬访问棉兰时曾经专门去拜访过这个村,村里的一些长辈和村长接待了我们。据村长介绍,这个村的村民以来自广东梅县的客家人居多,他们中的大多数都已经在亚齐生活了几代人,在1965年被迫离开亚齐,逃难来到棉兰。

美达村位于棉兰市郊,有448多户人家,约2,000人,面积10多公顷。

---

[1] 刘玉遵、黄重言、桂光华、吴凤斌:《"猪仔"华工访问录》,第152—153页。

这个村的村民最早是从亚齐迁移来的政治难民。1965年苏哈托发动军事政变，掀起大规模的排华事件，最早就是从亚齐开始的。当时被赶出亚齐的华人难民有1万多人，其中4,000多人已经乘中国派来的接侨船回国，剩下5,000多人由于各种原因被留下来。他们被集中在政府的拘留营，通过各种努力，当时的政府终于同意这一批人分散到各地去落户居住和谋生，其中400多户人算是幸运的，就在棉兰找到定居的地方。棉兰华人企业家陈丰顺先生非常同情这帮难民，将其土地借给他们居住。当时这块地是一块沼泽地，完全靠华人艰苦奋斗，才建设成现在的移民新村。现在新村内部有水泥铺设的马路，有市场，还有篮球场等公共设施。

美达村的一位领导人动情地回忆说，当时借地给他们的陈丰顺先生说："希望你们尽快重新站起来。""是的，我们又重新站起来了。""我们开始是从事各种手工劳动，后来又从事制衣等，还有就是从事各种为城市提供服务的工作，包括为城里的建筑公司提供各种辅助工作等，靠自己的力量又重新站起来了。我们不单自己发展，还为周边的印尼人提供了很多工作机会，使他们也有了工作。"最令人感动的是，在1998年那次排华事件中，美达村的村民自己组织起来，依靠自己的力量保护自己的家园和生命财产安全，他们的事迹在印尼华人社会广为流传，后来很多地方的华人社会都效法他们，组织起来自己保护自己。

美达村的人都很有志气，他们的后代开始走出美达村，许多人上了大学，从事各种专业技术工作，有一名美达村村民的女儿还当选为市议会的议员。美达村人目前面临的最大困扰，是他们当年从陈丰顺先生手上借来居住的土地在所有权问题上出现纠纷，有人要争夺他们借以安身立命的地方。为了争夺这块土地，双方已经打了几年的官司，这场旷日持久的官司现在正在上诉到印尼高等法院。美达村人正在等待一个公正的判决，希望法律给他们一个公道，还他们一个生存和发展的地方。

在2016年前后，广东嘉应学院老师吴忠伟曾专门访问美达村，随机对500位村民的祖籍地进行问卷调查。结果显示，绝大多数来自中国纯客家县，以广东梅县的最多，占48%，广东大埔占14%，广东惠州占10%，福建上杭占4%，广东兴宁和蕉岭各占2%，只有少数是来自其他方言群，约占8%，被调查者中不清楚祖籍地的占了12%。"美达村客家话中，'梅县腔'占了主导的强势地位"。美达村客家话音系保留了母体方言音系的基本特点，声母与祖籍地梅县客家话一样有16个。多数美达村人对美达客家话的口音差异是不敏感的。在多数美达村人的意识中，客家话以梅县客家话为最正宗。一些颇具客家方言特色的口语中常用语素、特殊字眼，其音义也同样保留在美达村的客家话词汇中。与印尼其他地方相比，美达村人的客家话可能是保留得最好，使用也最为普遍的，是村中通用和最流行的语言。但是，随着年轻一代的成长和周围环境的发展变化，美达村的客家话前景不容乐观。该村50岁以上的客家人由于主要生活和工作在相对封闭的村庄里，印尼语水平普遍不高，但均能够说流利的客家话，在同辈之间也多使用客家话交谈；50岁以下的新一辈客家人，由于外出求学、工作等原因，在语言上跟印尼语或福建话等其他汉语方言接触的机会更多、更频繁，加上都市化和三代同堂大家庭的减少，极大减少了客家话的使用，客家话的影响力正在下降。年轻一辈只是在跟老一辈人交谈时才说客家话。据吴达伟对100位年龄在10~30岁之间的美达村人的问卷调查，67%的受调查者只是在跟老一辈交流时才说客家话，跟同辈讲印尼语或福建话；16%的人跟老辈、同辈都说印尼语或福建话，不说客家话；受访者中没有一位跟老辈和同辈都说客家话。调查结果表明，客家人"宁卖祖宗田，不忘祖宗言"的古训在美达村也同样面临严峻的挑战。[1]

---

[1] 吴忠伟：《印尼棉兰美达村客家话调查记忆略》，载陈晓锦主编《汉语方言在海外的播迁与变异——第四届海外汉语方言国际研讨会文集》，世界图书出版公司，2016，第194-203页。

六、印度尼西亚客家人的前途与命运

在 20 世纪 90 年代，一些学者把印尼华人（不包括新华侨华人）分成如下三大类：① 土生华人，他们多半住在爪哇；② 爪哇的纯血统华人，特别是其商业团体（有些学者又称这部分人为新客华人）；③ 外岛华人的社区，那里的华人仍通行中国话，但由于历史发展的不同，导致某些社区有融入当地社会的特殊现象。[①] 最近 10 多年，笔者先后 5 次赴印尼各地进行调查考察，得出的结论如下：在爪哇地区，已经不存在前两种华人的区别（新华侨华人除外），第二类华人，即以前所说的新客华人实际上已经不存在；经过长期的同化政策，第二类华人实际上已经也完全融入到印尼社会，与第一类华人即土生华人已经没有什么不同。虽然最近 10 多年来，印尼的华文教育开始重新发展，中国的影响也开始增加，但是，华人完全融入印尼主流社会已经是不可逆转的大趋势。笔者在雅加达有许多堂兄弟姐妹，他们应该是第二代华人，其父辈从中国广东梅州到雅加达谋生，属于新客华人这种类型，但是，他们已经完全融入印尼社会，不会说客家话和中文。从第三代起，与本地民族通婚的现象已经比较常见，印尼语不仅成为他们的日常语言、工作语言，而且也是家庭成员之间交流的语言，他们在生活方式、价值观等方面与印尼本地民族没有什么差别。唯一不同的是，他们的皮肤仍然要白一些。另外，他们还知道自己的祖籍地是中国广东梅州，有时候也有寻根的念头。

在马来西亚，闽南人有一句话，叫"三代成峇"，意即到了第三代之后就完全本土化了，与当地人没有什么差别了。在马来西亚，"峇峇"即土生华人。"与第一代的移民相比，第三代的移民明显地会有较多的本地色彩。移民除了需要适应地方的气候和地理环境之外，其中一个最早的文化适应是与当地人的沟通，这就免不了要学习当地的主要语言。各地的华人都或多或少地学习当地的语言，经过两三代人之后他们所操的当地语言大都非常流利，甚

[①] ［新加坡］潘翎主编《海外华人百科全书》，三联书店（香港）有限公司，1998，第 152 页。

至与土著（指原先在当地的人）没分别。"[1] 上述情况在印尼的爪哇岛也是非常普遍的，无论是客家人，还是闽南人或潮州人，都是如此。

与爪哇的情况完全不同，外岛地区的华人仍然保留了比较多的华人习惯，仍然有比较多的华人特性。尽管印尼苏哈托时期的强迫同化政策同样也在外岛地区强制推行，但是，管治和实施力度明显要弱一些，加上外岛地区的其他因素，这里的华人能够有较大空间以保持和发扬华人特性。笔者考察过北苏门答腊省的棉兰市和西加里曼丹省，发现这里的华人的确与爪哇地区的华人有很大的不同。在棉兰，华人主要讲闽南语，许多客家人也讲闽南话，华人的生活方式得到了很好的保留与发扬光大。在西加里曼丹省的坤甸，潮州话是流行的商业语言，许多客家人也跟着讲潮州话；在三口洋市，客家话是流行语言，市长和议会议长都是客家人，他们讲一口陆丰口腔的客家话，这里的潮州人和其他方言群的人都说客家话。

为什么外岛地区的华人，尤其是客家人比较多地保持了华人的特性？笔者认为，这还得从印尼的政治经济文化发展与客家人本身的特性中寻找答案。印尼群岛各个地区政治经济和文化发展不平衡可能是导致外岛地区客家人保留较多本族群属性的主要原因。

首先，印尼苏哈托执政期间实行的强迫同化政策在爪哇岛和外岛地区是有差别的，总的而言，爪哇地区要严厉一些，外岛地区要宽松一些。对中文学校的限制、对华人宗教信仰的限制、对华人社团的限制等，外岛地区并没有像爪哇地区那么严厉。同样是一种政策，在外岛地区实行的过程中就有较大的变通。例如，按照相关的法令规定取缔所有的华人社团，棉兰惠州会馆也同样于1966年被封闭，1984年，惠州的客家人通过合法的形式将原来被占用的会馆建筑物及土地收回，然后成立鹅城慈善基金会，作为原来惠州会馆的合法继承者，这个鹅城慈善基金会虽然不叫会馆，但是，它仍然行使华

---

[1] 陈志明：《迁移、本土化与交流：从全球化的视角看海外华人》，载 [新加坡] 廖建裕、梁秉赋主编《华人移民与全球化：迁移、本土化与交流》，新加坡华裔馆，2011，第9-10页。

人会馆的功能,只是换了一个叫法而已。"原惠州会馆易名为棉兰鹅城慈善基金会,而成为苏北地区最早,经营活动最齐全的宗乡团体,成为苏北宗乡团体的火车头。20年如一日,鹅城慈善基金会积极为华人族群做了不少工作,开办体育馆,设立中西医的民众诊疗所、华人殡仪馆、义山等,也协助政府主办了8次国际篮球邀请赛,参加了一次又一次的国内或国际间羽毛球赛、乒乓球赛、篮球赛,主办了几次中国象棋公开赛和卡拉OK比赛等;组织乡亲到祖籍家乡访亲祭祖,组织青少年到家乡参加夏令营活动,组织代表团参加世界惠州同乡恳亲会。"[1]在西加里曼丹省,华人各种社团当年也同样被政府下令关闭,但是,由于当时政府允许孔教存在,于是,当地华人便改头换面,以孔教的形式重新组织华人社团。西加(西加里曼丹省的简称,下同)孔教华社总会主席黄俊强告诉笔者:"西加孔教华社总会下属有58家华社,多是以姓氏为主的宗族会馆,成立于1967年。当时的军人政府下令关闭所有的华社,但允许孔教存在。那时,由于受到军人政府的迫害,西加农村地区大量华人被迫背井离乡,离开自己长期居住的住所,在坤甸等城市流浪。为了救济这些逃难的同胞,坤甸一些华人以孔教的名义发起成立了这个组织,开始是以开展慈善事业为宗旨,发展到现在,活动越来越多元化,包括慈善活动、支持华文教育、华社联谊等。"[2]

此外,印尼是一个多民族、多宗教和多元文化的国家,在爪哇地区,以爪哇人为主,而在外岛地区,其他民族占多数,爪哇人反而是少数。与外岛地区其他文化相比,爪哇文化的形态相对要发达得多,爪哇文化丰富、多样且历史悠久,爪哇还是印尼的政治经济和文化中心,因此,可以说爪哇文化是相对比较强势的文化。与强势的爪哇文化相比,华人文化是一种外来文化,加上爪哇地区的华人多以从事工商业为主,大多数华人本身的文化程度并不

---

[1] [印尼] 江山美:《祝福你,宗乡团体的火车头》,载《棉兰鹅城慈善基金会20年纪念特刊》,2004。

[2] 2012年2月10日,笔者一行在访问西加里曼丹期间拜会了西加孔教总会会所,主席黄俊强和几位副主席热情接待了我们。此谈话是笔者根据当时的谈话记录整理的。

高，也缺乏华人知识分子作为文化传播的主体，因此，当苏哈托政府对华人实施强迫同化政策的时候，爪哇地区的华人更多地选择了接受与认同。而在外岛地区，多为各种少数民族居住，与爪哇人相比，外岛的少数民族在宗教信仰、文化形态、生活方式等方面都呈现出多元和相对比较弱势的状态，一些少数民族地区，如西加里曼丹的达雅族连自己的文字都没有，他们的民族文化发展形态仍然停留在比较原始的阶段，相反，华人文化呈现出一种强势的状态，因此，在外岛地区，华人保留本身的文化、宗教和价值观以及各种华人特性的空间就比较大。苏哈托政府的强迫同化政策，到了外岛地区，在实施的过程中就不可能像在爪哇地区那样严厉和彻底。

美国著名东南亚华人历史学者 G. 威廉·史金纳在谈印尼华人社会的差别和类型时说："扎根印度尼西亚的华人社会可以按原住民影响其合成文化大小来排列。在巴眼亚比，当地文化的福建因素要大大超过其马来因素，而日常会话使用的实际上是地道的福建话。在西加里曼丹，数世纪以来由客家人居住的农村是典型的中国农村。例如，其亲属关系和宗教信仰与其家乡几乎相同。然而，生活的节奏是印度尼西亚的，而且更有趣的是，西加里曼丹华人最终放弃了客家人的水田耕作方法，包括犁、镰刀和打谷器，而代之以当地改进了的农具，包括达雅人的木制挖土工具及马来人收割用的小刀。在邦加东北部，当地华人吸收原住民文化就更多。他们使用的是客家话，但大量借用邦加马来词汇，而马来人的准则对他们的物质生活、住宅区布局、家庭结构、宗教活动等的影响是显而易见的。接着，我们可以列出苏门答腊和安汶形成较早的华人社会的事例来说明当地华人社会的混合文化受到原住民的影响更大。最后，关于爪哇的老华人家族，其文化的各个方面实际上受到当地文明的极大影响。"史金纳认为，造成上述情况的一个重要原因，是原住民文化水平的差别，"这个统一体的地位部分取决于时间的长短，即中国移民创建社会初期到相当数量的中国移民到达二者之间相隔的时间。必须指出，其他许多有关因素之一是原住民文化水平的差别，华人在高度多样化、丰富、复杂和有文字的文化中，如爪哇文化，看到很多引人注目的、有价值的东西；

在较简单的邦加地方文化中看到的少一些,在邦加,文化上层只有几个代表人物;在较贫困的加里曼丹土著居民无文字的文化中,看到的更少"。①

外岛地区的地方政府政策执行的力度相对较弱,爪哇族以外的其他民族文化相对比较弱势,加上爪哇族以外的少数民族在宗教和价值观等方面更具有包容性等因素,这一切都为外岛地区的华人,包括客家人和其他方言群保留本族群的特性提供了更多的有利条件。在20世纪80年代,当苏哈托政权在全国不遗余力地推行强迫同化政策的时候,一些学者和记者发现,在外岛地区,华人社会仍然顽强地按照自己族群的意愿及习惯生存和发展,政府的同化政策在外岛地区没有得到真正深入的贯彻和执行,被打了许多折扣。建国五基青年组织北苏门答腊首分会主席阿姆兰·尤素夫抱怨说:"棉兰华人确实与爪哇华人不同。棉兰华人即使取得了印度尼西亚国籍,他们一般也不会讲印度尼西亚语。"②

西加里曼丹的客家人也是比较难以同化的一个族群。当时的报纸形容这里的客家人虽然在经济生活方面已经与当地民族"近乎彻底地实现同化",但是,他们在文化方面表现得非常顽强,"文化上的特征仍然极其明显"。"那里的中国人大多数还能够流利地讲中国话——客家话或闽南话。""然而,由于不容易弄到华文读物,他们只能掌握口语。达雅克人(即达雅族——编辑注)会讲客家话或者闽南话,是不足为奇的。这可能意味着,正是达雅克人为了生存而在文化上适应中国人的社会网络(而不必深入其文化核心)。"③一些记者在调查中还发现在西加里曼丹出现了另外一种有趣的现象,即当地的其他民族包括达雅族,反而有被华人同化的趋势,因为一些从外地迁移来到这里的少数民族实际上在这里定居的时间可能比华人要短得多,他们为了生

---

① [美]G.威廉·史金纳:《华人少数民族》,转引自周南京等《印度尼西亚华人同化问题资料汇编》,北京大学亚太研究中心,1996,第590—600页。

② 《文登、坤甸、棉兰同化情况》,译自印尼《时代周刊》1980年4月26日,第14—15页,转引自周南京等《印度尼西亚华人同化问题资料汇编》,北京大学亚太研究中心,1996,第719页。

③ 《西加里曼丹华人同化情况之一》,译自《罗盘报》1987年7月5日第8版,转引自周南京等《印度尼西亚华人同化问题资料汇编》,北京大学亚太研究中心,1996,第735—736页。

存和发展，必须学会适应华人的文化，因此，当地达雅族和其他少数民族的人，一般都会说客家话，还信奉客家人的各种神灵。"同化被认为是解决中国人问题的全国性的方案，然而，在西加里曼丹，同化的含义至少是逆向的。如果说中国人是非原住民，那么，来自爪哇、巴东或者马都拉的移民可能都是比中国人来得更晚的非原住民，因为中国人在卡普阿斯河河口已有四、五、六代。"[1]

此外，我们还得从印尼外岛地区所处的区域与国际环境看问题。在西加里曼丹、邦加-勿里洞、棉兰等地，华人之所以能够更多地保留自己的文化特性，还有一个很重要的外部原因，那就是这些外岛地区与海外华人的大本营——新加坡和马来西亚在地缘上十分接近，他们之间的经济贸易往来和亲戚之间的相互往来，使他们能够源源不断地得到中华文化的营养补充。这些地区的华人几乎家家户户都有亲戚在新加坡和马来西亚，加上这些地区与新加坡和马来西亚有非常密切的经济贸易往来，使印尼中央政府无法彻底地实行其强迫同化政策，从而为这些地区的华人，包括客家人、闽南人、潮州人等方言群更好地保留自己的文化特性提供了便利。

与工商业社会相比，农业社会也比较有利于各个方言群的华人保留自己的方言和族群特性。在西加里曼丹，除了在坤甸市的一些华人较多地从事工商业活动之外，其他地区的大部分华人主要从事农业与种植业活动。20世纪70年代，坤甸市长曾经勒令华人迁出商业区，但收效不大。其实并非所有华人都是富有的。有些人生活贫困，缺吃少穿。有些人务农，如同其他村民。例如，在华人聚居的三发县和坤甸县，华人居民中有85%务农，少数人经商。在农业社会，人口流动不大，三代同堂的大家庭比较多，家庭观念比较强，宗族之间的联系比较多，这些都有利于华人使用方言和保留自己的文化特性，尤其是在保留华人宗教信仰方面，农业社会的空间比较大。

与其他方言群相比，印度尼西亚的客家人在文化适应方面有些什么特点？

---

[1]《西加里曼丹华人同化情况之一》。

笔者认为，最大的特点就是在坚守自己的客家文化方面表现得更加执着，有更强的韧性。有一位东南亚华人朋友告诉笔者，据他的长期观察，在东南亚各国，闽南人、海南人到了第二代、第三代就有可能被当地文化同化了，而客家人却往往到了第四代、第五代都还在保持客家文化和传统，还在坚持自己的宗教信仰和讲客家话。形成这个特点的原因很多，其中最重要的有两点：一是客家人长期居住在山区，与外来文化接触比较少，慢慢地便形成了自己独特的语言、信仰与生活方式等，一代一代地相传，移居到东南亚之后，这种保留和发扬自己独特文化的意识反而变得更加强烈了；二是客家人的祖先来自中国的中原地区，他们先天就有一种文化优越感，移居到了东南亚之后，这种文化优越感更加被强化了。然而，在全球化、区域化、本土化和都市化浪潮的冲击下，印度尼西亚客家人的传统风俗习惯及其文化认同也受到了严重的冲击，在爪哇地区，这种冲击可能是毁灭性的，但在外岛地区，这种冲击和影响稍为要弱一些，时间也要长一些，但前景同样不容乐观。

第六章　印度尼西亚客家人的海外再移民

本章在回顾二战后东南亚华人海外再移民的基础上，重点探讨印尼客家人海外再移民的两个群体：一是新中国成立初期回国求学和报效中国的印尼客家青年；二是出嫁到台湾的印尼客家新娘。前者是政治移民，再移民的主要动因是政治方面的，因为他们在政治上仍然认同中国为自己的祖国，新中国成立激发了他们极大的爱国热情，促使他们义无反顾地回到中国学习和投身于国家建设；后者是婚姻移民，她们再移民的动因主要是经济方面的，即向往更加美好的生活，追求个人和家庭的幸福。

一、二战后海外华人再移民概况

考察印尼客家人海外再移民的现象，必须在二战后海外华人再移民的大背景下进行，才能比较客观和全面。本章所说的二战后海外华人再移民，是指二战后出现一直至今持续半个多世纪的海外华人再次移民，或者叫"二次移民"。二战后，亚非拉地区出现了民族独立的浪潮，许多新兴民族独立国家独立后的发展道路并不平坦，政治、经济动荡是常见的事。在这样的大环境下，海外华人为了生存，或为了安全，或为了更好地发展等，他们选择了再次移民。二战后海外华人的再移民一般是从亚非拉发展中国家向西方发达国家流动，以留学移民、投资移民、婚姻移民等形式为主，一些国家出现的严重排华现象也是导致海外华人再移民的重要因素。

现东南亚地区的11个国家中，除了泰国一直是独立国家之外，其他均为战后新兴民族独立国家。二战后东南亚地区发生过两次印度支那战争，是冷战时期美苏两个超级大国激烈争夺的前沿阵地。冷战后，东南亚仍然是大国之间争夺影响力的角斗场。这一系列复杂的国际与区域环境,左右了各国政府的华侨华人政策,直接或间接影响到生活在东南亚这块土地上的几千万华侨华人移民及其后裔的生存与发展,从而导致数百万东南亚华人再次持续向海外移民。据康晓丽的研究,二战后初期至2014年,约有345万东南亚华人向海外再次移民,其中马来西亚最多,达105万人(1957—2010年),几乎占了三分之一;其次为印度支那地区三国,即越南、老挝、柬埔寨,达96万人(1970—2009年);再次为泰国,70万人(1960—2010年);其他依次为:缅甸27万人(1949—2014年),新加坡26万人(1960—2012年),印尼13万人(1969—2010年),菲律宾7万人(1974—2011年)。[1]康晓丽关于东南亚华人向海外再移民的统计,存在两点不足:一是时间上没有包括二战后初期的移民,而在这个时期,已经有大量的华人向海外移民;二是没有把东南亚华人向中国移民的数据计算在内,事实上,这也是东南亚华人海外再移民的一个重要组成部分。以印尼为例,20世纪50年代初,有大量的印尼华人青年回中国求学并且定居;印尼曾经发生过多次排华,出现过几次印尼华人逃亡海外的浪潮,最为严重的一次是1966年排华,中国大规模接侨。如果把这些人数都计算在内,那么,战后印尼华人向海外再移民的数量至少也有30万人。另据中国侨联统计,新中国成立后头五年,归侨约有17.8万人,至20世纪90年代,达到1,135,065人,截至2003年6月,国内仍然有老归侨922,685人,新归侨137,913人,新老归侨总计为1,060,598人。[2]这些归侨,尤其是老归侨,大部分都是从东南亚回国的。

二战后印度支那地区曾经先后爆发过两场大规模的战争,有几百万难民流离失所,其中一半左右是华人。在20世纪70年代初爆发的第二场印度支那战争导致的百万印度支那难民潮中,中国接收和安置印支难民(侨)的数量仅次于美国,居第二,共接收了印支难民(侨)将近28万人,其中大部分

---

[1] 康晓丽:《二战后东南亚华人的海外移民》,厦门大学出版社,2015,第38页。
[2] 黄小坚:《归国华侨的历史与现状》,香港社会科学出版社,2005,第60-61页。

来自越南（另外老挝有 4,000 多人，柬埔寨 100 多人）。在越南难民中，华裔约占总数的三分之二，极少数人具有越南血统。美国、法国、澳大利亚、新西兰等国都成为印度支那战争难民的主要接收国。笔者曾经于 2013 年 8 月与几位同事到访法国巴黎，其间专门到了当年安置印支华人难民的主要街区访问。现将笔者当时的访问日记实录如下：

时间：2013 年 8 月 29 日

访问人：曹云华、文峰等

接待人：吴武华、许葵等（当年从印支地区迁徙到法国的华人，当地侨社负责人）

今天主要参观巴黎华人社区，包括庙街、13 区、美丽村的几条街道。在这些华人聚居区，各种挂有中文招牌的华人商店鳞次栉比，令人目不暇接。下午，我们应邀访问了法国潮州会馆。该会馆位于巴黎第 13 街的中心地带，在中国城附近，会馆有浓厚的中国建筑风格，"法国潮州会馆"的招牌非常醒目。会馆除了办公场所外，还设有一个约 200 平方米的佛堂，还有几百平方米的地下室。地下室平时给中文学校上课使用，每到华人传统节日，则供潮州乡亲聚会，可以摆几十张饭桌。

法国潮州会馆现任会长吴武华先生和几位副会长接待了我们一行，吴会长和几位副会长年纪应该有 60 岁左右。据吴会长介绍，1973—1975 年，从印支地区为了逃避战争和迫害而迁徙来的难民，其中 80% 为华人，他们主要是潮州人，当时的法国政府为他们在这里安家提供了许多帮助。据介绍，巴黎第 13 区有居民约 18 万人，而祖籍为潮州的法籍华人就有四五万，他们为这个区的建设、发展与繁荣作出了重要的贡献；该区的副区长陈文雄也是潮州人，他还担任法国潮州会馆副会长兼青年组主任。

法国潮州会馆于 1986 年成立，其领导人与会员均来自潮裔印支难民。该会馆老资格会员许葵先生回忆道："越战末期，印支政权易手。柬埔寨华人惨遭杀戮与流放。一批幸运的潮州人得到柬埔寨原宗主国的收容，第二次移民定居西欧。在亲人失散、财富荡然无存的情况下，这一批人就如惊弓之鸟，人地生疏，文明迥异，要在地球的另一端由零开始，重新安家置业，谈何容易！出于团结互助、重建家园的需求，建会倡议一呼百应，潮州会馆应运而生。会馆成立之后，当务之急就是促进乡亲融入法国主流社会。于是，会馆广交当地政要，开设法文班、电脑课，协助乡亲办理各项行政文件。短短几年，乡亲安居乐业，在法国巴黎第13区金三角地带建成塞纳河边中国城，成绩斐然。"

据笔者的观察，与20世纪80年代之后来到法国的温州人相比，这批印支华人难民及其后裔融入法国当地社会的程度要高得多。其中原因，除了来法国的时间要早一些之外，还有一个重要的原因，就是他们是来自印支地区的难民，他们对法国政府和人民在他们最困难的时候出手相助心存感激之情。他们认为，法国政府和人民接纳了他们，给他们提供安居之所，让他们能够在法国生存与发展，因此，他们把法国当作自己的国家。

印尼华人向海外再移民的主要目标国，除了中国之外，其余大部分都是西方发达国家，包括美国、加拿大、荷兰、澳大利亚、新西兰等。据澳大利亚学者詹姆斯·朱培培（James Jupp）统计，20世纪90年代后期生活在澳大利亚的30,000多名印尼移民中，有一半是印尼华人，且已经融入其他华人社群。在新西兰，许多印尼华人移民居住在奥克兰郊区，有些是1998年印尼排华事件后来此寻求庇护的，其中三分之二有居留权。到2000年，生活在美国的57,000名印尼人中，估计有三分之一为印尼华人。居住在南加州的印尼裔美国人中，60%有华人血统。移民美国的印尼华人通常在印尼生活了几代，并与印尼当地民族通婚。[1]

中国香港地区因其特殊的地理位置和社会经济环境，也成为印尼华人海外再移民的一个重要目的地。在香港，印尼华人是外国侨民中人数最多的一个群体，中国学者习惯上把他们称为"印尼归侨"，他们中有相当一部分是当年印尼排华时回国被中国政府安置在南方各地华侨农场，后来由于各种原

---

[1] 印尼华人再移民到澳大利亚、新西兰和美国的相关数据引自维基百科"印度尼西亚华人"词条。

因又辗转移民到香港定居。香港学者王苍柏这样写道，他们于20世纪30和40年代出生于印尼，并在那里度过了童年和青年时期；20世纪50和60年代，他们移居到其祖籍国——中国，经历了外人难以想象的"逆向的文化震荡"和"回归的危机"；最后，他们在70年代以后移民到香港，在这块陌生的土地上再一次白手起家，开创出一片新天地。他们跨越时间和空间的迁移，真正体现了克里夫德所说的"旅行文化"的特征，即"在居住中旅行，在旅行中居住"。复杂的经历和多重的身份，让人难以找到一个合适的标签来称呼他们。他们在印尼被称为"华侨"，在中国内地被称为"归侨"，在香港，他们又被称为"大陆新移民"或者"大陆仔"。在这里，王苍柏姑且称之为"印尼华人"。在他看来，无论他们走到哪里，作为其出生地的印尼和其祖籍国的中国，都在他们身上留下了深深的烙印。而香港，这个介于中国内地和印尼之间的城市，成为他们大多数人漫长旅程的最后一个停歇地。[①]

据香港《印尼焦点》前主编杨平先生估计，目前定居在香港的印尼华人（第一代）约有10万人，如果包括他们的家属则有数十万人。杨平先生在世时，在一次暨南大学《东南亚研究》编辑部与香港《印尼焦点》联合举办的研讨会（时间大概是在2010年12月）上说过一段很动情的话："对我们这些居住在香港的印尼华人而言，中国是我们的第一故乡，在这里有我们的祖先，有我们的文化根基；印尼是我们的第二故乡，它是我们出生和成长的地方，这里有我们许多美好的记忆和感情；而香港则是我们现在工作和生活的地方，也是我们下一代人出生和成长的家乡。这三个地方对我们都很重要，令我们和后代魂牵梦绕，难以割舍。"杨平先生这份感情，在归侨中普遍存在。

李明欢教授20世纪90年代在荷兰留学期间，对居住在荷兰的印尼华人有较多的观察和实地调研。据她的研究，作为印尼的宗主国，荷兰曾经是印尼华人海外再移民的一个重要目的地。最早移民到荷兰的华人是印尼华人中的土生华人（在新加坡和马来西亚叫"峇峇"），时间大约在19世纪末。印

[①] 王苍柏：《活在别处——香港印尼华人口述历史》，香港大学亚洲研究中心，2006，第1页。

尼华人移民到荷兰的历史可分为两个时期，第一个时期是20世纪40年代末到50年代初，主要原因是战后初期许多印尼华裔青年涌往荷兰留学，加上战后印尼政权交替，社会动荡，治安混乱，华人没有安全感，促使一部分华人移民到荷兰；第二个时期是1965年苏哈托上台至20世纪70年代，印尼当局掀起的排华浪潮直接促成了印尼华人移民到荷兰的高峰期，移民人数达到5,000多人，这部分人多是原来接受荷兰语教育的印尼华裔知识分子。据统计，到90年代初，在荷兰属于第一代的印尼华人移民（不包含其在荷兰当地出生的下一代）约有7,000人。李明欢认为，第一代荷兰印尼华人移民有两个明显的特点：一是具有较高的教育文化水准，多从事各种专业技术工作，如医生、工程师、律师等。二是一身兼有三重文化特性，即印尼、中国和荷兰三种文化元素。"他们是印尼人，因为印尼是他们的出生地，印尼语是他们的母语，他们彼此相聚时多以印尼语交谈，聚餐时多按印尼风味烹调食品，尽管他们曾因各种不愉快而离开印尼，但他们在那里还有亲朋好友，不少人还经常回印尼去走亲戚，因此对印尼有感情；他们又是荷兰人，他们的事业与社会生活都已经融入荷兰社会，绝大多数都将荷兰视为自己'落地生根'的归宿；可他们还是'中国人'，他们不仅生有中国人的外貌，而且更重要的是他们大都强烈地自认为是'中国人'，怀有一颗'中国心'。"[①]

早期移民到东南亚的华侨华人，由于在住在国经历太多历史的变故，加上各国政治、经济经常发生动荡，因此对住在国一般都缺乏安全感和归属感。他们信奉不要把鸡蛋都放到同一个篮子的道理，让自己的家族和下一代在世界各地，尤其是在西方经济发达国家开枝散叶，这样的安排既是为家族的安全考虑，也是保障家族长远发展的根本办法。如梅县籍越南华侨杨立华，生有9个子女，他看到战后的越南战乱频仍，且贫困落后，认为不宜在此长期定居，因此，他教育子女奋发读书，学好文化，掌握专业知识，远离越南，到别国去发展。从1963年起，他陆续把全家分别迁移到美国、德国、澳大利

---

① 李明欢：《一个特殊的华裔移民群体——荷兰印尼华裔个案剖析》，《华侨华人历史研究》1993年第2期，第60-66页。

亚、法国、中国香港等国家和地区居住与发展。再移民到海外的东南亚华人中有多少是客家人，已经很难统计，估计在20%~30%。在《梅州市华侨志》（2001年）中，关于东南亚的客家人再移民到海外的情况也没有具体的人数统计，只是作了如下表述：

  旅居外国的华侨，到了异国他乡，由于生活和事业发展的需要，在条件允许的情况下，有的又作第二次、第三次向别国迁徙。迁徙是人口流通的自然规律，社会进步的表现。过去梅州市旅外侨胞大都在东南亚各国，后来从东南亚向外迁徙，至今分布在世界63个国家和地区，世界各大洲均有梅州籍侨胞。迁徙的原因有如下几种：首先是原居住国战祸频繁，政治上动乱或排华，经济上贫穷落后，谋生艰难。华侨为了生存和发展，积极想方设法向经济发达、政治安定的国家迁徙。其次是求学迁徙。许多华侨深深懂得文化知识的重要性，发扬客家人崇文重教的特点，在侨居国辛勤劳作，艰苦奋斗，省吃俭用，供儿女上学，使他们成为有文化、有知识的新一代华侨。许多人在侨居国完成学业后，再到外国继续深造，待获得学位、有了知识后，便在求学国留下供职或嫁娶成家，根基稳定后，把父母、兄弟姐妹接过去。这是印支半岛的侨民摆脱贫困的选择。缅甸、巴基斯坦、印度等国是比较贫困的国家，旅居这些国家的梅州籍华侨，凡家庭经济条件许可的，都在积极创造条件向别国迁徙。尤其是近代，人口的迁徙成为社会进步的象征，再移民不仅仅是为了摆脱贫困，更多的是为了个人发展，因为在发达国家和地区更能施展自己的才华。在印尼华侨、华人家族中，凡经济条件较好的，都有子弟在别国定居谋生。过去那种大家族式只居住在一个地方的家庭逐步解体，取而代之的是以小家庭为主要形式。1997年东南亚金融危机爆发，许多华侨华人的事业没有完全陷入困境，就是因为分散而没有集中。亚洲发生危机，欧洲没有危机，东方不亮西方亮，这就是东南亚华侨华人再移民的主要原因。还有婚姻、嫁娶、财产继承等也是再移民的原因之一。

  除了上述战争、政治经济动荡等导致东南亚华人再移民海外，还有一部分人是因为追求自由或其他人生目标而再次移民，如马来西亚华人再次向海外移民的动因，许多人是为了追求一个更加平等的社会和实现更多的人身自由。一位马来西亚华人朋友告诉笔者："虽然我的家庭已经在那里生活了几个世代，我也认同马来西亚为自己的祖国，早就已经把他乡当作故乡，祖先的故乡已经成为远方了。但无论你怎么做，总还是有一种'二等公民'的感觉。"

我们再来看看印度客家人向海外再移民的情况。印度的汉族华人数量在1962年中印边境战争爆发前达到高峰，约有14,000人[①]，其中大多数是客家人，他们多来自广东的梅县、兴宁等，当时主要定居在加尔各答和孟买等地。因为中印边境战争和其他一些原因，印度的客家人大量向海外再移民，移民的目的地主要是西方发达国家，包括欧洲和北美洲的发达国家，其中一部分去了奥地利，并在那里重新创业和定居。据广东省客属海外联谊会的报道，奥地利的首都维也纳聚集了许多当年从印度移民的客家人，形成一个远近闻名的"客家村"，最近还成立了当地首个客属华人社团——奥地利客家同乡会。维也纳客家村移民大都是来自印度的客家人，他们大约在20世纪70年代初期从印度抵达，事实上，大约在20世纪60年代起就陆陆续续有许多客家人再移民到国外，其中大多数移民到加拿大、美国，也有一部分移民到奥地利、瑞典等中北欧国家。据欧洲荷比卢崇正总会会长张挺宏介绍，在当时，移民一般是一个带一个，有熟人在当地定居才移民过来，这与当时、当地的移民政策有关。落脚时有人照顾，能留则留，不适合则再继续移民至其他国家。从70年代到90年代初期，印度客家人通过这种连锁移民的方式到奥地利落脚，逐渐聚居在附近，形成"客家村"。当中也有不少人在奥地利逗留一段时间之后，又继续迁往加拿大或美国等其他国家。目前，奥地利维也纳约有150户印度客家人，连同配偶子女，总人数500余。通常，这些客家人

[①] 该数据引自［新加坡］潘翎主编《海外华人百科全书·印度与非洲篇》，崔贵强编译，三联书店（香港）有限公司，1998。有些学者把旅居在印度的藏族同胞约2万人也计算在其中，那么，印度的华人最高峰时则达到3万多人，参见（印度）玛德芙·布拉拉：《印度华人初探》，陈欣译，《八桂侨刊》1999年第4期，第52—56页。

娶的也是印度或其他地方的客家籍妻子。①

一些研究移民的学者也认为，有能力和有条件移民的人，一生中会做出多次移民的选择，以不断地追求自己的人生理想。富裕而有能力移民的人，有2次或3次的移民选择，以追求更广大的空间安置自己。当个人赢得了一定的国际地位与人身自由后，就可以通行无阻。如著名画家张大千，生于四川，在日本京都读书。他在上海度过童年，到过苏州、南京与敦煌等地居住与作画。1949年后，他长期在香港、巴西与加利福尼亚等国家和地区辗转生活，最后到台湾定居。跟张大千一样，20世纪末的许多中国知识分子，一次又一次辗转迁移。在全球性经济制度里，跨国的资金、金融与贸易流动变得更容易与更快捷。类似这样实验式的迁移，已经成了更大流动模式的一部分。这种新式的长期移居外国方式，对永久定居及同化的旧观念是一项挑战，从而引起了须为"移民"的意义重新下定义的热潮。②

二、赤子之心：20世纪50—60年代回国的客家归侨精英

1949年新中国成立，极大地激发了印尼华人中原本就非常高涨的爱国主义热情。从20世纪50年代初至60年代，一批又一批印尼华人青年响应祖国的号召，回国学习和报效祖国。我们通常把这一部分人称为印尼归侨。他们是当时海外归国华侨中的一部分，依归侨原居国来划分，可以划分为越南归侨、马来西亚归侨、印度归侨、菲律宾归侨、泰国归侨等。从归侨原来的居住国来看，数印尼归侨人数最多。据黄昆章的亲身经历和相关研究，20世纪中期回国的印尼华侨大致有如下两种情况：一是1960年排华前回国者。他们大多数是中学生，是自己主动要求回国的。有些人甚至是违抗父母之命，毅然回国的。他们回国的目的很简单：学好本领，建设祖国，为祖国的建设作

---

① 转引自《欧洲有个"客家村"，已有百年历史！至今保留客家传统风俗》，http://www.sohu.com/a/516050865_121123851。

② [新加坡]潘翎主编《海外华人百科全书》，崔贵强编译，三联书店（香港）有限公司，1998，第62页。

出贡献。二是 1960 年排华后回国者。他们大多数是在印尼政府的驱赶下，被动地举家回国或自己回国的。不少人考取了大学，毕业后走上各种工作岗位。年长者则被安置在生活条件艰苦的华侨农场。而 1966 年后回国的华侨学生因遇上了"文革"，失去了上大学的机会，耽误了他们的青春年华。

黄小坚依据归国华侨回国的动因，将他们划分为五大类：一是传统型归侨，指那些在国外侨居多年，因年老思乡而回国定居颐养天年的人，学界通常称他们为"落叶归根"型；二是参政型归侨，主要是指那些因受到中华民族主义意识的影响，满怀报国热情而回国投身中国革命和建设的那部分人，多为血气方刚的华侨学生和青年，时间大约自 19 世纪末期至 20 世纪 50、60 年代；三是难民型归侨，指那些在原侨居国遭遇战争、政治迫害或因经济状况恶化而无法继续生存，被迫回国定居的人群；四是投资型归侨，指回国从事农、工、商、路、矿以及金融、服务、房地产等各项事业的经营活动而在国内长期居住者；五是专业型归侨，指那些受过高等教育或专门教育，从事科技、教育、文化、卫生和体育等专业工作的群体，构成这一群体的主要成分，是归国华侨学生和归国留学生两个部分。本书要研究的对象，就是第五个群体中的第一部分人，即归国华侨学生，这部分人是特指新中国成立初期回国升学的华侨华人，绝大多数为青年，在回国读书期间通常被称为"侨生"，毕业参加工作之后，一般被称为"归侨"。仅在新中国成立初期的几年（1949—1953 年），回国学习的"侨生"就多达 2 万~3 万人，截至"文革"前的 17 年时间里，一共约有 6 万人。据黄昆章回忆，他当年（1957 年）就读的印尼雅加达中华中学毕业班的 60 多位学生中，有一半的人做出了回国读书的选择。

黄小坚曾经对这部分人进行过口述采访（2004 年 8 月 31 日—10 月 28 日），他对那些印尼老归侨的印象尤其深刻："特别是那些印尼老归侨，尽管他们回国求学的背景和动机千差万别，但都无一例外地与两大因素相关：其一，爱国主义思想的激荡。具体原因有殖民当局的压迫和歧视，进步侨校教师的引导与报刊对新中国的宣传，个别学生受到家庭祖上爱国传统的熏陶。其二，回国升学潮的高涨。具体原因有侨居地华文教育环境的局限及新中国各级学校包括高等院校对华侨学生的欢迎和接纳。回国时，他们都明知此行是'一去不返'，印尼当局今后不会允许他们入境，但他们毅然前行，足见其心志之坚。"[1]

这些当年的印尼归国华侨学生中有多少是客家人？大概占 30%。有两个方面的佐证：第一个佐证是中国华侨华人历史研究所的黄静曾经对在北京工作生活的印尼归侨进行过问卷调查（1998 年 6、7 月），被调查对象一共有 359 人，大多数都是当年的侨生。从祖籍地看，以广东籍居多，达 177 人，占了一半，福建籍为 158 人，约占 40%，其余 10% 分别来自海南、广西等地；若以方言群分，说客家话的占到首位，有 121 人，比例高达 33.7%，其次是闽南话，有 96 人，再次是广府话，有 46 人。[2] 另一个佐证是笔者曾经长期工作过的暨南大学东南亚研究所和华侨华人研究所。从 20 世纪 60 年代成立到 21 世纪初期，这两个研究所的大部分研究人员都是来自东南亚各国的归国华侨学生，学成后留下来参加工作。他们来自越南、马来西亚、印尼、菲律宾、泰国等国家，其中以来自印尼的最多，比例约占 30%，笔者现在还数得出名字来的就有黄昆章、曾祥鹏、潘梦飞等人。据笔者了解，曾经在暨南大学工作和生活的印尼客家籍侨生有近百人，他们中的大部分现在都已经退休，有的已经去世。笔者曾经有一个计划，即对暨南大学各个学院的印尼客家籍归国华侨华人进行口述史调查研究，这项工作只进行了一部分，后来各种原因导致中断。

现将曾祥鹏[3]的口述史资料摘录如下：

我的祖父算得上是山口洋市鼎鼎有名的大人物，家境殷实，主办慈善事

---

[1] 黄小坚：《归国华侨的历史与现状》，香港社会科学出版社有限公司，2005，第 41-84 页。

[2] 黄静：《归侨在中国大陆的文化适应（1949—1998 年）》，载《归国华侨的历史与现状》，香港社会科学出版社有限公司，2005，第 529 页。

[3] 曾祥鹏，祖籍广东梅县，1924 年出生于印度尼西亚的西加里曼丹省。1940 年返回云南省读高中，1943 年考上西南联合大学社会学系，其间以归国华侨学生身份加入远征军赴缅抗日。1946 年转入清华大学。1948 年毕业后返回印尼，先后在山口洋南华中学、三宝垄中华中学与坤甸市的振强中学、陈桥中学任校长，同时也是印尼最大的华文报《生活报》的主编。60 年代初回中国定居，在中国新闻社任职。1980 年到暨南大学东南亚研究所工作，1985 年离休。

业，是山口洋中华商会的秘书，也为加印公会代收月捐。此外，祖父也管理过当地的华文学校。祖父对从故乡来印尼的人十分照顾，专门为他们建了几间小屋。记得有一次，因为一个老乡在屋里抽鸦片，烟斗掉到地上，把整个屋子都给烧着了。祖父也不生气，他只说，既然屋子被烧了也没办法，幸好人没有受伤。

父亲出生在广东省梅县，跟随祖父到了印尼，后来也回过国。他是山口洋中华商会的秘书，平日的事务就是收集整理月捐的收据。我的家里还专门腾出了空地，到了捐款的时候，空地上总是堆满许多捐资，较多的是衣服。国内抗战时期，他十分关心中国的情况，而消息来源只能靠收音机。家里当时没有收音机，他就带我去爱国的华侨商人家里听。那个年代，广播里传来祖国的一举一动，都牵动着我们身在异乡的华人心。从那时起，拳拳报国的赤诚之心就一直在我心里激荡。

1951年7月，我决定离开南华中学，因为我确实回国心切。当时我知道国内事业十分需要华侨人士的帮助，我在解放区受的教育一直铭记在心。但是就在我上了船准备出发时，三宝垄最大的华校——中华中学找到我，说这所学校好不容易从国民党的控制中解脱出来，现在的发展需要我的帮助。中华中学在历史上很有名，因为康有为到印尼宣传中华文化时，就在这里成立了中华会馆。三宝垄是印尼第三个成立中华会馆的城市，到现在为止，已经有一百多年的历史了。我被华校的老师们拉着不能走，心里一软，决定还是再留几年吧。次年1月，我接受了坤甸中学的邀请，担任校长一职直到1956年。我曾经在山口洋成立过学联，办得非常好，大家学习革命精神和共产主义的热情非常高涨。于是，到了坤甸后，我把之前好的经验带过来，也成立了坤甸中华学联，此外，还组织当地的华人教师成立了坤甸中华教师学习会。假期，我们举办青年联欢活动，由青年人做各种报告，带领他们下乡访问。这些组织和活动的学习内容主要是中国的国情、历史，尤其是革命史等。

除此之外，我的工作任务还有团结中爪哇省的华侨教育界，成立中爪哇省中华教师联合会，并举办师资培训班。由于之前这里的学校一直都是由国民党控制的,所以我去了坤甸华校后,就要求改选董事,选出进步华侨来担任董事和领导。我在自己的学校试点后,感觉成效不错,就鼓励爪哇其他的华校改选董事。

平时我自己要给同学们上课。有时候一个星期10到20节课,到了星期六,又被人叫去商量办新学校的事情。还有其他的琐事围绕着我,比如调解教师和董事之间的纠纷,所以大家都管我叫"菩萨",说我有求必应,一应必能解决问题。时间长了,我这个"仲裁大师"的名号传出去了,其他地方的华校遇到问题也找我去解决。有一地方叫马吉朗,那里的华校教师分成了福建派和客家派,两派都拥护共产党,但是相互之间矛盾重重。他们把事情闹得很大,告到了加里曼丹的总领事馆。领事馆很无奈,就叫我去调解。我和中华总会的一位副主席、中华教师联谊会主席三个人一起前往马吉朗,看看到底有什么矛盾,大家都是中国人,还大打出手。我去那里就像平时处理在坤甸的事务一样,跟他们深入交流了很久,然后反复地为每一派的人解开心结。事情就这么顺利解决了,总领事馆还为此写了封表扬信给我。

1961年到1962年7月,我在陈桥中学任校长,之后我就回国了。回国前还是有很多人留我,比如坤甸的中华教师联谊会,他们选我当主席,想留住我。但我早已回国心切,当时也没有什么重要的任务非留不可,我是铁定了心要回国的。1962年,我终于回到了阔别已久的中国,而这一次,我是真正地回家了!

1980年,我经中侨委一位同事的介绍,来到了暨南大学东南亚研究所工作,任东盟研究室的副主任。所里办了一个《东南亚信息报》,我任总编辑。干了几年,我的身体渐渐吃不消,觉得还是退休在家为好。1985年,我从东南亚研究所辞职。时间虽然短暂,但我在暨南园、在研究所的日子还是过得十分舒畅、愉快的。校园永远是一片安宁之地,看着稚气未脱的学生们,也总觉自己未老,总能想起我每逢逆境时自己安慰自己的话:我还能行动。

我不愿意虚度晚年,总觉得自己做的事不够多,组织上安排的任务没有完成。我曾经在南华中学带的学生——彭云鹏,如今已经在印尼做木材生意发了大财,人称"木材大王"。彭云鹏经常给国内捐款。前几年华南地区水灾、非典、汶川地震等事件突发之时，他都第一时间伸出援手，其中非典和汶川地震各捐了300万元人民币。北京的水立方建设，也可以在捐款人名单里找到他的名字——彭云鹏。而更大的贡献还有给我国航天事业的支持，我在他家看到了一张航天员们跟他合影的照片，我猜想这应该是国家派代表专程去印尼感谢他。得知他在印尼发展得如此好，我就联系他，跟他商量能不能成立个助学基金会，主要面向华侨子女发放一些奖助学金。他爽快地答应，说自己可以出钱，并用我的名字来命名基金会。我说，我一辈子都不能高调了，还是用你父亲的名字吧，用你自己的名字也不好，印尼方面知道了可能对你很不利。紧锣密鼓地筹划一番后，我又找到国务院侨务办公室文教司的副司长，跟他说了基金会的事，他答应我侨办一定大力帮助我把这件事做成。后来我才知道，面向全国归国华侨学生的基金会，我们是第一个。于是，彭瑞安奖学金正式启动了。我任基金会理事长。

到2013年，彭瑞安奖学金已经走过了19年的光阴。暨南大学是著名的华侨大学，华侨学生最多，所以我们一直以来给暨南大学的名额都是最多的。每到奖学金颁发仪式的时候，校方都请我去颁奖，我都推辞不想去。从一开始，我就只是想在幕后做点事情，幕前的光彩还是留给这些莘莘学子，他们勤奋学习换来的奖励是理所当然的。

我也老了，你们有我现在行动也很迟缓。但是啊，我的心依然停留在浴血奋战的缅甸战场上，停留在自强不息的西南联大，停留在同志情深的解放区，停留在爱国之音嘹亮的西加里曼丹，停留在我的琴弦和歌声曾经飘荡过的每一个村庄，停留在强权恶霸面前我依然坚实站立的土地上。我身材瘦小，但一直以来都感慨自己福大命大，伴随祖国走过了一段艰辛的旅程，每一次坎坷，每一次羁绊，我都告诫自己，不论身在何方，我都还可以行动！[①]

香港大学的王苍柏教授曾经对在香港生活的10位印尼归侨做了口述史研

[①] 对曾祥鹏的访谈于2013年6-9月进行，持续了3个多月。访谈地点在曾祥鹏家中，访谈人和记录人为本人指导的硕士研究生姬鹏。访谈录全文有2万多字，本书只摘录了其中一部分。

究，其中一位叫赖增创[①]的也是客家人。现将其口述的主要内容摘录如下：

我祖籍广东梅县，侨居印尼雅加达（荷属东印度时期叫巴达维亚）。我家由祖父一代起，就去了印尼。我祖父曾经加入太平天国农民军队，打到湖南。不知什么原因，过了一年便退出，回到广东，后来跟一批人坐船到了印尼。为什么去印尼呢？因为我们家族在印尼有亲戚。我祖父排行第八，他有好几个哥哥一直在印尼。他大概是在1850年吧，去了印尼。后来听说太平天国失败以后，官兵去老家抓他，不过那时候他已走了好几年。

我父亲和我都在印尼出生。我生于1917年1月1日。我小时候回过一次梅县，时间很短，大概是1926年，父亲带我回他家乡看看，当时我在梅县念了一两年小学，后来不知道为什么又把我带回印尼。小学毕业时，正值1931年九一八事变爆发，老师带领我们演出，为东北抗日义士（马占山）筹款。

1950年，新中国成立后不到半年，就有人回国了。老师是支持的。到了1952年和1953年华侨归国达到高潮，一批一批地走，每批几百人。高中毕业生百分之八九十都走了。我是1955年回国的，为什么回来呢？说起来很复杂，那时候苏加诺当总统，他的内阁总理经常变更，有的人民主一点，有的人反动一点，都不一样。1951年的时候，内阁总理叫韦洛波，有点排华，跟新中国不太友好。他们把生活报社社长王纪元抓去，驱逐其出境。在巨港，他们把我抓了，大概是在1954年1月，理由是我干涉他们的内政，宣传共产主义。我说我们都还是中国籍，我有必要告诉我们的侨民自己祖国的情况，这有什么错。

1977年退休后，我来到香港。在这之前，我的女儿和女婿已经来了香港。1978年的春节，一些校友听说我到了香港之后，都来看我。有人提议建立校友会，但那个时候，大家来香港不久，生活都不安定，条件不成熟。

[①] 赖增创（1917— ），出生于印尼，祖籍广东梅县，1932—1939年在香港读中学，1939年在中国西南联大读书，毕业后曾经在盟军担任翻译等工作。抗战结束后回到印尼，曾经担任印尼华文中学的老师、校长等。1955年回国后曾经在广州华侨实习学校担任教导主任，后到北京外国语专科学校担任教务长，1977年退休后到香港定居。

1987年，在几位校友的积极筹备下，巨港校友会成立了。我应邀担任顾问。在香港印尼华侨当中，巨港校友会的成立是很早的，大家都很团结，搞了不少活动。大家都比较怀念在巨港中学的时光，校友们写了不少回忆的文章。每次聚会，我都鼓励他们发扬巨港中学爱国进步的精神，珍惜"慕西情谊"。看到半个世纪过去了，我的学生们还没有忘记母校，还能走到一起，团结友爱，相互支持，我真的很高兴。①

笔者长期从事东南亚区域与国别及华侨华人研究，在研究工作和社会活动中结识过不少当年的印尼侨生，他们多数是客家人，其中印象最为深刻的有黄昆章、梁立基、古华民等。现将他们介绍如下：

1）黄昆章（1937—2012），1937年出生于印尼苏门答腊楠榜（Lampung）省一个只有二三十户人家的小山村，父母亲一代为中国梅县籍移民。因双亲早逝（4岁丧母，15岁父亲去世），10岁时移居雅加达，被托养在雅加达堂兄黄秉章家，由其堂兄抚养长大。1957年6月于印尼雅加达中华中学毕业，旋即返中国读书。9月考进天津南开大学历史系（5年制），1962年毕业后考取南开大学亚洲史专业研究生，1962年7月毕业。1963年被分配到广州暨南大学工作，曾经担任暨南大学华侨华人研究所所长、华侨华人研究院院长等职务，2010年退休。1981年11月至1983年12月被公派往澳大利亚国立大学太平洋研究院进修，是改革开放后中国首批公派出国留学进修学者。1992年至1993年被公派至美国加州大学伯克利分校做访问学者。毕生从事印尼华侨华人研究，著述颇丰，成果累累，是中国大陆最有影响的华侨华人历史学者、出类拔萃的归国华侨学者。其事迹先后收录于英国剑桥《世界名人录》（第24卷）、《当代中青年社会科学家词典》、《中国当代历史学学者词典》、《中国侨界模范人物名典》等国内外出版的名人词典中。曾经出版8部学术专著（含合著2部，主编2部）与60多篇学术论文（经中国知网检索——作者注），主要代表作有《印尼华侨史（古代至1949年）》（与李学民合著）、《印尼华侨

---

① 王苍柏：《活在别处——香港印尼华人口述历史》，香港大学亚洲研究中心，2006，第30-45页。

史（1949年之后）》（独著）等。其因突出贡献，1991年被国家教委、劳动人事部评为"有突出贡献的回国留学人员"，1992年起享受国务院专家特殊津贴。2011年受聘为《印尼〈生活报〉纪念丛书》编辑委员会顾问。黄昆章教授退休后仍然笔耕不止，出版了论文集《执着追求 默默耕耘》，收录了各类文章数十篇，分为《人生旅途》《异域风情》《附录》等篇章。2012年12月30日，黄昆章教授因心脏病突发逝世于广州，享年75岁。

黄昆章教授自小家境贫寒，但不坠青云之志，立志读书报效祖国。高中阶段便在课余时间当家庭教师帮补日用，他当年返国读书的船票还是班上同学热心捐助。回国上大学后，他曾经把从印尼带回来的自行车等稍微值钱的东西卖掉以凑齐大学生活费，后来受到国家提供的助学金资助才得以完成学业。他当年毅然回国读书，有一种"壮士一去不回头"的英雄气概。当时的印尼政府规定，凡是离开印尼的华侨学生必须在"以后不得返回印尼定居"的保证书上签字，他没有任何犹豫，反而更加坚定了回国读书和报效祖国的信念。

2）梁立基（1927—2023），男，汉族，祖籍广东梅县（今梅州市梅江区），1927年生于印度尼西亚万隆市。父亲梁尚琼是著名的爱国侨领，在抗战期间，曾在印尼组织过多次募捐活动，热心支持祖国的抗战。梁立基1951年进入北京大学学习，是新中国成立后第一批从印尼归国求学的学生之一。1954年毕业后留校任教，曾任印尼语和菲律宾语教研室主任，北京大学印尼马来文化研究所所长、东南亚文化研究所所长、东方学研究院发展指导委员会委员、东南亚研究所名誉所长等职，承担印尼文学作品选讲、印尼文学史等课程教学，指导学生毕业论文和青年教师进修，教学成果突出，桃李满天下。1991年获北京大学教学优秀奖。主要从事印度尼西亚语言、文化，中国与印度尼西亚、中国与马来西亚文化交流史，以及东方文学等方面的研究。历任《中国大百科全书·外国文学卷·东南亚文学》主编，《外国文学简编》（亚非部分）主编，《东方文学史》副主编之一，《世界四大文化与东南亚文学》主编，《印度尼西亚语汉语大词典》主编等。长期从事印尼-马来语言、文学、文化和东方文学的教学和研究工作,用两种语言发表了大量有关印尼—马来语言文学和两国文化交流的专著和论文。1986年应邀赴巴黎、莱顿、伦敦进行有关东方文学和印尼文学的讲学,1994年被马来西亚国民大学聘为客座教授,主讲中马文化交流史。2004年获马来西亚首相巴达维颁发的"马中友好人物奖",2006年获印度尼西亚驻华特命全权大使苏特拉查颁发的"贡献奖"。

梁立基教授毕生为促进中国-印尼文化交流与友好往来竭尽所能,作出卓越贡献。1951年的暑假,他参与了接待印尼归国华侨的大量工作。当时正值中印尼建交,急需相关专业人才。由于工作出色又懂印尼语,梁立基在大二时转入北京大学东语系印尼语专业学习,从此便与中印尼文化交流结缘。20世纪70年代,梁教授担任印度尼西亚语专业的负责人,当时虽然印尼与中国处于不正常的断交状态,但他坚信两国关系一定会有雨过天晴的一天,应该为两国外交关系的正常化早做准备。所以他积极组建词典组,化费10年时间编写第一部大型词典《新印度尼西亚语汉语词典》,并于复交前夕(1989年)在国内出版。复交后,着眼于两国关系未来发展的需要,词典组又继续用6年多的时间编写更新《印度尼西亚与汉语大词典》,并于2000年在雅加达出版,由印尼教育部部长亲自主持首发式。除了教学工作,梁教授还参与了许多重要的翻译工作,如1956年苏加诺总统访华时,他是翻译组的成员。他还参加中共八大的翻译组工作,《毛泽东选集》四卷(印尼文)的翻译定稿工作等。2005年8月,由他编译的汉语-印尼语对照《唐诗一百首》在雅加达出版,并由印尼教育部部长主持首发式。此后不久,他还编译了《宋词一百首》(印尼文)。长期的翻译工作实践,使他越来越认识到要加深两国人民的相互理解和友谊,除了语言作为不可或缺的交际工具,还需要深入了解彼此的社会政治、经济、文化、文学等方面的历史和现状。于是,除了语言,他开始选择印尼文学和两国文化交流作为研究方向,后来扩大到整个东方文学。在我国东方学泰斗季羡林教授的指导与带领下,他在东方文学研究领域取得了一系列成就。20世纪90年代,在由季羡林教授担任主编的《东方文学史》(上、下册)中,梁教授也参与其中并担任副主编之一。在由季羡林教授亲自制定并担任总主编的跨世纪工程——《东方文化集成》中,梁教授担任了《东南亚文化篇》的主编。由他主编的国家哲学和社会科学"九五"规划重点科研项目《世界四大文化与东南亚文学》(2000年),以及《印度尼西亚文学史》(上、下册,2003年),也被列入《东方文化集成》的丛书。改革开放以来,梁教授还积极参与创建全国高等院校东方文学研究会的工作。1983年,该会成立时,他担任了副会长。梁教授和研究会为促进中国东方学研究事业的发展起到了重要的作用。

梁立基教授还是一位著名的社会活动家,担任了许多社会工作。他担任过校务委员会委员。1988年起,他先后担任了两届北京市政协委员和常委。后来,他加入了中国致公党并出任两届中央常委和北京市委副主委,在贯彻中国共产党领导的多党合作制和参政议政方面,尽力发挥自己的作用。此外,梁立基教授还担任过北京市侨联的副会长以及其他归侨社团的理事和顾问,尽量为归侨侨眷服务,努力做好海外华人的服务工作。

梁立基教授于1998年6月光荣退休,2023年2月28日在北京逝世,享年95岁。北京大学公开发布的梁立基教授讣告中称其为"中国印尼语学界泰斗、中国致公党优秀党员","他一生积极将自身学术研究应用到参政议政中,热心服务国家改革发展和对外文化交流,作出了突出贡献","一生热爱祖国,热爱人民,始终牢记立德树人使命,为北京大学外国语言文学学科建设与发展贡献了毕生精力。梁立基教授的逝世是北京大学外国语学院和中国外语学界的重大损失"。

3)古华民(1940—2022),1940年出生于印尼泗水,祖籍梅县。到古华民一代,其家族迁徙印尼已经有三代人。在水客的携带下,古华民的祖父于1915年从梅县榜溪村来到印尼谋生,定居于泗水。据古华民回忆,大概是两三岁时,由于日本占领印尼,为了躲避战乱,父母带着几个年幼的孩子躲到了离泗水200多千米的一个叫岩都的小镇上。直到1945年日本投降后,一家人才返回泗水。其父亲古集文在一家公司里谋到了一个职位,艰难地养育着全家。

泗水市是一个港口城市，是当时华侨华人比较集中的地方。当地华侨华人积极筹款，建成了几所小学、中学，古华民就在家附近的侨南小学就读。上初中时，由于父亲辞去了工作，开了一家杂货铺，几个孩子要轮流帮忙照看生意，古华民就选择了一所只有下午才上课的中学，每天上午给父亲帮忙，下午上学。古华民从小学到高中都是在泗水的华文学校就读，从小接受中华文化的教育。1958 年，古华民在泗水新华中学毕业，面临其人生的重大抉择——在印尼本地上大学抑或回国读书报效祖国，他毅然地选择了后者。1959 年 3 月，古华民和同学们乘坐轮船在海上漂泊了十三天，终于到达广州。在政府的统一安排下，古华民进入华侨补校（暨南大学华文学院的前身）学习。由于数学和英语成绩优异，在当年 7 月的统考中，古华民被中山大学数学系录取，在中山大学度过了五年学习生活后，被分配到华南师范学院（华南师范大学前身）数学系任教。

改革开放初期，党中央选派留学生到美国学习进修。1980 年古华民在公派留学的资格考试中脱颖而出，成为华南师范学院第一个通过考试获得公派出国留学资格的教师，到美国匹兹堡大学做访问学者，师从国际知名的数理统计专家 C. R. Rao 教授，主要研究概率分布理论。在美国留学期间，古华民总共写了两篇论文，在国际知名的统计学期刊 *Sankhya* 上发表。1983 年，古华民从美国学成归来，受到了华南师范学院的热烈欢迎。不久后，他晋升为副教授。

古华民弃文从政之路始于 1985 年加入中国致公党。1986 年，在他的发起和组织下，华南师范学院成立了致公党支部。同年，古华民被选为致公党广东省委员会副主委。此后，他开始作为广东省政协常委参加广东省政协的各种活动，并参加中国致公党中央的一些会议，还多次参加中央和广东省社会主义学院的学习，对中国的政党制度有了深入的了解。改革开放初期，选派各民主党派优秀的党员到各级政府和有关部门工作，是中国共产党领导的多党合作和政治协商制度的一个重要举措。当时广东省委、省政府很重视侨务工作，专门选拔一些优秀的归侨充实到侨务部门，海外侨胞也希望能有更多熟悉和了解海外华侨的侨务干部做侨务工作，提供更好的服务。1989年，古华民被任命为广东省侨务办公室副主任。1993年，古华民调任广东省归国华侨联合会（简称"侨联"）常务副主席。一年后，他被选为广东省侨联主席。古华民从政之后，致力于维护和促进广大归侨的利益，努力把侨联建成广大归侨之家，大力开展侨务公共外交，为促进海外华人的利益与中外文化交流作出了卓越的贡献。2022年11月21日，古华民因心脏病突发逝世。"从印尼归国，到赴美深造，再到多次出国访问，古华民为中国引进先进的教学理念，为身处海外的华侨华人介绍中国的飞速发展，他的一生始终承担着中外交流使者一职，一直追逐着自己的中国梦。"[1]

上述五位归国华侨学生，其祖籍都是广东梅县，都是回国上学深造，毕业后留在祖国，毕生为祖国服务，贡献其一生。前两位，即曾祥鹏和赖增创是抗战时期回国上学，均就读于西南联大，毕业后又回到印尼工作了几年，然后于新中国成立初期回国工作；后三位，即黄昆章、梁立基和古华民均是新中国成立初期回国上大学，分别就读于当时新中国最好的大学——南开大学、北京大学和中山大学，毕业后义无反顾地留在祖国服务，为新中国的建设和发展贡献其毕生。

另一个共同特点，五位归国华侨学生都有强烈的爱国主义精神，怀着炽热的爱国之心为国读书深造和报效祖国。他们成长的年代，正好是中国民族主义在东南亚各地形成和达到高潮的时期，他们均在印尼各地的华文学校读书。20世纪初期至中期，印尼各地华文学校主要受到中国左翼的思想影响，共产主义等进步思想在学校非常流行。五位归国华侨学生从上小学起就受到华文学校左翼老师的思想影响，接受中国民族主义和爱国主义教育，从小就立志一定要回到中国去，为中国的繁荣富强贡献自己的力量。

---

[1] 赵阳欢：《古华民的爱国梦》，原载《华夏》杂志，转引自广东省侨联文化中心网站，2022年11月23日。

古华民回忆道，童年的他就爱读《三国演义》《水浒传》《西游记》等名著以及各种各样的名人传记。初中毕业后，古华民进入一所进步的华校——新华中学就读。新华中学的校长、教务长以及不少老师都是由中国移民到印尼的大学毕业生，思想进步，教学水平高。古华民每周要上六节中文课、六节印尼文课和三节英文课。因此，高中毕业时，他同时掌握了中文、英文和印尼文。除了基础课程之外，新华中学还非常重视培养学生的动手能力。在常识课上，古华民学习了制作肥皂和万金油，等等。尽管高中三年古华民仍然是处于半工半读的状态，但他的成绩始终名列前茅。1958年，高中毕业的古华民面临人生第一个重大选择：去哪里读大学？按照印尼当时的政策，如果想在印尼读大学，则必须加入印尼国籍，且入学后全部是印尼文授课，学费高昂，父亲难以承担如此重的负担，也不愿让儿子放弃中国国籍。这时，高中时期老师们所带来的各种关于新中国的鼓舞人心的信息，让古华民有了一个新念头——回中国读大学。古华民的父亲对此非常赞成，虽然远在印尼，但他对带领中国人民赢得民族独立和人民解放，创建了新中国的毛主席非常崇拜，在泗水的家中，客厅里一直挂着一幅毛主席画像。

20 世纪 50 年代印尼华人和受左翼影响的华文学校对新中国的五星红旗有一种特别的感情，非常重视升旗仪式，借此抒发对新中国的热爱之情。曾祥鹏和赖增创当时已经是印尼华文中学的校长，他们在访谈中也谈及这件事情。已经接近百岁的老人曾祥鹏回忆当年升国旗的事件，仍然激情澎湃。他指出，现在中国国内一些地方的升旗仪式不够庄重，有些学校国旗每天准时升上去，但没有把它及时降下来，而且还有很多家长带着小孩子在升旗台上玩耍，这是不够严肃的。当年他们山口洋的华人是怎样对待中国国旗的？每天与太阳同升，与太阳同落，风雨无阻。身在异乡，祖国对他们来说就是精神支柱，是信仰。在山口洋，家家升国旗的仪式搞得像是宗教仪式一样，非常重视，并且常年坚持，这其实就是在他们心底产生了根深蒂固的信念。祖国必须繁荣、昌盛，在海外的孩子们才能够有底气、有信心！祖国妈妈若是倒下了，就像歌里唱的"没妈的孩子像根草"，他们就无依无靠了。

赖增创回忆说："1949年10月1日，新中国成立，印尼所有的华文学校都很热闹。学生自发组织起来，在家里用缝纫机做出五星红旗，自己升旗。巨港中华中学的校长姓叶，可能是要观望一下，没有马上升旗，结果学生们不满意，他只好辞职，学校停办了两个多月，风潮仍然没有停止。1949年12月，我到巨港上任（校长），经过艰苦的工作，半个月后，学校就复课了，为什么呢？我用在西南联大学到的经验，找到主要矛盾。老师里面呢，老实说，是有点儿'极左'。那时不好这样说，没有'扣帽子'，那时我们工作是非常小心的。我说服那些老师，说他们埋怨那个校长不升旗是不对的。"

笔者曾经工作过的暨南大学东南亚研究所有不少老同事都是印尼归侨，他们对祖国的热爱之情是至死不渝的，他们的爱国热情一直保持旺盛和持久不衰。有了青少年时期在国外生活和受人欺负的经历，因此，对比之下，他们对祖国的感情更加强烈。黄昆章回忆道："每天清晨，当我从中央人民广播电台新闻联播节目中听到《歌唱祖国》的雄壮乐曲时，我的思绪常常会倒流到三十多年前在印尼我第一次学唱这首歌时的情景。我的父母都是印尼华侨，我出生于苏门答腊岛，在雅加达度过青少年时代。尽管如此，我在家里讲的却是客家话，在华侨学校接受的是中文教育，交往的是侨胞子女，看的多是中文报刊书籍。总之，我是在中华文化熏陶下成长的华侨青年。我从书中知道，中国是我的祖国，她是有五千年文明历史的伟大国家。从小我就为自己是中华民族一份子而感到自豪。但是，我当时又常常为祖国民不聊生、国势衰弱、海外华侨华人受殖民主义欺凌而得不到应有的保护而叹息、感到自卑，多么希望祖国能够快点强大起来，让海外侨胞不再受到歧视和迫害。"

五位归国华侨学生在大学毕业后都留在中国工作，服务于中国，为祖国的现代化建设和发展贡献毕生的精力。有人曾经问过他们："你们选择这样的道路会不会后悔，会不会觉得自己年轻时候的选择是一时的冲动？"其实他们均用实际行动回答了这个问题，那就是一生无怨无悔。黄昆章用"不要怕，不要悔"六个字概括了他当年的人生选择。他在退休后撰写的一篇的回忆录中这样写道：

对于20世纪五六十年代从印尼华校中学毕业的华侨华人学生来说,他们通常都面临人生道路的三种选择:一是留在当地就业或继续升学;二是到中国的大学深造,如果考不上则由政府分配工作;三是家境较好者到欧美深造。岁月匆匆,当年风华正茂的青年如今都已经步入老年阶段。对于当时选择第一和第三种道路的人来说,他们也许不存在反思人生道路的问题。而对于选择第二种道路的校友来说,由于中国政局变化的影响,每个人都会遇到这样那样的坎坷或曲折。在几十年的风风雨雨经历中,总免不了会有人向我们提出这样或那样有关上述选择是否正确的问题。半个世纪过去了,现在我们都累积了较丰富的人生阅历和经验,回过头来进行反思,或许有一定的现实意义。我们当年为什么要做出回国的选择呢?回顾20世纪50年代印尼华侨社会的历史背景就不难理解这一问题了。我们知道,中学时期是一个人的人生观、世界观和价值观形成的重要阶段。社会、家庭和学校则是对此产生重大影响的场所。我们在亲中国大陆的华文中学求学,老师们向我们灌输的是热爱祖国的教育(这里说的"祖国"是指中国,当时的印尼大部分华侨华人都还没有加入印尼国籍,仍然保留中国国籍,他们认同中国为自己的祖国。——作者注),鼓励我们毕业后创造条件回国升学,《新报》《生活报》等亲大陆的报刊经常介绍新中国欣欣向荣的面貌。这些宣传自然使我们都憧憬祖国的美好生活,希望献身于祖国的建设事业。多数家长也希望孩子能在祖国健康成长,对我们回国持鼓励态度。我们还经常阅读来自祖国的《中国青年》《钢铁是怎样炼成的》《牛虻》《可爱的中国》《把一切献给党》等书刊,这对我们向往祖国产生重大影响。正是在这样的环境熏陶下,我们(包括一些家境较好的同学)逐步坚定了回国的信念和决心。以我班为例,当年高中毕业的60多位同学中,就有一半的人做出了回国升学的选择。[①]

以上述五位客家籍青年为代表的印尼归侨学生,当年都是风华正茂的青年,他们都是在印尼出生和成长,在印尼度过自己的前半生最重要的阶

[①] 黄昆章:《执着追求 默默耕耘》,内部资料,由作者自行出版,2011年,第43页。

段——幼年、少年和青年阶段。他们中的大部分是"新客"华人家庭,有些已经在印尼生活了三代人,然后又在另外一种与印尼截然不同的经济社会制度和完全陌生的环境下度过自己的大学阶段和后半生。用社会学的话来说,就是他们需要有一个重新"文化适应"的过程。这个过程对他们来说并不容易,甚至是一个比较漫长和曲折的过程,加上他们回国后正好遇上了中国最多政治运动的时期,尤其是"文革",让他们吃了不少苦头。他们也有过彷徨、有过犹豫、有过痛苦,有一大批人后来选择了重新出去。印尼是回不去了,于是,他们中的许多人选择了去香港生活和定居,把香港作为自己最终的归宿。据黄昆章回忆,从 20 世纪 70 年代开始,一批又一批当年带着远大理想回国的华侨青年,由于各种不同的背景,经过申请陆续再度移民到香港定居。他们在极为艰苦的条件下重新创业,逐渐在香港站稳脚跟,过上了较稳定的生活。当时申请到香港定居的归侨大致有以下五种情况:① 回国后被分配到华侨农场者。他们主要从事艰苦的体力劳动,工资低微,孩子多的还要依靠国家的补助。② 在历次政治运动中受到不公正待遇者。他们的身心受到极大伤害,即使后来获得平反,仍然心有余悸。③ 怀才不遇者。他们大学毕业后工作不理想,专业不对口,难以发挥自己的才干。④ 为子女前途考虑者。内地高考竞争激烈,为孩子前途着想,希望给子女有更多的选择机会。⑤ 夫妇长期分居者。通过申请到香港定居来解决这个问题。①

用"他乡变故乡,故乡成远方"这句中国古话来形容这些归侨的心态和不间断的文化适应过程,也许是最合适不过了。赖增创后来到香港定居后写的如下两首诗颇能反映这些归侨们的复杂心态和心路历程。

---

① 黄昆章:《执着追求 默默耕耘》,第 52 页。

六旬感怀

（1977年仲夏之夜于香港）

年逾花甲发如霜，那堪奔波为食忙。

往事历历一场梦，天涯何处是家乡。

安于侨居

（1978年春节于香港）

四海为家五百年，随地生根建家园。

青山处处埋忠骨，何必马革裹尸还。[①]

前述五位客家归侨学生对作为祖国的中国和作为第二故乡的印尼的深厚感情，在一些归侨的文学作品中得到了很好的体现和抒发。同是客家人的梅县籍印尼归侨、著名海外华文作家钟毓材[②]在其一首题为《写给万隆的情书》的散文诗中，把其出生和成长的印尼万隆比作情人，对青少年时期万隆的记忆、眷恋和热爱跃然纸上，表达了其对另一个故乡终生的思念和深深的爱情："我独特的情书，写给我记忆中不变的山城。"诗中说，青少年时期，他在该城市的新巴刹大街"舞龙狮，扛大伯公，踩高跷"，"赤着脚走遍纵横交错的

---

① 王苍柏：《活在别处——香港印尼华人口述历史》，香港大学亚洲研究中心，2006，第278-279页。

② 钟毓材，祖籍广东梅县，1936年出生于印尼西爪哇万隆。20世纪50年代初回国读书，曾在家乡梅州市梅江区联合中学就读初中。后在广州市第七中学（原培正中学）完成高中学业，60年代初毕业于暨南大学中文系。中学时与王坚辉合著小说集《赤道线的孩子》。60年代初，曾在广州《作品》、《羊城晚报》副刊《花地》发表小说和散文。当年曾以《万隆孩子》小说获得印度尼西亚翡翠文艺比赛一等奖。60年代中期以来，在中国内地和香港地区、美国、泰国经商，从未放弃对文学的热爱和执着，业余坚持文学创作，已完成350万字的作品。其作品多姿多彩，视野广阔，具有浪漫传奇的独特风格，深刻反映大时代的风云变幻，并渗透着对人类和故国家园深挚的爱。已出版作品有：长篇小说《淘金梦土》（包括《阿彩大人》、《黄红故事》和《大地主人》三部曲），《故乡别传》（包括《南来庵内外》、《老家鹧鸪婆发纪事》和《离乡的女儿》三部曲）；中短篇小说集《寻梦的香港人》《美梦飘逝》；大型歌剧剧本《施大娘子》《花外钟声》；历史影视长篇小说《飞越雄关》（和钟子美合著）。钟毓材在香港开设日月星贸易公司、日月星出版社和日月星制作公司。现为香港郑和研究会名誉会长、香港散文诗学会名誉顾问、香港风雅颂诗词学会顾问、中国华侨文学艺术家协会会员、香港作家联会永久会员。

小巷","那炎日里火烫碎石路,暴雨下泥泞斜道,呼朋啸侣,在其间纵情追逐","每到晚间,巷口摆档的灯火在夜雾里摇曳;烧沙茶、烤玉米的芳香四溢,巴叮咚咚,印尼男女轻歌曼舞,那如泣如诉的歌,唱着乐天民族的欢与乐、悲与苦"。在诗的第五部分,作者尽情地抒发了其一生对万隆的爱恋:"其实,我心中独特的山城啊!我从未间断给你写情书,在我漫长的一生,不论在祖国大地,还是漂泊在大西洋的异乡。年轻时写的《万隆孩子》《寄万隆》,中年写的《山城恋歌》《编织不成的梦》,晚年写的《故乡别传》《南国多情的儿女》,倾注我对你缠绵的爱恋、无尽的思念、永恒不变的情怀。啊,万隆山城!我深深地爱你,我把这情书写给你。"

与前述五位客家归侨学生一样,钟毓材也是客家印尼归侨学生,后来虽然又去了美国等地,最后在香港定居,但他对中国的爱和对印尼的爱融合在一起,始终不渝地深深地爱恋着作为祖国的中国和作为第二故乡的印尼万隆山城。人们称他的文学作品深刻反映了他的生活经历中"别样流散"性格。印尼万隆、中国内地、中国香港、美国、泰国等多重流散经历,形塑其多元的流散书写格调。以他的作品《人间别样的情与爱》为例,这是一部散文诗体小说集,从体裁与题材都有多样化的呈现,是集流散体验与流散书写于一体的华文流散文学佳作。作品透过主人公的经历呈现出自我流散、华侨华人流散、跨族群流散的三种形态。他在其自述中说,他这一生过得很不平静,四海漂泊,天涯浪迹;出生于印尼,十六岁回故乡,祖国内地十三年,香港八年之后,美国十八年,再回流东方,在泰国、中国又是几十年,人生一个大弯,六十年。从商生涯,起落无定,苦乐悲欢尝遍,然而始终从未放弃文学。其作品无不打上了其浪迹天涯的深刻烙印,以文学的形式书写了海外华侨华人在世界各地拼搏和流散的历史。

三、婚姻移民:台湾的印度尼西亚客家新娘

几百年前,许多客家人从中国大陆迁徙到印尼西加里曼丹等地,他们在那里定居和繁衍后代。经历了几代之后,他们的后代又出现了一轮新的移民

热潮，从20世纪90年代至今，有数万客家妇女远嫁到中国台湾。台湾把这批人叫做"外籍配偶"或"外籍新娘"，这些叫法有明显的贬义，如果把此种现象叫做婚姻移民，可能会更中性一些。如何看待这种现象？"客家人喜欢迁徙"，用这一说法来解释虽然有些道理，却难免有以偏概全之嫌。近年来，台湾有许多学者对外籍新娘开展了大量的研究，发表了许多成果，但多是从台湾的视角探析这些外籍新娘在台湾的生存与发展状况。本书试图从海外客家人社会变迁的角度来探讨这个问题。

（一）印尼客家新娘大量移民台湾的动因

外籍新娘是台湾社会的一种特殊现象，台湾人又把这些外籍新娘叫"外籍配偶"（简称"外配"）。据统计，从1987年至2010年9月，台湾的外籍配偶一共有440,244人，其中来自东南亚的有145,969人，占总数的33.1%。从东南亚各国的外籍配偶来源看，越南居第一位，一共有83,716人，占总数的19.02%，印尼居第二位，一共有26,815人，占总数的6.09%，泰国居第三位，一共有7,937人，占总数的1.8%。[①] 从统计数字看，台湾人娶大陆新娘、越南新娘、泰国新娘比较好理解，因为台湾与大陆、越南、泰国的宗教、文化、生活方式等方面都还算比较接近，这些新娘到了台湾应该也还算比较容易适应。但是，印尼是一个伊斯兰教国家，为什么近年来会有这么多印尼新娘出嫁到台湾呢？2012年到印尼西加里曼丹考察之后，笔者找到了答案，原来这些出嫁到台湾的印尼新娘，绝大部分是客家华人姑娘，她们主要来自西加里曼丹各地，尤其是山口洋市及周边。

据台湾学者的研究，台湾人迎娶外籍新娘的现象可以分为两个阶段：第一阶段是20世纪70—80年代，主要以台湾退伍老兵为主，新娘的主要来源是祖国大陆；第二阶段是20世纪90年代起，以台湾农村男性青年为主，主要是南部农村地区和中北部的客家人聚居地区，新娘的来源地主要是东南亚各国。"1990年初期，当外籍新娘开始大量进入台湾时，印尼新娘就占了绝

---

① 台湾"移民署"网站：《外籍配偶人数与大陆（含港澳）配偶人数统计表》。

大多数，而且几乎都是客裔华人。从台湾前往印尼相亲迎娶另一半的男性，大多来自全台各地的客家聚落，客家庄的男性似乎是继荣民之后成为跨国中介的主要客户。而且其趋势是从北部客家人开始，逐渐扩及中部及南部客家庄，而近年来亦有不少福佬农村青年迎娶印尼新娘。"①

台湾学者多从一些具体原因探析外籍新娘大量来到台湾的原因。一些人认为，婚姻中介在其中起到重要的作用，也有一些学者认为，是城市化造成台湾农村男女比例失调，台湾迎娶外籍新娘的多为后发展地区的农村青年，尤其是中南部山区的农民。张翰璧博士的看法比较客观和全面。她认为，造成台湾20世纪90年代以后出现大量跨国婚姻的原因是多方面的，首先，从全球政治经济结构变化的视角来看，全球化使整个世界越来越像一个地球村。"不但国家间的阶级关系相对明显，更使得已开发国家的中下阶级可以到开发中或未开发国家旅游、娶妻。全球政治经济结构的改变促使全球化婚姻市场的出现。"②其次，全球化加快了国家与国家之间、民族与民族之间的人员交往和文化交流，从而减少了不同国家或不同种族的人与人之间接触的障碍。"在地（台湾学者称'当地'为'在地'——作者注）与全球文化的接触与互动，使得跨国婚姻成为可以想象的事物。"③再次，从个人动机来看，改变环境、向上流动等都是促成跨国婚姻的重要因素。"跨国婚姻可以是女性面对更大社会结构（不仅仅是婚姻关系）所采取的策略，女性有其行动的主动性存在，这可以解释为何是这些人而不是那些人进入跨国婚姻。婚姻移民有很多的动因，不一定都是为了钱。"④

笔者尝试从如下三个方面探析印尼客家新娘大量出嫁到台湾的原因：

第一，从来源地看，多数来自印尼外岛的西加里曼丹省客家人聚居的地区，包括有山口洋市、坤甸市、三发县等地。这些客家人多以婚姻中介人作

---

① 张雅婷：《台印跨国婚姻——以南港村为例》，国际暨南大学硕士论文，2005，第5页。
② 张翰璧：《东南亚女性移民与台湾客家社会》，台湾"中央研究院"编辑出版，2007，第21-22页。
③ 同上。
④ 同上。

中间人介绍，也有同村人介绍。一些婚姻中介人，本身就是出嫁到台湾的外籍新娘。例如，南投县国姓乡南港村的一位婚姻中介人，她本人就是来自印尼西加里曼丹的外籍新娘，她亲自介绍出嫁到该村及附近村庄的印尼籍新娘多达 100 多人。从个人的动机来看，追求更美好的生活是最主要的动因。一般而言，印尼外岛地区的客家人均居住在相对不发达的地区，以乡村和小城镇为主，经济比较落后，工作机会也比较少。多数印尼客家姑娘均受过中学以上的教育，对外界的情况也有较多的了解。她们不满意现状，希望改变这种情况，远嫁到台湾相对发达的地区，是迅速改变现状的最直接途径。从家庭方面来看，父母亲也希望自己的子女出嫁到台湾。据了解，台湾夫家迎娶外籍新娘都会提供一笔可观的嫁妆，10 万~20 万新台币不等。这笔钱在印尼外岛地区已经算是不小的一笔收入，可以极大地改善家庭的经济状况，有许多家庭通过出嫁 1 个、2 个甚至更多的女儿，而且通过子女亲家的关系，把其他兄弟或家庭成员也送到台湾去做工，获得较高的经济收入，迅速改变了落后面貌。也有学者认为，导致大量印尼客家姑娘外嫁到台湾的原因，还应该从印尼华人在印尼的历史和现实的生存发展状态中去寻找根源，从古代一直到 20 世纪 90 年代，印尼曾经不断地爆发各种形式的排华事件，令印尼华人一直没有安全感，印尼客家新娘的父母和她们本人试图通过移民台湾寻找新的家园。

第二，从接收地看，印尼客家新娘多是出嫁到台湾客家人聚居地区。据台湾地区客家委员会委托进行的调查研究结果，按照"具有客家血缘或客家渊源，且自我认同为客家人者"的标准，台湾地区客家人口总数估计为 419.7 万人，约占台湾地区总人口的 18.1%。台湾客家人口居住较为密集的地区是北部（桃园、新竹、苗栗）、南部（高雄和屏东）、东部（花莲、台东）等三大区域，并呈现由这些地区往外扩散的趋势。客家人口比例最高的县市依次为新竹县（71.6%）、苗栗县（64.6%）、桃园县（39.2%），客家人数最多的县市依次为桃园县（78.5万人）、新北市（54.9万人）、台中市（43.6万人）。①台湾地区的客家委员会将下述四类情况界定为客家地区：①客家族群占该地人口多数（69.1%~82.6%），其他族群比例低于全国平均水平，全台湾共有14个乡镇市区；②客家族群占该地人口约一半（42.5%~54.2%），福佬人比例为39.4%~46.3%，其他族群比例低于全国平均的地区，全台湾共有8个乡镇市区；③客家族群占该地人口绝对多数（83.7%~94.9%），其他族群低于全国平均的地区，全台湾共有11个乡镇市区；④客家族群占该地人口一半以上（51.3%~64.4%），原住民比例在0.8%~8.1%之间的地区，全台湾共有7个乡镇市区。②还有其他一些划分方法，这里不一一列举了。③上述客家地区多处在山区，与城市相比，经济发展与生活水平相对比较落后。20世纪60~90年代，台湾经历了大规模城市化的进程，大量客家女性进城读书、务工，一般而言，她们不愿意再回到客家地区与客家男性结婚，就是还留在客家地区的女性，也希望嫁一个城里人，离开农村，从而导致客家地区大量男性成为"剩男"。最初是北部的客家地区，如桃园、新竹等地的男性到印尼寻找自己的另一半，后来，中南部客家地区的男性也闻风而动，纷纷效仿，迎娶海外客家新娘。从表6-1中我们可以看到，1987年至2010年间，一共有26,815

---

① 《台湾地区客家人口总数逾400万 新竹县比例最高》，http://www.taihainet.com/news/twnews/twsh/2011-03-03/658614.html。

② 转引自张翰璧：《东南亚女性移民与台湾客家社会》，2007，第110页。

③ 根据中国台湾网，按照各地客家话口音的不同，可以将台湾地区的客家人分为如下几大类：

梅州四县腔：桃园县（中坜、龙潭、平镇、杨梅）；新竹县（关西部分）；苗栗县（苗栗市、公馆、头份、大湖、铜锣、三义、西湖、南庄、头屋、卓兰大部分）；屏东县（竹田、万峦、内埔、长治、麟洛、新埤、佳冬、高树）；高雄县（美浓、杉林、六龟）；台东县（池上、关山、鹿野、成功、太麻、卑南）。

海陆腔：桃园县（观音、新屋、杨梅）；新竹县（新丰、新埔、湖口、芎林、横山、关西部分、北埔、宝山、峨眉、竹东）；花莲县（吉安、寿丰、光复、玉里、瑞穗、凤林）。

大埔腔：苗栗县（卓兰的中街、内湾、水尾等乡镇）；台中县（东势、石冈、新社、和平）。

绍安腔：云林县（仑背、二仑、西螺）。

饶平腔：苗栗县（卓兰）。

其他还有永定腔、丰顺腔等散居各地。

名印尼新娘嫁到台湾。据台湾学者的调查，这其中绝大部分都是客家人，只有一小部分是印尼其他民族。这一点从印尼新娘在台湾的分布状况中得到了印证。她们中的大部分分布在台湾的客家地区，包括：桃园4,190人，占全部印尼新娘的15.6%；新竹2,282人，占全部印尼新娘的8.5%；苗栗1,767人，占全部印尼新娘的6.6%；云林1,722人，占全部印尼新娘的6.4%；屏东1,603人，占全部印尼新娘的6.0%。

表6-1　台湾各县市外籍配偶分布情况（1987年1月至2010年9月）

	合计		越南		印尼		泰国		菲律宾		柬埔寨		日本		韩国		其他国家	
	人数	%	人数	%	人数	%	人数	%	人数	%	人数	%	人数	%	人数	%	人数	%
总计	145,969	33.16	83,716	19.02	26,815	6.09	7,937	1.80	6,799	1.54	4,321	0.98	3,240	0.74	1,016	0.23	12,125	2.75
台北县	24,368	29.05	14,111	16.82	3,136	3.74	1,470	1.75	1,165	1.39	437	0.52	577	0.69	252	0.30	3,220	3.84
宜兰县	2,821	40.73	1,952	28.18	400	5.78	99	1.43	64	0.92	122	1.01	31	0.45	14	0.20	129	1.86
桃园县	16,896	35.90	7,666	16.29	4,190	8.90	2,079	4.42	1,191	2.53	296	0.63	230	0.49	72	0.15	1,172	2.49
新竹县	5,328	49.01	1,823	16.77	2,282	20.99	324	2.98	371	3.41	53	0.49	76	0.70	45	0.41	354	3.26
苗栗县	4,843	41.41	2,446	20.91	1,767	15.11	236	2.02	147	1.26	70	0.60	17	0.15	7	0.06	153	1.31
台中县	9,670	36.96	6,228	23.81	1,565	5.90	501	1.92	378	1.44	571	2.18	64	0.24	18	0.07	345	1.32
彰化县	8,964	47.49	5,867	31.08	1,028	8.63	441	2.34	316	1.67	418	2.21	51	0.27	18	0.10	225	1.19
南投县	4,314	47.20	2,855	31.24	865	9.46	152	1.66	84	0.92	225	2.46	19	0.21	4	0.04	110	1.20
云林县	6,285	46.15	3,806	27.95	1,722	12.65	189	1.39	111	0.82	270	1.98	61	0.45	10	0.07	116	0.85
嘉义县	4,995	43.55	3,378	29.45	1,117	9.74	136	1.19	107	0.93	170	1.48	9	0.08	3	0.03	75	0.65
台南县	6,255	37.21	4,552	27.08	673	4.00	325	1.93	203	1.21	287	1.71	37	0.22	10	0.06	168	1.00
高雄县	7,787	32.01	5,404	22.21	1,060	4.36	334	1.37	318	1.31	274	1.13	51	0.21	26	0.11	320	1.32
屏东县	7,345	42.89	4,295	25.08	1,603	9.36	184	1.07	762	4.45	236	1.38	35	0.20	7	0.04	223	1.30
台东县	1,378	37.34	896	24.28	245	6.64	27	0.73	82	2.22	43	1.17	17	0.46	6	0.16	62	1.68
花莲县	1,824	24.17	964	12.77	502	6.65	74	0.98	51	0.60	62	0.82	33	0.44	9	0.12	129	1.71
澎湖县	904	54.23	518	31.07	307	18.42	3	0.18	7	0.42	42	2.52	4	0.24	—	—	23	1.38
基隆市	2,261	25.36	1,565	17.55	256	2.87	91	1.02	76	0.85	66	0.74	31	0.35	23	0.26	153	1.72
新竹市	2,537	35.14	1,099	15.22	603	8.35	168	2.33	167	2.31	25	0.35	134	1.86	48	0.66	293	4.06
台中市	4,636	24.08	2,372	12.32	450	2.34	208	1.08	170	0.88	184	0.96	254	1.32	64	0.33	934	4.85
嘉义市	1,267	30.91	782	19.08	186	4.54	47	1.15	45	1.10	63	1.54	31	0.76	9	—	104	2.54
台南市	3,076	27.51	2,046	18.30	295	2.64	123	1.10	97	0.87	41	0.37	136	1.22	24	—	314	2.81
台北市	10,794	22.79	4,502	9.51	961	2.03	418	0.88	506	1.07	184	0.39	1,110	2.34	278	0.59	2,835	5.99
高雄市	7,102	24.94	4,418	15.51	891	3.13	301	1.06	376	1.32	165	0.58	230	0.81	69	0.24	652	2.29
金门县	287	14.61	153	7.79	109	5.55	3	0.15	5	0.25	3	0.15	2	0.10	—	—	12	0.61
连江县	32	6.41	18	3.61	2	0.40	4	0.80	—	—	4	0.80	—	—	—	—	4	0.80

资料来源：根据台湾地区行政当局"内政部移民署"的统计资料整理。

第三，共同的文化和生活习俗，共同的方言群认同。无论是印尼西加里曼丹的客家人，还是台湾的客家人，他们从大陆祖籍地迁徙到海外之后，虽然已经经历数百年几个世代甚至十几个世代的变迁，但他们仍然固守传统，比较顽强地保留了客家文化和客家的生活习俗。同一个族群相同的文化、相同的生活习俗、共同的语言，使他们更容易走到一起。台湾硕士研究生张亭婷曾经对嫁入台湾的印尼客家新娘和越南新娘在文化传承和文化适应方面进行比较研究。她在其论文中指出："本研究发现，印尼籍配偶受制于'海外一家'的大客家族群理念，对夫家而言，他们是客家人而非外国人的身份，因此一开始即被夫家视为'自己人'（这也是当初夫家的婚姻动机之一），语言的共通性虽有利于印尼客家配偶在地社会网络、社会支持的形成，然而印尼客家族群与台湾客家族群在饮食文化上实际存在的'异质性'也因此被有意或无意地忽略掉。'印尼的客家人就是客家人，怎么会有异国风味这样的东西存在'，'既然是客家人，那就应该会煮客家菜'，诸如此类的既定想法使得印尼籍配偶展现原生饮食习惯的空间几乎完全被压缩。事实是，原生文化与夫家的亲近性反而使得这群嫁入台湾客家社区的印尼客家人很难形成一个群体，所以她们基本上是在这样的脉络之下，被他人也被自己认定是一个客家媳妇，总是安分认命地在家中扮演好客家媳妇的角色，尽力学习台湾客家的特色。"[1]

笔者曾经在台湾南投县国姓乡南港村做过田野调查，该村客家男性多数娶印尼客家姑娘为妻。为什么这个地方的客家男性偏好娶印尼客家姑娘？一些台湾学者在经过调查之后得出结论说，是"客家人一家亲"的观念促使两地的客家男女走到一起。"南港村民，包括学校校长及社辅单位的社工等，皆对本地的印尼配偶持有下面的评价，认为她们具备客家妇女的传统美德：勤俭持家，刻苦耐劳，维持夫家家庭与事业等。村民一般认为，印尼客家女性与当地客家人同为客家族裔，只是两者祖先移民的地方不同罢了，但在语言和风俗习惯上，他们认为所有的客家人都是一致的。"[2]

---

[1] 张亭婷：《外籍配偶与客家文化传承》，台湾"中央大学"客家社会文化研究所硕士论文（电子版），2007，第103-104页。

[2] 张雅婷：《台印跨国婚姻——以南港村为例》，台湾暨南国际大学硕士论文，2005，第39页。

有台湾学者对印尼客家外籍配偶与其他外籍配偶进行比较，得出结论说，与其他外籍配偶相比，印尼客家外籍配偶一般都比较容易融入当地主流社会。其中除了语言相通之外，还有文化、生活方式、宗教信仰等均具有较多的同质性。据笔者的田野调查，在印尼外岛地区，尤其是像西加里曼丹省山口洋市这样的地方，客家特性保留得非常好。在这里，客家话是通用语言，甚至连中国其他方言群的人也使用客家话；在这里，客家人的宗教信仰，包括对大伯公的崇拜，客家人的生活方式等都保留得比较完整。毫无疑问，这里的客家新娘来到台湾的客家地区，当然会比较容易融入当地主流社会，比较快地适应台湾的文化和生活方式，因为他们之间本来就没有大的差别。可见，方言群认同是印尼客家新娘更容易融入台湾客家家庭和当地社会的重要因素。

（二）印尼客家新娘在台湾的生活状况

据山口洋市的朋友介绍，当地客家姑娘主要出嫁到台湾客家人聚居的地区，北部以桃园县杨梅市居多，中南部则以南投县客家人聚居的地区为主。山口洋市的客家姑娘出嫁到台湾之后的家庭生活与融合的状况如何？她们是否能够适应台湾的异国他乡的生存与发展环境？同为客家人的文化认同、生活习惯与价值观是否有助于她们更快地适应新的生活环境？带着这些问题，笔者专程到台湾南投县国姓乡南港村进行考察。[①]

[①] 南投县国姓乡南港村是位于台湾中部的一个客家村庄，土地面积35.81平方千米，全村700多户，人口2,446（2004年的户籍统计）。据该村村长介绍，近10年来全村的人口几乎没有增加。该村为典型的山区，客家人在100多年前迁移至此，多以养鹿为生，居民的主要经济活动包括养鹿、种植梅子、生姜、香蕉、枇杷及蔬菜等。与南投县其他地区比较，该村是一个印尼新娘相对比较集中的村庄。据统计，该村每五位年轻女性中就有一位是印尼新娘。

2013年6月5日，笔者在台湾博士陈建志的陪同下访问了南投县国姓乡南港村，访问对象包括该村村长、当地三间学校的领导和三位印尼新娘。访谈记录①如下：

1. 村长彭伟政

"我们村有许多外籍新娘（当地人简称'外配'，下同），光是南港村就约有100对，但大多数都是印尼新娘。外配新娘有许多都已经完全融入当地社会，前锋小学的越南外配担任了村小学家长委员会主任，有些县市还有外配参与竞选村长、乡代表等。外配一般都是通过中介（客家人又叫'媒婆'）出嫁到这里的，有些是新娘介绍自己的乡亲姐妹或同村的人。有一个中介本人也是印尼新娘，她来的时间比较长了，有20多年，经她介绍的有100多对。在南港村，八成都是外配新娘，只有两成是本地新娘。我们村现在有2,000多人，主要是养鹿为生，养有8,000多头鹿。我们村人数最多时有6,000人，最近逐年减少至目前只有2,000人。我的夫人也是印尼新娘，育有2个孩子，其中1个女孩，13岁，今年初中毕业，考上了台中科技大学。我们这里早期娶外配的，多是残缺不全的男人，或者是年纪大了，或者是有残疾，或者是工作不好，收入不高，等等。但是，后来情况就不一样了，很多优秀的男人也娶了外配，我就是很优秀的男人啊。我也是娶的外配，我与我太太年纪相差20岁，我太太是印尼山口洋的客家人，我和我太太沟通就没有任何问题。她也很快融入到我们当地社会，与当地社会打成一片。"

---

① 访问提纲（面对村长和学校老师）：
1）村里有多少印尼新娘或从其他国家来的新娘？
2）请介绍印尼新娘的情况。你们如何看待印尼新娘？
3）由印尼新娘组成的家庭是否幸福、和睦，与村里人的关系如何？
4）由印尼新娘组成的家庭的小孩子的教育存在什么问题，如何解决？
5）印尼新娘及其家庭是否能够得到平等对待？如果其家庭或子女受到歧视或不公正对待，如何处理？
6）印尼新娘对当地社会有哪些贡献和作用？
7）如果把印尼（东南亚）新娘和中国大陆新娘做一个比较，哪个群体更容易融入当地社会？

2. 北山中学校长魏靖育

"我们学校的新校舍是2003年大地震之后落成的。我们全校学生有131人，外配都是最近10年来的。来自外配家庭的子女有30人，其中20人是印尼新娘，7人来自越南，1人来自柬埔寨，1人来自内地，1人来自香港。我建议你们与外配同学见面，亲自与他们聊聊。"（校长介绍了5位同学与我们见面）

3. 台北市南港小学校长苏裕禄

"我们这里的外配都是来自印尼说客家话的，因此，与丈夫和家里以及社会沟通都没有问题。与越南新娘和其他地方的新娘相比，印尼的客家新娘都能够比较好地与当地社会融合在一起。因为这些外配子女有多元文化的背景，他们可能更优秀，更容易接受新鲜事物。"

"外配如果与闽南人在一起通婚，沟通和融合可能会有较多障碍。例如，在附近的另一个村庄草屯，是讲闽南话的村庄，越南新娘比较多，她们嫁到这里之后，就会产生比较多的问题，如语言沟通的问题、小孩子的教育问题、文化冲突问题等。地方政府和当地的中小学也采取了很多措施，帮助外配与外配子女解决他们在生活中遇到的各种问题。例如，我们前几年推行的'月光天使'计划，就是为帮助他们而实施的计划（由台湾'教育部'推行的旨在帮助全台湾外配子女适应当地社会的学习计划，资金由'教育部'负责提供）。配合'月光天使'计划，我们也根据本村的情况，办了一些学习班，如教外配子女学习打鼓、舞龙、书法、才艺等。据我的观察，外配子女的学习不见得比当地子女要差，有些甚至更优秀，表现更加突出。"

苏校长介绍了2名外配小学生与笔者见面交流。他们是两兄弟，妈妈是印尼新娘，当年从新竹嫁到这里，后来离异，两兄弟与父亲在一起生活。据两兄弟说，他们在家里都是说国语，妈妈在他们很小的时候就离开了，对妈妈几乎没有什么印象。

4. 港源小学教导主任陈俊言

"我们村港源小学有36位学生，我们从学校培养学生的角度来看，外配子女中一、二年级学习的状况还不是很好，到了三、四年级之后就可以跟得上了，外配中10对有8对是印尼的，2对是越南的。我们村是客家村，印尼来的客家新娘都是讲客家话，语言与生活习惯方面没有任何障碍，她们很快就融入了当地社会。我们在政府有关部门的指导下，针对外配的情况办了许多学习班，辅导这些外配及其子女尽快融入当地社会，学习汉字、国语、生活的技能和一些工作技术包括电脑等。外配及其子女是弱势群体，这部分人在台湾还是得到了比较多的照顾。学校尽量照顾到这些外配子女的实际情况，照顾到他们的特点，因人施教，让他们能够与本地人子女一起，享有共同的机会，一起成长。我们学校地处客家地区，具有浓厚的客家文化底蕴，我们以弘扬当地客家文化为己任，发挥学校的作用，对促进当地客家文化发扬光大作出贡献。据我们观察，印尼新娘大部分都是来自西加里曼丹客家华人聚居的地区，主要是山口洋市，他们的语言、生活方式和习惯与本地客家人没有多大差别，要说有差别的话，那主要是因为她们从小接受印尼文教育，不懂国语（中文），在教育辅导小孩子学习、识字等方面存在一些障碍。我们这个地方与城市的外配不同，城市的外配比较难适应，而我们这里基本上没有生活适应的问题。我们这里民风比较纯朴，人民善良，对外配并不排斥，而且很欢迎他们的到来。从外配的角度来看，她们也很善良，很顾家，很热爱我们这块地方，很快乐、自觉地与当地人一起生活，接受当地的文化。据我们了解，这些外配中的大多数都与当地亲人的关系非常融洽。与当地村民的关系也很好。她们的文化程度都比较高，至少都有高中学历，还有一些人有大学学历。早期的外配学历相对要低一些。按照当地政府规定，入籍要在当地参加学习各种课程100个学时，这是入籍的条件。这些外配子女有一些已经读大学了，优秀的还不少。"

"最早一批外配有些已经生育几个孩子，有些孩子都长大成人了。外配高潮是20世纪90年代到前几年。最近几年，外配减少了，这是因为本地的青年也减少了，由于少子化的冲击，现在中小学人数也大幅度减少。我们港源小学学生人数最多曾经有600多人，目前只剩下36人，其中七成是外配子女，他们的成绩与本地人子女差不多。我们现在很重视对孩子们的才艺培养，让孩子们从小就具备一些才艺，包括舞蹈、音乐、客家山歌等。"

5. 阿娟（村长太太）[①]

"我是十几年前嫁到这里的，娘家是印尼西加里曼丹的山口洋市，现在已经有3个小孩了。嫁给村长，各方面都还适应，就是他比较忙，很少顾家，我平时都是要做工，帮人采茶等，都是临时工，在家里还做早餐卖。平时在家里都是说客家话。在印尼时不懂说国语，学习国语是嫁到这里之后，参加本村的小学办的外配学习班，因为丈夫是村长，讲国语比较多，所以很快就学会讲国语了。平时看电视都是看国语的节目，对学习国语很有帮助。现在看国语电视已经没有问题，读和写则速度还比较慢。平时和村里人打交道也比较多，一般的交流和沟通都没有什么障碍。虽然与丈夫的年纪相差10多岁，但是，他性格比较好，喜欢开玩笑，比较容易沟通。最大的爱好就是节假日能够有空到附近的集镇去走走、购物。"

6. 黄杏丝

"我的娘家在印尼山口洋市下面一个村庄，我已经有2个女儿，老大读小五，老二读小一。10多年前来到这里。1998年，我们国家发生暴乱，我们那个城市也发生了动乱，当时我19岁，正在上高中二年级，学校也没有办法正常上课了，后来就嫁到这里。我的母语是客家话。听我父亲说，我家的祖籍是梅县。到这里之后，我先生以前在外面做工程，现在主要养鹿。我的国语非常地道。我去年去过香港，然后去了大陆的一些地方，如四川。我的两个

[①] 访问提纲（面对印尼新娘）：

1）你的娘家在哪里？

2）你到台湾以后总的感觉如何？

3）你在家里说什么话？与村里人交流使用什么语言？

4）你是如何嫁到台湾来的？为什么要嫁到台湾？娘家有些什么人？你有多少兄弟姐妹？

5）你嫁到台湾之后，是否经常回娘家？平时以什么方式与娘家联系？

6）你与夫家各个成员的关系如何？

7）你有小孩了吗？你是使用什么方式照顾小孩，印尼方式还是台湾方式？

8）你与同村的人相处得如何？是否愿意与他们接触和交朋友？

9）印尼与台湾两地相比较，你更喜欢哪里？

10）你已经融入台湾当地了吗？如果没有，为什么？是哪些原因阻碍你融入当地社会？

姐姐都嫁到了香港，我去年是去香港看我姐姐。我喜欢旅游，而且是喜欢自由行，出门前先做好功课，尽量省钱。"

"1998年离开学校之后，我曾经去过雅加达做工3个月，然后用这工钱到台湾来旅游，并且留下来做了几个月的工，我的普通话就是来这里学习的。后来家里有事就回去了。当时就曾经有媒婆来游说我，要我嫁到台湾去，我没有答应。我是在一个很偶然的机会下认识我先生的。记得当时是一个过年的时间，中介问我要不要去台湾相亲，我说我还不想嫁呢，中介说：'没有关系啊，你去看看吧！那边工资很高，你不想嫁人，先工作一段时间也很好。'我当时就抱着去看看的心态来到台湾。那天是大年初九，我去苗栗看我一个妹妹，就在那里认识了我的先生，一个月之后就结婚了。那是2001年，当时我19岁，与先生相差12岁。刚刚来到这里时，感到很陌生，很不习惯，与公公婆婆的相处也经历了一个过程。我的先生当时在台北做空调工程，一个月才回来一次。两边虽然都是说客家话的，但是还是有一些差别，最初沟通起来还是不容易，经过一段时间的磨合，才逐步适应。我的性格比较坚强、外向、开朗，喜欢学习，喜欢年轻人喜欢的一切东西。我的印尼语学得很好，一辈子也不会忘记的。我的工作很忙碌，又有2个小孩，几乎没有时间上网，与姐妹之间的联系主要是靠电话。说实话，我们这个村比较偏僻，我在这个村的朋友比较少，反而是在外面的朋友比较多。我认为，我们村的许多外配都不太关心外面的事情，被大山淹没了，走不出去。我也想帮这些姐妹们，让她们开阔眼界，多了解外面的社会，多参加一些村里的集体活动。但是，有一些做公公婆婆的不乐意，怕我把她们带坏了。我平时做很多事情，采茶、帮我老公养鹿等。我老公年收入是40万元新台币，我自己没有固定收入，只是打临时工。"

"我们的村长也很关心我们'外配'，经常会把我们请出来吃吃饭，问我们有什么困难和需求等。我觉得，我们外配要自强、自立和自爱，靠自己帮助自己，不能只埋头照顾家庭和孩子，也要互相帮助。比如，我的大女儿，发育过程中遇到一些问题，我就很着急，到处求医，到处想办法，希望她能够健康成长。我现在还很年轻，还想多读一些书，准备去附近的（乡政府所在地）草屯（国际暨南大学的预科部）补习高中课程。"

陪同我们做田野调查的彭村长赞扬说："黄杏丝真是不简单，做得很好。爱自己的家庭和子女，对公公婆婆很孝顺，对子女很负责。自己的大女儿智力发育有些障碍，百般想办法，求医问药。要是一般的女人，不会像她这样努力，会把这些事都推给自己的丈夫，自己不会去负这个责任。"

7. 阿霞

"我娘家在印尼西加里曼丹省省会坤甸市的老埠头。30多岁，有2个孩子。目前在本村的一家种香菇企业打工。听老人说，爸爸的祖上是从中国梅县来到印尼的，我妈妈是潮州人，信佛教的，拜大伯公，我是信基督的。我来这里已经12年了，20岁时到这里。我老公也姓彭，现在有2个孩子，大的是男孩，在本村的港源小学上小学四年级，小的是女孩。我有8个兄弟姐妹，我的姐姐也嫁到台湾嘉义，是讲闽南话的（村长插话说，阿霞来到这里很幸福啊，是讲客家话的）。家里有公公婆婆，在家里都是讲客家话，沟通起来没有什么问题。我在印尼读高中，没有毕业，1998年动乱时就没有再读下去了。来到这里之后，接触中文的东西比较多，平时都是看中文的书籍，看中文电视，参加过港源小学办的中文补习班、技艺学习班，学习做饼干等。我还学会了开车，拿到了驾驶执照，帮老板开小货车，开得很好。我现在已经入籍，有投票权了。"

阿霞的印尼文也讲得很好。他丈夫是养鹿的，有几十头鹿，阿霞平时在家里都是讲国语和客家话，与公公婆婆在一起主要是讲客家话，与2位小孩在一起则多是讲国语。与家里人能够和睦相处。村长评价说："阿霞很聪明，学习能力很强，到这里时间不长，就学习会了讲国语。对村里的长辈也很尊重，这可能也是我们客家人的传统吧"。据阿霞介绍："老板对工人很好，经常带我们工人出去玩，还带我们去过香港。我有2个姐姐嫁到香港，我去看过她们。她们住的房子很小，工作也很紧张，没有在台湾好。与2个姐姐相比，我觉得我嫁到台湾更好一些。"

阿霞的父母来过一次台湾看她，她自己则回了2次娘家。问到阿霞平时的爱好和习惯，她说："没有做工时喜欢到埔里（附近的一个比较大的市镇，即著名风景区日月潭所在地）去玩、逛街、购物。平时与同村从印尼来的新娘在一起都是说客家话多，如果与爪哇嫁到这里印尼妇女交流则是讲印尼语。公公中风几年了，请了一位印尼女佣，是讲印尼语的，平时在家里与这位印尼女佣交流也是使用印尼语。"①

（三）"此心安处是吾乡"

从印尼远嫁台湾的客家新娘，她们的心路历程是怎样的？她们是如何把他乡作为故乡，在台湾落地生根的？台湾客家歌谣《日久他乡是故乡》也许是非常恰当的反映。这是台湾交工乐队创作的一首很独特的歌曲，道出了因婚姻而来台湾的东南亚女性的心声，道出了外籍配偶作为异乡人的苦涩，道出了新台湾人的希望和追求。这首歌的另一个名字是《外籍新娘识字班之歌》。歌词如下：

日久他乡是故乡

天皇皇，地皇皇，
无边无际太平洋。
左思量，右思量，
出路在何方。
天茫茫，地茫茫，
无亲无戚靠台郎。
月光光，心慌慌，
故乡在远方。
朋友班，识字班，
走出角落不孤单。
识字班、姐妹班，
读书（识字）相联伴。
姐妹班、合作班，

---

① 以上访谈笔录均由笔者记录整理。

互信互爱救难。

合作班，连四方，

日久他乡是故乡。

与其他外籍配偶相比，印尼客家新娘更容易融入台湾社会。这可以从两方面来看。一方面，印尼客家新娘多来自印尼西加里曼丹等外岛地区，这些地区的客家人还比较多地保留了本族群的方言、方言群认同和风俗习惯，她们较好地保持了中华传统文化中的许多特色与价值观；另一方面，印尼客家新娘所出嫁的地区多为台湾客家地区，文化、生活习惯与宗教信仰等方面均有很大的同质性，加上台湾相对比较开放和包容，这促使印尼客家新娘很快就被台湾当地社会所接纳和融合。在家庭生活中，印尼客家新娘一般都是出嫁到农村地区的客家家庭，这些家庭一般都是三代同堂的大家庭。作为客家媳妇的印尼客家新娘，她们在家庭中的地位与作用是非常重要的，既要侍奉公公和婆婆，养育子女，还要照顾丈夫和同辈的叔叔、姑姑等人的生活。这种家庭地位和角色需要她们尽快融入新的家庭，真正成为"自家人"。

台湾对外来婚姻移民一般都采取开放和包容的态度，这种大环境非常有利于外籍新娘尽快融入当地社会。此外，从族群的角度来看，印尼客家新娘与台湾客家人虽然没有文化方面的差异，但是，作为外国公民，她们在原籍国长期生活，因此，印尼客家新娘接受的文化应该更加多元化，同时，她们也把印尼的文化带到了台湾，促进了印尼与台湾各方面的联系，山口洋市与桃园县的杨梅市结成姐妹城市就是一个很好的例证。

有台湾学者对印尼和越南两国在台湾的外籍配偶做过比较，得出的结论显示，虽然都是跨国婚姻，但是有很大的不同，印尼籍配偶绝大多数是跨国族内通婚，即从国籍看是跨国，但是从族群看，她们绝大多数是华人中的客家人，是族内通婚，与台湾的客家人几乎没有什么文化上的差别。越南籍配偶则既是跨国也是族际通婚，她们在文化适应方面存在比较多的困难。"同样是跨国婚姻，与印尼籍配偶的通婚是'跨国界而未跨族群'（绝大多数是印尼裔客家人），娶越南配偶的则是'跨国界又跨族群'，作为跨文化疆界的行动者，这些外籍配偶的原生文化和客家文化不断互动。"[1]

台湾的跨国婚姻人数多，持续时间长，对台湾社会的影响相当大，从而引起台湾各界的密切关注。台湾许多学者也长期关注这个问题，并且发表了许多相关成果。张翰璧认为："在全球化的婚姻市场下，通婚有可能同时跨越国界、族群与文化，涉及国籍、族群与家庭边界的改变。换言之，不论通婚跨越几种界限，都涉及婚姻过程中的文化接触与交流，会使得国家、社会乃至于族群文化产生不同程度的边界移动。台湾的跨国婚姻可以分成两种类型：一是跨越国界也跨越族群，如台越婚姻；二是跨越国界但不跨越族群，如台印婚姻。这些因跨国婚姻而移动的女性，不只是政治经济架构下的流动商品，也是生活世界中文化实践的主体，而且不同类型的跨国婚姻所呈现出的族群文化再生产的过程不尽相同。作为文化承载者，外籍配偶具有不同的社会文化涵养过程，她们的价值观会影响到家庭的建构与小孩的教养。"[2]

古往今来，客家人有移民的习惯，他们不断地追求和向往更加美好的生活。如果把印尼客家新娘的现象放到全球化移民浪潮中去考察，我们可以发现，台湾的印尼客家新娘只是全球移民浪潮中的一个浪花而已。印尼客家妇女通过婚姻移民的途径，找到了自己的归宿，找到了自己的新家。她们与祖辈相同的是，目标都是追求和向往更加美好的生活；不同的是，移民的方式和途径不同，她们的祖辈通常是为生活所迫，而印尼客家新娘们则是自愿地选择以跨国婚姻的方式实现自己的目标。最后借用中国古代诗人苏轼的名句"此心安处是吾乡"作为结语，衷心祝愿台湾的印尼客家新娘能够在台湾寻找到自己的归宿，实现自己及家人的梦想。

---

[1] 张翰璧：《东南亚女性移民与台湾客家社会》，台湾"中央研究院"编辑出版，2007，第4页。
[2] 前揭书，第14页。

第三编

马来西亚客家人

第七章　马来西亚客家人的迁徙与分布

马来西亚是客家人聚居的一个重要国家。与其他华人方言群一样，客家人在这个国家奋斗、生根、开花、结果，不断地繁衍后代。在马来西亚，客家人家庭一般都经历了三四代人的历史，有些移民早的，可能已经有七八代，甚至十几代的也有。据有关学者研究，在19世纪至20世纪中期100多年的时间里，超过1,700万华人在英属马来亚（包括新加坡）登陆，其中许多人后来返回家乡，另一部分则再迁移至海外其他国家和地区，华族移民由涓涓细流壮大成一浪高过一浪的热潮。在这片土地上留下来的华侨华人和他们的后裔，便是今天的马来西亚华族，客家人是其中的一个重要组成部分。本章着重研究客家人在马来西亚迁徙的历史和分布情况。

马来西亚经济社会发展概况如表 7-1 所示。

表 7-1　2020 年马来西亚经济社会发展概况

领土面积/平方千米	329,131.3
人口/千人	32,584.0
城市人口比例/%	76.7
按现价计算的国内生产总值/亿美元	3,372.9
人均国内生产总值/美元	10,328.1
平均预期寿命/岁	75.9
基尼系数	41.2

资料来源：ASEAN Secretariat, UNCTAD, UNICT, World Bank, ADB, UNDP.

一、马来西亚华人概况

在古代，马来半岛有羯荼、狼牙修等国家，15世纪初出现了以马六甲为中心的满剌加王国，16世纪开始先后被葡萄牙、荷兰、英国占领，20世纪初完全沦为英国殖民地。加里曼丹岛（中国古籍称之为"婆罗洲"）的沙捞越、沙巴，古属文莱，1888年两地沦为英国保护地。第二次世界大战中，马来半岛、沙捞越、沙巴被日本占领。战后英国恢复殖民统治。1957年8月31日，马来亚联合邦宣布独立。1963年9月16日，马来亚联合邦同新加坡、沙捞越、沙巴合并组成马来西亚。1965年8月9日新加坡退出。马来西亚是一个具有多民族、多元文化的国家。宪法规定伊斯兰教为国教，保护宗教信仰自由。马来西亚政体为君主立宪制，国家元首（又被称为"最高元首"）由9个州的苏丹轮流担任，任期5年。政府首脑为首相（有些中文译为"总理"），每届议员任期为5年。20世纪90年代，马来西亚经济突飞猛进，迅速成长为一个多元化新兴工业国家。

2023年，马来西亚总人口为3,270万。其中，马来人占69.4%，华人占23.2%，印度人占6.7%，其他种族占0.7%。马来语为国语，英语通用，华语在华人中使用较广泛。伊斯兰教为国教，其他宗教有佛教、印度教和基督教等。华人在马来西亚是一个主要民族，或称马来西亚的本地民族之一，为马来西亚独立建国和工业化、现代化作出了积极的贡献。华人主要分布于吉隆坡、乔治市（槟州）、加央（玻璃市州）、亚罗市打（吉打州）、怡保（霹雳州）、新山（柔佛州）、古晋（沙捞越州）、亚庇（沙巴州）及马六甲市（马六甲州）。据2020年的人口普查，华人比例较高的州有：槟城州，44.9%；吉隆坡直辖区，41.1%；柔佛州，31.2%；霹雳州，29.9%；雪兰莪州，25.5%；沙捞越州，25%；马六甲州，23.7%；森美兰州，21.4%。

据相关资料，1957年全马华人（不包括东马）有2,398,000人，占全国人口的39.6%；1970年为3,274,000人（包括东马，下同），占比为35.8%；1991年为4,623,900人，占比为30.1%；2000年为5,691,900人，占比为28.1%；

2010年为6,600,000人，占比降至24.6%；再过了10年，即2020年为6,900,000人，占比进一步下降至23.2%。上述资料显示，马来西亚独立建国半个多世纪以来，华人人口的绝对数量一直在缓慢增长，但是在全国总人口中的比重却不断下降。导致这种现象的主要原因有两个：①华人的人口出生率不断下降，马来人和其他民族人口出生率则维持在较高的水平，1957年，印度族的出生率为7.9%，华人为7.3%，马来族为6.0%，到1995年，华人出生率下降至只有2.5%。②由于各种原因，马来西亚华人不断地再移民至海外，这个再移民浪潮从20世纪中期起至今仍然在持续。据有关学者估计，从20世纪中期至今，马来西亚华人再移民到海外的人数高达100万以上，有人则认为高达200万。马来西亚华人再移民的目的地主要是发达国家，包括美国、加拿大、澳大利亚、新西兰、新加坡等，尤其是邻国新加坡，是马来西亚华人再移民人数最多的国家，超过一半；澳大利亚居第二位，在澳大利亚华人中，来自马来西亚的华人约占10%。现任澳大利亚外长黄英贤就是一位马来西亚客家人，她出生在马来西亚沙巴亚庇，父亲是马来西亚客家人，母亲是欧裔澳大利亚人。

马来西亚华人又叫华族，他们经常自称"大马华人"。如果以方言和籍贯为依据，可以将马来西亚华人分为如下几个主要的社群：

1. 闽南人

又称福建人或漳泉人。广义的闽南民系还包括潮州人，潮州话属于闽南语系。其祖籍地在福建省的漳州、泉州一带，为西马华人社区中最大的民系。最早的闽南人移民主要定居在马六甲，他们成为土生华人，又被称为"峇峇"（男性）和"娘惹"（女性）。第二波闽南人从19世纪定居在马来亚，主要经营橡胶种植园和从事金融行业等，构成了许多州最大的华人社群。后来，还有许多漳泉人移民到马来半岛北部，如槟城、吉打、玻璃市、霹雳太平、吉兰丹、登加楼等地。马来半岛南部的一些地方如雪兰莪的巴生、柔佛等也有不少闽南移民。

2. 客家人

西马华人第二大社群，在东马则是最大的社群，是指祖籍来自中国南方客家人聚居区（主要是指闽、粤、赣三省交界的地区）的移民及其后裔。早期前来马来亚的客家人主要为矿工，后来一部分人成为矿主，为开发马来亚作出了重大贡献，如叶亚来、胡子春等人。客家人的后裔目前主要聚居于西马的雪兰莪和霹雳（如太平、怡保等地）及森美兰州，东马的沙巴和沙捞越，形成了大型的客家人社区。西马的其他地方如槟城、马六甲、彭亨、柔佛等州也有大量的客家人聚居。到了20世纪初，矿业的重要性大大下降，许多客家人因此改行从事橡胶、胡椒等种植业及工商业活动。在20世纪90年代，沙巴的客家人后裔曾经占到该州华人的57%，他们大多数从事农业。从祖籍地来看，霹雳近打县的客家人主要来自广东梅县；吉隆坡的客家人主要来自广东惠州一带；东马沙巴州的客家人主要来自广东宝安（今深圳）、东莞、龙川各县；沙捞越州的客家人主要来自广东揭西和海陆丰一带。

3. 广府人

又称广东人，是西马华人第三大社群，仅次于闽南人和客家人。广府人主要是指其祖籍地为广东珠江三角洲一带（包括广州、佛山、江门五邑、澳门、中山、高州等地）及广西一部分（钦州、廉州和北海一带），操粤语方言的移民及其后裔。广府人当年主要从事锡矿开采等工作，他们早期的定居点现多已发展为主要城镇。广府人目前主要定居于吉隆坡和周边各大卫星城镇（如八打灵再也、莎阿南和梳邦再也等）、怡保、芙蓉、东马沙巴山打根、沙捞越泗里街等地。来自广西的广府人则主要定居在彭亨的文冬、文德甲和劳勿等地。

4. 潮州人

主要是指祖籍地为广东潮汕地区，讲潮汕话的移民及其后裔。从18世纪中期开始大量移民到马来半岛，主要定居在威省、霹雳吉辇县和吉隆坡附近的巴生等地。早期的潮州人主要从事农业和各种种植业。到了19世纪中后期，许多潮州人移居到柔佛。他们的到来使柔佛的人口大增，农业和手工业得到较大的发展，并出现了许多新城镇。马来半岛其他州也有一些潮州人社群。

5. 海南人

指祖籍地来自海南岛，讲海南话（属于闽南语系）的移民及其后裔。海南人早在 19 世纪以前就有人移民到马来亚和北婆罗洲，但人数比前几个方言群要少得多。早期的海南人多从事食品餐饮业或渔业，有不少人被聘为峇峇、娘惹家庭的厨师，许多人经营咖啡馆，故马来西亚华人一提到海南人，马上就会联想到咖啡和各种食品。

其他方言群还有福州人、兴化人、三江人、北方人，等等。

由于经济社会发展、迁徙、本土人口增长等因素的影响，上述各方言群人口及其比重是不断变化的，而且有关学者的说法也不尽相同。按照马来西亚本土客家人中一些权威人士的说法，到 21 世纪初，全马来西亚的客家人大约有 150 万，是仅次于福建人的马来西亚华裔第二大族群。[①]

二、客家人在马来西亚的迁徙史

中国古籍中关于华人到马来亚半岛及东马相关岛屿的记载有不少，但关于客家人到这些地方的记载比较少见，所幸中国本土侨乡，如梅州等地的方志、文人墨客的文章书籍、民间流传的客家山歌和俗谚均有许多关于客家人过番和下南洋的记录。

清末著名思想家、外交家、诗人黄遵宪，曾经长期被派驻南洋、日本等地担任外交官。身为梅县的客家人，黄遵宪对家乡民众过番和下南洋的情况有较多的了解，对他们在南洋的情况也感同身受，在其诗词中有一些是对家乡民众过番和下南洋的风气的描述和反映。他在《番客篇》中写道："上头衣白人，渔海业打桨。大风吹南来，布帆幸无恙。初操牛头船，旁岸走近港。今有数十轮，大海恣来往。银多恐飞去，龙圌束万镪。多年甲必丹，早推蛮

---

① [马来西亚] 吴德芳:《中华心客家情——第一届客家学研讨会论文集·序言》，载林金树主编《中华心客家情——第一届客家学研讨会论文集》，马来西亚客家学研究会，2005，第 1 页。

夷长。左边黑色儿,乃翁久开矿。宝山空手回,失得不足偿。忽然见斗锡,真乃无尽藏。有如穷秀才,得意挂金榜。沈沈积青曾,未知若干丈。百万一紫标,多少聚钱缿。曷鼻土色人,此乃吾乡党。南方宜草木,所种尽沃壤。椰子树千行,丁香花四放。豆蔻与胡椒,岁岁收丰穰。一亩值十钟,往往过所望。担粪纵余臭,马牛用谷量。利市得三倍,何异承天贶。……近来出洋众,更如水赴壑。南洋数十岛,到处便插脚。"①诗中描述了客家人远渡南洋,不少人开锡矿和经营种植园取得成功,积聚了大量财富,引得乡人羡慕不已,纷纷在南洋各地落脚和谋生。

黄遵宪的《己亥杂诗》组诗中也有一首专门对家乡民众赴南洋谋生,逐渐摆脱贫困的状况进行了生动的描述:"海国能医山国贫,万夫荷锸转金轮。最怜一二虬髯客,手举扶余赠别人。"他在该诗的自注中作如下解释:"州(指嘉应州)为山国,土瘠(瘦)产薄。海道既通,趋南洋谋生者,凡岁以万计,多业采锡,遇窖藏则暴富。近则荷兰之日里,英吉利之北蜡、槟榔屿,法兰西之西贡,皆有积赀至百数十万者。总计南洋富商,客人居十之三。同治年,有叶(亚)来在吉隆坡,与土酋斗争,得其地。卒以无力割据,归之英人。此与坤甸罗大伯(芳伯)相类。"②文中所说的"采锡",应该是指早期到马来半岛槟城、霹雳等地参与开采锡矿的客家人。

许云樵先生在《客家人士在东南亚》一文中对马来亚客家人亦有比较系统与完整的描述。他指出,华人在东南亚到处都是,客家人自亦不例外,不过因南来较迟,不及闽潮粤三帮人口之盛,但在沙捞越和加里曼丹,客家人口反比其他帮多,在西马的锡矿区域,也以客家人为多。这人概是与先驱者地缘关系,互相招引而致集中。在加里曼丹,有罗芳伯开创的基业,在吉隆坡,有叶亚来的开地拓殖,因此客家人口较占优势。③

---

① (清)黄遵宪:《黄遵宪集》上卷《番客篇》,天津人民出版社,2003,第202-204页。
② 前揭书,第241页。
③ 许云樵:《客家人士在东南亚》,载[新加坡]谢佐芝主编《世界客属人物大全》上册,崇文出版社,1990,第96、117页。

（一）东马

1. 沙捞越

早在 1948—1949 年，田汝康先生到沙捞越进行华人学术调查，对此地客家人的聚集规模感到吃惊。他发现，在沙捞越的客家人居然占了当地华人的三分之一，"沙捞越向来是客家人的第二个家，在 145,158 华人人口中，客家人占了 45,409 人。"[1] 一般史料认为，沙捞越的客家人较大规模的迁徙，主要有如下三次：

最早较大规模迁徙到沙捞越的客家人，是来自西婆罗洲的客家矿工。当年，西婆罗洲发生战乱，那里的客家矿工便来到沙捞越。这些客家矿工的首领是刘善邦，他后来因为反抗当地的殖民统治者而牺牲，沙捞越石隆门善德庙是当地客家人专门为纪念其事迹而建立的一座寺庙，该寺庙的碑文写道："公元1830 年，善邦公暨列位先贤，从西婆罗洲迁移前来石隆门帽山定居，从事开采金矿。因该系熟练矿工，故此业务蒸蒸日上，并创立十二公司，举善邦为首领。公元 1857 年二月间，十二公司与英人詹姆士布洛克（为沙捞越王）因为鸦片等事件，发生争执，无法排解，导致交恶。同年二月底，在一日夜间，十二公司驻扎新尧湾、友兰肚山岗之人员，深夜为布洛克军所袭，全体遇难。善邦公即于是夜遭害，壮烈牺牲。"[2] "还有一些证据说明，在 1854 和 1856 年，分别由两支规模较小的难民团队从荷属领地进入沙捞越，而这些事件和 1856 年西婆罗洲以及 1857 年沙捞越的种种事件都有一定的干系。我们有足够的证据将今日沙捞越境内强大的客家因素与百年前甚至更早的情况联系在一起。"[3]

曾经在文莱大学任教的饶尚东先生长期专注于东马两州的华人研究，他曾经到东马两州做过大量田野调查。他认为，客家人最早移入沙捞越主要是从西婆罗洲之坤甸和三发，由陆路进入。"19 世纪中期大量客家人移入沙捞

---

[1] 田汝康：《沙捞越华人社会结构研究报告》，林青青译，沙捞越华族文化协会，2013，第 184 页。
[2] 《沙捞越客属公会金禧纪念特刊》，沙捞越客属公会编印，1983，第 132 页。
[3] 田汝康：《沙捞越华人社会结构研究报告》，林青青译，沙捞越华族文化协会，2013，第 176 页。

越是和当时西婆罗洲存在的华侨公司有着密切的关联。著名的兰芳公司、大港公司和三条沟公司早在 18 世纪中期就已经存在，并在西婆罗洲各地从事开采金矿之活动。这些公司的成员大多数是客家人。从 19 世纪中叶开始，这些公司便不断地和荷兰侵略者展开斗争，后来受到荷兰统治者的种种镇压与剥削，同时加上公司之间不和，华工纷纷逃亡到沙捞越谋生，人数在万人以上。""1832—1834 年，全婆罗洲的华人总数约有 15 万，其中 9 万人集中于西部金矿区域。在矿区工作的华人绝大部分是客家人。19 世纪 20 年代初期，荷兰人的势力已经伸入西婆罗洲各地。这时华人金矿公司包括著名的兰芳公司、大港公司和二条沟公司常受到荷兰统治者之干扰，部分矿工只好放弃采矿业务而发展农业，以种植水稻、木薯等为生。而到了 30 年代，不少西婆罗洲之矿工转移到沙捞越之石隆门第二省一带，重组公司，继续活动。比较出名的有十二公司和十五分公司。"

"大港公司和十二条沟公司人员干退入沙捞越境内时除了在石隆门发展外，部分员工也移入第二省之成邦江和英吉里利活动，往后在英吉里利成立之十五分公司，也就成为大港公司在沙捞越之基地。""十五分公司原是蒙特拉度的一间小公司，属大港公司的支系。其首领为黄成际，通称黄际。原籍广东省揭西县河婆马头人，曾在三发之大港公司工作。后来到英吉里利，创立十五分公司于马鹿山区。可惜马鹿地区金矿资源有限，故公司之业务一直没有很大的进展，业务最旺之时，也不过有矿工 500 名左右。此公司到了 1875 年已日薄西山，自动解散了。留下的矿工，转业从农，成为开发成邦江土地的先锋，写下华族史上光荣的一页。"[①]

第二次客家人较大规模迁徙到沙捞越，是在 19 世纪后期。

石隆门矿工暴动事件之后，英国殖民统治当局虽然极度不喜欢华人，但是，沙捞越的开发与发展却离不开华人，于是，当第二代拉者查理士接任后（1870 年），他继续鼓励华族劳工进入沙捞越以便发展大园丘式之经济作物。

---

① 饶尚东：《东马客家移民史略》，载谢剑、郑赤琰主编《国际客家学研讨会论文集》，香港中文大学、香港亚太研究所海外华人研究社，第 67—69 页。

华族劳工这时多从新加坡移入，尤其是 1875 年新砂轮船公司成立之后，每月都有劳工到来，人数在 150~200。1882 年沙捞越州政府与轮船公司定约，提供免费船票给新加坡劳工进入沙捞越，形成了自 19 世纪 50 年代西婆罗洲移民后之第二个高潮。至于从中国直接招募劳工进入沙捞越，要到了 1885 年之后才引起政府之注意。这时由新加坡移入的劳工已逐渐减少。沙捞越州政府于 1885 年 12 月制订了新的移民计划，正式由中国大量输入劳工。中国的劳工多以集体移民的方式到来。如 1898 年大约有 100 名客籍基督教徒集体移入古晋南部三里附近从事农耕。[①]

第三次客家人较大规模的迁徙，是在 20 世纪初至中期。

广东新安（后改为宝安县，现为深圳市龙岗区）客家人于 1900 年前后大批迁徙到沙捞越，他们以务农为主。关于广东新安客家人到来的缘由，一直有一个在当地甚为流行的传说，某日（大约是 1900 年）早晨，第二代拉者查尔士骑马路过（古晋）大石路，偶见一新安客家妇人在园地掘土，不久返途时，见已开辟成数块菜畦，对其勤快的效率甚为惊奇。当时正值沙捞越殖民当局进行大规模经济开发，亟需大量劳工，据此见闻，乃特委新安客籍江贵恩返国招募同属南来。江氏不负所托，募集新安属人三百多名抵达沙捞越，在古晋近郊，即毗邻客属聚落的石隆门、西连一带从事种植业。

这一次客家人大量迁徙也与诗巫（即泗务）新广东垦场之开辟密切联系在一起。"到了 20 世纪初，比较大规模之客籍移民要算由邓恭叔所率领的数百垦众于诗巫附近开辟的'新广东垦场'了。1901—1919 年，广东三水县孝廉邓恭叔先后招募十多批农工前来诗巫开垦，前后总共有 600 多人。其中有许多是来自广东广宁的客家人。广东垦场之规模虽然比不上黄乃裳之福州垦场，但邓恭叔和江峄琴两位港主为广府人和客家人在拉让江流域奠定了日后继续发展的基础。至今在沙捞越诗巫之广宁同乡会就有四五万人之多，他们

---

① 饶尚东：《东马客家移民史略》，载谢剑、郑赤琰主编《国际客家学研讨会论文集》，香港中文大学、香港亚太研究所海外华人研究社出版，第 70 页。

除了加入诗巫客属公会外,也自组广宁同乡会为同乡谋福利。"①"在广东垦场的垦殖民中,客家人为数甚多,尤以广宁客为众。后来,有些广宁客因为土产价格低落,而离开垦场,移居到第四省美里。所以,今天的广宁客以诗巫和美里为多,在这两个城市都有广宁客。"②

沙捞越第四省美里的开发也与客家人的迁徙联系在一起。1910年,美里开始生产石油,需要大量的工人到油田工作,还需要为油田服务的其他服务行业,于是,这里的种植业、饲养业和相关的商业便迅速发展起来。这里的客家人以新安客、河婆客和大埔客为主。"许多外地的客家人也移居到美里来,有的在油田工作,有的从事农耕,有的经营商业。美里的珠巴,是新安客家人聚集的地方,他们从1920年起,就在这里种植蔬菜,养猪和其他家禽。美里的大山背地方,则是河婆客的垦殖区,他们在这里种植胡椒、果蔬和其他农作物。美里的河婆客人数最多,占客家人口60%以上。在美里经商的客家人以大埔人为主,其中不少成为著名的商人、实业家与杰出的政治领袖。美里的尼亚石山镇,是在20世纪30年代由客家人开辟的,现在已经发展成为一座繁荣的市镇了。"③

2. 沙巴

与沙捞越相比,客籍华人移民到沙巴州要晚一些时间。第一批移民到沙巴的客家人,可能是太平天国起义失败后的一批流亡者(洪姓为主),他们逃亡到沙巴的山打根一带定居。大量华人移民到沙巴是1881年之后。英属北婆罗洲渣打公司开始统治沙巴,其第一任总督特察看到了西马和沙捞越大批引进华工成功开发的先例,决定从中国大批招募劳工。移民官麦哈斯特于1882年到香港和李士勒教士商议招募劳工之事。第一批劳工约96人,在李氏带领下,于1883年4月抵达古达。这批劳工全为龙川人,他们在古达山垦

---

① 饶尚东:《东马客家移民史略》,载谢剑、郑赤琰主编《国际客家学研讨会论文集》,第76页。
② [马来西亚]房汉佳:《沙捞越客家社会的历史与现状》,载《沙捞越客属公会70周年会庆暨沙捞越客属公会联合总会成立庆典1934-2004年》,沙捞越客属公会,2004,第208页。
③ 房汉佳:《沙捞越客家社会的历史与现状》,第208页。

殖开荒，种植稻米、蔬菜、树胶和椰子等作物。"各户人家到达婆罗洲后，随即向英国殖民政府领地耕作开垦。赴北婆罗洲巴色会教徒，笃信耶稣，虔守教理，各人六日勤劳工作，七日则停工守礼。起始在家举行聚会，至1886年罗泰丰在所属山地建筑一所礼拜堂，英政府捐银元十元以示支持，此乃巴色会在北婆罗洲建设都会的开始。"[1] 这批移民为今天客家人在沙巴华族中占最多数打下了一个良好的基础。

1886—1889年，大约有40家人再移入古达垦殖。1896年，一批约81名客家人学习他们的先辈，定居东海岸之山打根。20世纪初，沙巴政府决定修筑由亚庇经保佛到丹南的铁路，劳工之需求大增，1903年有1,500名华工，其中881名为客家人，568名为广府人。

1906年一批约150名客家人抵达西海岸，另一批190人则到古达谋生。

1912年，当时的教会组织（巴色教会）和广东的客家人有密切的联系，继续大力鼓励客家人进入沙巴。1913—1914年，在政府的资助下，63家共244人抵达古达，其中大部分是客家人。在西海岸方面，1913年3月，26家111人到下南南定居，33家167人在打卜里定居，这两个小镇坐落于西海岸之亚庇和半亚兰之间。

以上几批为数不少的客家移民多来自五华、龙川、紫金、东莞、宝安、清远和花县。这些客家人先到达古达、山打根和亚庇一带垦殖，然后再扩展到吧巴、保佛、丹南、下南南、孟家达等地区。

一战至1920年，很少有新移民移入沙巴。1923年之后，新的土地条例实施加上树胶业的复兴，申请入境者才增加。1928—1930年，每年政府资助入境者超过1,000人。世界经济萧条时，入境人数锐减。过后每年都有几百人移入。黄子坚指出："1924年之后，移民数量呈现稳定增长，虽然1921年只有24人申请，但到了1924年，申请的总数增加到800人，1927年为1,054人，1929年为1,665人。此计划尤其受到巴色教会的基督徒欢迎，他们将此

---

[1] 李志刚：《香港客家教会（巴色会）之设立及其在广东与北婆州之传播》，载谢剑、郑赤琰主编《国际客家学研讨会论文集》，香港中文大学、香港亚太研究所海外华人研究社，1994，第247-248页。

视为带家人前来沙巴的好机会，而且不需要自己负责费用。"这一段时间，除了得到沙巴政府资助的客家人之外，还有相当一部分人自费移民到沙巴定居。携家带口是沙巴客家人移民的重要特征，这也是沙巴客家人社会形成的一大特点。据黄子坚的研究，1921—1951年，在所有的方言群体中，客家妇女人数是最多的。"免费移民计划最重要的成果是华人女性移民的增加，这代表新移民期望能够在当地定居，同时帮助平衡性别比例，从1921年每1000个移民之中有367位女性，增加到1931年每1000个移民有565位女性，且大部分的女性是客家人。这样的发展对于沙巴华人社群组成有持续性的影响。"[1]

综上，沙巴的客家人移民有如下几个显著的特点：① 从时间上看，晚于西马的客家人移民；② 有组织移民，教会负责组织，当地政府还给予补助；③ 家庭移民；④ 有大量的客家妇女移民，改变了以往移民中男女性别比例失调的现象。沙巴客家人上述移民的特点，对该州战后客家人社会产生了重大和深远的影响。

（二）西马

一般认为，客家人大规模迁徙西马是在19世纪中期，主要从事开矿和种植业，但也有学者指出，在个别的西马地区，尤其是金矿区，客家人到来的时间可能更早一些。据《阿都拉游记》记载，1838年，马来人旅行家文西阿都拉与一群新加坡商人到东海岸旅游考察，一行人乘船从彭亨河口上溯，费时约1.5小时，抵达一个华人村庄。村子里的所有华人都是客家人，与本地女子通婚，子女都说中国话。村子里的男人被这里的金矿所吸引，成群结队地沿着彭亨河上溯到那里采金去了。马来西亚《南洋商报》副刊《根》1999年9月14日刊登的一篇文章指出，17—18世纪，华人就已经在吉兰丹的布赖村开采金矿。这里说的布赖村开采金矿的华人应该就是《阿都拉游记》中所说的客家人。

---

[1] ［马来西亚］黄子坚：《马来西亚基督教会巴色会与沙巴州的客家族群》，载萧新煌主编《东南亚客家的变貌：新加坡与马来西亚》，2011，第378页。

1. 槟城及周边

槟城及周边的客家人移民主要由嘉应州（今为梅州）人和惠州人组成。在早期到槟城的华人中，应该是以嘉应州客家人比较早，这一点可以从槟城嘉应会馆建立的历史得到很好的反映。槟城嘉应会馆成立之初叫"仁和会馆"，是当时成立最早的华人三个会馆之一。据槟城嘉应会馆史料记载，"本会馆成立于公元1801年，清嘉庆六年辛酉，距莱特占领槟城（1786年）后之十五年。为新马历史最悠久之乡会。曾经先后使用'仁和公司''客公司''嘉应馆''嘉应州公司''嘉应五属同乡会'等五种名称，最后才定为现名'嘉应会馆'。该会馆现保存有当时的地契和纳税收据等资料，足以证明其历史的久远。查本会馆大伯公街门牌二十二号现址地契，系英国东印度公司驻威尔斯太子岛长官要斯爵士所签押，发给仁和公司者。签发地点在康华丽堡（今旧关仔角灯塔下，华人又称为古城），日期为1801年11月2日。"[①]

日本学者今崛经过考证亦认为："嘉应会馆是成立于嘉庆六年（公元1801年）为槟城最古的会馆。会馆中存有英国东印度公司槟城总督给予仁和公司（嘉应会馆的前身——作者注）的地契。那地契是殖民地政府于1801年发给仁和公司的，承认其有在规定区域内的支配权。又据保存于会馆中的'收据'，于咸丰十年修筑会馆时，曾向政府缴纳过四卢比，申请测量，以确定会馆的占地。嘉应会馆于光绪十八年再行修建时，当时的建筑物是庙宇式的。楼下有关帝像，以及匾额、楹联、祭器等。楼上是安置已故先贤的神位，且多木刻楹联。1938年始改为现在的洋楼。楼下有事务室和礼堂，楼上有会议室和神龛，是相当堂皇的建筑。"[②]

马来西亚华人历史学者刘果因先生从两个方面考证，得出结论说，嘉应州客家人应该是最早移民来到槟城定居的华人群体，嘉应州客家人到槟城的

[①] [马来西亚] 曾会青：《嘉应会馆会史》，载《嘉应会馆成立186周年暨主办马来西亚嘉联会第36届代表大会纪念特刊（1801—1987年）》，槟城嘉应会馆，1987，第13页。

[②] [日] 今崛：《马来亚华人社会》（中文版），刘果因译，马来西亚槟城嘉应会馆扩建委员会，1974，第83页。

时间应该早于福建的漳州泉州人士。其一，当时西马非常流行的一个传说，即"客人开埠，广府人旺埠，潮福人占埠"，这个传说足以证明客家人最早来到槟城等地开发，后来才有广府人和潮州人等方言群的到来。其二，槟城早期还有一个华人社团机构——广福宫，早于仁和会馆一年成立（1800年），其地位有点类似马六甲的青云亭，实质上是华人事务的管理机构，主要由广东人和福建人组成，福建人当然都是以漳泉人士为主，而广东人的主体应该是客家人。理由有二：①在广福宫时代，广东人方面，还没有其他团体，有团体的只有嘉应州人。足见嘉应州人在当时已有相当人数。②最近在广汀公墓中，发现有4座明嘉清初年的古坟，其中2座是嘉应州人，以死亡率的比例推定生存的人数，则嘉应州人在广东人中应该占有一半。如果今后没有其他相反的发现，这假定可以得到结论：当时所谓的"广东人"，事实上为主体的还是嘉应州人。[①]

惠州（海外华人所说的惠州，应该指近代的惠州府，包括现在的河源、惠州和汕尾三市）的客家人移民槟城的时间晚于嘉应州的客家人，这一点从惠州人最早的组织——惠州会馆的成立时间得到印证。惠州会馆的前身为惠州公司，成立于1822年，比嘉应会馆（仁和会馆）成立的时间晚了21年。据《槟城惠州会馆史》记载："至迟清道光二年（公元1822年）六月初六，惠州属同人已组织惠州公司，当时有乡亲（归善人）李兴以墨西哥325银元购得砖瓦屋两间及地皮一段，无条件捐赠给惠州同乡充任会馆。成立之初，定名为'惠州会馆'，凡居住乡村僻壤之同乡，因事全槟城者，均以会馆为歇息之所；从中国南下的同乡亦通过会馆，视之为跳板，深入内陆开拓农业及矿业。"[②] 惠州客家人最初到槟城落脚，然后到周边发展，时至今日，槟城周边各地，即北马地区各州县，到处都留下惠州人的足迹，惠州客家人为北

[①]［马来西亚］刘果因：《槟城嘉应会馆在马华历史上的地位》，载《嘉应会馆成立186周年暨主办马来西亚嘉联会第36届代表大会纪念特刊（1801—1987年）》，槟城嘉应会馆，1987，第30-31页。

[②]［马来西亚］王琛发：《槟城惠州会馆史》，载《槟城惠州会馆180年：跨越三个世纪的拓殖史实》，槟城惠州会馆，2003，第25页。

马各地的发展立下了汗马功劳。正如王琛发先生所说:"在19世纪60年代,来自北马的惠州人以槟城为跳板,进入威省以及霹雳州一带,是不争的事实。惠州原为中国最大的锡产地,惠州人南下马来半岛驾轻就熟,进入矿区工作也是理所当然。然而,在同一时代,也遇上了地盘之争。从1860年开始到1874年方才结束的拉律战争中,'惠州公司'的名字一直作为一个交战团体的姿势出现在殖民政府的档案,它和新宁、新会、开平、恩平四邑人,以及潮州人的公司,共处于'义兴公司'的旗帜下。义兴为了保护从甘文丁矿区到北马各地的地盘,与属于海山会党的增城及广州五县对抗。其间发生了不少相互攻击的惨案,令惠州人付出代价,在同乡被残杀、财物被抢掠、妇女自杀或被凌辱的情况下,撤回槟岛。"①

这些史料表明,最早到槟城一带的华人应该是客家人。他们作为开拓者,写下了可歌可泣的历史,为槟城及周边北马地区的发展立下了汗马功劳。在早期,客家人占槟城华人人口的10%左右。在槟城周边的霹雳州,客家人在华人人口中的比例较高,达到30%,到了后来,由于经济地位下降,加上福建漳泉人的大量涌入,客家人在槟城的地位与作用逐渐退居漳泉人之后。但是,当年槟城一些以客家人命名的街道,以及当年槟城历任领事均由客家人担任,你可以从中看到当年客家人在槟城的辉煌。

槟城以客家人命名的街道包括:

1) 景贵街和阿贵街。景贵街为槟城槟榔路其中一条横街,阿贵街为椰脚街通向美芝街的一条横路,两条街道均以广东增城新村的客家人郑景贵(1829—1961)的名字命名。郑景贵曾经担任海山公司首领(1860—1884年),1877年起成为首届霹雳华人议员兼太平甲必丹,1895年任平章会馆协理,1898年任五福书院总理,曾经是海珠屿大伯公庙、平章会馆、广汀公墓、极乐寺的首要捐款人。

---

① [马来西亚]王琛发:《槟城惠州会馆史》,载《槟城惠州会馆180年:跨越三个世纪的拓殖史实》,第28页。

2）泰兴路。槟城华人俗称之为"四条路",是为纪念来自福建永定客家人胡泰兴而命名的街道。胡泰兴出生于 1825 年,受教育于大英义学,与另一位同乡合创泰兴公司,1864 年建立胡氏宗祠,1872 年获授太平局绅,1880 年任广汀公墓大总理,1881 年参与创建平章会馆。

3）张弼士路。原来的张弼士路是德顺路火车路和槟榔路组成的三角交界区中间横贯的一条小路。后来在城市发展的过程中,这条路被拆除和重建,1992 年之后,重新以清河堂边的香港路改名为新的张弼士路,以纪念其对槟城华人社会和槟城发展作出的贡献。

4）戴喜云路和戴喜云巷。前者在市区的风东路一条横路,后者位于亚依淡区,为纪念槟城著名的大埔客家人戴喜云（1849—1919）而命名。戴喜云于 1873 年从大埔来到槟城,当时身无分文,在槟城和霹雳先后做过劳工、小贩,后来从事中药业并以此发家,并投身其他行业,曾经先后担任中国驻槟城副领事、中国驻新加坡代总领事。戴喜云发家后积极投身于各种慈善事业,是槟城教育、医疗、公共事业的重要捐款人,包括英皇爱德华纪念医院、疗养院、槟城大英义学、中华学校、时中学校、极乐寺等。戴喜云去世后,其创立的中益堂一直继续为教育提供捐助基金。

再看客家人当年担任历任中国驻槟城领事的情况。据历史资料记载,从清朝末期在槟榔屿设立副领事一直至中华民国十九年共 37 年的时间里,前后有 7 任领事,均由客家人担任。他们包括：张弼士（大埔籍）,1893—1894 年；张煜南（嘉应籍）,1894—1898 年；谢春生（嘉应籍）,1898—1903 年；梁碧如（嘉应籍）,1903—1906 年；谢春生（嘉应籍）,1906—1907 年；戴欣然（大埔籍）,1907—1911 年；戴淑原（戴欣然之子）,1911—1930 年（1921 年戴淑原回国述职时,其兄长戴芷汀曾经代理领事）。

王琛发在考察了这些领事们的相关史料之后得出结论说,他们具有客家同乡、亲戚、生意人、华人社团领袖等共同特点。"如果我们观察上述各领事的背景,我们会发现,一方面,除了大家都是客属这一共同特点,他们之间有些是同乡,有的互相是生意合伙人,而谢春生与梁碧如更是翁婿之亲。另一方面，这些人也是在广汀、潮州、嘉应以及五属大伯公的社会活动上共同进退的盟友。在槟城有大量不同社团、庙宇的碑记留下他们一同乐捐或担任领袖的记录，最显著的是 1895 年倡建的极乐寺，张弼士、谢春生、张煜南、戴欣然，以及另一位增城客家人郑景贵，都名列五大总理，成为极乐寺的庙产主要捐款者及后来的庙产信托人。"①

当年任槟城客属公会会长的李尧庆先生在为纪念槟榔屿客属公会成立 60 周年而撰写的献词中指出，客家人对槟城的经济社会发展作出了重要的贡献，是槟城早期华人社会的中坚力量。"客家人在槟城立足已经超过 200 年。1768 年英国占据槟岛为殖民地前后，客家人相继从中国南来参与开拓。以采石和种植为生的惠州人开辟了浮罗山背、双溪槟榔、湖内、美湖以及大山脚等农业种植区。增城人与惠州人在 18 世纪中期更深入马来半岛内地，开采锡矿，奠定了马来半岛经济发展的基础。永定人在农业和手工业方面发展。大埔人和嘉应人则以商业著称。19 世纪末至 21 世纪初，客家人在政治和教育方面人才辈出。从 1893 年清政府设立领事馆起到 1950 年领事馆关闭，12 位领事中有 7 位是客家人。客家人全力支持民主革命事业。辛亥革命时期同盟会部署黄花岗起义的秘密会议就在槟城举行，七十二烈士之中有槟城的客家人。客家人创建极乐寺，其最初的六大总理都是客家人。客家人创办时中学校，发起创建中华学堂（现称为'中华学校'），大山脚义学（现称为'日新义学'），同善学堂（现称为'同善学校'）和新民学校。"②

---

① [马来西亚] 王琛发：《槟城华人社会的客家人领事》，载《槟城客家两百年——槟榔屿客属公会 60 周年纪念文集》，槟城客家公会，1998，第 112—115 页。

② [马来西亚] 李尧庆：《槟榔屿客属公会六十周年纪念庆典献词》，载《槟城客家两百年——槟榔屿客属公会 60 周年纪念文集》，槟城客家公会，1998，第 1 页。

2. 吉隆坡、雪兰莪州及周边地区

客家人迁徙到雪兰莪州、吉隆坡及周边地区的历史与该地区锡矿业的发展密切联系在一起。要说吉隆坡，还得从雪兰莪州的锡矿业的发展说起。雪兰莪州位于马来半岛的西海岸，面积约 3,169 平方千米，东邻彭亨州，东南与森美兰州接壤，北面与霹雳州为邻。"19 世纪中叶以后，数以万计的华人在吉隆坡、万挠、安邦、芦骨、巴生和乌鲁冷岳等地从事开矿工作。他们深入未经人力开辟的土地，胼手胝足，做经济的开发。锡产量的增加，对外贸易的增进，交通事业的渐次发达，手工业的日益发展，货币使用的广泛，促进了州内经济生活的繁荣，各地的商业市镇一个一个地兴建起来。这些发展不但标志着雪兰莪进入一个重要的历史阶段，同时也是马来西亚社会一个前进的标志。吉隆坡从 19 世纪 60 年代时的一个寂寂无闻的三家村，迅速地发展成为一个大城市。"① 吉隆坡的开埠和发展，与锡矿业的发展密切相关，而该地锡矿业的发展又与华人，尤其是客家人密切联系在一起。

据史料记载，早期雪兰莪州有三个矿区，最早的矿区是芦骨（当时属雪兰莪，后来划归森美兰），1815 年已经开始投产，当时有一批华人矿工受雇在这里工作，到 1824 年时，华人矿工已经发展到 200 多人，1834 年增加至 400 多人。到 1850 年前后，芦骨的锡矿开采到了顶峰，矿工人数达到了 2,000 多人，到 1860 年，该处的锡矿已经开采殆尽，逐步走向没落。

1857 年，安邦（又译为"暗邦"）矿区由马六甲华商开发，从芦骨招收了第一批 80 多名华人矿工。开始并不顺利，矿工多染疟疾而死，后又招收了第二批华人矿工 150 多人，1859 年始有第一批锡矿挖掘出来。

接着是间征（Kanching，另外一个中译名为"关津"）矿区的开发。"早在 1840 年末期，华人的锡矿业已经在间征建立起来，同时进一步迅速地拓展。该处的华人矿工大部分都是客属的嘉应州人。"②

---

① [马来西亚] 李业霖：《雪兰莪历史概述》，载《马来西亚雪兰莪嘉应会馆 77 周年纪念刊》，马来西亚雪兰莪嘉应会馆，1982，第 276 页。

② [马来西亚] 马来西亚华人矿务总会：《马来西亚华人锡矿工业的发展与没落》，马来西亚华人矿务总会，2002，第 19 页。

至 1860 年，雪兰莪境内已经先后出现了芦骨、安邦和间征 3 个矿区。稍后，又出现了乌鲁冷岳的亚郎山矿区、巴生矿区，尤其以巴生矿区的发展最为迅速。1885 年至 1888 年，雪兰莪锡产量每年平均达 780 吨，比前五年增加 2 倍。矿工人数也逐年增加，1871 年为 12,000 人，1884 年增至 24,000 人，1886 年达到 26,000 人。锡矿业的发展带动了雪兰莪种植业的发展与繁荣，也带动了整个雪兰莪地区经济社会的发展。到 1884 年，雪兰莪地区已经拥有 46,568 人，其中华人约占 62%，马来人占 31%，印度人占 4%，其他欧洲籍人占 3%。据此，我们说华人是吉隆坡和雪兰莪的开埠者，一点也不为过。

上述矿区的出现与发展，加速了吉隆坡的发展与繁荣，而这些矿区的矿主多为华商，矿工均以华人为主，尤其是祖籍惠州和嘉应州的客家人。最先在吉隆坡择地建屋的是邱秀，他经营各种生意，有办事的才干。1861 年被委任为吉隆坡第一任甲必丹，翌年不幸病逝，由他的助手刘壬光继任。刘壬光写信怂恿在芙蓉的叶亚来到吉隆坡发展。1862 年秋天，叶亚来偕同几位同乡抵达吉隆坡。这是叶亚来在吉隆坡奋斗的开始，从此吉隆坡的历史序幕便掀开了。①

马来西亚华人矿务总会编写的雪兰莪矿业发展史料对上述记载做了进一步的证明。"芦骨的华族商人邱秀与叶四听说安邦有许多大矿场，便决定两人合股前往经营。他们在巴生河与鹅唛河汇合的东岸，选定了距离巴生河十哩（"里"的旧称，1 里 =500 米——编辑注）的沿河沼泽平原兴建'亚答屋'，此即 1857 年吉隆坡初期的市容。安邦矿区锡苗的丰富，吸引了不少芦骨的商人和矿家前往投资，于是人口逐渐增加。从此，处于安邦附近的吉隆坡也因此发展与繁荣起来。到了 1859 年，吉隆坡也发现了锡苗，并在该年有锡产的记录，前来吉隆坡的华族矿工与矿家也逐年增多。到了 19 世纪 60 年代中期，吉隆坡已经有 5,000 至 10,000 名华族矿工了。在安邦与吉隆坡开矿的华人，

---

① ［马来西亚］李业霖：《雪兰莪历史概述》，载《马来西亚雪兰莪嘉应会馆 77 周年纪念刊》，马来西亚雪兰莪嘉应会馆，1982，第 281 页。

大部分都是客属的惠州人。"①

到了 19 世纪中叶之后，随着世界市场锡价的不断提高，吉隆坡及其周边的新矿区不断出现，锡矿的产量也在大幅增加，涌入的华族矿工数量也随之迅速攀升。到了 1887 年，吉隆坡及周边地区的矿区已经达到 103 个，其中吉隆坡 46 个，八打灵 23 个，间征 9 个，乌鲁雪兰莪 8 个，加影与勒 6 个，乌鲁冷岳 11 个。华族矿工的数量则从 1873 年的 5,000 人增加到 1884 年的 28,236 人。"华人大部分都集中在吉隆坡地区，占了雪兰莪州华人总人口的 84%。吉隆坡的矿区自被开采后，市区逐渐繁盛，后来竟成为雪兰莪州最重要的锡矿区。"②

另据雪隆嘉应会馆史料所载，嘉应州的客家人也是较早到吉隆坡周边地区开发锡矿的华族人士，虽然他们在人数和财富方面可能不如惠州的客家人。"自从雪兰莪在 19 世纪中期陆续发现锡苗，迁入雪兰莪各地参与采矿的华裔矿工日渐增多，而其中客属人士也为数不少。早在 1840 年末期，嘉应同乡即已在吉隆坡以北 12 哩的间征建立起一个华人矿区。而本会馆的创办人，即张运喜、姚德胜、郑安寿及李桐生，都是当时的大矿家。"③

包括客家人在内的华族矿主和矿工，是雪兰莪及吉隆坡的开发者和先驱，他们流汗、流血，甚至牺牲性命，马来西亚的历史，尤其是雪兰莪及吉隆坡的历史不应该忘记他们。华人的贡献与功绩，就连当时的英国人也非常敬佩。一位叫史威天汉的英国人在 1906 年针对中国劳工对马来亚所作的贡献做了如下的评述："他们的精力与创业的精神，使马来亚拥有今日的进步与繁荣。他们早在欧洲人到来之前，已经是开采矿苗的雇主。过去，由于中国人的能干与勤俭，才能继续供应政府广大的开支，开拓道路及各种公共建设，并且提供了各种各样的行政开销。……他们将资金带入本邦，但欧洲人不敢做此种

---

① 马来西亚华人矿务总会：《马来西亚华人锡矿工业的发展与没落》，马来西亚华人矿务总会，2002，第 19 页。

② 前揭书，第 20 页。

③ 《雪隆嘉应会馆馆史》，载《雪隆嘉应会馆 87 周年纪念特刊》，雪隆嘉应会馆，1993，第 39 页。

冒险的尝试。他们引导成千上万的中国人进入本邦以应付本地区劳工迫切的需求，从事开拓一个被森林遮蔽而不受人们关注的国家，并开发了蕴藏于地底下的资源。这一切无疑是他们的力量，他们负担了应缴的税务，但过着没有享受的简单生活，这对本邦贡献的功绩是不可埋没的。"①

3. 柔佛及周边地区

与东马、北马和吉隆坡一带的客家人相比，客家人迁徙到南马的历史相对要晚一些。但是，南马的客家人人口增长比较快，迅速成长为华人移民中第二大的方言群体。马来西亚本土华人学者吴华先生曾经对独立前柔佛地区的华人社团组织进行专门的研究。他的研究发现，在1900年前成立的柔佛华人社团一共有6家，其中海南帮3家，广东帮1家，福建帮2家。从这些数据可以看出，在1900年以前，还很少有客家人移民到柔佛，纵使有一些，也是零星的，还没有多到成立客家人会馆的地步。1900—1909年，出现了1家客家会馆；1920—1929年，出现了2家客家会馆；1930—1939年，出现了6家客家会馆；1940—1949年，又出现了3家客家会馆；1959—1959年，有2家会馆。②从这些客家会馆产生的历史来看，客家人大量移民到柔佛一带的时间，应该是20世纪30年代前后，并且客家人迅速成长为当地华人中居第二位的方言群体。（表7-2）

表7-2 二战前柔佛州各方言群人口增长情况

方言群	各年份方言群人口	
	1931年	1947年
闽南人	32,270	117,304
广府人	29,585	49,060

① 马来西亚华人矿务总会：《马来西亚华人锡矿工业的发展与没落》，马来西亚华人矿务总会出版，2002，第26页。
② [马来西亚] 吴华：《柔佛州华族组织概述》，陶德书楼，2002，第4页。

续表

方言群	各年份方言群人口	
	1931 年	1947 年
客家人	33,588	77,109
潮州人	35,935	54,539
琼州人（即海南人）	23,539	28,327
广西人	7,519	14,187
福州人	3,540	5,483

资料来源：[马来西亚]吴华《柔佛州华族组织概述》，陶德书香楼，2002，第4页。

最早移民到柔佛的客家人来自福建闽西地区，然后才是大埔的客家人。据吴华先生的研究，柔佛最早的客家人社团是成立于1908年的鄞江公会。客家人的组织为何叫鄞江公会？鄞江是福建汀江的古名，早在宋代就称为鄞江。海外华人的社团，尤其是地缘、乡缘性的团体，都喜欢将祖籍家乡的古地名作为社团的名称，如祖籍梅州的客属团体，一般都冠以"嘉应州"的名称，以表示对家乡的怀念和认可。1917年，峇株的大埔人创立茶阳会馆（茶阳是大埔古县城，大埔人早期成立的会馆，一般都以此命名，下同），这是柔佛州客家人创立的第二家会馆；麻坡茶阳会馆成立于1925年；居銮大埔同乡会成立于1935年；柔佛州惠州会馆成立于1936年。"20世纪20年代，马来联邦铁路由金马士接通柔佛州直通新加坡，过后公路又从峇株巴辖向东通到丰盛港，该港位居于柔佛中心之居銮市。吉隆坡、马六甲、芙蓉以及新加坡之华人逐渐移民到此地，开辟荒林，种植树胶或打工、养猪、种菜，此后20年间亦有许多从中国南来之移民，其中不少是惠州同乡。1936年，惠州前贤如戴了良等乡贤发起组织'惠侨公所'，附属于新加坡惠州会馆，作为联系乡情、沟通声气、传递信息的集合处，首任主席为高森乡贤。"[1]

---

[1]《柔佛惠州会馆》，载《雪隆惠州会馆史》，惠州会馆，1999，第319页。

到了 20 世纪 40—50 年代，相继还有一些客属会馆成立。例如，古来惠州会馆成立于 1946 年，柔佛嘉应会馆成立于 1959 年。嘉应州客家人到柔佛的时间比惠州人可能还要晚一些，且多聚集在柔佛中部的居銮等地。"居銮位于柔佛州中部，交通方便，工商、种植业颇为发达。我嘉属人士寄迹谋生于居銮县辖属者，远较其他县份为众，然在 20 年前并无同乡会馆之组织。"①1955 年 2 月，居銮嘉属人士卓泗、刘厚成、林冠荣等人发起，经过一年的筹备，居銮嘉属会馆于 1956 年 3 月正式注册，批准成立。

从这些会馆成立的历史来看，广东大埔一带的客家人是在 20 世纪初期才进入这个地区的，接着是惠州人和嘉应州人。安焕然先生认为，"20 世纪初期是新山客家人大量移居的时期，其移居主要是从马来半岛中部境内，以及从新加坡和印尼多次辗转迁徙的结果。在新山市区里从商的客家人以大埔、梅县客为主，初期从事小本经营客家人传统行业，与新加坡客家人的格局相当一致。而在新山内陆郊区的客家人移居，则以河婆客、惠州客和丰顺客为主。他们多以务农为生。基于土地资源的争夺，和地缘认同边界的不同，在早期之开垦时期，时有矛盾冲突。客家帮群不易整合。"②

4. 马来半岛其他州

笔者查阅了相关的客属会馆资料，发现除了上述几个地区的客家人比较早且比较大规模移民外，客家人迁徙到马六甲、霹雳、彭亨、森美兰等地的时间也比较早，但规模相对于其他华人族群要小得多。

（1）马六甲州

马六甲惠州会馆，创设于 1805 年，初期原名为"海山公司"，由李振发等同乡发起，成立于赌间口，今为惠州殡仪馆。1844 年，惠州人李亚发出资 350 元西班牙币购买今酱府街一处会所，后陆续改名为鹅城馆、鹅城会馆、

---

① 《柔佛州嘉应会馆史》，载《马来西亚嘉属会馆联合会银禧纪念特刊》，马来西亚嘉属会馆联合会，1982，第 143 页。

② ［马来西亚］安焕然：《马来西亚柔佛古来客家聚落》，载萧新煌主编《东南亚客家的变貌：新加坡与马来西亚》，2011，第 215 页。

惠州会馆。

马六甲茶阳会馆成立于1807年，会馆地址在马六甲市鸡场街89号，最早是两层楼房，占地2,000余平尺（1平尺=1108.89平方厘米）。先后于1917年、1936年、1945年修葺和扩建，1947年迁址至三保横街全部重建，1956年重修。

嘉应州客家人也是较早到马六甲的移民族群之一，早在1820年便有嘉应州同乡成立梅州众记公司，1824年在二宝垄麓购置一块地，建立嘉应义冢，次年又组织"亡魂"公司，又名老人会，以保护会员坟墓为宗旨。1852年，梅州众记公司更名为仁和会馆。

可见，客家人迁徙到马六甲州的时间也不算晚，除了有会馆之外，还有客家人的义山，这说明当时的客家人在马六甲的人数也不少，但后来的发展却远不如闽南人。①

（2）霹雳州

客家人大量进入霹雳州的主要原因，是该州锡矿的发现和大规模开采。在1847年以前，只有少量的马来人和暹罗人在霹雳州开采锡矿，由于开采技术的限制，他们只能在较浅的矿场进行开采。1847年，一位马来酋长的儿子在太平拉律发现蕴藏量丰富的锡矿区，许多矿场随之建立起来，需要大量的劳工。"1872年，大量中国采矿劳工蜂拥而来，人数大约有4万，其中以广东人及客家人为多。"②

嘉应人进入霹雳州的时间大概是19世纪中期，据霹雳安顺嘉应会馆史料所载，该会馆成立于1872年，"乃霹雳州最悠久之嘉属会馆"。"其时州内陆路交通尚未畅通，来往多靠水路。由中国南来谋生者，大部分在安顺港口登

---

① 上述资料由笔者根据马来西亚相关客属会馆史料整理，这些会馆史料包括：《雪隆惠州会馆史》，惠州会馆，1999；《马来西亚柔佛居銮大埔同乡会庆祝成立34周年、马来西亚大埔（茶阳）社团联合总会第十届会员代表大会双纪念特刊》，马来西亚柔佛居銮大埔同乡会，1991；《马来西亚嘉属会馆联合会银禧纪念特刊》，马来西亚嘉属会馆联合会，1982。

② 马来西亚华人矿务总会：《马来西亚华人锡矿工业的发展与没落》，马来西亚华人矿务总会出版，2002，第12页。

陆，然后分乘小舟沿霹雳河、美罗河及近打河等转入内地，安顺遂成为霹雳州之重要港口之一，于是五属同乡通往此地者极众，因感无一同乡聚会之处，诸多不便。先贤古公尚毕、高公运昌及一般乡贤，有见及此乃发起创设会馆，得同乡出钱出力，始完成馆厦一座于安顺马结街。"①

几乎是同时，惠州人也进入霹雳州，多是去开锡矿或当矿工。《太平惠州会馆》写道："本会创设于1877年……太平开埠之初，广东同乡，由各地移居者众。据历史记载，约在1865年以前，就有乡人苏亚昌等人，由槟城前来太平开采矿业，定居在现今的甘文丁等地，当时陆路交通不便，对外货物进入，全赖海运。初来太平之乡人，亦均由槟城水路，乘船至十八丁，然后徒步或乘牛车至甘文丁。19世纪，满清政府腐败，列强入侵，烽火频仍，生活困难，乡人乃相率梯航远渡，其侨居太平者，初时亦寥寥无几，多数在甘文丁采锡……在1874年太平开埠之后，治安平静，当年同乡日众，惜无一会馆之设，以作互相联系乡情之所，而每逢春秋祭祀欲召集同乡，亦觉困难，因此，先贤联络同乡发起组织会馆之建议，获众人士大力支持，结果在1877年成立太平惠州会馆。"②

（3）森美兰州

客家人进入森美兰州的时间约在19世纪中期。据《森美兰梅江五属会馆史略》记载，早在1852年之前，该会馆的前身——梅城会馆就已经成立于亚沙（芙蓉古埠），后来，随着同乡人数日增，遂于1895年成立森美兰梅江五属会馆。当时该州嘉应人士中地位最显赫者为李全三，"深得森州政府之器重，膺封为甲必丹，替所有华人做事，凡一切华人事物，要与政府联络者，均需甲必丹代为接洽处理，直至甲必丹逝世后，而森州政府当局，追念李全三君之功绩彪炳，乃将芙蓉市区之一街道，命名为李三路"③。

---

① 《霹雳安顺仁和会馆史》，载《马来西亚嘉属会馆联合会银禧纪念特刊》，马来西亚嘉属会馆联合会，1982，第113页。

② 《太平惠州会馆》，载《雪隆惠州会馆史》，惠州会馆，1999，第341页。

③ 《森美兰梅江五属会馆史略》，载《马来西亚嘉属会馆联合会银禧纪念特刊》，马来西亚嘉属会馆联合会，1982，第111页。

《森美兰惠州会馆史》则认为，惠州人进入森美兰州的时间可能要较嘉应州人更早一些。该史料指出，早在 1628—1643 年，即明朝末期崇祯年间，便有惠州人到达南洋，而到了 1828—1874 年，惠州人已经遍布马来亚各地。到达森美兰的惠州人，时间不会晚于 1871 年，因为在这个时间，该地的惠州人已经创立了惠州会馆，又叫鹅城会馆。"抵达森美兰州者，初则旅居双溪芙蓉亚沙村落等地。18 世纪中叶，森美兰州开埠芙蓉即斯兰班之际，则有先贤盛大安、丘国安、邓佑伯、黄三伯、陈三伯诸甲必丹，俱先后作出贡献。"[1]

海陆丰的客家人也几乎在这个时候到达。早在 1865 年，海陆丰的客家人便在亚沙（今日芙蓉的前身）建立了海陆会馆。1895 年，随着进入森美兰州的海陆丰人不断增加，该会馆更名为森美兰海陆会馆。海陆丰人"先是抵达马六甲或新加坡，然后逐渐来到芙蓉，乡人越聚越多，为了团结同乡，互相照顾，为了职业工作及其他福利事业，在芙蓉亚沙地方成立了一间海陆公司，这是海陆会馆成立之始"[2]。

（三）大埔人移民到马来亚的历史

在国内客家人聚居地区出版的各种志书中，较早系统地记录本地人民迁徙海外谋生和定居历史的，当属大埔县的《民国大埔县志》（1943 年）。该县志《殖外篇》指出："南洋群岛自唐代柔佛入贡后，明代又遣太监郑和（华侨称三宝公）安抚，华人足迹渐入其地，及明祚鼎革，遗黎避居者接踵，筚路蓝缕，遂启山林，我闽粤两省之人乃以此为第二殖民地，就中客族人之占有地主权者不一而足，骎骎乎与土人争王，唯清初不知保护且更视为乱民，各国乘此若英若荷若法，各伸其长爪以相攫拿，于是闽粤人及柔佛暹罗安南诸国人在握之土地权悉被夺去。近日本得琉球后更极力扩张势力，而我华侨遂备受痛苦。"[3] 早期到马来亚的客家移民中，大埔人到来的时间较早，在客家移民中具有典型意义。大埔在历史上隶属潮州府，受潮州府沿海各地民风影

---

[1]《太平惠州会馆》，载《森美兰惠州会馆史》，惠州会馆，1999，第 328 页。
[2]《马来西亚海陆会馆》，载《森美兰惠州会馆史》，惠州会馆，1999，第 331 页。
[3]《民国大埔县志》卷十一《民生志·殖外篇》，1943，第 988 页。

响较盛，民众出洋谋生的传统应该早于嘉应五属各县。例如，被北马地区客家人和华人奉为神明的大伯公原型张理就是大埔人，清乾隆十年（1745年），他偕同本县同乡丘兆祥和福建永定人马福春到槟榔屿的海珠屿，披荆斩棘，艰苦创业，是开发槟城的先驱。他们的事迹广为流传。为纪念3位开发槟城的先驱人物的卓越贡献，当地华裔在海珠屿建立大伯公庙，供后人敬仰与膜拜。《民国大埔县志·殖外篇》汇集了大埔人在20世纪初期到国内外各地谋生和发展的相关资料，其中海外情况数马来亚部分尤为详细，现将其主要情况综述如下。

1. 新加坡

20世纪40年代，在新加坡的大埔人有1万人以上，正式商店有345家，其中干果店15家，当铺17家，缝衣店17家，珠宝店18家，家铁店38家，蔬菜水果店73家，白铁店140家，客栈2家，烟酒罐头店2家，书店2家，木匠店3家，金店3家，眼镜店3家，黄梨（菠萝）厂3家，汇兑店4家，洋鞋店6家。此外，还有洋货店及马路边摆摊。各工厂工人、各山园内住家工人亦不止千人。大埔人在新加坡立足后，便开始建会馆、学校和医院，为同乡排忧解难。新加坡茶阳会馆的历史非常久远，在清咸丰七年（1857年）创建，该会馆当年还创办了启发学校和回春医社。大埔人还与同是客家人的丰顺、永定两县人合办义山，名曰"三邑公司"，义山内建有祠宇等。

2. 马六甲

全马六甲的大埔人有3,200多人，约有半数居住在市区。市区的大埔人经营商店98家，其中洋货店21家，白铁店16家，干果店15家，药材店12家，打铁店10家，当铺5家，成衣店2家，木匠店1家，客栈15家，此外还有树胶工人百余人，还有一些大埔人从事种植和畜牧业。居住在马六甲州各地的大埔人也有不少，包括：

1）也新（Jasin）。市区内有商店80多家，周边有60余家。居住在市区的大埔人有160多人，在种植园和山上者230余人。大埔人经营的商店有20家，其中洋货店3家，药材店3家，当铺1家，干果店6家，缝纫店3家，白铁店 2 家，打铁店 2 家。

2）亚沙汉（Asahan）。全埠有商店 40 家，大埔人 130 余人，经营商店 15 家，计药材店 3 家，洋货店 1 家，药材兼缝纫店 1 家，洋货兼营干果店 1 家，干果店 3 家，缝纫店 3 家，白铁店 2 家，打铁店 1 家。该地还有 1 家中华学校，由大埔人罗兰亭担任校长。

3）王万（Bemban）。大埔人有 230 多人，开设有 12 家商店，包括药材、干果、白铁、咖啡茶店等。还有经营菜园者 5 家，树胶工人 130 多人。

4）亚罗牙也（Alorgajan）。有大埔人 70 多人，经营商店 9 家，主要从事洋货、干果、白铁、缝纫等。

5）旦冰（Tawpin）、巴登（Batangmalaka）。有大埔人 150 多人，开设有商店 30 家。洋货店和干果店各 7 家，药材店 5 家，白铁店 4 家，打铁店 2 家，成衣店 2 家，磁器店和当铺店各 2 家。工人 20 多人，种植和畜牧者 20 余人。该地华侨团体组织亦多以大埔人为重心，如党部（指国民党在海外的组织——作者注）、书报社、学校、商会等皆由大埔人发起和创办。

6）巴登（又称巴冬，Batangmalaka）。旅居此地的大埔人有 90 人，商店 14 家。

7）万里望（Merljman）。旅居此地的大埔人有 90 余人，商店 14 家。

8）双溪南湄（Sungeirambai）。大埔人有 80 多人，商店 11 家。

9）双沟峇洛（Sungeirharu）。大埔人约 120 人，商店 14 家。

10）板加兰（Pengkaian Balak）。大埔人 40 多人，商店 7 家。

11）瓜拉（又称瓜劳，Kuala）等地。大埔人约 100 人，商店 10 家。

3. 彭亨

全邦当时有 146,000 多人，华人占 40%。大埔人居住在彭亨各地的情况如下：

1）瓜拿立卑（Kuala Ripis）。旅居此地的大埔人有 211 人，开设有洋货店 14 家，药材店 5 家，当铺 1 家，白铁店 3 家，打铁店 2 家。小贩 10 人，从事农牧业者 14 人，妇孺 71 人。

2）文冬（Bendong）。全境有2万人，华人占了60%多，多为矿工。邑人张弼士与华侨陆佑、谢梦池三人合资40万元，开辟由新加坡至文德甲的火车再转乘电车至此的线路。当时有商店220家，商业繁荣之程度为全彭亨之冠。大埔人约有176人，开设有洋货店10家，药材店1家，打铁及白铁店9家。经营树胶等生意者8人，树胶工人4人，种菜3人，铁工5人，妇孺61人。

3）都赖（Tvas）。全境华人有2,500人，占全境人口的90%，以客家人居多。大埔人在此开设药材店、白铁店、缝纫店各1家。

此外，还有一些大埔人居住在关丹律（Kuantan Rood）、劳勿（Ramb）、关丹（Kuanton）、淡马鲁（又名斯文丹，Temesloh）、文德甲（Meutakab）等地。人数在数十至百人不等，多经营洋货、药材、干果、白铁、打铁等，亦有不少人从事种植。

4. 吉兰丹

20世纪40年代初有309,300人，华人有13,000人。大埔人100余人，主要分布在吉打巴鲁（吉兰丹首府，Kotabham）、瓜拿吉赖（又名吉黎，Kuala Knai）和毛生（又名望生，Guamnsang）三地，主要是开洋货店、干果店、药材店、打铁店等。

5. 吉隆坡

早在清光绪年间，大埔人张高炎倡办茶阳会馆。大埔人约有2,500人，有洋货店10家，药材店9家，西药房1家，当铺4家，白铁店14家，锡矿店3家，杂货店7家，缝纫店3家，镶牙店、镜架店和钟表店各1家，洋货摊25家。菜市营业者8家，经营各种实业（如树胶、矿业类）者20家，建筑业数家，小贩百余人，树胶工人百余人，泥木工百余人，律师3人，教员10余人。吉隆坡附近各埠，如新街场、双文丹、安邦等地也有不少大埔人。

6. 森美兰

大埔人主要聚居于首府芙蓉，约有2,000人。经商者约600人，有洋货店18家，药材店7家，当铺2家，白铁店13家，打铁店6家，汽车行3家，缝纫店 3 家，水货店 4 家，镶牙店 1 家。从事畜牧业者 30 余家，约 400 人。经营和种植橡胶等实业者 6 家，树胶工人百人；建筑业 10 家，土木工人 500 人；小贩 2 家，汽车工人 50 人。森美兰下属各埠也有一些大埔人居住和从事各种商业活动。

7. 槟榔屿（槟城）

大埔人约有 872 人，经营各类商店 62 家，包括药材店 17 家，打铁店 8 这有，缝纫店 7 家，洋货店 6 家，中西酒店 5 家，白铁店 5 家，钻石店 4 家，当铺、杂货、木匠店各 2 家，皮革、铁器、书籍、眼镜店各 1 家，美术馆 1 家。大埔人在此建有大埔同乡会，当时该埠华侨最高学府——中华学校，由大埔人张弼士于清末独资倡办。

8. 柔佛

大埔人虽然比潮州人和梅县人要晚一些时候到该埠，但发展较为迅速。他们在柔佛各地分布情况如下：

1）新山。当年的英军设有军事基地，新山港为军港，带动了附近一带的繁荣，"居民约 8,000 人，商务颇盛，有店约 600 间"。这里的侨团多由大埔人主持，实际上是由各地客家人合作共同创办和管理，如同源社、宽柔小学等。全市大埔人约有 300 人，经营商店 30 家，其中洋货店 7 家，药材店 3 家，故衣店和缝纫店各 7 家，白铁店 4 家，打铁店 2 家。

2）哥踏登宜（又名德兴港，Kota Tinggi），位于新山以北 26 英里。有居民 3,000 人，商店 220 多家。大埔人约有 450 人，开设商店 18 家，其中洋货店 9 家，当铺 1 家，药材店 4 家，打铁店和白铁店各 1 家。黄梨厂和树胶园工人 130 多人。在培华学校上学的大埔人子弟也有 20 多人。这里的华侨学校（培华学校）和各种社团（如华群公益社、华侨俱乐部等）均由大埔人发起倡办和管理，其职员也多是大埔人。

3）帝间港（Tamom）。在新山之东、德兴港之南。该港居民有 300 多人，大埔人占了 80% 多（250 人），多为大埔高陂区人。全港有店铺 30 家，90% 为大埔人开设和经营，"不啻一埔侨所有港"。此处大埔人的经济活动工商各半。除商店外，树胶园工人有120多人，种菜者10余家。

4）天吉港（Tanki），位于德兴港西北30余英里。居民2,000多人，均为客家人。大埔人有130多人，开设商店5家。种菜者5家，其余多为矿工。设有1家华侨学校——竞达学校，由大埔人丘巨舟主其事。

5）西洋港（Jeramchoh）。在新山西北24英里。该埠为大埔人萧建生开发，商店有40多家，市区居民300人，包括周边种植园区8,000多人。大埔人有330多人，大埔人开设的商店有15家，其中洋货店4家，干果店和缝纫店各3家，白铁店2家，金店和药材店各1家。另有种菜10余家，工人100余人。建有华侨学校——大华学校，该校为该埠开发者萧建生独资创办。

6）小笨珍（Pantiankechil）。在新山西北37英里，全埠商店270多家，市区居民2,500人，周边种植园及农村约有13,000人。大埔人有120多人，开设有商店12家，其中洋货店、缝纫店和白铁店各3家，打铁店2家，金店1家。

7）冷金（又称凛监，Rengam）。位于新山西北42英里。市区居民1,200余人，附近种植园约5,000人。以广府人居多，其次为客家人和海南人。大埔人约有300多人，其中市区150人，山居者200人。大埔人在市区开设的商店共22家，其中洋货店11家，缝纫店4家，药材店3家，干果店2家，当铺和白铁店各1家。种菜者50多人。

8）居銮（又称孤路往，Kluang）。位于新山西北53英里。市区居民有1,200余人，包括附近种植园工人，约共5,000人。大埔人共有300多人，其中市区约100人，开设商店14家，其中洋货店3家，打铁店4家，药材兼洋货店2家，药材店2家，当铺、缝纫和白铁店各1家。种植园工人100人，种菜者10余人。

9）丰盛港（Mersing）。在新山东北和居銮之东。原有丰富的锡矿，到20世纪初已经凋零，仅剩下七八家。该埠人口包括附近园区近万人，其中市区者约千人。大埔人约有120人，开有商店11家，其中洋货店5家，当铺和车衣店各1家，药材店、白铁店各2家，菜园2家。

10）巴罗（又称坝罗，Baloh）。在新山东北。居民有3,000多人，市区

500人，大部分住在周边的种植园区和农村。大埔人有200多人，开有商店16家，其中当铺1家，药材兼洋货店、缝纫店、白铁店各3家，药材店、洋货店、打铁店、豆腐店、药材兼干果店、酒店各1家。种植园工70多人。

11）释加未（旧名红头班让，Segamat）。在新山西北。市区居民2,000多人，附近居民约2万人。市区内有商店120多间。大埔人640多人，经营商店23家，其中洋货店、药材店各6家，缝纫店4家，白铁店3家，镜画店2家，当铺和干果店各1家，园艺5家。散工300余人。

12）东甲（Tangkak）。在新山西北。市区居民1,000多人，周边居民约有4,000人。大埔人230余人，开设商店20多家。

13）麻坡（Muar）。位于新山西北110英里。市区居民有12,000多人，周边村民有1万多人。大埔人约有600人（另一说法是300多人）。

14）峇株巴辖（又名彭加兰，Batupahat）。在新山西北79英里。市区居民约有1万人，周边居民也有万余人。大埔人有450余人，经营商店45家，计洋货店15家，故衣店11家，白铁店5家，缝纫店和药材店各3家，打铁店和干果店各2家，当铺、汽车行、照相馆、镶牙店各1家。种菜者7家。

15）圣摸那（Semerah）。在峇株巴辖西北11英里。市区及周边居民约有3万人，市区居民500余人，以华侨华人占多数。全市区有商店60家，仅大埔人开设的商店就有22家。

此外，大埔人还分散居住在柔佛所属其他地方，如鲡美士（又称劳密士，Labis）、宋加兰（SenggaRang）、永平（Yongpeng）、文律（Benut）、利丰港（Sungei）、班率（Panghor）、马多晏霖（义名六条二石，Batuanam）、赖英赖英（Layang）、士乃（Senai）等地。这些地方的大埔人一般在数十人至百人不等。

综上，迁徙到马来半岛的大埔人不在少数。大埔人迁徙到马来半岛南部的时间大概是在19世纪末期到20世纪初期。早年到北马当矿工和开矿的客家人以嘉属五县和惠州人居多，大埔人则主要聚集在马来半岛南部各地，包括新加坡、马六甲、柔佛等。他们的经济活动非常活跃，主要集中在小型的市镇，称雄于药材店、当铺、布店、缝纫店及白铁店等小型的商业服务业。以柔佛的麻坡为例，"埔侨到此不过三十年，最初有李某开设枋厂，此后联袂接踵迄今已及 600 余人"。大埔人每到一地，一旦聚集到一定程度的人口和经济实力，便会积极地建学校、办社团，努力为同族人服务。例如，在柔佛新山，"此间团体学校多由邑侨创办主持而实际则与客族华侨合组"，如同源社、宽柔小学等。再如在柔佛的峇株巴辖，与其经济活动相适应，大埔人在此建立了各种社团，包括茶阳会馆、益群书报社、同声俱乐部等，"同声俱乐部由谢用六、陈子和、刘伯周发起组织，以研究商业和联络感情为宗旨，社友 40 多人，皆同乡"①。该埠大埔人还倡办爱群学校，分男校女校各 1 家，"民国十四年（1925 年），埔侨饶少庚、吴平轩二人倡办任总理及董事，多年来校务蒸蒸日上，计男校学生百六十，女校学生一百四十余"。②

《民国大埔县志》存在一个明显的缺陷，那就是基本上只是反映了大埔人在市区和城镇的商业活动，而当时应该有不少人在市镇周边农村从事种植园的工作，却基本上没有记录。这可能跟当时的交通条件限制有关，记录者无法深入农村和山区去进行调查。

三、20 世纪 50 年代前后马来西亚客家人的分布状况

以 20 世纪 50 年代初作为一个时间节点，主要是因为 20 世纪 50 年代初出现的三个重大历史事件对马来西亚的客家人迁徙与聚居产生了直接和重大的影响。一是 1949 年之后，砰然关上了中国人出国的大门，从此之后的半个世纪，马来西亚的客家人（也包括其他华人族群）开始依靠自身繁衍；二是战后初期英国殖民统治者强迫马来亚各地华人迁移至华人新村的事件，对包括客家人在内的各个华人方言群的聚居、职业、家庭和分布产生了重大且深远的影响，华人新村出现之后，从根本上改变了原来客家人以前那种聚族而居的分布模式，也深刻地改变了客家人（也包括其他方言群）的职业、家庭

---

① 《民国大埔县志》卷十一《民生志》，1943 年，第 1036-1059 页。
② 同上。

和方言群认同;三是20世纪70年代之后,马来西亚快速迈向工业化和都市化,推动马来西亚客家人从原来的农业社会向工商业社会转变,客家人从原来以矿工和务农为主的职业向其他职业转变。

(一)东马

在东马两个州(沙捞越州和沙巴州),客家人的分布特点是由东马客家人迁徙的历史和所从事的行业及职业等因素决定的。在沙捞越,据1947年的人口普查报告,全州华人人口为145,158,客家人为最大的方言群体,有45,409人,约占三分之一,福州人为41,946人,是第二大方言群体。到了1970年,客家人人口翻了一番,达到91,610人,其中有超过一半的客家人集中居住在第一省(69,471人)。(表7-3)"古晋客家人可大略分为四个组别。最大的,社会上占优势的是那些从广东省大埔与广东揭阳本部大城镇河婆来的客家人。大多数河婆人都住在沿着四哩半到石隆门与西连边界处道路两旁的那片狭长土地上。客家人占这条道路上所有居民人口的80%。大埔人则散居在市区各处,主要是在亚答街和印度街。他们开店做生意,售卖各种加工家庭用品。"[①]

表7-3 沙捞越客家人口增长情况

年份	人口	占华人人口的比例/%
1947	45,409	31.3
1960	70221	30.6
1980	124,833	32.4
1991	142,743	32.0

资料来源:《沙捞越各年之人口普查报告书》,转引自悦尚东《东马客家移民史略》,载谢剑、郑赤琰主编《国际客家学研讨会论文集》,香港中文大学、香港亚太研究所海外华人研究社,第220-221页。

[①] 田汝康:《沙捞越华人社会结构研究报告》,林青青译,沙捞越华族文化协会,2013,第185-197页。

相关资料显示，沙捞越华族各方言群人口的比例在 20 世纪 80 年代之后出现了一个重要变化，那就是福州人逐渐上升为第一大方言群，其占华人族人口的比重到 1991 年时达到 33.5%，同时期客家人的比重为 32%，下降为第二大方言群。造成这种情况的主要原因，应该是各个方言群内部生育率的变化，因为在 20 世纪 50 年代之后，来自中国的移民就中断了。另一个重要原因，是福州人的经济活动在最近几十年来更为活跃，可能也在一定程度上促进了人口的增长。20 世纪 90 年代之后，马来西亚的人口统计中不再有按照华族方言和籍贯的分类统计，但从各方面的情况看，福州人应该继续稳居第一大方言群的地位。

黄建淳认为，沙捞越客家人迁徙的历史过程决定了他们聚居和分布的特点。最早到沙捞越的客家人，由两部分人组成。一部分是原来在西加里曼丹各个矿场采矿的人，这些公司被殖民统治者打垮之后，其大量员工流亡到沙捞越。"西婆罗洲华人公司溃亡前后，经由陆路大量流移至沙捞越落户，系建国前华人社会的雏形。彼等多为河婆、惠来、惠州、陆丰、大埔及嘉应州等客属，分布于古晋、市郊之石隆门至西连一带，多从业于采矿与种植。""历史的因素构成了客籍属人定居斯地后，就社会学的区位而言，至少形成了两项特色：其一，客属方言群分布于特定的区域；其二，因而组成专属行业的类型或特征。"①

沙捞越从事矿业的客家人与原来在西婆罗洲的许多华人公司一脉相承，就连公司的组织形态等都完全类似。"该区域在此之前，早有大批客属在此垦殖，以此见之相同或相近的方言语系，具有高度聚合力的事实；同时，也因从事于同类或相近的行业，致工作经验与生活日常相沿袭。年深日久，必然使客属方言群形成独占该区域的优势团体，而耕植农作及矿冶铸工也成为客家在当地的常态性行业。"② 沙捞越客家人的祖籍地，主要是河婆、大埔、丰

---

① 黄建淳：《沙捞越华人史研究》，台湾东大图书股份有限公司，1999 年，第 313 页。
② 前揭书，第 316 页。

顺、宝安（深圳）、五华、梅县和永定等。

在沙巴州，客家人是仅次于当地土著的第二大族群，在华族各大方言群中则是第一大方言群。到了1951年，全州有华人74,000多人，其中客家人有44,000余人，占了全州华人人口的59%，到了1991年，这个比例稍有下降，为57%。（表7-4）由于客家人在经济、文化领域的优势地位，造成客家话在沙巴州相当流行，成为不同族群之间一种重要的语言工具。"在沙巴，客家人的比例，在各方言群中占了绝对的优势。1991年时，客家人的比例是57%，而居第二位的广东人只有14.4%。由于客家人人数众多，加上移民的历史较悠久，客家语在沙巴已经成为华人之间的'共同语'，也就是说，其他方言群都会说客家话，也都在说客家话，情形就和香港人都在讲广东话一样。"[1]（表7-5）

表7-4 沙巴客家人人口增长情况

年份	人口	占华人人口比例/%
1951	44,505	59.0
1960	57,338	54.8
1970	79,574	57.2
1980	90,478	58.7
1991	113,628	57.0

资料来源：《沙捞越各年之人口普查报告书》，转引自饶尚东《东马客家移民史略》，载谢剑、郑赤琰主编《国际客家学研讨会论文集》，香港中文大学、香港亚太研究所海外华人研究社，第223页。

---

[1] 饶尚东：《东马客家移民史略》，载谢剑、郑赤琰主编《国际客家学研讨会论文集》，香港中文大学、香港亚太研究所海外华人研究社，第226页。

表 7-5　1991 年东马两州华族方言群（籍贯）人数统计（单位：人）

方言（籍贯）	沙捞越州	沙巴州	东马两州合计
客家	142,743（32%）*	113,628（57%）	256,371（39.8%）
福州	149,293（33.5%）	4,789（2.4%）	154,082（23.9%）
福建（闽南）	59,322（13.3%）	26,303（13.2%）	85,625（13.3%）
广府（广东）	27,485（6.2%）	28,769（14.4%）	56,254（8.7%）
潮州	36,062（8.1%）	10,350（5.2%）	46,412（7.2%）
兴化	14,567（3.3%）	459（0.2%）	15,026（2.3%）
海南	7,898（1.8%）	6,939（3.5%）	14,837（2.3%）
其他	8,178（1.8）	7,903（4.1%）	16,081（2.5%）
总计	445,548（100%）	199,140（100%）	644,688（100%）

*括号中的数字为该方言群占全部华族人口的百分比。

资料来源："两州 1991 年人口普查统计"，转引自饶尚东《东马客家从之增长与分布》，载赖观福主编《客家源远流长——第 5 届国际客家学研讨会论文集》，马来西亚客家公会联合会。

饶尚东先生认为，影响沙巴客家人分布的因素有如下三点：一是早期移民的历史影响；二是客家人的主要经济活动；三是州的区域发展。"早年移入沙巴的客家人多为农耕者，这种现象直到 1991 年都没有多大改变，该年从事农业活动的华族人口中，客家人就占了 60%，客家人以务农为主，东马两州极为相似。"但是，他也指出，进入 20 世纪 90 年代之后，工业化和都市化导致从事农业的客家人向城市转移，他们所从事的职业也发生了极大的变化。"可是，近年来的都市化和现代化的进展极为迅速，人口大量集中到各大都市的现象也随之出现。大量的客家人也涌入都市求生活，尤其是年轻的一代。在 1991 年，11 万的客家人中，居住在都市的就占了 68%（74,000 余人），他们主要集中在州首府神山市，以及兵南邦、山打根、斗湖、古达、根地蛟和拉哈达督等地。"①从沙巴的客家人的祖籍看，他们多来自广东的宝安（深圳）、龙川、五华、紫金、东莞、惠阳、河源、清远和花县（今广州市花都区）等地。早期迁徙到沙巴的客家人以务农为主，这种现象一直持续到20世纪的90年代。

与西马地区不同，东马两州客家人在人数、方言、文化教育等方面均占有优势地位，这是由如下几个原因促成的。

首先，客家人之所以能够在东马发展成为拥有最多人数的方言群，是和殖民统治当局的移民政策密切相关。两州的殖民统治当局发现客家人在中国的各大方言人口中最具有吃苦耐劳的精神，故而有系统地、大规模地通过资助和自费等方式大量引进客家人。"两州的统治者在19世纪后期和20世纪初期，都把经济发展重点放在农业上，而客家人是精于垦殖的族群，他们那种刻苦耐劳、勇敢刚毅的乡村居民性格，正是这两州统治者所欢迎的。尤其是沙巴州，其历任总督都对客家人有所偏好，鼓励大批客家人进入沙巴垦殖和垦荒，让其成为农业发展的先驱者。"②

其次，教会扮演了重要的角色。尤其是在沙巴州，巴色教会在组织客家人移民和帮助他们定居与工作等方面发挥了重要的作用。

再次，以家庭为单位的迁徙。这种模式在西马地区是很罕见的，是东马两州客家人移民的一大特色。前述两个特点决定了东马两州的移民往往是以家庭为单位，全家男女老少一起搬迁到目的地，这种移民模式比较利于移民的稳定和人口的增长。

（二）西马

一般而言，华族不同的方言群在职业、行业及地理分布等方面会出现相对集中的现象，主要是受到如下一些因素的影响：①方言、血缘、地缘和族缘；②风俗和生活习惯；③祖先所从事的行业和职业，以及再次迁移；④宗

---

① 饶尚东：《东马客家移民史略》，载谢剑、郑赤琰主编《国际客家学研讨会论文集》，第226-227页。
② 前揭书，第227页。

教信仰等。从西马历次人口普查的数据看，闽南人在大部分历史时期均是人口最多的方言群（除了1921年之外），占华族人口中的百分比从1911年的25.8%增至1980年的36.7%；广府人在一段时期内曾经是西马华族中的第一大族群（1921年）和第二大族群（1931年），但在1947年之后则降为第三大族群，占华族人口中的比重从1921年的第一位（29.6%）降至1931年的第二位（25.1%），1947年之后又降到第三位（21.1%）；客家人在一段时间内（1931—1947年）曾经是第三大方言群，1947年之后则上升到第二大族群的位置，此后的历次人口普查均稳居第二；潮州人和海南人则在历次人口普查中均排在第四和第五的位置。（表7–6）

表7–6 1911—1980年西马华族各方言群人口在华族人口中的百分比（%）

方言群	1911年	1921年	1931年	1947年	1957年	1970年	1980年
闽南（福建）	25.8	18.4	27.9	28.6	31.7	34.2	36.7
客家	15.2	23.8	23.2	25.7	21.8	22.1	21.8
广府（广东）	23.6	29.6	25.1	21.1	21.7	19.8	19.2
潮州	10.0	9.0	9.8	11.0	12.1	12.4	12.3
海南（琼州）	7.6	6.3	6.0	5.6	5.5	4.7	3.9
广西	-	0.1	3.5	3.8	3.0	2.5	2.3
福州	-	1.0	2.0	2.0	2.0	1.8	1.9
兴化	-	-	-	0.5	0.5	0.5	0.3
福清	-	-	0.5	0.3	0.4	0.3	0.2
其他	5.2	1.9	1.9	1.4	1.5	1.7	1.6
合计（总人口）	693,694	855,863	1,284,888	1,884,500	2,333,800	3,122,350	3,630,542

* 虽然1980年之后的历次人口普查不再有华族方言和籍贯的区分，但据有关学者估计，表中所反映的情况一直维持至今，不会有太大的变化。

资料来源：钟临杰《西马华族人口变迁》，载［马来西亚］林水檺等人编《马来西亚华人史新编》第一册，马来西亚中华大会堂，1998，第215页。

从表 7-6 中可以看到，在 1911 年，西马的客家人总数约为 10.5 万人，占全部华族人口的 15.2%，10 年之后的 1921 年，几乎翻了一番，增至 20.4 万人，在全部华族中的占比上升至 23.8%，20 年之后的 1947 年，又翻了一番多，达到 48.4 万人，占全部华人人口的比例为 25.7%，到了 1980 年，达到 79 万多人，在全部华族人口的占比为 21.8%。西马的客家人"除了丁加奴（现称"登加楼"——编辑注）、吉兰丹两州较少外，其余各州流布的人数比较多，而尤以新加坡（当时尚未独立）、槟榔屿、霹雳、吉打、柔佛及雪兰莪为多。所操职业，也很普遍，大体在都市的，多开设商店，如杂货店、皮鞋店、典当店、药材店、缝纫店，而且大多数为客属人士所开设。其在山区的，大多数都是以开采锡矿及种植树胶、椰子为业。"①

华族各方言群居住与城乡分布情况明显与当年迁徙的特点及早期的经济活动密切相关，并且一直持续影响至今。"各方言群的城乡分布与早期的经济活动有关；至于在个别州或县的集中，则与早期方言群的落脚点有密切关系。早在 1824 年英人统治马六甲之前，闽南人已在甲（马六甲，卜同）独领风骚。槟城及新加坡开埠后，甲闽南商人也捷足先登，之后马来各州城镇兴起，闽南商人亦是许多城镇的商业先锋。这说明为何闽南人较其他方言群较多从事商业活动，当然也有闽南人从事农业活动。在中国闽、粤、桂的客家人，多住在内地及山区，以刻苦耐劳及坚忍不拔的精神著称，因此客家人一路以来在西马较倾向于乡居，从事多种农业及采锡活动。在战前，客家人与广府人占了西马矿工的大部分。商业上客家人称雄于药材店、当铺、布店、缝纫及白铁店。一般来说，广府人较倾向城居，除经营酒楼饮食业外，更以巧工能匠、工艺技术、机械修理闻名；在乡村的广府人，不少从事采锡业。潮州人普遍分布在城乡，除在杂货业及陶瓷生意较具实力外，他们在蔬菜、家禽、水果及海产的生产与销售活动中领先。海南人是小方言群中人数最众多者，自 1911 年以来，海南人在华族总人口中的百分比，呈逐渐下降之势，至 1980 年仅占 3.9%；在城镇中的海南人以咖啡饮食酒吧业享誉，在乡村则多从

---

① 陈华岳：《客家人在海外的流布》，载《雪隆嘉应会馆 77 周年纪念刊》，雪兰莪嘉应会馆，1980，第 223 页。

事割胶业……广西人及福州人较偏向于乡居;福州人也在咖啡店及理发业方面占显著地位。最后是兴化人及福清人,他们移民西马一般较晚,约在19世纪80年代。在第二次世界大战前,他们在人力车行业占重要地位,也因为如此,他们在往后发展的脚车店、三轮车、轮胎、电池、汽车、机车零件业及有关交通业方面独占鳌头。上述各方言群在第二世界大战前的重要经济活动,除人力车行业早已废除外,至今犹存。战后城市化加剧,职业及行业也多样化,各方言群的社会流动自由、迅速,以致地域上的偏集中现象也较淡化。"[1]

与其他方言群相同,同一祖籍地的客家人到了南洋各地之后,一般也是聚集一处,并从事相同的行业或职业。"值得注意的是,来自同样地区的客家人在南洋也喜欢聚居在一起。比如,柔佛大多数客家人都来自广东省河婆地区(主要是揭阳、揭西一带),而吉隆坡的客家人则大多来自广东的惠州,怡保的客家人来自嘉应州,马六甲和新加坡的客家人多来自大埔。在行业方面,也有明显的类似现象:在新加坡26家当铺中,有25家是客家人开的,其中24家是大埔人,而在300间中药店中,有190间是客家人开的,主要也是大埔人开的。"[2]

刘崇汉认为,西马客家人的分布与聚居主要有如下几大特点:① 主要聚集在原来的马来联邦(包括霹雳州、雪兰莪州、森美兰州及彭亨州),又称四州府;[3] ② 客家人多从事锡矿的开采及相关的经济活动;③ 客家人"开埠"。换句话来说,客家人是上述四州府城镇化建设的开路先锋,是这些城镇的开

---

[1] 钟临杰:《西马华族人口变迁》,载[马来西亚]林水檺等人编《马来西亚华人史新编》第一册,马来西亚中华大会堂,1998,第213-214页。

[2] 田汝康:《沙捞越华人社会结构研究报告》,林青青译,沙捞越华族文化协会,2013,第166页。

[3] 19世纪至独立前,依据各地与英国殖民统治当局的关系,西马(马来半岛)分为三部分:一是海峡殖民地,包括新加坡、槟城及马六甲,由英国殖民统治者直接派总督治理;二是马来联邦,包括霹雳州、雪兰莪州、森美兰州和彭亨州,首府为吉隆坡。自《邦咯条约》开始,四州府逐步为英国所控制,其外交和内务均由英国负责。在内政方面,除了涉及马来习俗和伊斯兰教的事务以外,四州府均须聆听英国派出的参政司的意见;三是马来属邦,是英帝国于殖民时期在马来半岛上的5个州属的总称(包括玻璃市、吉打、吉兰丹、登嘉楼和柔佛),马来属邦各州受英国保护但并没有加入马来联邦。泰国周边4州原为暹罗领土,于1909年因签订《曼谷条约》更而被划归英国。总体而言,马来属邦的自治程度一般比马来联邦更高。1946年4月1日,马来属邦与马来联邦、海峡殖民地(不含新加坡)在英国政府管理下,组成马来亚联邦(Malayan Union)。

拓者和奠基者。

到1891年，马来联邦四州府华人人口总数达到16万，客家人多达61,768人，占了38.6%；其次为广府人47,000多人，占29.4%；福建人（闽南人）居第三，为26,108人，占16.3%；海南人居第四，有7,448人，占4.7%；潮州人居第五。其余有海峡殖民地土生华人3,968人，占2.5%，潮州人较少，仅有1,385人。到19世纪末20世纪初，马来联邦各地已经形成了许多客家人聚集的市镇，较大规模的万人以上的市镇就有2个：霹雳州的近打，客家人多达29,322人；雪兰莪州的吉隆坡，客家人也多达26,000人。千人以上的市镇多达10个，百人以上的市镇也有8个。（表7-7）

表7-7　马来联邦各城镇客家人人口（1901年）

州属	地区名（市镇）	人口
霹雳州	拿律	1,884
	马登	135
	江沙	469
	北霹雳	8
	近打	29,322
	下霹雳	157
	巴登峇当	3,140
	吉连	506
	司马南	31
雪兰莪州	吉隆坡	26,000
	乌鲁雪兰莪	6,000
	乌鲁冷岳	3,000

续表

州属	地区名（市镇）	人口
森美兰州	芙蓉	4,137
	海岸区	262
	日叻务	2,260
	瓜拉庇拉	1,642
	淡边	91
彭亨州	劳勿	1,438
	瓜拉立卑	633
	淡马鲁	3
	北根	107
	关丹	752

资料来源：FMS Census Paper 1901，转引自［马来西亚］刘崇汉《西马客家人》，载赖观福主编《客家源远流长——第5届国际客家学研讨会论文集》，马来西亚客家公会联合会，2000。

随着开矿活动的日益活跃，客家人数量呈现快速增长的趋势。1901年，马来联邦客家人总数为83,864人，1921年激增至152,188人，几乎翻了一番。其中以20世纪初的10年（1901—1911年）增长尤为迅速（表7-8）。

表7-8 马来联邦各州客家人人口增长情况

州名	各年份客家人人口		
	1901年	1911年	1921年
霹雳州	35,642	68,825	66,939
雪兰莪州	36,897	58,316	56,022
森美兰州	8,392	10,927	20,757

续表

州名	各年份客家人人口		
	1901 年	1911 年	1921 年
彭亨州	2,933	5,580	8,470
合计	83,864	143,648	152,188

资料来源：J.E.Nathan,*The Census of British Malaya*,转引自［马来西亚］刘崇汉《西马客家人》，载赖观福主编《客家源远流长——第5届国际客家学研讨会论文集》，马来西亚客家公会联合会，2000。

刘崇汉指出，一般地，客家人大规模移入西马，是在19世纪中叶，主要从事开矿和务农工作。在个别的西马地区，尤其是金矿区，客家人则在更早期便参与当地的经济活动。早期客家人从事金矿工作的地区包括：①吉兰丹州的布赖地区（18世纪中叶至20世纪初）；②彭亨州的瓜拉立卑地区（19世纪下半叶）；③彭亨州的劳勿地区（19世纪下半叶）。

在马来联邦四州，客家人的人口在各方言群中占多数，这是由于四州是主要的产锡区，而客家人则是这四州中从事开矿的主力。早期客家人从事锡矿开采的地区包括：①雪兰莪州的安邦、间征、吉隆坡、乌鲁雪兰莪、乌鲁冷岳等地区；②森美兰州的芦骨、芙蓉；③霹雳州的拿律以及近打地区；④马六甲的吉生地区；⑤登嘉楼州万利山地区；⑥彭亨州的林明、甘孟、文冬地区。

西马客家人早期从事以开矿为主的经济活动，以矿山为中心聚集了大量的人口，带动了种植业和相关服务业的发展，从而形成了许多以客家人为主的市镇。主要有如下一些市镇：

1. 太平（Taiping）

锡矿业是太平的主要经济活动。19世纪初期以来，太平便成为客家人聚居和开采锡矿的地方。1890年，太平成为霹雳州的首府，英国殖民统治当局的总部及政府各机构均驻扎在此，因此，太平很快就发展成为一个较大规模的城市。随着贸易中心逐步分散到霹雳州的其他地区，加上锡矿业不再是太平最重要的经济来源，到20世纪10年代，太平的全盛时期宣告结束。客家先驱人物郑景贵、郑大平等人为太平的开发作出了重要的贡献。

2. 怡保（Ipoh）

19世纪末，近打区成为霹雳主要的锡矿产区。1874—1888年，怡保这个原来只是一个小村庄的地方开始热闹起来。由于锡矿业的迅速发展，人口大量聚集，怡保很快就崛起成为近打区内最大的城市。客家矿工是该城市开发的拓荒者，客家先驱人物姚德胜（广东平远县人）立下了汗马功劳。

3. 金宝（Kampar）

位于霹雳州近打区，这是一个随锡矿业的发展而兴起的一个市镇。由于客家矿工的大量聚集，加上邻近州行政中心，金宝很快就从一个小村落发展成为颇具规模的市镇。19世纪90年代是金宝的繁荣时期。

4. 吉隆坡（Kuala Lumpur）

在1860年前后，吉隆坡是一个内陆贸易中心及锡矿区，早期的矿工主要是客家人。在锡矿业开采的带动下，吉隆坡作为一个现代城市迅速崛起。客家人是该城市开发的先驱者，叶亚来等客家领袖人物功不可没。

5. 劳勿（Raub）

位于彭亨州。在19世纪80年代西方人的金矿公司进入该地之前，客家人已在该地开采金矿。到了19世纪末叶，客家人除了自己从事小规模的采金活动之外，也有大批的客家矿工受雇于西方人的矿业公司，还有大量的客家人从事开荒、伐木、筑路和农耕等工作。由于大量客家矿工和其他客家工人的聚集，劳勿很快就成为一个远近闻名的新市镇。

6. 芙蓉（Sermban）

位于森美兰州。早在19世纪30年代，客家人便在此从事锡矿的开采工作，锡矿业为芙蓉市镇的发展奠定了基础，加上交通运输线的发展，芙蓉成为锡产品的集散地。该城市的发展，客家人应该居首功，其中，客家领袖盛明利、叶亚石、叶亚来和李三等人发挥了重要的作用。虽然经历了历史的变迁，但芙蓉市至今仍然是一个以客家人为主的城市。

客家人开发的市镇还有林明（彭亨州）、加基武吉（玻璃市州）、芦骨（森美兰州）等。"直到20世纪初，锡矿业是西马最主要的经济活动。在马来半岛的西海岸及东海岸地区，许多城乡的出现是与锡矿业的发展分不开的，而客家人是西马锡矿业的主要生产者。因此，我们说锡矿业及客家人催生了有关城乡的开发"，"西马不少城市的开发与客家人经济活动（锡矿业）和贡献是分不开的。西马许多城乡市镇的首要开拓者，为什么是客家人，而不是其他方言和籍贯的人？是历史选择了客家人，客家人以其独特的精神创造了马来西亚这段光辉的历史。正如刘崇汉指出："在西马的华人移民社会，社会环境的挑战是极为艰巨的。客家人的进取精神，相对于传统的因循保守而言，更能发挥其重要性。客家精神所强调的勤俭、刻苦、进取和团结思想，有助于早期移民社会时代的客家人凝聚力、斗争力和爱家乡爱国心的形成。"[①]

[①] ［马来西亚］刘崇汉：《西马客家人》，载赖观福主编《客家源远流长——第5届国际客家学研讨会论文集》，马来西亚客家公会联合会，2000，第173～179页。

第八章　马来西亚客家人的社会变迁与文化认同

与其他华人方言群一样，客家人在马来西亚也经历了几个不同的历史发展阶段：殖民地时期（1957年以前），独立建国初期（1957年之后），工业化和都市化时期（20世纪80年代至今）。影响客家人在马来西亚生存、发展与文化认同的因素很多，其中最主要的因素是经济活动重心的转移。伴随着马来西亚经济社会的发展与历史变迁，客家人也顺应历史发展的潮流，不断地改变和调适，以紧跟时代的步伐。本章重点研究马来西亚客家人在各地的生存与发展状况，社会变迁与文化认同，以及与其他华人族群的关系等。

一、经济活动重心的转移

在马来半岛（包括新加坡，中国学者一般把独立以前的马来半岛叫"新马地区"），华人早期的经济活动主要包括如下三大类型——转口贸易，开采金矿和锡矿，农业和种植业。这些经济活动往往与方言群密切联系在一起。早期的华人，主要是闽南人，以海峡殖民地（包括新加坡、马六甲和槟城）为中心，建立广泛的商业网络。这个广泛的商业网络辐射到周边的城镇，远远超出马来半岛的范围，远及巴达维亚、棉兰、坤甸、古晋等地。"自15世纪以来，华人已参与马来西亚的转口贸易。在马六甲王朝时期，他们带来了大量的中国产品，诸如丝绸、铜和铁器皿、瓷器和大黄到马六甲交换印度的纺织品和东南亚的香料、樟脑、檀香木、麝香、珍珠、巴迪布及地毯。有鉴于此，华人必须设立以家族或伙伴为基础的贸易组织以协助他们在东南亚的商业活动。华商将马六甲和东南亚其他的港口以及中国沿海港口联系起来，形成一个有效的贸易网络，他们成为东南亚贸易的主人。他们制定价格和控制货量，因而获得丰厚的利润。"[1] 19世纪以后，随着西方殖民者贸易网络的建立和发展，由于各种原因，华人的商业网络逐步依附于西方殖民者的商业网络，更多的是扮演中间人的作用，一些学者称他们为"买办"，他们成为沟通西方殖民者与当地人的桥梁。与此同时，这些中间人也逐渐地更好融入本地和国际的网络体系，成为本地与世界贸易体系的一个重要组成部分。

马来半岛有丰富的锡矿，采锡业的发展及锡矿的出口（当时的主要出口商品）曾经是马来半岛的经济支柱，为战后马来西亚的工业化积累了资金，为经济起飞作出了重要贡献。早期客家人的经济活动以矿业为中心，当时的矿主和矿工，大部分都是客家人。"整个19世纪，客籍矿工继续大量的涌入马来西亚。他们在森美兰州的芦骨和芙蓉，吡叻的拉律及雪州的吉隆坡开采锡矿"。华人矿区因地理形势关系不易与外界接触，因距离海港较远，故较难以与中国沿海的故乡联系。诸多不便造成这些社区较为封闭。与港口城市移民比较，矿区移民较少流动，也较难随意换工。但是，客家矿工团结在其方言和地理基础上，秘密会社的兄弟情义加强了他们的联系，坚强的意志导致了他们的成功。他们鲜少受外界的影响，态度比较内向。他们对外也比较表现出排斥性和敌意。"[2]

在马来半岛的华人中，比较早参与农业和种植业等经济活动并且取得成功的方言群，可能是潮州人。"新加坡和新山一带华人所种植的胡椒相比之下较成功。潮州籍的甘蜜和胡椒种植者早在1819年新加坡开埠前已在岛上活动。这群种植者在18世纪90年代和19世纪10年代从廖内迁移到新加坡，为的是逃离廖内岛的内乱。新加坡自由港的开辟吸引了大批的华人移民，其中包括来自泰国的和中国的潮州人。这批潮籍移民很快就在同乡所拥有的甘蜜和胡椒园丘里找到工作。新加坡的潮籍种植园主在中国争取到了一定的市场，这确保了他们在种植初期的成功。"颜清湟认为，在当时的新加坡，潮

---

[1] ［澳大利亚］颜清湟:《华人历史变革（1403—1941）》，载［马来西亚］林水檺等人编《马来西亚华人史新编》（第一册），马来西亚中华大会堂，1998，第10页。

[2] 前揭书，第6页。

州人控制了约90%的甘蜜和胡椒的种植,凭借各种优势,包括丰富的种植经验、便宜的劳工供应等。"这群潮州种植园主在农业商品化的经营比槟城的华人或欧洲园主较有机会成功。至1848年,已有超万数的潮州人参与甘蜜和胡椒的种植和销售工作。他们独占了国内外的市场。许多种植者在新加坡早期的华人社会里成为有财有势的名流。"[①] 后来的客家移民也加入了这个行列。当大规模的采矿活动因为资源枯竭等因素的影响而逐步衰落之后,原来从事采矿的客家人也纷纷转入这个行业。

早期的华人社会为什么会出现这种以方言和祖籍地为基础的经济分工?这主要是早期的迁徙方式决定的,中国南方的华人当年从广东、福建迁移到南洋时,一般都是一个人出去了,然后一个家庭、一个村子,甚至是一个县的人都被带了出去,后来者一般都是从事与先来者同样的工作,在同样的行业就业,如果是企业家,那就在他的企业里工作,或者是从事与其企业相关的产业。客家人能够在马来西亚的采矿业取得成就,也是这种经济分工造就的,矿主、矿工、矿产贸易,乃至为矿业服务的相关产业与行业,形成一条严密的链条。换句话说,就是形成了一条以锡矿业为中心,从老板到矿工都以客家人为主的产业链。方言群认同、家族认同和同乡认同是一种凝合剂,加上客家人吃苦耐劳的精神,使客家人在马来西亚锡矿业取得辉煌成就,尤其是方言群认同在其中发挥了重要的作用。例如,当一个矿主需要大量劳工时,他会首先去中国招揽同乡,因为同一个方言群的人相互比较了解,有较高的忠诚度,比较团结,能够一呼百应。叶亚来因开发吉隆坡需要大量的人力,曾经派其弟叶德风回乡大量招募人员,一次就达300人。在叶亚来的影响下,随之有大批惠阳客家人南渡到马来亚谋生。惠阳永湖淡塘人曾一批批前往马来亚吉隆坡半巴山、浮罗山等地开荒垦殖,集中居住,后来发展到3,000多人,并将新的居住地自行命名为"淡塘村"。麦留芳认为,与商业、

[①] [澳大利亚] 颜清湟:《华人历史变革(1403—1941)》,载 [马来西亚] 林水檺等人编《马来西亚华人史新编》(第一册),第15—16页。

手工业和个体工匠不同，采矿业是一个特殊的行业，需要大量的劳工，需要许多人的协同劳动，需要整个产业链条各个环节的密切配合，方言群便在其中扮演了重要的角色。"在新马一带，从事于劳务密集的种植及采矿工作，一个宗族或甚至整个祖籍群的倾巢而出亦恐怕不能满足该行业的劳力需求量。自然地，这个劳力的需求因素促使一个祖籍群扩大地域界限以至于包含其他的祖籍群。这种地域界限的扩大也并不是无止境的；诚然，它止于方言的认同。方言群认同因此是应比祖籍群认同来得更符合新马华人社会的经验。"[1]

进入工业化和都市化的阶段，华人方言群在产业、行业、职业等方面的分工与联系逐步淡化，各个方言群逐步趋同。影响华人在产业、行业和职业方面选择的关键因素，不再是方言和祖籍地，而更多的是受家庭、教育等因素的影响。不可否认，华人早期的经济活动分工的影响至今仍存在，闽南人在商业方面仍然占有优势，他们的商业网络仍然非常活跃，商业精神仍然比较强盛，在商业方面仍然长袖善舞。客家人通过早期的采矿活动培养了企业精神，产生了许多著名的企业家，如霹雳的胡子春和姚德胜，雪兰莪的叶亚来和叶观盛等，同时也为客家人更好地参与矿业以外的经济活动做了准备，提供了资本原始积累。在近代，客家人由于一般都比较重视子女的教育，客家人的后代从事文化教育及其他专业工作的比较多。到了二战后，随着锡矿资源的枯竭，客家人转身向其他产业和行业进军，在各行各业大显身手。"客家人在我国（指马来西亚——作者注）早期主要从事锡矿业、橡胶业、木材业、金店、典当店、洋服店、藤业、鞋业等，独立后亦多参与建筑业、房地产、铝业等，以及在文化和教育界服务。"[2] 客家人在华文教育方面的贡献尤其具有领导性作用。全马第一间私塾学堂——五福书院，是客家人在槟城于1819年创办的；第一所现代式学校——中华学校，也是由客家先贤张弼士于1904年所创设。

---

[1] 麦留芳：《方言群认同：早期新马华人的分类法则》，1985，第182页。
[2] 《从落叶归根到落地生根——蕉风椰雨客家情》，马来西亚客家公会联合会、梅州市华侨博物馆、马来西亚展厅基金，2001，第120页。

现以福建永定客家人二战后在马来半岛各地的经济活动为例，看看现代马来西亚客家人的经济转型。

在槟城，永定人开设的公司较著名的有胡先达的造船厂，游祥开、谢升衡、游国平等人合作开办的铁厂，张显治的机器厂，胡森达的电器工程公司，张日良的金生企业公司，胡榆芳的矿业公司、百货公司和大饭店，张志贤的建筑公司，游新喜的录影公司，胡顺源的农业公司和农场。也有人进入当时的新兴行业，如胡顺兴经营著名的旅游景点峇都茅胡顺兴花园，罗用广的超市。原来开设小药店的永定人，也纷纷扩大规模，发展成为药行或药业公司，较著名的有张志贤、张商和、张永年、张慧贤、游永锋、游伟祥、黄柏书、黄占兴、卢世荣、胡榆枢、胡概祥、胡东英等人开设的药行，张日良、游加立开设的药业公司，还有卢道龙开设的医务所。

在霹雳州，永定人经营的工商业共有174家，主要分布在工矿、农林和商业三大领域。工矿领域有63家，包括锡矿业19家，锰矿业2家，铁厂17家，制衣9家，机器业4家，板厂和喷漆业各3家，其余有造船、电力工程、建筑工程、塑胶厂、印务局等6家；农林领域3家，其中农场1家，较大规模的胶园2家；商业领域共108家，包括中药业69家，西药和茶楼各2家，杂货业6家，五金、旅游业各4家，酒业、洋货业、锡米业、布匹业各2家，汽车贸易公司3家，其他石油公司、胶轮公司、秤磅店、纸品店、墓碑风水店、当铺等8家。在这些工商业公司中，以小本经营者居多，资本和经营较具规模的首推胡曰阶，他同时拥有十多家较大的工商业公司；锡矿方面有复万和、复万顺、复万昌等公司，商业方面有城市摩多、顺生摩多两家汽车贸易公司，同时还经营金融贷款等。霹雳州的永定人在战后开设的公司中以中药业（69家）和铁厂（17家）居多，两个行业共有86家，几乎占了永定人开设的全部公司的一半。为什么会出现这种情况？这是因为"有好些乡侨在出国前原就掌握了中药业或打铁的专业技能，出国后就设法独立经营中药铺或打铁店，从中又培训后来的同乡，于是生生不息，愈来愈发展（二战后很多打铁店发展成为大小不等的铁厂）。旅外同乡之间这种友爱互助的精神及扶掖后进的传统,在促进华侨经济事业的发展上的确发挥过积极作用"①。

从上述永定客家人在战后的经济活动可以看出,随着马来西亚经济的变迁,客家人已经从传统的锡矿业和种植业等领域走出来,他们积极参与马来西亚工业化和现代化的进程,在新的经济领域大显身手。

我们再来看看柔佛州客家人经济活动的历史变迁情况。

与潮州人和闽南人相比,客家人大规模迁徙到柔佛的时间相对要晚一些,由于柔佛的锡矿资源比较贫乏,早期到柔佛的客家人多以农业和各种种植业为主。根据安焕然的考察和研究,客家人大量移居柔佛,大概是在20世纪20年代前后,而且除了一部分是来自原乡在水客和乡亲的带领下迁徙此地之外,很大一部分人是从马来西亚境内多次迁徙,最后到此地定居,这大多数是从雪隆、森美兰以及马六甲南下的客家华人移民。此外,早期在荷属殖民地勿里洞从事开采锡矿的客家人,后来也有一些人来到柔佛的南部定居。在柔佛内陆山区,也有颇多客家人移居,有些地方甚至形成不少客家村,在古来地区更是客家人一家独大。1931年,柔佛的客家人总数为33,588,占该州全部华族人口的20.2%;1947年,客家人增加至77,109人,仍然在华族人口中居第二位,占22.3%;1980年,柔佛客家人增加至119,195人,继续在华族中居第二位。据柔佛当地客家人说,沿海市镇的客家人以大埔、嘉应客为主,他们多从事商业和文化教育工作,山区的客家人多为河婆客、惠州客、丰顺客,鹤山客也有少数,他们多数从事农业活动,主要是割胶、种黄梨、养猪、种菜等。据有关学者在1965年的调查,客家人在柔佛各地所从事的行业有60多种,其中以经营布匹、洋货、药材、白铁为最多,其次为鞋业、藤业、冶铁、金钻首饰、表笔、眼镜等。在布匹洋货业,客家人约占柔佛的90%,其中又以大埔客为主,约占了70%,嘉应客占20%;在药材业方面,全柔佛客家人占了75%,其中大埔人占60%;白铁、冶铁也是以客家人

---

① 罗懿:《永定乡侨在马来霹雳州》,载《永定文史资料》第二辑,1983,第130页。罗懿是归国华侨,曾经在槟城和霹雳侨居多年,后来回到永定定居。

为主；柔佛的典当业，更是几乎全部由客家人掌控，占了97%。在柔佛从事传统工商业的的客家人中，以大埔客为最。大埔客从事的职业与行业中，排名前8的分别是：洋货布匹（22.8%），药材（8.15%），铁业（7.7%），中西药业（4.15%），典当业（2.96%），洋货与日用杂货（2.81%），水果与干果（2.52%），教育界（2.52%）。

总的来说，到了华人移民的第二代、第三代之后，华人的文化教育水平有了极大的提升，加上其他种种因素的影响，华人的经济活动更加多元化。尤其是在进入20世纪80年代之后，大规模的工业化和都市化从根本上改变了华人的就业传统，华族各个方言群的经济活动也变得日益现代化和多元化，客家人已经从传统的采矿业和种植业走出来，加入到新兴产业的经济活动中去。新一代客家人逐渐告别父辈们所熟悉的传统产业和行业领域，完全融入马来西亚现代经济生活。各个华人方言群历史上形成的职业和行业界限日益模糊，越来越走向趋同。

二、华人新村的客家人

影响一国华人社会变迁和文化认同的因素有很多，包括迁徙的历史、聚居情况、职业、经济发展、都市化、教育等。在马来西亚，有一个特殊的现象，那就是华人新村，华人新村的出现与发展，对马来西亚客家人的社会变迁和文化认同产生至关重要的影响。所谓"华人新村"，是马来西亚20世纪40年代末至50年代出现的特殊居住村落。二战后初期，马来亚各地人民，主要是在马来亚共产党（简称"马共"）领导下的华人，反抗英国殖民政府统治的斗争风起云涌。为镇压人民的反抗，英国殖民政府于1948年4月18日宣布马来亚进入紧急状态。最初，英国殖民政府拟将50万华裔驱逐出境，但在当时华人领袖的努力争取下，英国殖民政府改变初衷，于1949年5月28日颁布《布里克斯计划》（*The Briggs Plan*），将所有分散居住在乡村地区及附近的华人强制迁移到一个指定地区集中居住，这就是我们现在所说的马来西亚华人新村。按照马来西亚官方的定义，华人新村是指在1948年至1960

年紧急法令期间被当局强制安置的居民集中居住的村落。马来半岛一共有452个新村。在1954年,全国新村人口为57.3万,1970年增加至112.3万,到1985年增加至165万,到20世纪末期则接近200万,约占全马华裔人口的1/3。根据马来半岛452个新村所处的地理位置,可以将它们分成如下三类:① 市区边缘新村;② 半城镇周边新村;③ 农村地区的新村。经过半个多世纪的变迁,这些新村发生了重大变化,一般而言,前两类新村已经基本上被都市化,后一类新村,人口也在逐渐减少,年轻人均大量迁徙到城市地区工作、居住。

有学者把华人新村的发展分为独立前后两个时期。

(1)独立前:强制迁移和定居初创时期

这个时期又可以分为两个阶段:① 迁移阶段(1949—1952年),移民的对象主要是华人垦耕者。19世纪前,华人垦耕者人数并不多;19世纪末期,随着中国移民的急剧增加,华人垦耕者人数逐年增加。在日本占领时期,华人垦耕者人数急剧增加到40万。二战后初期,许多华人垦耕者离开乡村到城市或附近的市镇工作。到1948年,华人垦耕者减少至30万人左右。由于这些垦耕者与马共游击队的联系非常密切,严重威胁到英国殖民当局的安全与利益,英国殖民当局遂采取高压政策,强硬地将原本住在森林毗邻和偏僻地区的居民集体搬迁到指定的被规划的新村。"这些乡区居民被迫放弃家园以及离开赖以为生的耕地、矿场及胶园而迁入新村,重建以粗木及亚答建成的简陋家园。在这个时期,大多数华人生活在水深火热中"[1]。② 定居阶段(1952—1957年)。这个时期一共建立了480个新村,大部分集中在半岛西海岸各州,其中80%的新村分布于吡叻(现称"霹雳")、柔佛、雪隆、吉打、森美兰、马六甲、槟城及玻璃市;东海岸的彭亨、丁加奴(现称"登加楼")及吉兰丹州,只占新村的20%。到1954年,480个新村的总人口为57

---

[1] [马来西亚]林廷辉、宋婉莹:《独立前华人新村》,载林水檺等编《马来西亚华人史新编》(第二册),马来西亚中华大会堂,1998,第350页。

万，大部分集中在吡叻、柔佛及雪隆地区，约占新村总人口的76%。这个时期的新村有三个显著的特点：第一，从种族结构看，大多数新村居民是华族，约占86%，马来人占9%，印度人占4%，其他族群（包括泰裔等）占1%。第二，从华族的方言和籍贯看，各个方言群均有分布，其中比重在各州不一。在柔佛，以福建人和客家人居多，福建人（包括闽南人和其他福建籍）占新村人口的35%，客家人占32%。具体到各个新村，华族各个方言群的分布情况又不一样，在一些新村也有某个方言群占大多数的情况，如北马的新村是福建人居多，中马则是广府人和客家人占多数。第三，从就业情况看，新村居民在移入新村前，绝大多数都是从事农业活动，迁入新村之后，很多居民无法在附近的地点从事耕种，只好改行做其他工作。到1952年时，仍然从事耕种的新村居民的比例已经从1950年的60%降至27%，从事割胶及当矿工者从1950年的25%增加至1952年的55%。

（2）独立后：发展、调整和变化时期

1957年马来西亚独立之后，华人新村的发展进入一个新阶段，华人新村的数量从原来的480个减少至452个，主要是一些临时性的新村被解散或合并。独立后初期，马来西亚政府的乡村政策主要是扶持乡村地区的马来人，华人新村并未受到重视，基本上是自力更生，自己谋求发展。进入20世纪70年代之后，由于华人新村的人口快速增长，已经占到全马华人的三分之一，他们在马来西亚政治生活中的重要性日益增加，加上华族政党的积极争取，新村的发展被纳入国家发展计划，大部分新村（419个，93%）由联邦政府的房屋和地方政府部专门负责，另外一些新村则由国家乡村发展部负责，政府落实解决了长期困扰新村居民的土地所有权问题及其他民生问题，加快基础设施建设，华人新村进入快速发展的新时期。到20世纪80年代，全马华人新村基础设施和社会服务提供情况为：92%有自来水供应，96%有电力供应，91%建有小学，21%有中学，68%有柏油路；其他公共服务的比重为：接生所37%，邮政局26%，乡村诊疗所13%，公共巴刹（市场）48%，篮球场77%，羽毛球场69%，足球场35%。进入20世纪90年代之后，马来西亚华人新村的发展又面临一系列新的挑战，其中最严峻的挑战是快速的都市化导致大量年轻人流入大城市。随着人民文化教育水平的提升，越来越多的新村华族青年对农业经济活动不感兴趣，他们向往城市生活，华人新村后继乏人。

马来西亚华人潘婉明在撰写其硕士论文时曾经对位于霹雳州怡保市附近的两个华人新村进行了田野调查，其中一个叫兵如港新村，全村2,467户、3,912人，方言群结构与怡保市大致相符，即以广府人最多，客家人次之，闽籍人士占少数。在这里，各方言群没有明显的聚居现象，只有少数客家人群居住在河岸低洼地区，但这可能与传统养殖业的职业形态有关。因此，兵如港新村基本上属于多元方言群混居类型。虽然如此，兵如港新村的居民在沟通方面仍以广府话为主要媒介。除了近年来广为流行的华语，以及少数外来移入家庭或传统家庭仍以原籍方言交谈外，在怡保地区，居民多不分籍贯，以广府话为共通媒介语言，兵如港自然也不例外。[1]

另一个新村，叫丹那依淡新村，居民有538户、780人。居民纯粹是华人，属于多元方言群混居形态，以广东人与客家人居多，广西人次之。广东人绝大多数来自清远县，客家人主要是揭阳县（河婆人）及花县人、嘉应州人，广西人则以容县人居多。虽然如此，该村村民却没有明显的方言群聚居现象，同时也没有方言隔阂的问题。许多居民能以本身母语以外的方言与他人沟通，不过一般的村民仍以广府话为主要媒介语言。这或许是受到村内广东籍人士的影响，当然与周边地区的带动不无关系。在怡保市近打县，一向以广府话为共同媒介语言，近年来虽然掀起华语热潮，广东话仍然是该县乃至全州的强势方言。不过，丹那依淡新村的广东方言，在腔调上微异于一般广府话，独树一帜，显然是受到清远县人的影响。[2]

一般而言，华人新村是各个方言群的人聚居在一起的新聚居点，这有利

---

[1] ［马来西亚］潘婉明：《一个新村，一种华人》，大将出版社，2004，第66页。
[2] 前揭书，第114—115页。

于不同方言群之间的融合,减少华人不同方言群之间的隔阂与误解,促进华人社会的团结。但是,也有不少华人新村是以某个方言群为主而聚集的村落,这类村落往往会保留较多的方言及与该方言相关的各种文化传统。例如,"登嘉楼亚谊仁耐新村的居民几乎全是海南人。村内 90% 的村民皆是海南人,不管村民原籍是海南人,抑或与海南人结婚的非海南人,他们皆使用海南语作为日常的交流语言。为此,其他籍贯的村民皆使用当地最为流行的方言与他人交流"[①]。也有以客家人为主集中居住的新村,那么,在这样的新村,客家话及与客家人相关的文化传统便得以保存与弘扬。例如,位于吉打州的樟仑新村,就是一个以客家人为主体的新村。该新村距离日得拉 12 英里,与泰南毗邻,于 1952 年成立。该村居民以祖籍梅县和蕉岭的客家人居多,大部分都以务农为生,尤其以割树胶者为多数。

华人新村如果以一个方言群的人为主,那么,这个族群的方言便成为该新村占优势的语言,甚至成为该新村各个方言群的通用语。有学者对位于雪兰莪州的沙登华人新村(1974 年之后改名为史里肯邦安,但大多数村民仍习惯使用旧称)进行田野调查,得出的结论是这个新村的华人多为客家人,约占 90%,有少量广府人,约占 8%,其余海南人、闽南人等方言群,约占 2%。由于客家人在人数上和经济生活上占优势地位,客家话便在该新村得以保留并且流行,成为各方言群之间进行沟通的共同语言。"初次迁入沙登新村的居民约有 1,572 户家庭,大部分村民为客家人,其余的方言群,包括有福建、潮州、高州和海南等。虽然籍贯不同,但大多数村民习惯以客家话沟通。长期居住在该村或与该村村民有密切往来的马来人、印度人、锡克人,甚至是外籍劳工亦能够说上流利的客家话。换言之,任何人只要会说客家话,便可在沙登新村通行无阻,这种情况至今不变。此外,沙登新村亦盖有谭公庙,无疑加深了该村的客家属性。""沙登客家人的祖籍有惠州、赤溪、梅县、河

[①] [马来西亚] 林廷辉、方天养:《马来西亚新村:迈向新旅程》,马来西亚策略分析与政策研究所,第 114 页。

婆、东莞和大埔,其中惠州占大多数。至于惠州客家人大量聚居于此,原因如前所述,即与早期雪兰莪的锡矿业发展有关。由于大多数的惠州客家人落脚于靠近矿场的数个地点,而沙登村民即来自这些地点,因此,当新村建立以后,惠州客家人便在沙登新村组成了庞大的社群,连带把原乡的语言文化等保留了下来。现在,大多数的客家人不知不觉中说着惠州口音的客家话,我们已经无法从口音中正确分辨出他们的祖籍。"①

客家色彩保留得比较浓厚的新村,除了客家人居多之外,还有一个地域的条件,那就是多为地处偏僻、交通不便的乡村地区。在这里,人口流动相对比较小,人们多从事传统的农业和手工业。安焕然对柔佛古来地区的各个华人新村进行了考察。经过对比,他发现也有仍然保留浓厚客家色彩的新村,其中最有代表性的,是古来市区往北的加拉巴沙威华人新村。"这是一个至今还保留'客家风情'的客家新村。该地客家方言保留很好,'客家色彩'非常浓厚。其所以保留'客家风情',主要原因是它不在工业区线上,外来移民较少,基本维持新村时的人口格局。1954年,加拉沙巴威客家人占89.1%,海南人3.03%,其余各籍贯没有越过2%。至今,以河婆人占多数的加拉巴沙威新村,由于是强势族群,村内不论长辈还是小孩,客家话仍是主要的沟通方言,即使是外籍人士也'在地化'了,能讲一口流利的客家话,而且该地的客家话带着浓厚的河婆口音。"② 安焕然还指出,在加拉巴沙威新村的客家人不仅保留了比较纯正的河婆客家话,他们在信仰、饮食文化、日常生活等方面的客家性也是相当正宗的。

也有另外一种情况,即原来以客家人为主的村落,后来大量迁入其他方言群体居住,在这样的村落,客家话和客家特色便会慢慢地淡化。在城市化程度较高的新村,客家色彩便会慢慢蜕变,逐步脱离地域和方言群的属性,

---

① 张晓威、吴佩珊:《马来西亚客家聚落的产业经济发展:以沙登新村为例》,载萧新煌主编《东南亚客家的变貌:新加坡与马来西亚》,2011,第145-146、159-160页。

② [马来西亚]安焕然:《马来西亚柔佛古来客家聚落》,载萧新煌主编《东南亚客家的变貌:新加坡与马来西亚》,2011,第209页。

发展成华人共同属性。例如，柔佛州的实里拉龙新村，该新村离居銮市区约5英里，在新村成立前，这里居住有10多户人家，是清一色的华人，其中又以客家人占多数，高州及广东人居次。新村成立后至70年代，居住户数增加至360家，随着各方言群体的居民的增加，该新村的居民均以华语进行沟通。安焕然先生对位于古来的以几个客家人为主的华人新村做过较为深入的田野调查。他认为，这些华人新村的客家色彩正在逐渐淡化，代之以地域更加宽广的华人社区概念。从20世纪80年代以来，新村人口的移动自由及与外界接触的扩大化，新村的发展，逐渐演变成具有工商的城镇，从新村转向城市中的客家认同，都出现了很大的变化。以士乃新村为例，该新村居民是20世纪50年代在紧急法令下由周边地区迁徙而来的，其中客家人占81.04%，广府人占4.03%，海南人占4.83%，潮州人占8.32%，福建人占1.17%。首先是华人社会资源的整合，逐渐跳出客家的小圈子，发展到包括其他方言群的整个华人社会。例如，该村的华人宗族社团江夏堂，原来是以河婆客家人中的黄姓乡亲为主，后来突破地域和方言群的界限，成为一个泛华人社团。"在20世纪50年代，江夏堂的会员以河婆客家人为多，且以揭西连城寨等地宗族乡亲为主。但是，到了70年代以后，人口增加，士乃与其他城市互动关系日益频密，加上其柔南黄氏公会是一个柔佛'半州级'性质的组织，以致其会员已突破士乃地域之限，招收来自其周边包括古来市区、新山市区，甚至远自居銮、哥打丁宜地区的黄姓人士成为会员，而且会员籍贯已呈多元化，除了祖籍河婆地缘的会员，也有福建、潮州、广东等籍贯的成员加入。因而，时至今日的柔佛黄氏公会（江夏堂），已转型成为马华一般的'拟亲属'的宗亲会组织，而已非最初时候的河婆客家人宗亲组织。也就是说，它从乡村向城市寻求身份认同的转型中，已渐渐消退了其'客家色彩'。"[1]

同样的情况也发生在客家人的宗教信仰方面。安焕然先生在田野调查中

---

[1] [马来西亚] 安焕然:《马来西亚柔佛古来客家聚落》，载萧新煌主编《东南亚客家的变貌：新加坡与马来西亚》，2011，第205-207页。

发现，三山国王神原来一直是客家人供奉的神，尤其是惠州和河源一带的河婆客家人信仰此神。对客家人信仰有较多研究的马来西亚学者王琛发先生经过考证认为，最初是河婆客家人将三山国王神庙从家乡广东揭西县河婆的霖田社庙迁移到马来西亚各地供奉，"凡是早期河婆先贤人口群聚之处，都建有三山国王庙"。但是，王琛发也指出，到了19世纪末期之后，三山国王成为华人共同尊奉的神，"这一信仰在19世纪末期已经传播到非客属人圈子，受到全体华人普遍的信奉"①。这种转变同样也在士乃发生，正如安焕然所说："士乃三山国王原本是祖籍河婆客家人崇奉之神庙，但后来各籍人士也来拜祭，成了士乃的一个'社庙'②。20世纪50年代，甚至还有一位印度人出钱建筑了士乃三山国王的山门，1967年重建，但直到1993年才正式注册。从1996年起，每年于农历正月初九举行游神活动。"③

通过对华人新村的考察，我们可以发现如下几个现象：

(1) 华人新村是马来西亚华人社会特有的一种现象

原来处在边远和偏僻地区的华人并没有集中聚居，他们硬是被当年的英国殖民当局驱赶到某个指定的地方集中居住，以便殖民统治当局控制和切断与共产党游击队的联系。这正好应了中国一句老话："有心栽花花不发，无心插柳柳成荫。"正是当年英国殖民统治当局的驱赶，成就了现在的华人新村，经过几十年的发展，华人新村成为马来西亚华人社会保存、弘扬华人文化和华人社会传统的一块重要阵地。与大都市的华人社会相比，华人新村的华人特色更加浓厚，华人的文化传统得到了更好的发扬光大。华人新村尤其是在坚守华文教育和保持华人方言方面发挥了重要的作用。专门研究马来西亚华人文化教育和语言的洪丽芬博士在她的博士论文中写道，迄今，共有

---

① ［马来西亚］王琛发：《马来西亚客家人的宗教信仰与实践》，马来西亚客家公会联合会，2006，第5页。

② ［马来西亚］安焕然：《马来西亚柔佛古来客家聚落》，载萧新煌主编《东南亚客家的变貌：新加坡与马来西亚》，2011，第207-208页。

③ 同上。

82%的新村建立华文小学，总数是391间，占马来西亚1,284间华文小学的30.5%。新村在维护、支持、推动华人母语教育的发展方面扮演了很重要的角色，为华人语言和文化的传承与使用作出了贡献。在语言方面，新村孕育了强大的马来西亚华人方言社区。新村的华人聚居特色形成了华人语言保护区，使得华人语言，特别是方言，能够很好地保存下来。由于新村华人依籍贯聚居，各新村的方言特色显著。例如，霹雳爱大华新村以福州话为主，吉隆坡安邦新村以客家话为主，马六甲东甲新村以闽南话为主。一些新村又有某某方言村之称，如客家村、海南村、广东村等。由于早期与外界隔离，村民长期以来都在小圈子里生活，很少有与其他语言接触的机会，习惯以共同方言交谈，因此乡亲之情更浓郁。此外，由于有华校的存在与华文教育的普及，新村村民一般也都熟谙华语。与村中占少数的印度人或马来人交往时，共同语言是市井马来语。在华人新村的马来人或印度人，民族文化上虽然没有被华人同化，但是不少都会说新村的方言或华语。洪丽芬从语言的角度总结说，华人新村的华人，才是马来西亚华人社会中最有特色和最有代表性的一个群体。"与同化程度指数最高的海峡华人峇峇相比，新村华人是马来西亚华人传统社会的代表，两者恰好是两个极端。新村居民的文化和语言发展也与城市华人居民的文化和语言发展很不一样。居住在城市的华人没有被规定聚居地，与他人的交往不受限制，所以都凭各自的谋生需要而择居，虽然大多是物以类聚，但是与当地人或其他族群杂居的情况也普遍，因生意买卖或生活而见面交谈的接触机会很高。他们除了使用本身的语言，也多掺杂使用其他族群的语言。从同化程度来看，城市华人可以说是处在新村华人和海峡华人峇峇的折中点。"①

（2）快速的都市化正在改变华人新村的方言群固有的文化属性

一般而言，华人各个方言群混合居住的，基本上都以华语作为日常生活与交流的语言，客家话则主要是在家庭成员中使用，且多是晚辈与长辈相处

————————
① [马来西亚]洪丽芬：《马来西亚社会变迁与当地华人语言转移现象研究——一个华裔的视角》，第69-70页。中国知网博士论文库。

时才使用较多的客家话。处在新村地区的,较少受到都市化的冲击,客家话和客家传统会得到较多的保留,而那些已经正在都市化或者已经完成都市化的新村,客家特色已经慢慢退化,甚至逐步消失。

(3)随着时代的变迁,华人新村正在式微

马来西亚华人社会应该引起足够的重视,赶快对华人新村文化进行抢救,保护华人新村特有的文化。当前,马来西亚华人新村面对的一个最大问题是留不住年轻人,这也可能是全世界农村发展面临的一个共同难题,年轻人都喜欢到大都市去发展,那里充满活力,拥有更多的工作和发展机会。与大都市相比,华人新村经济缺乏活力,缺少工作机会,相对比较保守,人才外流。早在2000年时,马来西亚有学者做过调查,一些新村20~29岁的年轻人只占了居民的15%,相对地,吉隆坡及雪兰莪两个城市分别占了21.6%及18.4%。10多年过去了,笔者缺少实际的田野调查资料,但据笔者的一些马来西亚朋友说,这种情况不仅没有改善,而只会更严重。文平强先生在对华人新村进行考察后得出结论说,新村人口的大幅度减少,尤其是年轻人大量进城,必然会导致如下两个方面的严重后果:

一是造成华文教育资源的流失,严重影响华文学校的均衡和可持续发展。一方面,位于乡村的地区的华人新村,由于人口减少,华文小学生源逐渐萎缩,学校的生存与发展面临冲击。资料显示,2003年在西马的988所华文小学,学生人数不超过100人的微型小学共有250所,占总数的25%,80%分布在霹雳、柔佛、吉打、森美兰及彭亨5个州。可见,新村和小市镇人口不断流失的趋势将更严重地影响这些州属的华文小学学生人数来源。另一方面,由于华人人口大量地涌向都市地区,尤其是在巴生河流域和其他人口高度集中的城市地区,导致这些都市地区的华文教育资源严重短缺,华文小学的学生人数日益增加,而学校却没有增加,教育设施严重不足,在巴生河流域各城镇地区,拥有1,000名以上学生的学校共有182所,占西马华文小学的18%,还有48所超过2,000名学生的特大型华文小学(以上均为2000年的数据)。乡村地区华文小学的生存与发展,都市地区的华文学校的增建与扩充,成为近几十年来朝野政党政治博弈的重要舞台，也成为华人社团近几十年来的一大心病。

二是华人新村人口迁移导致政治资源的再分配，造成对马来西亚政治的冲击，使华人对政治的参与度和影响力下降。这种后果也可以从两个方面来看：一方面，乡村地区的华人人口不断减少，导致乡村地区华人对当地政治影响力的下降；另一方面，虽然都市地区的华人大幅度增加了，但是由于选区划分等原因，华人人口主要集中在都市的某些区域，虽然这些地区华人选票增加了，但是代表人数却没有增加。正如文平强先生指出的："华人人口过度集中在巴生河流域也对华社（华人社团——编辑注）在政治权力上带来一定的冲击。在马来西亚多元社会里，选举制度与国会代表决定了政治权力的分配。新村及小市镇人口大量涌进城市极可能削弱华人在大部分选区的选票力量。另一方面，集中在大城市选区的华人以特大的选票争取极小数的代表，导致过低的代表率。1959 年，在 104 个国会选区里，华人占大多数的选区为41 个（39%）；1995 年大选，则下降到 192 个之中的 24 个（12.5%）。"①

2018 年 5 月上旬，笔者在马来西亚访问期间拜会了文平强先生（现任马来西亚新纪元大学副校长），提及当前华人新村的情况。他认为，当年他在相关论文中谈到的华人新村存在的上述两个方面的问题，不仅没有得到解决，反而更加严重了。有一些华人新村，已经沦为老人村，仅剩下一些老人，甚至小孩子也跟随他们的父母离开了新村，进入都市。华人新村，曾经在马来西亚华侨华人史上写下重要的一页，极大地改变了华人迁徙、定居和经济活动的模式，由于华人人口相对比较集中，有力地促进了华文教育的发展，促进华人更加积极与踊跃地参与国家的政治生活，培养和锻炼了广大华族的参政意识。然而，时过境迁，华人新村发展的黄金时期已经消失，也许再过若干年，将成为一种历史记忆。目前华人新村的资源有限，很多新村的年轻居

---

① ［马来西亚］文平强：《略论华人新村研究》，载马来西亚华社研究中心《乘风破浪济沧海——华社研究中心二十周年纪念特刊》，2005，第 152-153 页。

民都离乡背井到大都市谋生。马来西亚正朝向发达国家迈进,新村能否跟上马来西亚时代发展的步伐?"以目前的工业化从城市蔓延到乡村的过程,许多新村及乡村都会被包括或归纳在大市镇发展的计划之内。在这种情况下,新村居民所注重的不应只是政府拨款发展的课题方面,因为这方面的发展会自然而然地在工业化及城市化的潮流下来到新村。最重要的是,发展新村的重点应是人力资源及现有的其他经济资源的分配。"①

三、客属会馆的角色扮演

一般而言,海外客家人坚守自己的特性,主要是通过如下途径:① 客属会馆;② 具有客家特色的宗教信仰及风俗习惯;③ 客家话、客家菜等。在早期的海外华人社会,在方言群基础上建构起来的华人社会组织在保持各方言群的文化与习俗方面扮演了不可或缺的角色。黄建淳认为:"盖海外华人社会的形成,莫不肇始于相同或相近的方言语系之聚集。易言之,本源于血缘与地缘性的基因,承袭了故里村社制度与特性,组织成海外一体两面的公司与会党;西婆罗洲华人公司溃散之后,先后大批华人流动至沙捞越,加诸建国后,沙捞越当局策行若干垦殖政策与相关的历史因素,建构了方言群与沙捞越华人社会不可分割的关系。无可讳言,近代会党系制造社会罪恶的渊薮,但昔日的会党是公司自治与防御的凭借力量,今非昔比,自不可同日而语。无论如何,方言群体系奠定华人社会的肇基。"为什么早期的华人在海外喜欢以地缘和族缘的形式组织自己的团体?黄建淳认为,这与海外华人漂泊在外,在一个自己完全不熟悉且没有安全感的地方求安全和自我保护有关。"在任何一组方言群体类聚时,本诸以共同的传统特质,尤其是在相同血缘与地缘的关系上,对于共同祖先的意识,往往被强烈地表现出来,更由于家族或亲族的团结性、凝聚性的影响,孕育出浓浓的乡土情怀,一如俗谚'人不亲土亲'

---

① [马来西亚]林廷辉、宋婉莹:《独立前华人新村》,载林水檺等编《马来西亚华人史新编》(第二册),马来西亚中华大会堂,1998,第382页。

的同乡观念，因而促使民族性益加紧密结合。总之海外华人秉持血缘与地缘的关系，基于安全与防卫意识的企求，并承袭国内村社组织的特性，而组合成具有某种目标或目的的共同自治体。这种共同自治体，最初表现在熔血缘、地缘与业缘关系于一炉的公司组织，嗣后随客观环境的变迁与影响，分化成地缘性会馆、血缘性宗祠、业缘性公所及秘密性的会社（党）等组织，形成沙捞越华人社会的重要结构。"①

根据吴华的研究，在马来西亚各个方言群中，数客家人最早创立自己的会馆，他们早在1801年便成立了槟城嘉应会馆，广府人也不甘人后，几乎与客家人同时成立了槟城广东暨汀州会馆，福建人则迟至1819年才创立自己的会馆，潮州人于1822年才创立自己的会馆，海南人最早成立的会馆是马六甲琼州会馆（1869年）。据吴华在20世纪70年代末80年代初的统计，马来西亚成立最早、具有百年以上历史的会馆有30多家，其中客家15家，几乎占了一半。其余方言群：广府人4家，福建人（包括闽南人）6家，潮州人3家，海南人3家。这30多家历史最悠久的华人会馆主要分布在槟城、马六甲、吉打、古晋、太平、安顺、吉隆坡、新山、芙蓉等地，这种分布与当时华人迁徙和聚居的历史状况正好是完全吻合的。

在马来西亚，客属会馆遍布全国各地，只要有客家人的地方，就有客属会馆。为了加强客家人的团结，马来西亚客家人还于1978年10月16日正式注册成立了全国性的马来西亚客属公会联合会。该总会的前身是星洲南洋客属总会。新马分家后，两国的社团组织也必须分离。于是，最早由吡叻客属公会于1975年元旦提出倡议，成立全国性的客属组织，后来得到全国各地客属组织的响应。经过一段时间的筹备，1976年5月8日，在怡保举行了全国客属代表大会，有31个客属组织参加，通过章程草案并授权吡叻客属公会申请注册并办理相关事宜。1978年10月16日注册获得政府批准，1979年7月31日，马来西亚客属公会联合会首届代表大会正式召开，参加的单位从发起

---

① 黄建淳：《沙捞越华人史研究》，台湾东大图书股份有限公司，1999年，第231–313页。

时的31家增加至39家。该联合会成立后，在团结全国客家人方面发挥了重要的作用。尤其值得称道的是，该联合会于1999年承办了第5届国际客家学研讨会并且出版了《客家源远流长》一书（论文集），还于2004年主办第一届马来西亚客家学研讨会。

现以三个比较有代表性的客家会馆为例，分析它们在马来西亚客家人社会曾经发挥过的独特作用。它们是槟城嘉应会馆、雪隆嘉应会馆和大埔茶阳会馆。

1. 槟城嘉应会馆

在马来西亚，历史最悠久的客属会馆当属槟城的嘉应会馆，它的前身为于1801年成立的仁和公司，又叫"嘉应馆"或"客公司"。因城市建设和发展，馆址数次迁移。1895年，姚德胜等人以"嘉应会馆"名义购置槟城大伯公街24号屋宇一间加以改造和扩建，此后一直沿用此名至今。早期的嘉应会馆有几个功能：一是商人进行联络的工具，二是为同乡和同属的客人提供暂时栖身的地方；三是乡亲联谊。马来西亚华人学者刘果因先生对槟城华人会馆的历史有专门的研究。他认为，在早期的槟城，华人社团只有"两神庙一会馆"，两神庙一为广福宫，二为福德祠，一会馆即为仁和会馆。这"两神庙一会馆"当时成立之目的，"不拘是欲对抗，或合作，抑或各自为政，总之都是负责移民，开辟槟城，发展内陆的主要社团"。刘果因认为，三者各有分工，广福宫是"昔时的华民政务机关"，嘉应会馆则是"当时开辟槟城，发展内陆的指导机关"，而福德祠"虽然不是社团，但在开辟当时的迷信时代，对华人的垦荒者，也会给以精神上的安慰，以及在失望时，给以活力的神庙"。[①]

在早期，几乎所有的华人社团都由商人把持和唱主角，嘉应会馆也跳不出这个窠臼。日本学者今崛当年访问了当时的会长李国贤、董事司理曾辉青、

---

① ［马来西亚］刘果因：《槟城嘉应会馆在马华历史上的地位》，《槟城嘉应会馆180周年纪念特刊（1801—1987年）》，槟城嘉应会馆，1987，第31页。

信理员李义文。据他们介绍，会员可以分为贸易商和座商（即在本地开有店铺的商人——作者注）。贸易商（98行）是兼营外国汇兑业、仓库业、旅馆业的综合商社，以苏门答腊、泰国、印度、东非等为主要的贸易对象，每间店的从业员有二三十人。另外亦有不少作为水客的行商，从事转接的交易。座商则有成衣店、鞋店、藤器店、杂货店和印刷店等，各自结成商业基尔特，如缝纫业联合会等。在人数方面，则多为座商。在阶级方面，特别强调以座商为主力，从嘉应会馆的创立来看，是有受"猪仔"贸易的传统影响。一方面，从嘉应州输入苦力的会党领袖，得了巨利；而另一方面，过着奴隶或半奴隶生活的苦力，因为要依靠会馆，而从底层爬上来的工商业者，在会馆中成为有力的成员，亦非偶然。可是，如果正视现实，支配着会馆的还是贸易商。贸易商具有发言权，一直领导着会馆，会馆共同体的本质，理由便在这里。[①] 早期的嘉应会馆在安置新来的移民、苦力贸易、维护同乡权益、救济穷困、奖励同乡子弟等方面均发挥了积极的作用，今崛将这些称之为"桥梁"。"会馆好像是桥梁。当时由嘉应州南来的乡人，当然是以会馆为桥梁；所有的一切事务，都要经过会馆。所以在中国和马来亚的关系史上，会馆的任务非常重大。尤其是由嘉应州来到槟城的新客即猪仔，由登岸以后，到分配于内陆各州，一切手续都由会馆办理。""会馆为着会员的亲睦，有备会员娱乐及寄宿的嘉宾俱乐部的设施。春秋二祭和会馆纪念日，也有举行盛大的宴会。同时亦有奖学金以奖励成绩优良的会员子弟，每年从中小学生中选出60~80名为受奖人。奖学金的来源，是由会员喜庆时所报效或捐款。"[②]

2. 雪隆嘉应会馆

雪隆嘉应会馆，全称为雪兰莪及吉隆坡嘉应会馆，是雪兰莪和吉隆坡地区历史最悠久的华人会馆之一。雪隆嘉应会馆位于吉隆坡苏丹街63号，创办

[①] [日]今崛:《马来亚华人社会》（中文版），刘果因译，马来西亚槟城嘉应会馆扩建委员会，1974，第83-84页。

[②] 前揭书，第83-84页。

于 1902 年，由当年居住在雪隆地区的嘉应同乡创设。①雪隆嘉应会馆的成立和早期的活动与雪隆地区客家人开矿的历史有密切关联。据史料记载，早在 19 世纪中期，雪兰莪发现锡矿之后，便有大量的华工进入，而其中的客属人士也逐渐增加，在 1840 年末，嘉应同乡即在吉隆坡以北 12 哩的间征开办了一个华人矿区。该会馆的四位创办人张运喜、姚德胜、郑安寿及李桐生，都是当时的大矿主。

根据相关史料，可以把雪隆嘉应会馆成立至今的历史划分为初创、扩张、成熟和发展四个时期：

（1）初创时期（1902 年至二战后初期）

该会馆史料指出，雪隆嘉应会馆的历史可以追溯到 1898 年前。当时的矿主姚德胜等嘉应同乡，在吉隆坡谐街 72 和 74 号（即今敦李孝式街 62 和 64 号）购得店铺 2 间，作为会馆使用，后来因为地方太小，不适合开展会馆活动，才迁移至现今的地址，此前的相关资料没有保存，所以才以 1902 年正式兴建馆舍作为会馆成立的时间。会馆在成立之初，没有设会员制，只要是嘉应属人士，都是本馆的会员。1902 年，当地政府颁布社团注册条例。根据该注册条例，会馆修改章程，同乡需要正式申请，才得成为会员，会费为 1 元。当时的章程规定，会馆创办的宗旨是"联络同乡情谊，增进同乡福利"。"华人早年南来，并非有组织的移民，大多数是在同乡宗亲的援引，或是'卖猪仔式'的契约劳工，赤手空拳而来。在人地生疏、语言不通的环境中，会馆自成为他们最佳的联络场所、工余闲暇叙旧聊天的场所。以至因年老或生病而逝世，也多由会馆协助就地安葬。这是早期会馆的一般情况。"②

在初创时期，雪隆嘉应会馆除了修建馆舍和联络乡情之外，做了最大的

---

① 马来西亚各地的嘉应会馆的会员来自古代嘉应州 5 个县，即梅县、蕉岭、五华、平远和兴宁，简称"嘉应五属"，沿用清朝末期的行政区划。后来，中国的行政区划发生了很大的变化，但马来西亚的客属会馆仍然沿用"嘉应五属"的提法。不属于此五县的客家人士另外又组织了以本乡名字命名的同乡会馆，如大埔（茶阳）客属会馆、丰顺客属会馆等。

② 《雪隆嘉应会馆史》编委会：《雪隆嘉应会馆史》，《雪隆嘉应会馆 87 周年纪念特刊》，雪隆嘉应会馆，1989，第 40 页。

一件事情，当属创办中国学校。该校于1916年底筹备，次年即宣告成立，命名为"中国学校"，借用会馆上课，由当时的会馆总理张崑灵担任总理（后改称董事长），聘请冯右铗为首任校长。1921年遇世界经济危机，学校因经费短缺而停办，1922年复办。1938年获得政府赠送的陆佑街一块2.5英亩的地皮，会馆专门成立建校委员会，筹备经费和建设新校舍，1941年全部落成，从此，学校迁往陆佑街。1941年底太平洋战争爆发，学校在新校区只上了4个多月的课便被迫停课。1946年秋天复课，1980年扩建，1990年又进行了扩建，历经多次扩建之后，学校方有今日的规模。后来，中国学校改制，成为国民型小学，但会馆对学校的支持与参与一直没有中断。"自创校以来，该校之总理或董事长，都由本会馆总理或会长兼任，学校董事也大都是我嘉属同乡，只有一部分是依照政府条例加入董事会的家教协会成员。在物质支援方面，会馆除了每年拨款万元资助学校各项开支外，不论学校的大小建设，如增建礼堂舞台、儿童游戏场，开辟小型动植物园，修建添置卫生设备，颁赠奖助金，购买校车，等等，本会馆董事均出钱出力，从不落人后。"[3]

在初创时期，会馆的一些重要活动还包括：

1）改建会馆馆舍。早在1928年便有人提出重建馆舍，后来因一部分人反对而停止。1941年秋天成立会馆馆舍改建委员会，因太平洋战争爆发而搁置。1947年，改建委员会重新恢复工作，在经历了许多曲折和困难之后，会馆旧馆舍于1956年12月拆除，随即进行新馆舍的建设，于1958年12月竣工。1963年，新会长陈金福上任后，建议将会馆大楼从3层加高至4层，经过2年的时间，最终完成扩建。

2）会务的改革。1949年重新登记会员；1950年成立互助部（1953年结束活动）；1953年成立奖学金部；1953年修改章程第35条，关于职员的任期，规定同一职位不能连任超过一次；1958年，通过修改章程，将会员分为永久会员和普通会员两种。

---

[3]《雪隆嘉应会馆史》，第41—42页。

3）积极参与马来西亚建国初期的政治事务，尤其是与华人相关的各项事务。主要有：1947年，拥护雪州总商会的意见，反对马来联邦宪制问题蓝皮书中各项不利华人的条文；1949年，赞成组织马华公会，并且委派2名代表出席雪州华人团体联席会议；1951年，促请马华公会设法帮助华人领取公民权，并且促请同乡会员登记成为选民；1955年，发表声明反对1952年教育法令、1954年教育白皮书及征收中药税；1957年，吁请政府尽量收容火炬运动之适龄儿童进入学校就读；针对黎里宪政报告书，发表声明拥护华人注册社团代表大会所提出的建议和要求。

（2）扩张时期（1963—1970年）

从该会馆发展历程可以看出，这段时间内，会馆的会务活动范围大大扩张，已经从初创时期的乡亲联谊和增进同乡福利向积极参与国家的政治经济和文化生活等方面拓展。这个时期的重要活动如下：

1）修改章程，建立和健全会馆组织。1963年3月，拟定福利委员会简则；修改章程，将董事会成员由原来的27人增加至35人；1969年，设立国家青年发展工作队，协助失业青年谋职；1977年，率先成立青年部，积极开展青年工作；1970年末，对会馆章程进行了重大修正，规定全体会员都有选举权与被选举权，而此前会馆章程对董事资格有若干条件的限制。

2）扩大会员的福利服务。1963年3月，通过福利部救助组简章，扩大办理孤苦贫病同乡的福利事务，并且颁发书籍学杂费、助学金予清贫会员子弟；1969年1月成立大学贷学金委员会，为会员子弟深造提供资助；1969年5月，成立救济委员会，赈济因"513事件"而受难的同乡；1969年8月，设宴庆祝关帝诞；1969年9月，通过修改章程，批准本馆的福利委员会增设文教组、音乐组、体育组、健身组及妇女组。

这个时期的会馆活动有一个显著特点，那就是更加重视对会员子弟的教育，为会员子弟读书深造提供各种资助。"在陈金福先贤的领导下，本会馆积极推展各项活动。除了正式设立福利组，明文规定各项办理会员喜丧救助事务的细则，同时颁发中小学奖学金予会员子弟，以鼓励会员子弟向学。接着，本会馆又成立了大学贷学金委员会，研究为子弟提供深造经费。那时，会馆虽然已经有稳定的入息，但当时租金不高，再加上曾一度面对政府之门牌税问题，会馆的经济也曾亮起红灯。但是，根据本会馆的各项文件记录，本会馆对会员福利及救济等事务，几乎来者不拒，有时因经费不足，甚至由会馆领导人及董事等捐助。那种因公忘私，热爱桑梓的义气及乡情，非常值得我们后人学习。"[1]

（3）成熟时期（1971—1980年）

这个时期的会馆，从规章制度到各种日常的活动都日趋稳定和正常化。会馆组织根据发展的需要进一步扩充：1971年增设了工商部和妇女部；1977年增设青年部；1988年，文教部从福利部中独立出来，成为会馆下属的一个部门。这个时期的会馆各项活动均制度化并定型，如馆庆宴会、农历新年团拜或联欢晚会、关帝诞庆宴、颁发中小学奖励金、大学贷学金等。

这个时期会馆事务的一个显著特点，就是积极开展青年工作，大力推动同乡青年参与会馆事务和各种活动。该会馆是马来西亚各华人社团中最早成立青年部的华人社团，起到了引领潮流的作用。吸引青年参与会馆事务的主要方法包括大力推展各项文娱体育活动，当时设立有国语班、醒狮团、太极拳队、口琴队、乒乓队等。另一个重要特点，就是更多地关注文教事业。1971年，会馆通过决议，加强与原来由会馆创办的中国学校的联系。该学校自从被政府改制成为国民型小学之后，学校与会馆的联系日渐减少，为此，会馆在1971年决议中规定，学校董事应该由会馆董事会推荐，并通知全体董事加入成为学校赞助人。会馆也积极关注全马华人社会的事务。1974年，会馆响应全国董教总的号召，捐助1万元予全国独中基金。翌年，会馆发起提案，并经由全马嘉应客属联谊会通过，促请教育部关注华人社团备忘录所提供之意见，实行公平教育，永保华文小学不变质。这个时期的会馆在功能和宗旨等方面也发生了重大转变，从最初仅关注同乡福利的同乡团体，发展演

---

[1]《雪隆嘉应会馆史》，第44页。

变成为一个多功能和更多关注华人社会事务的华人社团。"总而言之，会馆在70年代，已逐渐由办理会员福利为主要活动的乡团，发展为同时注重文娱体育活动，并开放予不同祖籍华裔青年参与的华人社团。这无疑是本会馆社会功能的进一步提升，同时也成为本会馆在下一个10年的发展蓝本。"①

（4）发展时期（20世纪80年代后）

这个时期的会馆活动中较为重要的事件有：①改建会馆及相关产业。但因受到各方面的阻碍，计划进展不顺利，有关改建计划无法实施。②建立嘉应总坟。1981年会员提出倡议，1982年初获会员大会通过，并且于同年12月31日举行圆坟仪式。此后，会馆于每年9月的第一个星期日均举行祭拜仪式，是晚在会馆设宴，以悼念先人。③发动筹组雪隆客属总会。在雪隆地区存在不少客属团体，如茶阳会馆、惠州会馆、河婆会馆等，这些会馆平时很少联络，不利于客属华人的团结。于是，在当时的会长吴德芳的倡议下，于1989年9月发起筹组雪隆客属总会，得到各客属团体的响应，并于1991年初获准注册，随即在同年3月选举产生首届理事会。④举办全国性散文创作比赛。为了响应雪隆中华总商会主推的马华文学节，会馆领导极力支持，会馆分别于1989年和1991年主办了第一届和第二届全国性散文创作比赛。

3. 大埔茶阳会馆②

大埔人迁徙和定居马来西亚的历史十分悠久，他们每到一个地方创业和定居，也喜欢邀约同乡建立会馆等组织以互相帮助和同舟共济。马六甲的大埔茶阳会馆，就是一个非常有代表性的会馆。这是由大埔客家人于1807年创立的客属会馆，迄今已有217年的历史。据会馆史料记载，"创办初期，由先贤余亚庚、均昌号、刘禄等人创议，认为散居在马六甲州内之大埔人众多，若无组织，宛如一盘散沙。为了照顾同乡福利，发挥守望相助精神，决定组织同乡会，借以集思广益，维护共同利益。"茶阳会馆成立之初即十分重视照

---

① 《雪隆嘉应会馆史》，第45页。
② 茶阳是大埔老县城，海外大埔客家人喜欢以此为会馆的名字，以缅怀乡情。

顾贫病老弱和无依无靠的同乡，专门募集基金，设立"茶阳医社"，供同乡免费留医疗养之用，直到1961年该医社停止医疗服务，改为殡仪馆。会馆还十分重视同乡的善后，于1963年购置10多亩土地，充作义山，并在旁边建成一间神宇，称为"茶阳义山祠"。进入20世纪60年代之后，茶阳会馆将助学、奖学和弘扬传统文化视为己任，投入大量的人力、物力和财力。于1967年开始设立奖学金，以鼓励大埔同乡后人求学上进。在1967—1997年共30年的时间里，获得奖助学金资助者共有2,292人，共发出奖助学金135,580林吉特（马币）。

从上述三个客家会馆的历史脉络及其活动轨迹可以看出，在方言、亲缘、血缘、族缘和地缘基础上建立起来的客家会馆在弘扬客家文化、保持和坚守客家特性方面曾经发挥过如下几个方面的作用：

1）通过办学、兴学和助学，提升客家族群整体的文化水平和综合素养。

2）通过庆祝华人传统节日、祭祀等活动，增强本族群的凝聚力和向心力。

3）通过设立医院救助病人，设立慈善机构和筹集善款资助公益事业，及开展一系列的敬老与救助困苦民众等活动，弘扬客家精神。

进入20世纪90年代末期之后，与马来西亚其他方言群会馆一样，客属会馆也面临许多新挑战，其中最大困扰是会馆对年轻一代缺乏吸引力，越来越少年轻人参与会馆的活动，会馆后继乏人，导致会馆事务陷于停顿。"如何面对20世纪90年代的挑战，如何突破前人设下的框框，为会馆、为华裔的下一代提供更有吸引力、创造力的会馆新形象，应该是时下会馆所面临最大挑战。"[1] 笔者认为，在全球化、区域化、本土化和都市化的冲击下，类似客家会馆这样的传统华人社团面临衰落，是一个不可避免的趋势。总的而言，会馆等传统华人社团和组织是农业社会信息不发达、社会组织不完善的产物，

---

[1]《雪隆嘉应会馆史》编委会：《雪隆嘉应会馆史》，载《雪隆嘉应会馆87周年纪念特刊》，雪隆嘉应会馆，1989，第47页。

在新的社会历史条件下,会馆等传统华人社团只能沦落成为华人社会老一辈怀旧和回忆的工具。笔者走访过世界各地的类似会馆那样的传统华人社团,从中发现,这些组织只有老人还在参与各种活动,年轻一代既没有时间,也没有兴趣参与。笔者做过调查,曾经在20世纪60—80年代颇为盛行的各会馆青年部,在进入21世纪初期之后均已经不再设立,或者有名无实,完全停止活动。这也从一个侧面表明,华人会馆正在趋向衰落,没有青年人参与的社团组织,是注定没有前途的。

四、具有客家特色的宗教信仰

海外华人的宗教信仰在传统文化传承方面扮演独特的角色。与中国本土不同,马来西亚华人的宗教信仰既有历史的传承,也有在海外新的环境下的扬弃和适应。华人从中国本土迁徙到马来西亚这块土地上,依赖自己的信仰和各种方言群基础上建立起来的组织,在一块原本陌生的土地上生存、拼搏与发展,并且与当地民族一道共同奋斗,建立了一个崭新的国家——马来西亚。马来西亚华人历史学者骆静山指出:"在大马华人从中国本土带来的文化中,宗教可以说是得天独厚的;它的活动很少受到扰,它的结社比较容易获得批准。此外,作为一种号召社群的工具,它也是最容易被掌握的。因此,当中国本土的宗教被持续不断的'文化改革运动'所摧折的时候,本邦华裔固有的宗教信仰依然在华人的社会生活当中扮演着重要的角色。华人的帮派主义、封建思想、保守观念和权力结构,尤其是几乎支配整个19世纪马华社会的秘密会社,都和他们对祖宗或精灵的崇拜有密切的关系。本邦历史悠久的华人社团绝大部分都是从义冢、宗祠或神宫等宗教性结社演变而来的。可见研究马华的历史,我们不能忽略广大华裔群众的宗教生活,以及这种生活在华人的社会发展过程中所起的作用。"[①] 马来西亚1970年的人口普查资料显示,在西马地区华人中,佛教徒占78.9%,回教徒占0.2%,印度教徒占

---

① [马来西亚]林水檺、骆静山合编《马来西亚华人史》,马来西亚留台校友会联合总会,1984,第409页。

0.1%，基督教徒占 3.5%，其他信仰者占 12.4%，没有信仰者占 4.9%。1970年之后，马来西亚的人口普查中没有再列出华人宗教信仰一项，但据笔者估计，华人宗教信仰的情况迄今为止应该不会有太大的变化。

许多研究客家人的学者都会对客家人特有的宗教信仰进行研究，他们认为，这些客家人特有的宗教信仰对塑造客家认同和弘扬客家文化发挥着重要作用。对马来西亚客家信仰研究最多且最有特色的当属马来西亚本土学者王琛发，他在这方面的研究不仅比较深入，且以田野调查为基础，通过对客家人的墓葬、坟山、村落和神庙的调查，对客家人的宗教信仰进行了比较全面和深入的分析。王琛发在这方面比较有代表性的著作包括《马来西亚客家人的宗教信仰与实践》（马来西亚客家公会联合会出版，吉隆坡，2006 年），《马来西亚客家人本土信仰》（马来西亚客家公会联合会出版，吉隆坡，2007年）。台湾一些研究客家人的学者在研究新马客家人的同时，也对该地区的客家人宗教信仰进行了综合考察，他们在这方面的代表作有徐雨村主编的《族群迁移与宗教转化》（台湾清华大学人文社会学院出版，2012 年）、萧新煌主编的《东南亚客家的变貌：新加坡与马来西亚》（2011 年）。此外，中国大陆的一些客家研究学者也涉及这方面的研究，例如，嘉应学院客家研究院的周云水、深圳大学客家研究会的刘丽川等学者。刘丽川曾经发表题为《大陆客民信仰与大马客民信仰之异同》一文（载马来西亚新纪元学院主办《马来西亚人文与社会科学学报》2013 年第 2 期），对两地客家人的宗教信仰进行了比较研究，是大陆学者专门研究海外客家人宗教信仰的一篇专论。暨南大学华侨华人研究院的石沧金教授专门研究马来西亚华人民间信仰，曾经发表过许多这方面的论文和出版过专著，但对客家人的宗教信仰甚少涉及。大陆学者对这方面的研究比较少，原因可能是大陆学者缺乏对东南亚本地的生活积累。以前主要是缺少经费，大陆学者要到东南亚各国从事田野调查是一件很困难的事情，需要克服重重困难，尤其是经费的困难，现在经费多了，但是，年轻的学者又不愿意去做深入细致甚至是非常艰辛的田野调查，不愿意深入到东南亚国家的民间和乡村去做细致的接触民众的工作。

第八章　马来西亚客家人的社会变迁与文化认同　　387

　　马来西亚客家人的宗教信仰是十分复杂的问题，各个地区的情况千差万别。西马与东马的情况完全不同，东马两个州也有很大的差别。西马各个地方因为各种原因，客家人的宗教信仰也呈现十分复杂的状态，甚至在同一个客家人家庭里面，也存在多元化的情况。老一辈的华人可能信仰从中国原乡带到马来西亚的民间信仰，在马来西亚出生和成长的第二代、第三代可能信仰在马来西亚本土发展起来的宗教信仰，而第三代之后的客家人，尤其是在海外受过高等教育的年轻一代，却极有可能信仰西方的基督教。这就是当前马来西亚客家人宗教信仰的现状。

　　关于马来西亚客家人宗教信仰的类型，王琛发将其分成如下五类：① 马来西亚客家人从原乡移植到本土的乡土信仰；② 马来西业客家人的本土神明；③ 流传马来西亚的客家道教流派；④ 马来西亚客家社区流传的观音信仰；⑤ 基督教在马来西亚客家地区流行的教派。笔者认为，王琛发的上述分类有一定的道理，但是，有些显然是重复的，也过于繁琐。如第三类，把道教单独立分出来，显然不太准确，华人历来不重视儒释道三者的区别，在中国人的寺庙里，历来总是把各种各样的神明都放到一起供奉和崇拜，这可能与中国人的宗教观和精神生活有关。在中国人看来，实用主义才是真正有用的神，有用就是真理，他们对宗教信仰的要求，一句话，就是要"灵"，要能够有用，至于是什么神、哪种教，都不重要。毋庸置疑，海外华人移民到了海外之后，也把这种宗教观和实用主义的精神生活带到了海外，并且把它发扬光大。根据各类信仰的来源和发展特色以及本土化的程度，笔者主张把马来西业客家人的宗教信仰简单地划分为如下三大类：

　　1. 从祖籍地（原乡）移植到本地的乡土信仰

　　这些乡土信仰在中国由于历经各种革命和运动的冲击，几乎绝迹或者荡然无存，但在马来西亚或其他东南亚国家被保存下来，甚至得到发扬光大，这是非常具有讽刺意味的。现在中国需要这些传统文化，自己却又没有了，还得到东南亚国家的华人社区里去寻找。我们要好好感谢东南亚的华人，是他们替中国人保存了这些东西，现在应该让它们回家了。据笔者的考察和研究，迄今为止，马来西亚客家人从祖籍地移植到住在国的乡土信仰一直保存得比较完整，成为我们了解中国南方民间宗教信仰的一个重要基地，如果没有马来西亚及其他东南亚国家的华人帮我们保存这些东西，那中国的学者要了解和研究这些东西，就很困难了。王琛发认为，马来西亚客家人这类乡土信仰主要有如下几种：

（1）三山国王信仰

发源于中国广东揭西一带，该县河婆的霖田祖庙（建于隋朝）被认为是此信仰的最初发源地。这里是客家人和潮州人杂居的地方，因此，三山国王信仰也成为两个方言群的共同信仰。东马的沙捞越和西马的雪兰莪及吉隆坡一带的客家人都信仰此神。王琛发指出，最初是迁徙到马来西亚的河婆客家人信仰此神，后来影响到其他方言群的华人，"这一信仰在19世纪末已经传播到非客属人的圈子，受到全体华人普遍的信奉"[①]。另据新加坡国立大学李秀萍博士的调查，马来半岛最早的一间三山国王庙，是在马六甲爱极乐新村的飞阳宫，该庙创设的时间不晚于1880年。该庙宇前厅奉祀三尊三山国王神像。其次是霹雳州太平的粤东古庙，位于甘文丁的新港门，每年的农历十一月二十五日为三王爷的神诞日。马来西亚沙捞越州也是有较多河婆客家人聚居的地方，他们一般也奉祀三山国王。位于该州石隆门帽山的三山国王古庙约建于1896年，庙中供奉有三山国王与城岳公王牌位。据傅吾康等人早期的调查，到20世纪90年代，马来亚约有16间三山国王庙，但李秀萍根据其调查得出的结论，到目前为止，在马来西亚的三山国王庙宇远远不止这个数目，起码有25间之多。李秀萍认为，"三山国王信仰的象征意义是扮演保护神的角色，在拓殖时期，神明往往成为移民的心灵寄托。这是因为他们的人身安全在各社群械斗、冲突频繁的环境下难以保障，所以转而求神灵的庇佑。出于这种心理，来到新马的粤籍先民非常需要心理安慰，祈求神明显灵，在与

---

① ［马来西亚］王琛发：《马来西亚客家人的宗教信仰与实践》，马来西亚客家公会联合会，2006，第5页。

统治者斗争的过程中显现其具有防御的功能。这些都是拓殖时期先民心理需求的反映。"①

（2）谭公庙

该庙宇供奉的主神是"紫宵真人"——谭峭。源于中国广东惠州地区②。古代惠州一带，尤其是增城等地普遍信奉此神。惠州一带的客家人迁徙到马来西亚之后，也把谭公庙建到了马来西亚各地，分布如下：东马的沙巴州山打根、吉隆坡增江南区、增江北区，森美兰的芙蓉市，槟城亚依淡以及罗浮山区、威省的大山脚等地。

（3）观音信仰

观音是观世音的俗称，又叫观自在、观音大士，是佛教菩萨之一，佛教徒认为是救苦救难之神。源自广东梅州地区各县。在广东梅州各地，信徒们单独将观音菩萨作为供奉对象，单独为观音菩萨建立寺庙，这种寺庙叫观音寺或观音庙。笔者家乡的村子里原来也有一个专门供奉观音的寺庙，后来被改建为学校。观音信仰在马来西亚各地的流传，主要是原来的嘉应五属的客家人移民到马来西亚各地之后，将观音信仰带到本地来传播与崇拜，并且发展为具有马来西亚本土特色的一种客家民间信仰。在马来西亚乡村地区居住的客家人村落（包括华人新村），一般都会建水月宫，而宫里一定会供奉观音。王琛发认为，早在200多年前，观音就被南来的客家人带到当地，成为客家先民的精神支柱。"在佛教方面，我们可以发现到各地崇祀观音之寺庙，都包括了客属人的捐款与积极参与。尤其全马各地区都出现水月宫观音崇祀，更不是偶然的现象，水月观音极可能是客属人在开拓矿区的时代引进的。这是佛教的菩萨，又被先民视为乡土神兼保护神。"③ 王琛发指出，马来西亚客

---

① 李秀萍：《粤东移民与新马的三山国王信仰》，载肖文评、冷剑波主编《海洋客家与梅州华侨华人研究》，暨南大学出版社，2022，第117页。

② 海外华人在谈到祖籍地时，一般都沿用旧的行政区域概念，即民国时期或清朝时期，甚至是明朝时期的行政区域概念。新中国成立以前的惠州包括了现在的惠州市、河源市及东莞、宝安（现为深圳的一部分）、增城（现为广州市的一个区）、海丰县、陆丰县（现为汕尾市）等地。

③ 王琛发：《马来西亚客家人的宗教信仰与实践》，马来西亚客家公会联合会，2006，第99页。

家人士把在中国原乡的小规模的民间信仰移植到马来西亚之后发扬光大,发展成为较大规模的佛教寺院,这是马来西亚客家人的一个重大贡献。"说到客属人士对观音信仰和佛教的重大贡献,理应是20世纪才显得重要和显著。北马客属先贤张弼士等人倡议扩建,被当地人俗称为'撞钟观音'的鹤山大士堂,它成为后来东南亚最大的佛寺——极乐寺。他们支持来自福州的妙莲禅师任'钦命方丈',建立东南亚第一所正规的佛寺。""极乐寺能够建寺成功,和当时出钱出力倡导闽粤人捐助的客家领袖有相当直接的关系。其中一个重要原因,也当然是他们信佛拜观音。"①

此外,还有何仙姑(主要是增城客家人的信仰)、重阳帝君(主要是增城和博罗客家人信仰)、感天大帝(各地客家人均信奉)、玄天上帝(主要是惠州客家人信奉)、关公(各地客家人均信奉)、仙人叔婆(广东梅县客家人信奉)等诸神。

2. 在本土创设的本地化神明(台湾等地又叫"在地化")

这类神明主要有仙四师爷、大伯公、拿督公等。这类神明虽然与中国本土仍然有渊源,但是已经被马来西亚客家人进行了加工和打造,完全成为马来西亚本地客家人的供奉对象。例如,仙四师爷与仙四师爷庙,该庙成立于1864年9月26日,最早供奉的是一个叫盛明利的仙师爷(芙蓉华人首领,矿主)。后来,建立该庙宇的吉隆坡华人领袖叶亚来及其他华人首领叶致英、叶观盛、陈秀莲、赵煜、陈佑等人也成为供奉的对象。据记载,叶亚来是该庙宇的首创人,"为了纪念仙师爷、四师爷之英勇事迹,让后人景仰,同时也为了在当时的环境之中让华裔能够有一个固定的集会场所,叶亚来先贤献地,建立了本庙。叶公亚来不但是开发吉隆坡之先驱,对本庙来说也是创立之功臣,同时,他更是华人团结之精神象征。""吉隆坡仙四师爷庙,为吉隆坡最老之庙宇,凡到过吉隆坡游览者,鲜有不到仙四师爷庙去瞻仰一趟。它是一般市民信仰之对象,华人血汗的结晶,奋斗的记功碑。其建立的过程,交织

---

① [马来西亚]王琛发:《马来西亚客家人的宗教信仰与实践》,第104—105页。

着可歌可泣的史绩。"① 除了吉隆坡之外，目前在马来西亚其他地区如马六甲、芙蓉、文冬等地也设有此庙，一共有12家。设立此庙的地方，多为华人当年开矿之处。可见，这些庙宇及其所供奉的神与华人当年在马来西亚各地的立足与发展密切相关。这些被供奉的神，生前均为华人社会中的著名人物和领袖，他们在生前为华人社会作出过重大贡献，死后便转化为神，成为华人崇拜的对象。

在第二类信仰中，最具有本土特色的当属大伯公信仰。虽然大伯公信仰源自广东梅州、河源等地客家人的土地公神明，但马来西亚客家人根据自身的需要，把它打造一番，使之成为普遍流行于马来西亚各地的客家人信仰。在东马的沙捞越州，大伯公信仰甚至发展成为各方言群华人的共同信仰。

大伯公是谁，是不是客家人专门祀奉的神？它是怎样流传到东南亚的？这些问题在学者之间有广泛的争论。骆静山指出，这个在大地上无所不在的神灵，马来西亚华人所熟悉的名称有"福德正神""大伯公""本头公""土地公""本宅土地"等。但骆静山经过考证认为，福建人和广府人也信仰"大伯公"，只是在时间上比客家人稍微晚一些。"1847年闽南人在槟榔屿创立的'建德堂'便是以膜拜大伯公为纽带的一个从事械斗的秘密会社，它被一般人称为'大伯公会'，会内设有炉主，负责埋葬及祭祀无亲无故的成员。当时漳泉的豪族借着'大伯公'的威灵去号令福建人，以便和受广东人支配、以关帝庙为主要守护神的义兴公司对抗。到1890年当局开始取缔私会党以后，漳泉人的领袖还组织了'宝福社'，来照顾建德堂所奉祀的'大伯公'。每逢农历正月十五日，本头公巷的宝福社都抬着大伯公的神座到海珠屿大伯公庙去请香火，每三年还举行一次神辇花车燃灯游行，近年参加流行的各街区崇祀土地神组织多达二十多个单位，流行队伍所经之处，万人空巷，极一时之盛。"②

---

① 《吉隆坡仙四师爷庙庆祝125周年纪念特刊（1846—1989年）》，1989，第31、73页。
② ［马来西亚］林水檺、骆静山合编《马来西亚华人史》，马来西亚留台校友会联合总会，1984，第416—417页。

马来西亚华人历史学家陈爱梅经过考证认为,槟城海珠屿五属大伯公庙供奉的大伯公,原属各方言群华人共同的信仰,但后来被一些客家领袖和学者建构成为客家人专门的信仰,"客籍文人邝国祥是重要推手"①。陈爱梅还对槟城美湖村华人的大伯公信仰进行了考证,该村村民中客家人只占18%,但该村村民都信奉大伯公。"在71户家庭中,有3户家庭中的神龛上没有供奉神明,除了天主教家庭外,另外2户家庭的神龛上供奉的是祖先牌位。在68户家中所供奉的神明中,大伯公是最受欢迎的,接下来是观音和关公。村民认为,大伯公可以求财,所以在家中供奉大伯公。美湖虽然靠海,但被誉为海上保护神的妈祖受欢迎程度并不如大伯公、观音和关公。"②陈爱梅据此得出结论说:"各籍贯的家庭皆有供奉大伯公,所以大伯公是属于跨越籍贯的信仰。""在马来西亚,大伯公并不能与客家画上等号"。③

笔者的一位马来西亚朋友郑永美先生曾经专门撰写文章进行考证,他在《大伯公考》一文中写道:"有关大伯公的争论,众说纷纭,莫衷一是。惟可归纳为纯神说、人神说两大类。纯神说又有伯公、土地公、福德正神、土地龙神、并肩战斗门口土地财神、五方五土龙神、虎神、后土神、社神、大土地神等说法;人神说亦可分成地神(张理、丘兆进、马福春)、本头公(白本头、燕子浪青)、水神(番舶主都纲、都公、拿公、托公、大舶公)、财神(赵玄坛)、过番神(吴太伯、吴仲雍)、开山治水神(伯益)、先锋神(罗芳伯)。"笔者比较赞同巴素(Victor Purcel)在《东南亚华侨史》一书中的说法,即大伯公不过是华侨先驱的象征,并不像三宝公的确指证为谁,所以无法寻根问底。

在马来西亚早期的华人社会,大伯公最初可能是客家人的专属信仰,但后来随着华人社会的日益趋同,大伯公也就慢慢地发展成为各个方言群均尊

---

① [马来西亚]陈爱梅:《客家的建构和想象——以马来西亚槟城大伯公信仰和海陆丰社群为例》,载《华侨华人文献学刊》第4辑,社会科学文献出版社,2017,第141页。

② 同上。

③ 前揭书,第143-144页。

奉和崇拜的一个神明。这一点可以从大伯公庙最早在马来西亚客家人聚居的地方建立和信奉得到证明。据马来西亚华人陈亚才考证，马来半岛最早成立的大伯公庙是槟城海珠屿大伯公庙，一说创建于1792年，有的则说是1799年。该大伯公庙是由惠州、嘉应、大埔、永定以及增城五属客家人的代表共同管理的，1810年该庙在槟城中心的大伯公街兴建大伯公分祠。[1]骆静山认为，大约是在公元1810年，客家人在槟城市中心的大伯公街建立福德祠，它成为清朝末年客家五属的活动中心。每年二月十五日，客家人都恭送这里的福德正神驾往海珠屿正庙，隔天便在那里庆祝大伯公诞辰，到二月十七日上午再迎接福德正神尊神驾返市区的分祠。

在沙捞越，虽然大伯公庙几乎在每一个华人聚居的地方都有兴建，且成为各方言群华人的共同信仰，但是，最早建立大伯公庙的地方应该是客家人聚居的一些村落或市镇。以古晋廿四哩大富村水口伯公庙为例，史料记载，"百年之前，老晋连路廿四哩已有华裔先民在此耕作，当时的客家籍先民，从印度尼西亚经斯里阿曼省的英吉利来到这里。其中有一位名叫王佳的人，带着大伯公的香火，随众迁居到此，寄宿在亲戚钟德裕的家里并设坛，于业余时间邀请水口伯公到来扶乩，为地方上的民众驱邪治病。王佳所主持的神坛，渐渐成了周围民众的信仰中心，他为了方便各界信众，便在旧的廿四哩中华公学左畔，双溪西林的河边盖了间小神庙，开放予民众们上香。40年代时，廿四哩罗邦镇已盖有18间的店屋，在经风水师勘察风水后，在当地店屋背后的'邦山'，盖了间小神庙，将水口伯公的神像和香炉，迁移到现址。长期以来，每逢农历的初一、十五，便有络绎不绝的信众到来上香。由于庙堂狭窄，经常还出现要排队轮候进庙上香的场面，而就算在平常时候，也时有外

---

[1] ［马来西亚］蔡宗贤编《神缘：沙捞越大伯公资料汇编》，诗巫永安亭大伯公庙理事会，2010，第167页。

地的善信到附近居民问路，打听水口伯公庙的所在。"① 除了上述水口伯公庙之外，沙捞越另外一些比较早（19 世纪中期）建立的大伯公庙，如古晋寿山亭大伯公庙、石隆门水口伯公庙、加帛福隆亭大伯公庙等，都是由客家先民建立并崇奉的。

也有人从"大伯公"字面进行考证，认为"伯公"一词来自客家话。一般而言，客家人对长辈，尤其是年长且德行高尚的人尊称为"伯公"，"大伯公"中的"大"则源自原来语"Datoh"，即神的意思。在马来人看来，华人的神庙都叫"大伯公"。徐雨村指出："在早期华人与马来人的接触过程中，大伯公（Tua Peha 或 Tokong）这个字，就像是粿（kueh）与面（mee）一样，成为马来人的乡土语言。大伯公成为对华人庙宇的统称。如果对诗巫的马来人说大伯公，必须说清楚是巴刹旁边这一座庙宇，他们才会知道你所指的永安亭，因为他们同样把诗巫佛教会、玉成山天恩寺称为大伯公。在语言上，这也显示大伯公庙在南洋的先驱地位，马来人首先认识的华人神庙，可能就是大伯公庙。接下来，他们就把'大伯公'当成华人神庙的统称。"②

3. 西方基督教信仰

客家人到了马来西亚之后，由于与西方基督教接触，不少人皈依了此类宗教，也有一部分客家人，如当年太平天国失败后流亡到马来西亚各地的一些客家人，他们把西方基督的信仰带到了马来西亚。最为典型的是沙巴的客家人，他们来到沙巴之前就是基督徒，基督教的巴色教会早年在香港建立了教会，后来在广东的东北部，包括龙川、和平、博罗、梅县等地传教，广泛吸收教徒，并且在这些地方建立巴色教堂，后来则在香港巴色教会的组织下有计划地向沙巴（北婆罗洲）移民。这些教徒到了沙巴之后继续扩大基督教的影响，成立巴色教会，建立教堂、学校等。在早期，教会在塑造沙巴客家

---

① ［马来西亚］蔡宗贤编《神缘：沙捞越大伯公资料汇编》，诗巫永安亭大伯公庙理事会，2010，第 43 页。

② ［马来西亚］蔡宗贤编《神缘：沙捞越大伯公资料汇编》，诗巫永安亭大伯公庙理事会，2010，第 173 页。

人的族群认同方面发挥了极为重要的作用。随着这些客家移民在沙巴的发展壮大，基督教的影响也逐步扩大，成为影响沙巴客家人的一个重要宗教信仰。据黄子坚的研究，在20世纪初期，巴色教会在沙巴客家人定居的地区取得了长足发展，该教会通过办学、办教会医院、建立教堂、以客家话传教等方式，逐渐成为支配该地区客家人的重要精神支柱。"1890年至1920年的30年间，是沙巴发展基督教会的重要时期，随之而来的是英语教育的开展。"[1]而英语教育在客家人中的开展又使客家人在沙巴的政府机构和商业活动中占有优势的地位，使客家人从原来的以农业为主的一个社群迅速向公务员和工商业转变，导致这种转变的主要原因，是巴色教会在其中扮演了重要的角色。"有这样特别的发展，要归因于巴色教会在沙巴客家人面貌的转变上扮演着极为重要的角色。这个以农业为本的社群从19世纪80年代到达沙巴开始，到20世纪初，透过接受英语教育上升至白领阶级，同时也代表往后的世代会逐渐脱离农村并迁进都市，当此现象继续，专业的客家人士同时也代表着客家乡村人口的流失。随着这样的现象持续发展，接受英语教育的客家人会不断增加，专业阶级的客家人越来越多，也表示乡村人口的下降，最终以农业为主的经济模式将被丢弃，客家人向来以小农名声的自豪也将告终结。这样的发展也意味着客家认同已经开始在受英语教育的客家人中衰败。"[2]进入20世纪中期之后，随着巴色教会在非客家人华人族群社会的发展，巴色教会教徒已经发展到各个方言群体，它在塑造客家认同方面的作用日渐削弱。

据王琛发的研究，基督教在西马地区的客家人信仰中也占有很重要的地位。"我们可以发现，槟城拥有超过三千教友的浮罗山背耶稣圣堂，迄今是客语教会。"此外，基督教的圣公会、弟兄会（福音堂）等教派在马来半岛的客家人社区中也有广泛的活动，它们在塑造客家认同方面也扮演了重要的角色。

---

[1] ［马来西亚］黄子坚:《马来西亚基督教会巴色会与沙巴的客家族群》，载萧新煌主编《东南亚客家变貌：新加坡与马来西亚》，2011，第387页。

[2] 同上。

"我们知道基督教的宗派和组织众多,而且神学和教义立场也各有分歧,甚至也有些组织被其他宗派视为异端。但是,从理论上来说,不论一个基督教的宗派或组织是否像巴色教会那样首先想到要建立以客家话为主要媒介语言的地区教会,只要他们进入的社区是一个以客家话为主流的地方,他们就不能不和客家文化对话。"然而,王琛发也认为,虽然这些来自西方的基督教各个教派在一定程度上有助于塑造客家认同,但是,当这些基督教派在开启了客家民智,引导他们认识外部世界之后,却又削弱了客家文化和客家认同,"因此,客家人以至全体华人通过教会和教会学校打开了看世界的窗口,是有好处,却也不能避免其中一部分人在不同程度上流失了文化认同。"[①]

毋庸置疑,宗教信仰在弘扬客家文化和塑造客家认同方面的确可能发挥积极的作用,正如王琛发所说的"有了信仰,才能坚持"。"华人宗教活动在南洋往往被利用作为社群团结的象征。每一个人祈求经济充裕时也会祈求个人平安与地区安宁,在同时间,神明又是同一来源的族群民众共同信仰的对象。"[②]宗教信仰已经成为马来西亚客家人经济社会和精神生活的一部分,是祖祖辈辈客家人在马来西亚艰辛开拓和发展的历史见证。伴随着都市化和现代化及人口的再次迁徙,以单一方言群定居的居住模式逐渐被城市中的多元社会混合居住模式所取代,客家方言群与其他方言群之间的广泛接触,导致以方言为基础的客家宗教信仰与其他方言群的宗教信仰之间出现了趋同。那些原本只是盛行于客家人之间的信仰,时至今日,已因为其他方言群众的逐步接受和加入,成为大马华社民间信仰的一部分。几乎所有原来由客家人从本土带来的神明及宗教派系,以及客家人在马来西亚发展起来的神明信仰,都已经在其他方言群中广为传播,跨越了各个方言群的障碍,成为华人(华族)的共同信仰。这种趋同现象不仅表现在宗教信仰方面,同时也发生在华人经济、社会和文化教育等领域。

---

① [马来西亚]王琛发:《马来西亚客家人的宗教信仰与实践》,马来西亚客家公会联合会,2006,第127页。

② 前揭书,第1页。

五、客家话的流行和使用情况

一般认为，客家话既是衡量一个客家人是否具有客家认同和客家特性的重要标志，同时也是塑造客家认同和客家特性的重要工具。客家话本身被认为是客家文化传统和客家特性的一个重要组成部分，同时也是其他客家传统和客家特性的重要载体。如果一个客家人或客家人后裔，连客家话都不会说，他一般不会被认为还是客家人，或者他会受到客家社群的歧视，他的客家身份也会大打折扣。在客家人看来，一个客家后裔不会说客家话是非常严重的事情，会被认为是背主忘宗的"反骨仔"，他的长辈也会受到批评，被认为没有教育好自己的子女延续客家人的文化传统。

由于笔者近年来没有直接到马来西亚进行过较为深入的田野调查，在这里只能援引相关学者的田野调查资料，透过这些田野调查资料，我们可以从中了解马来西亚客家人使用客家话的情况。其中一份资料来自台湾学者林开忠[①]。林开忠对沙巴丹南与沙捞越石山的客家人进行大量详细的田野调查，主要是研究这两个地区的客家人的家庭与日常生活，其中涉及客家话的使用情况，他对这两个地区的客家人在各种场合使用客家话的情况进行问卷调查，相关数据和结果应该是比较可靠和可信的。另一份田野调查资料来自马来西亚本地的华人学者洪丽芬[②]，她在撰写博士论文的过程中，对马来西亚吉隆坡和槟城各个华人方言群的方言使用情况进行了问卷调查，获得大量第一手资料，在此基础上对吉隆坡和槟城各个方言群华人的社会文化背景和语言环境进行了比较深入的研究。这些问卷调查资料非常宝贵，为我们了解马来西亚吉隆坡和槟城地区各个华人方言群使用方言的情况及其影响提供了比较直接的信息。前一份资料的调查对象是农村地区的客家人，后一份资料的调查对象是都市地区的客家人，正好形成一种比较，有一定的代表性和典型意义。

[①] 林开忠，台湾暨南大学东南亚研究所所长兼副教授。
[②] 洪丽芬，马来西亚人，厦门大学专门史专业博士，2006年毕业，现为马来西来博特拉大学现代语言暨传播学院外文系副教授。

丹南县，位于沙巴州西部。19世纪90年代，客家人戴发前来参与修建丹南铁路。戴发发现这里土地肥沃，适宜耕种，便在铁路竣工通车后留下来定居，开荒种地，成为该村客家先民中最早的拓荒者。1900—1930年间，由于铁路的开通和当地殖民政府的鼓励，大批客家人至此定居和参与拓荒；太平洋战争期间，又有一批客家人到此避难；20世纪50年代，再有一批客家人先后加入，参与开发并且在此定居。到2007年，丹南全县总人口有54,900人，其中华人4,300人，约占7.8%，而在华人人口中，客家人占了80%~90%。[1] 这里的客家先民多来自广东省五华、龙川一带，早期以务农为主，从20世纪30年代起，开始向工商业发展，进入60年代以后，大多数客家人都不再从事农业活动，而是转向经营杂货、餐馆，以及与农产品加工有关的各种加工业和商业活动。

林开忠曾经对丹南崇正中学的59位客家籍学生家长进行问卷调查。他对调查结果进行分析后得出结论说，石山镇位于沙捞越美里的西南部，距美里约112千米，早在20世纪20年代，便有大量的河婆客家人（主要来自广东省的揭阳、大埔一带）到此地开荒种地和定居，早期至此的客家先民以种植业为主，包括种植胡椒、树胶等。据该村村长说，石山镇目前有3,000多人，其中河婆客家人占了约76%，还有小部分为广宁客家人。

丹南与石山这两地的客家人聚落，都以讲客家话为主。在家庭生活中，客家话均为主要的沟通语言，在以客家人为主的社交活动中，客家话也是主要的沟通工具。在石山镇的一些咖啡店里，来喝咖啡的大都是男性客家人，聊天的语言都是客家话。"在家里甚至于社区内，主要的沟通语言为客家话。"[2] 在丹南县的客家社区，客家话是占有优势的沟通语言。一位叫YCY的访谈者说："我跟父母都用客家话沟通，至于跟兄弟姐妹、朋友、邻居及在菜市场大多数使用客家话来沟通，在家里和子女也几乎用客家话沟通，除了最

---

[1] 林开忠：《日常生活中的客家之家庭：沙捞越石山与沙巴丹南客家家庭与日常生活》，载萧新煌主编《东南亚客家的变貌：新加坡与马来西亚》，2011，第410页。

[2] 前揭书，第426页。

小的孩子，可能还处于学习阶段，所以我跟这孩子说话就会自动转换为华语。在工作场合里，由于五金行的顾客大多数为马来人，故以马来语为主要的沟通工具，客家话在这样的场合只占了30%~40%。""作为优势沟通语的客家话，在丹南社区，不只客家人使用，即便是非客家籍的其他华人方言群也将它视为共通语言。例如，我们的访谈者HYX先生，他的祖父来自福建湄洲蒲田，也就是所谓的兴化籍人。虽然父母都是兴化人，可以说是自己是纯正的兴化人，但太太是客家人，加上镇上只有自己一家兴化人，被客家人默默包围，使得他的客家话讲得很溜，不认识他的人都以为他是客家人。"[1]

受访者的客家意识非常强烈。"受访者中，50位（84.7%）回答最常使用的沟通语言为客家话，且以龙川客家话为主；另外有4人（8.5%）为河婆客家人，所以最常使用的客家话为河婆话。有八成以上的受访者认为自己的客家话程度很流利或流利，认为普通者只有一成多。"[2] 林开忠在对上述问卷进行综合分析的基础上制作了如下一份图表（表8-1），反映该地客家人在各种社会交往和家庭生活中使用客家话的情况。

表8-1 客家话在各种场合使用客家话各概率的人数

场合	客家话使用各概率的人数				
	90%~100%	70%~80%	50%~60%	20%~40%	0~10%
亲戚	30（50.8%）	20（33.9%）	5（8.5%）	3（5.1%）	0
父亲	50（84.7%）	7（11.9%）	1（1.7%）	0	0
母亲	46（77.9%）	8（13.6%）	0	2（3.4%）	2（3.4%）
兄弟姐妹	34（57.6%）	12（20.3%）	4（6.8%）	5（8.5%）	3（5.1%）
朋友	9（15.3%）	39（66.1%）	6（10.2%）	3（5.1%）	1（1.7%）

---

[1] 林开忠：《日常生活中的客家之家庭：沙捞越石山与沙巴丹南客家家庭与日常生活》，第428页。
[2] 前揭书，第429页。

续表

场合	客家话使用各概率的人数				
	90%~100%	70%~80%	50%~60%	20%~40%	0~10%
邻居	15（25.4%）	13（22.0%）	22（37.3%）	1（1.7%）	7（11.9%）
工作场所	11（18.6%）	22（37.3%）	21（35.6%）	2（3.4%）	2（3.4%）
菜市场	10（16.9%）	36（61.0%）	9（15.3%）	1（1.7%）	2（3.4%）

资料来源：作者对崇正中学学生家长的调查，载萧新煌主编《东南亚客家的变貌：新加坡与马来西亚》，2011，第429页。

从表8-1可以看出，丹南客家人在家庭生活中主要以讲客家话为主，尤其是在与父亲交谈时，90%~100%说客家话的人占比高达84.7%，与母亲交谈时使用客家话的比例略低一些，这也说明，客家父母有可能出现与其他方言群或他族通婚的情况。与朋友交往时，90%~100%使用客家话的比例最低，仅占15.3%，这也从另一个方面说明，年轻一代客家人交朋友的圈子，已经不像老一辈那样仅限于本方言群，而是比较多元化的。"无论如何，这说明了客家话的使用在家里与社区中的普遍性。"[1]

让我们再来看看吉隆坡和槟城客家人使用客家话的情况。

马来西亚华人学者洪丽芬在攻读博士期间，为了撰写博士论文，对马来西亚吉隆坡和槟城两地的华人进行了大量的田野调查、实证考察和问卷调查。据其博士论文披露，她的问卷调查对象一共有285户华人家庭和855位华人，其中吉隆坡地区有205户华人家庭和615位华人，槟城有80户华人家庭和240位华人。此外，她还对60位华人进行了访谈，其中吉隆坡地区有11户不同教育和家庭背景，老、中、青三代，一共33人；槟城有9户不同教育和家庭背景，老、中、青三代，一共27人。

---

[1] 林开忠：《日常生活中的客家之家庭：沙捞越石山与沙巴丹南客家家庭与日常生活》，第430页。

第八章　马来西亚客家人的社会变迁与文化认同　　401

　　据洪丽芬的调查，在吉隆坡和槟城，客家人以客家话为母语的情况比较复杂，且在不同的世代间亦有较大的差距。"只有82%的客家祖辈声称他们的母语是客家话，而且这当中14%祖辈的母语还包括了广东话。以客家话为单一母语的子辈只占54%，三代的母语都只是客家话的家庭只占20%。子辈和孙辈的母语都不是客家话的客家家庭却也占19%。和其他籍贯家庭的同辈一样，子辈和孙辈的母语倾向双语或多语化。有几种母语的子辈占29%，孙辈却多达56%。母语中包括客家话子辈还占81%，到了孙辈，已减至56%。除了24%的孙辈之外，其他客家孙辈的母语都包括华语或英语。这些数据说明了客家华人的母语也和其他籍贯的华人一样，正在发生转移现象，从单一语言过渡到双语或多语，也从方言过渡到华语或英语。"①

　　洪丽芬还对吉隆坡和槟城各个方言群的华人的语言能力进行了调查，从中发现，无论是那个方言群体，随着世代的转移，说方言的能力都在下降，到了孙辈，能说流利的方言的人越来越少，尤其以客家方言群、潮州方言群和海南方言群为甚。"祖辈曾掌握得最好的是自己籍贯的方言，对其他方言的流利程度相对低一些。""子辈们对各种语言（三语和华人方言）的能力为三代中最高，也最为平均。子辈们的英语、马来语还有华语程度都比祖辈高出许多。能够流利地运用这三种主要语言的子辈人数有70%左右。同时，子辈们对方言的掌握也与祖辈的能力差别不大，只是广东话的掌握稍微提升，潮州话和海南话的流利程度稍微下降。""孙辈们的主要三语（英、华、马）能力在三代人中最高。他们华人方言的能力又比祖辈低。他们的语言能力比较集中于三语，反映出学校教育对社会语言的影响。至于方言方面，孙辈对方言的能力明显地滑落，尤其是福建话、潮州话和海南话。在调查统计中，完全不会方言的孙辈占了6%，这和祖子两辈完全不同。祖辈不会的是现代三语中的三语，孙辈不会的是中华文化传统文化根基的方言。这情况反映了年轻一辈越来越注重三语的掌握，却忽略了方言的学习。"②

---

　　①［马来西亚］洪丽芬：《马来西亚社会变迁与当地华人语言转移现象研究——一个华裔的视角》，厦门大学博士论文，2006，第130页。

　　②前揭书，135-136页。

洪丽芬在问卷调查中设计了对各个方言群三代人中的语言能力的调查，本书仅将其中的客家语言群三代语言能力的变化情况列表（表8-2）如下：

表8-2 客家语言群三代人语言能力的变化

祖辈最流利的语言	子辈最流利的语言	孙辈最流利的语言	百分比/%
客家话	客家话	客家话	13
客家话	客家话	华语	23
客家话	客家话	英语	5
客家话	客家话	多语*	13
客家话	华语	华语	11
客家话	英语	英语	4
客家话	多语	多语	7
客家话	多语	英语	4
客家话	广东话	广东话	4
客家话	福建话	英语	1
客家话	福建话	华语	1

*多语：包括广东话、客家话、华语、英语、马来语。

资料来源：[马来西亚]洪丽芬《马来西亚社会变迁与当地华人语言转移现象研究——一个华裔的视角》，厦门大学博士论文，2006，第130页。

洪丽芬对福建语（闽南话）、广东语（广州话）和客家话三个方言群三代语言能力的变化进行了比较。据她的考察研究，三代人都还能够保持使用流利的方言的只有广东方言群占有较高的比例，达24%，客家方言群只有13%，而福建方言群最低，只有11%。"在客家家庭中，三代都保持一样的客家话能力的只有13%。祖子两代都还能说流利的客家话的还占41%。从子辈开始，客家话的能力就普遍下降，反之有18%子辈的英语能力提高，另11%的华语能力提高，而其他方言能力提高的只有6%。至于孙辈，87%的孙辈往其他语言转移，占39%的孙辈都说流利的华语，能说流利英语的孙辈也占

24%。由此可见，客家方言群在三代的时间内所发生的语言转变也很大。"①

洪丽芬对方言能否继续在吉隆坡和槟城这样的大都市生存持怀疑态度。她在论文中指出："总的来说，三代人的语言能力演变趋势是：第一代以方言最流利，第二代则扩大到华语、英语或方言都可能是最流利的语言，到第三代就向英语或华语靠拢。语言能力也标志着三代的语言行为如语言的学习、掌握和使用情况。经过一个世纪，马来西亚华人所掌握的语言已经从多种方言演变成多元社会中的主要语言，尤其是英语和华语。方言失去最流利语言的地位，也就是说，年轻一代对方言的掌握已经不如上一代。估计再过几代，甚至一两代，一些方言就会被淘汰。"②

洪丽芬对华人家庭用语的情况也进行了调查，调查结果如下。①同辈之间语言使用情况：祖同辈客家华人夫妻中使用客家话进行交流的仅占17%，子辈客家华人夫妻中使用客家话交流的比重则更低，只有5%；同辈兄弟姐妹中使用客家话交流，祖辈比例为21%，子辈比例为16%，孙辈比例为3%。②代际之间语言使用情况：客家家庭中，祖辈与子女交流时使用客家话的比例为18%，子辈中与子女交流时使用客家话的比例为7%。③祖父母与孙辈之间的交流用语：在客家家庭中，祖孙辈之间交流时使用客家话的比例为49%。马来西亚是一个多元语言社会，祖孙辈之间经常不会只使用一种语言进行交流，在客家家庭，仅有9%的祖辈只使用客家话与孙辈交流，而有28%的家庭的祖孙辈之间会使用三种或三种以上的语言进行交流。

洪丽芬在对各个方言群华人家庭用语情况进行比较分析后，得出结论说："总的趋势是方言使用的减少。"多元语言教育和社会流动趋势加速是造成这种状况的主要因素，此外，三代同堂家庭的减少和核心家庭的增加，及华语和英语的社会价值与经济地位的提升，也加剧了方言使用减少的趋势。"在三代用语上，一代比一代更广泛使用的是华语和英语。方言已经成为'其中一

---

① [马来西亚]洪丽芬：《马来西亚社会变迁与当地华人语言转移现象研究——一个华裔的视角》，第138页。

② 前揭书，第138页。

种家庭用语',而不是'唯一重要的家庭用语'。相反的是,不少家庭的子辈和孩子只是以华语或英语交谈,华语或英语是华人家庭'真正的主要语言'。象征社会文化基础的语言,已经从家庭用语开始变化,逐步脱离传统,而与时俱进。"①

与家庭用语情况变化相比,客家话在社会交流中使用的情况也不容乐观。马来西亚华人的社会交往有一个重要特点,那就是喜欢在本族群内交往,但是,马来西亚是一个多元种族社会,华人在平时的工作生活中不可避免地要与其他族群打交道。据洪丽芬的调查,被调查中有99.6%的人有华人朋友,有19.67%的人有马来人朋友,有10.67%的人有印度人朋友。华人在与华人朋友交往时使用的交际语言,华语的比例在提升,方言的比例在减少,且随着代间的变化,这个变化正在加速。洪丽芬在调查中还发现一个重要的特点,就是不同方言群的华人交往时,他们往往更多地会使用广东话(粤语,下同)作为交际语。"至于华人方言,除了广东话,各主要华人方言都出现使用率一代比一代减少的趋势,尤其以福建话的使用率滑跌得最多,从祖辈的41%减少到孙辈的7%。其他的方言却基于祖辈的使用率原本不高,所以减少率也不显得太大,基本上都跌至最低点,譬如已经没有孙辈使用潮州话跟朋友交际。唯广东话的使用率与其他方言不一样。使用广东话的祖辈所占比例原本不高,才9%。广东话在社会的使用率稳健上涨,有12%的子辈和19%的孙辈使用广东话,虽然这上涨的趋势可能会持续,但不会太高,我相信不会高过华语和英语的使用率。这是因为不是每个华人都会说广东话,但是每一个年轻华人都会说华语或英语。另一个值得注意的现象是马来语在华人朋友之间的使用率也在悄然增加。这是祖辈不会用来跟华族朋友交际的语言。可是,有1%的子辈和4%的孙辈使用马来语跟华族朋友交际。这反映了自认多语族群的华人之间也会出现没有共同语言的情况,如其中一方都不会说华语或

---

① [马来西亚]洪丽芬:《马来西亚社会变迁与当地华人语言转移现象研究——一个华裔的视角》,第173页。

英语，而双方又没有共同的华人方言。"①（表8-3）

表8-3 三代人与华族朋友交际用语统计（%）

	英语	马来语	华语	福建话	广东话	客家话	潮州话	海南话
祖辈	5	0	26	41	9	13	4	2
子辈	38	1	45	22	12	5	1	1
孙辈	46	4	61	7	19	2	0	0.5

资料来源：[马来西亚]洪丽芬《马来西亚社会变迁与当地华人语言转移现象研究——一个华裔的视角》，厦门大学博士论文，2006，第176页。

吉隆坡一带早期华人社会，原来是以客家人为主体。祖籍惠川的客家人叶亚来为吉隆坡的开埠立下汗马功劳，在吉隆坡一带开矿的客家人以及他们的后裔成为当地华人社会的主力，使客家话曾经一度非常盛行。但是，到了20世纪80年代之后，客家话却越来越不流行，让位于原本使用人数不多的广东话，使广东话成为吉隆坡华人社会占有重要地位的交际语言。笔者带着这个问题与许多吉隆坡的华人朋友进行交流与探讨，他们一般认为，原因有如下两个：其一，广东人在商业领域后来居上，超越了客家人和其他方言群，原来在开矿和城市发展初期占优势地位的客家人反而在经济上处于下降的地位。商界领袖出现越来越多的广东人，广东人虽然在人数上不占多数，但是，他们凭借商业上的优势，在语言方面让广东话逐步取代客家话，成为华人社会的重要的交际语言。其二，20世纪70—90年代，香港电影、电视剧、言情小说、流行歌曲等文化产品在吉隆坡风靡一时，大行其道，现在40~70岁的几代马来西亚华人，都是在这些文化产品熏陶下成长起来的，广东话自然而然也就流行起来。专门研究吉隆坡华人方言的冼伟国认为，在早期吉隆坡

---

① [马来西亚]洪丽芬：《马来西亚社会变迁与当地华人语言转移现象研究——一个华裔的视角》，第176页。

华人社会，客家人的比重高达71.3%，而广东人却只有11%，虽然广东话后来成为吉隆坡华人社会的交际用语，但是，在吉隆坡华人所讲的广东话中，却使用了很多客家话的借词，这些借词也从一个侧面反映了客家话在历史上曾经拥有的优势地位。吉隆坡式粤语与传统的粤语相比，在发音、词汇等方面均发生了很大的变化，尤其受客家话的影响最大。吉隆坡粤语变化可以概括为内部语音变化及外部运用变化。所谓内部语音，是指声调合并。吉隆坡粤语在强势客家话影响下，导致本身阳声调减少（广东省的粤方言，除了四会外，其余各地仍保留上调），而形成今日8个声调状态（阴声调3个，阳声调2个，入声调3个）。至于外部运用变化，原本以客家人为主的吉隆坡市区通行客家话，后来因广东人日益增多[①]，加上客家人长期不间断地受香港文化熏陶，起码在19世纪40年代英殖民时期，吉隆坡粤语已由"粤人自用语"转变为"华人通用语"。冼伟国也诙谐地劝吉隆坡的客家人不要太过泄气，他们也许有一点可以得到安慰的是，现在吉隆坡流行的粤语，有相当大的成分是客家话借词，如客家话中的"芎蕉""碎纸""散纸""讲客气"等，都被吉隆坡粤语直接借用，表达同样的意思。吉隆坡粤语的声调也受到了客家声调的影响。[②] 难怪笔者每次去到吉隆坡，每当听到吉隆坡华人说粤语时，都会有一种亲切感，而且觉得吉隆坡华人的粤语比较容易懂，原来是有很多客家话掺杂其中，换一句话说，现在吉隆坡流行的粤语是广东话与客家话的混合体。

洪丽芬在对吉隆坡和槟城的华人语言使用的情况进行田野调查的基础上，把两地华人使用语言的情况放到国家和时代社会文化变迁的背景下，对华人各种语言在各种场合的使用情况进行了综合分析。她得出的结论是，马来西

---

① 根据马来西亚国家统计局出版的《1980年马来西亚人口普查报告》，1980年吉隆坡华人人口中，广东人有142,626人，客家人有121,428人。马来西亚人口普查由1991年开始已无华人籍贯调查，1991年后有关华人籍贯数字为大马国家统计局依据20世纪80年代所普查籍贯纪录演算而来。

② [马来西亚] 冼伟国：《马来西亚的三个汉语方言中之吉隆坡广东话闲谭》，载《新纪元学院学报》2009年总第6期，第129-130页。

亚华人的常用语言正在发生转移，包括工作用语、学习用语、社交用语等。这种转移的必然结果，是与原来中国的籍贯、农业生产方式、地域、教育体系、相对封闭的社会等密切联系在一起的方言将慢慢地消亡，取而代之的是华语、英语和马来语。"语言转移的一大现象是某种语言的传承停止，不常用的语言成分会在语言代代相传中淘汰，同样地，不常用的各类语言也在几代过后消失。在华语和英语被各年龄层华人广为使用的时期，方言的重要性却明显地衰退。华人方言在马来西亚的前景不乐观。"[1]

笔者在吉隆坡有一位叫招其华（译音）的朋友，年龄在40岁左右，是祖籍惠阳的客家人后代，其爷爷早年迁徙到马来西亚吉隆坡定居。他告诉笔者，因为从小就与爷爷奶奶一起生活，所以他能够说一口流利的客家话，上学之后学习中文和马来语及英语。因为青少年时代非常喜欢看香港电影与电视剧，加上邻居、朋友和同事中有许多是说广东话的，因此，他的广东话也说得非常流利。他现在使用语言的状态是：与爷爷奶奶辈在一起时或家庭聚会时，主要说客家话；与其他方言群的朋友在一起时，主要说广东话；与马来同事和朋友在一起时，主要说马来话。招其华预言，客家话今后在吉隆坡的生存状况并不乐观，到了他的子女那一代人，也许就都不会说客家话了，因为从小就没有人教他们说客家话。不难预料，到了招其华子女一代，即在马来西亚定居的客家人的第四代或第五代之后，客家人"宁卖祖宗田，不忘祖宗言"的古训就很可能完全被遗弃了。

洪丽芬认为，源于中国南方广东和福建各地的五种方言（海南话、福建话、广东话、潮州话和客家话）由于人数、商业、历史等原因，海南话和潮州话可能会最早消亡，人数较多，且在商业上占有优势地位的福建话和广东话则会在较长的历史时期内得到比较好的保存。在槟城，福建话实际上成为流行的华人社会流行的商业语言，同样地，广东话则在吉隆坡成为当地华人

---

[1]［马来西亚］洪丽芬：《马来西亚社会变迁与当地华人语言转移现象研究——一个华裔的视角》，厦门大学博士论文，2006，第221页。

社会流行的商业语言。"从使用方言的群体来看,华人方言群体基本上都是相关方言地域的华人。因此,马来西亚华人方言是封闭性的,与地缘籍贯密切相关。方言被看成是华人的传统语言。因此,年长华人以及一些中青年华人,他们是方言的中坚分子,对其他籍贯的方言也能较好掌握,通常除了本身的方言,还会说其他方言。但是,年轻华人一般只会说简单的地域强势方言和本身方言罢了。在探讨范围内的五个华人方言群体中,潮州方言群体和海南方言群体的转移现象最明显,其他方言群体的转移比较轻微。在马来西亚半岛中部(吉隆坡、怡保等地)是强势方言的广东话,以及在半岛北部和南部盛行的福建话,成为华人方言群体的转移方向。"①

通过对东马和西马客家方言的使用情况进行比较,我们可以从中发现,在东马,都市化程度相对比较低,客家人和其他方言群的华人族群一样,基本上都是本族群的人聚居在一起,共同的生产方式和生活方式,以及相对封闭的社会交往,在客观上起到了维护客家方言的作用,使客家话能够在工作、社交和家庭等场合都得到比较广泛的使用。在吉隆坡和槟城这样的大都市,情况则完全不同,由于快速的都市化,人口流动加速,华人的生产方式和生活方式都发生了重大变化,加上华文学校和华语教育的普及等,客家话和其他华人方言一样,正在慢慢地消失,而消失的速度和程度则在各个方言中有较大的差别,但是,最终可能都逃脱不了消亡的命运。洪丽芬对华人方言走向衰退和消亡的原因进行了深入的分析,认为有如下五个方面的原因:①方言的地位比较低和角色比较小。②欠缺教育政策扶持。③华人之家庭变化,以两代人为主的核心家庭取代了三代人在一起的传统家庭。④社会变化,尤其是年轻人对华人传统的忽视。⑤方言功利性和社会性低,"方言的功利性不强,不是商场、工作或应酬的用语;社会性也不强,不能达到沟通大众的功能。处在发展一日千里的社会,族际交往频密,华人不能只依赖方言。所以,

---

① [马来西亚]洪丽芬:《马来西亚社会变迁与当地华人语言转移现象研究——一个华裔的视角》,第222页。

华人更注重跨籍贯、跨种族的共同语"[1]。笔者非常赞同洪丽芬的观点，方言是与旧的生产方式、生活方式和教育方式密切联系在一起的一种语言现象和社会现象，在全球化、现代化、都市化的条件下，方言走向式微，是一个很难抗拒的趋势，华人社会对这个现象应该抱着宽容、包容和与时俱进的态度。保护方言，保护方言所代表的华人传统文化，这是我们应该认真思考的一个问题，也是全球化、现代化和都市化条件下，华人社会必须正视和共同应对的挑战。我们在走向全球化、现代化和都市化的同时，应该采取更多措施以更好地维护华人传统文化，让华人传统文化在新的历史条件下更好地发扬光大，换言之，就是要把根留住！

六、客家传统文化在马来西亚的前景展望

去过马来西亚的朋友都一致认为，马来西亚华族是最具有中华传统文化特色的海外华人，马来西亚华族最像华人。然而，马来西亚华人传统文化正在受到全球化、区域化、本土化和现代化的冲击。作为海外华人文化一个重要组成部分的客家传统文化，同样也受到严重的侵蚀，正在面临许多严峻的挑战。从马来西亚全国的情况看，乡村的客家人在保持客家传统文化和风俗习惯方面要做得比较好。越是大都市，以及正在完成都市化过程的原乡村地区，客家人的传统文化与风俗习惯越来越难以保存。与西马相比，东马的情况要好一些，客家人相对比较集中聚居的村落和市镇的情况也相对乐观。现以柔佛州新山附近的士乃、吉兰丹州的布赖及霹雳州的怡保为例，分析客家人在坚守客家传统文化和风俗习惯方面做出不懈努力的过程。

1. 士乃（Senai）

士乃隶属于柔佛州古来县，位于古来县城以南8千米，原为一个以客家人为主的山区乡村，后来由于南北铁路的开通和马来西亚联邦公路的建设，

---

[1]［马来西亚］洪丽芬:《马来西亚社会变迁与当地华人语言转移现象研究——一个华裔的视角》，第223页。

士乃得益于南北交通要冲（从柔佛往北开的火车的第一站，士姑来高速公路亦经过此处），迅速发展成为一个现代化的新市镇。目前，士乃行政区总人口达到 67,440，包括华人、马来人和印度人三大民族，华人中仍然以客家人居多。华人历史学家郑赤琰对他小时候曾经生活过的士乃村进行追踪考察。他指出，截至 20 世纪 50 年代初期，士乃村是一个纯客家人居住的村落，约有 3,000 人，主要是河婆客、惠州客和丰顺客，以河婆客为最多，且经济势力也最大。这里的客家人早期的经济活动以从事割胶、农业和种植业，饲养猪和家禽为主。进入 20 世纪 70 年代之后，随着国家工业化和都市化的步伐，士乃村客家人也走出村庄，迅速融入现代经济活动的大潮。劳工结构与经济结构随之发生了很大变化，以前的胶工与农工及其子弟，现在已经大多从事新兴行业和职业，包括酒店旅游服务业、运输交通业、建筑业、餐饮业、小型工业等。

据安焕然和他的研究团队的调查，在 1954 年，士乃总人口为 3,262，其中华族 3,149 人，占 96.54%；马来人 85 人，占 2.61%；印度人 28 人，占 0.86%。在华族人口中，以客家人为主，客家人占华族人口的 81.64%。安焕然指出，士乃的开埠始于 20 世纪初期，在 1915 年前后，客家人已经移民到士乃，其中有两位先贤——黄子松和黄炳南作出的贡献最大。

黄子松（1881—1975），河源连城人，年少南渡，后扎根士乃，他最初与同乡蔡俊在士乃合资开设威利号杂货店，之后自立经营新成利酒庄，后又从事士乃周边地区的黄梨种植及运输业。1924 年，黄子松斥资在士乃大兴土木，建设新街场。黄子松也是当地华人社团领袖，是当地中华商会、柔佛江夏堂互助会等机构的创立者，他积极推动当地华校的建立和推广华文教育。

黄炳南（1867—1940），原名纲宁，因为在士乃开辟德茂巴（种植园），又被时人叫黄德茂。祖籍河源马头村，17 岁（1883 年）被卖"猪仔"到荷属印度尼西亚的勿里洞当锡矿工人，几经奋斗，成为事业有成的锡矿老板。1926 年，黄炳南离开勿里洞，迁往士乃发展，他招募了大批河源同乡新客前来士乃开荒种地，创建面积达 1,000 多英亩的种植园，大量种植树胶和黄梨。

第八章　马来西亚客家人的社会变迁与文化认同　411

他同时还在士乃下街场兴建数十间店铺，1934年在下街场建设德茂同乐大戏院及一间融合中西建筑风格的三层楼房，起名"江夏堂"，他还捐助土地给当地政府建立巴刹（菜市场），带动士乃的发展。[①]

郑赤琰不到10岁时（1946年），跟随父亲举家从吉隆坡迁入士乃。郑父年轻时从丰顺县迁徙到马来亚谋生，初期定居在吉隆坡郊外的一个小村庄。郑父认为吉隆坡当时是非常不安全的地方，为了寻求安全感，于是决定迁来士乃发展，主要是因为这里有更多的丰顺同乡和亲戚，可以互相照顾与帮助。民国初年，郑赤琰的伯父首先移民到马来亚，由他开路陆续带出来的同乡亲人都定居在士乃的火车路背村，移居前多为单身汉，定居后陆续回乡成婚后将新婚妻子带出来。直到战后才不过20来年的时间里，丰顺人约有12家，家家人丁兴旺，最多的一家有七八个小孩，最少的也不下4个。据郑赤琰回忆，他小时候在士乃上华文学校，因为学生的祖籍地多为各个客家地区，有惠州客、河婆客、梅县客、鹤山客等，虽然这些客家话都是相通的，但在发音和个别字句的表述上仍然会有一些差别，常常会闹出一些笑话。郑赤琰指出："战后1946年到1957年独立前的10年间，英殖民地政府对于中国移民仍持开放的政策。因为村镇与他们祖居地不断有来往，因此村镇的客家风俗习惯与人情风味可说仍能维持得相当稳固。所有饮食、婚葬、节日、社交等宗教与文化都可以说是一成不变地沿袭自'唐山'（士乃客家人惯称中国为'唐山'）。通过这些具有丰富精神内涵的活动，尽管一年到尾都干着大量消耗体力的劳作，可是一到节日，全村所营造的庆祝欢乐气氛，也都把他们的精神重振起来，就好像热带烈日下的农作物在黄昏时分受到灌溉后，由疲劳转为生机勃勃。"[②] 后来因为合并新村等政治事件，士乃的人口构成发生了很大变化，特别是由于附近机场的建立，随之那里有了许多酒店等服务设施，华人其他族群及马来人、印度人都有较大幅度的增加，虽然新进入士乃的人员的族群越来越多元化，但是，由于士乃周边仍然是一个以客家人为主

[①] [马来西亚]安焕然、刘莉晶：《柔佛客家人的移殖与拓垦》，南方学院出版社，2007，第185-190页。
[②] [马来西亚]郑赤琰：《士乃客家村镇半世纪》，载林金树主编《中华心 客家情——第一届客家学研讨会论文集》，马来西亚客家学研究会，2005，第105-130页。

的大本营,"因为讲客家话为主的士古来与古来景夹着士乃,形成了相当强大的客家方言区。因此,士乃镇上仍以客家话为主流,与巫族沟通则采用巫语。老一代不谙巫语,但年轻一代接触巫族机会多,主动学巫语是一般现象。在70年代新建的士乃国民型中学也有相当科目以巫文教学。因此,士乃由前期纯客家村镇,在70、80年代开始的近期已转变为多元族群与多元语言村镇了。"[1]士乃已经从一个以客家人占绝大多数的小山村发展成为一个多元种族混合居住的现代社区,经济支柱也从传统的农业和种植业转变为新兴产业,士乃的客家族群成功地走向了现代化之路。郑赤琰提出如下一个问题:士乃的客家人,从营生的角度来说,已经顺利地实现了完美的转型,那么,他们是否能够将自己的传统文化和风俗习惯好好地传承与发扬下去呢?

对此,他的回答是肯定的:二十多年来的现代化转型,时程仍不算长,仍不能有结论。但就这二十年来的观察,客家方言仍然在镇上很通用,没什么大改变。每逢年节庆祝,风俗习惯仍然生机勃勃,三山国王庙也都香火日盛。清明扫墓也都成为镇上一大节日。原有的河婆、丰顺与惠州三客也仍能维持传统亲和力,而且还形成一套关系网络,在新的企业领域成为商业网络。可见客家情、客家风与客家传说不但不是现代化的阻力,反而是其动力。过去半个世纪的观察已证明了这点。半个世纪过程仍短,似乎仍须等待更多时空转移才能看到客家人是否能既保持住自己的文化,同时又能消化现代化的时代营养。就中国历史纪录所印证,客家是少数汉民系中能够保住自己文化传统之同时又带动中国历史变革的一个族群。就改革动力来论,客家在士乃五十年既参与马共的反殖,也参与了马华公会的政治改革,80年代后更成为经济发展的动力。他们的活力脉动体现他们是高情商的一族。[2]

与郑赤琰先生的乐观态度不一样,安焕然和他的团队对士乃村镇的客家传统文化和习俗习惯今后的前途持比较悲观的看法。他们认为,在本土化、

---

[1] [马来西亚]郑赤琰:《士乃客家村镇半世纪》。

[2] 前揭书,第105—130页。

现代化和都市化潮流的裹挟下，客家传统文化和习俗有快速消失的危机。"江夏堂和三山国王庙原本是以祖籍河婆客为主的客家人聚集之所，但随城市发展，它们都淡化了其河婆'客家'的色彩，前者发展成'柔南'区域性的亲缘性组织，后者则成了一个不分籍贯的社区神庙。事实上，士乃自开埠以来就是交通要道，近数十年来的发展，新山机场建于士乃，以及士乃工业区的建成，其城市化改变了士乃居民的生活。今天我们若来到士乃这个城市，会发现其各个新兴住宅区早已取代偏处一隅的士乃新村。它给人的印象，只能说是一个比较多客家人居住的市镇，却不突显其'客家色彩'。"①

《南洋商报》记者彭汉明，1931年出生在士乃以东的泗隆，青少年时期迁至士乃新村，在此一直居住至今，是士乃新村发展变迁历史的亲历者和见证人。他对士乃新村今后能否保持客家人的传统文化也持比较悲观的态度。他在接受南方学院的学者访谈时指出，当前士乃新村主要面对三大问题：其一，人口老化；其二，外劳问题；其三，年轻一代与老一辈互动关系减少。人口老化是因为年轻人都搬到新建的住宅区居住，只剩下老人家住在新村，让士乃新村变成老人村，缺乏生气。至于外劳问题，则从20世纪90年代开始恶化。当时士乃工业蓬勃发展，但当地居民选择到邻国新加坡发展，因此，本地需要引进大量的外国劳工，然而却衍生了治安及卫生方面的问题。除此之外，由于年轻一代多搬到新建的住宅区或在新加坡居住，较少回新村，长期与家中长辈缺乏沟通，也渐渐忽略了华族孝亲敬老的优良传统文化。士乃村另外一位华族村民在接受访谈时也有同感。这位村民认为，现在士乃村今后发展的最大挑战，是华族老一辈艰苦创业的精神无法传承下去。早期的华人非常刻苦耐劳，他们努力工作赚钱养家，所挣到的血汗钱都用来改善自己的生存环境。他说他年轻时种菜、卖菜、除草、养家禽等什么工作都做过，最终储蓄到一笔钱拿来购买橡胶园，从而成为橡胶园主。"早期华人家庭都是如此刻苦耐劳挨过来，实属不易。这种刻苦耐劳的华人典型精神已逐渐为人

---

① [马来西亚]安焕然、刘莉晶：《柔佛客家人的移殖与拓垦》，南方学院出版社，2007年，第185-190页。

所淡忘,现时的年轻人已不似早期华人勤恳工作刻苦耐劳,因现今的生活环境已改变,生活素质也较以往来得好。"①

2. 布赖(Pulai)

布赖是位于吉兰丹州话望生县南端的一个村落,地理位置比较偏僻,交通不便和封闭,直到1988年才有一条长7千米的柏油路开通。与其他相对比较发达和正在快速都市化的客家人聚居区相比,这里的客家人的客家特性表现得更加突出。换句话来说,虽然同样也面临本土化、都市化等挑战,但该村基本上保存客家人的风俗习惯,村民有较强的凝聚力,重视客家传统文化和习俗。布赖村是一个全部由客家人聚集的村庄,早在200多年前便有客家人前来此地开采金矿,从而形成了一个客家村落,大多数村民居住在这里至少经历了五代以上。早期以开采金矿为主要的经济活动,1945年之后,金矿资源逐步枯竭,村民转而主要以农耕为生。在每年的观音诞期间,在外地工作的布赖人都会返回村里参加各种活动。

1902年,英国人华德斯特纳特(Watertradt)攀登大汉山途经布赖,他所见到的布赖只有200人左右,而且大多数矿工已转行以种稻为生,不过,他仍见到人们在河里淘金,也见到一两间金矿公司。一直以来,面对各种环境压力,天灾以及各种人为的灾难,布赖客家人始终没有离弃这块土地。1941年日军侵略马来亚,布赖客家人沦为日本殖民统治者的奴隶;1948年紧急状态时期,英殖民地统治者以安全为由,无情地把村民全部驱逐出布赖。布赖客家人在外面过着动荡不安的生活,直至1960年,他们要求返回布赖的申请才得到当局批准。布赖的客家人在一片荒芜的土地上,重建起自己的家园。

最能够代表布赖客家人特色的,是该村的水月宫和客家人对观音的信仰。据说水月宫已有400多年的历史,证据是宫里有一座明朝时期的香炉,其历史比马六甲青云亭更为古老。水月宫曾经多次重建,最后两次分别是在1967年和1983年,前一次仍然是土庙,后一次则是水泥建筑。每年阴历二月十九

---

① [马来西亚]黄文斌、张晓威:《柔佛州华人地方志——古来再也县新村》,马来西亚拉曼大学中华研究中心,2013,第132-135页。

日水月宫的观音诞,在外工作的人一定会回来参加,庆典时间长达 10 天。据村子里老人们的回忆,在早期,每逢水月宫神诞,在山里采金的客家人就会三三两两地来到这里聚会。庙前的路叫长乐街,神诞时,各采金公司的人齐聚在这里吃喝玩乐几天,过后再各自回到山里去。直到今天,水月宫的祭拜仪式还保留了历史的传统,仍以几百年前从唐山带来的礼仪,敬献山间四野的灵魂。80多岁老人用苍老的嗓子喊着客家话在召唤:"开山辟地的四方唐山兄弟,各位甲必丹,各位有名姓、无名姓的,今天是观音娘娘神诞,请大家来用餐。少的不要欺老的,老的不要欺弱的……保佑大家……慢慢享用啊。"水月宫大门两旁的对联写着"水天一国为南海,月镜无尘照九州",它正好道出了布赖村客家人的历史渊源与中国家乡的联系。水月宫观音庙的建立与香火延续,从一个侧面反映了布赖村的开发与发展的历史。水月宫的观音信仰为远离家乡的客家人提供了精神上的寄托和安全感,观音是布赖客家人的护佑之神。此外,水月宫服务村民,施医赠药,为社区发展服务,成为地道的社区发展中心。村中的主要店铺及房屋都围绕和分布在水月宫四周,形成一个以水月宫为中心的村落。

据刘崇汉的考察,布赖的客家人的祖籍多来自广东兴宁、梅县及惠阳,因此形成了比较单纯的客家族群体系,也在客观上有助于保持客家习俗和传统文化。"布赖客家人见面必须以客家话交谈,连少数在布赖村居住的非客家籍贯的华人及一些原住民为了沟通上的方便,都学会讲客家话。客家语无疑是布赖村内通行的沟通口语。"[1] 早期迁徙到布赖的客家人都是男性,因此,他们一般都与当地的原住民女子通婚。那些与当地民族通婚的家庭,以男性为主,风俗习惯依旧是华族客家文化,泰国女子和原住民妇女最终融入客家文化中。"居住在布赖山区的客家人以其人口的绝对优势使客家话成为共同语,维系着客家方言的传统。今天的布赖村仍盛行客家话。"[2]

---

[1] [马来西亚]刘崇汉:《从历史深处走来——探寻布布赖客家历史文化》,载林金树主编《中华心 客家情——第一届客家学研讨会论文集》,马来西亚客家学研究会,2005,第 146-151 页。
[2] 同上。

布赖的客家人还保持着唱客家山歌的传统，客家人从中国本土移民到布赖后，也把家乡的客家山歌文化传统带到了这里，并且世代相传。早期的矿工和农民用客家山歌交流感情、联络乡谊、娱乐身心。但是随着时代的变迁，布赖会唱客家山歌的人正在不断减少。"随着地方的开发及新潮文化的入侵，布赖村的山歌文化已经式微。布赖客家人面对外来强势文化入侵的同时，已产生维护族群文化，尤其是客家山歌文化传承的难题。"①

早期的布赖居民之间也没有悬殊的财富差异。除了淘金和种植，布赖当地富有可食用的自然资源，包括河里的鱼和可以狩猎的飞禽走兽。据说有些狩猎队甚至远征至彭亨、霹雳和丁加奴（现称"登加楼"），20~30天后才回返。在衣、食、住、行和语言方面，布赖的客家人都保持着华族的传统，而不像吉兰丹河口及下游地区或丁加奴的华族早期移民那样，住在马来式房屋，以手抓饭吃，食物马来化或暹化，穿沙笼和讲巫语及泰语。英国学者来德尔布鲁克的记载显示，早期布赖居民有一个很强的华文教育传统，男童被教导念中国古典经书，年轻人也练习中国武术。布赖居民的风俗习惯依旧是华族文化。然而，布赖村也已经不是世外桃源，布赖村客家人年轻一代越来越多地走出村子，在附近的城镇谋生，向往新的生活。外来的各种强势文化正在向传统的客家村落渗透，传统的客家文化与习俗日渐消失，"布赖客家文化正面临急待挽救的紧迫任务"②。

3. 怡保（Ipoh）

怡保是马来西亚霹雳州的首府，面积643平方千米，人口737,861（2010年统计数据）。怡保是全马来西亚华族占比最高的城市，各民族人口比例为：华族44.11%（2010年统计数据，下同），马来族37.98%，印度族14.07%。在怡保市中心，华族约占75%，其中又以广府人居多，客家人次之。市内通行广东话。1920—1930年，怡保急速发展成为一个采矿城镇，成为当时马

---

① ［马来西亚］黄文斌、张晓威：《柔佛州华人地方志——古来再也县新村》，马来西亚拉曼大学中华研究中心，2013，第132-135页。

② 前揭书，第146-151页。

来联邦的第二大城市。怡保城市的建立及发展与客家矿主和客家矿工的贡献是分不开的，平远籍的客家矿主姚德胜[①]居功至伟。1905—1914年，怡保旧街场发生火灾，当时的英国殖民政府制定了一个重建新街场的计划。姚德胜投入巨资，在近打河对岸的区域修建了一条长达1千米、均为2层楼高、共216间店铺的新街道，打造出一个新的市场，成为远近闻名的新街场。为了纪念姚德胜的贡献，当时的殖民政府将重建的市场与街道分别命名为姚德胜市场与姚德胜街，并在市区为他立碑铸像，英王授予他"和平爵士"称号。

怡保也是祖籍福建永定的客家人聚居较为集中的一个地区，现根据长期在怡保居住和生活的永定籍客家人罗济贤[②]的记录，将怡保的永定籍客家人坚守客家文化和习俗的情况整理如下：

（1）饮食

在家中吃早餐的一般是吃面包、油条、糕饼，配以红绿茶或咖啡。外出餐室吃早餐的，以粉（即老鼠粄）、面（即客家面，加鸡蛋制作）为多，包子、水饺等次之。午、晚餐以鱼肉、豆腐、蔬菜为主，或炒或煮，与原乡无异。逢年过节，各家各户喜欢做一些富有家乡风味的食品，如红烧肉、酿豆腐、下洋兜汤和客家面之类。在怡保和江沙等地，卖客家面、牛肉丸、酿料（包括酿豆腐、酿苦瓜、酿茄子）等风味食品的餐饮店有好几家，都是永定人经营的，生意颇佳。至于饮料，每家常备的是中国红茶，现在更流行喝咖啡。客人来了，多数都是邀请他们去附近的咖啡店喝咖啡聊天。

[①] 姚德胜（1859—1915），又名克明，字俊修。1859年出生于广东平远县大柘乡。幼年家贫，中途辍学，19岁随水客远渡重洋，来到马来亚芙蓉当锡矿工人，后经过努力奋斗成为矿主，兼营其他工商业及房地产等行业，成为南洋巨富。人们尊称他为"姚百万"。因开发马来亚怡保有功，享受殊荣。他于当地创办中华商会、矿务农商总局、嘉应会馆等团体，为维护华侨华人权益及举办教育事业作出颇多贡献。曾捐巨资支持辛亥革命，荣获孙中山先生颁发的"一等嘉禾勋章"。

[②] 罗济贤，祖籍永定下洋，1921年出生于马来亚怡保，4岁即随父返国，在下洋成长、求学，曾经担任过小学教师。27岁时（1948年）重返马来亚怡保并定居。罗济贤综述的情况发生在20世纪90年代中期，现在的情况如何，笔者缺乏田野调查资料，不敢妄下结论，但有一点可以肯定，那就是随着时间推移和老一代客家人的去世，客家文化和传统习俗的阵地正在逐步萎缩，也许将来最终会慢慢消逝。

（2）服饰

这里的永定籍华族，过去比较流行穿唐装衫裤，现在已很少见到。现在居家或工作时，男士一般都是穿短袖花衬衫，配上长或短裤，或牛仔裤；女士一般流行轻、薄时装，长短套裙或长、短裤。也有少数乡亲在家时会穿马来人的"纱笼"或"巴迪"。至于在高级社交活动或隆重的庆典场合，男士一般西装革履，加结领带，女士则穿高领旗袍和高跟皮鞋。首饰方面，男女都喜欢戴金戒指，女士还喜欢佩戴金项链或珍珠项链。

（3）岁时节令

和其他地区的华人一样，怡保的永定人一般都并行双历——公历和中国的农历。以前，兴宁人编印的《宗睦堂通书》风靡全马，现在，则流行香港出版的历书。马来西亚华人的岁时节令，除了马来西亚国庆节之外，其他都是中华民族农历的传统节日，大致跟原乡差不多。以"过年"（春节）为例，这是华人一年中最隆重的节日，活动项目繁多，断断续续要持续半个月。与中国有别的是，马来西亚华人只叫"过年"，不叫"春节"。

（4）喜庆习俗

包括生子添丁、男婚女嫁、庆祝寿诞等。以生子添丁为例，怡保的永定人一般都有重男轻女的思想，生女孩较随便，生了男孩，叫添丁，格外高兴，分外重视，产妇也因此得到家人更加周到的照顾和护理。男孩子的命名特别庄重，大多数由族中长辈取名，只有少数由父母决定，而且大多数人还相信命理，要请算命先生排算小孩的生辰八字。有的男孩八字，其五行（金、木、水、火、土）有欠缺的，取名时就要补上，比如缺金的，便要取金字旁的字，缺木的，取木字旁的字。命名后还要向"生死注册局"申请领取"报生纸"，许多人家还要在厅堂上贴上新丁的名字，但这个习惯慢慢比较少见了。小孩生下满一个月时，普通人家都会在家里备上"三牲"祭祖，还要办几桌酒席，邀请至亲、近邻或好友前来共同庆祝。开席时要给每位客人分派一个鸡蛋。如果是经济状况较好的家庭，则会郑重其事，在酒楼大摆筵席，办"姜酒宴"，把婴儿抱到酒楼去与亲朋相见，特备姜酒鸡、红鸡蛋飨客。参宴客人则要以红包或金饰物相酬赠。

（5）丧葬习俗

受传统文化熏陶，大多数永定华裔都保持有对父母"养老送终"并"葬之以礼"的孝敬意识，所以家里对长辈逝世都颇为重视。治丧经过大致如下：① 发讣告，一般都是通过报纸发布讣告，也有不少是通过电话等现代通讯方式。② 请尼姑或道士诵经拜忏，超度亡灵。③ 进行"成服"（即亲属穿孝服），为死者进行小殓（将尸首放入棺木）和大殓（盖棺）。每进行一项，亲属都要哭泣，营造悲凄的气氛。④ 祭奠，出殡前一天晚上，要对棺柩举行"堂奠"。先是家奠，继则按照亲疏等级安排亲戚分批祭奠。⑤ 出殡。出殡当天，先为灵柩举行饯祭，然后送葬队伍才整队出发，由亲朋执绋，西乐队奏哀乐相送。如土葬，一直送至公冢下葬；如火葬，则送往火葬场火化，再收回骨灰寄放在寺庙里（有些较大型的华人寺庙附设有火葬场）。

（6）宗教信仰

怡保的永定客家人的宗教信仰与大多数华人基本类似，信奉多神教，无论什么神仙，儒、道、释，他们都一律信奉，如玉皇、天神、土地神以至门神以及铁拐李、吕洞宾、张果老等八仙，还有释迦牟尼、观音菩萨、弥勒等佛祖，都顶礼膜拜。许多人还在家里供奉观音、财神等神像或牌位，早晚焚香、点灯、礼拜。

（7）客家方言

怡保的永定客家人，直到在本地出生的第四代人，一般也会坚持说客家话，少数人还能说一口流利的永定客家话。但是，如果其所娶妻室是其他方言的人，如广府人、闽南人，平时家中又以母系方言对谈，这类家庭的子孙便很难坚持说客家话了。有一些家教比较严格的大家族，坚持子孙后代必须说客家话的规矩。例如，胡曰阶在世时，曾经给其家族的所有成员制定一条严格的规定，即在家中一律要说客家话，否则给予处罚（体罚）。新娶进门的外籍媳妇也不例外，要求她必须在一定时间内学会说客家话。所以，在相当长一段时间内，其家族的成员，无论男女老少都会说客家话。然而，怡保永定人所说的客家话已经不是纯粹的永定方言，无论从语调、词汇等方面来看，都发生了许多变化。因为当地来自其他地方的客家人比较多，如梅县客、惠州客等，导致这几种客家话相互影响，另外还吸收了一些闽南、广府等方言的成分，还夹杂了不少来自马来语和英语的用词。例如，永定客家人把小孩子称为"细满仔"，这是吸收了广府话的词汇。在平时的口语中，还掺杂了许多马来语，如把菜市场叫"巴刹"，叫经理和总管为"挂沙"，称工头和领班为"甲帕那"，叫警察为"马打"等。

罗济贤最后指出，在经历了一系列时代的变迁之后，怡保的永定客家人必须与时俱进，方能在住在国生存与发展。永定客家人一直在坚守风俗习惯和传统文化，但这种坚守应是一种扬弃，有所变，有所不变，与时俱进是必须的。"和祖籍地比较，的确都有或大或小的变化，而且还在继续变化之中。在这里，我还要特别指出，改变得最为显著也最为普遍的一点，那就是自大马独立以来，永定同乡（其他华人也是如此）的乡土观念与老一代相比，已经大大不同。以前，华侨在南洋就业或创业，都抱着'叶落归根'的思想，年老了就要回原籍地养老。连胡文虎当年也不免有此想法。可是，今天所有永定华人都已在当地入籍，正式'落地生根'了。昔日祖辈的侨居地已成为这些后辈的故乡和祖国。这个心态的变化是至关重要的，对以后华人社团风俗的演变也将有极其深刻的影响。"[①]

笔者非常赞同罗济贤先生的观点。与其他方言群的华人一样，怡保的永定客家人已经是马来西亚的公民，是马来西亚民族大家庭中的成员，他们一般都自称为华族，或马来西亚华人。毋庸置疑，他们在文化上的根与祖籍国有着千丝万缕的联系，但是，他们的文化，包括风俗习惯和传统文化等，都要顺应住在国的环境和条件，经历本土化（海外学者一般称"在地化"）和文化适应的过程，以通俗的话来说，就是入乡随俗，方能在当地立足和生根、

[①] [马来西亚] 罗济贤：《马来西亚的永定华人习俗简述》，载永定县政协文史委员会编《永定文史资料》1996年11月总第15辑，第42—54页。

开花、结果。如果一味地强调与祖籍国文化的一致性，而看不到其中的差异性和多样性，那只是一厢情愿罢了，在理论上不能自圆其说，在实践中既做不到而且也是有害无益的。

了解了上述马来西亚客家人在传统文化和风俗习惯方面的坚守与执着情况，不得不提到最近一个非常热闹的话题，那就是中华文化在海外的传播。有人曾经问过笔者："马来西亚华人文化（简称"马华文化"，下同）是海外华人文化中发育得最完善、最有特色的文化，它与中国本土的中华文化是什么样的关系？如何厘清两者之间的联系和区别？"理解马华文化，得从马来西亚华人所处的马来西亚国情、马来西亚华人迁徙该国和定居的历史、马来西亚建国的过程、马来西亚各种族的关系等方面去做一个综合的多维度的透视和分析。笔者认为，马华文化源于本土的中华文化，但又不能等同于本土的中华文化，它是本土的中华文化在马来西亚的发展、延伸、嬗变。全球化、区域化和本土化促成了马来西亚华人文化的诞生、形成和发展，并且形塑出自己的特色。如果要给马华文化下个定义，可以这样说：马华文化，是源自于中华文化，在马来西亚这块土壤上生根、开花、结果，同时吸收了中华文化、马来文化、西方文化的营养，在马来西亚这个特殊的文化生态下发育成长起来的一种新型的民族文化。换言之，马华文化是海外华人文化中发育最完善、最具特色的新型民族文化。与其他国家的华人文化相比，马华文化具有自己的鲜明特色，具体表现为如下三个方面：①马来西亚华人有十分强烈的民族文化认同感；②马来西亚华人有一个比较整齐的民族文化队伍；③马来西亚华人有一个比较完整的民族文化传播系统。

中华文化的特质，如多元、包容等，同样也是马华文化的特质。正是这个特质，促进了马华文化在马来西亚这块土地上生根、开花和结出丰硕的果实。中华文化本身是非常包容和多元的一种民族文化，它在形成和发展的过程中，既吸收了除汉族之外的其他少数民族的文化，在近代也吸收了许多东西方文化的营养，从而形成了博大精深的文化。具体而言，中华文化是开放的文化，是多元的文化、是包容的文化，是兼收并蓄的文化，它之所以几千年生生不息，在全球化时代更显活力，就在于它不断地学习，不断地吸收其他文化的营养，不断地完善与革新。正是中华文化的上述特点，促进了马来西亚华人在马来西亚大地上生存、繁衍与发展，促进了马来西亚华人在海外培育形成了自己的新型民族文化。马来西亚华人与当地主体民族之间相互学习、相互理解与包容，共同进步、共同繁荣，这就是马来西亚华人与当地民族团结的真谛，也是马华文化在马来西亚这块土壤上生根、开花、结果的真谛。

马华文化之所以形成、发展并且能够充满生命力，是因为马来西亚华人对自身文化有强烈的认同感，即文化认同。海外华人在海外生存与发展，需要解决三个认同：① 政治认同，即认同当地国家，成为当地国家的合法公民，参与当地国家的政治生活；② 民族认同，这在马来西亚也没有问题，马来西亚华人作为华族，其民族身份得到了国家的承认和当地主体民族——马来人的认可；③ 文化认同，即认同本民族的文化，对本民族的文化有自豪感和归属感。正是这些强烈的认同感和归属感，促使马来西亚华人不断地推进本民族的文化建设。中华文化要在海外生存发展，需要海外华人不断努力进取。除了在经济上要过硬，能够保证生存发展之外，在文化建设方面也要过硬。

首先，要有一大批自己的文化建设者，如华文教育老师，华文媒体工作者，华文文学家等各种华文知识分子。在海外华人聚居较多的国家中，数马来西亚的华文知识分子人数最多，且最有民族自觉性。

其次，要有完整的民族文化传播体系，包括华文学校、华文媒体、华人社团、华人宗教寺庙等，在这方面马来西亚也是最多且最活跃的。例如，经过几十年坚持不懈的努力，马来西亚华文教育已经形成了从幼儿园到小学、中学、大学一整套完整的华文教育体系，这在其他国家是没有的。

再次，当地主体民族——马来民族的包容与开放，这也是马华文化能够在中国本土之外的地方生存与发展的重要条件。如果没有当地主体民族的开放与包容，海外华人连生存都会有困难，谈何文化的发展？

总而言之，中华文化是马华文化的源头，它源源不断地为马华文化提供新的活力和动力，推动马华文化向纵深发展。当前正日益密切的中马文化交流可以为马华文化提供更多源泉，包括双方互派更多的留学生、开展双向的文化交流活动、促进两国民间的交往、真正实现民心相通，等等，这些都将为马华文化的发展提供源源不断的新鲜活力。在"一带一路"倡议下，中马文化交流迎来了春天，尤其是大量中资企业在马来西亚投资发展，在推动马来西亚经济发展的同时，也为马华文化注入了大量的中国元素，这些新的中国元素将极大地丰富马华文化的内涵，也有可能让本土化程度较高的马华文化出现一定程度的回归，但其发展路向绝对不是重新中华化，而是更加多元化，更加绚丽多彩。笔者认为，在"一带一路"倡议的推动下，马华文化将迎来一个更加繁荣发展的新阶段。

综观马华文化在马来西亚生根、开花和结果的长期历史进程，笔者有几点感想：①中华文化在海外的传播和弘扬需要有较好的海外环境和条件，尤其是当地民族要有较高的包容心和开放性；②我们在海外传播和弘扬中华文化时，一定要兼顾到当地民族的感情和感受，尊重他们的文化与习俗，防止大国沙文主义；③一种文化要在海外生存和发展，一定要多强调多元文化的交流与相互学习，而不是单方面的传播和灌输；④海外华人在海外生存与发展，必须学会尊重当地民族，与当地民族和谐共处，也包括文化的包容与融合。杜甫《春夜喜雨》诗中的"好雨知时节，当春乃发生。随风潜入夜，润物细无声"，所描写的意境也许最适合我们中华文化在海外传播的方式。我们不需要大张旗鼓，喧宾夺主般地大造声势，不需要太在乎一时一地的得失，而是要立足海外华侨华人的长远生存与发展，让中华文化通过春风化雨的方式，像春雨那样，在万物最需要的时候悄然降临，伴随着和风在夜里悄悄地飘洒，滋润万物却又悄然无声，潜移默化地走向全球，走向各民族的千家万户。

第四编

泰国和毛里求斯客家人

第九章　泰国客家人

客家人迁徙暹罗,"远在素可泰皇朝,后经大城皇朝、吞武里皇朝至却克里王朝,相继繁衍,人数日众,乃形成了今天泰国华人中,继潮州人之后最大的族群"[1]。与东南亚其他国家的华人社会相比,泰国华人与住在国民族的同化和融合程度最高,关系最为融洽,在很多地方,已经分不清楚华人与当地人的区别。这种现象也同样表现在泰国客家人上面,泰国的客家方言群已经越来越少有自己的特征,他们与其他华人方言群一样,已经完全融入泰国社会。笔者在与泰国华人接触时,比较留意各个方言群在与当地民族融合方面存在哪些差异。据一些客家社团的领袖说,与其他方言群相比,泰国的客家人在坚守自己的传统文化和习俗方面相对会比较执着一些,然而,在同化与融合的大趋势下,任何方言群都很难避免被完全本地化。

泰国经济社会发展概况如表9-1所示。

表9-1　2020年泰国经济社会发展概况

领土面积/平方千米	513,139.5
人口/千人	68,127.8
城市人口比例/%	51.4
按现价计算的国内生产总值/亿美元	5,015.4
人均国内生产总值/美元	7,361.8

资料来源:ASEAN Secretariat, UNCTAD, UNICT, World Bank, ADB, UNDP.

---

[1] [泰]黄应良:《客总八十:客音扬芬》,载泰国客家总会《泰国客家人——泰国客家总会庆祝八十周年会庆特刊》,2007年再版。

一、泰国华人社会概况[①]

与其他东南亚国家的华人相比，泰国华人被当地民族同化的程度可能是最高的，华人在政治、经济、文化乃至生活方式各方面都已完全融入泰国主流社会，以至于你很难区分谁是泰国人、谁是华人。前几年有一些泰国华人学者甚至提出这样的观点，即泰国已经不存在一个真正意义的华人社会。笔者不同意这种观点，认为泰国华人尽管已经完全融入泰国主流社会，但仍然保留了自己的民族特质，就泰国大多数华人而言，他们仍然是华人。当然，泰国华人对本身的叫法有许多差异，有人主张叫"泰国华人"，有人主张叫"有华人血统的泰国人"，有人主张叫"泰籍华裔"，或叫"华裔泰国人"。本书采用第一种说法，即"泰国华人"。

泰国华人研究学者一般称泰国华人为"华裔泰国人"，他们已经融入泰族，属于泰人的一支，有人约900万人，是泰国规模最大的少数族裔群体，亦是规模最大的华侨华人群体，占泰国总人口的11%~14%，其中一部分来自中国广东潮汕地区。泰国华人已高度融入泰国社会，当今泰国王室却克里王朝亦有华裔血统。泰国华人和当地泰族通婚的现象很普遍，混血后代多同化为泰国人，以泰语为母语。由于华人族群已普遍泰化，大多数人已丧失华语与华文能力。泰国华人居于泰国的中等阶层，影响力遍及泰国社会方方面面，尤其在商贸和经济领域占主导地位。不少泰国华人步入政坛，多数前总理和议会成员都有华裔血统。2020年人口普查中，仍有467,350人使用汉语或汉语方言（潮州话、闽南话、海南话、广府话和客家话）。华人各个方言群的比例：56%是潮汕人，16%是客家人，11%是海南人，广府人和闽台泉漳人各占7%，3%属其他汉语方言群。

美国学者史金纳曾经对20世纪初期至中期的泰国华人人口做过一个统

[①] 本书所说的泰国华人社会，是指1949年以前迁徙到泰国的华侨华人及其后裔。至于泰国新华侨华人，本书因篇幅所限，没有涉及，有兴趣者可以参阅曹云华所著的《变异与保持——东南亚华人的文化适应》第七章《泰国新华人的文化适应》，台湾五南图书出版公司，2010。

计。根据他的研究，到 1947 年时，泰国华人共有 212.4 万人，其中泰国以外出生的华人（大部分是在中国出生，也有一部分是在东南亚其他地区出生）为 76.5 万人，占 36%；泰国出生的华人为 135.9 万人，占 64%。（详见表 9-2）

表 9-2　历年泰国华人人口

华人类别	历年人口／万人			
	1917 年	1927 年	1937 年	1947 年
泰国以外出生的华人	34.9（38.5%）	60.0（45.0%）*	71.4（41.1%）	76.5（36.0%）
泰国本地出生的华人	55.7（61.5%）	73.3（55.0%）	102.0（58.9%）	135.9（64.0%）
合计	90.6	133.3	173.4	212.4

*括号中的数字为百分比，由笔者计算得出。

资料来源：Skinner, Chinese Society in Thailand.

泰国盘谷银行的研究机构参照泰国历年人口普查资料和有关学者的研究，对 1999 至 2010 年间的泰国华人人口进行推估。得出的结论是，1999 年，泰国华人人口为 677.7 万，占泰国总人口 11.3%，到 2010 年，泰国华人人口为 739.5 万，占泰国总人口的比例没有变化，仍然是 11.3%。泰国一些华人社团认为，如果把拥有华人血统的泰国人也计算在里面，华人占泰国总人口的比例应该在 15% 左右。因此，目前的泰国华人，包括有华人血统的华裔，至少有 1,000 万人以上。

从 1998 年起，笔者多次赴泰国相关大学做访问学者，还利用参加会议、学术交流访问等机会，深入到泰国华人社会进行考察，后来发表了题为《泰国华人社会初探》的学术论文，从政治认同、民族认同、语言适应、生活方式、人际关系与交往、族际通婚等六个方面透视泰国华人与当地民族的关系。得出的结论为，与东南亚其他地区的华人相比，泰国华人与当地民族的融合程度是最高的。由于许多因素的作用，泰国华人比较彻底地融入了当地主流社会，与泰国当地民族一起，共同促进泰国的发展。语言适应、跨民族的人际交往是促进泰国华人融入泰国主流社会的重要途径，而族际通婚则意味着民族融合进入到一个比较高级的阶段，它是民族融合的结果，同时又进一步促进民族融合。泰国华人社会发展演变的历史告诉人们，只要一个国家推行正确的华人政策，华人是可以与当地民族和睦相处的，华人是可以为他们居住国家的建设与发展作出较大贡献的。在泰国，华人已经成为泰国人民的一份子，他们热爱泰国、忠于泰国、建设泰国，是泰国政治、经济和文化建设一支不可缺少的生力军。观察泰国华人社会，还必须注意各代人之间的差别，把泰国华人分为老、中、青三代是比较合适的。一般而言，第一、第二代华人还保留比较多的华人文化和传统；第三代以后的华人完全在泰国的环境下土生土长，较为彻底地融入了泰国社会，与前两代人相比，他们表现得更为泰国化。

如果要把泰国华人社会与其他东南亚国家的华人社会做一个比较，泰国华人社会有一个最明显的特征，那就是高比例的异族通婚。一般认为，族际通婚是衡量民族关系的一个重要指标，族际通婚的情况越多，表明各民族之间的社会距离越小，民族关系越融洽，反之亦然。美国学者马丁·N.马杰尔认为："如果少数民族集团的成员与占统治地位的民族集团的成员通婚，放弃他们的民族认同，他们将会不再面临各种偏见和歧视，并且完全被多数民族集团所容纳和接受。"[1] 另一位美国学者米尔顿·M.戈登也认为，族际通婚，尤其是大规模的族际通婚，是同化的一个重要阶段，一旦实现族际通婚，离民族同化也就只有一步之遥了。戈登在《同化的性质》一文中提出同化的七个亚过程的理论，其中一个重要阶段便是大规模的族际通婚，即婚姻同化。"当我们再次检视同化的一系列变量时，其他几种关系便自己显示出来。其中

---

[1] Martin N Marger. *Race and Ethnic Relations—American and Global Perspectives*. Published by Wadsworth Publishing Company, Belmont, California, 1991. P124.

一种是结构同化和婚姻同化,二者依时间顺序联系十分紧密。这就是说,少数民族群体在基层群体层次上进入核心社会的社交小群体、俱乐部、机构,会不可避免地导致相当数量的相互通婚……作为结构同化不可避免的产物,婚姻同化如果全面发生,那么少数民族群体就会在较大的东道主社会或核心社会中丧失其民族认同,于是认同同化便发生了。"①

在泰国,20世纪初期以前的华人男子,一般都是与当地人通婚。据有关方面统计,在1905年,华人人口占了全国人口(830万)的10%左右,华人人口之所以占如此高的比例,实际上与族际通婚有关系。"许多移民定居下来,与当地泰族通婚。号称'洛真'(lukjin)的混血子孙,几乎都自认为华人。"②史金纳也认为:"华人移民在暹罗居住5年之后,便会有一半的人与当地妇女结婚。"③

进入20世纪之后,由于多种原因的影响,华人与泰人通婚的现象有减少的趋势。二战后,华人与泰人通婚的现象又逐渐多了起来。造成这种社会现象的原因是非常复杂的,其中,最主要的原因是文化适应。二战后,尤其是在50年代之后,华人与母国社会完全隔绝,为了在东道国生存与发展,他们必须从各个方面适应东道国的环境,包括在政治上确立新的认同,在文化上认同当地文化,在生活方式上也基本当地化。经过几代人的适应,华人后裔已经完全融入当地社会。在这种情况下,族际通婚是很自然的事情,反过来,族际通婚又进一步促进华人与当地民族的融合或同化。

许多研究族际通婚的学者认为,社会流动性较大的社会,各种族之间的接触增加,种族隔阂和歧视会逐步缩小,因此,族际通婚的情况也会比较

---

①[美]米尔顿·M. 戈登:《同化的性质》,载马戎编《西方民族社会学的理论与方法》,天津人民出版社,1997,第105—106页。

②Jirawat Wongswadiwat, The Psychological Assimilation of Chinese University Students in Thailand, Published by University Microfilms, A Xerox Company, Ann Arbor, Michigan, U.S.A.1976, P.P 88, 170-171.

③[新加坡]潘翎主编《海外华人百科全书》,崔贵强编译,三联书店(香港)有限公司,1998,第225页。

多。在二战后的泰国，由于华文学校全部关闭，华人子弟从小与当地民族一起上学接受教育，参加各种活动。因此，各民族青年在一起互相接触的机会增多，有许多异族男女产生爱情，发展到结婚。笔者在泰国认识的一对族际通婚夫妇就是大学同学，大学毕业后结婚组成家庭，婚后家庭生活比较美满。据笔者的观察，在泰国，族际之间的交往和通婚所受到的阻力比较小，甚至是受到鼓励的。在泰国上层社会，华人富商子女与当地达官贵人通婚是非常普遍的。泰国前总理克立·巴莫的曾祖母便是华人，是拉玛二世的王妃。连国王拉玛七世本人也坦承，皇室有华人血统："暹罗与中国之民族，固兄弟之亲也。即以现在而论，暹人之血统已与华人混而为一，以至不可分化。暹国之高级长官，无论以往或现在，多属华裔……就朕而言，亦含有华人血统在内。"[①] 泰国一位学者告诉笔者，华人富商子女与泰国达官贵人的通婚，在某种程度上可以说是政治与商业联姻，华人富商需要通过婚姻的形式寻找政治靠山，而当地高官则需要财富，两者的联合实际上是各取所需。类似这种现象在菲律宾也非常普遍。

在泰国，华人只要加入了当地国籍，成为东道国的公民，其后代一般便能够享受到与当地人同样的待遇，尤其是华人与当地妇女结婚所生的子女，按照法律规定，一生下来便取得当地公民的身份。在这种情况下，通婚便成为一件很自然的事情。美国学者史金纳等人认为，在二战后，泰国华人移民的第一代、第二代与当地民族通婚的情况并不多见，只是一些个别现象，到了第三代之后，随着同化程度的提高，族际通婚的现象也逐渐变得日益普遍。这个结论看来是符合实际情况的。

泰国华人与当地民族通婚，是泰国华人融入泰国当地主流社会的结果。美国学者基拉华特·王斯华迪瓦特认为，在20世纪六七十年代，泰国华人与当地人通婚的现象增加了，其中主要原因是年青一代能够自主地选择自己的伴侣，他们有机会在学校和在社会上与异性交往。"当华人与泰国当地青年的

---

① 转引自陈健民：《泰国的华侨与华人》，泰国泰中学会《泰中学刊》1999年号，第51页。

行为方式和价值观变得越来越一致时，族际通婚自然就增加了。""我们发现，同辈集团对华人学生是否选择泰国当地姑娘作为伴侣有着决定性的影响。如果这位华人学生的同辈集团中泰国人朋友多过华人朋友，那么，他对与泰国人通婚持更加积极的态度。我们对几家大学一些院系调查的结果均证明了这一点……调查还发现，如果这位华人学生的同辈集团中所有的朋友都是泰国人（或者是华人与泰国人朋友相等），到了大学四年级的时候，这位学生更加愿意与一个泰国当地人结婚，而不是华人。"①

在泰国，华泰通婚是同化的结果，越来越普遍的族际通婚反过来又进一步地促进了同化，两者互为因果，互相促进。华泰通婚家庭及其子女的情况有力地证明了这一点。从过去到今天，泰国社会中经济政治文化精英人物中有许多都出自华泰混血儿。有学者对20世纪90年代中期的泰国政治人物的出身做过分析，国会中约有30%的议员是商人，其中多数是中泰混血儿后裔。1987年的政府内阁成员44人，有中国血统的占1/2以上，包括总理察猜、春哈旺上将和几位副总理、部长与部长助理在内。高级军政官员中，80%有中国血统。②

二、客家人在泰国的迁徙史

客家人最早什么时候到泰国？据传，早在宋末元初，便有客家人前来暹罗政治避难。"德佑二年，蒙兵南侵，陈君宜中等客属人士于福州，起兵拥护宋室。元帅张荣实将兵由赣州趋潮梅及大埔等地。客属居民应文信国之募，起而勤王，与元兵鏖战。不利，奉驾南行，至幼帝沉海后，多随陈君宜中逃安南占城。史载宜中出走占城，仍欲借海外之兵以复宋室。后由占城转至暹

---

① Jirawat Wongswadiwat, *The Psychological Assimilation of Chinese University Students in Thailand*. Published by University Microfilms, A Xerox Company, Ann Arbor, Michigan, U.S.A.1976. P.P 88, 170-171.

② 参见曹云华：《泰国华人社会初探》，《世界民族》2003年第1期，第69-77页。

罗，终其身于暹境。是则暹罗有吾属人士之足迹，其始于元初之际矣。"[1] 据另一个传说，最早到泰国的客家人可能是福建汀州（今长汀县）人谢文彬。在明成化年间（1465—1487年），汀人谢文彬贩盐到达暹罗并且在此定居，改名为美亚，后被国王录用，仕至岳坤（类似学士）。[2]

泰国华人历史学者黎道纲认为，早在曼谷王朝时期，就有大埔籍客家人迁徙至此地定居。他在泰国素可泰大学历史学者素帕叻·勒帕匿军等人考证和研究的基础上进一步挖掘史料。根据他的研究，被泰国人尊称为"华人天"的著名华人领袖，是一位祖籍大埔的客家人，其中文名字叫刘乾兴，为初律沙天姓氏的始祖，祖籍广东大埔县，公元1826年（拉玛三世时期）出生于暹罗。其父名"芝"，在曼谷王朝初年来到泰国，定居在大城堂蒲港三宝佛寺东侧一带。大约在拉玛三世后期，"华人天"与坤西施城兰达华村人娘顺结婚，婚后迁居曼谷，在湄南河边新开港南（Klong Ong Ang，今越波叱披穆寺侧）居住，从事对华贸易，商号名"建兴"。拉玛四世时期，暹罗最后一次入贡中国时，"华人天"是贡船的司舵。1859年，"华人天"被封为銮帕西威色（子爵），任职华民政务司，担任税务官；1868年拉玛五世时，获赐为拍披汶博他那功（伯爵）；1871年，随驾五世去印度考察；1873年，获披耶那拉纳博里力沙达功（侯爵），为银库稽查厅稽查，成绩突出；1879年，升为披耶朱笃拉差色提，任职左港务厅华民政务司长官，管理华人事务。他倡议兴建大城挽巴茵行宫天明殿，参与筹建是里力医院，主持重修汉王庙和兴建龙莲禅寺。黎道纲认为，客家人大量来到泰国，也与"华人天"的贡献有关。由于从事对华贸易取得很大成就，他颇得皇室的信任和重用，担任皇室的顾问，后来还曾经随驾出访印度，获赐披耶朱笃拉差色提官衔，总理华人事务。"华人天"是担任华民政务司的唯一客家人。他任职期间，客家人大量涌入泰国，兴建房屋、铁路，从事林业和农业工作。"华人天"在私人业务方面，除

---

[1]《泰国客家总会会史》，载泰国客家总会《泰国客家人——泰国客家总会庆祝八十周年会庆特刊》，2007年再版。

[2]《长汀县志》，生活、读书、新知三联书店，1993，第559页。

了经营对中国的帆船贸易外,他还大量包揽税务,如赌场税、烟酒税、鸦片税、花会税、盐税、柚木税、椰油税、鱼油税、蔗水税等。他向国家包揽税务后,又转包给他人。其酒税范围包括华富里、夜功、碧武里、春武里、曼谷、婆摩武里等城。

"华人天"于1894年去世,遗下4子1女,至今已传六七世。据记载,"华人天"的后代多为高官,与王室关系密切。例如,长子披耶提哥沙有子女9人,第八女名为巴立,嫁给比差努讪为妻,有一子后来是泰国第18任总理阿南·班雅拉春。披耶提哥沙的孙子銮沙天初律讪(诈兰·初律沙天)于1947年至1954年任财政部次长;另一孙子銮巴迈蒂(翁·初律沙天)任职外交部,1951—1962年任拉玛九世皇后御秘书。刘乾兴次子昭万沙慕栽力(朱)之子披耶伦纳猜仓育(束·初律沙天)曾任那空沙旺省省长,四子披耶昙摩占耶滚蒙滴(通里)之子拉沙拉派沙立萨滴干中将是拉玛八世的侍卫长。"值得注意的是,初律沙天家族的后裔在政界中发挥的作用高于商界。在商业上,他们的成就比刘乾兴逊色得多。究其原因,可能出自初律沙天家族的兴起,是政界在泰国社会具有极大权威和作用的年代,正所谓十家商贾不如一家侯门。初律沙天这个家族的后裔一起延续到现在仍然继承其前辈遗志,为数不少进入政界。"[①]

丰顺客家人到暹罗的历史起于何时?1995年的《丰顺县志》转述了《汤坑区陈氏族谱》的如下记载:"石湖乡肇吉公房派下二世陈宏谋在暹罗万磅设寿元堂药行。"考宏谋兄宏昭生于清雍正五年(1727年),据此推算出陈宏谋出洋当在1750年前后。该族谱又载:"嘉庆年间,和寨乡道用房十五世陈庆詹,乘红头船往暹,石湖乡象临房十六世陈兴次及十五世陈昶辇都住暹罗。"这是丰顺人最早出洋到暹罗的文字记录。另有一位叫徐南通的丰顺人,于清道光二十七年(1847年)在汕头乘红头船出洋,经数月漂流,遇险幸存,在

---

① [泰]黎道纲:《大埔昭坤刘乾兴事迹考》,载洪林、黎道纲主编《泰国华侨华人研究》,香港社会科学出版社有限公司,2006,第280-287页。

安南（今越南）登陆，后又徒步辗转到达暹罗，寄居于曼谷万帽街。

在泰国早期的华人移民中，由于占了天时和地利，闽南人和广府人是早到者，潮汕人和客家人后来居上，这要归功于汕头埠的开发和曼谷—汕头定期航班的开通。早在1853—1860年开埠前，汕头港已经成为全国华工出境最为集中的港口。1860年1月，汕头海关的设立，标志着汕头正式开埠，这是当时继上海、广州之后全国第三个设立近代海关的城市。汕头迅速发展成为全国最重要的商业中心之一和粤东地区的重要门户。自咸丰同治年间开汕头为商埠，交通事业日进千里，凡轮船、铁路、公路、邮电、航空一应俱全。至民国初年，汕头商贸繁荣，在全国居第七位，且牢牢控制着汕－香－暹－叻国际贸易圈，英、美、法、德、日、俄、荷、比等8国均在汕头设立领事馆，汕头成为国际著名的百年商埠。史金纳认为，正是汕头港口的开发和汕头到曼谷定期轮班的开通，促使越来越多的客家人与潮汕人一道大量地涌向曼谷及暹罗各地。

"汕头是大部分客家人移民出国最近的港门，客家人移民暹罗即基于这一事实……从19世纪60年代至19世纪末，汕头对暹罗的输出有增加的趋势，而厦门对暹罗的输出，相比之下却显得逐渐下降。这一点反映出汕头作为一个港口来说，其重要性越来越大，尤其是开往曼谷的船只越来越喜欢以汕头为其最后的停泊港。当准备出国的客家移民涌入汕头时，他们选择南洋为目的地，当然取决于可能取得的航运以及了解东南亚各埠的情况。汕头在这两点上都具有有利条件。1879年中国海关的一份报告书，对该年份从汕头出境的17,215名移民做了一个完整的明细表。资料中列举哪些县份是潮州人住的，哪些县份是客家人住的，哪些县份是两种人合住的，及其比例如何。因此，可以计算出来，在移民总数中客家人占有27%至29%。"[①] 史金纳在该文的注释中补充说明："这种比例不仅适用于暹罗的华人，而且也适用于从汕

---

① 施雅坚（大多数中文译为"史金纳"，下同）：《泰国华人社会：历史的分析》，许华等译，厦门大学出版社，2010，第54-55页。

头出国的所有华人。当客家人在西婆罗洲、邦加、勿里洞以及马来亚的一些地方创基立业之际,而潮州人在曼谷定居立业的,在比例上比客家人高得多;这种情况,可能在比例上客家人到印尼、马来亚等地去的较多,而到曼谷的较少。因此,从汕头去曼谷的总移民数中,客家人所占的比例也许是25%或不到25%。"[1]

据史金纳的研究分析,在1917年以前,暹罗华人各大方言群(史金纳称之为"语系集团",下同)的比例是:潮州人40%,海南人18%,客家人与福建人(闽南人)各占16%,广府人9%。20世纪中期,史金纳对泰国各地华人做了更加较详细的田野调查和分析研究,综合以前学者的研究成果,得出了关于泰国各个方言群新的比例情况(表9-3)。

表9-3　泰国各个方言群(语系集团,20世纪70—80年代)

方言群(语系集团)	人数	占华人总人口的比例/%
潮州人	1,297,000	56
客家人	370,000	16
海南人	278,000	12
广东人(广府人)	162,000	7
福建人(闽南人)	162,000	7
其他	46,000	2
总数	2,315,000	100

资料来源:施雅坚《泰国华人社会:历史的分析》,许华等译,厦门大学出版社,2010,第220页。

史金纳指出,在泰国各地,华人各方言群的比例是不大相同的,虽然总的来看,潮州人占绝对优势,在曼谷及周边地区尤其如此,但由于种种原因,

---

[1] 施雅坚:《泰国华人社会:历史的分析》,第54-55页。

泰国内地并不完全是这种情况。例如，在湄南河北支流沿岸的一些市镇，主要为海南人占多数，包括批猜、空丹（Khlqngtan）和昔罗（Thalq）；在喃邦、喃奔两府，海南人与潮州人、客家人的人数大抵相当；泰国内地有一个地区仍然为海南人占绝对多数，那就是碧汶府以北和以东的地区，包括猜耶蓬府、黎府，以及介于这两府之间的春彭县（坤敬府辖）。泰国内地也有一些地区是以客家人为主的，即难府与清莱府，以及帕府和喃邦府的大部分地区，这些地区的客家人主要是丰顺人。在暹罗南部，华人方言群的分布也比较复杂。潮州人主要集中在半岛北部和东部沿海地区，客家人集中在半岛中部，自素叻他尼府向南经过童颂和合艾。暹罗南部地区各个方言群的比例为：福建人（闽南人）32%，潮州人20%，客家人20%，广府人11%，其他4%。①

例如，泰南有一个叫南华村的，几乎全部是客家人。南华村位于宋卡府昔罗县内，南邻马来西亚边境，仅50多千米之遥，距离县城约20千米。2010年前后，这里的居民约有80户，总人口600余。村民全部依靠橡胶产业，大部分是小橡胶园园主，小部分是割胶工人。村民以惠州人居首，其次为丰顺人，潮州人有七八家。村民们平时以客家话交流，在二战前后的几十年间，村里大多数人都不懂泰语。该村原是一片原始森林，土壤肥沃，适宜发展种植业。约于1910年，惠州客家人陈伯贞最早率领一批惠州人到此开芭种植木薯，接着是丰顺人及潮州人接踵而来。陈伯贞是这个客家村——南华村开发的奠基人，祖籍惠州。传说他曾经是清朝的进士，最初移民马来亚，数年后略有成就，再移居泰南，先是定居于合艾附近的万灵兰地区，与友人合作种植橡胶，继而扩充业务，到昔罗县设立南华木薯厂，生产木薯粉成品外销，南华村这个名字就是这样诞生的。后来木薯业务逐渐衰落，村民们转而发展橡胶种植业，橡胶园很快就取代了木薯园，橡胶种植业成为南华村的支柱产业。据该村出生的一位叫马文的老人回忆，在二战前后一段时间，由于橡胶价格不断上涨，南华村人的日子曾经是比较安逸和舒适的。村民也曾

---

① 施雅坚：《泰国华人社会：历史的分析》，第218-219页。

经办过好几家华文学校。最初有位谢少宗先生，在其橡胶园里筑起板屋开办客家语课堂，但不知何故，只教了短暂一年便停课了。后来几经变迁，南华村的繁荣已经成为历史。"花开花落，时间又走了近半个世纪，南华村跟着时代的变迁而变迁，其社会文化层面已换上了另一种形式。橡胶园园主虽然依旧是华人，可是毕竟改了朝换了代，部分园主已移居市区，割胶工人则大多数是泰籍回民或缅甸移民。南华学校早已复办，唯是以泰文授课。村民的文化观念已倾向本土化，华语似乎已处于日渐式微中。"[1]

丰顺县和大埔县的客家人当年向海外迁徙，大部分选择以暹罗为目的地。丰顺和大埔两县虽然也是纯客家县，但在1949年之前隶属于潮州府，1949年之后才划归梅州管辖。两县均与潮州人聚居的地区相邻，两个方言群的民众通婚也很常见，在生活方式和民情风俗等方面也是相互影响。两县民众出洋谋生的风气形成比较早，主要是受到潮州民风的影响，加上在地理位置上比较接近汕头港，下南洋占了地利。因此，丰顺和大埔两县的客家人赴海外谋生时比较多地选择了泰国。在丰顺和大埔两县中，又以丰顺人去泰国居多。据有关方面调查统计，到1987年，丰顺县总人口为54万多，旅居海外的华侨华人达36万多，其中在泰国就达28万多人，占了丰顺籍海外华侨华人总数的78%。[2]（表9-4）

表9-4 丰顺籍海外华侨华人全球分布情况（1987年）

居住国	人　数
泰国	28万多
马来西亚	3万多
新加坡	1.5万多
印度尼西亚	约8,000

---

[1]［泰］马文：《南华村——华人小村落的一段简史与变迁》，《泰中学刊》2010年10月号，总第15期，第77-78页。

[2] 丰顺县华侨志编撰委员会：《丰顺县华侨志》（未公开出版），1988年7月，第23页。

续表

居住国	人　数
柬埔寨	约 5,000
缅甸	4,000 多
越南	4,000 多
菲律宾	3,500
老挝	800
印度	850
日本	700
澳大利亚	630
美国	约 5,000
英国	920
意大利	620
瑞士	110
瑞典	120
加拿大	1,200
法国	1,500
西德	500
比利时	400
新西兰	130
科威特	140
葡萄牙	260
毛里求斯	330
斐济	100
南非	120
古巴	450

资料来源：《丰顺县华侨志》(未公开出版)，1988 年 7 月。

除了丰顺和大埔客家人在泰国拥有较多人数之外，泰国的客家人中还有相当一部分是来自潮汕地区各县的客家人，包括饶平、揭西、揭东等县。这些客家人常常被归类为潮汕地区移民——潮州人。一些学者经过考证得出结论说，在泰国的客家人中，来自潮汕各县客家聚居区的移民也为数众多，他们一般被称为"半山客"。曾天祖在《漫谈半山客》一文中说，半山客散居在泰国内地的约有20万人，曼谷约10万人（1980年统计数据）。据刘青山在《潮汕半山客华侨华人》一文中的考证，目前潮汕地区在海外的半山客大部分定居在泰国、马来西亚等东南亚国家。早期，他们多是以自由移民的方式出国，这一点与更早期卖身到东南亚的"猪仔"华工有所不同。他引用《汕头海关志》的记载："1864—1911年间，汕头地区约294万人离乡背井，远涉重洋谋生。""除了讲潮州话的人外，半山客也占相当数量。""泰国地广人稀，土地肥沃，水源丰富，是海外移民首选的地方。移民乘船抵泰后，大多数散居在曼谷和暹罗湾东西海岸，然后逐步向内地延伸发展。19世纪末叶，泰国开通了曼谷至东北部铁路线，铁路通到哪里，华侨劳工、小贩便跟到哪里。经过二三百年的移动、开发和繁衍，半山客华侨华人足迹遍布泰国70多个府。"[①] 据刘青山的研究，潮汕地区迁徙到海外的半山客大部分居住在泰国，约有50万人之多，他们中的大部分参加客属会馆，部分人参加潮属会馆，或者两者兼而有之。但半山客在这些会馆占少数，常常有寄人篱下之感。为了充分体现这个群体的存在和利益，泰国出现了半山客会馆。1976年初，泰国合艾半山客同乡会更名为"泰国半山客会馆"，将主席制改为监理事制，并发起筹建会馆大厦倡议，深得同乡响应。首任会长为李宏伟（祖籍今揭西县灰寨）。会馆的宗旨是联络乡谊，相互扶助。1976年成立时，会馆仅有会员几百人，现已经发展到3,000多人。1980年，泰国半山客会馆大厦落成，李宏伟继任理事长。1995年2月，徐和春蝉联第10届理事长。

与早期迁徙到马来半岛及荷属东印度群岛（今印度尼西亚）的客家人相

---

① ［泰］洪林、黎道纲主编《泰国华侨华人研究》，香港社会科学出版社，2006，第40-45页。

比较，泰国的客家移民主要是自由移民，几乎没有契约劳工，而且迁徙到泰国的客家人以手艺人（理发匠、泥水木工等）和小商小贩及贸易者居多。日本人在当年从事的南洋华侨调查研究中发现，从中国南方迁徙到暹罗的几个方言群的人在职业、性格及与当地民族关系等方面有显著的不同。

（1）潮州人（包括福建人）

重视财富而轻视生命，但比广东人还要稳重安和，重视诚挚，属于钝重保守派，同时相当坚忍不拔，非常团结。他们比广东人容易接受土俗的同化。这也算是潮州人显著的特征，他们发展的方向也大致和自己个性相符合。潮州人几乎独占暹罗最大的工业——制米业，他们从事贸易，在商业上尤其是绢布商和棉布商占有极大的优势，形成实业方面最大的势力者，同时也活跃于农矿业的体力劳动。

（2）广东人（广府人）

居住在暹罗的广东人是指从广州湾沿岸一带至广西省（指现在的广西壮族自治区——作者注）一部分的华侨。广东人具有积极的活动性和冒险精神，敏锐、彪悍而且喜好团体的争斗，轻生命、重钱财，具有明显的排外思想，富有民主观念和革命精神。他们主要活跃在木匠、锻冶工，其他的手工业、建筑业等方面，多数参与具投机性的行业活动，喜欢煽动威胁活动，暗中组织团体等。

（3）海南人（琼州人）

一般来说，海南人的性情敦厚，有较强的乡土观念，团体力量相当强大，热心赞助内地慈善教育活动，也有人认为他们顽固不灵活，喜好和同族人聚会闲谈，传递谣言。主要从事诸如耕作或体力劳动的工作。他们在暹罗经历困难，朝特异方向发展，当家仆、服务生、厨师等，或借着职业的学习，经营食品店、料理店和洗衣店。他们与同乡保持密切的联系，并以此发展其事业。他们还利用当学徒、工人等的机会，学习如何创业和积累经验，时机一旦成熟，便独自创业。他们在制造业、木材业和渔业等方面占有优势地位。

（4）客家人

客家人系指广东省东北部的梅县等地，经过汕头而奔走暹罗的华侨华人。

和其他方言群相比，他们具有丰富的商业才能和知识，非常伶俐，勤俭朴实，被誉为中华民族的精英分子。他们主要投入杂货商及裁缝业，并且占有相当的势力。①

史金纳经研究发现，方言群（语系集团）与产业和职业分工有密切的关系，迁徙和定居的特点导致某个方言群比较集中于某个产业和职业，及某个产业的上、中、下游各个链条。但是，这种分工不是一成不变的，随着社会经济的发展，及各个方言群之间的竞争等，有些方言群会退出某个产业，或者在某个产业不再占有优势地位。传统的产业和职业分工会让位于新的分工形式，但是，原来的传统仍然会在这类新型的分工上打下深深的烙印。"在职业构成中，明显的语系集团职业分工，不是没有而是更经常出现。例如，曼谷的工业和技术工人方面，大约97%的碾米厂厂主是潮州人，85%的锯木厂厂主是海南人，98%的皮革厂厂主是客家人，50%的机器店店主是广东人。曼谷服务业分工出现了比例不均匀的情况：潮州人占旧式药材商的92%，客家人占裁缝师的90%，海南人占理发匠的50%，广东人占大餐馆主的50%。在商业方面，职业分工的突出例子是福建人在橡胶出口商中占87%，潮州人在典当商和米商中几乎占了100%。"② 史金纳也指出，上述分工不是一成不变的，到了二战后，随着潮州人在各方面的优势地位的确立及泰国经济的现代化，与方言群密切相关的产业和职业分工体系正在瓦解，一些方言群已经从某些他们曾经垄断或占优势地位的产业和职业中退了出来，尤其是广东人（广府人）的退出表现得最为明显。在战前，广东人在碾米业、铁器铺、印刷和出版业、保险业占有明显的优势；战后，由于敌不过潮州人和客家人的竞争，广东人逐渐从这些产业和职业中不断败退。这类现象后面的原因，广东人一般都将这归结为广东人口比例的下降和激烈的竞争，"特别是敌不过潮州人的勤勉、冒险、敏捷、吝惜等习惯"。③ 史金纳认为，曼谷地区方言群与产

---

① 杨建成主编《泰国的华侨》（南洋研究史料丛刊第二十一集），中华学术院南洋研究所，1986，第57—59页。
② 施雅坚：《泰国华人社会：历史的分析》，许华等译，厦门大学出版社，2010年，第316—319页。
③ 前揭书，第316—319页。

业和职业间的关系具有如下特点："潮州人不均衡地出现在华人中间阶层和华人下层阶层，广东人和客家人非常强大地出现在华人技术工人阶层，而海南人不均衡地出现在华人技术工人阶层和下层阶层。"①（表9-5）

表9-5 曼谷华人各方言群行业和职业分工（1952—1953年）

潮州人	海南人
银行家 米商和出口商 保险业经纪人 金饰珠宝商 铜铁器商 纺织品商 饮料商 典当商 罐头杂货商 土产商 橡胶加工业主 书籍、文具商 中医 中药材商 宰猪户 戏子 碾米厂工人 码头工人	西药商 锯木厂主 冰厂厂主 旅馆业主 批局业主 裁缝师 机器店店主 承包商 咖啡店老板 家具制造匠 金饰匠 旅馆餐饮雇员 家务佣人 戏子 修船匠 渔民 理发师 驳运"苦力" 锯木厂工人
客家人	广东人
干果杂货商 报馆工作人员 烟叶加工生产者 裁缝师 银饰匠 皮革厂厂主 鞋匠 裁制衬衣工人 理发匠	印刷工人 机器店店主 绸缎商 裁缝师 餐馆业主 机器工人 汽车修理工 宰牛户 建筑工人 家具匠

---

① 施雅坚：《泰国华人社会：历史的分析》，第316—319页。

续表

江浙人（讲普通话者）	福建人
教员 家具商 家具制造匠 中医	橡胶出口商 茶商

资料来源：施雅坚《泰国华人社会：历史的分析》，许华等译，厦门大学出版社，2010。

台湾学者张翰璧对东南亚的客家产业有专门的研究。她指出，在历史上方言群与产业之间的分工有密切联系，这种联系虽然随着社会的发展和现代产业的兴起而逐渐被削弱，但其影响仍然是无处不在的。在19世纪的新加坡，福建人多开设银行，广府人则多从事保险业，金银业由潮州人和广府人平分天下，客家人主要是在当铺业占优势地位。在马来半岛，客家人多从事开矿业，尤其以金矿和锡矿为主。18世纪中期至19世纪中期，客家人几乎垄断了马来亚的金、锡矿的开采，同时也在典当业、中药材等行业占有一席之地。在泰国，客家人在皮革业独占鳌头。张翰璧根据其进行的田野调查资料指出："泰国的皮革业者多为客家人。""皮革业经营者中，约70%是客家人所经营，以祖籍区分，多为梅县、丰顺，两者在皮革产业中具有祖籍分工的态势。前者多经营皮制品（皮鞋、皮带等）的制成，后者从事生皮至熟皮的制造，然后供应梅县客户将熟皮制成皮制品，呈现出族群经济内部的'祖籍分工'现象。"[1]至于泰国客家人与皮革业的关联性是怎样产生的，张翰璧引用一位受访者的观点，客家人进入皮革产业和客家人的移民文化有关。因在历史上不断地移民，客家人发展出一套与移民社会相适应的生存本领。因应自然环境的贫乏与生活的不易，加上客家人"迁徙"的特性，发展出保存、腌制的技术，让客家人摸索出处理生皮的经验。张翰璧得出结论说："移民的过程与社会网络是促使族群发展独占产业的重要因素。"[2]

---

[1] 张翰璧：《族群内部的祖籍分工：以泰国皮革业为例》，载林开忠主编《客居他乡——东南亚客家族群的生活与文化》，台湾客家委员会客家文化发展中心/暨南国际大学东南亚研究中心出版，2013，第158-162页。

[2] 同上。

三、客家人对泰国经济社会发展的贡献

泰国客家总会成立80周年（2006年）庆典时，泰国客家人中的许多文化人纷纷以撰写文章和赋诗等形式纪念客家先辈在泰国衣衫褴褛、披荆斩棘、艰苦创业的奋斗历程，其中徐位贤先生作的一首叫《客家人礼赞》的新诗，颇有感染力，真实地再现了几代客家人在泰国的奋斗史。诗中说："忆先贤，远游重洋，辞别父母妻儿，割爱挥泪心碎。历尽千山万水，踏上暹罗大都会。与泰国人民同甘共苦，共饮湄南河水。披星戴月开拓，艰苦奋斗创业。一步一个脚印，哪怕再苦再累！永不气馁，有进无退！这就是客家精神和智慧，难能可贵。经一番风雨相搏，度过多少年年岁岁。皇天不负有心人，银行、纺织、钢铁、建筑、五金、制革、教育、医学等领域事业有成，人才荟萃。开放出九千九百九十九朵玫瑰。"[①]

（一）客家人与泰国早期的开发和建设

谈到华侨华人在泰国经济社会发展中的地位与作用，人们首先会想到潮州人。的确，现在泰国的华人中，潮州人以其人数和财富而位居第一，但是，客家人的影响和作用也是不容抹杀的，客家人在泰国经济社会发展的历史上也曾经作出过卓越的贡献。泰国华人历史学者徐仲熙指出："泰国的客家华人，以其刻苦耐劳、勤俭持家、战天斗地、男十并拓、白手创业的精神著称，在泰国成家立业。其对侨居国开荒辟埠、创办企业、繁荣经济、抵御外侮、争取独立均作出不可磨灭的贡献。"[②]

1. 伍氏家族伴随泰国的现代化一路前行

较早到暹罗的梅县人可能是伍淼源（生卒年月不详），梅县松口（今松南乡）人。在曼谷一带，祖籍梅县的伍氏家族的名声和地位曾经显赫一时。据传，该家族在泰国的肇基人伍淼源于汕头开埠后，与澄海人许必济等人在

[①] 泰国客家总会：《泰国客家人——泰国客家总会庆祝八十周年会庆特刊》，2007年再版，第334页。
[②] [泰]徐仲熙：《论泰国客家华人的历史》，载泰国客家总会《泰国客家人——泰国客家总会庆祝八十周年会庆特刊》，2007年再版，第308页。

航行南洋的红头船上工作多年，后定居于暹罗曼谷。"公讳应鹏，字宏长，号森源，行三，公年十三，考妣已先后遗世，童年孤露，家计艰窘，劳苦食力，不能自赡，时海禁已开，闽粤人营生于异域者，恒致巨富，公遂去家，遵海而旅于暹罗之滨峈埠。"① 最初在同乡开的酒店里做工，稍有积蓄后，创广源隆商行经营木材致富，荣获暹罗王御赐"蓝三"（Lamsam）姓，成为泰国"蓝三"家族始祖。"公性沈毅而志宏远"，急公好义，致富之后积极回馈社会，他创设天华医院，经常资助穷人。"公每出，腰间常系大囊，满贮银币，遇有困厄者，识与不识，必权衡巨细，称量施予，罄其囊而后已，事虽微而惠实，偏此尤施恩不望报，为善不求名，入人至深者也"。② 伍公森源生有五子二女（一女幼丧），其中数伍佐南和伍东白对伍氏家族的发展贡献最为突出。众兄弟继承父业，不断拓展进取，在工商业、进出口贸易、金融业等领域纵横捭阖，富甲一方。

伍佐南（1887—1939），名毓郎，伍公森源第三子，出生于曼谷。早年协助其父亲经营广源隆商行，继承父业后，不断拓展业务，进军新的产业领域并屡有成就，包括碾米、锯木、轮船、保险和长途汽车运输等业，并经营国际贸易业务，其分公司和代理遍及上海、广州、汕头、梅县、香港、雅加达、马来亚、印度、古巴、南非和伦敦等地。他创办的蓝三森林公司，是当时泰国华侨华人经营的唯一一家公司。伍佐南热心公益和慈善事业，倾力为泰国华社服务，倡办天华医院西医部、进德华文学校，出资扩建客属义山及神庙。他历任泰国中华总商会主席、天华医院董事长、泰国客属总会主席、泰国红十字会董事长等职务。

伍东白（1901—1951），名明郎，伍公森源第五子，出生于曼谷。早年被送回梅县家乡的溪南宏育学校就读，后进广州岭南学院，继赴法国巴黎攻读法文，再转赴德国 Dresden Brauns Chweig 大学攻读化学专业，学成后返暹

---

① [泰]徐仲熙：《论泰国客家华人的历史》，第99页。
② 同上。

罗，创设伍东白洋行，注册伍东白有限公司，经营进出口业务，并且投资上海裕昌有限公司，在泰国还兼营米、木、树胶等业务，后来又创设东升米业公司、东南木业公司、东暹树胶公司等，成为泰国少数巨贾之一。他还涉足侨汇等金融业务，先后创设民信汇总部，在香港、汕头、梅县松口等地设分公司。后期更加注重投资实业，开办了厚生实业有限公司、厚华制冰厂有限公司、先灵有限公司，出任董事长，还在泰国内地如合艾、清迈、呵叻等府设立分公司，向全国拓展。曾先后荣获泰皇御赐"坤銮"爵衔和"白象""曼谷泰"等勋章。

2. 丰顺人在泰国北部的艰辛开拓

在泰国北部（包括难府与清莱府，以及帕府和喃邦府的大部分地区）的开拓与发展过程中，客家人，尤其是丰顺客家人发挥了重要的作用。客家人大量移入这些地区，是在这些地区铺设铁路之后，时间大约在20世纪20年代。在新到达这些地区的移民中，客家人的数量大大地超过潮州人，因为对这四府的经济发展起主要作用的是一位丰顺的客家领袖——詹采卿（Chan Ts'ai-ching，有人译为"陈赛清"）。在他的号召和影响下，大量丰顺人进入这个新开发的地区。从1902年至1925年，詹采卿先后掌握了这四府的酒和鸦片的专利权，长达30年之久。詹采卿在这些地方遍设了市场、碾米厂和酿酒厂。他在所有经营活动中，喜欢雇用来自本家乡的人，因此，即使他于1935年放弃了所有的专利权，但丰顺的客家人目前在上述各府中仍然占优势地位。纵使后来交通便利之后有大量的潮州人和其他方言群的移民进入这些地区，但客家人的数量和影响力仍然是潮州人和海南人无法匹比的。

据《丰顺县华侨志》记载，詹采卿，名德纳，祖籍丰顺县汤坑镇，1878年出生于暹罗。其上祖迁徙暹罗的时间大约在19世纪中叶以前。詹采卿孩童时奉父命返国就读本乡学塾，赋性聪明，学业猛进。唯无意功名，志在营商。18岁毅然返暹，初寓丁姑母处。其姑乃暹罗五世皇内务部长披耶亚林之夫人，视爱侄如同己出，促其学习暹文。先是在一当铺当职员，后经其姑介绍，到泰北规模最大的一家森林木行担任经理一职，经数年，成绩斐然，积蓄亦多。森林开发期满后离职，旋即获政府准许专利承办泰北全境各府酒廊专营权。采卿长才善贾，酒廊的分支机构遍布纲帕、清迈、清莱、喃邦各府。随后又创设火砻厂（碾米厂，下同）多处，专营碾米业，事业鼎盛，历任清迈、喃邦、喃奔、清莱四府火砻公会主席等职。采卿胸怀宽广，好义乐施，乐为同侨排忧解难，替侨社谋福利，对同乡有志可造者予以提拔，受惠发达者有许多人。对当地公益尤为尽心，捐巨资建纲帕华人义山，献资30余万铢建华文学校，被当地华人誉称为"廊主詹"。1922年，获暹罗六世皇赐"坤銮"爵衔，同年又获"白象"勋章。1950年获泰皇御锡"曼谷泰"勋章。1963年寿终于泰国，享年86岁。

詹采卿非常热心帮助其丰顺老乡的发展，在他的扶持下，不少丰顺人在泰北的开发中取得了成功，徐启荣就是一个典型。徐启荣，字定生，1879年出生于丰顺县汤坑镇双河村。徐启荣少年时即随兄长来到暹罗，先是在彭世洛府其胞兄的杂货店当学徒，稍有积蓄后便自立门户发展，承包一些零星工程，适逢暹罗政府要铺设一条从泰国彭世洛府到清迈的延伸铁路，他在其亲戚詹采卿的帮助下，一起承包了这段铁路的工程。该段铁路工程浩大，经过原始森林及许多悬崖峭壁，难度极大，劳工还要面对当时无法医治的疟疾等热带病症，但徐启荣最后还是克服诸多艰难困苦，完成了这一浩大工程。由于该铁路的开通为泰北地区人民带来了无限商机，徐启荣因此有了名气，并且在泰北定居，结婚生子。后又与詹采卿合作组建两合公司，在碧瑶创建增丰成火砻，并分别在碧瑶、纲攀、清莱三地各建一大戏院，还成功投标拿到北部地区（包括南邦、清迈、纲帕、清莱、碧瑶、纲攀、央巴饱等县府）的酒廊（厂）专利权。他不满足于现状，不断进取，成立自己的公司，基本垄断了北部地区的酒、煤油、猎枪等生意。由于经营有方，生意蒸蒸日上，迅速扩充壮大。在泰北，徐启荣一跃升成为与詹采卿齐名的华人企业家，为泰北的经济发展与繁荣作出了不可磨灭的贡献，因而获泰国六世皇御赐"坤銮"爵位。

3. 谢枢泗与合艾的开发

梅县东郊乡周溪村人谢枢泗，18岁时（清光绪三十年，1904年）乘船赴暹罗谋生，初在乡亲经营的酒行当职员，后来参加泰国南部地区的开发，承建一条从碧差武里府至南部边界的铁路运输线。由于施工速度快、质量好，谢枢泗得到该铁路工程公司的信任和赞赏，受任为泰南地段铁路工程的总经理和巡检官，逐渐成为颇有名气的华侨实业家。他看准当时修建泰国曼谷到泰南铁路的契机，于1913年在合艾以175泰铢向当地农民购得50莱（1莱=1600平方米）地，1917年建成首条街道。此后，谢枢泗又投入巨资在合艾开辟了几百莱土地，兴办锡矿场和橡胶园，开设旅馆、商店等。谢枢泗原来购买的荒地后来发展成为闹市，人们遂以谢枢泗的名字来命名街道，计有谢枢泗第一街、第二街、第三街。谢枢泗还将其业务扩展到其他领域，包括橡胶业、锡矿业等。至40年代末期，合艾已经从小村庄发展成为一个集商业、小型工业、采矿业、外贸出口、渔业和教育事业于一体的颇具规模的中等城市。谢枢泗是合艾市的开埠元勋。

谢枢泗还热心公益事业，回馈泰国社会。泰国客家总会总结谢枢泗如下12个方面的贡献：①建学校41间；②建凤头山警察训练所医院；③辟康来路3千米；④辟合艾港至洞担烧公路30千米；⑤赠地2莱予合艾健康医院；⑥赠地180莱予合艾中华义山庄；⑦赠地3.5莱予合艾市立医院；⑧赠地14莱予合艾设立体育运动场；⑨赠送和开辟宜发第一路、第二路与第三路予市政府；⑩赠宜发双各路予市府；⑪赠地14莱予市府作建筑用；⑫赠建合艾警局宿舍15间。由于其卓越成就和贡献，泰皇特颁赐谢枢泗男爵及其他勋章30余枚。

（二）客家人与泰国的工业化和现代化

二战后，尤其是在20世纪70年代之后，泰国快速向工业化和现代化迈进，成为举世瞩目的新兴工业国家，这里面同样也有客家人的功劳和贡献。战后几十年，泰国客家人经历了从早期的劳工、苦力、农业和种植业者、小商小贩等向现代工商业的转换。以丰顺客家人为例，战后，泰国的丰顺客家人的职业结构发生了很大的变化，为适应泰国工业化和现代化的发展趋势，许多丰顺客家人转而在泰国工业方面大显身手。至20世纪80年代中期,丰顺客家人从事工业的约占60%,商业约占30%,园艺占10%。据《丰顺县华侨志》记载,泰国的丰顺人主要分布及从事职业情况如下:曼谷,约1万人,80%从事商业,园艺约20%;泰西北,4万余人,从事园艺70%,商业30%;泰中,约3万人,从事商业70%,园艺30%;泰南,约3万人,从事树胶园艺50%,采锡及经营商业50%;泰东北,2万余人,经营碾米厂3家、火锯厂6家,在巴真、坤度、呼隆等府多经商;泰北,约5万人,多数经营土产、洋粗杂货及市场摊贩等业,经营火砻、米业者有10多家。

在当年北榄府新皮革工业区的建设中,客家人居功至伟。1958年,曼谷市政府为整顿市容和扩展交通,下令将孔堤地区的全部制革、制皮业迁移出曼谷。当年从事这个行业的主要是客家人,尤其是以丰顺客家人居多。在皮革业公会的领导下,得到当时北榄府市政当局的支持,孔堤地区的全部皮革业迁往北榄府挽蒲30千米和40千米两处,在那里建立新皮革工业区。"当时此地是海边一片荒芜、积水的沼泽地,野草丛生,人烟稀少。经过数十年的顽强奋斗,投巨资建废水处理工厂,引进先进的制革机械,经国家环境局验收,批准成立世界级现代化的皮革工业区。这些皮革企业绝大部分是客家华人及其后裔经营,其艰苦奋斗的创业精神,可想而知。"[①]

据《丰顺县华侨志》记载,泰国法政大学曾经于1976年进行调查,根据营业额和利润等指标,编制了100家泰国最大工厂名录,其中由丰顺人创办或担任董事长的工厂就有4家,即东方糖厂有限公司、滑耶轮胎(泰国)有限公司、泰旭玻璃厂有限公司及泰建纺织染厂有限公司。另据国际工商研究有限公司1981—1982年编印的泰国大企业英文名录,属于丰顺人创办或担任董事长的公司有20多家。《丰顺县华侨志》描述了丰顺华侨华人在泰国创业和发展的过程:远在百余年前邑侨抵暹,首次登陆者,就是前往北碧谋生,

---

① [泰]徐仲熙:《论泰国客家华人的历史》,载泰国客家总会《泰国客家人——泰国客家总会庆祝八十周年会庆特刊》,2007年再版,第308页。

开发北碧、素攀原始森林，种烟草、甘蔗、菜或养猪，或到西方人开的种植园和矿山做工。一部分人搞家庭手工业，做小本生意，或在其他华人开设的小工厂做工、当学徒等。他们坚忍不拔，不折不挠，日出而作，日入而息，月始年终，辛勤不辍，但经济脆弱，人才寥寥，在社会上毫无地位。二战后，邑侨人数骤增，经济社会结构也发生了很大的变化，许多人积极经营发展工商业，尤其专注于工业的发展。以纺织工业和织布厂为例，到20世纪80年代中期，全泰国较大规模的纺织厂有5家，大小织布厂300余家，拥有织布机3万余架，由丰顺华侨华人经营的就占了80%。在泰国制皮业，丰顺人可以说是"执泰国皮业之牛耳"。丰顺人还涉足商业和金融业、进出口、旅游等领域，并屡有建树。当代泰国工商业界的客家精英以丰顺人最为杰出。现以三位祖籍丰顺的泰国企业家为例，看看他们的成就和贡献。①

1. 泰国石油业巨子——丁家骏

丁家骏（1909—1997），生于东莞太平镇，祖籍丰顺汤坑振威村。青少年就读于丰顺县第一中学等学校，后赴新加坡英华英文学院深造，毕业后先后在新加坡、广州的外国商行工作，后从军。抗战胜利后创办丰顺油行和丰裕油行。1952年南渡泰国经商，创办泰油贸易有限公司。经过40多年的艰苦奋斗，先后拥有宝赛石油服务中心、油站、油库，现代化的炼油厂和油脂厂及塑料罐厂等多个油业部门，在曼谷拥有一座高达25层的丁家骏基金大厦。曾经先后担任泰国丰顺会馆首任主席、永远名誉主席，泰国中华总商会副主席，泰国客属总会荣誉会长，泰京天华医院慈善会副董事长，泰国丁氏宗亲总会永远名誉理事长等社会职务。其成立的丁家骏基金会每年捐资180万泰铢帮助中国学生来泰留学深造，捐献1,000万泰铢筹建华侨崇圣大学，也为泰国丰顺会馆重建新大厦捐资1,000万泰铢，还在祖籍地丰顺捐献

---

① 据笔者了解，因为丰顺、大埔两县在历史上曾经归属于潮州府，所以在泰国的丰顺、大埔籍的客家人，尤其是著名人物，一般都会被收入潮汕名人录，他们也会加入潮汕会馆和参加由潮汕会馆举办的各种活动。久而久之，人们就会产生一种错觉，认为他们都是潮州人。一些不太了解这段历史的华侨华人研究学者，也常常会把他们归类为潮州人，而忘记了他们的真正身份——客家人。

巨资兴建学校和各种公益事业。丁家骏先生于 1997 年去世,享年 88 岁。丁家骏一共有 7 子 2 女,均学业有成,事业兴旺发达,继续乃父遗风,各展宏图,将丁家精神发扬光大。丁家骏去世后,其遗孀丁危秀秉承其夫遗志,出任丁家骏基金会和丁家骏慈善基金会主席,率领其家族继续致力于泰华社会、文化、教育、卫生及社会福利事业,继续支持丰顺家乡建设。据有关资料,1997 年至 2003 年间,上述两个基金会一共捐助了 5,500 万泰铢。

2. 泰国铁罐工业开拓者——徐历顺

徐历顺(生卒年不详),祖籍丰顺县东联镇下村围。16 岁南渡暹罗定居,最初跟随父亲到北碧府以种烟、种蔗为生,抗战时期迁往曼谷。最初与人合股创设白铁店,后独资开创白铁工业于曼谷,1955 年于达叻蒲创设顺发昌工厂,专门生产白铁罐等;1966 年于挽坤创顺发昌分厂,1973 年再购地 20 莱,扩建为顺发昌实业有限公司,购进最新机器设备,全部生产由电脑控制,产品畅销东南亚及日本和欧美等地,其工厂规模在东南亚地区首屈一指。徐历顺在事业有成之后,热心泰华社会文化教育和各项公益事业。泰国丰顺会馆成立之初,他被选为创会副会长,还担任泰国白铁公会理事长、泰国徐氏宗亲总会永远名誉理事长等社会职务,热心服务侨社,出钱出力,声誉卓著,受到宗亲和乡亲的钦敬与爱戴。

3. 白手起家的客家大佬——丘细见

丘细见,1910 年 11 月 17 日出生于丰顺汤坑镇,10 岁便随同母亲南渡来暹罗,初居北柳府,后迁到曼谷,任职于一家名为"奇香"的酿酒厂,因足智多谋,深得老板的倚重。战后泰国经济复苏,丘细见瞄准时机,自创一家名为"源香隆"的酿酒厂,并先后标得北大年、普吉、龙仔厝、素辇、佛统等府的酿酒权及政府两家公司的内地代理权。其凭着睿智和坚强意志,一跃成为泰国酒业的巨头。他事业初步成功之后,再接再厉,继续拓展业务,向其他行业进军:于 1961 年标得美国援建的曼谷至廊曼国际机场的高速公路全长 26 千米的建筑权,同年接收陈炳村银行,并且改组为泰商银行,自任董事长;银行业务迅速拓展,然后又向证券业发展,创立丘细见金融证券有限公司；斥资在曼谷叻巴颂四角，兴建21层高的商业中心大厦——庵玛玲巴莎。丘细见是一位白手起家创业成功的客家人，他曾经对记者说："世上没有轻易得到的成功，我今天的成就，全凭坚韧和勤劳。赚钱就像鸭子觅食一般，不像鸟儿会高飞，更无雄狮般威武，鸭子的优点在于勤快，孜孜不倦，不因食物小块而拒食，巨细兼纳，它便可以饱餐了。"[①]

四、客家会馆及其功能

与在其他国家一样，客家人到了泰国，一旦立足，就会立即着手建立自己的会馆，以团结和号召同乡，适应异国他乡的环境，共同应对各种挑战，并且借此弘扬传统文化，增强客家人的团结和凝聚力。在泰国的客家会馆中，泰国客家总会的历史最悠久，作用和影响也最大。

泰国客家总会的历史最早可以追溯到早期的神庙。先有神庙，后方有会馆等社团组织。客家人早期到了泰国，先是把本土的信仰和一些寺庙移植到侨居地。据相关的历史资料，早在曼谷王朝时期，客家人就在吞武里建立了三奶夫人庙，后来又在曼谷先后建立了吕帝庙、汉王庙、本头公庙、关帝庙等。这些庙宇在早期除了给客家移民提供精神上的依赖和庇护之外，也具有了后来的一些社团的功能，即组织和凝聚客家移民的作用。直到清同治初年，才成立了客家人的组织——集贤馆，位于二工府附近，主持人为李家仁、伍福二人，均为梅县人。该馆的成立可能是受到中国本土的会社的影响，规则很严，加入者需要宣誓，重义气等。有许多客家人士参与该组织，通过它联络感情。集贤馆是泰国客家总会的雏形，距今已有100多年的历史。集贤馆成立10多年之后，出现人事纠纷，遂分裂成两个组织——群英和明顺。群英由梁广、林义生两人主持，设馆于三聘街观音亭巷内；明顺由陈顺钦主持，设馆于拍抛猜路。两集团各树势力，形成对立。宣统二年（1910年），大埔人余次彭来暹，认为两派势力相互对立，非客属同侨之福，遂奔走呼吁并募

[①] 泰国客家总会：《泰国客家人——泰国客家总会庆祝八十周年会庆特刊》，2007年再版，第125页。

得资金，收回明顺、群英，力劝双方取消名号，重归团结，合组暹罗客属会所，发起人包括宋挺英、朱松山、周笑柳、郑玉山、候兰汀、伍森源、陈琳记、徐炎辉、徐子堂、陈缉堂、伍佐南等。成立之初，会馆设在关帝庙，首任会长为杨香秀，副会长为伍佐南，财政管理者为徐炎辉。会员有40多人。

1914年，因政府收回大铁廊关帝庙地块，客属人士与政府交涉换回拍市路官地一块，并补贴迁移费，再向客属同乡筹资。经过各方努力，终于1916年建成集三位于一体的大楼，第一层为进德学校，第二层为客属会所和客属别墅，第三层为关帝庙。

1927年是泰国客属会馆发展的一个里程碑。这一年，会馆向政府注册并于次年春获得批准；正式制定章程；正式确定以拍市路客属别墅为会址；设正、副会长各1人，财政管理者1人，秘书1人，稽查1人，交际4人，评议员12人，由会员直接选举；将会员分为个人永远会员、基本个人会员、商号会员、名誉会员4类；确定会馆的宗旨为"联络同侨情谊，维持工商业生计，办理学校，保管神庙及管理义山等"。

1939年以后，会馆进入一个新的发展时期。会馆的会员最初多为曼谷及周边的客属人士。1939年，首次制订会馆驻内地各埠干事规章制度，于内地各埠人数较多者，设立干事办事处。为使组织不断扩大，又于同年修改章程，允许内地各埠设立分会或支会，将"泰国客属会所"改名为"泰国华侨客属总会"，后又将"华侨"两字去掉，将"客属"改为"客家"，遂成为现名"泰国客家总会"。1937年，万仑首先成立分会，此后，清迈、北榄、合艾、呵叻、董里、佛丕等地纷纷成立分会或支会。后来，各地客属分会或支会因会务发展等需要，陆续向各地政府申请注册为合法社团，将分会或支会改名为当地客属会馆。全泰国各地均有客属会馆，南部有合艾客属会馆、素叻客属会馆、董里客属会馆、佛丕客属会馆、春蓬客属会馆、宋艾客属会馆；北部有清迈客属会馆、彭世洛客属会馆；东北部有呵叻客属会馆、乌汶客属会馆、吁隆客属会馆、坤敬客属会馆；东部有罗勇客属会馆。各地客属会馆注册后，虽然在法律上已经是独立的法人团体，但仍然与泰国客家总会保持密切的联系，打成一片，情同手足。

泰国客家总会历任会长或总会理事长（包括前期的"暹罗客属会所"）如下：杨礼卿、候兰汀、徐子庭、伍佐南（连任六届）、黄景秋、伍东白、熊均灵、伍柏林、刘汉华、郭实秋、丘细见、陈喜卿、黄清林、周俊发、林豹如等人。作为泰国客家人的最高组织，泰国客家总会尤其重视教育，在兴学和促进教育发展方面不遗余力，先后投入巨资办学，包括早期的各种私塾，办进德学校，成立亚洲商业学院（初名为"亚洲客属商学院"，后改为现名）等；总会还设立奖助学金，每年向客家子弟发放的资助金额多达百余万泰铢。总会设有崇正慈善医院，另设有中医免费赠医施药，还设有同乡捐赠的医疗基金；购置有3座义山，方便客属人士身故后有安葬的地方。泰国客家总会从成立至今天已经有一百多年的历史，见证了泰国客家人在泰国落脚、开拓和发展的历史，在促进客家人在泰国的生存与发展、凝聚泰国客家人的精神、弘扬客家传统文化等方面发挥了重要的作用。

泰国客家总会还管理关帝庙、三奶夫人庙、汉土庙、观音庙、吕帝庙、本头公庙等6家庙宇。这些寺庙和所崇拜的各路神仙，是泰国客家人的精神寄托和灵魂安放的去处。

（1）关帝庙

原在三升大铁廊，1913年迁往现址——二攀他旺拍市路26号。每逢农历六月二十四日关帝圣君诞辰之日，前来敬奉的善男信女络绎不绝。在早期，华人族群的寺庙在为华人提供祭拜的同时也曾经扮演同乡聚会之处、私塾等角色，同样，关帝庙也是如此。后来，泰国各地的客家人纷纷成立了自己的会馆，但关帝庙仍然在泰国曼谷的客家人中占有非常重要的地位。目前，泰国客家总会办事机构仍然设在1916年落成的三位一体的大楼的一、二层，第三层则是关帝庙。

（2）三奶夫人庙

陈、林、李三奶夫人庙位于吞武里府他辇铃405号。据说建于清道光二十七年（1847年）。1925年整修，1939年重建，并于1940年2月5日再次恭迎三奶夫人神像进神殿，后又经过多次修建。

（3）汉王庙

约于清光绪十五年（1889年）建立。汉王庙碑记："汉王公康大保尊神，溯其香火来暹计历百余年矣。"按照汉王庙碑记落款的日期光绪十五年（1889年）己丑岁季夏月推论，当在1789年前后，即泰国曼谷王朝初期，旅暹的客家人就已经开始供奉汉帝。汉帝信仰是客家人久远而又非常普遍的一种民间信仰，在中国本土各地的客家人中有相当的影响，早期旅暹的客家人也把汉帝信仰带到了泰国。

（4）观音庙

为丘载赓先生创立，距今已经有百余年的历史。最初仅在黄桥租屋一间，安放神像供奉香火，并由善信集资在越三饭开设同德公司一间，将资金盈利悉充建筑新庙宇之基金。随后即在帕抛猜路购地及建筑正式庙宇，后经多次修建。

（5）吕帝庙

据传说，梅县人张炳于光绪二十三年（1897年）来暹罗，至二十五年（1899年）返国。其间带吕帝像一尊来暹，初安置在伍广源隆土库内，后因香火日盛，遂另觅基地，建吕帝庙于炮台县豆芽廊区帕抛猜路494号。后经过多次维修。在1910年至1914年间，吕帝庙曾经也是暹罗客属会馆的会所。庙的主神是吕洞宾祖师，俗称吕祖仙师。侧座与侧楼供奉三宝佛祖、观音菩萨、五路财神、土地伯公及各路神仙，长年香火旺盛。曼谷的吕帝庙有施医和施药的传统，泰国客家总会下辖的唯一医疗机构——崇正医院，也是由此缘起并逐步发展壮大。

（6）本头公庙

位于三攀他旺三聘街32号，以本头公（又称土地公）为主神。据该庙内的碑文资料，立碑时间为1892年，那就是说，此前相当长一段时间，曼谷的客家人已经把本头公神带到了泰国。客家社团曾经多次动议对该神庙进行维修和扩建，但均因各种原因未果。

上述六座神庙所供奉的各路神仙，曾经为几代的泰国客家人提供了精神支柱和灵魂归宿。但也必须承认，经过漫长的历史变迁，与其他华人族群一样，泰国的客家人也越来越融入泰国当地社会，客家人后裔的精神信仰也发生了重大变化，他们对传统的、从中国过来的神仙越来越陌生，他们一般都入乡随俗，把泰国当地的佛教信仰当作是自己的信仰，许多年轻人则以西方的各种宗教作为自己的信仰。泰国法政大学的吴云龙博士曾经专门对上述六座客家神庙和客家人的信仰进行过调查研究。他认为，应该把客家人对这六座神庙及其信仰的态度分成两类：一类是客家精英阶层，他们的态度更多地是实用主义的，他们追求的是这些神庙的财产所有权和管理权。通过客家神庙和信仰对客家人所产生的凝聚力和号召力，彰显客家权力的合法性和正统性，以及在管理过程中所能够获得的各种利益，至于信仰本身，可能不是他们关注的重点。另一类是普通的客家民众，他们对客家的传统信仰已经越来越淡薄和模糊。对他们而言，只要这个神有灵，那就可以去顶礼膜拜，不一定非要客家人专有的传统的神仙。"客家族群的精英群体通过神庙事务与神庙产生互动关系，并通过记录和书写的话语权对集体记忆产生影响；而曼谷客家族群的普通人则通过对神祇信仰的情感体验，即对神庙的亲疏认识产生与神庙的互动关系，并依照个人的情感归属在行动实践中对客家族群的边缘范围产生影响。"①

吴云龙以泰国客家人的精神信仰为切入点，进而分析泰国客家人当前在族群认同方面的特点，他提出"沙堆"理论，认为泰国曼谷客家人的族群认同就好像是一个"沙堆"。"泰国曼谷客家族群的认同不能以一个统一的方式或理论模式来进行分析和解读。""精英书写的集体记忆和大众的行动实践构成了一个不稳定的族群认同'沙堆'。所以，泰国曼谷客家人的族群认同，在与'他者'的互动中，即泰国主体民族——泰族认同和潮籍、闽籍、琼籍华人认同中，处于一种看上去是十分清晰的整体，但却又经常摸不着边际的

---

① 吴云龙：《泰国曼谷的客家神庙与客家族群认同探析》，《八桂侨刊》2017年第1期，第27-28页。

模糊状态;而在其'自我'的实践中,却处于一种内外或上下双层的、不稳定的摇摆状态。"①

从吴云龙的"沙堆"理论联想到《三国演义》中的一个关于"智筑冰城"的故事,其中的主角也是沙堆。《三国演义》第五十九回《许褚裸衣斗马超,曹操抹书间韩遂》中说道,初冬之际,曹操与马超两军在渭河两岸对垒,曹操命令将士取渭河沙土修筑营寨,无奈一盘散沙,筑起便塌,曹操无计可施,忧心如焚。正好有一位老者前来献计,连日来,渭河一带阴云密布,今夜必起北风,旋即天寒地冻,公可在风起之后,命将士在沙土上泼水,到天亮时,就可以筑成一座坚固的土城。是夜北风大作,曹操依计而行,果然筑成一座坚固的沙土营寨。"细作报知马超。超领兵观之,大惊,疑有神助"。这里的"神"就是天气变化,水和天气,是沙土凝固成冰城的关键。我们经常说,海外华人"一盘散沙",缺乏凝聚力,很难团结起来和凝聚成整体的力量。个体的华人,就是一个个"沙堆"或者是"沙粒",但只要有合适的条件,沙堆和沙粒也也可以凝聚起来,成为一座座坚固的城垣。华人社团、传统文化、风俗习惯与信仰、方言群认同等,可以发挥重要作用和扮演重要角色。

五、泰国客家人的传统文化和风俗

2002年春节期间,笔者为了完成一个重大课题,决定利用这年春节前后的时间,实地考察一下泰国华人是怎样庆祝自己的传统节日的。与其他东南亚国家的华人相比,泰国华人融入当地主流社会的程度是最高的,以至于有一些学者提出"泰国还是否存在一个华人社会"的疑问。实地考察一下泰国华人是怎样过年的,便可以很好地回答这个问题了。其间笔者重点考察了两个客家人家庭。

1. 祝他先生一家

大年三十晚上(除夕),笔者的华人朋友祝他邀请笔者和同事一起去他

---

① 吴云龙:《泰国曼谷的客家神庙与客家族群认同探析》,第27-28页。

家吃年夜饭，我们愉快地接受了邀请。无论是在中国还是海外各地的华人，都十分重视年三十晚上的团圆饭。泰国华人也不例外。

年三十上午，我们从位于唐人街的白兰大酒店出来，发现平时熙熙攘攘、车水马龙的耀华力路一下子变得冷清起来。街上的行人变少了，平时总是交通堵塞的街道也畅通无阻了，辛勤劳作了364天的华人，在第365天这最后一天才放下手中的生意，开始准备过年。许多华人商店门口摆好了祖宗的牌位和菩萨，老板和他的家人都在虔诚地拜祖宗和菩萨，至于财神，那更是一定要拜的。

年三十晚上，我们应邀来到祝他先生的岳父母家里，与他的家人一起欢度除夕之夜。祝他先生的岳父母已经去世，但是，祝他先生的太太及她的兄弟姐妹一直保留了这样的传统习惯，即不论平时多忙，成了家的兄弟姐妹及其家人一定要回来团聚，吃年夜饭。泰国时间晚上7时，年夜饭开始，一家几十口人围坐在两台大圆桌上，吃着各个兄弟姐妹从自己家里带来的各具特色的饭菜，客厅里播放着华人传统音乐，充满亲情和欢乐的气氛。吃完饭之后，那些已经工作的年轻人给小孩和老人发放红包，平时难得有机会在一起相聚的兄弟姐妹相互问长问短，互致节日的祝贺，直到10点钟左右，各位亲人才恋恋不舍地挥手告别，相约来年的同一天再相会。看到这样的情景，我心里在想，平时在中国过年并不觉得过年特别重要，因为每年都要重复这一天。但是到了海外，你就会发现，农历新年对于海外华人有着特殊的意义：它是华人传统的象征，让华人不忘自己的历史和来源，它还是华人文化的根。海外华人通过庆祝春节等传统节日，使华人传统文化在海外的特殊环境下发扬光大。

祝他的四个子女都起了中文名字，却很少使用，到了他的孙子辈，他就没有再坚持给他们起中文名字了。泰国华裔中的一些政治家、商人和知识分子一般都保留有自己的中文姓名。

祝他是泰国的第二代华人，其父亲19世纪20年代从中国广东梅县移民来到泰国曼谷。现在，祝他已经有了孙女，也就是说，祝他的孙女辈就是第四代华人了。祝他于1935年出生于泰国，在泰国土生土长，接受当地教育，在朱拉隆功大学行政管理专业毕业后担任政府公务员，先后担任过乡行政长官、县长、副府尹（相当于副省长）。祝他小时候没有上过中文学校，但中文能说会写，据他自己说，完全是自学成才。祝他有很强烈的华族归属感，热爱中华文化，对中国人非常友好和向往中国。他退休后受聘到泰国朱拉隆功大学中国研究中心担任副主任，为中泰友好和弘扬中华文化做了大量的工作。他还应聘到蓝甘杏大学讲授中国问题，每年都自费来中国访问。他把第三个儿子送到中国来学中文，为已经担任政府公务员的小女儿请家庭教师，敦促她利用业余时间学中文。祝他在家中偶尔也教孙子说几句中文。

与祝他的情况形成鲜明对照，祝他家的儿女们（第三代）却对中华文化缺乏兴趣，除了老三来中国学过中文外，其余三个儿女均没有来过中国，也表示对中国不太感兴趣，如果出国旅游，他们将首先选择去欧美。至于祝他的孙子，完全是按照泰国的生活方式养育，从小受泰国文化的熏陶，长大以后一定是完全泰国本土化的华裔。因为其母亲是泰国人，加上家中的女佣也是泰国人，一家人在家交谈时，也是使用泰语。除了祝他偶尔教孙子几句中文之外，他基本没有受中华文化的影响。

祝他非常喜欢看中文电视节目，他最喜欢收看的中文电视台是香港卫星电视凤凰台、中国中央电视国际台。祝他每次来中国旅游都要买许多中文VCD回去，尤其喜欢中国拍的中文电视连续剧，如《雍正王朝》《三国演义》《水浒传》等。祝他家里还订了一份泰国出版的中文报纸《星暹日报》，但只有祝他和夫人看，家里的其他成员既看不懂，也不太感兴趣。

在祝他一家十几口人中（第二代、第三代和第四代华人），只有祝他和他的妻子固守着中华文化，顽强、执着地弘扬中华文化。可以断定，祝他和他的妻子百年归老之后，中华文化在这个家庭也就基本上销声匿迹了。祝他一家的情况实际上也是所有泰国华人家庭的一个缩影。

祝他会说一口比较流利的客家话，带有梅县口音，也会说比较标准的普通话。其妻子也是客家人，夫妇两个在家中，偶尔会说几句客家话，但主要是在逢年过节，去岳父母家与老人团聚时，才有比较多的机会与老人们一起说客家话，平时在家与子女们在一起都是说泰语。祝他还有比较深厚的华人意识，所以，他还把他的第三个儿子送到中国来学中文，最小的女儿也利用业余时间学过一点中文。祝他家里雇佣一名泰族姑娘做家庭女佣，他的孙子从小就由这位女佣照顾，因此，可以断言，到了祝他的第四代，华语包括客家方言是不大可能保留下去的了。泰国华人青年由于从小没有接触过中文，普遍反映中文难学，如果要求他们选择学习一门外语，许多华人青年宁愿选择口语或西方语言。

2. 詹益钦先生一家

春节前，笔者特意去了一趟泰北的清迈和清莱两个府，对这个地区的华人留下初步的印象。

2002年农历十二月二十二日，清迈华人詹益钦先生和夫人及他们的二女儿惠如陪同我们在清迈市区游玩。詹先生为人友善，他和他的一家竭诚欢迎我们这些远道而来的中国客人。这一天正好是星期天，詹先生亲自开车陪同我们到市区各地参观。詹先生今年（2002年）69岁，祖籍广东丰顺汤坑，其祖父年轻时移民来泰国，詹先生是第二代华人，在泰国土生土长。詹先生小时候曾经到曼谷华文学校读过两年中文（20世纪50年代以前，泰国各地尤其是曼谷还有不少中文学校），粗懂中文，会说，但是不太会写，最近几年也几乎很少看中文的读物，也很少说中文。这次接待我们，可能是几十年来第一次讲这么多的华语，但总的来说还算流利，与我们用中文交谈基本上没有什么困难。可见，当年读小学的时候打下的中文基础是多么深刻，一辈子也不会忘记。詹先生有4个子女，2男2女。为了不让自己的子女忘记中文，詹先生曾经聘请过华文教师给四个子女教授中文，但是由于缺少语言环境，平时也没有机会使用，因此，其子女只能说一些最简单的日常用语，如"吃饭""你好"等，平时在家中一般都是使用泰语交谈，在工作场所也是使用泰语。詹先生的夫人祖籍潮州，会说一些潮州话，还会烹调潮州菜，也会说几句比较简单的中文。

詹先生是开五金店的,在清迈城内有一家临街的店铺,属于前店后厂的模式,雇有两名工人。据詹先生说,受金融危机的冲击,现在生意不好做。詹先生的四个子女大学毕业后,除了二女儿在家之外,其他三个子女都在清迈以外的地方工作。詹先生最近的愿望是要赚一笔钱,然后到中国旅游,尤其是要到他的祖籍地去看一看。

附录
我的泰国心和客家情[①]

我叫李朱[②],是地地道道的泰国人,但我这一生,从懂事起就被莫名地注定和中国有着千丝万缕的联系。这种莫名的力量应该就是缘分吧,这一缘分是我的血缘和家庭给我带来的,也是我一生无怨无悔的追求。

1. 家庭

我的父母都是土生土长的泰国人,年轻时去过中国的梅县。父母开了一家理发店维持生计。他们一共养育了我们十个孩子,前两个是养子,另外八个是我的亲兄弟姐妹,我排行第六。可以说,我出生在一个大家庭中。对我日后学习、就业和志向影响最大的人,要先从我的哥哥们说起。

最大的养哥脾气不好,与父母常有争执,父亲一气之下把他撵出家门,从此再未见过面。而二养哥在日常生活中待我们形同父亲照顾儿子。父母经

[①] 此篇为李朱的口述,由笔者的两位研究生姚聘、季鹏记录和整理。时间:2013年夏天;地点:广州。当时正逢李朱前来广州探望其长兄,他非常愉快地答应了我的请求,做了这份口述历史。到2023年底作者完成此书,李朱先生已经是88岁高龄,但身体仍然非常健朗,还经常与作者保持微信和电话联系。

[②] 李朱(化名),1935年出生于泰国,祖籍梅县。李朱在青年时代以优异成绩考取泰国最高学府——朱拉隆功大学,毕业后赴美国交流学习。曾任泰国帕府副府长、朱拉隆功大学国际问题研究中心副主任等职。李朱的父辈年轻时曾在中国梅州一带游历,其兄长20岁时毅然离开泰国,奔赴延安参加革命,1949年新中国成立之后留在中国工作,先后担任过许多领导职务。家庭背景让李朱从小就受到中国传统文化的熏陶,并为他日后为中泰两国人民之间积极搭建桥梁、交流互动打开了一扇门。李朱先生积极配合本次口述工作,以中泰友好大使的视角,用流利的汉语为我们讲述了他的生平经历,更重要的是,为我们展现了一幅在泰国的中国客家人的生活画卷。

营生计不易，家中孩子又多，所以家庭的重担就落在二养哥身上。他在我小时候给予我的照顾，是我一辈子也感激不尽的。而在思想上，虽然他没有帮我辅导功课，但他在我和我亲大哥日后参加一些团体组织以及思想的转变中，用沉默支持了我们。我知道，哥哥为我们时刻操着心，但他也用一种特殊的方式给了我们最大的理解和鼓励。

  我的亲大哥，是家里第一个受正规教育的孩子，并且接受的是华文教育。他读书的学校距今已有一百多年历史。这所学校到处熏陶着共产主义气息，受老师的影响，大哥参加了中国在泰国的共产党分支（或许是青年团组织，我已记不清，但确实是与共产党活动有关的）。毕业后，大哥选择了当一名华文学校的老师，心中也始终装着共产主义信念。那时的中国正饱受外敌欺凌，生灵涂炭。大哥最终选择了放弃在泰国的事业和家庭，于1937年赶赴中国参加抗日战争。他离家的时候也就二十出头的年纪，父母没能阻拦住他，兄弟姐妹之情没能留住他。到达中国境内前，他还要在泰国和印度支那经历一番磨难，当时交通不便，又要隐藏身份，所以一路都是偷偷摸摸地行走。大哥从曼谷坐火车到达泰国东部的一个小镇，再从这个小镇到达柬埔寨、越南，最后抵达中国云南。而柬埔寨和越南都是法国殖民地，法国那时正和日本对立，因为国家有着共同的敌人——日本，所以大哥在柬埔寨和越南境内觉得还挺安全。但是一到云南，情形就不大一样了。云南地区不仅布满了日本军，还有国民党军的威胁。于是，这一路幸得与他有共同抱负的同志引导、帮助，大哥才顺利徒步抵达延安。而到达延安时，一路与他相伴的朋友们都牺牲了，只剩他一个人。根据母亲的书信记录，大哥于1937年正式加入中国共产党。抗日战争结束后，大哥进入武汉一家钢铁厂工作，得到信任和重用，担任副厂长一职。新中国成立后，他又被派往苏联进修学习。看来他在中国的生活很好，但当时我们全然不知，只有对他无尽的挂念和期盼。离家二十多年了，大哥最终选择定居在中国南方一个温暖的城市——广州，并在广东工业大学当领导。我还是想吹嘘几番我这位哥哥，因为他到哪里都能施展才华并受人认可。

80年代中期，大哥回过几次泰国，虽然乡音已淡、鬓角已白，但站在我们面前的依然是同我们血脉相连的家人。父母拉住他的手紧紧不放，先是责怪，后又心疼。二哥也含着泪"怪罪"他，作为家中长子，说走就走，还去那么危险的战场，置家庭于不顾。大哥不说话，脸上是暖暖的笑容。就这样，大哥常从中国回来看望我们，每次都能在家住上两三个月时间，我们一家总算团圆了。

我想，我与中国结下的缘，在很大程度上也是靠我的亲大哥帮助建立起来的。如果没有他，我不可能有兴趣去了解中国，也不会花这么大力气去学习中国语言文字和中国文化。大哥年轻时就投身中国革命和建设，真可谓抛头颅、洒热血，为自己的信仰而奋斗终身。他对信仰的追求和行动，对我的影响是潜移默化的。我小时候因为思念他而感同身受地去体验他的信仰。大哥在89岁时，于广州去世。

朋友们一定有疑问，我的大哥加入共产党和投身中国革命是否对我的家庭造成了负面影响。其实没有，因为当时的泰国政府在国际问题上表现得比较中立。可是后期的几任独裁军政府，开始号召泰国人爱泰国，极力排除华人民族主义思潮对泰国社会干扰的因素，并在一些社会事件中找中国人当替罪羊。当时，许多华文学校的老师公开支持并参与中国抗日战争的各种活动，结果被泰国政府流放到偏僻的边境地区。那个年代，确实深受国际问题的干扰，中泰两国之间有了裂缝。但是，我因为牵挂着正在进行国际共产主义事业的哥哥，同时也感受到帝国主义和法西斯主义的惨无人道，心中渐渐萌生了要为中泰修好并且催化这一关系的理想。实际上，无论是我在担任泰国政府公务员期间或者是在退休后所从事的教学工作中，我一直都在努力践行这个理想。

我的姐姐继承了父亲的事业，当了理发师，她略懂一点中文但不会讲普通话，对中文也不感兴趣。这一点上，她跟我真是完全相反了。我想，还是受我亲大哥的影响吧，我们兄弟姐妹们都对中国共产党比较拥护。即便在泰国反华期间，美国、英国和其他西方国家的电台和各种媒体编造的大量新闻传入我们的耳中，我们兄弟姐妹也清醒、客观地看待中泰关系，不为舆论干扰。

总体来说，我的亲大哥一生传奇的经历给了我莫大的鼓舞，把他和中国的缘分继续传给了我。在战争年代，他选择奔赴战场救助无辜的人民，我想，在和平年代，我应该延续大哥的志向，在中泰之间担任我自封的"友好大使"。因此，我从小就刻苦学习中国文字和文化，显著成果就是我现在能流利地使用中文与你们（指两位记录口述的同学）畅通无阻地沟通，时而还添几句中国谚语、成语补充说明。

也不知道是否受中国文化感染过多的原因，我娶了一位中国客家人的后裔。我妻子的父亲是广东丰顺人，战争时逃来泰国，一家人几经辗转在曼谷落脚。同是客家人的后代，我们很快就相识并成为好朋友，于是就有了我的妻子。妻子的家庭很值得我一提，因为说起来我和她都有中国缘分，也正因如此，我们之间有了爱情。我的岳父和丈母娘养育了包括我妻子在内的四个孩子，他们定居在泰北。这一带当时受到泰国政府的打压，禁止华人居住，华人被迫迁往另一个省。于是，妻子全家又从泰北搬到曼谷。妻子是一名大学老师，她和她的兄弟姐妹都是受过教育的知识分子，文化教养很高。妻子的亲舅舅毕业于厦门大学，现在从事渔政工作。听妻子说，她母亲和舅舅相见无法沟通，母亲讲泰语，舅舅讲中文。其实，这样的情况在泰国当时十分普遍。为了逃避战乱或是寻找商机来到泰国的中国人，他们的后代甚至他们自己已经无法同国内的亲人交流。

我和妻子养育了四个孩子，三个儿子和一个小女儿。孩子一直都由老伴在曼谷照顾。在我的孩子甚至我的孙子们的教育中，妻子发挥了启蒙老师，尤其是传播中国文化的启蒙老师的作用。我记得她最爱给孩子们念《西游记》的故事。教我的大孙子念"鸟能飞，人能飞，人能跑，鸟不能跑"，"好孩子，孝父母；好孩子，做好人。做好人，人人爱；做坏人，人人恶"，等等。孙子们不愿意背诵诗句，妻子就给他们制定了奖励政策，谁念会了诗句就给他们发钱。就这么一直引导着、鼓励着，我的孩子和孙子受到了较为浓厚的中国文化熏陶。

我的大儿子曾被公司派去广州出差。到广州去自然是要与我的亲大哥相会，可他并不能与大哥用中文流利地交流，大哥也几乎不懂泰文了。二儿子被我送到北京的一个华侨学校读书，也曾来广州与大哥见面。三儿子毕业于泰国的工程专业，目前也算自己打拼，日子还不错。我的小女儿最争气，她考入了朱拉隆功大学，成为我的校友，攻读经济学学士，本科毕业后，又去新西兰读行政管理硕士。小女儿勤奋好学，打算硕士毕业后还去英国读博士，但由于911事件的影响，我没有让她出远门。

可以说，我和妻子对孩子的教育是十分重视的。我们鼓励孩子多读书，尤其是多接触中国文化。虽然两个去过中国的儿子让我有些失望，因为他们不能用中文与人沟通，但对于他们的发展现状我已经很满意。现在我想讲一讲我是如何教育我的孩子的。

我时常跟他们念叨这样一句话："你还没有富有，你像富人一样消费永远都不可能富有；你还没有穷，你像穷人一样消费永远都不会穷。"我这是要告诉他们理财的重要性。在他们小时候，我和妻子为他们创造的家庭条件已经算很好，加上当时泰国整体环境被西化得很严重，所以我十分担心孩子们"物欲"膨胀。在他们的学习中，我有时会用金钱做奖励，激励他们进步，这正是要教导他们通过自己的智慧、勤奋和汗水换来正当的财富。

泰国人深受佛教的影响，我也常把我自己对佛的领悟告知我的孩子。我对他们说，佛告诫人万万不可有贪念、恼怒、迷惑。"贪念"是你无穷的欲望，只会把你推入人性泯灭的悬崖；"恼怒"是你无法克制和管理自己的情绪，阻碍与人交往；"迷惑"是你受外界之诱惑而内心不得清醒。孩子们太小，他们还不能领悟，但我一直反复提起这三点，我相信他们都能把我的话倒背如流，但能否真正理解其中真谛，还需他们自己去领悟和践行。

因为我小时候深受一些思想进步的老师影响，个人还看了许多中国孔孟的书籍，所以也想为自己的子女创造一个良好的启蒙环境。不论是自然科学知识还是佛教，抑或是人生道理，我都希望孩子们能用恬淡的心行走在人生路途中。如果能像我一样，有颗为中泰友好贡献绵薄之力的心，那我就更欢喜了。不过这一点是让我失望的，但不必强求。

2. 求学之路

谈起我的求学之路，这是一段非常丰富多彩的经历。我在中学阶段，20岁还不到，就已经自己开办学校，当然这不是什么综合性办学的大学校，只是和几个朋友一起教一些华侨子弟专门学习泰文，性质就是一种补习学校。这在当时也并非罕见，也有许多其他人来开办这样的学校。所以，我读书时就自己赚钱，并且计划拿这笔收入供自己未来读大学。我学习是非常刻苦的，这点我得夸夸自己。尤其对于中文，我常看一些中文书籍，包括四大名著，听父亲讲中国的神话传说，讲他在中国的经历，等等。由于父亲会说中文，所以可想而知我的中国话可以说得很地道。语言帮助我日后为中泰沟通搭建桥梁，成为有力的工具，这在后面我会跟大家讲到。

除此之外，我如饥似渴地收听BBC等广播节目，远离国际纷争，却时刻关注中国的境况。中泰关系紧张时，我便躲在被窝里偷偷听电台。泰国比较左倾的报纸《全民报》也使我深受影响，后来它被反华政府撤掉了。放假时我还去唐人街找书看，这些在当时都叫左倾书籍，而我却在偷偷摸摸中饶有兴趣地阅读。我在受教育的过程中，不可避免地遇到政治因素干扰。比如，在学校里不敢说共产党好，不可以宣传共产主义，否则就会进监狱。但这些都无法阻止我感受中国的苦难和强敌的无情，也使我更加想念哥哥。

我这股刻苦学习劲感染了一位朋友的父母亲。他们邀请我到家中做客，陪伴我这位朋友一起学习。说来好笑，小孩子多多少少有些多动症的，贪玩、任性是孩子的天性。但是这位朋友跟我在一起时，就立刻变安静了。我在他旁边坐着看书，不陪他说话、玩耍，他觉得无趣，也只好跟我一起看书了。他的父母见此情景，认为我一定可以帮助他提高学习成绩，就每天邀请我去他家，还给我做点心，留我吃晚饭。我的母亲知道了以后，觉得总是去打扰别人不好，就提议让这个小朋友也常来我家，照样可以两个人结伴学习。类似这样的，我被邀请去其他同学家学习的情况很多，我父母的心里是为我暗暗感到自豪的吧!

高中毕业后,我顺利地考进了泰国朱拉隆功大学,它相当于中国的北京大学,是泰国最好的综合性大学。本科学习期间,我依然刻苦读书,我的人生规划有很多远大的目标,还有很多的梦想等待我实现。于是,我一边学习学校的课程,一边又办起了中文速成班。本科毕业后,我顺利考取硕士研究生。

硕士阶段,我攻读的是行政管理专业,这是一门颇具现代化特色的学科。在当时,这一学科内容特别贴合实际需要。泰国的政治制度急需注入民主血液,政府管理更需要强调人民利益。对国际关系和国内政治十分关切的我来说,这门学科具有强大的吸引力。除了专业课程外,我们依然需要研习历史。我们的历史课程内容都是泰国、缅甸一些战争历史,尤其是暹罗反缅和王朝腐败的历史等,内容枯燥。相比之下,深受学生喜爱并颇具实际意义的,就是一门叫公民教育与礼貌的课。这门课从小学直至大学都有开设,体现了政府对礼仪教育的重视。尤其是当今社会,泰国的年轻人已经很少注意传统礼仪了。比如如何在寺庙拜佛,一定要拜三下——拜佛祖、拜佛经、拜佛徒,草草敷衍是心不诚的表现。你们都是知道的,泰国是个佛教国家。类似的礼仪风俗,我想不仅在泰国,在中国也是这样,现在许多年轻人已经不懂这些老祖宗的规矩了。

我举一个有意思的例子。我们的英拉总理是东南亚国家领导人中第一个去柬埔寨吊唁西哈努克亲王的。而泰国的反对派借英拉总理在追悼会上黑裙白衣的穿着不符合泰国人在葬礼上穿着的传统来攻击她。反对派认为这太丢泰国人的脸了,没有用泰国应有的礼节表示对西哈努克的哀悼和尊重。而柬埔寨现任总理的夫人,她当时也是身着黑裙白衣,这就化解了英拉在反对派所谓的礼节失误上的尴尬,反对派后来也就没有拿此做文章了。这个例子虽然是泰国反对派借以炮轰英拉的,但其实也是泰国人十分重视礼俗的一个反应。

攻读硕士(1969—1970学年)期间,我获得了前往美国交流学习的机会，并有奖学金资助，一直令我神往的机会终于到来了。我在美国总共待了7个月，学习了大量的西方政治知识，但美国课堂十分欠缺我想了解的历史知识，尤其是真实的中国历史知识。可以说，我个人知识储备中的中华文化知识都是自学的。我在美国的时候，和一些同来自东南亚国家的学生一起去美国家庭做客。基本上是周六晚上去，吃个晚饭，一起聊天，第二天下午返校。在交谈的过程中，有很有意思的对话。美国父母觉得自己的孩子总是打断他们的话，并且总是提反对意见。我就说，在泰国，父母讲话是不允许孩子插嘴的。即使有不同意见，也要等父母说完了再提出。美国孩子就反驳我，我们要自由平等！确实，这是我对美国文化的一个深刻感受，这里有着无拘无束的言论自由，相比之下，东方国家确实太过自我封闭。

第二天周日，美国人都去教堂做礼拜。他们告诉我，佛教徒也可以同去。有意思的是，做完礼拜后，许多美国人都想听我讲佛教，包括一些牧师也在听。我给他们总结说，佛教就是三个原则：做善事、放松心灵、心态开朗。但有人质疑说我们的佛教不是宗教而是哲学，宗教要有"GOD"，没有"GOD"的不能算宗教。我笑着说，"GOD"并非局限于一个人或是一个名字，你们的宗教同样指引你们从善，有这条宗旨在，它就存在着无形的"GOD"，"GOD"自在你心。

3. 工作与人生

泰国的内务部行政管理厅每年都要招录副县长，录取条件是政治学专业毕业，全国一年录取60~80人，最终上岗还要刷掉一部分人，被刷的人要排队等来年的安排。这个职位的考试竞争压力非常大，同中国国内的公务员考试一样，非常难考。我大学毕业后，就开始准备考副县长。副县长主要是帮助县长打理各项事务。泰国的县、府都属于内务部管理，内务部在过去的职权比较大，相当于中国的国务院，全国的警察、检察和监狱系统也属于内务部管理。因而县长就需要处理这些系统内的基层事务，工作非常忙碌。某些比如破坏环境等重要的违法案件只能由县长处理，往往需要先由县长审批，再由其他职能部门行使职权。关于泰国的政党制度，是文官、军队和政党的三方角力，政局十分混乱。但是不管军人当政还是民选政府上台，对军队的重视从未减弱。这一点尤其表现在军队会授予府尹（相当于中国的省长）军衔、府尹对地方军队保持权力等方面。我给你们展示一下我的证件，我的官员证穿着的是军装，文字是泰文和英文双语。内务部的文官也需要军训，同样，做副县长、县长之前也要经过军训。军训课程包括军队理论知识，对教官所提的任何问题都要回答"是"，绝对服从命令。每天长跑锻炼，此外，还要扛着M16步枪进行艰苦的射击训练。泰国官员的军训是非常严格和正规的军事化管理。如果你被任命到敏感地区任职，即泰共解放区，就更加需要具备军事化管理的素质。

内务部公务员的思想宗旨是"接触困难，促进幸福"。管辖的事务涵盖一个泰国人的从生到死，也就是说，公务员要对泰国人民的一生负责任。这里给你们举个例子，就是泰国的医疗保险制度。在泰国看病，只要一张医疗保险证明即可，每年缴纳30泰铢的保险费就可以随时就医看各种疾病。这对于执政者来说也是很重要的挑战，如果医疗保险制度实行得不如宣传的那样好，就会影响到他们的竞选。他信总统将医疗保险费从每年300泰铢减到每年30泰铢，直接去了一个零。这就是利用福利制度为自己的竞选谋利。

我的从政经历算是比较丰富的。顺利考取了副县长，经过几年锻炼，最后又当上了县长、副府尹（相当于中国的副省长），工作地点也覆盖了差不多泰国的大部分地区。我的工作经历很值得一谈，因为这当中反映着我与一般人不同的从政理念，总体来说，我崇尚温和的治理理念。

有一年泰国进行大规模宵禁。在我管辖的区域，警察抓了一辆大巴车，车里全是大学生，大约30人。抓捕的时候我正在睡觉，于是赶紧去处理此事。这样的案件警察署长只能跟县长汇报，不能私自处理，所以这件事情只能由我来处理。我赶去看到他们之后，心里一种亲切感油然而生，因为这些年轻的孩子们看起来就像我的弟弟妹妹一样。我当学生的时候也经常由于组织一些学生活动和同学们结伴远行，于是看到他们非常同情，也很理解。他们一个个低着头，非常委屈地告诉我："我们下午三四点就出门了，但是大巴车中途坏了,修理过程耽误了很长时间,所以到了晚上还在外面……"我当时就决定要对这些学生网开一面,他们并不是在制造社会动乱,单纯的孩子们只是结伴过课外生活。我安排他们在我的会客厅里休息,吩咐秘书在地上铺上席子,让他们在这里睡一晚。我这样做是担心如果他们被扣留在警察署,会继续受到不必要的讯问,若三两句话讲得不合审讯人的意,这些警察可能会出手对他们施暴。

第二天一大早,我就请一名保洁人员的妻子煮了一大锅粥,让这些学生吃完早餐再走。在这件事情上,如果我很严格地执法,法理上是对的,但是情理上过意不去。最后我让这些学生把晚上外出的原因写下来,相当于保证书。通过这件事情,我感觉到执法过程中还是要具体情况具体分析,不能完全不顾人情。因为这些学生并不是什么泰共分子,并没有做出危害国家安全的行为,如果这次没有网开一面,导致了警察与学生间的冲突,那么这样的后果更不堪设想,尤其是给这些学生带来的身心伤害将难以弥补。

类似的情况还有很多。有一次,下属跟我报告,说发现山上有共产党活动。我就叫警察署长带几个警察员去山上探探情况。但是警察署长胆小怕事,一直拖延没有上山调查。我怕真有泰共分子捣乱、生出事端,此事非查明不可,所以我就不依仗警察署长,亲自带领一批人上山探个究竟。到了之后,我就笑了,因为我看到的只是一帮学生在搞活动。不得不承认,精力充沛的年轻人经常给我们官员制造一些麻烦,不过这些麻烦不是什么政治问题。但是在处理这些学生事件时,我们应该法理和情理同时兼顾。

以我的资历和政绩,其实早就可以做府尹了,但是扪心自问,我觉得我还不具备为人民谋更大福利的能力,甚至到了一定职位上可能会做违背我良心的事,比如贪污、腐败。想到这些我就下决心不做府尹了。因为我一直认为,从政需要以一个什么样的心态来指导自己的行为,这是一个很严肃的问题。在我自己没有理清这条思路、没有摆正自己的心态之前,即使我有再大的能力,也不想草率行动。我信仰佛教,凡事以佛家训言指导自己,所以为官以来事事都要问自己的良心。

这里又有一个小插曲。我的下属一个厅长来找我汇报工作，提到有一个耽误了十多年都没有完成的修葺墓地工程，这个工程没有政府预算资助，缺乏资金，希望在我任内我可以完成它。我实地考察了一下，这个工程约摸需要 2,000 多万泰铢。这个问题是亟待解决，但万事俱备只欠资金。既然没有政府拨款，我就想到了依靠社会力量的资助。当时我在内务部管理慈善基金工作，我和这些基金会负责人的关系很好，于是我就主动找了一个泰国最大的基金会的理事长，把 2,000 万泰铢的资金困难问题向他说明清楚，并且把修葺墓地的图纸拿给他看。他当场就说没有问题，承诺我回去之后会和基金会主席汇报，并且当时就拿了 1,000 万泰铢给我。他跟我保证，主席对这个问题也不会有异议的。我也向他们保证，你们的资金是我们内务部的借款，一定会给你们开收据。当时我一下子就松了口气，资金的问题就这样在双方的互信下解决了。通过这个问题可看到，政府也需要借助社会力量，但不是勒索的形式，而是要在双方信任的基础上，以为百姓谋福利为宗旨。

拿到钱款之后我们就联系了承包商，并且告诉承包商，这笔款项是慈善基金会资助我们的，你们一定要做好这次工程。工程结束之后我们一起吃个饭就可以，其他的什么都不用，也不用给我赠与礼物表示心意，不要妄想从政府这里赚得一点利益和好处。由于我提前做了严肃的交代，所以这项工程运行过程中没有掺杂任何的利益纠纷，进展十分顺利。四年之后我问这位承包商，这件事情我做得是否非常傻，明明可以从中拿到一点私利，但我没有。他说，我这样的官员才是真正的清廉为民。迄今为止想起来，我一点都没有后悔，我为自己感到自豪。在泰国，官员谋私利的现象非常普遍。我信佛，佛家的启示我牢记在心，因而在我内心，我做不到府尹，并不是我的能力不够，我认为我做到副府尹已经很不错了，只是要升到府尹还需要打理很多上下级关系，但个中的灰霾现象（意指泰国官场中的一些潜规则——作者注）是我不能容忍的。

你们年轻人可能无法领悟职场、官场的规则，像我这样心中有信仰的人，自然有信仰的指导和做人做事的底线。当然，我是说宗教信仰。如果你们不信什么教呢，我特别想给你们讲这个故事，一个曾经别人讲来启发我的故事。有一个日本的泡茶师，他是一位贵族的剑手，但其实他并不懂什么剑术，或是剑术不高明，至少没有他泡茶的本领高。一次外出，他被一个同穿剑手服饰的人拦住，这人气势汹汹，一看就是武功了得者。"武者相轻"吧，那人提出要和泡茶师决斗。泡茶师心里想，我又不会怎么跟人打斗，怎么能赢得过这位真正的剑手呢？所以央求他明天这个时间再比试武功。泡茶师离开那剑手后，赶紧来到武馆求教一位师傅。师傅听了他的描述，知道那位剑客是一位很有名的剑术高手，而若想要拯救这位泡茶师，绝非一夜之间苦练就可以打败他的。师傅说："不急，你在这里给我泡壶茶吧。"泡茶师不明就里，只能泡茶。师傅品着他的茶，赞赏道："你的功夫不亚于你的父亲，这祖传的茶艺在你这里可以发扬光大啊！"泡茶师很着急："为何师傅你还不教我剑术？"师傅终于说道："明天比武的时候你把茶具带齐，不用带剑。"照这位师傅的指示，泡茶师在第二天的比武中一直在泡茶，并邀请剑客一起品茶。剑客抿了一小口，立刻就服了，说："我从来就没喝过这么好的茶！"结果是，剑客反而去拜泡茶师为师，对他的茶艺佩服得五体投地。

这个故事告诉我们什么呢？人有两样东西在他身上，一个是外体（身体），这个是力斗；还有一个是内在，这是依靠心灵和智慧的力量，是内力。这个故事和它的寓意一直启发着我为官应该多用内心的力量，重视感化别人，切不可依靠暴力解决问题。谈到国际关系问题时，也是如此，就中国来说，她现在就是需要一种大国风范，一种内刚外柔的风度。

4. 对泰国华人的观感

在泰国的华人给人的印象是十分勤奋和节俭，他们当中大部分是男人。中国人往往在泰国待了几年就很有钱了，当地泰国人对这些中国商人十分敬重，想要学习他们的致富秘诀。其实根本谈不上什么多大的奥秘和致富秘诀，富有和贫穷的差别主要就是勤奋和懒惰。中国人来到泰国谋生，无依无靠，唯有依靠自己的勤奋，钻研各种商业机遇，而泰国男人往往安于现状，没有去赚更多钱的念头。因此很多泰国女人嫁给了有上进心的中国人，就是看重中国男人的勤奋持家。泰国人的心境跟当地环境也是有关的。在我小的时候，河里鱼虾成群，自然资源丰富，人们生活富足，人们生活所需往往可以直接向大自然伸手索取，所以心性就渐渐地变得懒惰。

华人非常会做生意，往往能及时准确地把握商机，做成大买卖。华人在泰国也少有违法的情况，只是在泰国一心一意地做生意，生活得非常淡然和闲适。所以我对南洋的华人的印象都是发大财的生意人。当然不全是这样，有一部分人一事无成、走投无路，又不好意思回中国，最后就在泰国孤独终老；一部分华人一事无成后就回中国了；还有一部分就是在泰国发了财，也慢慢地在泰国安了家、扎了根。对于那些在泰国孤独终老的华人，命运实在可怜，国内的亲属与他们失去了联系，最后连他们死去的消息也无法得知。于是，有一些华人专门成立了基金会，负责给这些孤独终老的华人处理后事。

在泰国的华人除了经商，也有一部分选择了从政。在我为官时还不多见，现在已经渐渐多了起来。我知道华人一定会有这样的疑问，当地泰国人对华人官员会有偏见吗？一般来说是没有的。因为泰国人民受到佛教的熏陶，所以他的心性比较和蔼，只要别人跟他合得来，一般他是不会主动或故意跟别人作对的。泰国人比较低调，一般的华人也比较谦虚，所以两国人民可以很好地融洽相处。在泰国，中泰两国通婚的人们，都会互相尊重对方国家和民族的习俗，和睦相处。

可是，也有一些华人在泰国受到歧视和不公平对待。一些泰国人称呼华人为"藩鬼"，对他们抱有偏见，认为中国人过来是抢夺他们的财富。这只是极个别现象，至少在我的经历中。我居住的环境中，华人同泰国人一起生活，大家用客家话、潮州话、泰国话混杂着一起交流，许多语言一起沟通并且还没有障碍，真是一番盛况。在华人中，潮州人居多，其次是客家人、海南人、广府人。大家几乎都有自己的团体，比如客属会馆、梅州会馆、潮州会馆、海南会馆，等等。泰国那时的环境其实以中国文化占主导，只是交流上的方言有差别，在生活方式上都是很相近的。

这里不得不提潮州人，他们为泰国的教育事业作了很大的贡献。潮州人在泰国比较富有，他们在自己致富之后，还出资建立许多学校，自己担任学校董事长。有些是华文学校，有些非华文学校也会教授华语课程。所以这些学校的学生都可以说中文，他们都很了解中国文化。在泰国，确实有很大一部分人担心中国文化"入侵"，破坏泰国的社会结构。其实不然，像潮州人这样在泰国兴办教育事业，给当时许多上不起学的孩子解决了教育难题。教育的投资回报不是立刻就能看到的，现在看来，我们确实感受到了一批华文学校的优秀学生为中泰两国之间所作的贡献。

不幸的是，到了40年代，泰国发生了军人政变，推行排华政策，并且随着国际时局的变化，泰国政府有了亲美倾向。亲美的政党随即关闭了很多泰国华校，还抓了很多教中文的老师。华侨老师被驱逐回中国，非华侨身份的就被流放到偏僻地方，很多人由于边境地区的痢疾等疾病最终死在那里。这些历史的、政治的原因，让一些无辜的人生命受到牵连，我们感到很抱歉。

我同许多中国人打过交道，不管是亲密的朋友，还是一面之缘相识的人，不管是在泰国的华人商人，还是中国本土的专家学者，一直都很和谐畅快。我与每一位中国人的相识，都是深深浅浅的缘分，都值得我现在细细回忆、津津乐道。

5. 退休后的工作与生活

我的许多朋友在退休之后就一直闲在家中，而我却依然过着丰富多彩的生活。这是因为我的心态要比同龄人更好，我比同龄人更看重"老骥伏枥，志在千里"。我没有让自己在家享清福的想法，出去多找点事情做才能让我感到生活充实。但是在选择做什么晚年事业上，我还是非常谨慎的。

我的一位老朋友，他父亲的公司正好需要一位顾问，考虑到我在学术方面曾有出色的成就，于是邀请我过去做顾问。但是我考虑到，生意人更多地是以赚取物质利益为主，与我脾气秉性可能磨合不来，最后我还是婉言谢绝了他的邀请。

如果此时邀请我回到大学校园教书，那正是投我所好了。其实当我在帕府担任副府尹的时候，我认识了一位某高校政治学院的院长。正是与他的相识,给我带来了退休后的新工作。当时他们学校要在帕府开一个分校,请我帮忙为他们申请一块地。我十分热心教育事业,于是非常积极地替他们张罗开分校的事情。最后我们定下的地段周围有许多柚木,白蚁十分害怕柚木散逸的特殊气味,所以柚木是一种非常好的建筑材料。此外,这个地方的穷人较多,学校开办在这里可以更加方便穷人家的孩子上学,至少可以为他们省去一部分不少的交通费。

为了答谢我,这位政治学院的院长极力向他们校长推荐我退休后过来担任讲师,而其实我在退休之前,也就是58岁到60岁这两年,我就已经在这个大学担任了两年的讲师。课程在周末开办,并且属于特别讲座班,听讲座的有许多府的议会代表、县长、副县长、中学的校长和硕士等,大部分属于文化层次和职务较高的人。

退休后,我在蓝甘杏大学执教了13年,教授的课程大部分与中国问题有关。其间,我还担任了泰国朱拉隆功大学的国际研究中心副主任以及理事顾问。此外,我还在另外两所私立大学教授公共管理学理论知识。总之,在高校任教,继续传道授业解惑,是我最大的兴趣所在,让我在退休后的生活过得十分充实与精彩,也结识了许多国内外的学术界专家。与暨南大学的曹云华教授就是在这期间相识的。

1997年我赴云南开会,在这次会议上我认识了曹教授。听他做报告时的口音很像客家人,于是私底下就过去跟他打招呼,从口音开始问起,果然不出我所料,曹教授正是客家人。我的心里顿时对他产生了亲切感。之后,我邀请曹教授来泰国做华侨问题的研究。在泰国期间,带他参观了海南会馆、潮州会馆和客属总会,这些会馆在泰国建了好几所华文学校。我和曹云华教授从此结下了不解之缘,一直到现在都还保持着联系。2019年曹教授到玛希隆大学做访问学者期间,我还自己驾车去学校看望他。

退休后我专心从事高校教育,也致力于积极推动中泰两国间的文化交流,其间发生过几件意义重大的事情。我在朱拉隆功大学任国际研究中心副主任时,云南省公安高等专科学校的老师——我的老相识,过来找我帮个忙,他想和泰国的警察建立起联系，方便在校学生互相交流学习，于是我答应了他，开始为他们搭建桥梁。对我来说，这件事情还是不难的，因为警察厅归内务部管理，我当时任副府尹期间警察厅的事务都需要我亲自过问和审批。很快我就联系了一所泰国警察学校，在中泰两国的警察教育事业中搭建了桥梁、建立了往来交流关系。同时，我在双方中间担任了翻译工作，这对我来说可谓十分得心应手的事情，自小学习汉语和中国文化，语言是难不倒我的。事成之后，云南方面邀请我携夫人一起参加云南公安高专的五十周年校庆，细心、热情地招待我们。自此，云南公安高专和泰国警察学校交流频繁，往来无碍。

我能够在中泰之间做一些有益的工作，促进中泰友谊，得益于我在泰国期间打下的良好人脉基础，另外还有我的中文能力。这样的交流工作不只上述那一次，还有一次是应蓝甘杏大学校长的委托，去云南大学启动一个交流合作项目。这个项目非常顺利地建立了，为两国的学术文化交流又增添了一道捷径。在这之后，我同云南各主要高校之间的联系越来越频繁且熟络。一位来自云南师范大学的吴姓女老师，要在泰国进行一段时间的考察，拜托我在泰国的校园里给她安排住宿。我就为她找好了宿舍，但是我又担心她的生活费不够用，就给她介绍了一份中文翻译的工作，主要是帮助泰国的一家旅行社进行翻译。这份工作让她一两天就能赚得几万块泰铢。

我在同中国人打交道的过程中，内心是非常愉悦的。大家都怀着彼此信任和欣赏的心情，互相支持对方的工作。我给中国学者提供一些学术调研上的便利，同时泰国学者在中国也得到了优待，两国学者在教育文化上互勉共进。

当然，退休后的生活不仅仅是从事教育工作，还有一件说来意义重大也十分有意思的事情。泰国国王爱好音乐，他本人喜欢进行音乐创作。来泰国的许多华侨华人在泰国待时间长了也都喜欢上了国王的歌曲，他们往往哼着这些曲调，就非常希望能填进去一些中文歌词，方便哼唱。了解了这些情况后，我猛然滋生了这样一个念头，国王写了这么多好歌，如果可以译成中文歌词，传唱到中国来，岂不又是促进两国文化交流的好机会？于是我请了一些中文水平好的泰国人把国王的歌曲翻译成中文。但我的做法也受到了许多人的质疑，有人认为国王的歌不能随便拿来翻译，不管从法律角度还是情理角度来说，都需要征得国王本人的同意。于是我写了一封意见书，托一个熟识的宫廷官员，将信件呈递给国王。在呈递的过程中，需要经过很多层审核，每一层的负责人都问我这样做是不是为了商业利益。我微笑着坦率地告诉他们，我的想法目前是非常单纯的，只是想在中国传播泰国文化，促进中泰文化交流，不过国王的歌曲红了之后，就不得不进行商业运作的了，到时候这些事情也不是我参与的了。最终这件事情得到了国王的批准和认可。通过几次中泰合唱团的往来交流，国王的歌曲现在在中国许多地方开始传唱起来。

上述这些事情是我在中泰两国之间所起到的一些桥梁作用，我想，我作为有着客家人背景的泰国人，有责任和义务为两国之间的文化交流贡献一点力量，不敢说推动了多大的发展，但至少我出的一分小小的力，其价值所在是显而易见的。这让我在晚年依然为自己感到十分自豪，或许可以说是实现了一些自我价值吧，但我知道，内中的收获不仅仅是于己的，更重要的是为两个国家的友谊和共同发展贡献了自己的一分力量。

我在退休后，依然经常来中国，一年大概因各种事务要来中国四五趟，对中国的许多城市都非常熟悉。我本人也喜欢唱歌，在泰国参加了一个合唱团，并跟随合唱团来中国进行过很多次演出。2011年，我们参加了汕头的归国华侨联合会举办的演出，演出十分成功，两国的合唱团成员也亲切地进行交流。最近一次在武汉参加的表演中，我们就演唱了翻译过来的泰国国王的歌曲，受到了中国人民的欢迎和喜爱，我们合唱团的成员们对中国人民的印象也非常好。

除了跟随合唱团，我自己也经常带领学生来中国做实地考察和研究，经常来到云南大学和上海的一些高校。有时也专注于介绍中国城市的生活习俗和风土人情，给学生们做一些中国文化上的解惑。有学生提出疑问："中国现在还有寺庙吗？战争时期是否都被共产党摧毁了？"这种疑问在中国人听来简直可笑，寺庙在中国是信仰佛教的信徒们虔诚拜谒的圣地，中国这样一个佛教大国怎么可能没有寺庙呢，并且共产党又为何要摧毁寺庙呢？其实，类似这样的扭曲事实，都是美国宣传的。所以为了让泰国学生了解一个真正的中国，我只有把他们带到中国来，让他们眼见为实。我指着无锡的灵山大佛对他们说："大家看，这些都是中国重要的精神财富，中国人民的精神动力是长久不息的，西方国家的挑拨和歪曲是经不起事实推敲的。"

我的经历描述得较为细致，里面还穿插着讲了许多小故事。我从小时候的教育开始，就一直受着中国文化的影响，加上为中国解放事业作过贡献的哥哥的影响，我的内心对中国更多了一分亲切感。我与中国的缘分，远还不能因我年岁的增长而消减，这是一份情谊，它只会随着岁月的沉淀愈加深厚。我的故事，你们今天记录下来，可以给你们的同学、老师、家人看，如果有幸出版，可以面向社会给更多的人看。我所希望的是，你们不要只看到一个唠叨的泰国客家老人讲着他有意思的故事，而是要看到一个说着流利中文的泰国客家老人，带着深深的中国情结，在晚年依旧为中泰关系献智尽力。

我想，我是一个泰国人，一个有着客家背景的泰国人，一个会讲中文的泰国人，这应该是泰国非常宝贵的"人力资源"。我意识到自己的重要性，所以我必将不遗余力地继续在中泰友好交往当中发挥我的作用。我不是什么正规外交官，但我愿意享受"民间外交官"的称号。正如此时此刻，我——一位来自泰国的老人和你们——一群中国的大学生，共同分享着我的回忆、我的故事，这样和谐的画面，不正是中泰两国人民最应该做也最容易办到的吗？泰国在宣传她的"微笑泰国"形象，而中国自古就是礼仪之邦，我坚信，我们之间仅用一个微笑、一句敬语就可以产生心灵的感应。

第十章　毛里求斯客家人[①]

国内外学者专门研究毛里求斯客家人的成果并不多见，有一些学者曾经发表过关于毛里求斯华侨华人的文章，但并不是专门研究该国的客家人，而是把他们作为海外华人进行研究，缺乏针对性。[②]毛里求斯的客家人是海外客家人的一个重要组成部分，且是一个具有典型意义的海外客家人族群。第一，从来源来看，毛里求斯客家人的祖籍地比较单一，多数为中国广东梅县。第二，毛里求斯的客家人迁徙和定居此地的时间晚于东南亚地区的客家人，因此，他们与祖籍地的联系和来往还比较密切。第三，从职业来看，毛里求斯的客家人以经商为多，从政的积极性也比较高。第四，早期有一小部分是从东南亚再移民到此定居的，但为数不多，后来迁徙到毛里求斯的客家人多是自由移民，大部分直接从中国梅县迁徙至此。第五，毛里求斯的客家人后裔信奉基督教和罗马天主教的居多，受中国传统宗教的影响较小。

[①] 应毛里求斯国会议员、毛中友好协会主席李基昌先生的邀请，笔者和同事石沧金老师两人于2013年11月8日至17日访问毛里求斯。10天的时间虽然不长，但让我对毛里求斯客家人有了许多认识和了解，本章节就是在这10天的考察和田野调查的基础上形成的。衷心感谢李基昌先生、吴球昌先生、管世仁先生等客家朋友，为笔者这次对毛里求斯的访问和田野调查提供热心帮助与热情接待。本章节所使用的资料，除了有载明具体日期的之外，其余截止日期均为2013年11月。

[②] 在中国知网上搜索相关文献显示，从1993年至2017年，在各种学术期刊发表的与毛里求斯华侨华人相关的学术论文只有9篇，其中专门研究毛里求斯华侨华人的学术论文只有3篇，另外6篇学术论文的主题是研究非洲华侨华人，其中部分涉及毛里求斯华侨华人问题。专门研究毛里求斯华侨华人的学术论文是：石沧金著《衰微中的坚持与努力——毛里求斯华人社会发展动态考察与分析》，发表于《东南亚研究》2014年2月20日号；许永璋著《毛里求斯的华工和华侨》，发表于《河南大学学报（社会科学版）》1993年3月2日号，陆桢著《1980年以来毛里求斯华商发展初探》，载于《八桂侨刊》2010年12月31日号。石沧金的论文主要考察了毛里求斯华人社团的发展状态，许永璋的论文主要研究早期毛里求斯华工问题，陆桢的论文主要是研究毛里求斯华商的发展。

毛里求斯经济社会发展概况如表 10-1 所示。

表 10-1　2022 年毛里求斯经济社会发展概况

领土面积 / 平方千米	2,040
人口 / 千人	1,266
国内生产总值 / 亿美元	134.14
人均国内生产总值 / 美元	10,625
经济增长率 /%	7.8

资料来源：毛里求斯国家统计局。

一、客家人在毛里求斯的迁徙史

毛里求斯是印度洋西南方的一个岛屿国家，总面积为 788 平方英里（约合 2,040 平方千米）。居民主要由印度和巴基斯坦裔（69%）、克里奥尔人（欧洲人和非洲人混血，27%）、华裔（2.3%）和欧洲裔（1.7%）组成。官方语言为英语，法语亦普遍使用，克里奥尔语为当地人最普遍使用的语言。居民中 48.5% 信奉印度教，32.7% 信奉基督教，17.3% 信奉伊斯兰教，另有少数人信奉佛教。1810 年之前为法国殖民地，1810—1967 年为英国殖民地，1968 年获得独立，成为共和国。宗教信仰：印度教 48%，罗马天主教 23.6%，基督教 8.6%，伊斯兰教 16.6%，其他 2.5%。[1]

据相关史料记载，华人到这里的历史起码有 170 年，最早到这里定居的是福建人，接着是广东人（以南海和顺德人为主），最后才是客家人。虽然客家人来得最晚，却后来居上，慢慢地成为当地华人社会的主体。[2] 早在 18 世纪 80 年代，数千华工乘坐英国、法国、丹麦等国的船只自愿从广州移居至路易港，从事铁匠、木匠、鞋匠、裁缝等职业，并迅速在路易港形成一个小

---

[1] 根据中国外交部官方网站提供的毛里求斯国别资料综合整理。http://www.fmprc.gov.cn/web/gjhdq_676201/gj_676203/fz_677316/1206_678164/1206x0_678166/.
[2] 笔者与当地侨领、毛里求斯客属总会会长李丽新访谈，2013 年 11 月 9 日，路易港。

唐人街，名为"中国营"（法语：camp des Chinois）。进入19世纪之后，华人移民数量持续增长，仅在1840—1843年，便有3,000华人合同工来到该岛。到了19世纪中期，该岛的华人居民人数达到了5,000之多。早期移民以操广州话的广府人居多，后来梅县的客家人开始占多数。早期客家人到这里除了做工和做生意之外，从事教育活动的也特别多。当年的新华学校，老师基本上都是客家人，他们上课用客家话授课，教出来的学生自然只会说客家话而不会说国语。这也是客家话在当地华人社会流行，成为华人社会通用语言的一个重要原因。

早期迁徙到该岛的华人移民几乎全是男性。在1850年时，全岛有586名华人，没有华人女子；1861年时有1,550名华人，仅有2名女子；1901年时有3,457名华人，有58名华人妇女；1921年时，华人有5,233人，华人妇女有1,512人；1931年华人有6,234人，妇女有2,580人，男女比例已趋于正常；到1972年时，华人有12,849人，其中在毛里求斯出生的有10,077人，在中国出生的有2,772人，华人女子有11,235人，其中9,968人是在毛里求斯出生的，只有1,267名妇女是在中国出生的；到20世纪70年代时，华人男女比例已经完全正常化。[1]"在历届政府统治下，岛上输入了奴隶与契约劳工，以拓殖与发展毛里求斯。在这种情况下，华人种植劳工首先到岛上登陆。他们有的是从荷属东印度群岛被迫迁过来的，有的是从新加坡与槟榔屿招募而来的。不过比起非洲与印度劳工，华工对岛上农业发展的贡献是微不足道的。法国殖民地政府强迫华工到来，却虐待他们。华工抵境后，忍无可忍，立刻要求遣回。但华人自由移民是成功的。"[2]

客家移民是怎样在毛里求斯后来居上的呢？有关历史学者认为，中国太平天国革命失败导致客家人海外移民潮是一个重要原因。"截至1860年，毛里求斯的华人移民只有福建人与广府人。然而，1860年是岛上华人历史的转

---

[1] [毛里求斯]陈娇玲：《华人移民毛岛简史》，丘金莲译，载《毛里求斯华人社团联合会18周年纪念刊（2006年）》，第29页。
[2] [新加坡]潘翎主编《海外华人百科全书》，崔贵强编译，三联书店（香港）有限公司,1998，第351页。

折点。那一年标志着客家移民的到来。事缘是客籍人洪秀全所领导的太平天国起义失败后,那些支持起义的客籍人,被迫逃离中国,浪迹天涯。同年,也正是法国与清廷签订了《北京条约》,允许中国人自由出国。这一来,出国的人更加方便。1860年7月27日,'Ville de Paris'号载来了7名客籍梅县人,在毛里求斯登陆。他们是陈河佑、秦通、谭秋、陈喜、王哈山、李保与陈木。"[1] 在这些先驱者的带动下,梅县的客家人大批移入,并且在短短的几年内便取代其他方言群而成为毛里求斯最大的移民群体。"自1860年以后,殖民地政府开始放宽移民限制。1862年,政府废除了每个新移民须由华人甲必丹担保的规定。随着1877年所有移民限制法令的废除,华人新移民人数激增,其中多数是客籍人。"[2]

据当地华社领袖估计,目前毛里求斯约有华人35,000人(2013年统计数据),占全国人口总数的3%,比官方统计的2.3%略高一些;在华人中,90%都是客家人,而且主要又是梅县人,还有约10%是南海、顺德人。[3] 第一批来毛里求斯的华人来自广东省东南部地区,然后是来自东北部地区以梅县为主的客家人。最初他们大多数在路易港的唐人街开零售店。今天在毛里求斯华人中有众多成功的商业人士,他们的经营范围包括餐馆、零售、批发和进出口。他们当中也有不少在金融部门任要职的专业人士。毛里求斯第一任华人部长是朱梅麟先生,当时他任地方政府长官。毛里求斯最高法院院长、首席大法官由华人杨俊钦出任,前任政府的司法部部长也是华裔。华人诗人作家曾繁兴曾经出任文化部部长,杨俊钦在其任期内建立了国家图书馆、历史博物馆和艺术厅。毛里求斯大多数华人信奉天主教,还有部分人信奉基督教。据介绍,在印度洋的另一个岛国——留尼汪,广府人(南海、顺德人)

---

[1] [新加坡]潘翎主编《海外华人百科全书》,第352页。
[2] 前揭书,第353页。
[3] 据笔者与当地侨领访谈,毛里求斯华人占该国人口的比例是一个有争议的问题。中国外交部官方网站提供的数据为2.3%,但当地华人一般都认为,华人在该国人口中的占比应不低于3%,因为其中有相当一部分华人后裔已经完全同化。被访谈人李丽新,毛里求斯客属总会会长,2013年11月9日,路易港。

占多数，客家人占少数。① 详细的毛里求斯华人迁徙经历见表10-2。

表10-2　毛里求斯华人迁徙一览表

时　间	事　件
1654年	第一批华人乘船到达路易斯港。他们多数是在广州乘坐法国或丹麦的船只。这些华人到达后以从事铁匠、木工和裁缝等为主。
1871年	来自中国的商人开始在毛里求斯做生意。
1821年	毛里求斯总督委托华人陆才新先生组织华人移民前来毛岛。
1839年	首座关帝庙落成。
1860年	第一批客家人到达毛里求斯，入境登记本上首次出现女性华人记录。
1874年	华人开办烟草加工厂。
1877年	华人吴福祥开办烟草零售店，经营葡萄酒批发，开办鞋厂。
1894年	南顺会馆成立。
1896年	建成中国寺庙——天坛。
1898年	华人开办百货零售业务。
1901年	华人李允保开办进口百货和批发业务。
1903年	华人社团仁和会馆成立。
1908年	华商总会成立。
1901年	刘关张协会成立。
1911年	客家人开办鞋厂，制造鞋类。
1912年	华人吴福祥、黎子达和古文彬创办新华学校。
1918年	华人陈逸堂从小面包房、小杂货店开始创业，发展到初具规模的零售和批发业务。
1929年	华人首次被任命为领事——郑寿恩被任命为毛里求斯驻中国领事。
1930年	华人张映波创办永泰庄。

---

① 笔者与当地侨领毛里求斯客属总会会长李丽新访谈，2013年11月9日，路易港。

续表

时　间	事　件
1931年	华人朱梅麟创办ABC集团公司，经营汽车、食品、船务和金融服务业。
1932年	《中华日报》创刊，创刊人为侯俊、李伯宇和蔚文。
1936年	华人发起反抗日本侵略中国、拯救中国运动。
1937年	设立中国抗日基金，华人杨锡元创办超市。
1941年	中华民国大使馆和一些华商联手创办中华中学。
1944年	在路易港市的中国城发展制造业。
1949年	首位华人朱梅麟入选立法委员会。
1952年	华人敢玉牛创办快乐园公司，该公司现在为食品行业的尤头。
1953年	《华侨时报》创刊。
1961年	熊国曾先生成立利华旅行社。
1964年	华人霍恩棋创办济慈学院。
1966年	华人陈蕴祥创办伦敦中学。
1968年	政府给予当时在毛里求斯无国籍华人以本国国籍。
1980年	开始从中国招聘技术工人来毛里求斯。
1981年	中国开始向毛里求斯提供奖学金。
1993年	华人李国祥出任毛里求斯旅游部部长。
1995年	华人曾繁兴出任毛里求斯文化部部长。
1996年	中国武术协会成立。
1998年	华人朱志筠（朱梅麟长女）被任命为毛里求斯驻中华人民共和国大使。
2000年	华人朱玉英任毛里求斯司法部部长。
2005年	《华声报》创刊。
2007年	杨钦俊被聘任为毛里求斯最高法院的主法官。

二、华文报纸、华人社团与华商总会

（一）华文报纸

据《华声报》董事长萧友进先生介绍，毛里求斯全国目前一共有三家华文报纸：一家是亲台湾的《中华日报》，财力比较雄厚，受到台湾方面资助，是本地历史最悠久的华文报；另一家是《华侨时报》，还有一家是最年轻的《华声报》。三家报社办公地址都在唐人街仁和会馆旁边。《华声报》是本地华人出资办的报纸，该报创办时间较短，仅靠广告费维持运作，有些艰难。

据当地人说，这三家中文报纸，每家报纸的发行量都不超过2,000份，都是勉强维持。可能《中华日报》的日子稍微好过一点，因为受到台湾资助，而另外两家报纸则完全依靠本地华人的支持。与东南亚和北美地区相比，这里的华文报纸的生存状况更加不容乐观，一是华人受众少，二是年轻人（50岁以下）都不太懂中文，就是近年来学习了一些中文，也还不足以看懂中文报纸，况且他们都是受西方教育长大，从小培养形成了西方的思维方式，对中文的表达方式并不了解，对中文读物也不感兴趣。加上网络等因素，使本来就举步维艰的华文报纸雪上加霜。我们在访问这几家报社的主编或社长时，他们都表示，尽管很困难，但是他们都愿意继续努力，让这几家华文报纸能够生存下去。他们都认为，随着越来越多年轻人学习中文的热潮，有更多的华人青年能够阅读中文，华文报也许会有美好的明天。

（二）华人社团

据毛里求斯客属总会李丽新会长介绍，毛里求斯华侨华人社团很多，但是真正有活力的不多。传统的华人社团现在都面临青黄不接的问题，年轻人不愿意加入这些传统的社团。一方面是传统的华人社团对年轻人缺乏吸引力，另一方面是年轻人更加看重新型的社团，即那些以专业和职业为纽带的社团。李先生认为，当前华人社团存在一些坏毛病，包括不团结、互相拆台、缺少大局意识、小山头主义等，是妨碍华人社团发展的主要障碍。①

但也有一个华人社团搞得风生水起，那就是毛里求斯华人联合会（简称"华联"）。该会馆位于路易港市旁边的另一个城市TRIANON，距离约20分钟的车程。这个地方原来是甘蔗园，后来成为开发区。华联在这里购买了一块地，除了主要的建筑物外，建有几个网球场，还有一个篮球场，还打算兴建游泳池，还有一个很大的停车场。这个会馆虽然建立时间不长，却很有活力，能够吸引到许多年轻人参加，主要是经常举办各种体育活动，并且场地比较大，所以年轻人都愿意参加这里的活动。从会长到会员，都是以西文教育的华人中青年为主。据该会长介绍，该会目前有2,000多名会员，以年轻人为主。与其他传统社团相比，华联显得青春活力，比较有朝气。它是一个超血缘、地缘和族缘的华人组织，建立在职业和专业爱好的基础上，实际上是一个华人俱乐部，所以对中青年人比较有吸引力。华联正式注册成立于1976年8月27日。华联主席表示，到2026年，即华联成立50周年时，其会员要扩大到5,000名。

（三）华商总会

毛里求斯华商总会现任会长为李国昌先生。毛里求斯华商总会成立于1908年12月8日，是全球海外华人商会中历史最早的一个，仅次于1906年成立的新加坡华商总会。现有180多名企业会员。商会每年举办的重要活动有从1918年开始的每年春节庆祝活动，从2005年开始举办的每年4—5月的美食与文化节活动。据李国昌会长介绍，毛里求斯华人从事的工商业活动规模都比较小，较大规模的只有几家，包括1家银行、1家保险公司、1家地产公司，其余的商业和制造业的规模都很小。华人经济中最为活跃的可能是中餐馆。李国昌先生说，目前唐人街一共有15家比较有规模的中餐馆，毛里求斯全国一共有30多家比较大的中餐馆，生意都不错。这些中餐馆一般都是从家乡梅县请来大厨，其他小工则是从本地聘请；有些菜品的原材料也从梅

---

① 笔者与当地侨领毛里求斯客属总会会长李丽新访谈，2013年11月9日，路易港。

县进口,如梅菜干等,以凸显其客家菜的正宗。①

三、华文教育

毛里求斯的华文教育发展可以分为初创时期、鼎盛时期、衰落时期和复兴时期四个阶段。

(一) 初创时期

20世纪初期,以新华学校诞生为标志,毛里求斯的华文教育开始起步。据资料记载,与其他东南亚国家的劳工不同,来到这里的梅县人多为店员,他们在家乡时多少都读过一些书,因此华文教育有比较好的基础。以新华学校为例,该校经历二次扩展,到1929年,该校首批小学生毕业,30年代以后,学生超过了200名。②

(二) 鼎盛时期

从30年代中期到40年代末期,毛里求斯的华文教育发展到了顶峰。当时,华人商店分布在全岛屿各个地区,华人家长纷纷把自己的子女送到首都来上学。"第一代华裔孩子大部分去路易港新华中学或者中华中学读书。很多乡下人是坐火车去首都上学的。5岁开学,9年后就可以拿到毕业文凭。那时学校的教学水平很高,一般读完三年级就能看书看报。华人商店店员主要来自中国,他们在国内时曾经念过书,都能够看懂当地的华文报纸。在毛里求斯,华人仅占人口的3%,但华文报馆却有4间。"③据资料记载,在20世纪40年代,华文学校(包括中小学)共有三四家,学生人数接近2,000人。那时候,毛里求斯的华文教育水平很高,声誉很好,非洲其他地方的华人家长都愿意把自己的子女送到这里来上华文学校。现任校长林努宏撰文写道,20世纪40年代初至40年代末是学校发展的全盛时期,"连邻岛如留尼汪、罗帝

---

① 笔者与当地侨领毛里求斯华商总会会长李国昌访谈,2013年11月10日,路易港。
② [毛里求斯]陈娇玲:《华人移民毛岛简史》,丘金莲译,载《毛里求斯华人社团联合会18周年纪念刊(2006年)》,第29页。
③ 同上。

利等地的华侨也纷纷把自己的孩子送到新华学校念书,(新华学校)曾经被誉为非洲最高华文学府。实际上,40年代末是新华学校的全盛时期,学生达1,000人,都是华人,共有18个班。"[1]

(三)衰落时期

20世纪50年代,毛里求斯的华文教育开始走向衰落,主要原因并非像其他东南亚国家那样由于政府打压迫害华文学校,而是经济规律使然。在毛里求斯,无论是英国殖民政府还是独立后的政府,并没有出台过歧视或不利于华文教育的政策,而是华人社会自身的原因造成的。一是毛里求斯华人的心态发生了根本的变化,历经从叶落归根到落地生根的重大变化,华人家长们希望自己的子女和下一代尽快融入本地社会,不再把自己的女子送回中国读书或发展,而是留在当地发展。这样一来,学习华文的用途就远远不如西文来得实用。于是,华人家长纷纷把子女改送到西文学校就读,接受当地国家的西文教育。在那个时期,毛里求斯整个华人社会充斥着"读唐书无用论"。的确,当时华文学校毕业的人在当地很难找到工作,只好回到父母开的店里去重操父母亲的旧业;就是找到工作,其工资也很低,远远低于受西文教育的学生。管世仁先生回忆道:"我从小就被当时担任新华学校老师的爷爷送到华文学校读书,从小学读到初中,等到要毕业时才发现,凭着自己的中文学校文凭,要找到一个好的工作非常困难,我当时抱怨我的父母亲为什么要把我送到华文学校去读中文,读完又没有用处,连像样的工作都找不到。于是,我自己又跑到西文的中学去念书,好在我的数学等学科的基础很好,在西文学校不需要花很多时间去学其他学科,只是重点学习西文。通过几年的学习,我顺利拿到西文学校的毕业证书。"[2] 就这样,曾经兴盛一时的华文教育走向了衰落,大部分华文学校停办,仅剩下1所新华学校还在勉强维持,

---

[1] [毛里求斯]林努宏:《新华学校简介》,载《新中校友会75周年纪念特刊(1937—2012年)》,2012,第53页。

[2] 在2013年11月8—17日访问毛里求斯时,管世仁先生曾与本人作过多次长谈。笔者根据其口述整理。

但是，全日制的班级已没有了，只剩下华文业余补习班。新华学校校长林努宏这样写道："从50年代以后，学生人数逐渐走下坡路。主要原因是那时普遍认为念西文才会有好的谋生机会。于是，在1972年第29届初中生毕业之后，中学班就无法办下去了。到了70年代中期，连小学班也被迫停办了，于是，部分校友为此做出一个重要的决策：重组董事会，先开办'幼儿班'和'周末班'，后才一起维持到现在。"① 甘地学院中文高级讲师聂俊婴对当时毛里求斯华文教育走向衰落的原因的分析应该是比较客观的，他认为："毛里求斯是个多元民族、多种语言的国家，英语是官方语言，民间则普遍用克里奥尔语（当地土话，基本上与法语相通）交际。华裔在毛里求斯是少数民族，汉语也就成为少数人使用的小语种。毛里求斯的学校，从小学开始，学生就必须学习英法两种语言，如果再同时学习汉语的话，语言学习的负担就很重。部分学生选修中文并非出自自己的爱好和兴趣，而是迫于父母之命，加上许多家长本身就不会讲汉语，孩子回到家中没有练习汉语的机会，这些都是不利于他们学习中文的因素。由于这些历史和文化的原因，学习中文的人越来越少，中文学校处境艰难，汉语教学每况愈下。对此，毛里求斯华人社会并非没有认识，只是苦无良策。"②

（四）复兴时期

随着中国的改革开放，中国的国际影响力逐渐增强，中国与世界的联系日益密切，尤其是中国与毛里求斯的关系发展迅速，两国的经贸和人员来往日益增加，使读中文的实用价值逐渐凸显和提升，毛里求斯的华文教育开始出现复苏。70年代初期，毛里求斯政府实行多元文化的政策，同时实行免费教育，在中小学设立东方语言的课程，华文教育被正式纳入国民教育的轨道：有5所中学（3所公立、2所私立）和11所小学开设了中文课；在师范学校，也设立了中文专业，培养专职的汉语教师。加上自1983年以来，中毛两国签

---

① ［毛里求斯］林努宏：《新华学校简介》，载《新华中学校友会75周年特刊》，2012，第53页。
② 《第三届世界华人研讨会特刊：侨居华人与世界发展》，2012年9月6—9日。

署了文化交流合作协定，中国政府每年都派遣专家到毛里求斯帮助中文教学，因此，毛里求斯的华文教育出现了重大转机。

与此同时，各种私立学校及教会学校也根据家长的要求纷纷开设中文课程。此外，华人社团也积极开展华文教育，通过开设周末补习班等形式，鼓励华人积极学习华语。这些补习班也得到了政府在资金上的支持，包括教员津贴、校舍建设等。

当地最大的华文学校——新华学校，是毛里求斯华文教育兴衰过程的一个缩影。这所华文学校到2013年正好有100年的历史。据林努宏校长介绍，这所华文学校在创办之初曾经一度非常辉煌，是印度洋地区最大的一家中文学校，学生人数最多时多达1,000多，后来慢慢衰落，今天已经只是一所华文业余补习学校。老师们都是业余时间来担任教学任务，连林努宏校长本人也是业余的，他的专业是工程师，只是周末才到学校上课。学校设成人班和儿童班，都是周六来上课，上午是儿童班，下午是成人班。学生的中文程度从小学到中学程度都有，使用暨南大学华文学院编写的教材，老师都是这几年从中国来的年轻人。其中有几名女老师，一名是佛山人，一名是梅县人，近几年嫁到毛里求斯，她们利用业余时间来这里教华文。[①]

四、华人庙宇

海外华人庙宇与信仰是海外华人的精神家园，早期的华侨华人在海外漂泊和打拼，当他们逐步立足和有了一定的经济基础之后，便会立即动手修建各种庙宇，把中国本土的信仰和崇拜移植到海外，并且在此基础上进一步发扬光大。早期的会馆和庙宇兼有多种功能，它既是华人崇拜和祭祀的地方，同时也是讨论和处理华人事务的重要机构，此外还兼有学校教育和教化的功能。

[①] 笔者与当地华校负责人、毛里求斯新华学校校长林努宏访谈，2013年11月12日，路易港。

（一）仁和会馆

仁和会馆是具有悠久历史的一家客家人会馆，在路易港有两处地方：一处位于关帝庙附近，是最早成立的；另一处位于唐人街，是后来成立的，实际上是前者设在唐人街的办事处。仁和会馆在唐人街有很多产业，有较强的经济实力，举办有图书馆、老人院等。据当地的华人介绍，老的仁和会馆主要是在过年过节时举办大型的庆祝活动，因为那里场地比较大；在唐人街的仁和会馆主要供平时办公用，老人活动和一些小型的活动都在这里举行。在老的仁和会馆供奉有关公，还有专门从梅县请来这里尊奉的南山神等。

（二）关帝庙

关帝庙位于现在的唐人街西北面，离唐人街约 2,000 米。据这座庙的出版物记载，它建立于 170 多年前，最早是福建人兴建的一座中国神庙，供奉福建人祭拜的神，后来到这里的广东人、客家人也都一起祭拜。每天上午 6 点至 12 点开放。平时很冷清，听说要到过年过节时才会出现祭拜的高潮。从这座关帝庙也可以看出，华人到这里的历史应该不只 170 年，因为一般是华人到这里之后才会有华人自己的神庙。也可能是这里的华人较少的缘故，导致三个方言群的人共同在一座关帝庙祭拜。这座庙也证明了华人最早是从路易港登陆的，然后在附近定居下来，这才有了华人自己的庙宇。

五、客家人精英

（一）朱梅麟

毛里求斯华人最杰出的代表要数朱梅麟先生。朱梅麟是在毛里求斯出生的第二代华人，其父亲朱维勋 14 岁（1887 年）从中国梅县来到毛里求斯。朱家从到毛里求斯的第一代始祖朱维勋开始到现在已经传到第五代人。朱维勋于 20 世纪初回梅县娶了同村的姑娘李彩云，然后一同回到毛里求斯。朱维勋夫妇生有 7 个孩子，3 男 4 女，朱梅麟是老二，出生于 1911 年 2 月 21 日，出生的地址是路易港市德贺史街。朱梅麟小时候曾经在华文学校读过两年书，后转到天主教创办的拉善小学。朱梅麟8岁时接受了洗礼,取名法文名字让·艾晶恩。由于大哥早年去世,朱梅麟必须负担起长子的责任,因此中学没有读完就被迫辍学,回到其父亲经营的店里帮助打理生意。

朱梅麟具有商业方面的天分,他建议父亲把生意从乡下的蒙山转移到路易港的城市里。最初开了一家食杂店,1952年发展成为嘉应有限责任公司,朱梅麟任总经理。他把从事商业活动积累的资金拿来扩大投资,让生意做得更大,这在当时的毛里求斯具有重要和深远的意义。"朱梅麟的这一商业步骤对改变当地华人移民的传统具有很强的先驱和示范意义。1939年以前,华人移民只知道不断地攒钱,然后把积攒起来的钱不断地寄往中国。当然这些钱是用来赡养留在家乡的亲人,而更多的钱是想用来回中国经营生意的。在海外,他们永远是'老外',说着跟当地语言完全不同的另一种语言,固守着传统——和当地人格格不入的中国传统习惯。他们没有资格享受当地国家的财产法、选举法所给予的权利(当地政府也不想让他们享受这种权利),而只能像牛马一样地干活。他们只有一个目标,就是挣钱,然后把钱寄回老家,当人老力衰时返回家乡享受天伦之乐。然而,第二次世界大战以后,特别是1949年以后,华人移民不得不改变他们原先的愿景。毛里求斯对华人移民政策的改变使得移民人数激增,家乡更多亲人来到岛上团聚。随着华人传统习惯的改变,毛里求斯华人零售商店日益增多,进入了相互竞争的时代,并出现了并购。这些靠低价销售战时配给食品的小店或多或少都赚了点钱,曾经繁荣了一阵子。这让他们有可能转向做批发生意,可以最终在路易港扎下根来。"① 朱梅麟除了自己的生意之外,还热心华人社会的各项事业,1942年,他出任当地当时唯一的中文报纸《中华日报》的报社社长。

从1942至1956年,朱梅麟先生担任华商总会会长。朱梅麟的商业王国越做越大。1948年,他与另外几位合伙人创建了毛里求斯友联保险公司,后来又合作成立进出口贸易公司。经过长期的发展,朱家的产业已经发展成为

---

① [毛里求斯]丽莲白德罗:《朱梅麟爵士(1911—1991年)》,2013,第197页。

一个现代企业集团——ABC 公司集团，有 5 个分支从事多元化经营活动：食品、金融（保险、租赁、信贷）、呼叫中心、转口代理和后勤服务等，雇佣员工一共有 1,100 多人。①

朱梅麟还积极参与各项政治活动，是毛里求斯最为活跃的华人政治家，在英国殖民地时期，曾经被委任为市政参政员、立法委员等。1963 年举行第一次普选时，他在毛里求斯华人联合会的旗帜下竞选，取得成功。1967 年，毛里求斯正式独立，他以社会民主党的身份竞选取得成功。在新政府中，他被任命为地方行政部长，一直到 1976 年。

1991 年，朱梅麟因病在南非德班去世。他一生为毛里求斯华人社会作出了杰出的贡献，同时也为毛里求斯的经济发展和繁荣作出过积极的贡献。为表彰其贡献，1998 年，其头像印在了毛里求斯货币 25 卢比的纸币（是整套货币中流行最大的一张）上。其长女朱志筠在其自传中对其父亲的评价是"毫无疑问，你提高了华人在毛里求斯的地位，你是伟大的"②。

历史上，毛里求斯华侨华人分裂成亲国民党和亲共产党两大派别。这种情况曾经在海外华人社会普遍存在，毛里求斯尤其严重，直到 20 世纪末，两派的对立才逐步消除。按朱先生的政治观点，当然他属于亲国民党派，但是，笔者认为，应该从历史角度看待这个问题。国共两党在海外的对立与斗争持续近一个世纪，严重影响了海外华人社会的团结，这对海外华人社会发展是非常不利的，因为国共两党的对立，造成海外华人社会的撕裂，这个账不能算到某个海外华人身上。换一句话说，在当时的历史条件下，海外华人被迫选边站，这不是海外华人社会哪个人的错，朱先生不应该受到指责。只要他的所作所为对海外华人社会有利，他为海外华人社会的发展作出了贡献，就应该受到尊重，就应该受到肯定，而不应该以其政治立场和观点来否定其所作出的贡献。

---

① [毛里求斯] 丽莲白德罗：《朱梅麟爵士（1911—1991 年）》，第 17 页。
② 同上。

（二）管世仁

管先生现年 64 岁，经常到中国访问考察。据他介绍，2013 年，他曾经参加过中国侨务部门在北京举办的关于华侨华人的学习班，学习结束之后还到各地考察，收获很大。他谈起这次学习非常兴奋，说中国方面提出到中国学习访问的条件是，年龄在 65 岁以下，会说流利的华语，在华人社团任职，这些条件正好他都符合，这才有幸去中国学习。他感到受邀是非常光荣的一件事。

据管先生说，他在毛里求斯已经是第三代人了，当年他的祖父从中国梅县来到这里定居。他从小就在华文学校——新华学校就读，学习中文。当时的新华学校是一所完全的华文学校，各门功课都是以中文授课，他一直读到初中二年级，后来才转到西文学校就读，因为当时读华文学校不好找工作，他才不得不转到西文学校去的。当时新华学校的学生不仅中文很好，数学也是最棒的，他当时的数学水平已经超过西文学校高中生。谈到他的家庭，他介绍说，家有 4 个孩子，全都是男孩，现在他们都已经独立生活了，都在毛里求斯，有一份比较稳定的工作，收入也不错。但是，唯一遗憾的是，孩子们的中文水平都不好，客家话也不会说了，因为他的太太是一个混血儿，孩子们从小在家中就没有中文的语言环境。

（三）李济祥

李先生已经有 70 多岁，身体还很硬朗。我们在到访毛里求斯期间，他亲自开车带我们参观。据他自己介绍，他家里有 4 个子女，2 男 2 女，1 个儿子在加拿大留学，后来留在加拿大工作，2 个女儿都已经出嫁，他已经是儿孙满堂了。李先生在 1954 年回国就读于北京师范大学，读的是历史专业，大学毕业后在北京一家中学教书，他夫人也是毛里求斯在中国的留学生，就读于中国政法大学。1964 年，因为家中父母亲生病，他们夫妇双双从中国回到毛里求斯定居。李先生是第三代华人，其祖父来自梅县，他本人也是新华学校毕业的，所以中文很好，当年回国读书没有任何语言方面的障碍。

六、新华侨华人

与其他国家和地区一样,毛里求斯也有不少新华侨华人,但是因为毛里求斯对外国人入籍有严格的限制,一般外国人很难取得该国国籍,所以不少新华侨华人在此工作生活一段时间后都会再移民到其他国家,如留尼汪、加拿大、南非等国。真正能够获得该国国籍和长期在此定居的华人主要有如下两类:一是在该国有亲戚或直系亲属的人,可以继承财产或其他名义申请在该国定居和获得该国国籍;二是与该国公民结婚,然后取得居留权。这些新华侨华人,大部分也是来自梅县等地的客家人。

毛中友好协会副会长吴球昌先生和他的夫人都是新华人,可以说是新华人的代表。吴先生在梅县出生长大,现在是一家中餐馆的老板。据他介绍[①],他于1980年从梅县来到这里,刚刚开始打工时,什么工作都做过,还到邻近的留尼汪去做工,做流动餐车,9年之后(1989年),积累一点钱,便在唐人街开餐馆,自己当起了老板,那时候餐饮比较好做,没有那么激烈的竞争,所以只用了一年的时间就"转本"了。吴先生在家乡梅县建了一栋大房子,把父母亲和兄弟都接到梅县住,也给老婆的娘家建了房子(在福建)。当时离开家乡时才17岁,到2013年正好50岁。吴先生的夫人是福建人,现在能讲一口流利的梅县客家话。他们夫妇育有4个孩子,前2个都是女孩,老三和老四是男孩,老大已经读大学预科班,最小的孩子现在也上小学了。吴先生说,当时是他在毛里求斯的一位伯父接他来的,本来是要他的父亲来,因为父亲年纪太大,不方便出来了,就让他来,当时他高中都还没有毕业。很多客家人都是通过投靠亲戚的途径来毛里求斯,他们通过购买"出生纸",取得合法身份,在毛里求斯定居下来,成为当地居民。所谓"出生纸",是指20世纪50—60年代,很多华侨华人在毛里求斯出生长大,后来离开了这

---

① 笔者与已经加入毛里求斯国籍的新华人、毛中友好协会副会长吴球昌访谈,2013年11月13日,路易港。

里到中国或其他地方去了的证明。他们在毛里求斯的出生证明仍然是合法的，也是真的，80年代以后到这里定居的许多华人都是通过这种途径取得在当地的合法身份。问到他今后的发展方向时，吴先生表示，他会继续开餐馆，目前，他有向旅馆发展的计划，已经在唐人街附近买了一块地，正在准备动工把房子盖起来，有60多个客房，在当地也算是一个中等规模的旅馆了。

据吴球昌先生估计，毛里求斯的新华侨华人最多也就是500人左右，包括20世纪80年代毛里求斯移民政策还比较宽松时通过继承财产、购买"出生纸"、结婚（一般都是梅县的客家姑娘或广东其他地方的姑娘与当地华人结婚，取得在毛里求斯的合法身份）等方式前来合法定居的华人。前几年，国内一些学者谈到毛里求斯华人新移民时，说起码有1万多人，是包括前来务工的中国工人。因为毛里求斯是中国公司承包工程比较多的一个国家，曾经有一段时间有大量的中国工人在毛里求斯工作，但是，这些前来务工的工人在合同期满后是必须回国的，按照当地法律，一般都不能留在毛国定居，他们无法获得合法身份，除非是与当地人结婚。这种情况比较少见。

七、客家人在各个领域的表现

客家人在毛里求斯属少数民族，但是，他们在各个领域的表现都非常优秀。他们不仅在经济领域取得突出的成就，同时也积极参与政治生活，在政治领域也取得一定的话语权，因此在国会和政府中都有华人的代表。与其他国家相比，华人参与当地政治经济生活的障碍相对比较少一些。

（一）华人参政

毛里求斯是一个实行普选制的国家，华人以3%的绝对少数人口参与选举，却能够获得2个国会议员席位，历届政府都有华人入阁，政府重要部门都有华人，这在海外华人社会中是不多见的。因为海外华人多从事商业工作，收入和生活水平都较高，大部分都生活在城市中（华人中的50%生活在路易港市，其余50%生活在其他城市）。加上华人，尤其是客家人有重视教育的传统，其子女一般都受过比较好的教育，经济条件稍微好一点的都把子女送到国外去接受高等教育。这些都是造成华人有较高政治地位的重要原因。

另外，还有一个重要的原因，那就是毛里求斯与中国的关系很好。毛里求斯可能是非洲国家中与中国关系最好的一个国家。中国给予毛里求斯很多援助，两国的经济贸易往来非常密切，两国领导人的来往也比较频繁，中国时任主席胡锦涛、总理朱镕基等都访问过毛里求斯。据统计，到 2011 年，中毛贸易额已经突破 5 亿美元，同比增长 26%。中国已经连续多年是毛里求斯第三大贸易伙伴和第二大进口来源地。中国向毛里求斯提供的援助富有成效，到 2012 年为止，中国通过无偿援助、无息贷款和优惠贷款等为毛里求斯援建了数十个项目，涉及农业、医疗、教育、水利、体育、广播电视等多个领域。始于 1972 年的中毛农业技术合作持续至今。农村学校、国家广播电视台新总部大楼、城市道路监控和警用无线通信指挥系统、低造价住宅楼等一批项目建成后发挥了重要的作用，促进了当地社会和经济发展，造福毛里求斯人民。近 5 年来，中国还为毛里求斯培训各类人员近 500 人次，派遣农业技术人员 22 人次。2008 年起，中国向毛里求斯共派遣了 3 批青年志愿者，每批 10 人，主要从事汉语教学工作，对增进民间友好、促进文化交流起到了重要的作用。[1]

（二）华人经济

毛里求斯华裔大多是商人，"实质上垄断"了零售贸易。他们是岛上第二富裕的民族，第一是法裔毛里求斯人。他们经营餐馆、零售或批发商店及进出口公司。中国餐馆对毛里求斯文化影响极大，岛上所有居民无论任何背景都爱吃中餐，其中炒面最受欢迎。岛上所有民族、职业的居民都喜欢吃起源于梅县的肉丸、烧卖、粄圆、烩丸等丸子。一份 2001 年的商业杂志调查显示，毛里求斯 50 家大企业中有 10 家为华人企业。然而，许多华人告诉笔者，

---

[1] 华人参政相关数据均来自笔者与当地华社领袖、毛里求斯国会议员、毛中友好协会主席李基昌的访谈，2013 年 11 月 14 日，路易港。

这里最有钱的既不是华人,也不是印度人,而是为数极少的白人。当年法国人后来是英国人占领了这个地方之后,把所有的土地都据为所有,加上毛里求斯独立是通过谈判而实现的,对以前的折价占有的土地并未没收,因此,毛里求斯独立后,白人当年用武力所占有的土地便成为宝贵的资源,他们依靠其祖先无偿占有的土地而成为毛里求斯经济发展的最大受益者,因为他们占有了经济发展最重要的资源——土地。与白人相比,尽管华人祖祖辈辈都非常勤奋工作,省吃俭用,但是,除了少数人之外,大部分华人仍然处在中下收入阶层。到唐人街看看,你就会有深刻的感受:华人的商店都非常小,以杂货店和各种小商品店居多,现代的商场几乎看不到。唐人街最豪华的大楼是国家银行,华人商店几乎都是几十年前的老房子,每间商店的面积都很小,堆满了货物,拥挤不堪。唐人街的街道也非常狭小,汽车、摩托车、行人混杂在一起。华商总会会长李国昌先生告诉我们,毛里求斯华商中,从事金融业的只有1家,房地产做得比较成功的也只有1家,其他涉足制造业的也只是小打小闹,主要是食品加工、海产加工、家具等附加值较低的行业。

最近10多年,华人经济已经走出唐人街,其中有两个含义:一是唐人街的华人老板虽然把生意和店铺留在唐人街,却在唐人街以外的地方居住,因为唐人街太拥挤、太嘈杂,华人都在追求更加有品质的生活,当然要离开唐人街;二是华人在唐人街的批发生意已经受到其他族裔商人的严峻挑战,例如,印度商人、非洲裔商人也开始做批发生意,因此,华人必须改变传统的批发生意,于是,华人老板走出了唐人街,在其他人口比较稠密的地方做生意,现在毛里求斯全国有6家比较大型的超市都是华人开的。

管世仁先生告诉笔者,其实,许多毛里求斯华商很有钱,但是他们往往处事比较低调,不愿意露富。按照中国人的传统,财富一旦暴露便会出现各种祸害,因此,华人富商都不愿意暴露自己的财富,平时那些很不起眼、看起来很一般的人,往往是很有钱的人。有时候,这里的银行遇到资金周转困难时,都要向华人富商借钱,这些富商瞬间便能够把大量的钱借出来。近年来,许多中青年华商比他们的父辈更灵活,有更多赚钱的门路。例如,近年来崛起的一家华人房地产开发商——乐美立房地产开发集团，2007年成立，2012年上市，是毛里求斯最大的一家房地产开发集团。另一家经营旅游业的华人公司——LONG BEACH度假酒店，拥有5家高档餐厅，现任国会议员李基昌先生也是这家酒店的股东之一。①

客家人在这里多从事餐馆、旅馆、加工业、旅游等工作。前文提到过的吴球昌老板的餐馆，就从梅县请了5位工人，都是厨师，每月1,000多美元，另外在本地还请了10多位工人。当地中餐馆一般都是从梅州各地聘请厨师。②所以，毛里求斯各地的中餐馆所经营的中餐，实际上都是客家菜，其中酿豆腐、梅菜扣肉、酸菜炒猪大肠、盐焗鸡等客家特色菜，几乎在毛里求斯的每一家中餐馆都可以吃到。

八、近忧与远虑

毛里求斯是一个多元种族、多元文化、多元宗教的国家，自1967年独立以来，政治稳定，经济快速发展，人民生活水平不断提高，到2013年人均GDP已经达到8000多美元，2022年已超过1万美元，应该算是一个中上等收入国家。生活在这里的华人总体状况不错，在该国属于中上收入阶层。在历史上，印度人、非洲人多数是来这里做苦力的，而华人多数来这里都是经商的。

毛里求斯财政部部长贝安齐先生曾经对这三大移民群体进行比较。他说："由于奴隶买卖，数以千万计的男女从非洲强迫移民到印度洋这里，第一批带入毛里求斯的奴隶是在1722年，持续到19世纪上半叶。1810年，毛里求斯变成英国殖民地，1835年2月1日废除了奴隶制。约在1835年至20世纪初期，印度移民或'苦力工人'大批来到毛里求斯。当时，近200万的契约劳工离开印度前往毛里求斯、斐济、圭亚那、特尼达、留尼汪、南非和斯里南，

---

① 笔者与当地华人管世仁、李济祥等人访谈，2013年11月15日，路易港。
② 笔者与已经加入毛里求斯国籍的新华人、毛中友好协会副会长吴球昌访谈，2013年11月13日，路易港。

约50万来到毛里求斯，其中30万留下来了，其他的回到印度或前往其他地区……而在毛里求斯的中国移民是以商人的身份来到毛里求斯的。"贝安齐先生充分肯定了华人对毛里求斯的贡献："我要在这里着重提出的是，毛里求斯的华人虽然只有本岛人口的3%，但为毛里求斯的经济发展和进步作出了重大的贡献，他们也为数目可观的各种专业人士、商人、知识分子和艺术家感到自豪。"[1]

毛里求斯艺术与文化部部长奄达史先生在第二届世界华侨华人研讨会上的讲话对早期华人来到毛里求斯的历史做了如下的描述："1760年有300名中国工人带进毛里求斯，后又再送回去，因为他们拒绝从事农业工作。1829年又再一次尝试带入200人，他们也拒绝从事农业工作，2个月后被送返。移民的数量是慢慢增加的。后来Farquhar总统在英国殖民时代，在Hahime Choisanne的帮助下，开始了华人移入。1826年，Hahime引进后来成为华人商业领袖的4名华人。中国港口开放后，更多的华人离开广州、厦门、福州、宁波和上海。客家人的移入是在1850年之后。1877年，英国开放了移民制度，客家人很快便超过了福建和广东省的移民（这里应该是指福建方言群和广府方言群——作者注）。从1840年开始，大部分的中国移民从事零售商业，商店遍布小岛。乡村农民和华商相互依赖，华商在农闲季节给农民借贷，由此可以说，他们的借贷帮助了我们许多国民在农闲季节中生活。虽然毛里求斯华人在毛里求斯是少数民族，但他们是站在社会经济发展前面的。他们以勤劳和守纪律著称，能把传统和现代结合，令人尊敬。特别要提出的是，他们对毛里求斯的其他社团都很尊敬和忍耐，这的确使华人社会得到每一个民族和全体人民的尊敬。"[2]

对毛里求斯为期10天的访问考察，我们耳闻目睹，亲身感受到这里的客家人虽然是少数民族，但是，他们在毛里求斯政治经济和文化生活中的确拥

---

[1]《在毛里求斯第二届世界华人华侨研讨会上的演讲》（2002年9月13日），刊载于《毛里求斯华人社团联合会18周年纪念特刊》，2006，第150页。

[2] 前揭书，第152页。

有比较优越的地位。政治上，目前有 2 位国会议员，最高法院大法官也是华人，还有 2 位华人部长；经济上，华人多从事工商业活动，收入较高，从事各种专业工作的华人也逐步增加。华文教育和华人文化受到政府的重视程度，在其他国家是不多见的。然而，毛里求斯客家人也有近忧与远虑，一些有识之士呼吁毛里求斯客家人要居安思危，在全球化、区域化和本土化的潮流下，毛里求斯的客家人更应该具有前瞻性，立足于长远的发展。

（一）华人社会后继乏人

与其他国家不同，毛里求斯的移民法律严格限制华人入籍。据吴球昌先生估计，从 1978 年以来，中国人来到这里入籍的最多不超过 500 人，在 90 年代到前几年，曾经有大量的中国工人（有 2 万多人）到这里参加各种工程建设，但他们绝大部分都回国去了。老移民后裔，家庭条件好一点的，都到欧洲或其他西方国家留学，学成后都不愿意回来，一般都留在欧洲或北美工作，在那里成家立业，然后又把父母亲从毛里求斯接走团聚，从而导致毛里求斯的华人越来越少。实际上，现在毛里求斯的华人只有 2 万多了。毛里求斯华人最喜欢移居的地方，是加拿大的魁北克省，因为这里是法语地区，而毛里求斯华人从小就接受法文教育，很容易适应那里的环境。据估计，目前再移民到加拿大和其他地方的毛里求斯华人后裔应该与毛里求斯当前的华侨华人数量差不多，约有 2 万人。[①]

现以一个华人家庭为例，看看毛里求斯华人后裔再移民的情况：

林文玫与伍小春夫妇，均为毛里求斯第二代华人，育有 6 个子女，其中 3 个女儿再移民到加拿大。

林伟，长女，1965 年毕业于毛里求斯新华学校，1974 年移居加拿大，在加拿大航空公司服务 25 年后退休，现定居于蒙特利尔市。

林鸣，次女，1970 年毕业于毛里求斯新华学校，1978 年移民加拿大蒙特

[①] 笔者与已经加入毛里求斯国籍的新华人、毛中友好协会副会长吴球昌访谈，2013 年 11 月 13 日，路易港。

利尔市，在加拿大航空公司工作，现定居蒙特利尔市。

林扬，幼女，1970年毕业于毛里求斯新华学校，1985年移民加拿大，在加拿大航空公司工作，现定居于蒙特利尔市。

（二）客家话在毛里求斯可能会失传

据笔者的观察，毛里求斯华人第一代、第二代一般都习惯于说客家话[1]，并以此为荣，而到了第三代之后，会说客家话的人越来越少。主要原因如下：① 因为从小普遍在当地语言学校接受教育，与当地其他民族一起学习；② 20世纪60—90年代，中文受到整个社会的冷遇，客家话也一样；③ 在融入当地社会的大潮流中，家长希望自己的子女学习当地占主导地位的语言，以便子女将来长大之后比较容易找到一个好的工作；④ 许多第三代、第四代华人子女一般都以到西方国家留学为重要目标，客家话只是一种家庭用语，在家中，当长辈在使用客家话时，晚辈才不得不使用。前文曾提及的聂俊璎这样写道："客家话是一种方言，讲客家话是客家族群认同的重要标志和象征。客家人信守着这样的遗训：'宁卖祖宗田，不忘祖宗言。'无论迁徙到何地，都要把客家话世世代代传下去。大家都知道毛里求斯是个多民族、多语言的国家，英语是官方语言，民间则普遍使用法语和克里奥尔语，学校教学也以英、法语为主。华裔在毛里求斯是少数民族，客家话相对的是属于弱势语言。而毛里求斯华人早已融入当地社会，不再有返回中国的想法，这就使客家话的

---

[1] 毛里求斯华裔使用语言的情况：一般都掌握三种语言，即日常交流用语为毛里求斯克里奥尔语和法语，行政和教育中使用的英语则是他们主要的书面语言。据1990年的普查，约1/3的毛里求斯华裔宣称他们的祖语和现用语为毛里求斯克里奥尔语；另三分之二则说他们的祖语为某种汉语方言。但在调查中，只有不足四分之一的人不但认为他们祖语为汉语，而且在家里使用汉语。华裔毛里求斯人中少量年轻人使用汉语，他们使用汉语主要是为了和长辈交流，特别是长辈多为受教育较少，故而很少接触英语及法语的人。年轻人中没有人使用汉语与他们兄弟姐妹或表兄妹交流。在客家话社群中，他们所说的客家话在语音及词汇上已经与梅县本土客家话有了一定的区别。语音上与梅县本土客家话的差别不是特别大，出现的差别主要是由于梅县本土客家话的发展，如韵母的简化等，而毛里求斯客家话韵母简化的速度则大大慢于梅县本土客家话。另外舌根声母在细音韵前颚化的程度毛里求斯客家话则比梅县本土客家话高得多，如"晓""热"等字，梅县客家话分别读成 [hiau] 和 [ŋiat]，而毛里求斯客家话则读为 [ɕiau]（或 [ʃ(i)au]）及 [ȵiat]。

实用价值降低。由于这些历史和文化的原因，会说客家话的华人子弟越来越少。街市中虽然不容易再听见纯客家话的对话，但客家人在乡亲间或客家人聚会时仍然很自然地流露出客家话，以表示自己是真正的客家人。因此，如何让客家话继续在毛里求斯使用、保存下去，是一个关系到毛里求斯客家文化代代延续传承的大事，实在值得每一个毛里求斯华人认真对待。"[①] 实际上，毛里求斯客家话目前所处的状况，并非个别现象。据笔者对海外其他国家的客家社群的考察，客家话均处于相同的境遇，当一种方言失去使用价值（或叫实用性）时，它便逐渐地走向衰落和式微，最终难逃消亡的命运。客家话是体现客家人的客家特性的一个重要载体。如果客家人都不会说客家话了，那么又谈何客家特性呢？

综上所述，毛里求斯客家人的客家特性正在面临慢慢消失的危险。在第一代、第二代毛里求斯客家人中，客家特性得到了较好的保持与弘扬；到了第三代、第四代之后，随着全球化、区域化和本土化浪潮的加速，毛里求斯华人不断地向外再迁移，加上毛里求斯的移民政策严格控制新入境的华侨华人入籍，毛里求斯客家人不仅得不到新鲜血液的补充，反而正在不断流失，这种状况在近年来仍然没有得到根本的改善。《中国企业家》杂志记者袁茵曾经在其撰写的一篇文章中尖锐地指出，毛里求斯正在被国际化、中国化一点点浸染，而岛上的一代代华人则经历了相反的历程——"正在褪去中国色彩"。袁茵以当地的客家人林先生为例，林先生的祖先当时从广东梅县前来，但经历了三代后，能说普通话的华人已经渐少，能说家乡客家话的更剩下没几个。林先生的中文名字叫 Ling Yan Hong，但他不会写对应的汉字，"这不是什么稀罕事，这里的第四代华裔有的连中文名字都没有了"。现在林先生的三个孩子都已经成人，本地华人中也出现了'富二代''富三代'。年轻人的生活逐渐偏离了父辈们的轨迹，"他们没有我们刻苦、努力"。例如，毛里求斯政府

---

① [毛里求斯] 聂俊瓔：《毛里求斯客家民俗的变迁及原因》，载《毛里求斯华人社团联合会18周年纪念特刊》，第166页。

每年会公派最优秀的 10 名学生去牛津、剑桥读书，在早期当地华人还穷的时候，常常全部名额都被华人所占有。现在，在学习成绩的较量上，印度裔占了上风，很多华人不用再那么努力了，因为父亲会花钱送他们去国外昂贵的私立大学读书。袁茵得出的结论是勤奋的客家人在此积累了大量财富，但却"以失落传统文化为代价"，"和全世界的年轻人一样，这里的'华四代'追求时尚、新鲜，他们的生活不仅是为了生存"。[①]

笔者到访过很多海外客家人聚居的社区，大体上都有类似毛里求斯那样的情况，虽然当地的客家社团做出了许多努力，竭力挽救客家文化，但是，在全球化、区域化和本土化的冲击下，这些努力显得非常微不足道、力不从心，大有一种无可奈何花落去的趋势。有人会问："全球各地方兴未艾的华文教育热潮能否挽救正在日益走向式微的海外客家特性，并且让'华三代''华四代'重新浸染和回归中华文化？"笔者深入考察过海外华文教育，在大多数国家，海外华文教育实际上是一种外语教育。一般情况下，海外华文有三种属性，或者叫三种价值：一是使用价值，即有用，现在中国经济高速发展，懂华语有利于与中国做生意，有利于求职；二是文化价值，这是指文化认同，老一代的海外华人希望自己的后代学习华语，进而认识和了解中华文化，重拾正在不断流失的文化认同；三是精神价值，这与族群认同相关，华人一般都会认为，作为一个华人、华族或华裔，必须懂得华语和华文，那才算是真正意义的华人。这三个属性是阶梯式循序渐进的。一般而言，大多数的华文学习者都把华文当作使用工具来学习，很难升华到后面两种属性，但是，也会有少数的人可能会升华到后面两种价值，尤其是精神价值，那可能是非常少数的人。本人认为，如果要给海外华文教育下一个定义的话，那就是一种外语教育，与学习英语和其他语言没有多大差别。当然这种情况在马来西亚可能是例外，在马来西亚，华人一直把华语当作是母语。海外华文教育可能无法承担起让"华三代""华四代"回归中华文化的重任。

[①] 袁茵：《毛里求斯的华三代》，《中国企业家》2011 年第 24 期，第 148-149 页。

尽管最近 10 多年来世界各国华文教育的快速发展与中国的快速发展有密切的关联，但是，海外华人和华文教育工作者应该保持清醒，那就是海外华文教育应该保持一个正确的发展方向，吸取 20 世纪 50—60 年代东南亚各国华文教育遭受灭顶之灾的教训。海外华文教育要在中国本土以外的地方生存、发展和生根开花，必须坚持一个铁律，那就是非意识形态化和非民族主义化。20 世纪 50—60 年代东南亚华文教育遭受沉重打击的最深刻教训，就是与意识形态和华人民族主义直接挂钩，导致东南亚本地民族主义政权痛下杀手，欲置之于死地而后快。虽然近 10 多年来，中国与世界各国的关系全面发展，但是由于政治制度和社会意识形态的不同，仍然存在很多隔阂和猜疑。在世界各国一些民族中，不少人仍然保持极端的民族主义思想和冷战思维，一有风吹草动，这些人就会兴风作浪。因此，我们在推动海外华文教育的过程中，一定要考虑到各国特殊的政治和社会历史环境，切不可掉以轻心。

海外华文教育是实现中国与世界民心相通最重要的平台与工具。中国要走向世界，要成为世界大国，要从世界舞台的边缘走向中心，我们不能仅仅依靠经济与贸易，更重要的是要依靠文化，要让世界各国人民了解中华文化、认知中华文化、接受中华文化。而在全世界推广华文教育，则是让世界各国人民了解、认知和接受中华文化的前提。只有当华文教育推广做到像英文教育那样普及和得到广泛应用的时候，才是真正实现中国与世界民心相通之时，才是中国真正崛起成为世界大国之时。总之，全球化和区域经济一体化是促进海外华文教育热潮的根本动力，华文教育热潮又助推全球化和区域化，为"一带一路"倡议在海外的实践提供基础和条件，进一步促进中国与世界各国之间的民心相通。只有真正实现民心相通，中国才能真正为全世界所接受。

至于海外华文教育与海外客家人的方言群认同是一种什么关系，这个问题可能要专门进行探讨。以新加坡为例，政府一直提倡和推广华文教育，但对民间保存方言及方言文化的强烈呼吁却置若罔闻。在 20 世纪 80 年代以前，中国南方各种方言和方言文化曾经在新加坡非常流行和活跃，但目前正处于濒临灭绝的境地。可以预见，在全球化、区域化和本土化浪潮的冲击下，海外客家人的客家特性将会同海外潮州人的潮州特性、海外闽南人的闽南特性、海外广府人的广府特性等面临同样的命运——随着方言群认同的衰落而走向式微。但也存在另外一种可能性，即是在更加广泛的中华文化认同中得到重生，找到新的立足点。

后　记

我出生于广东著名侨乡，自幼受到南洋之风的熏陶，耳濡目染，虽不能至，然心向往之。1982年大学毕业后被分配到暨南大学工作，一直从事东南亚和华侨华人研究。2021年2月6日，我正式从暨南大学退休。蒙华侨大学不弃，热情邀请我到该校新成立的华侨华人与区域国别研究院工作（2022—2023年），衷心感谢华侨大学给我一个机会，让我能够静下心来继续写作。正是在华侨大学工作的两年时间里，我完成了拙作的最后冲刺，如果没有这两年的努力，这部书稿也许就永远尘封在我的书房里了。

拙作早在2014年就开始动工，但由于各种原因，断断续续，写了十年，今天终于完成并面世。这是我的学术生涯中写作时间最长、最为用心、最下功夫的一部著作，也是我自己较为满意的一部著作。按常理，60岁以上的人应该是在家含饴弄孙，我却不安分守己，还恋恋不舍以前的东南亚研究和华侨华人研究。这是为何？我想，这既是责任，也是缘份，更是深深的情结。

暨南大学是中国第一所由国家创办的华侨高等学府，该校的东南亚研究所和华侨华人研究所都是国内成立最早且闻名海内外的研究机构。这两家研究所早期主要研究人员基本上都是南洋各国的归侨或者是侨属、侨眷，与南洋有着千丝万缕的联系，我的南洋情结就在这两个研究所中深深扎根。我能够有今天的成就，在中国的东南亚研究和华侨华人研究领域取得一点成绩，完全得益于老前辈们手把手的教导，归功于老前辈们的关怀和爱护。我进入暨南大学东南亚研究所之后，从助教开始做起，一直做到教授，一干就是40年。我曾经先后担任暨南大学东南亚研究所副所长、所长。2011年春天，为了加强学科建设，学校决定将东南亚研究所和华侨华人研究所（院）合并，成立国际关系学院/华侨华人研究院，本人有幸出任创院院长，直到2015年10月任期届满卸任。

"莫道桑榆晚，为霞尚满天"。晚年从事科研活动有一个好处，那就是没有了以前的各种应酬和喧嚣，可以静下心来做自己想做的事情；另一个好处是经常练练大脑，把以前的知识积累和沉淀都调动起来，延缓痴呆症等老年疾病。拙作的最终完成，最应该感谢的是我的妻子曾利斌女士，是她一直支持我、陪伴我，甘于做默默无闻的奉献。也许我今后不会再写书了，就以本书作为我的学术人生的总结吧。

曹云华
2024年2月28日于广州珠江花园